OHADA

Code des investissements
et des activités économiques

Collection « Études africaines »
dirigée par Denis Pryen et son équipe

Forte de plus de mille titres publiés à ce jour, la collection « Études africaines » fait peau neuve. Elle présentera toujours les essais généraux qui ont fait son succès, mais se déclinera désormais également par séries thématiques : droit, économie, politique, sociologie, etc.

Dernières parutions

Hygin Ignace AMBOULOU, *Traité de fiscalité des entreprises. Première édition*, 2017.
Hygin Ignace AMBOULOU, *La problématique du conflit de normes et de compétences dans la situation de coexistence des juridictions communautaires*, 2017.
Hygin Ignace AMBOULOU, *La construction du marché commun africain et la problématique de l'harmonisation des traités régionaux*, 2017.
Hygin Ignace AMBOULOU, *Traité de droit des transports de marchandises par route et des opérations de dédouanement. Première édition*, 2017.
Arthur SABI DJABOUDI, *Les médias d'État au Gabon. Permanence et mutations*, 2017.
Gilbert DOHO, *Le Code de l'indigénat ou le fondement des États autocratiques en Afrique francophone*, 2017.
Mpunga WA ILUNGA, *Lexique des noms lubà (République démocratique du Congo)*, 2017.
René NGATSAKO, *Une société traditionnelle du Congo-Brazzaville. La dynamique des Moye*, 2016.
Claudine-Augée ANGOUÉ, *Les fondements religieux du pouvoir néocolonial au Gabon La construction de l'ethnie philosophique*, 2016.
Lambert MOSSOA, *Gestion, maîtrise et aménagement des ressources naturelles en Afrique de l'Ouest et du Centre*, 2016.
Ghislain M. MABANGA, *Le principe de la continuité de l'Etat : issue de secours à la prohibition du troisième mandat, Analyse critique de l'arrêt de la Cour constitutionnelle congolaise du 11 mai 2016*, 2016.
Jean-Bertrand AMOUGOU, *Réflexions sur la rationalité, Tome 1. Variations culturelles d'un thème chez P.M Hebga*, 2016.
Jean-Bertrand AMOUGOU, *Réflexions sur la rationalité, Tome 2. Sciences (a)normales et problèmes de méthode(s)*, 2016.
Rodrigue TEZI (dir.), *Former les personnels soignants en Afrique. De l'utilité d'enseigner les sciences humaines et sociales de la santé dans les programmes de formation*, 2016.

Hygin Didace AMBOULOU

OHADA

Code des investissements et des activités économiques

Première édition

L'Harmattan

Du même auteur

Traité de fiscalité des entreprises. Première édition, 2017
La problématique du conflit de normes et de compétences dans la situation de coexistence des juridictions communautaires, 2017
La construction du marché commun africain et la problématique de l'harmonisation des traités régionaux, 2017
Traité de droit des transports de marchandises par route et des opérations de dédouanement. Première édition, 2017

5-7, rue de l'École-Polytechnique, 75005 Paris
http://www.editions-harmattan.fr
ISBN : 978-2-343-10520-8
EAN : 9782343105208

LISTE DES ABRÉVIATIONS

ADEx : Association de Développement des Exportations
AGOA : African Growth and Opportunity Act encore appelé la Loi sur les Opportunités et la Croissance en Afrique
AMAGI : Agence multilatérale de garantie des investissements
ANPE : Agence Nationale Pour l'Emploi
BRVM : Bourse Régionale des Valeurs Mobilières
BSTP : Bourse de Sous-Traitance et de Partenariat
BEAC : Banque des Etats de l'Afrique Centrale
BCDEAO : Banque centrale des Etats de l'Afrique de l'Ouest
BIC : Impôts sur les bénéfices industriels et commerciaux
BIRD : Banque internationale pour reconstruction et le développement
BIT : Bureau international du travail
CAB : Chambre d'Agriculture du Bénin
CAC : Centre d'arbitrage du Congo en RDC
CAC : Commissaires Aux Comptes
CACI : Centre d'arbitrage de Côte d'Ivoire
CAMC : Centre d'arbitrage, de médiation et de conciliation du Sénégal
CAMeC-CCIB : Centre d'arbitrage, de médiation et de conciliation de la chambre de commerce, de justice et d'arbitrage de l'OHADA
CECAM : Centre de conciliation et d'arbitrage du Mali
C.Com : Code de commerce
C. Consom : Code de la consommation
C. Trav : Code du travail
CCIB : Chambre de Commerce et d'Industrie du Bénin
CEBENOR : Centre Béninois de Normalisation et de gestion de la qualité
CFE : Centre de Formalités des Entreprises
CePEPE : Centre de Promotion et d'Encadrement des Petites et Moyennes Entreprises
CCJA : Cour commune de justice et d'arbitrage de l'OHADA
CEDEAO : Communauté économique et monétaire des Etats de l'Afrique de l'Ouest
CEMACO : Centre de médiation et d'arbitrage du Congo-Brazzaville
CFE : Centre de formalités administratives du Congo-Brazzaville
CGA : Centres de Gestion Agréés
CGI : Code général des impôts
CIRDI : Centre international pour le règlement de différends relatifs aux investissements, entre Etats et ressortissants d'autres Etats
COBAC : Commission bancaire de l'Afrique Centrale
D : Décret
EIRL : Entreprise individuelle à responsabilité limitée
FENAB : Fédération Nationale des Artisans du Bénin
FONAGA : Fonds National de Garantie
GICAM : Centre d'arbitrage du Groupement interprofessionnel du Cameroun
IMF : Impôt minimum forfaitaire

MCA : Millennium Challenge Account
MICPE : Ministère de l'Industrie, du Commerce et de la Promotion de l'Emploi OCED : Observatoire consulaire des entreprises en difficulté
OHADA : Organisation pour l'harmonisation en Afrique du droit des affaires
OMC : Organisation mondiale du commerce
ONG : Organisation non gouvernementale
OPCVM : Organismes de Placements Collectifs en Valeurs Mobilières
PP : Prêt Particulier
PID : Provision pour investissements diversifiés
PME : Petites et moyennes entreprises
PMI : Petites et moyennes industries
TCA : Taxes sur le chiffre d'affaires
TVA : Taxes sur la valeur ajoutée
UEMOA : Union économique et monétaire ouest-africaine
UDEAC : Union douanière des Etats de l'Afrique Centrale
UTA : Unités de Travail- Année
ZEMOD : Zones économiques moins développées

PRÉFACE

Pourquoi ce Code des investissements OHADA ? L'efficience du secteur privé et le développement des Petites et Moyennes Entreprises et des Petites et Moyennes Industries (PME/ PMI) constituent un levier du développement économique des pays d'Afrique subsaharienne. Aujourd'hui, en effet, l'insertion socio-économique des couches sociales les plus actives, l'implication des cadres et de l'élite dans le débat sur le développement, la mise en valeur des diverses ressources du sol et du sous-sol et l'accès des jeunes à une formation qualifiante comptent parmi les pistes à exploiter.

Depuis plus d'une décennie, avec l'appui des partenaires au développement, les gouvernements africains ont mis en place des programmes ambitieux de promotion des investissements et d'appui à l'entrepreneuriat. Dans cette perspective, la politique de l'investissement se révèle être un facteur majeur du développement du secteur privé. Cependant, les initiatives dans le secteur privé rencontrent d'énormes difficultés au plan social, institutionnel et parfois politique. Et ces difficultés sont de plusieurs sortes : difficultés d'accès aux crédits, les aléas de l'environnement socio-économique, l'intangibilité du cadre législatif et réglementaire…

En réponse à ces préoccupations, le Traité relatif à l'Organisation pour l'Harmonisation en Afrique du Droit des Affaires (OHADA) a été signé et ratifié par les pays francophones de l'Afrique Centrale et de l'Ouest. En somme, l'OHADA est l'une des expériences d'intégration juridique les plus réussies de la fin du 20ème siècle. Créée par le Traité de Port-Louis du 17 octobre 1993 (révisé le 17 octobre 2008 à Québec - Canada), l'OHADA est une organisation internationale de plein exercice, dotée d'une personnalité juridique internationale, qui poursuit une œuvre d'intégration juridique entre les pays membres. L'adhésion, prévue par l'article 53 du Traité, est ouverte à tout Etat membre de l'Union africaine ou non pourvu qu'il le ratifie. L'Organisation regroupe aujourd'hui 17 Etats (Bénin, Burkina Faso, Cameroun, Comores, Congo, Côte d'Ivoire, Gabon, Guinée Bissau, Guinée, Guinée Equatoriale, Mali, Niger, République Centrafricaine, République démocratique du Congo, Sénégal, Tchad, Togo). Les langues de travail en sont le français, l'anglais, l'espagnol et le portugais.

Les buts poursuivis étant entre autres la facilitation des échanges et la promotion des investissements, la garantie de la sécurité juridique et la simplification de la procédure d'agrément, l'effectivité du Traité devra aussi être marquée par :

• la suppression de la convention d'établissement, des décrets et lois en matière d'agrément,

• la fixation des délais impératifs pour la notification des décisions d'agrément et leur prise en compte immédiate par les administrations chargées de les appliquer.

– La simplification des procédures d'obtention des autorisations administratives pour les entreprises agréées.

Ce Traité constitue, en outre, un cadre rassurant de politique d'investissement, en même temps qu'un instrument de sécurité juridique et judiciaire des affaires. Le droit OHADA est ainsi conçu pour impulser toute politique de développement économique et créer un vaste marché régional, en faisant de l'Afrique un pôle de développement, afin de réaliser son intégration.

D'une part, plusieurs programmes en Afrique ont été lancés depuis la décennie 2010 sinon bien avant, avec à l'origine l'idée de créer des réseaux de partenariat en entreprise, des réseaux souvent pilotés par des partenaires multilatéraux et qui ont pour objectifs de :

– Contribuer à l'émergence de PME/PMI et du secteur privé en général ;

– Faciliter l'insertion, en Afrique, grâce à l'offre d'une formation qualifiante des jeunes diplômés ;

– Aider à promouvoir des activités créatrices de richesses et d'emplois.

D'autre part, les gouvernements africains ont mis en place un cadre institutionnel incitatif à l'initiative privée, en vue de promouvoir le secteur des petites et moyennes entreprises dont l'importance dans la résolution de la question du chômage et de l'emploi est reconnue. Aujourd'hui, l'on reconnaît que la législation et la réglementation en matière d'investissements, appuyées par des Agences de promotion des investissements et des Guichets uniques de création des entreprises, renforcent l'activité des Chambres nationales de commerce, d'industrie et des métiers et favorisent l'émergence de ce secteur.

En pratique, chaque Etat membre s'emploie, dans un tel contexte, à créer, au profit des acteurs du secteur privé, un environnement propice à :

– L'instruction des projets et la réalisation des études de marché et de faisabilité

– L'assistance aux structures d'appui aux entreprises

– La formation, l'assistance technique et scientifique des acteurs du secteur privé

– L'expertise managériale et le soutien financier à travers un dispositif de prêt et de crédit

– Le suivi et la prise en mains des entreprises en création

– La création des écoles d'ingénierie en entreprise

On perçoit donc l'utilité d'un livre entièrement consacré à ces questions. Et le grand mérite de ce Code, c'est qu'il présente, pour chaque pays :

– la législation et la réglementation sur les investissements, les PME/PMI, suivies de leur analyse ;

– l'organisation et le fonctionnement des Agences de promotion des investissements et des PME/PMI ;

– les Chambres nationales de commerce, d'industrie et des métiers ;

– l'organisation et le fonctionnement des Centres de formalités administratives des entreprises ;

– l'analyse approfondie de l'environnement économique et ;

– les opportunités d'investissements et les secteurs économiques porteurs ;

– le Fonds d'aide et de garantie les mécanismes d'accès au financement des PME/PMI ;

– les orientations de politique générale en matière de développement économique.

Fruit d'une recherche approfondie et d'une étude de proximité, ce Code des Investissements expose aussi, dans les détails, un certain nombre de pratiques institutionnelles et administratives, complexes, parfois antinomiques et génératrices d'incertitudes ou d'inertie.

Cette première édition de 2016 est publiée dans ce but, d'accompagner, dans leurs activités les praticiens, les professionnels, les chercheurs et le grand public qui sont confrontés, au quotidien, aux aléas de la vie des affaires.

Hygin Didace AMBOULOU

PREMIÈRE PARTIE.

LE CODE DES INVESTISSEMENTS DU BÉNIN

Loi n°90-002 du 9 mai 1990, modifiée par la loi n°90-033 du 24 décembre 1990, l'ordonnance n°2008-04 du 28 juillet 2008 et l'ordonnance n°2008-06 du 8 novembre 2008

Titre 1 - Des définitions et des dispositions générales

Chapitre 1 - Des définitions

Au titre de la présente loi on entend par :

Art.1.- « Entreprise », toute personne physique ou morale et toute coopérative qui exerce en République du Bénin une activité relevant des secteurs primaire, secondaire ou tertiaire.

Art.2.- « Extension » : l'accroissement de la capacité de production de l'Entreprise par l'installation d'une unité séparée, ou l'adjonction à l'activité existante d'une activité nouvelle.

Art.3.- « Valeur ajoutée » : la différence entre le chiffre d'affaires toutes taxes comprises et les consommations intermédiaires.

Art.4.- « Investissement » : le montant total, toutes taxes comprises des immobilisations de toutes sortes, des frais de constitution et du fonds de roulement permanent.

Art.5.- « Durée d'agrément » : la durée totale pendant laquelle l'Entreprise est soumise au bénéfice du régime privilégié.

Art.6.- « Matières premières » : les objets et fournitures destinés à être incorporés aux produits fabriqués.

Art.7.- « Matériels et produits » : les éléments matériels que l'Entreprise se procure à l'extérieur et qu'elle peut mettre en stock en vue de leur utilisation ultérieure pour la fabrication.

Art.8.- « Matériel et outillage » : les objets et instruments qui servent à la transformation ou au façonnage des matières. Ce sont le matériel et outillage industriels, le matériel et outillage agricoles, le matériel de pêche, le matériel de manutention, le matériel d'emballage (emballage destiné à un usage interne et qui n'est pas livré à la clientèle avec son contenu), le matériel de réparation (clés et autres outils), le matériel roulant utilitaire.

Art.9.- « Produit » : tout objet physique obtenu après une activité agricole, de pêche et de transformation industrielle.

Chapitre 2 - Des dispositions générales

Art.10.- A l'exception des activités qui pour des raisons d'intérêt général et d'ordre public, sont interdites par la Loi, l'exercice d'une activité industrielle, agricole, commerciale ou artisanale est libre en République du Bénin.

Art.11.- *(Ordonnances n°08-04 et 08-06)*

Les dispositions relatives aux investissements en République du Bénin comprennent un régime de droit commun, des régimes privilégiés et un régime spécial. Les régimes privilégiés, qui sont au nombre de cinq, offrent aux entreprises nationales et étrangère, des avantages douaniers et fiscaux. Ce sont les régimes ci-après :

– le régime « A » qui s'applique aux PME ;

– le régime « B » ou régime de grande entreprise ;

– le régime « C » ou régime de stabilisation fiscale ;

– le régime « D » ou régime des investissements lourd ;

– le régime « E » ou régime des investissements structurants.

Le régime spécial est applicable aux entreprises artisanales et autres, dont le montant des investissements est prévu à l'article 57 de la présente loi.

Art.12.- Aucune entreprise ne peut être soumise pour la même activité à deux régimes privilégiés différents.

Art.13.- Dans le but de faire jouer la libre concurrence, il est garanti que les entreprises publiques, les entreprises semi-publiques et les entreprises privées bénéficieront au titre du présent Code, des mêmes droits et seront également soumises aux mêmes obligations.

Art.14.- Toute entreprise qui exerce une activité commerciale, industrielle, agricole, artisanale ou de service bénéficie, quel que soit le régime sous lequel elle exerce (régime de droit commun ou régime privilégié), des garanties suivantes :

– liberté commerciale (choix des fournisseurs, des clients, des prestations de service) ;

– liberté d'entrée, de séjour, de circulation, de sortie des agents expatriés et de leurs familles dans le respect des textes en vigueur ;

– liberté de gestion ;

– liberté de transfert des capitaux et notamment des bénéfices et dividendes régulièrement comptabilisés et des fonds acquis en cas de cession ou de cessation d'activité de l'Entreprise dans le cadre de la législation en vigueur ;

– la garantie que l'Etat béninois ne prendra aucune mesure de nationalisation ;

– la garantie que l'Etat béninois ne prendra aucune mesure d'expropriation des investissements réalisés par elle sous réserve des cas d'utilité publique constatés dans les conditions prévues par la loi. Dans le cas d'utilité publique, les mesures d'expropriation ne doivent pas être discriminatoires et doivent prévoir une juste, adéquate et préalable réparation dont le montant sera déterminé selon les règles et pratiques habituelles du droit international.

Titre 2 - Des régimes privilégiés

Chapitre 1 - Des dispositions communes

Section 1 - Du champ d'application

Art.15.- Pourra être admise au bénéfice de l'un des régimes privilégiés prévus à l'article 11 ci-dessus, toute entreprise de tous secteurs nouvellement créée présentant un intérêt ou une importance particulière pour la réalisation des objectifs du plan national de développement économique et social et n'entrant pas dans l'une des catégories ci-après :

– 1° les activités consistant en l'achat pour la revente en l'état :

– 2° les activités de reconditionnement, de découpage, de torsadage ou d'emballage de produits finis ou semi-finis et toutes autres activités n'entraînant pas une ouvraison ou une transformation au sens de la nomenclature douanière ;

– 3° les activités ayant une incidence particulièrement néfaste sur l'environnement et la santé des populations. Sur proposition du Ministre chargé du plan, cette liste peut être modifiée par décret en fonction des besoins et impératifs du développement économique et social.

Art.16.- Le régime privilégié pourra également être accordé aux entreprises anciennement installées au Bénin à l'occasion d'une extension de leurs activités, à condition toutefois que l'extension ne relève pas de l'un des domaines d'activité mentionnés à l'article 15 et remplisse les critères d'investissement du régime sollicité. En cas d'extension, le régime accordé ne s'applique qu'à l'extension.

Art.17.- Lorsque au sein d'une entreprise coexisteront des activités bénéficiant d'un régime privilégié et d'autres soumises au droit commun (comme c'est le cas de l'extension d'activité agréée), les premières devront obligatoirement être constituées en entité autonome dotée d'une comptabilité séparée permettant d'isoler clairement leurs résultats de ceux de toute l'Entreprise.

Art.18.- Pour être agréée à un régime privilégié, l'activité créée doit, outre la condition fixée à l'article 15, contribuer dans une large mesure à :

– la mise en œuvre de la politique d'aménagement du territoire par l'implantation d'activités dans les zones économiquement moins développées ;

– la création d'emplois ;

– l'amélioration et le redressement de la balance commerciale et de la balance des paiements ;

– la valorisation des ressources locales.

Section 2 - De la durée de l'agrément

Art.19.- La durée de l'agrément couvre :

– une période d'installation au cours de laquelle le programme d'investissement devra être réalisé ;

– une période d'exploitation qui correspond à la phase de production ou d'exploitation.

Art.20.- La période d'installation court à partir de la date d'effet de l'agrément et s'étend sur une période qui ne peut excéder trente mois quel que soit le régime. La fin de la réalisation du programme est constatée par Arrêté conjoint du Ministre chargé du plan, président de la CTI et du Ministre chargé de l'industrie, président de la CCI.

Art.21.- La période d'exploitation prend effet à compter de la date de signature de l'arrêté conjoint constatant la fin de la réalisation du programme d'investissement. La durée de la période d'exploitation est fixée comme suit pour tous les régimes :

– 5 années pour les investissements réalisés en zone 1 ;

– 7 années pour les investissements ;

– 9 années pour les investissements réalisés en zone 3.

Art.22.- La réalisation du programme d'investissement dans un délai plus court inférieur aux 30 mois prévus à l'article 20 entraîne pour les bénéficiaires des régimes une bonification de durée égale au nombre de mois restant à courir jusqu'à la fin des 30 mois. Cette bonification s'ajoutera à la durée de la période d'exploitation telle que définie à l'article 21. En cas de dépassement du délai maximum d'installation, le nombre de mois supplémentaires sera déduit de la période d'exploitation. Dans les décomptes, seuls les nombres de jours supérieurs à 14 seront comptés comme un mois entier.

Art.23.- En application des dispositions de l'article 21, le territoire béninois sera divisé en trois zones dites zone 1, zone 2, zone 3 qui seront définies par le décret d'application de la présente loi.

Chapitre 2 - De la procédure d'octroi des régimes privilégiés

Art.24.- Toute entreprise qui sollicite l'octroi d'un régime privilégié doit en formuler la demande auprès du Ministre chargé du plan.

Art.25.- Toute demande d'agrément doit indiquer celui des régimes privilégiés dont le bénéfice est sollicité. Elle doit être appuyée d'une part d'un dossier complet en vingt exemplaires contenant des indications d'ordre juridique, technique, économique et financier qui seront précisées par arrêté du Ministre chargé du plan et d'autre part de l'autorisation préalable d'installation délivrée par le Ministre dont relève l'activité projetée.

Art.26.- L'agrément à un régime privilégié est prononcé par le Gouvernement sur proposition du Ministre chargé du plan après avis de la CTI visée au chapitre 3 ci-dessous.

Art.27.- La notification de l'agrément ou du rejet de la requête doit être faite au demandeur dans un délai maximum de deux mois à compter de la date de dépôt du dossier complet.

Art.28.- Le décret d'agrément :

– 1° fixe l'objet, le lieu d'implantation du projet, son délai de réalisation ainsi que la durée de la période d'exploitation agréée ;

– 2° énumère les activités pour lesquelles le régime est octroyé, la nature et les quantités des éléments à exonérer ;

– 3° détermine la nature et la durée des avantages accordés ;

– 4° définit les obligations qui incombent à l'entreprise notamment en ce qui concerne la réalisation de ses programmes d'investissement, de production, d'emploi et de formation professionnelle, la poursuite de ses objectifs économiques, commerciaux et sociaux ;

– 5° prévoit les modalités particulières de l'arbitrage visé à l'article 74 ci-dessous.

Art.29.- L'entreprise agréée doit notifier au président de la CCI, l'achèvement du programme d'investissement. La date d'achèvement fait l'objet d'un arrêté du président de la CCI et du président de la CTI qui devront au préalable vérifier que l'unité est effectivement prête à entrer en production ou en exploitation.

Art.30.- L'arrêté constatant l'achèvement du programme d'investissement doit préciser la durée de la période d'activité soumise au régime privilégié et sa date d'effet.

Chapitre 3 - De la commission technique des investissements (CTI)

Art.31.- La Commission Technique des Investissements (CTI) est chargée :

– 1° d'examiner et d'instruire les dossiers de demandes présentées pour l'attribution des régimes privilégiés prévus par le présent Code et d'émettre un avis motivé concernant ces demandes ;

– 2° de proposer le retrait de l'agrément conformément aux dispositions de l'article 70 ci-dessous ;

– 3° de donner son avis motivé sur les demandes de remboursement des cotisations au Fonds National d'Investissement présentées par toute entreprise installée en République du Bénin.

Art.32.- La composition et les modalités de fonctionnement de la CTI seront définis dans le décret d'application de la présente loi.

Chapitre 4 - Des obligations des bénéficiaires du régime privilégié

Art.33.- *(Ordonnances n°08-04 et 08-06)*

Toute entreprise qui sollicite l'un quelconque des quatre premiers régimes privilégiés visés à l'article 11 de la présente loi s'engage à :

– affecter en moyenne au moins 60 % de la masse salariale aux nationaux ;

– se conformer aux normes de qualité nationales ou internationales applicables aux biens et services, objets de son activité ;

– sauvegarder les conditions écologiques, en particulier l'environnement ;

– tenir une comptabilité régulière conforme aux dispositions du plan comptable SYSCOA ainsi que de l'Acte uniforme relatif au droit comptable de l'OHADA ;

– années pour les investissements réalisés en zone 3.

Art.22.- La réalisation du programme d'investissement dans un délai plus court inférieur aux 30 mois prévus à l'article 20 entraîne pour les bénéficiaires des régimes une bonification de durée égale au nombre de mois restant à courir jusqu'à la fin des 30 mois. Cette bonification s'ajoutera à la durée de la période d'exploitation telle que définie à l'article 21. En cas de dépassement du délai maximum d'installation, le nombre de mois supplémentaires sera déduit de la période d'exploitation. Dans les décomptes, seuls les nombres de jours supérieurs à 14 seront comptés comme un mois entier.

Art.23.- En application des dispositions de l'article 21, le territoire béninois sera divisé en trois zones dites zone 1, zone 2, zone 3 qui seront définies par le décret d'application de la présente loi.

Chapitre 2 - De la procédure d'octroi des régimes privilégiés

Art.24.- Toute entreprise qui sollicite l'octroi d'un régime privilégié doit en formuler la demande auprès du Ministre chargé du plan.

Art.25.- Toute demande d'agrément doit indiquer celui des régimes privilégiés dont le bénéfice est sollicité. Elle doit être appuyée d'une part d'un dossier complet en vingt exemplaires contenant des indications d'ordre juridique, technique, économique et financier qui seront précisées par arrêté du Ministre chargé du plan et d'autre part de l'autorisation préalable d'installation délivrée par le Ministre dont relève l'activité projetée.

Art.26.- L'agrément à un régime privilégié est prononcé par le Gouvernement sur proposition du Ministre chargé du plan après avis de la CTI visée au chapitre 3 ci-dessous.

Art.27.- La notification de l'agrément ou du rejet de la requête doit être faite au demandeur dans un délai maximum de deux mois à compter de la date de dépôt du dossier complet.

Art.28.- Le décret d'agrément :

– 1° fixe l'objet, le lieu d'implantation du projet, son délai de réalisation ainsi que la durée de la période d'exploitation agréée ;

– 2° énumère les activités pour lesquelles le régime est octroyé, la nature et les quantités des éléments à exonérer ;

– 3° détermine la nature et la durée des avantages accordés ;

– 4° définit les obligations qui incombent à l'entreprise notamment en ce qui concerne la réalisation de ses programmes d'investissement, de production, d'emploi et de formation professionnelle, la poursuite de ses objectifs économiques, commerciaux et sociaux ;

– 5° prévoit les modalités particulières de l'arbitrage visé à l'article 74 ci-dessous.

Art.29.- L'entreprise agréée doit notifier au président de la CCI, l'achèvement du programme d'investissement. La date d'achèvement fait l'objet d'un arrêté du président de la CCI et du président de la CTI qui devront au préalable vérifier que l'unité est effectivement prête à entrer en production ou en exploitation.

Art.30.- L'arrêté constatant l'achèvement du programme d'investissement doit préciser la durée de la période d'activité soumise au régime privilégié et sa date d'effet.

Chapitre 3 - De la commission technique des investissements (CTI)

Art.31.- La Commission Technique des Investissements (CTI) est chargée :

– 1° d'examiner et d'instruire les dossiers de demandes présentées pour l'attribution des régimes privilégiés prévus par le présent Code et d'émettre un avis motivé concernant ces demandes ;

– 2° de proposer le retrait de l'agrément conformément aux dispositions de l'article 70 ci-dessous ;

– 3° de donner son avis motivé sur les demandes de remboursement des cotisations au Fonds National d'Investissement présentées par toute entreprise installée en République du Bénin.

Art.32.- La composition et les modalités de fonctionnement de la CTI seront définis dans le décret d'application de la présente loi.

Chapitre 4 - Des obligations des bénéficiaires du régime privilégié

Art.33.- *(Ordonnances n°08-04 et 08-06)* Toute entreprise qui sollicite l'un quelconque des quatre premiers régimes privilégiés visés à l'article 11 de la présente loi s'engage à :

– affecter en moyenne au moins 60 % de la masse salariale aux nationaux ;

– se conformer aux normes de qualité nationales ou internationales applicables aux biens et services, objets de son activité ;

– sauvegarder les conditions écologiques, en particulier l'environnement ;

– tenir une comptabilité régulière conforme aux dispositions du plan comptable SYSCOA ainsi que de l'Acte uniforme relatif au droit comptable de l'OHADA ;

– observer strictement les programmes d'investissement et d'activités agréés.

Art.34.- *(Loi n°90-033 du 24 décembre 1990)* L'entreprise bénéficiaire d'un régime privilégié est tenue de :

– 1° se soumettre aux différents contrôles effectués par les Services Administratifs conformément à la réglementation en vigueur ;

– 2° fournir immédiatement, en cas de modifications importantes de ses programmes d'investissement et d'activités agréées un compte rendu motivé à la Direction du Plan, à la Direction de l'Industrie et au ministère de tutelle ;

– 3° produire annuellement à la Direction du Travail conformément à la législation en vigueur, une déclaration nominative des salariés de l'Entreprise avec indication de leurs qualifications et de leurs salaires ainsi qu'une note sur l'état d'avancement du programme de formation professionnelle ;

– 4° communiquer chaque année à la Direction de l'industrie, à la DGID et à l'INSAE dans un délai n'excédant pas quatre mois après la clôture de l'exercice, les documents et pièces comptables suivants :

– rapport sur l'exécution des travaux d'installation et sur l'avancement des programmes d'investissement, d'équipement, d'emplois et de formation professionnelle ;

– copie du bilan, des soldes caractéristiques de gestion, du tableau de passage, des tableaux des amortissements et de l'état des provisions.

– 5° adresser mensuellement à l'INSAE, les renseignements relatifs à la production, à la main-d'œuvre, à la consommation de matières premières, aux importations, aux exportations ainsi que tous les autres renseignements sollicités par ledit institut.

Art.35.- L'utilisation d'une main-d'œuvre étrangère par une entreprise privilégiée est soumise à la réglementation en vigueur en la matière.

Art.36.- A l'expiration du bénéfice du régime privilégié, l'entreprise agréée doit poursuivre ses activités pendant cinq ans au moins sous peine de rembourser à l'Etat Béninois les avantages obtenus pendant la durée de l'agrément.

Chapitre 5 - Des différents régimes et de leurs avantages

Section 1 - Du régime « A » ou régime des PME

Art.37.- Le régime « A » est destiné à encourager le développement des petites et moyennes entreprises (PME) de nationalité béninoise ou étrangère dont les activités pourront aider au développement économique et social de la Nation et à la promotion des entreprises coopératives.

Art.38.- Est considérée aux termes du présent Code comme PME pouvant être agréée au régime « A » toute entreprise qui, outre les critères des articles 15 et 18, remplit cumulativement les conditions suivantes :

– 1° être immatriculé au registre du commerce ou se conformer dans le cas d'une coopérative, à la réglementation en vigueur en matière de constitution des coopératives ;

– 2° avoir un programme d'investissement d'un montant allant de 20.000.000 à 500.000.000 FCFA ;

– 3° prévoir d'utiliser au moins 5 salariés permanents de nationalité béninoise ;

– 4° tenir une comptabilité régulière et conforme au plan comptable national quel que soit le chiffre d'affaires réalisé.

Art.39.- Le régime « A » permet de bénéficier des avantages suivants :

1) Pendant la période de réalisation des investissements : exonération des droits et taxes perçus à l'entrée, à l'exportation de la taxe de voirie et de la taxe de statistique, sur :

– les machines, matériels et outillages destinés spécifiquement à la production ou à l'exploitation dans le cadre du programme agréé ;

– les pièces de rechange spécifiques aux équipements importés dans la limite d'un montant égal à 15 % de la valeur CAF des équipements.

2) Pendant la période d'exploitation et pour une durée égale à celle définie à l'article 21 ci-dessus :

– exonération de l'impôt sur les bénéfices industriels et commerciaux :

– exemption des droits et taxes de sortie applicables aux produits préparés, manufacturés et exportés par l'entreprise. *Section 2 - Du régime « B » ou du régime de la grande entreprise*

Art.40.- Le régime « B » ou régime de la grande entreprise est destiné à promouvoir les entreprises nationales ou étrangères désireuses de concourir par leurs investissements au développement économique et social de la République du Bénin.

Art.41.- *(Loi n°90-033 du 24 décembre 1990)* Peuvent être agréées au régime « B », les entreprises qui, outre les critères cités aux articles 15 et 18 ci-dessus, réalisent un investissement supérieur à 500.000.000 FCFA et inférieur à 3.000.000.000 FCFA.

Art.42.- L'entreprise bénéficiaire du présent régime doit créer au moins 20 emplois permanents pour béninois.

Art.43.- *(Loi n°90-033 du 24 décembre 1990)* L'agrément au régime « B » comporte les avantages suivants :

– 1° pendant la période de réalisation des investissements, exonération des droits et taxes à l'entrée, à l'exception de la taxe de voirie et de la taxe de statistique, sur :

– les machines, matériels et outillages destinés spécifiquement à la production et à l'exploitation dans le cadre du programme agréé ;

– les pièces de rechange spécifiques aux équipements importés dans la limite d'un montant égal à 15 % de la valeur CAF des équipements.

– 2° pendant la période d'exploitation :

– exemption des droits et taxes de sortie, applicables aux produits préparés, manufacturés et exportés par l'entreprise ;

– exonération de l'impôt sur les bénéfices industriels et commerciaux.

Section 3 - Du régime « C » ou régime de la stabilisation fiscale

Art.44.- Le régime de la stabilisation fiscale est destiné à encourager les très grandes entreprises qui ont réalisé un investissement supérieur à 3.000.000.000 FCFA.

Art.45.- Le régime « C » permet de bénéficier du droit des avantages consentis dans le cadre du régime « B » et pour une durée identique à celle accordée dans le cadre du régime « B ».

Art.46.- Les dispositions des articles 42 à 43 ci-dessus s'appliquent également aux entreprises du régime « C ».

Art.47.- *(Loi n°90-033 du 24 décembre 1990)* Les entreprises agréées au régime « C » bénéficient de la stabilisation fiscale en ce qui concerne le taux et le mode de détermination de l'assiette des impôts autres que l'impôt sur les bénéfices industriels et commerciaux pendant toute la durée de l'agrément.

Section 4 - Du régime « D » ou régime des investissements lourds

Art.47-1.- *(Ordonnances n°08-04 et 08- 06)* Constituent des investissements lourds, les investissements dont le montant hors taxe est égal ou supérieur à 50.000.000.000 FCFA, mais inférieur à 100.000.000.000 FCFA.

Art.47-2.- *(Ordonnances n°08-04 et 08- 06)* L'agrément des entreprises dont le montant des investissements hors taxe est égal ou supérieur à 50.000.000.000 FCFA, mais inférieur à 100.000.000.000 FCFA comporte les avantages particuliers ci-après :

1) La durée de l'agrément comprend :

– une période d'installation ou d'investissement maximale de cinq ans ;

– une période d'exploitation de 12, 13 ou 15 ans, selon que le projet se situe dans la zone 1, 2 ou 3 définie dans l'article 23.

2) Durant toute la période de validité de l'agrément, l'entreprise bénéficie de la stabilisation fiscale en ce qui concerne les règles d'assiette, les modalités de recouvrement et de contrôle, de perception, de calcul, de taux et de tarification.

3) En régime douanier :

– pendant la période d'investissement :

exonération des droits et taxes d'entrée, à l'exception de la taxe de voirie, de la taxe statistique, du timbre douanier, du prélèvement communautaire de solidarité et du prélèvement communautaire sur les machines, équipements, matériels, outillages, véhicules utilitaires, pièces de rechange et consommables, objet du projet agréé.

– pendant la période d'exploitation :

– exonération des droits et taxes d'entrée, à l'exception de la taxe de voirie, de la taxe de statistique, du timbre douanier, du prélèvement communautaire de solidarité et du prélèvement communautaire sur les pièces de rechange ;

– exonération des droits et taxes d'entrée, à l'exception de la taxe de voirie, de la taxe de statistique, du timbre douanier, du prélèvement communautaire de solidarité et du relèvement communautaire sur les intrants, et les combustibles.

4) En régime intérieur :

– pendant la période d'investissement : exonération de la patente et de la contribution foncière des propriétés bâties et non bâties ;

– pendant la période d'exploitation, à compter de la première année de production :

– exonération de la patente et de la contribution foncière des propriétés bâties et non bâties ;

– exonération de l'impôt sur les bénéfices industriels et commerciaux ;

– exonération du versement patronal sur les salaires du personnel expatrié régulièrement déclaré suivant la réglementation en vigueur au Bénin.

Art.47-3.- *(Ordonnance n°08-04)* Pour cette catégorie d'investissements, la durée des conventions associées pourrait être supérieure à celle définie dans les Codes sectoriels ou spécifiques en vigueur.

Section 5 - Du régime « E » ou régime des investissements structurants

Art.47-4.- *(Ordonnance 08-06)* Constituent des investissements structurants, les investissements dont le montant hors taxe est supérieur ou égal à 100.000.000.000 FCFA et qui contribuent à la consolidation des pôles de développement identifiés.

Art.47-5.- *(Ordonnance 08-06)* L'agrément des entreprises dont le montant des investissements hors taxe est supérieur ou égal à

100.000.000.000 FCFA comporte des conditions fiscales, douanières et minières particulières.

Art.47-6.- *(Ordonnance 08-06)* Le Gouvernement, à travers les Ministres sectoriels compétents, en relation avec le Ministre en charge de l'économie et des finances, le Ministre en charge de l'industrie et du commerce et le Ministre en charge du développement, est habilité à négocier avec les investisseurs concernés les conditions fiscales, douanières et minières visées à l'article 47-8.

Art.47-7.- *(Ordonnance 08-06)* Ces conditions spécifiques font l'objet d'une convention approuvée par décret pris en Conseil des Ministres.

Art.47-8.- *(Ordonnance 08-06)* Le Gouvernement fait rapport à l'Assemblée Nationale de l'exécution annuelle des dispositions relatives au Régime « E » à l'occasion de l'examen du projet de loi de finances de l'Etat.

Chapitre 6 - Les dispositions diverses

Art.48.- Les entreprises agréées à l'un des régimes visés à l'article 11 ci-dessus et valorisant les ressources locales bénéficiant des avantages particuliers suivants :

– exonération des droits d'enregistrement à leur création ;

– exonération de la patente pendant les 5 premières années d'exploitation.

Art.49.- *(Loi n°90-033 du 24 décembre 1990)* Sont exclus du régime de franchise pour l'application des dispositions de la présente loi, les matériaux de construction, le matériel de bureau, les appareils et matériels électroménagers, les voitures particulières de tourisme, le matériel de climatisation, à l'exception du matériel de climatisation centrale et les produits pétroliers, à l'exception des lubrifiants, du fuel oïl, du gas-oil et des produits bitumineux.

Art.50.- Les opérations réalisées par l'entreprise privilégiée qui ne relèveraient pas expressément des activités énumérées dans le décret d'agrément demeurent soumises aux dispositions fiscales et autres de droit commun.

Art.51.- *(Loi n°90-033 du 24 décembre 1990)* Les machines, matériels, outillages et pièces détachées importés dans le cadre de l'agrément ne peuvent être cédés ou prêtés à titre gratuit ou onéreux qu'avec l'autorisation conjointe et préalable du Ministre chargé du plan et du Ministre chargé des finances. La cession, dans le cas où elle est autorisée, entraîne le paiement des droits dont les biens avaient été exonérés, calculés sur leur valeur déterminée conformément à la réglementation douanière et aux taux en vigueur au jour du dépôt de la déclaration.

Art.52.- Le bénéfice d'un régime privilégié accordé à une entreprise conformément aux dispositions du présent Code n'est pas transmissible.

Art.53.- L'agrément à un régime privilégié ne peut être ni renouvelé, ni prorogé. A l'expiration de la période de l'agrément, l'entreprise perd son caractère privilégié et relève des dispositions de droit commun.

Art.54.- Aucune décision législative ou réglementaire prenant effet à une date postérieure à celle de l'agrément, ne peut avoir effet de supprimer ou de restreindre à l'égard de l'entreprise les dispositions du régime privilégié dont elle bénéficie.

Art.55.- Une entreprise agréée peut demander à bénéficier de toute disposition plus favorable qui pourrait intervenir dans la législation fiscale et douanière.

Art.56.- Aucun régime privilégié ne permet de bénéficier de l'exemption des impôts, taxes et cotisations autres que ceux expressément prévus dans la Loi.

Titre 3 - Régime spécial

Art.57.- Sont concernés par les dispositions du régime spécial, les entreprises entrant dans les catégories suivantes :

– les entreprises prestataires de service relevant des domaines de la santé, de l'éducation et des travaux publics dont le montant des investissements est au moins égal à 20.000.000 FCFA ;

– les entreprises exerçant l'une des autres activités prévues à l'article 15 et dont le montant des investissements est compris entre 5.000.000 FCFA et 20.000.000 FCFA.

Art.58.- Les entreprises visées à l'article 57 ci-dessus peuvent bénéficier à leur création d'une réduction de 75 % des droits et taxes à l'entrée, à l'exception de la taxe de voirie et de la taxe de statistique, sur :

– les machines, matériels et outillages destinés à la production ou à l'exploitation ;

– les pièces de rechange spécifiques à ces équipements importés dans la limite d'un montant égal à 15 % de la valeur CAF des équipements.

Art.59.- *(Loi n°90-033 du 24 décembre 1990)* Les machines, matériels, outillages et pièces de rechange autres que ceux visés à l'article 58 ainsi que les impôts dus relèvent du droit commun pendant la période d'agrément.

Art.60.- Le bénéfice des dispositions des articles ci-dessus est subordonné à une demande adressée au Ministre chargé du plan et à l'engagement de tenir une comptabilité régulière et conforme aux dispositions du plan comptable national.

Art.61.- Ladite demande est étudiée par la CTI. Sur proposition de ladite Commission, un arrêté conjoint du Ministre chargé du plan et du Ministre chargé des finances rend l'Entreprise éligible aux présentes dispositions.

Art.62.- *(Loi n°90-033 du 24 décembre 1990)* La demande visée à l'article 60 doit comporter :

– la description du procédé de fabrication des biens ou du mode de valorisation pour les entreprises de transformation ;

– la liste complète des matériels, machines, outillages et pièces de rechange nécessaires à l'installation ;

– le nombre d'emplois permanents ;

– une copie de l'enregistrement au registre de commerce.

Titre 4 - Du contrôle et des sanctions Chapitre 1 - Commission de contrôle des investissements (CCI)

Art.63.- Dans le cadre des dispositions du présent Code, il est institué une Commission de Contrôle des Investissements.

Art.64.- La CCI est chargée de :

1) Vérifier de sa propre initiative ou sur demande du président de la CTI, les réalisations des entreprises bénéficiaires d'un régime privilégié du Code des investissements, notamment la conformité de leurs réalisations aux programmes agréés.

2) Constater le respect ou non des engagements souscrits par les bénéficiaires d'un régime privilégié, proposer au président de la CTI le retrait de cet agrément en cas de non-respect desdits engagements.

Les investigations de la CCI portent notamment sur :

– le programme des investissements ;

– la création d'emplois et la formation professionnelle ;

– la production ;

– la tenue régulière d'une comptabilité ;

– le respect de la législation notamment fiscale, parafiscale, douanière et sanitaire.

3) Constater l'achèvement des programmes d'investissements agréés.

4) Procéder à la vérification des investissements effectivement réalisés par toute entreprise qui demande le remboursement de ses cotisations au PNI.

Art.65.- Tout service technique sollicité est tenu de fournir à la Commission tous les renseignements et concours nécessaires dans le cadre de ce contrôle.

Art.66.- La composition et le fonctionnement de la CCI seront définis par le décret d'application de la présente loi.

Chapitre 2 - Sanctions

Art.67.- Tout détournement de sa destination privilégiée de tout bien importé dans le cadre du présent Code des investissements :

– a) constitue un manquement aux obligations de l'entreprise agréée qui sera sanctionnée conformément aux dispositions de l'article 68 ci-dessous ;

– b) constitue une infraction douanière qui sera sanctionnée conformément aux dispositions du Code des douanes ;

– c) rend immédiatement exigible le paiement au Trésor public du montant des droits dont ces biens ont été exonérés.

Art.68.- En cas de non-respect de l'une des obligations prescrites aux articles 33, 34, 35 ci-dessus et dûment constaté par la CCI, l'entreprise est passible d'une amende fiscale dont le montant sera défini dans le décret d'application de la présente loi.

Art.69.- La destination du produit des pénalités perçues en vertu des dispositions de l'article 68 ci-dessus sera fixée par le décret d'application du présent Code.

Art.70.- En cas de violation grave ou réitérée ou en cas de non-réalisation du programme d'investissement constatée par l'expiration de la période d'installation, le bénéfice du régime privilégié peut être retiré à l'entreprise agréée selon la procédure ci-après :

– 1° le président de la CTI met l'entreprise en demeure de prendre les mesures nécessaires pour se mettre en règle vis-à-vis des engagements pris dans le cadre des dispositions de la présente loi.

– 2° si dans un délai de trente jours à compter de la date de réception de la mise en demeure, l'entreprise ne se manifeste pas ou ne s'exécute pas, le président de la CTI, sur rapport du président de la CCI propose au Gouvernement le retrait de l'agrément.

Art.71.- La décision de retrait est prononcée par décret.

Art.72.- En cas de retrait du bénéfice du régime privilégié, l'entreprise en cause e tenue de rembourser à l'Etat béninois, la valeur ou l'équivalent en valeur des avantages qu'elle a obtenus pendant la durée d'agrément auxquels est appliqué le taux d'escompte normal de la BCEAO.

Titre 5 - Du règlement des différents

Art.73.- Tout différend entre l'administration des douanes, les impôts et l'entreprise agréée concernant l'application des dispositions des articles 39, 43, 46 et 58 du Code des investissements et réglé par une commission comprenant les représentants des Ministres chargés du plan, des finances, de l'industrie et de la justice. Cette commission est présidée par le Ministre chargé du plan.

Art.74.- *(Loi n°90-033 du 24 décembre 1990)* Le règlement des litiges relatifs à la validité, à l'interprétation ou à l'application du décret d'agrément et à la détermination éventuelle des amendes fiscales dues à la méconnaissance ou à la violation des engagements pourront faire l'objet de l'une des procédures d'arbitrage ci-après :

1) La constitution d'un collège arbitral :

– par la désignation d'un arbitre par chacune des parties ;

– par la désignation d'un tiers arbitre par les deux premiers arbitres.

Dans le cas où l'une des parties n'aurait pas désigné dans les soixante jours de la notification par l'autre partie de son arbitre désigné et le cas où les deux premiers arbitres ne se seraient pas mis d'accord sur le choix du tiers arbitre dans les trente jours de la désignation du deuxième arbitre, la désignation du deuxième ou du tiers arbitre selon le cas sera faite par une autorité hautement qualifiée à l'initiative de la partie la plus diligente. Cette autorité sera :

– a) le président de la Cour Suprême de la République du Bénin dans le cas où seuls sont en cause des intérêts béninois ou si les parties en conviennent ainsi ;

– b) le président de la Cour Permanente d'Arbitrage de La HAYE dans le cas où le différend oppose l'Etat béninois à des intérêts étrangers. La sentence rendue à la majorité des arbitres, maîtres de leur procédure et statuant en équité est définitive et exécutoire.

2) Le recours au CIRDI, créé par la convention du 18 mars 1965 de la BIRD.

Titre 6 - Des dispositions transitoires

Art.75.- Les garanties et les avantages, consentis à certaines entreprises dans le cadre de l'ordonnance n°72-01 du 8 janvier 1972 et la loi n°82-005 du 20 mai 1982 portant Code des investissements leur restent acquis jusqu'à l'expiration des délais définis par leurs actes d'agrément.

Art.76.- Des décrets pris en conseil des Ministres fixeront en tant que de besoin les modalités d'application de la présente loi.

Art.77.- La présente loi qui abroge toutes dispositions antérieures contraires et notamment la loi n°82-05 du 20 mai 1982 portant Code des investissements et son décret d'application, sera publié au Journal Officiel et exécutée comme loi de l'Etat.

CHARTE NATIONALE DES PETITES ET MOYENNES ENTREPRISES ET DES PETITES ET MOYENNES INDUSTRIES (PME / PMI) Avril 2005

Titre 1er : Des Principes Généraux

Chapitre 1er : De l'objet et du but de la charte

Article 1er : Objet de la Charte

La Charte a pour objet :

– de définir les PME/PMI,

– de fixer les mesures de soutien à leur apporter et les avantages à leur concéder, ainsi que les engagements qu'elles devront prendre vis-à-vis de leurs partenaires,

– de définir les rôles et les responsabilités des acteurs en vue de les impliquer davantage,

– de renforcer les dispositifs favorisant une bonne gestion des PME/PMI,

– de mobiliser les ressources au profit des différents acteurs.

Article 2 : But de la Charte

La présente charte est un document de cadrage législatif et réglementaire, institutionnel et financier approprié au développement des PME/PMI.

Chapitre II : Des concepts

Article 3 : Définitions

Au sens de la présente Charte, on entend par :

– PME/PMI : toute entreprise légalement constituée tenant une comptabilité régulière, qui n'est pas une filiale de multinationale et qui satisfait aux critères d'un effectif de cinq (05) à quatre-vingt-dix-neuf (99) employés permanents, puis d'un capital social compris entre un million (1 000 000) et cinquante millions (50 000 000) de francs CFA ou des investissements d'un montant compris entre cinq millions (5 000 000) et cinq cent millions (500 000 000) de francs CFA ;

– *Employés :* le nombre de personnes correspondant au nombre d'Unités de Travail-Année (UTA), à savoir le nombre d'employés à plein temps durant une année, le travail temporaire, saisonnier ou journalier représentant une fraction d'unité travail année ;

– *L'année :* celle à prendre en considération pour la détermination du chiffre d'affaires et de l'investissement est l'année du dernier exercice clôturé de douze (12) mois au moment de la demande de reconnaissance par la Charte ;

Article 4 : Micro-Entreprises (ME) Sont classées parmi les Micro-Entreprises, celles remplissant les conditions suivantes :

– Disposer d'un effectif inférieur à cinq (05) employés ;

– Tenir une comptabilité très allégée ;

– Etre inscrit au registre de commerce et au crédit mobilier ;

– Ne pas être astreint à la déclaration d'impôt ;

– Disposer d'un chiffre d'affaires annuel inférieur ou égal à cinq (5) millions de FCFA.

Les employés sont souvent des membres de la famille et les contacts avec le monde de la gestion moderne sont dénués de formalités.

Article 5 : Petites Entreprises et Industries (PEI) Sont classées parmi les Petites Entreprises et Industries, celles remplissant les conditions suivantes :

– Disposer d'un effectif compris entre cinq (05) et quarante-neuf (49) employés ;

– Tenir une comptabilité conforme au système national en vigueur au Bénin et compatible avec les dispositions de l'Organisation pour l'Harmonisation en Afrique du Droit des Affaires (OHADA) ;

– Réaliser un chiffre d'affaires hors taxes annuel de cinq (5) à cent cinquante (150) millions de francs CFA ;

Le Directeur de la PEI devra détenir une carte d'industriel ou d'importateur ou encore une carte professionnelle de commerçant en cours de validité.

Article 6 : Moyennes Entreprises et Industries (MEI)

Sont classées parmi les Moyennes Entreprises et Industries, celles remplissant les conditions suivantes :

– Disposer d'un effectif compris entre cinquante (50) et quatre-vingt-dix-neuf (99) employés ;

– Tenir une comptabilité conforme au système national en vigueur au Bénin et compatible avec les dispositions de l'Organisation pour l'Harmonisation en Afrique du Droit des Affaires (OHADA) ;

– Réaliser un chiffre d'affaires hors taxes annuel compris entre cent cinquante (150) millions et deux (2) milliards de francs. L'entreprise sera caractérisée par une certaine division du travail, une organisation des tâches et une certaine gestion spécialisée ;

Le directeur de la MEI devra disposer d'une carte d'industriel ou d'importateur ou encore d'une carte professionnelle de commerçant en cours de validité.

Article 7 : Classifications évolutives

Les critères ci-dessus pourront, au vu de l'évolution de l'environnement économique national, sous-régional et international, être modifiés de manière consensuelle dans le but de leur adéquation permanente avec les réalités économiques dans lesquelles évoluent les PME/PMI.

Chapitre III : De la reconnaissance des PME/PMI

Article 8 : Qualité de PME/PMI

La qualité de PME/PMI reconnue comme telle par la Charte est attribuée par une institution publique permanente sous tutelle du ministère chargé des PME, sur demande expresse de l'entreprise ou de l'industrie qui remplit les conditions relatives à sa classification. Cette demande est faite par écrit dûment revêtue de la signature du demandeur qui s'engage à respecter les modalités prévues au Titre III de la présente Charte. Cette qualité est octroyée pour une période de cinq (05) ans. Cette période est renouvelable sur production des éléments justifiant l'appartenance de la PMEPMI à la catégorie concernée.

Article 9 : Identification matérielle des PME/PMI

La qualité de PME/PMI reconnue par la Charte donne lieu à une identification matérielle. Cette identification est faite par la structure chargée d'attribuer la qualité de PME-PMI.

Article 10 : Octroi de la qualité de PME/PMI reconnue par la Charte

L'entreprise étant amenée à évoluer au cours de son existence, le passage d'une catégorie à une autre est traité dans le chapitre 2 du Titre IV de la présente Charte. Le changement de catégorie est constaté par la mission de suivi de la charte sur demande expresse écrite de l'entreprise ou de l'industrie.

Cette qualité sera perdue à tout moment et de façon définitive, soit par la constatation du non-respect des engagements souscrits, soit en cas de fraude avérée ou de condamnation dûment prononcée par les juridictions compétentes.

Titre II : Des Mesures en faveur des PME/PMI

Chapitre 1er : Des mesures générales

Article 11 : Gestion de l'Information

L'Etat apporte l'appui nécessaire au renforcement de la compétitivité des PME/PMI à travers la mise à leur disposition de l'information sur la traçabilité, les normes de qualité, les conditions d'accès aux projets d'appui aux PME, la gestion de la concurrence sous-régionale et internationale, leur mise en réseau, l'aménagement de sites d'accueil qui leur sont prioritairement réservés et la formation en vue de l'amélioration de la qualité de leurs produits et services.

Article 12 : Mesures d'aide et de soutien

– L'Etat a l'obligation de :

– former les dirigeants et agents des PME-PMI aux techniques managériales, au concept de la « démarche qualité », aux techniques d'exportation, à la créativité, à l'innovation et surtout à la culture d'entreprise à travers le renforcement des structures d'encadrement ;

– créer des pépinières d'entreprises pour la formation des jeunes élèves et étudiants à l'entrepreneuriat ;

– mettre en place une réelle politique fiscale en faveur des PME/PMI.

– Les structures de dialogue ont l'obligation de :

– mettre en place un système de vulgarisation et de partage de l'information doté notamment d'une Bourse de Sous-Traitance et de Partenariat ;

– faciliter la migration des Micro-Entreprises vers les Petites Entreprises et Industries ou vers les Moyennes Entreprises et Industries et les Grandes Entreprises et Industries, si cela s'avère justifié ;

– faciliter le respect des délais fixés par le Centre de Formalités des Entreprises par rapport aux objectifs dudit centre et contribuer à la réduction des frais liés à la création des PME/PMI.

– Les PME-PMI ont pour obligations de :

– renforcer leur compétitivité en améliorant leur production et leur productivité ;

– améliorer la conception des dossiers de financement présentés aux structures financières et bancaires en sollicitant les services de cabinet d'expert en la matière ;

– promouvoir leur compétitivité par des plans marketing ;

– respecter l'obligation faite aux services publics d'accorder la priorité aux produits locaux dans le cadre des marchés publics.

Article 13 : Préoccupations liées aux mesures d'aide et de soutien

Les mesures d'aide et de soutien intègrent les préoccupations suivantes :

– la nécessité de maîtriser l'inflation ;

– la contribution à l'accroissement de l'épargne ;

– la nécessaire inscription et le développement des PME/PMI dans une dynamique d'évolution et d'adaptation technologique ;

– l'incitation des PME/PMI à produire des biens pour l'exportation ;

– la réorientation des mesures d'accès au financement et la facilitation de l'octroi de crédit à taux d'intérêt adapté ;

– l'accès des PME/PMI à l'information et à la formation de leurs ressources humaines en général.

Chapitre II : Des financements des PME/PMI

Article 14 : Création de structures de financement

L'Etat s'engage à mettre en place des structures de financement dédiées exclusivement à la création d'une entreprise.

Article 15 : Architecture financière de l'épargne de proximité

L'Etat encourage le secteur privé pour la création et le développement des activités favorables à la mise en place de l'épargne de proximité afin que les personnes privées investissent plus facilement dans les PME-PMI.

Article 16 : Love money

Le love money regroupe toutes les sources individuelles de financement de proximité (la famille, les amis soucieux d'aider un proche, les voisins désireux de dynamiser un quartier, des ressortissants d'une région soucieux de développer leurs communes ou départements, etc.). Tout ceci sera assorti des conditions de remboursement qui sont l'engagement à entrer en Bourse, l'organisation d'un marché interne d'actions. Ces fonds seront donc gérés par des institutions privées et non plus comme une affaire purement familiale, amicale ou régionale.

Article 17 : Prêts d'honneur

Ce sont des prêts faits sans intérêts et sans garantie personnelle mais basés sur le système de parrainage et des cautionnements mutuels ou solidaires.

Article 18 : Mobilisation de l'épargne locale

La mobilisation de l'épargne locale se fait à travers des instituts de participation dans les régions. Ces instituts font appel aux épargnants locaux. Les comptes sont bloqués deux (02) ans avec garantie de remboursement par une institution. L'épargnant choisit :

– son taux de rémunération qui oscille entre 0,2 % à 3 %

– l'affectation de son argent qui peut être sous forme de prêts bonifiés à l'artisanat, de prêts conventionnés à l'artisanat, de dotation d'installation de jeunes agriculteurs, de prêts spéciaux aux commerçants, de prêts spéciaux au secteur hôtelier, à la restauration, aux équipements et aux loisirs. L'élection des projets se fera en respectant la règle des trois tiers : la motivation du créateur, la qualité du montage et l'éthique solidaire du projet.

Article 19 : Aides de reconversion

La politique industrielle doit permettre aux créateurs d'entreprise de bénéficier des aides logistiques et financières dites aides de reconversion afin d'atténuer l'impact social de leur reconversion éventuelle.

Article 20 : Réseaux privés

L'Etat met en place une politique qui incite à la création de Fondations issues de grands groupes. Ces fondations accorderont des aides financières pour des projets consolidant des emplois dans un secteur spécifique. Ces réseaux devront constituer d'ailleurs des parrainages très recherchés.

Article 21 : Structures privées d'assurance retraite

Les structures privées d'assurance retraite seront encouragées à aider les créateurs de PME/PMI avec un objectif immédiat qui est de renouveler leur fonds de commerce en "gagnant " de futurs affiliés.

Article 22 : Utilisation de labels

Des labels comme l'Association de Développement des Exportations, la Fédération Nationale des Artisans du Bénin, les Associations de Développement, les Associations d'élus locaux, la Chambre de Commerce et d'Industrie du Bénin, la Chambre d'Agriculture du Bénin peuvent être utilisés auprès des banques pour les prêts d'honneur.

Article 23 : Business angels

Les business angels sont des investisseurs individuels assez riches, capables d'assurer la jonction entre le love money et les sociétés de capital-risque nationales qui misent sur de gros projets. Ils sont également en mesure de faire profiter leur expérience dans le business. Les conseils en gestion de patrimoine, les avocats, les notaires ou les banquiers d'affaires peuvent proposer de plus en plus à leurs riches clients de diversifier leur patrimoine.

Article 24 : Aides spéciales à l'innovation

L'Etat met en place une politique d'incitation à l'innovation en supportant des remises de dette à hauteur de 50 % en cas de succès pour un délai allant de trois à cinq ans, pour le financement d'une innovation ; cette subvention se base sur le caractère innovant du projet.

Article 25 : Aides régionales

Pour encourager les aides au niveau local, il y a lieu d'édicter des réglementations qui permettent aux communes d'offrir toute une série d'appuis indirects allant de la mise à disposition de terrains et de bâtiments à des garanties d'emprunt ou de prises de participation.

Article 26 : Fonds d'aménagement communaux (FAC)

Il sera créé des fonds d'aménagement communaux qui auront pour objet de favoriser la délocalisation des PME/PMI génératrices d'activités afin d'assurer leur installation dans certaines localités de développement prioritaire. Ces fonds permettront aux communes de renforcer leur attractivité auprès des entreprises et des populations et de réduire les disparités entre les différentes collectivités décentralisées.

Article 27 : Bénéficiaires des Fonds d'aménagement communaux

Les FAC seront gérés par les communes et les arrondissements et seront attribués aux PME/PMI reconnues par la Charte selon des critères de délocalisation définis, notamment l'attractivité pour la localité, le nombre d'emplois transférés, la création de nouveaux emplois auxquels elles auront satisfait.

Article 28 : Financement des Fonds d'aménagement communaux

Le financement des FAC pourra être assuré par l'Etat, les Collectivités décentralisées et les Partenaires au Développement.

Article 29 : Fonds d'aide au transport et à l'exportation

Des fonds d'aide au transport et à l'exportation seront créés afin de permettre aux PME/PMI délocalisées de distribuer leurs produits dans les meilleurs délais et dans de bonnes conditions. Ils seront prioritairement réservés à l'exportation et au transport vers les zones de commercialisation.

Article 30 : Financement des fonds d'aides au transport et à l'exportation

Les fonds d'aides au transport et à l'exportation pourront être financés pour une part, à déterminer, par assise sur les taxes d'importation perçues par l'Etat et pour une autre part par des projets d'appui aux exportations financés par les Partenaires au Développement.

Article 31 : Création d'un fonds de garantie à l'intention des femmes créatrices de PME-PMI.

Un fonds spécial de garantie sera créé à l'intention des femmes créatrices de PME/PMI.

Article 32 : Renforcement des capacités financières des Communes

Une aide régionale à la création et au développement des entreprises artisanales de production, sous forme d'avance remboursable, sans intérêt d'une durée de deux (02) ans, plafonnée à une certaine somme sera allouée aux créateurs diplômés de l'enseignement technique ayant au moins deux ans d'expérience.

Article 33 : Aides spéciales aux jeunes

Les jeunes de dix-huit (18) à vingt-cinq (25) ans doivent bénéficier d'une aide spéciale de la part de l'Etat pour le caractère innovant de leurs projets. Cette aide est matérielle ou financière.

Chapitre III : Des Dispositions sous régionales particulières

Article 34 : Organismes ou lignes de capital-risque

Pour des besoins de financement de l'investissement des PME-PMI, l'Etat procédera à la mise en place d'organismes ou de système de capital-risque pour la création et le développement.

Article 35 : Nouveaux produits de la Bourse Régionale des Valeurs Mobilières.

A ce titre, nous avons les Organismes de Placements Collectifs en Valeurs Mobilières à compartiments (actions) qui sont des structures de gestion collectives fondées sur la copropriété de valeurs mobilières et orientées vers la création d'entreprises. Elles vont bénéficier de régimes fiscaux de faveur.

Ces organismes permettent de doter les PME/PMI en fonds propres et de les habituer à privilégier le partenariat avec des actionnaires extérieurs, le but étant de rapprocher les détenteurs de capitaux des PME/PMI désireuses de financer leur développement. Le nouveau compartiment de la BRVM permettra aux PME/PMI de lever des fonds sur le marché financier à des conditions plus souples.

Article 36 : Création de nouveaux organismes et structures de financement

Les modalités de création, d'agrément, de fonctionnement, de contrôle, de dotation en fonds et d'information de ces organismes et structures de financement seront ultérieurement fixées par les institutions compétentes pour ce faire.

Article 37 : Avantages à accorder aux nouveaux organismes et structures de financement

Les nouveaux organismes et structures de financement bénéficient d'avantages fiscaux proposés au chapitre relatif aux mesures d'ordre fiscal.

Chapitre IV : De l'accès aux marchés publics et de la promotion de la sous-traitance

Article 38 : Accès aux marchés publics

Au titre de la passation des marchés publics, les institutions concernées de l'Etat et de ses démembrements doivent veiller à soumettre une proportion de ces marchés à une concurrence entre les PME/PMI reconnues par la Charte, selon des conditions et modalités définies par voie réglementaire. Les associations et partenariats desdites PME/PMI seront privilégiés, afin d'accéder aux marchés ouverts aux entreprises internationales.

Article 39 : Octroi des marchés publics

Conformément aux dispositions du Code des Marchés Publics, la réglementation impose que soient exclusivement réservés aux PME/PMI reconnues par la Charte, en totalité ou en partie, certains marchés publics, sans pour autant influer sur les lois du marché, en règle générale.

Article 40 : Soumission aux appels d'offres

Pour souscrire aux appels d'offres, les PME/PMI seront autorisées à conclure des partenariats avec des entreprises étrangères, à condition de justifier qu'il ne s'agit pas d'un simple arrangement de marché ou d'opportunité. Ces partenariats doivent être de véritables opportunités de transfert de technologie.

Article 41 : Suivi des partenariats

Pour permettre à la Mission de Suivi de la Charte d'apprécier et de veiller au renforcement des capacités, la convention de partenariat et ses annexes seront jointes à l'offre de services des PME/PMI soumissionnaires.

Article 42 : Stratégie de communication

Les parties à la présente charte s'engagent à mettre en place une stratégie de communication facilitant l'accès de toutes les entreprises aux mesures y édictées notamment la mise en place d'un Observatoire des PME/PMI. L'observatoire des PME/PMI a pour rôle principal de mesurer l'impact des mesures d'aides et de soutien contenues dans la Charte, tant sur l'économie béninoise que sur les entreprises, l'élaboration d'un système d'information actualisé en permanence et qui regroupe dans un premier temps la liste des entreprises reconnues par la Charte et, dans un deuxième temps, recueille des données générales et techniques assurant la visibilité des PME/PMI en vue de leur promotion tant au niveau national qu'international.

Article 43 : Engagements de l'Etat à créer des pépinières d'entreprises et incubateurs.

L'Etat s'engage à créer et à encourager la création des pépinières d'entreprises qui sont des centres d'hébergement et de développement des entreprises dans lesquels on forme des individus autonomes, polyvalents, qui savent travailler en réseau et n'hésitent pas à prendre des initiatives. Ces Centres doivent intégrer les exigences d'efficacité, de rentabilité et de conformité aux besoins du secteur productif et surtout exploiter les apports des nouvelles technologies de l'information et de la communication.

L'Etat poursuivra la mise en place d'incubateurs par secteurs d'activités en favorisant l'émergence de nouveaux projets et en facilitant l'accès des entreprises existantes aux outils de la nouvelle économie que sont les Nouvelles Technologies de l'information et de la Communication, les biotechnologies et la recherche appliquée. Les pépinières intégreront la notion de vulnérabilité des PME/PMI en mettant à leur disposition des incubateurs et ateliers relais dont les modalités d'occupation seront précisées par voie réglementaire. Le non-respect de ces dernières entraînera le retrait des avantages liés à la reconnaissance par la présente Charte.

Article 44 : Accès au foncier

L'Etat veillera à faciliter l'accès des entreprises au foncier en simplifiant les procédures d'accès au foncier. Un nombre précis de parcelles sera prioritairement réservé aux PME/PMI reconnues par la Charte, lesquelles devront produire les justificatifs requis pour en être bénéficiaires. Lesdites PME-PMI devront se conformer au cahier de charges prévu à cet effet.

Article 45 : Engagement de l'Etat

L'Etat s'engage à encourager le développement du partenariat public/privé et à élargir le champ de la concession de services publics au profit des PME/PMI. A cet effet, il sera fixé annuellement, par voie réglementaire et en se basant sur la Bourse de la sous-traitance, pour chaque Ministère, Collectivité décentralisée, Administration ou entreprise du secteur parapublic, les modalités de sous-traitance obligatoires suivantes au profit des PME/PMI reconnues par la Charte :

– Micro-Entreprises et Petites Entreprises et Industrie : entre 10 et 20 % des budgets

– Moyennes Entreprises et Industries : entre 20 et 40 % des budgets.

A la fin de l'année, les administrations concernées effectueront un rapport détaillé faisant ressortir les critères de choix des PME/PMI adjudicataires des marchés. Dans chaque administration, la cellule de passation de marchés publics sera chargée de définir les marchés devant être octroyés aux PME/PMI.

L'ensemble des marchés sera régulièrement porté à la connaissance des PME/PMI par l'organe prévu à cet effet, qui veillera à l'accès à l'information de toutes les entreprises susceptibles de soumissionner.

Article 46 : Répartition des marchés

Afin de favoriser l'émergence d'un véritable tissu de sous-traitance sur lequel pourront s'appuyer les entreprises nationales comme les investisseurs étrangers, les marchés importants et projets de développement généralement octroyés aux grandes entreprises moins vulnérables, en raison de leurs plus grandes capacités techniques et solidité financière, seront désormais répartis selon le principe défini à l'article 40 ci-dessus.

Chapitre V : Du rôle des collectivités locales

Article 47 : Prime d'Aménagement et d'Installation

Au titre du développement local et conformément à leurs missions et prérogatives, les collectivités décentralisées sont tenues d'initier toutes mesures d'aide et de soutien à la promotion des PME/PMI en conformité avec les stratégies sectorielles. A cet effet, il est notamment institué une Prime d'Aménagement et d'Installation financée conjointement par l'Etat et la collectivité, destinée à la promotion d'activités économiques dans la collectivité décentralisée au profit d'entreprises qui créent des emplois dans ces zones.

Article 48 : Zones éligibles

L'attribution de la Prime d'aménagement et d'installation au titre des programmes mentionnés à l'article 49 ci-dessous, est décidée en prenant en considération la capacité de la collectivité à attirer le projet dans les zones éligibles et le besoin de financement qu'il requiert. Les zones éligibles seront définies conformément au zonage établi par le code des investissements et aux dispositions de la politique d'aménagement du territoire. Elles seront modifiées au regard de la situation économique nationale et des impacts de la libéralisation. La Mission de Suivi de la Charte portera à la connaissance des PME/PMI toute modification de zonage. Des montants plafonnés seront fixés pour les différentes zones éligibles. Les modalités et montants seront ultérieurement fixés d'un commun accord avec les parties à la présente charte.

Le montant de la prime accordée par emploi créé peut être modulé, en tenant compte notamment de l'effet structurant du projet, de la situation socio-économique du bassin d'emploi et de l'importance du montant de l'investissement.

Article 49 : Eligibilité à la Prime d'Aménagement et d'Installation

Les PME/PMI reconnues par la Charte peuvent bénéficier de la prime pour :

– des programmes de création ou d'extension d'activités ;

– des programmes de délocalisation d'activités ;

– des programmes de recherche et de développement.

Article 50 : Conditions d'éligibilité

Les programmes visés à l'article 49 doivent conduire, sur le site primé, à la création nette d'au moins cinq (05) emplois permanents par entreprise reconnue par la Charte. En cas d'extension d'activités, les créations d'emplois doivent, en outre, correspondre à une augmentation d'au moins 50 % de l'effectif de l'unité concernée par l'extension. Les programmes de création ou d'extension d'activités doivent s'accompagner d'investissements conséquents, selon les critères retenus par la Mission de Suivi de la Charte, pour les petites entreprises, et répondant aux critères d'éligibilité retenus à l'article 6 pour les moyennes entreprises. Cette condition est applicable aux programmes d'investissements financés en tout ou partie par crédit-bail ou par tout autre mode de financement.

Article 51 : Investissements

Les investissements à prendre en compte s'entendent hors taxes. Leur montant comprend le prix de revient des immobilisations corporelles constituées du terrain, des bâtiments et des équipements ainsi que celui des brevets ou autres immobilisations incorporelles. Ces investissements doivent être liés à l'activité de l'entreprise bénéficiaire et correspondre au programme primé. Ils doivent être exécutés et inscrits dans les écritures de l'entreprise bénéficiaire pendant la période de réalisation de ce programme.

Les participations au capital d'autres entreprises, les acquisitions de fonds de commerce et les acquisitions de matériels de transport sont exclues de l'assiette des investissements, car pouvant donner lieu à des défiscalisations ou évaluations erronées des entreprises. Le produit de la vente d'actifs situés en dehors de la zone de situation de l'entreprise est déduit de cette assiette lorsque ces actifs sont remplacés en tout ou partie par les investissements du programme primé.

Article 52 : Sociétés Régionales de Financement

Des Sociétés Régionales de Financement des PME/PMI peuvent être créées avec pour objet, l'octroi de prêts destinés au financement des besoins d'investissement et d'exploitation des PME/PMI installées dans la région. Les Sociétés Régionales de Financement des PME/PMI qui réalisent au moins 75 % de leur financement dans des régions dont le niveau de développement justifie une aide particulière de l'Etat, peuvent être autorisées à émettre des emprunts avec la garantie de l'Etat.

Chapitre VI : De l'allègement des difficultés financières et des dispositions d'ordre fiscal

Article 53 : Allègement des difficultés financières

L'Etat et ses démembrements sont appelés à accorder un traitement préférentiel aux PME/PMI reconnues par la Charte. Pour contribuer à l'allègement des difficultés financières des PME/PMI, l'Etat s'engage à accélérer les procédures de paiement des sommes qui leur sont dues par l'Administration et ses démembrements ou par les entreprises publiques et parapubliques.

La Mission de Suivi de la Charte pourra être saisie par toute PME/PMI qui connaîtrait des difficultés de paiement de la part de l'Etat ou de ses démembrements (après un retard de quatre-vingt-dix (90) jours) en vue de diligenter les procédures y afférentes et leur permettre de disposer ainsi d'un fonds de roulement assurant leur bon fonctionnement. Aussi, les PME/PMI pourront saisir la mission pour le dénouement de leurs créances vis-à-vis des tiers et des dettes inter-entreprises.

Article 54 : Soutien aux entreprises en difficulté

Les PME/PMI qui se trouvent en difficulté bénéficieront d'un plan de redressement approuvé par une structure qui s'occupe des entreprises en difficulté.

Article 55 : Organismes de capital-risque

Les Organismes de capital-risque bénéficient des avantages fiscaux suivants :

– Exonération d'Impôt sur les sociétés pour les plus-values réalisées dans le cadre de la gestion des titres : les plus-values réalisées par les Organismes de Placements Collectifs en Valeurs Mobilières à compartiments sur les opérations de placement des titres gérés sont exemptées d'impôt sur les sociétés ;

– Exonération de l'impôt sur le revenu des valeurs mobilières pour les dividendes distribuées par les Organismes de Placements Collectifs en Valeurs Mobilières à compartiments : pour éviter la double imposition, les redistributions effectuées à ses membres sont exemptées d'impôt sur les dividendes, si elles ont déjà supporté l'impôt.

Article 56 : Institutions de promotion et de développement des PME/PMI

Peuvent être reconnues d'utilité publique, les associations, fondations ou autres institutions régulièrement constituées, fonctionnant conformément à leurs statuts pendant au moins trois (03) ans après leur constitution et ayant pour objet la promotion, au niveau local, régional ou national, la création et le développement des PME/PMI.

Le montant ou la valeur des dons en argent ou en nature, octroyés aux associations, fondations ou autres institutions remplissant les missions de promotion des PME/PMI par des personnes physiques ou morales, constituent des charges déductibles conformément aux dispositions du Code Général des Impôts.

Article 57 : Régime fiscal des organismes de capital-risque

Le régime fiscal applicable aux différents organismes de capital-risque visés dans la présente Charte sera intégré dans la Loi des Finances.

Article 58 : Exonérations fiscales par rapport aux ressources nationales utilisées

Les PME/PMI naissantes, les PME/PMI utilisatrices de matières premières locales et/ou d'énergie renouvelable (biogaz, énergie éolienne, énergie solaire), les PME/PMI existantes et promotrices de nouveaux projets qui entraînent une modification profonde de la structure de l'entreprise dans le sens de l'augmentation de la main d'œuvre nationale et de l'augmentation de la valeur ajoutée, sont exonérées de tous impôts et taxes locaux frappant les revenus, les chiffres d'affaires et les activités de l'entreprise ou d'Etat pendant les trois (03) premières années d'exploitation.

Article 59 : Exonérations fiscales des PME/PMI de production et de transformation

Un système de fiscalité spécifique aux PME/PMI de production et de transformation sera mis en place par l'Etat.

Chapitre VII : Des aides publiques à l'emploi

Article 60 : Subventions de l'Etat pour les charges patronales relatives à l'embauche du premier salarié

Les entreprises qui démarrent leurs activités et embauchent un premier salarié de nationalité béninoise doivent bénéficier d'une subvention de l'Etat sous forme de réduction du versement patronal pendant un an, pour un contrat à durée indéterminée, et un an et demi, lorsqu'il s'agit d'un contrat à durée déterminée. La durée du contrat doit être au moins d'un an.

Article 61 : Exonérations sur le travail à temps partiel

Si l'entreprise procède à une embauche nouvelle à temps partiel sous un contrat à durée indéterminée ou transforme un poste à plein temps en poste à temps partiel, à la demande du salarié concerné, en procédant à une embauche compensatrice dans les quarante-cinq (45) jours, elle profitera d'un abattement du versement patronal à hauteur de 30 %, pour la durée du contrat.

Article 62 : Aide au recrutement d'un chômeur qualifié de nationalité béninoise

Lorsqu'une PME/PMI embauche un chômeur dont la durée de chômage est d'au moins un an et demi en lui offrant un contrat à durée indéterminée ou un contrat à durée déterminée d'au moins six (06) mois, et que la PME n'a pas procédé à un licenciement pour motif économique dans les six (06) mois précédant l'embauche, si la PME s'engage à maintenir l'intéressé à son poste pendant au moins deux (02) ans, une aide lui sera accordée alors sous forme d'exonération d'impôts.

Article 63 : Contrat initiative emploi

Lorsqu'une PME/PMI embauche un jeune béninois insuffisamment diplômé, mais possédant des acquis professionnels, si la PME-PMI n'a pas procédé à un licenciement économique dans les six (06) mois qui précèdent l'embauche, si elle offre à ce salarié un contrat à durée indéterminée ou un contrat à durée déterminée d'au moins un à deux (02) ans ou lorsque ce salarié est recruté dans un milieu en grande difficulté (chômeurs de très longue durée, chômeurs âgés de plus de 50ans, travailleurs handicapés, jeunes déscolarisés d'au moins 32ans), la PME/PMI bénéficiera d'une subvention de l'Etat pour les charges de versement patronal pendant deux (02) à cinq (05) ans.

Article 64 : Installation dans une zone défavorisée

Lorsqu'une PME/PMI ou un groupement d'employeurs exerçant une activité artisanale ou industrielle, une activité agricole ou non commerciale n'a pas procédé à un licenciement économique dans les douze (12) mois qui précèdent l'embauche, si ladite PME-PMI ou groupement d'employeurs procède à des embauches nouvelles pour porter l'effectif total de l'entreprise à cinquante (50) salariés au plus et si la PME/PMI s'installe dans une zone de dynamisation urbaine ou de revitalisation rurale, il bénéficiera d'une subvention de l'Etat pour les charges de versement patronal pour tous les salariés, sur la fraction des rémunérations n'excédant pas une fois et demie le SMIG pendant douze (12) mois.

Chapitre VIII : Des dispositions exceptionnelles

Article 65 : Passage des entreprises du secteur informel vers le secteur formel

Outre la totalité des avantages et mesures d'aide et de soutien accordés à l'ensemble des PME/PMI, des mesures spécifiques destinées à favoriser le passage du secteur informel vers le secteur formel sont prises et consistent en :

– la mise en place d'une politique d'éducation et de gestion des ressources humaines qui favorisent une culture de l'innovation et de l'esprit d'entreprise, y compris par la formation continue et l'apprentissage tout au long de la vie, qui encouragent la mobilité des ressources humaines et qui remédient aux déficits de qualifications par une meilleure adéquation entre la formation et la demande sur le marché du travail ;

– l'appui à la mise en place des documents de politiques et de stratégies (politiques de recrutement, accès aux marchés, communication) ;

– l'élaboration des outils simplifiés de gestion et de documents de déclarations fiscales et sociales adaptés à leurs activités. Ces mesures seront mises en œuvre par le Centre de Promotion et d'Encadrement des Petites et Moyennes Entreprises (CePEPE), en relation avec la Chambre de Commerce et d'Industrie du Bénin (CCIB), après un pré diagnostic dûment effectué.

Article 66 : Prêts Particuliers

Les PME-PMI pourront bénéficier des prêts particuliers consentis ou octroyés par les établissements bancaires ou tout autre établissement financier.

Article 67 : Mesures en faveur des entreprises innovantes

En vue de faciliter l'accès des PME-PMI au financement et de développer la recherche, des Prêts Particuliers pourront être consentis aux PME/PMI exerçant des activités innovantes.

Article 68 : Prêts Particuliers aux jeunes entrepreneurs

Pour bénéficier des Prêts Particuliers, les jeunes entrepreneurs, à titre individuel, doivent remplir les conditions suivantes :

– être de nationalité béninoise ;

– être âgés de 20 ans au moins et de 40 ans au plus, à la date de la demande d'octroi de prêts. Toutefois, au cas où le prêt est accordé dans le cadre d'une PME/PMI, une dérogation à la limite d'âge de 40 ans peut être admise au bénéfice d'un seul associé ;

– présenter un projet viable de première installation ou de création.

Toutefois, les projets d'extension peuvent être admis dans les conditions prévues par l'article ci-après.

Article 69 : Nombre de Prêts Particuliers par bénéficiaire

Il n'est accordé, dans le cadre de la présente Charte, qu'un seul Prêt Particulier par personne physique ou morale. Cependant, des Prêts Particuliers peuvent être accordés dans le cadre d'une extension, à toute PME/PMI à condition que cette dernière soit éligible et que le cumul du crédit initial et du nouveau crédit n'excède pas un plafond déterminé par la présente charte.

Article 70 : Montant des prêts

Tout projet retenu peut bénéficier d'un prêt d'un montant égal au plus à 8.000.000 de F CFA, lorsqu'il s'agit d'un projet individuel, et 25.000.000 de F CFA dans le cas de projets à réaliser par des PME/PMI ou groupements de PME/PMI.

Article 71 : Conditions d'octroi des prêts

Les prêts sont accordés par les institutions financières ou bancaires, aux conditions ci- après :

– une durée minimale de cinq (5) ans, sauf si le bénéficiaire préfère rembourser le prêt, en totalité ou en partie, avant l'expiration de cette durée ;

– un différé de remboursement du principal d'une durée d'une année ;

– un taux d'intérêt largement bonifié situé entre 3 et 5 % l'an.

Article 72 : Demandes de prêts

Les demandes de prêts particuliers sont adressées à l'une des institutions financières ou bancaires intervenant dont les risques encourus, au titre du financement des projets d'investissement dans le cadre de la présente Charte, sont couverts par :

– un Fonds de garantie, créé à cet effet, et fonctionnant dans les conditions prévues par la présente charte ;

– les garanties portant exclusivement sur les éléments constitutifs du projet objet du Prêt Particulier ;

– la délégation de l'assurance vie devant être souscrite en cas de prêt individuel et couvrant la totalité des prêts particuliers.

Article 73 : Mesures spécifiques et prêts aux femmes entrepreneurs

Des mesures spécifiques destinées à favoriser l'émergence de l'entreprenariat féminin seront initiées en accord avec la stratégie du Ministère chargé de la famille. Parmi les 30 % de marchés réservés aux PME/PMI, 10 % seront réservés aux entreprises appartenant aux femmes et dirigées par elles, sous réserve de la justification des compétences et des qualifications requises.

Article 74 : Mesures en faveur des secteurs agricole, agroalimentaire et de l'artisanat.

Des mesures spécifiques seront prises en vue de renforcer le développement des PME/PMI des secteurs agricoles, agroalimentaires et de l'artisanat. Il s'agit de développer les infrastructures, renforcer l'encadrement technique, la recherche et l'équipement des promoteurs des PME/PMI en :

– incitant les PME/PMI des secteurs précités à augmenter leur rentabilité, à accroître leur compétitivité et à améliorer leurs qualités techniques et managériales ;

– renforçant les capacités des Instituts de Recherche pour leur permettre d'améliorer les services fournis aux PME/PMI ;

– encourageant la sous-traitance avec d'autres secteurs ;

– accélérant la réflexion sur le processus de certification et de validation de la formation professionnelle par apprentissage ;

– promouvant l'exportation des produits et services artisanaux.

Ces mesures seront mises en œuvre par les structures compétentes en la matière.

Article 75 : Mesures en faveur de la certification

Afin d'appuyer la démarche des PME/PMI en vue de la certification de leurs produits, un programme spécifique sera défini et financé par l'Etat et mis en œuvre par le Centre Béninois de Normalisation et de gestion de la qualité (CEBENOR).

Article 76 : Encadrement des PME/PMI

Le Centre de Promotion et d'Encadrement des Petites et Moyennes Entreprises (CePEPE) sera chargé du suivi des engagements des PME/PMI en terme de formation, de création d'emplois, de remboursement des crédits et de respect des normes.

Il exerce ce suivi sous les contrôles de :

– la Cellule de micro finance du ministère chargé des finances en ce qui concerne le remboursement des crédits ;

– l'Agence Nationale Pour l'Emploi (ANPE) en ce qui concerne la création d'emplois ;

– le CEBENOR en ce qui concerne le respect des différentes normes.

Titre III : De l'engagement des PME/PMI

Chapitre 1er : Des dispositions générales

Article 77 : Respect des engagements

Les PME/PMI bénéficiaires des mesures prévues aux Titres II et III, sont tenues de respecter l'ensemble des engagements auxquels elles ont souscrit et qui sont définis par la présente Charte.

Article 78 : Perte des avantages

Le non-respect des engagements souscrits entraîne la perte des avantages accordés.

Article 79 : Cumul des avantages

Les différents avantages proposés aux Titres II et III ne peuvent être cumulés dans la mesure où la PME/PMI s'acquitte de l'ensemble des obligations y afférentes.

Chapitre II : Du plan de formation du personnel des PME/PMI

Article 80 : Elaboration d'un plan de formation

Les entreprises souhaitant bénéficier d'aides à la formation devront produire un plan de formation du personnel qui sera validé par le Centre de Promotion et d'Encadrement des Petites et Moyennes Entreprises (CePEPE).

Article 81 : Suivi du personnel formé

Les entreprises bénéficiant des aides à la formation s'engagent à effectuer un suivi du personnel formé et à remettre annuellement à la Mission de Suivi et au Centre de Promotion et d'Encadrement des Petites et Moyennes Entreprises CePEPE un rapport écrit indiquant l'évolution du personnel formé au sein de l'entreprise.

Chapitre III : De l'engagement des PME/PMI à respecter les clauses et à créer des emplois

Article 82 : Respect des remboursements

Les entreprises reconnues par la présente charte, bénéficiaires de mesures de facilitation pour l'accès au financement, s'engagent à effectuer les remboursements selon les clauses et l'échéancier prévus. Cet engagement concerne tout mode de financement.

Article 83 : Création d'emplois permanents

Les entreprises bénéficiaires de Prêts Particuliers objets des Titres II et III s'engagent à créer :

– pour les petites entreprises : au moins un (1) à trois (3) emplois permanents durables, sur une période de trois (3) ans ;

– pour les moyennes entreprises : au moins trois (3) à sept (7) emplois permanents durables, sur une période de trois (3) ans.

La permanence de l'emploi sera vérifiée par la Mission de Suivi de la Charte et l'Agence Nationale Pour l'Emploi (ANPE), en coordination avec la Direction Générale du Travail.

Chapitre IV : Des obligations légales et fiscales

Article 84 : Respect des obligations législatives, réglementaires et fiscales

Les PME/PMI reconnues par la présente Charte s'engagent à remplir leurs obligations législatives, réglementaires et fiscales et à être en règle vis-à-vis de l'administration fiscale et des diverses institutions en partenariat avec elles. Elles s'engagent à assurer une transparence totale dans la production de leurs documents de gestion et à répondre devant les organes statutaires desdites PME/PMI (conseil d'administration ou de surveillance, contrôle).

Chapitre V : De l'engagement des PME/PMI

Article 85 : Respect des normes environnementales

L'entreprise s'engage à respecter les normes environnementales conformément aux dispositions de la loi-cadre sur l'environnement et de ses textes d'application.

Article 86 : Respect des normes et engagements dans la démarche qualité

Toute entreprise bénéficiaire d'une quelconque mesure d'aide ou de soutien s'engage à respecter les normes nationales en vigueur dans son secteur d'activité et à évoluer vers la certification de son ou ses produits.

Article 87 : Respect des normes comptables

L'entreprise bénéficiaire des mesures d'aide et de soutien s'engage, quelle que soit la catégorie dans laquelle elle se trouve, sauf les Micro-Entreprises, à tenir une comptabilité régulière et fiable selon les normes en vigueur au Bénin, (Plan Comptable SYSCOA et Acte Uniforme relatif au droit comptable de l'Organisation pour l'Harmonisation en Afrique du Droit des Affaires), à accepter d'être auditée et suivie par un ou des Commissaires aux Comptes (CAC) ou par des Structures de Gestion Agréés (SGA).

Article 88 : Information sur les normes

Les normes objet des articles précédents seront portées régulièrement à la connaissance des entreprises.

Titre IV : Des modalités de suivi

Chapitre 1er : De la Mission de Suivi de la Charte

Article 89 : Création d'une Mission de Suivi de la Charte

Il sera créé, en liaison avec les structures et programmes existants, une Mission de Suivi de la Charte ci-après dénommée « La Mission » qui sera responsable de la coordination et du suivi des actions prioritaires figurant dans la stratégie et le plan d'actions ainsi que de leur évaluation. En appliquant les principes de subsidiarité et du faire – faire, la Mission supervisera des investigations régulières sur l'état des lieux, analysera des performances, mesurera l'impact des programmes, les raisons des difficultés rencontrées et les perspectives qui en découlent. Ces études référentielles permettront de mettre à jour les nouvelles données.

La Mission sera chargée :

– de la réception et de l'exploitation des demandes d'adhésion et de reconnaissance des PME/PMI par la Charte ;

– du suivi de l'évolution qualitative des PME/PMI reconnues par la Charte ;

– de la mise en place et du suivi du système d'information et d'un plan de communication pour servir de base à une interaction entre le gouvernement, l'opinion publique, les entreprises privées et les partenaires ;

– de recevoir les états financiers annuels ainsi que les déclarations fiscales annuelles de toutes les parties prenantes à la Charte ;

– d'aider les PME-PMI au dénouement de leurs créances vis-à-vis des tiers et des dettes inter-entreprises ;

– de mettre en place un espace (y compris électronique) de rencontres et d'échanges entre les acteurs concernés pour faciliter les partages d'expériences, l'expression ou la formulation des besoins ou des requêtes.

Article 90 : Tutelle et financement de la Mission

La Mission est placée sous la tutelle du Ministère chargé des PME/PMI qui fixe les différentes modalités de son fonctionnement et de son financement, en liaison et en transversalité avec les différents organes et structures impliqués dans le développement des PME/PMI.

Article 91 : Composition et localisation de la Mission

La composition et la localisation de la Mission sont de la compétence du Ministère chargé des PME/PMI qui les définira au travers de son pouvoir réglementaire.

Article 92 : Programmes et concertations

Les actions retenues dans le cadre de la présente Charte seront mises en œuvre à travers un programme pluriannuel assorti d'un chronogramme arrêté d'un commun accord entre les différentes parties et actualisé chaque année. Pour ce faire, les différentes parties conviennent de se concerter au sein de la Mission regroupant les représentants de toutes les parties. Ces concertations auront lieu de façon trimestrielle, la première année, et semestrielle, la seconde année. Pour les autres années, elles auront lieu au moins une fois l'an et de préférence avant chaque arbitrage budgétaire en vue de faire le point sur la situation économique et budgétaire de l'Etat et d'évaluer les possibilités réelles de mise en œuvre de la Charte.

Article 93 : Chronogramme

Le chronogramme visé à l'article 92 sera élaboré par la Mission au plus tard quarante-cinq (45) jours après la date de signature de la Charte.

Chapitre II : De l'évolution de la classification des PME/PMI

Article 94 : Passage d'une catégorie à l'autre

On entend par passage d'une catégorie à l'autre, le passage des Micro-Entreprises aux Petites Entreprises et Industries puis aux Moyennes Entreprises et Industries.

Article 95 : Conditions de passage

Pour passer d'une catégorie à l'autre, l'entreprise devra adresser une demande écrite à la Mission. Elle devra être reconnue par la Charte depuis au moins un (01) an dans sa catégorie initiale. L'entreprise devra produire les états financiers de l'année précédente à joindre à sa demande de passage en catégorie supérieure.

Article 96 : Critères de passage en catégorie supérieure

Pour passer en catégorie supérieure, la PME/PMI devra satisfaire l'ensemble des critères de la catégorie supérieure en terme de seuils prévus aux articles 3 à 6. La PME/PMI devra obligatoirement produire une comptabilité certifiée selon le système en vigueur au Bénin.

Article 97 : Nécessité d'avoir satisfait aux engagements

La PME/PMI désireuse de passer en catégorie supérieure devra remplir tous ses engagements au regard des mesures d'aide et de soutien qui lui auront été accordées par des Banques et Etablissements Financiers.

Article 98 : Rôles des institutions faîtières des PME/PMI

Les institutions faîtières (Associations, Unions et Fédérations) des PME/PMI seront impliquées dans la définition et la mise en œuvre des mesures d'aide et de soutien à apporter aux PME/PMI et favoriseront leur reconnaissance par la Charte. Elles bénéficieront d'un programme de renforcement de leurs capacités techniques et organisationnelles pour mieux répondre aux attentes de leurs membres.

Elles seront appuyées, pour ce faire, par les différentes structures prévues à cet effet et l'Etat fixera les mesures adéquates par voie réglementaire. Les institutions faîtières des PME/PMI seront représentées dans la Mission et constitueront une source majeure d'informations permettant l'adaptation des mesures d'aide et de soutien à apporter aux PME/PMI.

Titre V : Des dispositions diverses

Article 99 : Améliorations, amendement, modifications de la charte

Les différentes parties (Etat, PME/PMI, Institutions Financières et toutes institutions partenaires des PME/PMI) conviennent que la présente Charte est susceptible d'améliorations, amendements et modifications et qu'elle constitue le cadre privilégié pour la réalisation des objectifs économiques du Gouvernement dans le respect des intérêts bien compris des PME/PMI et des partenaires économiques et sociaux.

Article 100 : Dialogue propice au développement

Les différentes parties (Etat, PME/PMI, Institutions Financières et toutes institutions partenaires des PME/PMI) s'engagent à promouvoir un dialogue social, franc et responsable dans le but de favoriser le maintien d'un environnement social propice au développement économique du Bénin.

Article 101 : Adoption de la charte

La présente Charte, adoptée par les parties, lors d'un forum national, est applicable à tous les acteurs de gestion des PME/PMI, dès son approbation par le Gouvernement.

Article 102 : Révision de la Charte

La Charte peut être révisée en cas de nécessité, à la demande de l'une quelconque des parties signataires, sous réserve d'un préavis de six (06) mois et de l'acceptation des 51 % des autres membres signataires. La demande de révision doit être dûment justifiée et accompagnée d'un projet de modification de tout ou partie de la charte. La procédure d'adoption de la charte révisée reste la même.

Article 103 : Signataires de la Charte

Les signataires de la présente Charte sont :

– Pour l'Etat du Bénin, les Ministres concernés ;

– Pour le secteur privé, les Présidents de la Chambre de Commerce et d'Industrie du Bénin, de la Chambre d'Agriculture du Bénin et le Président de la Chambre des métiers.

– Pour le patronat, le président du Conseil national du patronat.

LES OPPORTUNITES D'INVESTISSEMENTS AU BENIN

Le Bénin est un espace favorable aux investissements. Le pays offre des conditions inespérées pour tout entrepreneur attiré par l'Afrique.

Dix raisons d'investir au Bénin :

– Un environnement politique stable : « modèle démocratique en Afrique »
– Un gouvernement porté par une volonté d'émergence économique du pays
– Un cadre juridique et une fiscalité incitatifs aux investissements
– Une compétence des cadres et de la main d'œuvre
– Une situation économique performante et en pleine croissance
– L'accès aux pays de l'Afrique de l'Ouest, y compris le Nigéria avec plus de 120 millions des consommateurs : libre échange dans un marché commun – CEDEAO
– La modernisation du pays, avec des réseaux de communication en développement constant
– Des investissements en pleine augmentation : preuve de la confiance des entrepreneurs
– D'immenses partenariats d'affaires à nouer
– Des opportunités d'affaires généreuses : avec un retour certain sur investissement

Les secteurs porteurs d'opportunités nouvelles

Le Tourisme

Le Bénin regorge d'énormes potentialités touristiques, encore peu connues. En témoignent, la cité lacustre de Ganvié, la longue plage de sable fin et les deux parcs zoologiques du pays. Aujourd'hui, ce secteur représente 2,5 % du PIB : 53 millions de bénéfices en 2008, contre 29 millions en 1997. La preuve que la destination Bénin commence à intéresser les visiteurs.

La majorité des touristes sont satisfaits de leur visite et sont impressionnés par la richesse culturelle et les nombreux sites du Bénin. Seulement, il n'occupe que la cinquième place au nombre des pays visités en Afrique de l'Ouest. Car, il a besoin davantage d'agences promotrices et d'infrastructures hôtelières. Le développement des activités touristiques se révèle comme une manne pour les investisseurs en quête de nouveaux secteurs porteurs d'opportunités.

L'Agro-alimentaire

D'ici 2018, le Bénin produira plus de 400 mille tonnes d'ananas, aux normes internationales. Sa transformation offre une gamme de produits variés : jus d'ananas, confiture d'ananas, ananas séché... exportables en Occident ou sur le marché régional en pleine croissance. Cinquième producteur mondial, le Bénin exporte 3 % des noix de cajou sur le marché international. La fabrication de jus et vin issus de ce fruit représente une opportunité peu exploitée. En outre, divers fruits tropicaux comme ceux du baobab, seuls ou mélangés sont de plus en plus demandés par les consommateurs européens. La création d'usines de transformation de ces produits offre de nouvelles opportunités d'affaires au Sud.

Le Minier

Les ressources minières béninoises sont une opportunité d'exploitation et d'exportation : fer, or, phosphate, diamant, kaolin, marbre, gravier... Tout récemment, des études ont confirmé la présence de pétrole non exploité au Bénin. L'extraction de l'or noir et les activités connexes sont davantage de secteurs d'opportunités d'affaires en quête d'investisseurs.

Et aussi :

Culture, conservation, exportation et/ou transformation de produits agricoles : manioc, igname, tomate, oignon, cajou, karité, sésame, ananas…

Production de jus de fruits : mangue, orange, ananas, tomate, papaye

Industrie laitière et dérivés

Biscuiterie à partir du coco, arachide, cacao

Fabrication de beurre d'arachide

Production d'huile de maïs, de graine de coton

Pisciculture et/ou Conserverie

Production de sel iodé

Exportation d'eau minérale

Fabrication de produits pharmaceutiques génériques

Fabrication de produits cosmétiques à partir de produits locaux : manioc, karité

Gestion et transformation de déchets ménagers

Fabrication de verres et de vitres

Fabrication de briques en terre cuite

Fabrication de tuiles, de granitos

Construction de villages de vacances

Fabrication d'emballage en bois, en plastiques et en cartons

Fabrication de pâte à papier

Implantation d'une société de financement

Création d'une société de production audiovisuelle

Création d'une société d'exploitation de taxi et/ou de transports en commun

Création d'une société de téléphone mobile

Création d'une société de représentation et/ou d'intermédiation boursière

Création d'une banque ou marché de produits agricoles : maïs, manioc, riz

Création d'une société de gestion de foires et expositions commerciales

Création d'une société de télécommunication à distance

Création d'une société de montage de cycles

Création d'une société de location de machines agricoles

L'économie

Les cultures industrielles (coton, noix de cajou) et les ressources fiscales, tirées de l'intense activité de son port à Cotonou, sont les principales bases économiques du pays. Le Port représente 90 % des échanges avec l'étranger et plus de 60 % du PIB du pays. Il dessert les pays de l'hinterland : le Niger, le Mali et le Burkina Faso. Bien que la capitale soit Porto-Novo, la principale ville est Cotonou : siège du gouvernement et capitale économique du Bénin. Les liens du Bénin avec la France font d'elle le premier partenaire économique du Bénin. L'économie béninoise connaît une évolution soutenue ces dernières années. En 2009, les prévisions du PIB tournent autour de 4 %, en raison de la crise économique. Précédemment, en 2008, le taux de croissance a dépassé 5 % : une grande première depuis le libéralisme économique, en 1990. Auparavant, il est passé de 3,8 % en 2006 à 4,6 % en 2007.

La croissance positive s'explique par la volonté du gouvernement : faire du Bénin un « pays émergent ». Cela se traduit par la lutte contre la corruption et le dynamisme insufflé aux secteurs vitaux de l'économie : l'agriculture, le commerce, les travaux publics… En outre, une plus grande rigueur s'observe dans les dépenses publiques. Un contrôle accru s'exerce dans la perception des taxes. En témoignent la réduction du déficit du budget et l'augmentation de 30 % des recettes de l'Etat, depuis 2006.

Pour améliorer ces performances, le programme de redressement économique et financier se poursuit avec notamment d'importantes réformes structurelles et sectorielles. Celles-ci visent, entre autres, la libéralisation de secteurs productifs tels que le secteur agricole, les transports et infrastructures, les mines et l'énergie, les postes et télécommunications, le tourisme, secteurs jugés vitaux dans l'économie béninoise et offrant de véritables opportunités d'investissements rentables.

Les coûts des facteurs de production sont peu élevés par rapport à de nombreux pays. De même, la main-d'œuvre locale est assez qualifiée et évolue dans un cadre réglementaire relativement flexible.

L'environnement institutionnel s'est aussi considérablement amélioré au cours de ces dernières années et le processus de démocratie se poursuit afin de garantir l'Etat de droit, l'expression des libertés et la sécurité des investissements.

Conscient de l'impact négatif de la corruption sur les investissements privés et la croissance, le Bénin a engagé une lutte contre ce phénomène en créant par décret une inspection générale de l'Etat. Des structures civiles de lutte contre la corruption existent également et sont très actives.

Sur le plan des incitations directes, des allégements fiscaux et douaniers sont prévus au régime du Code des Investissements dont peuvent bénéficier les promoteurs. Le Code a prévu trois régimes dits privilégiés et un régime spécial, le tout lié au volume des investissements projetés.

De même, pour renforcer le cadre juridique de l'investissement et offrir plus de sécurité aux capitaux, le Bénin a ratifié successivement en 1993 et en 1994, la convention portant sur la création de l'Agence Multilatérale de Garantie des Investissements (MIGA) et le traité portant sur l'Harmonisation des Droits des Affaires en Afrique (OHADA).

De plus, son géant voisin, le Nigeria, contribue à ses échanges commerciaux. Malgré sa superficie modeste, le quart de la France, la croissance économique et l'environnement politico-juridique encouragent les investisseurs étrangers à s'y installer. Le taux de change fixe de la monnaie locale (FCFA) avec l'Euro assure le monde des affaires des risques de fluctuation de coûts. Rating financier : B

PIB/hab. : 607 $/hab.

Croissance 2000-2007 : 4,20 %

Principaux clients : Chine 31,3 %

Indonésie 8,1 %

Inde 7,4 %

Principaux fournisseurs : France 21,8 %

Ghana 7,1 %

Côte d'Ivoire 7 %

L'ANALYSE DE L'ENVIRONNEMENT DES AFFAIRES AU BENIN

• Une stabilité politique et une situation géographique stratégique

Le Bénin a réussi le pari d'une transition démocratique depuis les années 1990 qui s'est achevée par l'instauration des libertés individuelles et l'installation des institutions républicaines. Les différentes réformes entreprises depuis ont permis au Bénin de disposer d'une stabilité politique et d'entretenir des relations pacifiques avec les pays limitrophes. Le Bénin a également renforcé son système politique en organisant, selon des échéances définies, plusieurs élections, dont quatre présidentielles. Le Bénin jouit d'une position géographique stratégique dans l'espace ouest-africain. Ouvert sur le Golfe de Guinée, il est considéré comme une porte d'entrée maritime pour les pays enclavés de l'hinterland : le Niger, le Burkina Faso et le Mali. Son appartenance à l'Union économique et monétaire ouest-africaine (UEMOA) et à la Communauté économique des Etats de l'Afrique de l'Ouest (CEDEAO) lui ouvre un marché potentiel de plus de 200 millions de consommateurs. Des négociations sont également en cours avec l'Union européenne pour un Accord de partenariat économique, afin de remplacer les Accords de Cotonou.

Outre l'accès au marché régional, le Bénin dispose d'un accès privilégié au marché international grâce à son statut de pays moins avancé (PMA). Il bénéficie des avantages de la loi sur les opportunités et la croissance en Afrique (AGOA) et du libre accès au marché européen en franchise de droit et de contingent grâce à l'initiative « Tout sauf les armes » (TSA) de l'Union européenne.

• Une économie libérale

Le Bénin a fait de grands efforts pour améliorer son environnement politique et juridique, son climat des affaires et ses services de facilitation aux investisseurs. La Constitution du 11 décembre 1990 a consacré le droit de propriété, le principe d'égalité de traitement de toute personne devant la loi, le droit de libre établissement sans distinction de nationalité et le principe du traitement national en matière d'investissements. Un nouveau code des investissements a été adopté et une agence de promotion, le Centre de promotion des investissements (CPI), a été créée. La nette amélioration du cadre de l'investissement et le vaste programme de privatisation et de libéralisation ont permis au Bénin d'enregistrer une augmentation significative des flux entrants d'investissements étrangers directs (IED), bien qu'ils demeurent encore faibles.

La croissance était estimée selon l'INSAE à 5 % en 2007 et devait atteindre 7,4 % en 2008, sous l'impulsion des services liés à l'amélioration de la compétitivité du port de Cotonou et à l'expansion de ses capacités. Cependant, la récession globale aurait eu un effet. Le redressement de la production de coton pourrait également contribuer à soutenir la croissance économique.

• Des domaines d'investissement en pleine expansion

Le Bénin est doté d'un large potentiel encore inexploité dans plusieurs secteurs d'activité : agro-industrie, tourisme, mines, énergie et hydrocarbures. Le désengagement prudent de l'Etat dans certains secteurs à potentiel comme l'agriculture (le coton), les télécommunications, les activités portuaires (gestion du port de Cotonou), le secteur bancaire ou celui de l'énergie constitue également une opportunité pour les entreprises qui désirent s'installer au Bénin.

LA CREATION DE L'ANAPME BENIN

Suite à son expérience peu reluisante d'économie centralisée de 1975 à 1990, le Bénin s'est engagé dans la voie du libéralisme marqué notamment par le désengagement progressif de l'Etat du secteur de la production. Dès lors et conformément à son rôle de facilitateur devant promouvoir un environnement favorable à la création et au développement des entreprises, l'Etat a pris de nombreuses initiatives visant à créer des structures d'appui au secteur privé en général et aux Petites et Moyennes Entreprises en particulier. Dans ce contexte, des structures telles que le Centre de Promotion et d'Encadrement des Petites et Moyennes Entreprises (CePEPE), le Projet d'Appui aux Petites et Moyennes Entreprises (PAPME), le Projet d'Appui au développement des Micro-Entreprises (PADME), etc. ont vu le jour et sont devenues aujourd'hui des institutions de référence, même au-delà des frontières béninoises.

Depuis 1990, toutes les stratégies nationales, notamment les études nationales de perspectives à long terme « Bénin 2025 ALAFIA », l'Agenda vers une économie émergente « Bénin 2025 », la Stratégie de Croissance pour la Réduction de la Pauvreté (SCRP) ont placé les PME au cœur du processus du développement du Bénin. Au niveau sous-régional, des directives ont été données par la Commission de l'Union Economique et Monétaire Ouest-Afriaine (UEMOA) en vue de l'harmonisation des politiques économiques des Etats membres. En exécution de ces directives, le Bénin s'est doté, en 2005, de la Charte Nationale des PME/PMI, puis de l'Agence Nationale des Petites et Moyennes Entreprises (ANPME) le 8 septembre 2008.

Conformément au décret n°2008-514 du 8 septembre 2008, la mission de l'ANPME est de contribuer à l'élaboration de la politique nationale de développement des petites et moyennes entreprises et à sa mise en œuvre. A ce titre, elle doit assurer une plus grande synergie des interventions de l'Etat en matière de promotion et d'encadrement des PME d'une part, et d'accroître les appuis en faveur desdites entreprises d'autres part.

L'ANPME a notamment pour attributions :

– La coordination et la rationalisation des actions en faveur des micro, petites et moyennes entreprises ;

– Le soutien à la mise en œuvre des mesures d'incitation des micro, petites et moyennes entreprises du secteur informel eu respect des dispositions légales ;

– L'aide au développement de l'esprit d'entreprenariat, notamment en milieu scolaire et universitaire ;

– L'accueil et l'accompagnement des nouveaux promoteurs dans le cadre de la réalisation de leurs projets ;

– La facilitation de l'accès des promoteurs à l'information nécessaire à l'exécution de leurs activités ;

– L'incitation des petites et moyennes entreprises à investir dans les créneaux d'activités à fort potentiel de croissance économique ;

– La contribution au renforcement des capacités des structures d'appui aux petites et moyennes entreprises.

Au regard de ce qui procède, une nouvelle ère s'ouvre assurément dans l'environnement institutionnel des PME béninoises avec la création de l'ANPME. Il revient aux acteurs du secteur en général, les chefs d'entreprise et promoteurs de micro, petites et moyennes entreprises en particulier de se saisir de cet outil que le gouvernement a mis en place pour être plus compétitifs sur le marché.

L'ACCES AUX FINANCEMENTS DES PME AU BENIN

Au Bénin, le Programme 2010–2012 d'accès au financement pour les PME a bénéficié d'un financement à hauteur de $E.-U. 1,4 million du Gouvernement de la Finlande et soutient le Projet Agon – agon signifiant ananas en fon, une langue béninoise. L'objectif est d'aider les micro-entreprises, les PME, les coopératives et les associations prêtes à exporter et qui exportent déjà, à accéder au financement et aux services financiers. Le projet vise à contribuer au développement du secteur de l'ananas au Bénin en promouvant le commerce et la coopération Sud-Sud pour améliorer les moyens de subsistance de plus de 3 000 personnes, dont des propriétaires de PME, leur personnel et leurs familles.

Au Bénin, le secteur de l'ananas a été confronté à plusieurs difficultés, notamment le prix élevé du fret et le manque de capacités de réfrigération et de conditionnement adéquates. Producteurs et PME n'ont pas pu obtenir de prêts auprès des institutions financières locales pour améliorer leur production et leur commercialisation.

Le projet de l'ITC a été mis en œuvre dans le cadre d'un partenariat avec la Bank of Africa (BOA), la Banque régionale de solidarité (BRS) et le Fonds National de Micro finance, trois banques ayant exprimé leur souhait d'élargir leur portefeuille de PME et de travailler dans le secteur de l'ananas. Pour améliorer leur compréhension du potentiel et des risques liés aux PME, une formation a été organisée à l'intention des agents de prêt. Loancom, un outil de notation du crédit de l'ITC tenant compte des paramètres financiers et non financiers des PME et des associations, a été fourni à la BOA. Ce logiciel permet aux agents de prêt de mieux évaluer les demandes de prêt présentées par les PME et les associations.

Le projet au Bénin a aussi permis de mettre à disposition deux fonds de garantie par l'Agence française de développement et le Fonds GARI, une banque de développement d'Afrique de l'Ouest, lesquels peuvent être utilisés par la BOA et la BRS au bénéfice des participants à la chaîne de valeur de l'ananas du Bénin.

Le Projet Agon est le premier du genre lancé au Bénin pour répondre aux besoins du secteur agricole de manière inclusive et holistique. Grâce à ce projet, on a ainsi noué des relations à long terme avec des PME et on continuera de leur offrir des services d'encadrement et de suivi. Au titre du programme, 70 micro-entreprises et PME ont bénéficié d'un accès aux services financiers et, après un temps de latence, les banques évaluent à présent les demandes de prêt d'un montant de $E.-U. 3,9 millions. Le programme ne se limite pas aux prêts et au financement : fournir un accès aux services financiers, y compris aux comptes bancaires, et renforcer les capacités financières des négociants est tout aussi important. Ce programme est aussi actif au Sénégal, en Ouganda et en Zambie, grâce à un financement de l'Agence américaine pour le développement international (USAID), du Gouvernement du Japon et du NTF II.

L'AFD ET LA MESOFINANCE AU BENIN

Le développement des TPE/PE et leur accès aux services financiers (lutte contre l'exclusion financière) sont de plus en plus au centre des réflexions sur la promotion d'un secteur privé compétitif, source de croissance, d'innovation et d'emploi. Les Très petites entreprises (TPE), Petites et moyennes entreprises (PME), qui évoluent, pour la plupart, dans le secteur informel, jouent un rôle central dans l'économie béninoise. Or, ces entreprises, en particulier celles du secteur productif, peinent à trouver un financement adapté à leurs besoins d'investissement : difficultés à réunir des garanties solides et suffisantes, difficultés des promoteurs à se projeter sur le moyen-long terme et à présenter des business plan recevables, inadaptation des outils d'analyse du risque de crédit que représente ce type de clientèle, etc.

Afin d'accompagner l'essor de ces entreprises au Bénin, l'AFD met en œuvre son expertise Méso finance à travers deux projets :

- le projet d'appui au développement de la méso finance - PAMESO
- l'appui au projet multi-pays Tech Dev Fonds Afrique
- l'appui à la montée en gamme d'une institution de micro finance.

En complément, l'AFD encourage également l'accès des TPE/PME au crédit par le biais de la garantie ARIZ, en faveur des banques de la place éligibles et souhaitant développer leur offre de financement aux entreprises. Elle a ainsi octroyé 8 garanties individuelles pour un montant cumulé de près d'1,4 million d'euros. Le défi du financement des PME se situe davantage au niveau des très petites et petites entreprises, ce segment constituant généralement le « chaînon manquant ». En effet, leurs besoins se situent bien souvent entre les planchers d'intervention des banques traditionnelles et le plafond des crédits offerts par les institutions de micro finance. En termes de montant de crédit, ce gap de financement se situerait entre 2.000€ et 100.000€ (1,3 MFCFA à 65 MFCFA), pouvant varier selon les pays. C'est sur ce segment – la « méso finance » – que l'AFD concentre ses efforts.

L'AFD ne finance pas directement les très petites et petites entreprises, mais s'attache à appuyer et renforcer les structures dont c'est le rôle, en particulier les institutions financières (choix de l'intermédiation). Les projets soutenus par l'AFD ont pour objectif de faire évoluer les segments de clientèle des banques et institutions de micro finance (IMF) pour qu'elles adressent le segment des TPE/PE (appui à l'offre), et/ou à mettre à niveau les entreprises, généralement en soutenant les structures d'appui-conseil ou les organisations professionnelles, pour permettre aux TPE/PE de répondre aux exigences de leurs partenaires financiers et accéder ainsi au crédit (appui à la demande).

Dialogue secteur privé-public pour la relance de l'économie au Bénin

Une table ronde pour relancer l'économie béninoise a été organisée du 29 au 31 octobre 2012. Elle a regroupé sous la présidence effective du Chef de l'Etat les structures de l'Administration publique, toutes les structures faîtières des organisations professionnelles du secteur privé, des opérateurs économiques, des représentants des Partenaires Techniques et Financiers nationaux sous-régionaux, régionaux et internationaux.

L'organisation de ce dialogue secteur public/secteur privé a reçu l'appui technique et financier du Programme des Nations Unies pour le développement (PNUD) à travers le Haut-Commissariat à la Gouvernance Concerté, dans l'optique d'améliorer la conception et la mise en œuvre des politiques publiques des pays en développement. Par ailleurs, il permettra d'établir, avec le concours et sur la base des propositions des opérateurs privés eux-mêmes, les conditions de développement et de compétitivité du secteur privé ainsi que les mesures spécifiques tendant à le faire participer davantage dès le court terme, à la croissance économique.

Le Bénin figurait à la dernière place dans le dernier rapport de la zone UEMOA avec une croissance de 1 % en 2011 contre 4,3 % en 2010 et une prévision de 3,5 % pour 2012.

Les raisons qui justifient cette contre-performance économique sont multiples. Il apparaît entre autres un déficit de dialogue et de concertation entre le secteur public et le secteur privé, dont les principales manifestations sont notamment la crise de confiance entre le Gouvernement et certains opérateurs économiques ; les redressements fiscaux ; la suspension de contrats liée au non-respect des engagements antérieurs, qui constitue un obstacle majeur à l'aboutissement des réformes engagées dans le sens de l'amélioration des affaires et du développement du secteur privé.

Au cours de la rencontre, le secteur privé a présenté les difficultés auxquelles il est confronté. 95 % du produit intérieur brut provient du secteur informel et 90 % de l'emploi vient aussi du secteur informel. Il faut faire en sorte que progressivement nous puissions intégrer l'informel dans le formel de façon à ce que nous puissions élargir l'assiette fiscale et que la plupart des chefs d'entreprises n'aient plus le sentiment d'être harcelés par les impôts

La fiscalité contribue à 100 % aux recettes de l'Etat, ce qui entraîne une forte pression fiscale sur les entreprises et une étude doit être faite en vue d'envisager les possibilités de revoir l'assiette fiscale et la nécessité d'améliorer la qualité des services offerts par l'administration fiscale.

A l'issue des échanges, plusieurs recommandations ont été formulées au niveau institutionnel et légal pour la levée des obstacles majeurs en vue du développement et l'impulsion de la croissance économique. Une Agence nationale pour le partenariat public/privé devrait être créée.

Le Gouvernement du Bénin est désormais conscient que le développement futur de l'économie ne dépend plus seulement des revenus générés par les activités agricoles et portuaires, surtout qu'il s'agit d'accélérer la réduction de la pauvreté et de créer des opportunités d'emplois durables en vue de rendre le pays internationalement compétitif.

Cette table ronde intervient une semaine après la parution du rapport « Doing Business » de la Banque mondiale, qui classe le Bénin, 175e sur 185 pays pour la facilité à faire des affaires.

Nouvelle convention de financement pour le Bénin

La République du Bénin et l'Agence Française de développement signent une convention pour renforcer les acteurs du secteur privé au Bénin.

Le 5 août 2014 s'est déroulée dans les locaux du Ministère de l'Economie et des Finances la cérémonie de signature de la convention de financement du Projet d'Appui au Renforcement des Acteurs du Secteur Privé, entre la République du Bénin et l'Agence Française de Développement.

Cette convention de financement octroie à la République du Bénin une subvention de dix millions six cent quarante mille euros, soit l'équivalent de plus de six milliards neuf cent soixante-dix-neuf millions de FCFA, destinée à financer des activités en faveur du développement du secteur privé béninois.

Cette subvention est financée à hauteur de 9,6 millions d'euros par l'Union Européenne et par une contribution de L'AFD qui cofinance le projet à hauteur de 1,04 million d'euros.

Il vise la réalisation de deux objectifs :

– Contribuer à l'amélioration du climat des affaires par la facilitation du dialogue public/privé. Pour ce faire, le projet prévoit de renforcer les acteurs du dialogue public-privé et d'apporter les expertises nécessaires à une tenue effective et efficace de ces dialogues.

– Contribuer au renforcement du secteur productif, avec en particulier des activités permettant de faciliter la mise en marché des produits agricoles, renforcer les capacités entrepreneuriales des petites et moyennes entreprises, renforcer la qualité et la compétitivité de plusieurs filières agricoles porteuses de l'économie béninoise, à savoir l'ananas, le karité et l'aviculture.

Le projet s'envisage comme un appui aux dynamiques existantes permettant d'accompagner le Bénin dans ses choix concernant sa politique relative au développement du secteur privé.

Il s'inscrit dans le cadre du Projet d'Appui au Développement du Secteur Privé (PADSP) au Bénin de l'Union Européenne qui s'articule autour de 4 axes : 1) Amélioration de la qualité sanitaire et phytosanitaire des aliments au Bénin ; 2) facilitation de l'accès au financement des PME ; 3) amélioration du dialogue public privé et 4) appui au secteur productif.

Ce projet s'inscrit également dans le Document Cadre de Partenariat signé entre la France et le Bénin le 29 novembre 2013, dans lequel l'Appui au secteur privé est rappelé comme étant un élément moteur du développement économique. Plus particulièrement, l'AFD, opérateur pivot de l'aide publique au développement de la France a retenu la dynamisation du secteur privé parmi ses axes d'intervention au Bénin.

Cette cérémonie a été l'occasion de rappeler les avancées qui sont nécessaires pour permettre au secteur privé de jouer son rôle dans le développement du Bénin. Tout d'abord, l'accélération des réformes relatives à l'environnement des affaires permettant une amélioration de la position du Bénin dans le classement annuel « Doing Business » établi par la Banque Mondiale. Il est souligné l'importance que les acteurs publics et privés s'engagent dans un véritable dialogue en mettant de côté leurs divergences, afin de parvenir ensemble à l'instauration d'un environnement propice à l'initiative privée.

Cette dernière question représente un enjeu majeur, car l'avenir du Bénin ne peut s'envisager sans son secteur privé, dont le potentiel immense pour le développement du pays exige l'attention et les investissements qu'il mérite.

DEUXIÈME PARTIE.

LE CODE DES INVESTISSEMENTS DU BURKINA FASO

Loi n°62-95 ADP du 14/12/1995, ensemble ses modificatifs Modifiée par la Loi N° 007-2010/AN du 29 janvier 2010

TITRE I : DOMAINE D'APPLICATION

Art. 1er : La présente loi portant Code des Investissements a pour objet la promotion des investissements productifs concourant au développement économique et social du Burkina Faso.

Art. 2 : Est considéré au sens du présent Code comme investissement productif, tout investissement devant permettre l'exercice d'une activité :

– de production ;

– de conservation ;

– de transformation d'une matière première ou de produits semi-finis en produits finis ;

– de prestations de services.

Art. 3 : Le présent Code vise la création et le développement des activités orientées vers :

– la promotion de l'emploi et la formation d'une main-d'œuvre nationale qualifiée ;

– la valorisation des matières premières locales ;

– La promotion des exportations ;

– La production de biens et services destinés au marché intérieur ;

– L'utilisation de technologies appropriées, la modernisation des techniques locales et la recherche-développement ;

– La mobilisation de l'épargne nationale et l'apport de capitaux extérieurs ;

– La réalisation d'investissements se situant dans les localités se situant au moins à cinquante kilomètres des centres urbains qui seront précisés par décret ;

– La réhabilitation et l'extension d'entreprises.

Art.4 nouveau : (LOI N° 007-2010/AN du 29 janvier 2010)

Est exclue du présent code, toute entreprise qui exerce :

– exclusivement des activités commerciales et de négoces ;

– des activités de recherche ou d'exploitation de substances minières relevant du code minier ;

– des services bancaires et financiers ;

– des activités de télécommunications autres que celles des entreprises de téléphonie agréées.

Art. 5 : Les personnes physiques ou morales quelle que soit leur nationalité régulièrement établies au Burkina Faso sont assurées des garanties générales constituant le régime des droit commun du présent Code. En outre, elles peuvent bénéficier de garanties particulières et de régimes privilégiés dès lors qu'elles satisfont aux conditions d'octroi desdits régimes. Les régimes privilégiés sont accordés par arrêté des Ministres chargés de l'Industrie et des Finances.

Art. 6 nouveau : (LOI N° 007-2010/AN du 29 janvier 2010):

Il existe quatre régimes privilégiés définis comme suit :

– le « Régime A » concerne les entreprises dont l'investissement est supérieur ou égal à cent millions (100 000 000) de francs CFA et strictement inférieur à cinq cents millions (500 000 000) de francs CFA, hors taxes et hors fonds de roulement entraînant la création d'au moins vingt emplois permanents ;

– le « Régime B » concerne les entreprises dont l'investissement est supérieur ou égal à cinq cents millions (500 000 000) de francs CFA et inférieur à deux milliards (2 000 000 000) de francs CFA hors taxes et hors fonds de roulement entraînant la création d'au moins trente emplois permanents ;

– le « Régime C » concerne les entreprises dont l'investissement est supérieur ou égal à deux milliards (2 000 000 000) de francs CFA hors taxes et hors fonds de roulement entraînant la création d'au moins quarante emplois permanents ;

– le « Régime D » concerne les entreprises dont l'investissement est égal ou supérieur à un milliard (1 000 000 000) de francs CFA hors taxes et hors fonds de roulement entraînant la création d'au moins trente emplois permanents et dont la production destinée à l'exportation est égale ou supérieure à 80 %.

Toutefois pour les entreprises des secteurs de l'agriculture, de la sylviculture, de l'élevage et de la pisciculture, les critères de seuil d'investissement et de création d'emplois sont réduits au quart.

Art. 7 nouveau (LOI N° 007-2010/AN du 29 janvier 2010) :

Au sens du présent code, on entend par :

– capital : l'ensemble des biens et/ou des possessions construits, acquis ou accumulés, qu'ils soient corporels ou incorporels qui sont affectés à la création de revenus ;

– entreprise : toute unité de production, de transformation et /ou de distribution de biens ou de services, à but lucratif, quelle qu'en soit la forme juridique, qu'il s'agisse d'une personne physique ou morale ;

– entreprise nouvelle : toute entité économique telle que ci-dessus définie, nouvellement créée et en phase de réalisation d'un programme d'investissement éligible. L'investissement projeté doit permettre la création d'une activité nouvelle et ne pas résulter d'une ou de différentes modifications juridiques d'une entité ayant déjà exploité des actifs spécifiques à l'activité ciblée ;

– extension ou diversification : tout programme d'investissement agréé, initié par une entreprise existante et qui engendre :

• un accroissement d'au moins 30 % de la capacité de production ou de la valeur d'acquisition des actifs immobilisés ;

• ou un investissement en matériels de production d'au moins cent millions (100 000 000) de francs CFA ;

• ou la fabrication de nouveaux produits impliquant l'acquisition de nouveaux matériels.

– investissement : capital employé par toute personne physique ou morale, pour l'acquisition de biens mobiliers, immobiliers, matériels et immatériels et pour assurer le financement des frais de premier établissement ainsi que le besoin en fonds de roulement rendus nécessaires à l'occasion de la création d'entreprises nouvelles, d'opération de modernisation, d'extension de diversification d'activités déjà existantes ou lors du renouvellement des biens d'équipements de l'entreprise ;

Investissement productif : tout investissement permettant l'exercice d'une activité, qu'elle soit :

– de production ;

– de conservation ;

– de transformation d'une matière première ou d'œuvre ou de produits semi-finis en produits finis ;

– de prestations de services.

Investissement de capitaux provenant de l'étranger :

– les apports en capitaux, biens ou prestations provenant de l'étranger et donnant droit à des titres sociaux dans toute entreprise établie au Burkina Faso à condition que lesdits apports ne soient pas des placements en portefeuille ;

– les réinvestissements de bénéfices de l'entreprise qui auraient pu être exportés.

– investisseur : toute personne physique ou morale, réalisant un investissement au Burkina Faso sans considération de sa nationalité.

TITRE II : REGIME DE DROIT COMMUN

GARANTIES GENERALES

Art. 8 : [Loi 15-97 AN du 17/04/1997. Art. 1er. Les investissements productifs sont librement effectués au Burkina Faso sous réserve des dispositions spécifiques visant à respecter la politique économique et sociale de l'Etat, notamment la protection de la santé et de la salubrité publiques, la protection sociale et la sauvegarde de l'environnement.

Toutefois, les investisseurs doivent se faire délivrer une autorisation préalable par le Ministre chargé de l'Industrie. Dans ce cadre, ils sont tenus de déposer auprès dudit Ministre, une demande d'autorisation d'implantation comportant :

– la nature du projet d'investissement ;
– son lieu d'implantation ;
– le nombre d'emplois à créer ;
– la liste des équipements ;
– les schémas du plan d'investissements et de financement.]

Art. 9 : Les personnes physiques ou morales régulièrement établies au Burkina Faso ont la faculté d'acquérir les droits de toute nature utiles à l'exercice de leurs activités notamment :

– les droits immobiliers, fonciers, forestiers, industriels ;
– les concessions ;
– les autorisations et les permis administratifs ;
– la participation aux marchés publics.

Elles ne peuvent être soumises à des mesures discriminatoires de droit ou de fait dans le domaine de la législation et de la réglementation qui leur sont applicables quelle que soit leur nationalité. Les droits acquis de toute nature leur sont garantis.

Art.10 : Dans l'exercice de leurs activités professionnelles, les employeurs et travailleurs étrangers sont soumis aux lois et règlements burkinabé. Ils peuvent faire partie d'organismes professionnels de défenses dans le cadre des lois et règlements burkinabé. Les entreprises étrangères et leurs dirigeants sont représentés dans les mêmes conditions que les entreprises et particuliers de nationalité burkinabé dans les assemblées consulaires et dans les organismes assurant la représentation des intérêts professionnels et économiques sous réserve de réciprocité de la part de leur pays d'origine.

Art. 11 : Les employeurs et travailleurs étrangers sont assujettis à titre personnel aux droits, contributions et taxes conformément à la législation en vigueur.

Art. 12 : Dans le cadre des accords internationaux, des lois et règlements burkinabè, sont garantis aux personnes et entreprises régulièrement établies notamment :

– le droit de disposer librement de leurs biens et d'organiser à leur gré leur entreprise ;
– la liberté d'embauche, la liberté d'emploi et de licenciement ;
– le libre choix des fournisseurs et des prestataires de services ;
– la liberté commerciale ;
– le libre accès aux sources de matières premières ;
– la libre circulation à l'intérieur du Burkina Faso des matières premières, matières consommables, produits finis et semi-finis et pièces de rechange.

Art. 13 : Les entreprises étrangères bénéficieront de la même protection que les entreprises burkinabè, en ce qui concerne les propriétés commerciales et la propriété intellectuelle.

Art. 14 : Le droit de transfert des capitaux et de leurs revenus est garanti aux personnes physiques ou morales étrangères qui effectuent au Burkina un investissement financé par un apport de devises.

Les personnes étrangères qui ont procédé à des investissements ont le droit, sous réserve de la réglementation en matière de change, de transférer dans la devise cédée au moment de la constitution desdits investissements, les dividendes, les produits de toute nature des capitaux investis, les produits de la liquidation ou de la réalisation de leurs avoirs.

Art. 15 : Les personnes étrangères qui occupent un emploi dans une entreprise burkinabè ont le droit, conformément à la réglementation en vigueur en matière de change, de transférer leurs salaires.

Art. 16 : Toute entreprise entrant dans le champ d'application des dispositions des articles 1et 2, peut bénéficier d'entrepôt sous douane, conformément au code des douanes.

Art. 17 : Les matières premières destinées aux unités industrielles installées au Burkina Faso sont admises à la catégorie I du tarif des douanes.

TITRE III : REGIMES PRIVILEGIES

CHAPITRE I : DISPOSITIONS COMMUNES

Art.18 : L'entreprise désirant bénéficier d'un régime privilégié doit déposer auprès du ministère chargé de l'Industrie, un dossier de demande d'agrément dont les éléments constitutifs sont fixés par décret. Une commission nationale des investissements est chargée d'examiner les dossiers de demande d'agrément.

Art. 19 : Pour chaque entreprise bénéficiaire d'un régime privilégié, l'arrêté d'agrément :

– indique le type de régime privilégié accordé et les avantages concédés ;
– fixe les conditions particulières en fonction de la nature du projet ;
– énumère les activités pour lesquelles l'agrément est accordé ;
– précise les engagements souscrits par l'entreprise ;
– détermine en cas de défaillance les sanctions applicables à l'entreprise.

Art. 20 : Les entreprises bénéficiaires d'un régime privilégié sont tenues :

– d'acquérir un matériel performant, de recourir aux procédés techniques les mieux adaptés et de maintenir l'exploitation dans des conditions optimales de productivité ;
– de fournir aux autorités compétentes des informations jugées utiles par elles ;
– de tenir leur comptabilité au Burkina Faso conformément au plan comptable en vigueur sauf dérogations expresses prévues par les textes en vigueur ;
– d'employer en priorité les nationaux et de réaliser des actions de formation professionnelle à tous les niveaux ;

– d'utiliser en priorité, à qualité égale et à prix égal les services des entreprises de prestation régulièrement établies au Burkina Faso ;

– de protéger l'environnement par la mise en œuvre des procédés et appareils techniques estimés suffisants par les services compétents ;

– de se conformer aux règles d'hygiène et de sécurité et aux normes définies par les textes en vigueur.

Art. 21 – Le délai de réalisation des entreprises agréées au présent code est fixé à trois ans pour compter de la date de signature de l'arrêté d'agrément. Toutefois, il peut être accordé une seule prorogation d'un an à compter de la date d'expiration du délai de réalisation au promoteur qui justifie d'un début de réalisation de son projet.

Art. 22 : Le promoteur dont le projet n'a pas connu un début de réalisation dans le délai imparti de trois ans prévu à l'article 21 perd automatiquement le bénéfice des avantages fixés par l'arrêté d'agrément ; notification lui en est faite par correspondance du Ministre chargé de l'Industrie.

Art.23 : Le contrôle du respect des engagements de l'Etat et des obligations de l'entreprise bénéficiaire d'un régime privilégié est assuré par les services de contrôle du ministère chargé de l'Industrie.

CHAPITRE II : LES REGIMES D'AGREMENT

Art. 24. nouveau (LOI n° 007-2010/AN du 29 janvier 2010) :

Les avantages suivants sont accordés aux entreprises bénéficiant de l'un des quatre régimes privilégiés prévus à l'article 6 nouveau.

1. Régime A

a) A l'investissement

Au titre du droit de douane :

– acquittement du droit de douane de la catégorie 1 du tarif des douanes au taux de 5 % sur les équipements d'exploitation et le premier lot de pièces de rechange les accompagnant.

Au titre de la Taxe sur la valeur ajoutée (TVA) :

– l'exonération pour les entreprises nouvelles, de la Taxe sur la valeur ajoutée (TVA) exigible sur les équipements d'exploitation et le premier lot de pièces de rechange les accompagnant ;

– en cas d'extension, le remboursement de crédit de la Taxe sur la valeur ajoutée (TVA) dont dispose l'entreprise à l'issue d'une période de déclaration dans la limite de la TVA acquittée sur les équipements d'exploitation et le premier lot de pièces de rechange les accompagnant ;

– l'exonération pour les entreprises nouvelles, de la Taxe sur la valeur ajoutée (TVA) sur les équipements d'exploitation fabriqués localement ;

– dans le cadre d'un contrat de crédit-bail assorti de transfert des avantages fiscaux prévu à l'article 32 bis du présent code, les loyers des biens susmentionnés sont exonérés de TVA.

b) A l'exploitation

Au titre de l'impôt sur les bénéfices :

– report des reliquats de déficits successivement jusqu'au 2e exercice après le terme des reports déficitaires autorisés par la législation en vigueur ;

– déduction pour les entreprises nouvelles d'une partie des investissements dont la nature sera définie par décret. Le montant des déductions autorisées est fixé à 50 % du montant des investissements retenus sans excéder 50 % du bénéfice imposable. Ces déductions peuvent s'étaler sur cinq exercices fiscaux successifs au terme desquels, le reliquat du crédit d'impôt autorisé et non utilisé n'est ni imputable, ni remboursable. Pour les projets d'extension agréés, pour chaque exercice fiscal, le montant des déductions ne pourra dépasser 50 % du bénéfice imposable.

Au titre de la patente :

– exonération du droit proportionnel pendant cinq ans.

Au titre de la Taxe patronale et d'apprentissage (TPA) :

– exonération totale pendant cinq ans de la Taxe patronale et d'apprentissage.

2. Régime B

a) A l'investissement

Au titre du droit de douane :

– acquittement du droit de douane de la catégorie 1 du Tarif des douanes au taux de 5 % sur les équipements d'exploitation et le premier lot de pièces de rechange les accompagnant ;

Au titre de la Taxe sur la valeur ajoutée (TVA) :

– l'exonération pour les entreprises nouvelles, de la Taxe sur la valeur ajoutée (TVA) exigible sur lesdits équipements d'exploitation et le premier lot de pièces de rechange les accompagnant ;

– l'exonération pour les entreprises nouvelles, de la Taxe sur la valeur ajoutée (TVA) sur les équipements d'exploitation fabriqués localement ;

– en cas d'extension, le remboursement de crédit de la Taxe sur la valeur ajoutée (TVA) dont dispose l'entreprise à l'issue d'une période de déclaration dans la limite de la TVA acquittée sur les équipements d'exploitation et le premier lot de pièces de rechange les accompagnant. Dans le cadre d'un contrat de crédit-bail assorti de transfert des avantages fiscaux prévu à l'article 32 bis du présent code, les loyers des biens susmentionnés sont exonérés de TVA.

b) A l'exploitation

Au titre de l'Impôt sur les bénéfices :

– un report des reliquats de déficits successivement jusqu'au 3e exercice après le terme des reports déficitaires autorisés par la législation en vigueur ;

– déduction pour les entreprises nouvelles d'une partie des investissements dont la nature sera définie par décret. Le montant des déductions autorisées est fixé à 50 % du montant des investissements retenus sans excéder 50 % du bénéfice imposable ;

– ces déductions peuvent s'étaler sur six exercices fiscaux successifs au terme desquels, le reliquat du crédit d'impôt autorisé et non utilisé n'est ni imputable, ni remboursable ;

– pour les projets d'extension agréés, pour chaque exercice fiscal, le montant des déductions ne pourra dépasser 50 % du bénéfice imposable.

Au titre de la patente :

– exonération du droit proportionnel pendant six ans.

Au titre de la Taxe patronale et d'apprentissage (TPA)

– exonération totale pendant six ans de la Taxe patronale et d'apprentissage.

3. Régime C

a) A l'investissement

Au titre du droit de douane :

– acquittement du droit de douane de la catégorie 1 du tarif des douanes au taux de 5 % sur les équipements d'exploitation et le premier lot de pièces de rechange les accompagnant ;

Au titre de la Taxe sur la valeur ajoutée (TVA) :

– l'exonération pour les entreprises nouvelles, de la Taxe sur la valeur ajoutée (TVA) exigible sur lesdits équipements d'exploitation et le premier lot de pièces de rechange les accompagnant ;

– l'exonération pour les entreprises nouvelles, de la Taxe sur la valeur ajoutée (TVA) sur les équipements d'exploitation fabriqués localement ;

– en cas d'extension, le remboursement de crédit de la Taxe sur la valeur ajoutée (TVA) dont dispose l'entreprise à l'issue d'une période de déclaration dans la limite de la TVA acquittée sur les équipements d'exploitation et le premier lot de pièces de rechange les accompagnant. Dans le cadre d'un contrat de crédit-bail assorti de transfert des avantages fiscaux prévu à l'article 32 bis du présent code, les loyers des biens susmentionnés sont exonérés de TVA.

b) A l'exploitation

Au titre de l'Impôt sur les bénéfices :

– un report des reliquats de déficits successivement jusqu'au 4e exercice après le terme des reports déficitaires autorisés par la législation en vigueur ;

– déduction pour les entreprises nouvelles d'une partie des investissements dont la nature sera définie par décret. Le montant des déductions autorisées est fixé à 50 % du montant des investissements retenus sans excéder 50 % du bénéfice imposable. Ces déductions peuvent s'étaler sur sept exercices fiscaux successifs au terme desquels, le reliquat du crédit d'impôt autorisé et non utilisé n'est ni imputable, ni remboursable. Pour les projets d'extension agréés, pour chaque exercice fiscal, le montant des déductions ne pourra dépasser 50 % du bénéfice imposable. Au titre de la patente :

– exonération du droit proportionnel pendant sept ans.

Au titre de la Taxe patronale et d'apprentissage (TPA) :

– exonération totale pendant sept ans de la Taxe patronale et d'apprentissage.

4) Régime D

a) A l'investissement

Au titre du droit de douane :

– acquittement du droit de douane de la catégorie 1 du tarif des douanes au taux de 5 % sur les équipements d'exploitation et le premier lot de pièces de rechange les accompagnant.

Au titre de la Taxe sur la valeur ajoutée (TVA) :

– l'exonération pour les entreprises nouvelles, de la Taxe sur la valeur ajoutée (TVA) exigible sur lesdits équipements d'exploitation et le premier lot de pièces de rechange les accompagnant ;

– l'exonération pour les entreprises nouvelles, de la Taxe sur la valeur ajoutée (TVA) sur les équipements d'exploitation fabriqués localement ;

– en cas d'extension, le remboursement de crédit de la Taxe sur la valeur ajoutée (TVA) dont dispose l'entreprise à l'issue d'une période de déclaration dans la limite de la TVA acquittée sur les équipements d'exploitation et le premier lot de pièces de rechange les accompagnant. Dans le cadre d'un contrat de crédit-bail assorti de transfert des avantages fiscaux prévu à l'article 32 bis du présent code, les loyers des biens susmentionnés sont exonérés de TVA.

b) A l'exploitation

Au titre de l'Impôt sur les bénéfices :

– report des reliquats de déficits successivement jusqu'au 4ème exercice après le terme des reports déficitaires autorisés par la législation en vigueur ;

– déduction pour les entreprises nouvelles, d'une partie des investissements dont la nature sera définie par décret. Le montant des déductions autorisées est fixé à 50 % du montant des investissements retenus sans excéder 50 % du bénéfice imposable. Ces déductions peuvent s'étaler sur sept exercices fiscaux successifs. Pour les projets d'extension agréés, pour chaque exercice fiscal, le montant des déductions ne pourra dépasser 50 % du bénéfice imposable.

Au titre de la patente :

– exonération du droit proportionnel pendant sept ans.

Au titre de la Taxe patronale et d'apprentissage (TPA)

– exonération totale pendant sept ans de la totalité de la Taxe patronale et d'apprentissage.

Art. 25 : Les exonérations prévues à l'article 24 excluent les taxes pour services rendus et ne couvrent pas le matériel de bureau, le matériel informatique, les appareils de climatisations et le carburant.

CHAPITRE III : LE REGIME DES ENTREPRISES D'EXPORTATION

Art. 26 nouveau (LOI N° 007-2010/AN du 29 janvier 2010) :

Abrogé

CHAPITRE IV : ENTREE EN VIGUEUR

Art. 27 : Les avantages liés à l'exploitation prévus aux articles 24 et 26 courent à partir de la date de démarrage constatée par un arrêté du Ministre chargé de l'Industrie.

TITRE III : DISPOSITIONS SPECIFIQUES PRIVILEGIES

CHAPITRE I : AVANTAGES LIES A L'UTILISATION DES MATIERES PREMIERES LOCALES

Art. 28 nouveau (LOI N° 007-2010/AN du 29 janvier 2010) :

Abrogé

CHAPITRE II : AVANTAGES LIES A LA DECENTRALISATION

Art. 29 nouveau (LOI N° 007-2010/AN du 29 janvier 2010) :

Les entreprises réalisant des investissements dans une localité située à cinquante kilomètres au moins des centres de Ouagadougou et Bobo-Dioulasso bénéficient d'une prorogation de trois ans des avantages afférents à leur régime. Elles bénéficient également de l'exonération totale des droits de mutation à titre onéreux pour toutes les acquisitions immobilières effectuées dans le cadre de l'investissement. Les mêmes avantages sont accordés aux entreprises des secteurs de l'agriculture, de la sylviculture, de l'élevage et de la pisciculture.

CHAPITRE II : REGLEMENT DES DIFFERENDS

Art. 30 : Le règlement des différends résultant de l'application des dispositions du présent code aux entreprises agréées et la détermination de l'indemnité due par méconnaissance ou violation des obligations imposées, des engagements souscrits ou des garanties octroyées peut, indépendamment des voies de recours devant la juridiction administrative du Burkina Faso faire l'objet d'une procédure d'arbitrage. Il est prévu deux procédures d'arbitrage :

1) la constitution d'un collège arbitral par :

a) désignation d'un arbitre par chacune des parties ;

b) désignation d'un tiers arbitre par les deux premiers arbitres.

La désignation du second ou du tiers arbitre sera faite à l'initiative de la partie la plus diligente par la Cour suprême du Burkina Faso dans l'un des cas suivants :

– l'une des deux parties n'aurait pas désigné son arbitre dans les 60 jours suivant la notification par l'autre partie de son arbitre désigné ;

– les deux parties ne se seraient pas mis d'accord dans les 30 jours suivant la désignation du second arbitre sur le choix de tiers arbitre. Les arbitres établiront leur procédure, ils statueront ex æquo et bono, la sanction arbitrale sera définitivement exécutoire sans procédure d'exequatur ;

2) Lorsque les intérêts étrangers sont en cause, il existe en outre deux voies de recours : recours au Centre international pour le règlement des différends relatifs aux investissements (CRDI) créé par la Banque

internationale pour la reconstruction et le développement par la convention de 1965 ou recours à la Cour permanente d'arbitrage de La Haye. La demande d'arbitrage, à l'initiative de l'une des deux parties, suspend automatiquement toute procédure contentieuse qui aurait été engagée auparavant.

TITRE IV. DISPOSITIONS TRANSITOIRES

Art. 31 nouveau (LOI N° 007-2010/AN du 29 janvier 2010) :

Les entreprises bénéficiant de régime d'exonération ou de régime fiscal octroyé par des dispositions antérieures continueront à bénéficier de ces régimes de faveur jusqu'à l'expiration des délais fixés. Toutefois, les entreprises en régime fiscal stabilisé pourront bénéficier sur option du régime fiscal en vigueur si celui-ci est plus favorable. Les régimes d'exonération permanente prennent fin dans un délai de trois ans à compter de la promulgation de la présente loi.

Art. 32 : Les entreprises agréées à un des régimes des codes des investissements antérieurs sont soumises aux contrôles prévus par la présente loi.

TITRE V. DISPOSITIONS FINALES

Art. 33. Un décret pris en conseil des ministres déterminera les conditions d'application de la présente loi en fixant notamment :

– la composition, les attributions et les modalités de fonctionnement de la commission nationale des investissements ;

– les procédures d'agrément des entreprises désirant bénéficier des avantages du Code des investissements ;

– les domaines d'activités des entreprises de prestation de services qui peuvent bénéficier des dispositions du présent Code.

Art. 34 : Sur avis motivé de la commission nationale des investissements, l'admission au bénéfice d'un régime privilégié est prononcée par arrêté des ministres chargés de l'Industrie et des Finances.

Art. 35 : La présente loi abroge toutes dispositions antérieures contraires, notamment l'ordonnance 92-42 du 10 juin 1992 portant code des investissements au Burkina Faso.

Art. 36 La présente la sera exécutée comme loi de l'Etat.

L'AGENCE DE PROMOTION DES INVESTISSEMENTS AU BURKINA FASO

La requête du PCA a été bien entendue par le Gouvernement qui a rassuré que l'API-BF sera bientôt dotée de tous les moyens que requiert l'efficacité de son action. L'efficacité de l'API-BF nécessitera non seulement le renforcement de ses capacités en ressources humaines, financières et matérielles, mais l'extension de ses prérogatives dans certains domaines, y compris les guichets créés pour faciliter les investissements, les nouvelles aires économiques aménagées qui seront réservées aux investisseurs. On est convaincu que l'accélération de l'investissement dans tous les secteurs économiques constitue la seule voie qui aidera le pays à créer de la richesse et de l'emploi. La création d'une telle structure a bien été saluée par la Banque mondiale et le secteur privé burkinabè. Car l'investissement contribue de manière significative à l'accroissement de la capacité productive de l'économie. Seul un engagement total de l'Etat à l'égard de l'agence permettra à celle-ci de réussir sa mission. Il s'agit de permettre au groupe de la Banque mondiale d' accompagner la structure naissante afin de faire du Burkina Faso une destination privilégiée des investissements étrangers.

L'Agence de promotion des investissements au Burkina Faso (API-BF) est une structure rattachée directement à la présidence du Faso et se donne pour rôle de faciliter et de suivre les investissements au Burkina Faso. Créée depuis mars 2013, elle a été lancée officiellement le jeudi 25 juin 2015. Contrairement au Conseil présidentiel pour l'investissement (CPI) qui a pour objectif de mener des réflexions sur des problématiques relatives aux investissements et de proposer des politiques, l'API-BF se propose d'attirer et de suivre les investissements jusqu'à leur aboutissement. Elle est la structure opérationnelle du CPI. La création de la structure répond à un impératif de mettre en place une institution nationale dont les missions sont, entre autres, de faire la promotion du Burkina comme une destination privilégiée, de mettre en œuvre une stratégie proactive d'attraction des investissements étrangers et de la diaspora et de faciliter des formalités relatives à la réalisation de projets. L'agence fait la promotion des secteurs à forte potentialité d'investissement. Il s'agit notamment de l'agrobusiness, l'énergie, les mines, les infrastructures aéroportuaires, routières et l'immobilier, les technologies de l'information et de la communication, la santé et l'éducation.

Elle doit être le dépositaire de certains pouvoirs qui lui permettent de réunir toutes les conditions favorables dont les investisseurs ont besoin pour un démarrage instantané de leurs activités, dès leur arrivée au Burkina Faso. Cela se passe, par la relecture des textes actuels qui régissent les fonctions et les responsabilités de l'API-BF afin de les adapter aux exigences d'une agence qui se veut être un instrument moderne au service des investisseurs du secteur privé national et international.

LA LOI D'ORIENTATION

C'est à la fois un vieux projet et une promesse de la 14e Rencontre gouvernement/secteur privé (RGSP), tenue le 27 avril 2015 à Bobo-Dioulasso, qui est en passe de se réaliser. Le projet de la charte des Petites et moyennes entreprises (PME), engagé depuis 2010 et transposé en loi d'orientation à partir de juillet 2014, est une des fortes attentes du secteur privé et de l'UEMOA. Au Burkina, le projet a plusieurs fois été freiné par des divergences portant sur le « contenu et la portée du texte.

A l'occasion de la 14e RGSP, qui avait pour thème « La problématique du financement des PME/PMI au Burkina Faso : enjeux, défis et perspectives », le

Gouvernement avait promis d'accélérer l'adoption de la loi d'orientation des PME pour faciliter la mise en œuvre des différentes recommandations de la rencontre. Promesse en voie d'être tenue. Lors de sa séance du mercredi 25 novembre 2015, le Conseil des ministres a examiné « un projet de loi portant loi d'orientation de promotion des PME au Burkina Faso ». Dès lors, il a marqué son accord pour la transmission du projet de loi au Conseil national de la transition (CNT). C'est désormais aux représentants du peuple qu'il appartient d'apprécier et de décider du contenu de la loi. Selon le gouvernement, cette loi d'orientation vise la mise en place de règles et principes consensuels permettant aux PME de jouer pleinement leurs rôles et à l'Etat de mieux les accompagner. Au final, elle devrait pouvoir permettre de dire ce que renferme le vocable PME. C'est-à-dire qu'est-ce qu'une PME ? Pour l'instant, il n'existe pas encore de critères nationaux permettant de définir la PME dans le contexte burkinabè. On se sert jusque-là de la définition contenue dans la charte de l'UEMOA sur les PME.

Selon l'UEMOA, est considérée comme une PME « toute personne physique ou morale, productrice de biens et/ou de services marchands, immatriculée au registre de commerce ou tout autre registre, totalement autonome, dont l'effectif ne dépasse pas 200 employés permanents et dont le Chiffre d'affaires (CA) annuel est inférieur ou égal à un (1) milliard de F CFA avec un niveau d'investissement inférieur ou égal à deux cent cinquante mille ». Définition valable également pour les PMI (Petites et moyennes industries). Etant donné que les contextes diffèrent dans les pays de l'UEMOA, cette définition de la PME et les autres éléments contenus dans la charte de l'UEMOA peuvent être en déphasage avec la réalité locale. C'est d'ailleurs pour cette raison que l'UEMOA a encouragé les pays membres à avoir un texte national sur les PME. Outre la définition des concepts, des règles et des principes, la future loi d'orientation devrait dégager les formes d'intervention de l'Etat dans le cadre de la promotion des PME. On estime à environ 80 % le nombre des PME dans le tissu économique du Burkina Faso. Ce tissu économique, qui, lui-même, comptait plus de 60.000 entreprises formelles entre 2001 et décembre 2013, d'après le fichier Néré.

LES RECOMMANDATIONS DU SECTEUR PRIVE LORS DE LA 14e RGSP

– La création d'une banque d'investissement et d'une banque des PME/PMI, avec une implantation dans les différentes régions ;

– La mise en place et le renforcement des fonds de garanties en vue de leur permettre de couvrir les financements à long terme ;

– Le cautionnement de l'Etat auprès des banques pour l'acquisition de matériels techniques dans le cadre de la sécurisation foncière ;

– La facilitation de l'accès des PME/PMI aux mécanismes innovants de financement, notamment la finance islamique, le capital-risque, le crédit-bail, le financement participatif et le marché financier régional ;

– La promotion des sociétés de cautionnement mutuel par la prise des textes juridiques y afférents ;

– La réduction du coût du crédit et du refinancement des systèmes financiers décentralisés, par l'exonération de la TVA sur les intérêts des crédits octroyés et la détaxation du refinancement

– La création d'un fonds de subvention pour la transformation des produits locaux ;

– L'accroissement des capacités de financement des fonds nationaux et la création de nouveaux guichets dans les grandes villes ;

– Le renforcement des fonds d'appui à l'artisanat et l'assouplissement des conditions d'accès

– La mise en œuvre des recommandations de l'étude de l'AFP/PME sur la bonification des taux d'intérêt

– La mise en place d'un fonds spécial de soutien à la promotion immobilière ;

– L'assainissement du secteur de la finance décentralisée par le redressement ou la liquidation des structures en difficulté ;

– Le renforcement du soutien aux structures d'appui au secteur privé pour le développement des services non financiers au profit des PME/PMI

– La formation des agents des banques afin qu'ils aient une meilleure appréciation des dossiers de demande de crédit, notamment ceux relatifs aux investissements

– La poursuite des actions de promotion de la politique du genre dans le financement des PME/PMI

– La promotion de la tierce détention de stocks par la construction de magasins spécialisés

– La mise à disposition des banques commerciales de ressources longues

DEMARCHES ET PROCEDURES DE CREATION D'ENTREPRISES AU BURKINA FASO

Les Centres de Formalités des Entreprises du Burkina Faso (**CEFORE**) sont un passage unique pour les entreprises qui doivent accomplir, sur la base d'un seul formulaire, les formalités administratives nécessaires à la création, à l'extension ou à la reprise de sociétés, d'entreprises individuelles ou d'établissements secondaires. Leur but est d'accompagner la création d'entreprises, de faciliter et simplifier les démarches des promoteurs auprès des différentes administrations impliquées dans le processus de création d'entreprises.

1- CREATION D'ENTREPRISES

- **POUR LES PERSONNES PHYSIQUES**

Les formalités concernées sont les suivantes :

– Le registre de Commerce et du Crédit mobilier (RCCM) avec comme Partenaire le Greffe Commercial du Tribunal de Grande Instance ;

– La déclaration d'existence fiscale et le Numéro Identifiant Financier Unique (IFU) avec comme Partenaire la Direction Général des Impôts ;

– La Carte Professionnelle de Commerçant pour les personnes physiques avec comme Partenaire le Ministère en charge du Commerce ;

– L'affiliation à la Caisse Nationale de Sécurité Sociale (CNSS) avec comme Partenaire la Caisse Nationale de Sécurité Sociale.

Les pièces requises à fournir sont les suivantes :

– 01 photocopie légalisée de la CNIB ou du passeport du promoteur ;

– 01 extrait de casier judiciaire (Bulletin N°3) de moins de 3 mois du promoteur ;

– 01 extrait d'acte de mariage (s'il y a lieu) ;

– 01 certificat de résidence ;

– 03 photos d'identité du promoteur ;

– L'un des documents suivants (01 contrat de bail à usage commercial enregistré ou Permis Urbain d'Habiter (PUH), titre de propriété, une attestation d'attribution de parcelle, une facture d'eau ou d'électricité) ;

– 01 timbre fiscal de 200 FCFA.

NB :

1- Pour les étrangers, il convient de fournir une demande d'autorisation d'exercer le commerce au Ministère en charge du commerce. Cette demande est timbrée à 1 000 Fcfa et accompagnée d'un casier judiciaire, d'un certificat de résidence, d'un document d'identité, d'une fiche de renseignement coûtant 1 210 F CFA et timbrée à 10 000 F CFA. Le dépôt se fait au Centre de Guichets Uniques.

2- Lors de l'accomplissement de vos formalités, il vous sera demandé des informations fiscales permettant de déterminer le régime fiscal de votre entreprise. A cet effet, il vous est possible de demander un rendez-vous avec les Cabinets conseils qui tiennent permanence à la Maison de l'Entreprise (MEBF) ou avec les conseillers de la MEBF.

3- La Maison de l'entreprise offre gratuitement deux formations : une formation sur la création d'entreprise et une autre sur le management de la nouvelle entreprise. Elle offre également des facilités d'ouverture de comptes bancaires dans ces locaux.

Les frais d'établissement des formalités s'élèvent à 40 000 FCFA

- ***POUR LES PERSONNES MORALES***

Les formalités à accomplir sont les suivantes :

- Registre du commerce et du crédit mobilier (RCCM) ;
- Déclaration d'existence fiscale et numéro de l'identifiant financier unique (IFU) ;
- Notification employeur (CNSS).

Les pièces requises à fournir sont les suivantes :

- 1 photocopie légalisée de la CIB ou du Passeport du ou des gérants ;
- 1 extrait de casier judiciaire (Bulletin N°3) de moins de trois (03) mois du ou des gérants ;
- 1 exemplaire des statuts de la société dûment enregistrés ;
- 1 exemplaire du PV constitutif dûment enregistré le cas échéant ;
- 1 exemplaire de l'acte notarié dûment enregistré ;
- L'un des documents suivants (Contrat de bail à usage d'habitation, Permis Urbain d'Habiter (PUH) ou titre de propriété, une attestation d'attribution de parcelle, une facture d'eau) ;
- 4 exemplaires du formulaire M0 ;
- 2 actes de dépôt au moins.

NB :

1. *Pour les étrangers, il convient d'adresser une demande d'autorisation d'exercer le commerce au Ministère en charge du commerce. Cette demande est timbrée à 1000 FCFA. Elle est accompagnée d'une copie des statuts de la société, d'une fiche de renseignement coûtant 1 210 FCFA et timbrée à 20 000 FCFA.*

La Maison de l'entreprise offre gratuitement deux formations : une formation sur la création d'entreprise et une autre sur le management de la nouvelle entreprise. Elle offre également des facilités d'ouverture de comptes bancaires dans ces locaux.

La nature des services attendus par les Promoteurs de PME/PMI. Pour atteindre leurs objectifs, par exemple, les entrepreneurs en Afrique ont besoin.

Enfin, le dispositif institutionnel de chaque pays prévoit, dans la plupart des cas, une phase de transfert des procédures et des outils d'action, dans le cadre du Programme PME/PMI vers les structures d'appui à la création d'entreprises, mais aussi vers les Ecoles de formation technique, en adéquation avec les objectifs poursuivis. La mise en réseau de ces structures devrait permettre de pérenniser ce dispositif.

Des conventions et Accords ont été aussi signés avec des structures locales qui ont pour but :

- l'accueil des porteurs de projets ;
- la facilitation et l'accompagnement dans les démarches et procédures ;
- l'appui dans les business-plan et la réalisation d'études de marché ;
- le suivi.

Les trois défis à relever. Une Petite et moyenne entreprise (PME) est une entreprise structurée (registre de commerce, Identifiant fiscal unique, déclaration à la Caisse nationale de sécurité sociale, etc.), tenant une comptabilité, dotée d'un capital d'au moins Un (1) million de francs CFA et utilisant un effectif d'au moins trois personnes.

Dans les pays l'espace OHADA, il existe plusieurs mécanismes pour faciliter la création des PME/PMI, avec un formalisme allégé : une fiscalité incitative, un accompagnement technique et un appui financier, et les secteurs d'activités des PME/PMI sont diversifiés. Au Bénin, au Congo, au Sénégal, en Côte d'Ivoire et au Cameroun, par exemple, on note une prédominance des activités du commerce général et de prestation des services. En Côte d'Ivoire, l'agro-industrie reste largement prédominante de même que l'agriculture. Tandis qu'au Togo, au Mali, au Niger et en Guinée, le tissu industriel est moins densifié.

Selon des études menées en Afrique de l'Ouest et du Centre, les entrepreneurs ont trois défis à relever. D'abord, celui de la bonne gouvernance. Quel environnement est propice à l'investissement et permet d'accompagner facilement les opérateurs économiques ? Quel est le meilleur cadre institutionnel, c'est-à-dire celui qui crée une synergie entre l'Etat et les entreprises et contribue à l'augmentation de la production en offrant les prestations et les services de qualité ?

Le deuxième défi, consiste en l'amélioration des facteurs structurels. Dans ce registre, on considère la promotion d'un marché local avec une réelle volonté orientée vers l' intégration régionale ; la réduction des lenteurs et des tracasseries administratives ; la maîtrise de l'économie informelle ; la promotion d'une bonne couverture du réseau des Télécommunications, de l'énergie et des transports, puis la crédibilisation de l'appareil judiciaire.

Le troisième et dernier défi se rapporte à l'accès des PME au financement. Il consiste en l'amélioration du climat des affaires, en renforcement des capacités des gestion des PME, en développant le secteur financier y compris les Institutions de micro-finance (IMF) et en diversifiant les sources de financement. Il s'agit, dans un premier temps d'orienter et d'axer les investissements autour des secteurs rentables. Ces secteurs sont probablement le secteur commercial, l'agro-industrie, les prestations de services, l'artisanat, l'hôtellerie, le tourisme, les secteurs de l'eau et de l'énergie.

Mais malgré quelques différences liées aux spécificités de chaque pays, au Bénin, Cameroun, Congo, Sénégal, par exemple, 98 % des entreprises excellent dans l'informel qui représente entre 60 et 70 % du Produit intérieur brut (PIB). Tandis que 90 % de la population travaillent dans l'informel et plus de 50 % des entreprises ont un capital inférieur à deux millions de francs CFA.

TROISIÈME PARTIE.

LE CODE DES INVESTISSEMENTS DU CAMEROUN

Ordonnance du 08 Novembre 1990 portant promotion des investissements productifs au Cameroun

LE PRESIDENT DE LA REPUBLIQUE,

Vu la Constitution ;

Vu la Loi n°89/028 du 29 décembre 1989 autorisant le Président de la République à réviser par ordonnance la Loi n°84/03 du 4 juillet 1984 portant Code des Investissements.

Ordonne

TITRE PREMIER.DISPOSITIONS GENERALES

Article 1er — (1) La présente ordonnance a pour objet de favoriser et de promouvoir les investissements productifs au Cameroun.

(2) Elle vise à encourager la création et le développement des activités économiques orientées vers :

– la valorisation prioritaire des ressources naturelles nationales,

– la création d'emplois nouveaux,

– la production des biens et services compétitifs pour la consommation interne et l'exportation,

– l'accroissement des exportations des produits manufacturés,

– le transfert et l'adoption de technologies appropriées,

– la protection de l'environnement et,

– l'amélioration de la qualité de vie en milieu urbain et rural.

TITRE II.DROITS ET AVANTAGES GENERAUX

CHAPITRE I.GARANTIES GENERALES

Article 2 — (1) Toute personne physique ou morale camerounaise ou étrangère, quel que soit son lieu de résidence, peut entreprendre et exercer une activité économique au Cameroun.

(2) Elle peut, individuellement ou en association avec d'autres, exercer cette activité, soit sous le régime de droit commun, soit sous l'un des régimes spéciaux institués par les lois et règlements en vigueur ou par la présente ordonnance.

Article 3 — (1) Toute personne physique ou morale, individuellement ou en association avec d'autres, quelle qu'en soit la forme juridique choisie pour exercer une activité économique, bénéficie de la pleine protection du Droit Camerounais.

(2) A ce titre, toute personne physique ou morale étrangère reçoit un traitement égal à celui des personnes physiques ou morales camerounaises, dans le respect des dispositions légales et réglementaires concernant l'établissement des étrangers ainsi que des dispositions des traités et accords conclus par le Cameroun avec les Etats dont ils sont ressortissants.

Article 4 — (1) Toute personne physique ou morale, quelle que soit sa nationalité, jouit, dans le respect des lois et règlements en vigueur, des droits de toute nature en matière de propriété, de concessions et d'autorisations administratives.

(2) Nulle expropriation, nationalisation ou réquisition d'une entreprise régulièrement établie ou de ses biens ne peut avoir lieu sans que l'Etat n'ait engagé au préalable, la procédure de déclaration d'utilité publique la justifiant et sans une indemnisation préalable, juste et équitable, fondée sur une évaluation adéquate de l'entreprise ou de ses biens, objet d'un tel acte, par un tiers indépendant.

Article 5 — Toute personne physique ou morale régulièrement établie au Cameroun peut, dans le respect des lois et règlements en vigueur, conclure et exécuter tout contrat qu'elle juge utile pour ses intérêts, notamment en matière financière et commerciale, déterminer sa politique de production, de distribution et de commercialisation et, d'une manière générale, accomplir tout acte de gestion conforme aux règles et usages de commerce au Cameroun.

Article 6 — Toute personne physique ou morale, régulièrement établie pour exercer une activité économique, jouit de la liberté d'embauche et de licenciement qui s'exerce dans le respect de la législation sociale et du travail en vigueur.

Article 7 — L'Etat garantit à tout investisseur, personne physique ou morale, régulièrement établie, à ses partenaires et dirigeants, à son personnel étranger titulaire d'un contrat de travail dûment visé, ainsi qu'à leur famille légale, l'entrée, le séjour, la libre circulation et la sortie du territoire national. Il leur délivre à cet effet tout document administratif requis.

Article 8 — (1) L'Etat garantit à toute personne physique ou morale non résidente au Cameroun, le droit de transférer librement les revenus de toute nature provenant des capitaux investis et, en cas de cessation des activités, du produit de la liquidation ou de la cessation de l'investissement, sous réserve qu'elle soit en règle avec l'administration fiscale.

(2) L'Etat garantit en outre, dans le respect des lois et règlements régissant les opérations de banque et des changes, la liberté de transférer, hors du territoire national, les fonds correspondant à des paiements normaux et courants pour des fournitures et des prestations effectives, notamment sous forme de redevances ou d'autres rémunérations.

Article 9 — Tout investissement agréé dans les conditions prévues au Titre III de la présente ordonnance bénéficie de la garantie des risques non commerciaux aux conditions de l'article 15 du Traité instituant l'Agence Multilatérale de Garantie des Investissements, ratifié par le Cameroun.

CHAPITRE II.PROMOTION DES EXPORTATIONS

Article 10 — Toute entreprise régulièrement établie et dont les produits finis ou semi-finis sont transformés au Cameroun est exonérée des droits de sortie et des taxes d'assurance et de transport sur ceux de ces produits destinés à l'exportation.

Article 11 — Toute entreprise régulièrement établie qui exporte une partie ou la totalité de sa production industrielle bénéficie d'une incitation à l'exportation qui est octroyée sous forme d'une déduction de son revenu imposable d'un montant non reportable égal à 5 % de la valeur FOB des exportations de ses produits finis ou semi-finis transformés.

CHAPITRE III.PROMOTION DE LA VALORISATION DES RESSOURCES NATURELLES NATIONALES

Article 12 — (1) Toute entreprise régulièrement établie a droit, au titre de son activité de production et pour la durée de son activité, à l'exonération de tous droits et taxes à l'achat sur les matières premières nationales locales ou d'origine de l'UDEAC sur l'eau et l'électricité industrielles et sur les produits intermédiaires locaux ou d'origine de l'UDEAC entrant, intégralement ou pour partie de leurs éléments, dans la composition des produits ouvrés ou transformés, y compris les matières premières et produits nationaux locaux ou d'origine de l'UDEAC destinés au conditionnement et à l'emballage des produits ouvrés ou transformés.

(2) Le bénéfice des avantages mentionnés à l'alinéa (1) est subordonné, après constatation du démarrage de la production, à l'obtention par voie réglementaire du régime de la Taxe Intérieure à la Production (TIP) ou de toute autre taxe équivalente applicable sur les produits de l'entreprise à leur sortie de l'usine pour être spécialisés.

(3) Les conditions d'octroi et les modalités de calcul des taxes visées à l'alinéa (2) sont précisées par voie réglementaire.

Article 13 — (1) Les droits et taxes à l'importation hors de la zone de l'UDEAC sont exigibles pour toute entreprise bénéficiaire de la TIP au taux réduit à 15 % englobant le droit d'entrée, les droits de douane, la taxe sur le chiffre d'affaires et toutes autres taxes à l'importation sur :

a) les matières premières et produits entrant intégralement ou pour partie de leurs éléments dans la composition du produit fabriqué dans sa forme livraison au commerce ;

b) les matières premières et produits qui, tout en n'entrant pas dans la composition du produit fabriqué, sont détruits, en perdant leur qualité spécifique, au cours des opérations directes de fabrication ;

c) les matières premières et produits destinés au conditionnement et à l'emballage des produits fabriqués.

(2) Toutefois, les produits soumis au mécanisme de péréquation obéissent à la législation y relative.

Article 14 — Les trois premières années au cours desquelles l'entreprise bénéficie du régime de la TIP sont considérées comme la phase de démarrage de son exploitation. A c effet, la différence entre les droits et taxes d'entrée exigibles en régime de drop commun et le montant des droits résultant du régime accordé, hors pénalités, fait l'objet d'un cautionnement ou de la remise d'une caution personnelle et solidaire dans les conditions prévues par la réglementation douanière. Il est donné mainlevée des montants cautionnés ou des cautions fournies à la fin de la troisième année dans les conditions prévues aux articles 36 et 37 ci-dessous.

TITRE III.REGIMES SPECIAUX

CHAPITRE I.CREATION ET CHAMP D'APPLICATION

Article 15 — Il est créé des régimes spéciaux accordant des avantages particuliers auxquels les personnes physiques ou morales, individuellement ou en association peuvent prétendre au bénéfice de leurs entreprises, pour exercer une activité économique avec, l'objectif visé à l'article 1er ci-dessus. Ces régimes sont les suivants :

(1) Pour la création de nouvelles entreprises

– le régime de base ou un des régimes spécifiques que sont :

– le régime des petites et moyennes entreprises (PME),

– le régime des entreprises stratégiques.

(2) Pour la création d'entreprises à vocation exclusivement exportatrice :

– le régime de la zone franche,

(3) Pour les entreprises existantes en fonctionnement :

– le régime de réinvestissement.

Article 16 — (1) Toute entreprise régulièrement établie et concourant à l'objectif visé à l'article 1er ci-dessus est éligible à l'un des régimes énoncés à l'article 15 ci-dessus lorsqu'elle exerce son activité dans l'un des domaines ci-après :

– la transformation des matières qui aboutit à la production d'un bien fini ou semi-fini,

– l'extraction et la transformation des ressources minières,

– la transformation des hydrocarbures,

– l'exploitation forestière assortie de la transformation du bois,

– la production agricole et agro-industrielle,

– la confection,

– l'élevage,

– la pêche industrielle et artisanale,

– la transformation des produits agricoles, animaux et halieutiques,

– les activités de stockage et de conservation des produits alimentaires,

– la fabrication des matériaux nécessaires aux bâtiments et travaux publics,

– la construction des bâtiments et la réalisation des travaux publics,

– la maintenance des équipements industriels axée sur la fabrication des pièces de rechange,

– les réparations navales,

– les activités de recherches technologiques et de la gestion, des données,

– les formations hospitalières et les laboratoires d'analyser pharmaceutiques, les premières, de produits finis ou semi-finis utilisés trôle fric

– les laboratoires d'essai, d'analyse et de contrôle des produits par l'industrie,

– les établissements d'hébergement susceptibles de faire rejet d'un classement conformément à la réglementation en vigueur,

– les établissements de restauration et de loisirs concourent à l'animation touristique

* lorsqu'ils sont intégrés dans un ensemble touristique ou à l'animation touristique

* lorsqu'ils sont implantés dans un site dont l'administration chargée du tourisme reconnaît l'intérêt touristique.

* les agences de tourisme agréées selon la réglementation en vigueur.

(2) Toute entreprise qui exerce une activité dans le domaine de la recherche et/ou de l'exploration des ressources minières y compris des hydrocarbures dont les avantages seront fixés par un texte particulier, une activité de prestations de service ne figurant pas à l'alinéa (1) et notamment dans le domaine financier, de la formation scolaire, de l'entretien et de réparations de toute nature, de pressing de bureaux d'études est exclue du champ d'application du titre III de la présente ordonnance.

La liste des exclusions peut être précisée, en cas de besoin, sous forme d'arrêté ministériel par l'administration chargée de l'industrie.

CHAPITRE II.CONDITIONS GENERALES D'OCTROI DES AVANTAGES D'UN REGIME

Article 17 — L'entreprise qui sollicite l'octroi des avantages de l'un des régimes prévus par la présente ordonnance doit se conformer à l'ensemble des dispositions relatives et réglementaires qui lui sont applicables.

Article 18 — L'agrément à l'un des régimes prévus par la présente ordonnance est par voie réglementaire sur la base d'une demande d'agrément et après visa de l'administration chargée des douanes sur la liste de matériel, de matériaux de construction de l'usine, de biens d'équipement, de machines, d'outillages et de moyens de transport, éventuellement à importer.

Article 19 — L'acte d'agrément spécifie :

(1) En ce qui concerne l'entreprise

– la raison sociale et les statuts désire, l'entreprise bénéfice

– le lieu d'implantation de l'entreprise faisant ressortir qu'elle n'est pas dans une zone interdite pour l'exercice de l'activité concernée,

– le programme d'investissement physique et financier que l'entreprise propose

– la politique d'emploi et de formation professionnelle de l'entreprise,

– les objectifs poursuivis dans le programme d'investissement et qui doivent être conformes aux critères d'éligibilité correspondant au régime accordé.

(2) En ce qui concerne l'administration

– les critères d'éligibilité pour lesquels l'agrément est accordé,

– la liste des équipements agréés, objet du projet d'investissement,

– le régime et les avantages consentis à l'entreprise bénéficiaire,

– la date d'entrée en vigueur des avantages consentis en distinguant ceux relatifs à la phase d'installation de l'entreprise de ceux relatifs à sa phase d'exploitation, le passage d'une phase à l'autre étant subordonné à un contrôle.

CHAPITRE III.DU REGIME DE BASE

SECTION I.DE L'ELIGIBILITE

Article 20 — (1) Toute entreprise qui remplit les conditions énoncées aux articles 16 e 17 peut prétendre au bénéfice des avantages du régime de base de la présente ordonna ce lorsqu'elle satisfait en outre à l'un des critères ci-après :

a) création d'emplois permanents pour les Camerounais à concurrence au moins d'un emploi par tranche de dix (10) millions de francs CFA d'investissements programmés par l'entreprise ;

b) activité annuelle d'exportation à concurrence soit d'au moins 25 % du chiffre d'affaires hors taxe de l'entreprise soit d'un chiffre d'affaires en devises convertibles hors zone franc d'au moins 10 % de son chiffre d'affaires hors taxe ;

c) utilisation des ressources naturelles nationales, exception faite des ressources énergétiques, et/ou de biens et services produits au Cameroun, à concurrence d'au moins 25 % de la valeur des intrants.

Les biens et services produits au Cameroun s'entendent de ceux qui incorporent eux-mêmes au moins 25 % de la valeur ajoutée nationale.

SECTION II.DES AVANTAGES

Article 21 — La phase d'installation de l'entreprise et dont la durée est de trois (3) ans donne droit au bénéfice :

(1) a) d'un taux réduit à 15 % englobant les droits d'entrée, les droits de douane, la taxe sur le chiffre d'affaires et toutes autres taxes à l'importation, exigibles au titre des importations de matériel, de matériaux de construction de l'usine ou de l'établissement, des biens d'équipement, des machines et outillages, de matériel roulant intimement liés au processus de production, de fabrication et/ou de distribution aussi bien qu'au transport de personnels, à l'exclusion des véhicules de tourisme. Toutefois, les autocars et autobus destinés aux établissements d'hébergement et loisirs ainsi qu'aux agences de tourisme agréées bénéficient des mêmes avantages ;

(1) b) de l'exonération des droits et taxes fiscales à l'achat de tous les produits énoncés à l'alinéa (1-a) lorsqu'ils sont fabriqués localement ;

(2) de l'exonération des droits d'enregistrement des actes d'augmentation de capital ;

(3) de l'exonération des droits d'enregistrement des baux d'immeubles à usage exclusivement professionnel faisant partie intégrante du programme d'investissement retenu ;

(4) de l'exonération des droits de mutation sur l'acquisition des immeubles, terrains et bâtiments indispensables à la réalisation dudit programme ;

(5) de l'exonération des droits d'enregistrement des contrats de fourniture des équipements et de construction des immeubles nécessaires à la réalisation dudit programme ;

(6) de l'exonération de l'impôt sur le chiffre d'affaires intérieur (ICAI) ou de toute autre taxe équivalente exigible au titre des études, des travaux de génie civil, construction et installation des bâtiments et équipements du programme d'investissement effectué par le promoteur ou, pour son compte, par des tiers installés sur le territoire national ou dans un Etat qui fait partie d'une union économique dont 1, Cameroun est membre ;

(7) de l'exonération des taxes pour les crédits contractés pour les programmes d'investissement ;

(8) de l'exonération de l'impôt minimum forfaitaire (IMF) exigible au titre d l'impôt sur les sociétés ;

(9) de l'exonération de la taxe spéciale sur les sociétés (TSS) ;

(10) de la réduction de 50 % de l'impôt sur les sociétés (IS) à partir de la première année d'imposition ;

(11) de l'exonération de la taxe spéciale d'enregistrement des contrats d'assurance de l'entreprise.

Article 22 — Pendant la phase d'installation de l'entreprise, la différence entre les droits et taxes d'entrée exigibles en régime de droit commun et le montant des droits résultant du régime accordé, hors pénalités, fait l'objet d'un cautionnement ou de la remise d'une caution personnelle et solidaire dans les conditions prévues par la réglementation douanière. Il est donné mainlevée des montants cautionnés ou des cautions fournies à la fin de la période d'installation de l'entreprise dans les conditions prévues aux articles 36 et 37 ci-dessous.

Article 23 — La phase d'exploitation de l'entreprise et dont la durée non renouvelable " est de cinq (5) ans donne droit au bénéfice :

(1) de l'exonération du minimum de perception exigible au titre de l'impôt sur les sociétés ;

(2) de l'exonération de la TSS ;

(3) de la réduction de :

50 % de l'IS pour les personnes morales ;

50 % de l'impôt sur les BIC pour les entrepreneurs, individuels ;

(4) de la réduction de 50 % de la taxe proportionnelle sur les revenus de capitaux mobiliers (TPRCM) pendant la période susvisée ;

(5) du report sur les résultats des cinq (5) exercices suivants du déficit résultant de l'imputation des amortissements normalement comptabilisés pendant les trois (3) premiers exercices ;

(6) de la déduction du revenu imposable de l'entreprise d'un montant non reportable égal à 50 % des transports et utilités, lorsque celle-ci s'installe dans une zone éloignée des grands centres urbains qui seront définis par voie réglementaire ainsi que les rayons applicables à cet effet.

Article 24 — Toute entreprise qui sollicite l'octroi des avantages du régime de base prévu par la présente ordonnance a droit au bénéfice d'un système simplifié pour les autorisations administratives liées à l'activité pour la période de validité de l'acte d'agrément qui couvre la phase de lancement, d'exécution et d'exploitation de l'opération. A ce titre, elle a droit au traitement de ses dossiers par un guichet unique à fixer et selon les modalités à préciser par voie réglementaire, notamment en ce qui concerne :

– les autorisations à l'exercice de ses activités,

– l'accès aux documents administratifs en matière d'importation et d'utilisation des entrepôts privés,

– les visas nécessaires à l'exécution des programmes d'investissement, y compris la liste des équipements et des matières premières à importer ou à acheter localement,

– l'obtention des différents visas pour son personnel national et étranger (visa d'entrée ou de sortie, permis de séjour, visa de travail),

– l'obtention des dérogations prévues par les lois et règlements en vigueur,

– l'accès au bénéfice des installations et services publics nécessaires au bon déroulement de l'exécution du programme d'investissement retenu dans l'acte d'agrément.

CHAPITRE IV. DU REGIME DES PETITES ET MOYENNES ENTREPRISES

SECTION I. DE L'ELIGIBILITE

Article 25 — Peut prétendre aux avantages du régime des PME toute entreprise qui satisfait aux conditions générales énoncées aux articles 16 et 17, ainsi qu'aux trois(3) conditions ci-après :

– création d'emplois permanents pour les Camerounais à concurrence au moins d'un emploi par tranche inférieure ou égale à cinq (5) millions de francs CFA d'investissements programmés par l'entreprise ;

– niveau des investissements inférieur ou égal à un milliard et demi de francs CFA ;

– participation des Camerounais ou d'une personne morale de droit camerounais au moins égale à 35 % du capital social.

SECTION II. DES AVANTAGES

Article 26 — La phase d'installation de l'entreprise et dont la durée est de trois (3) ans, donne droit au bénéfice des avantages énoncés à l'article 21 dans les conditions fixées à l'article 22 et des avantages de l'article 24 ci-dessus.

Article 27 — La phase d'exploitation de l'entreprise donne droit pour une période non renouvelable de sept (7) ans au bénéfice :

(1) des avantages énoncés à l'article 23 ci-dessus ;

(2) de la déduction du revenu imposable de l'entreprise, d'un montant non reportable égal à 25 % de la masse salariale, versée aux salariés de nationalité camerounaise au cours de l'exercice considéré.

CHAPITRE V.DU REGIME DES ENTREPRISES STRATEGIQUES

SECTION I. DE L'ELIGIBILITE

Article 28 — (1) Toute entreprise, dont l'activité s'exerce dans un domaine à la fois à l'article 16 et déclaré stratégique dans le cadre du Plan Directeur d'industrialisation, peut être éligible à la conclusion d'une convention avec l'Etat si elle satisfait en outre à l'un des critères ci-après :

a) activité annuelle d'exportation à concurrence soit d'au moins 50 % du chiffre d'affaires hors taxe de l'entreprise, soit du chiffre d'affaires en devises convertibles hors zone franc d'au moins 25 % de son chiffre d'affaires hors taxe ;

b) utilisation des ressources naturelles nationales, exception faite des ressources énergétiques, et/ou de biens et services produits au Cameroun, à concurrence d'au moins 50 % de la valeur des intrants.

Les biens et services produits au Cameroun s'entendent de ceux qui incorporent eux-mêmes au moins 50 % de la valeur ajoutée nationale.

(2) création d'emplois permanents pour les Camerounais à concurrence d'au moins d'un emploi par tranche de vingt (20) millions de francs CFA d'investissement programmés par l'entreprise.

SECTION II. DES AVANTAGES

Article 29 — La phase d'installation de l'entreprise donne droit au bénéfice des avantages énoncés à l'article 21 dans les conditions fixées à l'article 22 pour une période de cinq (5) ans et des avantages de l'article 24 ci-dessus.

Article 30 — La phase d'exploitation de l'entreprise donne droit pour une période non renouvelable de douze (12) ans au bénéfice :

(1) des avantages énoncés à l'article 23 ci-dessus ;

(2) de la déduction du revenu imposable de l'entreprise d'un montant non reportable égal à 25 % de la masse salariale versée aux salariés de nationalité camerounaise au cours de l'exercice considéré.

CHAPITRE VI. DU REGIME DE LA ZONE FRANCHE

Article 31 — (1) Toute entreprise à vocation exclusivement exportatrice dont l'activité est énoncée dans l'article 16 ci-dessus est éligible au régime de la zone franche ;

(2) l'institution, l'organisation et le fonctionnement des zones franches, les conditions d'admission et les avantages qui sont liés à ce régime sont fixés des textes particuliers.

CHAPITRE VII. DU REGIME DE REINVESTISSEMENT SECTION 1 : DE L'ELIGIBILITE

Article 32 — Toute entreprise dont l'activité est énoncée dans l'article 16 et qui les conditions de l'article 17 ci-dessus, exerçant sous le régime de droit commun dont le régime spécial est arrivé à expiration, est éligible au régime de réinvestissement de la présente ordonnance lorsque :

(1) son programme d'investissement est agréé au régime de réinvestissement du code général des impôts, et

(2) son programme d'investissement assure un accroissement de la productivité une augmentation de production des biens et des services ou celle du personnel peuvent camerounais de 20 % au moins par rapport à son état au moment de la demande ;

(3) son programme d'investissement, en ce qui concerne les établissements d'hébergement, lui permet d'accéder à une catégorie de prestations supérieures à celle où elle est agréée au moment de la demande.

SECTION II. DES AVANTAGES

Article 33 — L'agrément au régime de réinvestissement donne droit, dans les mêmes conditions que celles applicables à la phase d'installation de l'entreprise fixées à l'article 22 ci-dessus et pour une période de trois (3) ans à partir de la date d'octroi au bénéfice :

(1) des avantages accordés par le Code Général des Impôts dans le cadre du régime de réinvestissement ;

(2) - a) d'un taux réduit à 15 % englobant les droits d'entrée, les droits de douane, la taxe sur le chiffre d'affaires et toutes autres taxes à l'importation, exigibles au titre des importations de matériel, de matériaux de construction de l'us ou de l'établissement, des biens d'équipement, des machines et outillages et du matériel roulant intimement lié au processus de production, de fabrication et/ou de distribution aussi bien qu'au transport de personnels, à l'exclusion des véhicules de tourisme. Toutefois, les autocars et autobus destinés aux établissements d'hébergement et de loisirs ainsi qu'aux agences de tourisme, bénéficient de ces avantages ;

(2) - b) de l'exonération des droits et taxes fiscales à l'achat des produits énoncés à l'alinéa (2-a) ci-dessus lorsqu'ils sont fabriqués localement ;

(3) de l'exonération des droits d'enregistrement des actes d'augmentation de capital ;

(4) de l'exonération des droits d'enregistrement des baux d'immeubles à usage exclusivement professionnel faisant partie intégrante du programme d'investissement retenu par l'entreprise.

TITRE IV. SUIVI, CONTROLES, PENALITES ET REGLEMENTS DE DIFFERENDS

CHAPITRE I. DU SUIVI ET DU CONTROLE

Article 34 — (1) Toute entreprise agréée à un des régimes organisés par la présente ordonnance doit satisfaire aux critères qui ont été déterminants pour son éligibilité à ce régime au plus tard deux (2) ans après la fin de la phase d'installation l'entreprise.

(2) Toutefois l'autorité ayant octroyé l'agrément peut accorder des délais supplémentaires en cas de force majeure dûment constatée ou si l'entreprise présente des justifications valables. Ce délai supplémentaire ne peut cependant pas excéder deux (2) ans.

Article 35 — La phase d'installation de l'entreprise est sanctionnée par les résultats du contrôle qu'effectuent les administrations chargées de l'industrie et des finances. Ce contrôle porte sur :

– la conformité des équipements avec le programme annonce,

– la vérification des pièces justificatives pour les importations et les achats locaux effectués dans les conditions prescrites dans l'acte d'agrément, en fonction du programme d'investissement présenté par l'entreprise et retenu dm, l'acte d'agrément,

– les déclarations de revenus de l'entreprise en vue de l'obtention des avantages fiscaux retenus dans l'acte d'agrément,

Article 36 — Au vu des résultats du contrôle qui doivent être notifiés à l'entreprise

(1) celle-ci bénéficie des avantages prévus aux articles 23, 27, ou 30 dessus si sa phase d'exploitation est déjà atteinte ou peut être raisonnablement ail, te dans les délais retenus. La levée des cautions prévues à l'article 22 ci-dessus, s'effectue alors d'office ;

(2) l'acte d'agrément est dénoncé et entraîne l'annulation des avantages sont prévus lorsque ceux relatifs à la phase d'installation ont été utilisés à d'autres fins que celles qui font l'objet du programme d'investissement retenu dans l'acte. Dans ce cas, les cautions sont actionnées sans préjudice du recouvrement forcé, augmenté de pénalités, des avantages indûment utilisés.

Article 37 — La levée des cautions peut intervenir avant la fin de la période d'installation de trois (3) ans lorsque l'entreprise a atteint la phase d'exploitation avant cette date. Dans ce cas, l'entreprise peut faire une demande auprès de l'administration chargée de l'industrie, pour qu'elle assure, conjointement avec celle chargée des finances, le contrôle devant mener à la levée des cautions. Si l'administration ne procède pas audit contrôle dans un délai de quarante-cinq (45) jours à compter de la date de récépissé du dépôt de la demande, la levée des cautions s'effectue d'office tandis que l'entreprise continue de bénéficier des avantages prévus pour s phase d'installation jusqu'à la fin de la troisième (3è) année.

Article 38 — (1) Les conditions d'octroi de la mainlevée des montants cautionnés ou des cautions fournies dans le cadre du bénéfice du régime de la TIP ou de toute autre taxe identique prévue à l'article 14 ci-dessus sont les mêmes que celles prévues aux articles 35 et 36 ci-dessus.

(2) L'entreprise peut demander l'octroi de la mainlevée énoncée à l'alinéa (1) avant l'expiration de la période retenue à l'article 14 ci-dessus lorsqu'elle obtient la mainlevée des montants cautionnés ou des cautions fournies de l'acte d'agrément à l'un des régimes organisés dans la présente ordonnance. Cette demande doit être traitée dans les mêmes conditions que celles arrêtées dans l'article 37 ci-dessus.

Article 39 — La mainlevée est octroyée d'office aussi bien pour l'un des régimes organisés par la présente ordonnance que pour les régimes de la TIP si l'administration chargée de l'industrie et celle chargée des finances n'ont pas procédée conjointement aux contrôles prévus aux articles 35 et 36 à la fin de la période prévue aux articles 14, 21, 26, 29 ou 33 ci-dessus.

Article 40 — (1) Toute entreprise agréée à l'un des régimes organisés par la présente ordonnance ou au régime de la TIP doit adresser à l'administration chargée de l'industrie, dans les six (6) mois qui suivent le début de l'exercice fiscal un rapport annuel de l'année écoulée, relatif à la mise en œuvre du programme d'investissement et spécifiant les données sur l'exécution des objectifs qui ont servi de critères d'éligibilité au régime concerné.

(2) Le rapport annuel peut donner lieu à un contrôle relatif aux critères d'éligibilité et à l'utilisation des avantages octroyés dans l'acte d'agrément.

Article 41 — Toute entreprise agréée est placée sous la surveillance conjointe des administrations chargées de la douane et de l'industrie. A cet effet, les produits acquis dans les conditions de la présente ordonnance ou dans le cadre du régime de la TIP ne peuvent faire l'objet de cession, transfert ou recevoir d'autres utilisations que celles pour lesquelles ils ont été acquis, sauf autorisation expresse conjointe des administrations ci-dessus indiquées.

CHAPITRE II. DES PENALITES ET REGLEMENTS DES DIFFERENDS

Article 42 — (1) Les entreprises agréées encourent, lorsqu'elles ne respectent pas les objectifs relatifs aux critères d'éligibilité du régime qui leur ont été accordés, des pénalités qui peuvent aller d'une amende au retrait de l'agrément.

(2) Elles sont également passibles de pénalités lorsqu'elles ne se soumettent pas aux modalités d'inspection et de contrôle de leurs installations par les agents de l'administration agréés à cet effet ou ne font pas parvenir au plus tard six (6) mois après le début de l'exercice fiscal le rapport annuel mentionné à l'article 40 ci-dessus.

(3) Les amendes sont égales ou inférieures aux avantages dont l'entreprise aura bénéficié au cours de l'exercice fiscal qui précède celui pendant lequel l'entreprise a été sanctionnée.

(4) Le non-paiement des amendes peut entraîner peur l'entreprise agréée la suspension et, en cas de récidive, la suppression de tout ou partie des avantages conférés par l'acte d'agrément.

Article 43 — (1) L'application des sanctions prévues par la présente ordonnance ne peut intervenir qu'après mise en demeure, conformément à la réglementation en vigueur, par voie administrative.

(2) Les dispositions de l'alinéa (1) ne sont toutefois pas applicables aux entreprises pour lesquelles une procédure particulière de règlements de différends aura été définie conformément à l'article 45 ci-dessous.

Article 44 — Les entreprises agréées peuvent, pour le règlement de leurs différends individuels ou collectifs, s'adresser aux tribunaux compétents du Cameroun.

Article 45 — (1) Les entreprises agréées ont le droit de demander à ce que leurs différends qui n'auraient pas pu être résolus à l'amiable avec l'Etat, relatifs à la validité et à l'interprétation de l'acte d'agrément, au non-respect des garanties prévues par le Titre Il ci-dessus et au non-respect des engagements implicites dans les objectifs du programme d'investissement qui ont été déterminants pour l'éligibilité à l'un des régimes du Titre Ill ci-dessus, soient définitivement réglés conformément une procédure d'arbitrage ou de conciliation découlant :

– soit d'une procédure de conciliation et d'arbitrage dont les parties sont expressément convenues,

– soit des Accords et Traités relatifs à la protection des investissements conclus entre la République du Cameroun et l'Etat dont la personne physique ou morale concernée dans l'entreprise agréée en qualité d'investisseur est ressortissante,

– soit de la procédure de règlements de conflits devant la Chambre de Commerce Internationale (CCI),

– soit de la convention du 18 mars 1965 créant le Centre I national pour le Règlement des Différends relatifs aux investissements entre Etats et ressortissants d'autres Etats (CIRDI), établi sous l'égide de la Banque Internationale pour la Reconstruction et le Développement (BIRD) et rat par le Cameroun,

– soit, si la personne concernée ne remplit pas les conditions de nationalité stipulées à l'article 27 de la convention susvisée, des dispositions des règlements du mécanisme supplémentaire approuvé par le Conseil d'Administration du CIRDI.

(2) Les personnes physiques ou morales étrangères participant au capital d'une société de droit camerounais, agréée ou non, peuvent avoir recours à l'une des procédures d'arbitrage ou de conciliation prévues à l'alinéa (1) ci-dessus.

(3) Le choix d'une des procédures ci-dessus doit être expressément mentionné, soit au moment de la constitution légale de l'entreprise, soit dans la demande d'agrément de l'entreprise concernée. Dans ce dernier cas, la procédure d'arbitrage ou de conciliation est indiquée dans l'acte d'agrément.

Article 46 — Toute entreprise qui se sent l'objet d'un abus administratif peut, si la procédure de conciliation à l'amiable est épuisée, s'adresser à la Chambre Administrative de la Cour Suprême.

TITRE V. DISPOSITIONS DIVERSES ET TRANSITOIRES

Article 47 — Toute demande d'additif à la liste annexée à l'acte d'agrément sur le matériel, les matériaux de construction de l'usine, les biens d'équipement, les machines et outillages et le matériel roulant peut faire l'objet par voie réglementaire d'un accord pendant et pour la période pour laquelle l'acte d'agrément a été octroyé, lorsqu'elle rentre dans le cadre du programme d'investissement, objet de l'acte d'agrément

Article 48 — Toute entreprise adjudicataire d'un marché pour le compte d'une entreprise agréée à l'un des régimes organisés par la présente ordonnance jouit des avantages que les alinéas (1-a) et (1-b) de l'article 21 confèrent à son client dans les conditions précisées à l'article 22 ci-dessus lorsque l'exécution de ce marché entre dans le cadre de l'acte d'agrément provisoire qui couvre la phase d'installation de l'entreprise.

Article 49 — Toute entreprise agréée à l'un des régimes organisés par la présente ordonnance ou aux régimes de la TIF', adjudicataire d'un marché public, peut appliquer sur les produits nécessaires à la réalisation dudit marché, les conditions que lui offre l'un de ces régimes pour la fabrication de son propre produit fini ou semi-fini sel, les prescriptions de l'article 22 ci-dessus. Les cautions seront levées après vérification par les administrations chargées de l'industrie et des finances que le marché a été effectivement réalisé.

Article 50 — (1) Les régimes privilégiés, y compris les régimes fiscaux stabilisés, accordés antérieurement dans le cadre du Code des Investissements aux entreprises installées au Cameroun sont maintenus.

(2) Toutefois, les avantages douaniers accordés ne seront plus applicables au-delà de trois (3) ans à compter de l'entrée en vigueur de la présente ordonnance, à l'exception du régime des entreprises sous convention dont les avantages ne seront plus applicables au-delà de cinq (5) ans.

(3) Au-delà des dates retenues à l'alinéa (2) ci-dessus, une entreprise bénéficiaire d'un régime antérieur en cours de validité peut demander le bénéfice d'un régime parmi ceux prévus par la présente ordonnance pour la période restant à courir de son premier régime, à condition de satisfaire aux conditions requises pour le régime sollicité. Un acte d'agrément dont les avantages sont ceux prévus pour la phase d'exploitation est alors octroyé à l'entreprise pour ladite période.

(4) Les entreprises qui signent un contrat de performance avec l'Etat peuvent bénéficier des avantages du régime des entreprises stratégiques à partir de la période de validité du contrat, lorsqu'elles sont éligibles au Code des Investissements.

Article 51 — (1) Toute entreprise agréée est libre de procéder à une opération portant location-gérance, fusion et cession, apports partiels d'actifs préalablement et/ou consécutivement à sa restructuration financière et technique.

(2) Toute entreprise agréée ne peut changer l'objet de ses activités ou le lieu implantation sans une autorisation préalable de l'administration chargée de l'industrie et des PME.

Article 52 — Les opérations prévues à l'article 51 ci-dessus sont exonérées, pendant la période de validité de l'acte d'agrément, de tous droits, impôts et taxes.

Article 53 — (1) L'exonération des droits de sortie et des taxes d'assurances et de transports prévue à l'article 10 ci-dessus entre en vigueur à partir du premier jour de l'exercice fiscal qui suit l'entrée en vigueur de la présente ordonnance.

(2) L'incitation à l'exportation prévue à l'article 11 ci-dessus entre en vigueur à compter de l'exercice fiscal qui suit l'entrée en vigueur de la présente ordonnance.

Article 54 — Toutes les entreprises bénéficiaires antérieurement de la TIP sont soumises la nature, aux conditions et aux modalités d'application de la TIP énoncées aux articles 12, 13 et 14 ci-dessus à compter du premier jour de l'année fiscale qui suit la promulgation de la présente ordonnance.

Article 55 — Toutes les entreprises agréées antérieurement à l'un des régimes du Code des Investissements sont soumises aux conditions de suivi et de contrôle prévues par la présente ordonnance.

Article 56 — (1) Toutes les entreprises agréées antérieurement au Code des Investissements et à la TIP bénéficient des avantages prévus à l'article 24 ci-dessus.

(2) Toute entreprise agréée à un des régimes du Code des Investissements et à la TIP, antérieurement et dans le cadre de la présente ordonnance, contribuent au fonctionnement du guichet unique énoncé à l'article 24 ci-dessus dont les modalités sont fixées par voie réglementaire.

Article 57 — La présente ordonnance abroge toutes les dispositions antérieures contraires notamment la loi n°84/03 du 4 juillet 1984 portant Code des Investissements et certaines dispositions prévoyant l'exonération des taxes douanières sur les matières importées dans le cadre du décret n°62/DF/293 du 7 août 1962 instituant dans la République Fédérale du Cameroun, le régime fiscal de la taxe intérieure à la production et créant cette taxe si que ses textes modificatifs.

Article 58 — La présente ordonnance sera enregistrée, publiée selon la procédure d'urgence puis insérée au Journal Officiel en français et en anglais.

YAOUNDE, le 08 Novembre 1990

LE PRESIDENT DE LA REPUBLIQUE

PAUL BIYA

LOI N°2013/004 DU 18 AVRIL 2013 FIXANT LES INCITATIONS A L'INVESTISSEMENT PRIVE EN REPUBLIQUE DU CAMEROUN

L'Assemblée Nationale a délibéré et adopté, le Président de la République promulgue la loi dont la teneur suit :

TITRE I : DISPOSITIONS GENERALES

Article 1er : (1) La présence loi fixe les incitations à l'investissement privé en République du Cameroun, applicable aux personnes physiques ou morales camerounaises ou étrangères, résidentes ou non-résidentes, au titre de l'exercice de leurs activités ou de leur participation au capital des sociétés camerounaises, en vue d'encourager l'investissement privé et d'accroître la production nationale.

(2) La présente loi pour objectifs de favoriser, de promouvoir et d'attirer les investissements productifs en vue de développer les activités orientées vers la promotion d'une croissance économique forte, durable et partagée, ainsi que de l'emploi.

Article 2 : (1) Les dispositions de la présente loi s'appliquent aux opérations d'investissement relatives à la création, à l'extension, au renouvellement, au réaménagement d'actifs et/ou à la transformation d'activités.

(2) L'investisseur qui sollicite l'octroi des avantages prévus par la présente loi est tenu de se conformer à l'ensemble des dispositions législatives et réglementaires qui lui sont applicables.

(3) Les dispositions de la présente loi ne s'appliquent pas aux investissements dans les secteurs régis par des textes particuliers, notamment le secteur pétrolier amont, le secteur minier et le secteur gazier, ainsi qu'au régime général des contrats de partenariat.

Article 3 : Au sens de la présente loi et des textes réglementaires qui en découlent, les définitions ci-après sont admises :

- "cas de force majeure" : évènement externe, imprévisible et incontrôlable pour les parties, rendant impossible pour la partie soumise à une obligation d'honorer ladite obligation ;
- "difficultés économiques" : circonstances imprévisibles qui, sans rendre l'exécution du projet impossible, l'affectent substantiellement.
- "exportation" : opération qui consiste à vendre ou à expédier des produits, biens et services hors de 'espace économique national.

– "incitations" : avantages particuliers accordés par les pouvoirs publics à une personne physique ou morale, résidente ou non résidente, en vue de la promotion et/ou du développement d'une activité donnée.

– "intrant" : élément utilisé dans la production d'un bien semi-fini ou fini (matières premières, main d'œuvre, etc.).

– "investissement" : actif détenu et/ou acquis par un investisseur (entreprise, actions, parts de capital, obligations, créances monétaires, droits de propriété intellectuelle, droits au titre des contrats, droits conférés par la loi et les règlements, tout autre bien corporel ou incorporel, meuble ou immeuble, tous droits connexes de propriété) ;

– "investisseur" : personne physique ou morale camerounaise ou étrangère, résidente ou non résidente, qui acquiert un actif au titre de l'exercice de ses activités en prévision d'un rendement ;

– "phase d'installation" : période n'excédant pas cinq (5) ans, consacrée à la construction et à l'aménagement des infrastructures et des équipements nécessaires à la mise en place d'une unité de production.

– "phase d'exploitation" : période de réalisation effective des activités de production, qui débute :

a) pour les nouveaux investisseurs, d'office dès la fin de la phase d'installation ou avant la fin de celle-ci, dès la commercialisation ou la vente des produits, tel que constaté par un arrêté conjoint des ministres en charge des investissements privés, des finances et du commerce.

b) Pour les entreprises déjà installées au Cameroun et réalisant de nouveaux investissements, dès la mise en service desdits investissements tel que constaté par un arrêté conjoint des ministres en charge des investissements privés, des finances et du commerce.

– " valeur ajoutée" : création ou accroissement de valeur apporté par l'entreprise aux biens et services en provenance de tiers dans l'exercice de ses activités professionnelles courantes. Elle est mesurée par la différence entre la production de la période, majorée de la marge brute sur marchandises, et les consommations de biens et services fournis par des tiers pour cette production.

TITRE II : DES INCITATIONS COMMUNES

Article 4 : peut prétendre au bénéfice des avantages prévus par les dispositions de la présente loi, tout investisseur dont l'activité est conforme aux dispositions législatives et réglementaires en vigueur, qui satisfait l'un des critères ci-après :

– création d'emplois pour les Camerounais, pendant la phase d'exploitation, et selon la taille de l'entreprise et le secteur d'activités, à concurrence d'un emploi au moins par tranche allant de cinq (05) millions de francs CFA à vingt-cinq (25) millions de francs CFA d'investissements programmés, selon le cas ;

– activité annuelle d'exportations à concurrence de 10 à 25 % du chiffre d'affaires hors taxes ;

– utilisation des ressources naturelles nationales à concurrence de 10 à 25 % de la valeur des intrants ;

– contribution à la valeur ajoutée à concurrence de 10 à 30 % du chiffre d'affaires hors taxes.

CHAPITRE I : DES INCITATIONS FISCALES ET DOUANIÈRES

Article 5 : les incitations sont accordées à l'investisseur pendant les phases d'installation et d'exploitation.

Article 6. : Pendant la phase d'installation, qui ne peut excéder cinq (5) ans, à compter de la date de délivrance de l'agrément, l'investisseur bénéficie des avantages suivants :

– exonération des droits d'enregistrement des actes de création ou d'augmentation du capital ;

– exonération des droits d'enregistrement des baux d'immeubles à usage exclusivement professionnel faisant partie intégrante du programme d'investissement ;

– exonération des droits de mutation sur l'acquisition des immeubles, terrains et bâtiments indispensables à la réalisation du programme d'investissement ;

– exonération des droits d'enregistrement des contrats de fourniture des équipements et de la construction des immeubles et installations nécessaires à la réalisation de leur programme d'investissement ;

– déduction intégrale des frais d'assistance technique au prorata du montant de l'investissement réalisé, déterminé en fonction du montant global de l'investissement ;

– exonération de la TVA sur les prestations de services liées à la mise en place du projet et provenant de l'étranger ;

– exonération des droits d'enregistrement des contrats de concession ;

– exonération de la patente ;

– exonération des taxes et droits de douane sur tous les équipements et matériels liés au programme d'investissement ;

– exonération de la TVA due à l'importation de ces équipements et matériels ;

– enlèvement direct des équipements et matériels liés au programme d'investissement lors des opérations de dédouanement.

Article 7 : (1) Pendant la phase d'exploitation qui ne peut excéder dix (10) ans, en considération de la taille des investissements et des retombées économiques attendues de ceux-ci, l'investisseur peut bénéficier, selon le cas, des exemptions ou des réductions au paiement des taxes, impôts, droits et autres charges suivantes :

– minimum de perception ;

– impôt sur les sociétés ;

– impôt sur les bénéfices ;

– droits d'enregistrement relatifs aux prêts, emprunts, avances en compte courant, cautionnement, augmentation, réduction, remboursement et liquidation du capital social, ou à un quelconque transfert d'activités, de droits de propriété ou de jouissance immobilière, de baux ou d'actions ; impôt sur le revenu des capitaux mobiliers (IRCM) à l'occasion de la distribution de revenus sous forme de dividendes ou sous d'autres à préciser dans la convention ;

– taxe spéciale sur les revenus (TSR) en phase de développement de projet et de construction, sur les paiements effectués à des sociétés étrangères en rémunération des prestations fournies ou utilisées au Cameroun, à condition que celles-ci soient facturées à prix coûtant ;

– impôts, taxes, droits d'enregistrement et de timbre en relation avec le transport de produits issus de la transformation ;

– droits de douane, ainsi que tous autres frais et taxes de services applicables à l'importation d'équipements de tous types, de matériaux de construction, d'outils, de pièces détachées, de produits intermédiaires, de fournitures et de consommables n'ayant pas de similaires fabriqués localement, à l'exception des droits, taxes et autres charges de nature non fiscale ayant le caractère d'une rémunération de service ;

– droits de douane applicables à l'exportation d'équipements de construction et d'équipements des usines de transformation ;

– tout impôt, redevance, taxe ou frais, de quelque nature que ce soit calculés sur le chiffre d'affaires réalisé par la société de transformation ;

– tout impôt, redevance, taxe ou frais, de quelque nature que ce soit calculés sur le chiffre d'affaires réalisé par la société de transformation ;

– toute taxe sur le transfert, l'achat ou la vente de devises, et toute taxe indirecte à la consommation dont la taxe spéciale sur les produits pétroliers.

(2) l'investisseur peut, en outre, bénéficier des avantages suivants :

– le report des déficits jusqu'au cinquième exercice suivant celui de leur survenance ;

– l'exemption au paiement de droits, taxes, et redevances de douane, sur les importations de biens d'équipement destinés à être affectés et utilisés pour son programme d'investissement.

(3) Au terme de la période visée à l'alinéa 1 ci-dessus, l'investisseur est reversé d'office au droit commun.

Article 8 : (1) Tout investisseur peut bénéficier d'un crédit d'impôt à condition de remplir l'un des critères ci-après :

– embaucher au moins cinq (5) jeunes diplômés de l'Enseignement supérieur par an ;

– lutter contre la pollution ;

– développer des activités sportives, culturelles ou sociales ;

– développer des activités d'intérêt public dans les zones rurales.

Article 9.- Nonobstant les avantages prévus à l'article 7 ci-dessus, l'investisseur est assujetti au paiement des redevances, impôts, taxes, droits et autres chargés de quelque dénomination que ce soit ayant le caractère d'une rémunération de service. Ces rémunérations de service font l'application générale et proportionnées au coût du service rendu.

Article 10.- Les règles d'assiette et de recouvrement de l'impôt sur les sociétés sont celles prévues, en matière d'impôt sur les sociétés, par la législation comptable et fiscale en vigueur en République du Cameroun, sous réserve des dispositions contractuelles qui peuvent prévoir des règles d'amortissements et de provisions particulières. Article 11.- En raison de l'importance du projet dûment évaluée, l'Etat peut exceptionnellement étendre le bénéfice de quelques exonérations fiscales et douanières aux actionnaires, aux promoteurs et aux contractants locaux de l'investisseur par voie contractuelle.

CHAPITRE II LES INCITATIONS FINANCIÈRES ADMINISTRATIVES

Article 12.- (1) L'investisseur est soumis au régime de change de la République du Cameroun.

(2) Sous réserve du respect des obligations qui lui incombent, notamment en matière de régime de change et de législation fiscale, l'investisseur bénéficie des avantages suivants :

– Le droit d'ouvrir en République du Cameroun et à l'étranger des comptes en monnaie locale et en devises et d'y effectuer des opérations ;

– Le droit d'encaisser et de conserver librement à l'étranger les fonds, acquis ou empruntés à l'étranger, et d'en disposer librement ;

– Le droit d'encaisser et de conserver librement à l'étranger les recettes liées à leurs opérations, les dividendes et produits de toute nature des capitaux investis, ainsi que les produits de la liquidation ou de la réalisation de leurs avoirs ;

– Le droit de payer directement à l'étranger les fournisseurs non-résidents de biens et services nécessaires à la conduite des activités ;

– Le libre transfert des dividendes et du produit de la cession d'action en cas de désinvestissement.

(3) Le personnel expatrié employé par l'investisseur et résidant en République du Cameroun bénéficie de la libre conversion et du libre transfert dans son pays d'origine de tout ou partie des sommes qui lui sont dues, sous réserve de l'acquittement préalable des impôts et cotisations divers auxquels il est assujetti, conformément à la réglementation en vigueur.

Article 13.- Le Gouvernement s'engage à instituer les facilités nécessaires pour :

– La mise en place d'un visa spécifique et d'un guichet d'accueil dans tous les aéroports du territoire national pour les investisseurs, sous réserve pour ces derniers de produire une invitation formelle de l'organe en charge de la promotion des investissements ou de la promotion des petites et Moyennes Entreprises(PME) ;

– La délivrance du visa spécifique ci-dessus dans toutes les représentations diplomatiques ou consulaires du Cameroun ;

– La délivrance des titres de séjour et permis de travail au personnel expatrié impliqué dans tout projet d'investissement et bénéficiant de contrats de travail d'une durée supérieure à deux ans ;

- La délivrance des certificats de conformité environnementale relatifs aux projets de désinvestissement concernés ;

– La délivrance des titres fonciers et baux emphytéotiques

TITRE III. DES INCITATIONS SPECIFIQUES

CHAPITRE I. DES SECTEURS PRIORITAIRES

Article 14.- En sus des incitations ci-dessus, des incitations spécifiques peuvent être accordées aux entreprises qui réalisent des investissements permettant d'atteindre les objectifs prioritaires ci- après :

– Développement de l'agriculture, de la pêche, de l'élevage des activités d'emballage et de stockage des produits d'origine végétale animale ou halieutique ;

– Développement de l'offre touristique et des loisirs de l'économie sociale et de l'artisanat ;

– Développement de l'habitat et du logement social ;

– Promotion de l'agro-industrie, des industries manufacturières, de l'industrie lourde, des matériaux de constructions de la sidérurgie la construction métallique des activités maritimes et de navigation ;

– Le développement de l'offre de l'énergie et de l'eau ;

– Encouragement du développement des régions et de la décentralisation ;

– Lutte contre la pollution et la protection de l'environnement ;

– Promotion et transfert des technologies innovantes et de la recherche-développement ;

– Promotion des exportations ;

– Promotion de l'emploi et formation professionnelle.

Article 15.- Toute entreprise qui envisage de réaliser les investissements permettant d'atteindre les objectifs prioritaires sus-visés peut prétendre, selon le cas au bénéfice des incitations communes ci-après :

- Exonération de TVA sur les crédits relatifs au programme d'investissement ;
- Exonération de la taxe foncière sur les immeubles bâtis ou non, faisant partie du site dédié à l'unité de transformation et de tous prolongements immobiliers par destination ;
- Enlèvement direct à la demande de l'investisseur ;
- Enregistrement au droit fixe ;
- Admission temporaire spéciale des équipements et matériels industriels susceptibles de réexportation.

Article 16.- Les entreprises qui réalisent des opérations d'exportation bénéficient dans leurs activités :

– De l'exonération du droit de sortie sur les produits manufacturés localement ;

– Du régime du perfectionnement actif prévu par le code des douanes.

CHAPITRE II. DU DEVELOPPEMENT DES ENTREPRISES EXISTANTES

Article 17.- Toute entreprise existante en fonctionnement, engagée dans un programme d'investissement visant l'extension de ses capacités de production, le renouvellement de ses actifs ou l'accroissement de ses performances peut bénéficier pendant une période n'excédant pas cinq (5) ans, des incitations communes visées à l'article 7 de la présente loi, lorsque son programme d'investissement assure une augmentation de la production des biens ou des services ou du personnel Camerounais à la concurrence de 20 % au moins.

TITRE IV. DE L'OCTROI DE L'AGREMENT DU SUIVI DU CONTRÔLE DES PENALITES ET DU RÈGLEMENT DES DIFFERENTS

CHAPITRE I. DE L'AGREMENT

Article 18.- (1) Tout investisseur qui prétend aux incitations prévues par la présente loi est soumis au régime de l'agrément, tel que défini par la charte des investissements.

A cet effet, l'investisseur introduit un dossier auprès du guichet Unique créé auprès de l'organe en charge :

– De la promotion des PME, en ce qui concerne les PME locales ;

– De la promotion des investissements en ce qui concerne les autres investisseurs locaux et investisseurs étrangers.

(2) La composition du dossier prévu à l'alinéa 1 ci-dessus est fixée par voie réglementaire.

(3) Le Guichet Unique délivre un récépissé à l'investisseur concerné. Il dispose d'un délai de deux jours pour examiner le dossier et le transmettre au Ministre des Finances.

Article 19.- (1) L'agrément est accordé à l'investisseur par le Ministre chargé des investissements privés, après avis conforme du Ministre des finances, dûment annexé à l'agrément.

(2) Le Ministre des Finances dispose d'un délai de quinze (15) jours ouvrables pour délivrer son avis conforme.

(3) Le Ministre chargé des investissements privés dispose d'un délai de trois (3) jours ouvrables pour délivrer l'agrément.

(4) Passé ce délai et sauf rejet motivé, l'agrément réputé accordé.

Article 20.- (1) L'agrément prend la forme d'une convention signée entre l'investisseur et le Ministre chargé des investissements privés.

(2) L'acte d'agrément spécifie :

– La raison sociale ;

– L'objet, l'étendue, le lieu d'implantation de l'entreprise et de la durée de réalisation du programme d'investissement et de ses effets induits ;

– La date d'entrée en vigueur et la durée d'application du régime accordé, en distinguant celles relatives à la phase d'installation et d'exploitation ;

– Les avantages consentis au bénéficiaire ;

– Les engagements vis-à-vis de l'Etat et le cas échéant, d'autres obligations particulières, la liste des équipements, des matériels et des matières premières agréées ;

– L'objet du projet d'investissement ;

– Les modalités et conditions de contrôle spécifiques auxquelles l'entreprise est soumise, notamment le programme des investissements, le montant, les effectifs, les salaires, la production les exportations, le chronogramme de réalisation du projet ;

– Les sanctions applicables en cas de non-respect des engagements.

(3) En cas de refus de l'agrément ou du non-respect des dispositions de la présente loi, l'investisseur peut adresser un recours au comité de contrôle

visé à l'article 22 ci-dessous, lequel doit se prononcer dans un délai de quinze jours à compter de la date du dépôt du recours.

Article 21.- (1) Tout investisseur bénéficiaire des incitations prévues par la présente loi doit satisfaire aux critères qui ont déterminé son éligibilité dans les délais suivants :

– pour les investisseurs ayant bénéficié du régime de l'agrément en phase d'installation, au plus tard à la phase d'installation ;

– pour les investisseurs déjà implantés sur le territoire de la République du Cameroun, dans les cinq (05) années ayant suivi la mise en service de nouveaux investissements.

(2) Toutefois, l'autorité ayant octroyé l'agrément peut accorder des délais supplémentaires en cas de force majeure ou de difficultés économiques dûment constatées ou si l'entreprise présente des justifications valables. Ce délai supplémentaire ne peut excéder deux (2) ans.

Article 22 : (2) Un Comité de Contrôle créé par décret du président de la République, procède de concert avec les services des ministères respectivement en charge des finances, de l'investissement privé et du travail, au contrôle de l'effectivité des investissements et à l'instruction des recours des investisseurs.

(2) Le Comité dispose d'un délai de 30 jours au plus pour notifier les résultats du contrôle, à chaque phase de l'évolution du projet.

(3) Le contrôle prévu à l'alinéa 1 ci-dessus porte notamment sur :

– la conformité des équipements avec le programme annoncé ;

– la vérification des pièces justificatives pour les importations et les achats locaux effectués dans les conditions prescrites dans l'acte d'agrément, en fonction du programme d'investissement présenté par l'entreprise et retenu dans l'acte ;

– les déclarations des revenus de l'entreprise en vue de l'obtention des incitations fiscales retenues dans l'acte d'agrément ;

– le contrôle des emplois créés.

Article 23 : (1) Au vu des résultats du contrôle qui doivent être notifiés à l'entreprise, celle-ci bénéficie des incitations prévues pour la phase d'exploitation, si celle-ci est déjà atteinte ou peut être raisonnablement atteinte dans les délais retenus.

(2) L'acte d'agrément est dénoncé et peut entraîner le retrait des incitations qui y sont prévues, lorsque celles-ci ont été utilisées à d'autres fins que celles qui doivent faire l'objet du programme d'investissement retenu dans l'acte. Dans ce cas, les administrations compétentes procèdent au recouvrement des droits éludés assortis de pénalités.

Article 24 : (1) Toute entreprise bénéficiaire des incitations prévues par la présente loi doit adresser à l'organisme chargé de la promotion des investissements ou des Petites et Moyennes Entreprises (PME), dans les six (6) mois qui suivent le début de l'exercice fiscal un rapport annuel de l'année écoulée, relatif à la mise en œuvre du programme d'investissement et spécifiant les données sur l'exécution des objectifs qui ont servi de critère d'éligibilité.

(2) Le rapport annuel donne lieu à un contrôle relatif aux critères d'éligibilité et à l'utilisation des incitations octroyées dans l'acte d'agrément.

Article 25 : Pendant la phase d'exploitation, toutes les demandes d'importation et d'achat locaux doivent préalablement revêtir le visa de l'organe concerné en charge de la promotion des incitations.

CHAPITRE III. DU RÈGLEMENT DES DIFFERENDS ET DES PENALITES

Article 26 : (1) Les investisseurs bénéficiaires des incitations prévues par la présente loi doivent, en cas de différends, saisir préalablement le Comité de Contrôle, en vue du règlement à l'amiable.

(2) Ils peuvent, lorsque le règlement à l'amiable n'a pas été obtenu, porter les différends devant une instance d'arbitrage reconnue par l'Etat du Cameroun.

Article 27 : (1) Les investisseurs bénéficiaires des incitations prévues par la présence loi encourent, lorsqu'ils ne respectent pas les objectifs relatifs aux critères d'éligibilité, des sanctions administratives, fiscales et financières qui peuvent aller d'une amende au retrait de l'agrément.

(2) le non- respect par les investisseurs de leurs engagements contenus dans la présente loi et de ses textes d'application entraîne, dans les conditions fixées par voie réglementaire, et en fonction de la gravité :

– mise en demeure ;

– lettre d'avertissement ;

– amende ;

– suspension du bénéfice des incitations pendant une période de ne pouvant excéder six (6) mois ;

– retrait d'office des incitations sans préjudice des pénalités et poursuites judiciaires prévues par la réglementation en vigueur.

Article 28 : (1) L'application des sanctions prévues à l'article 23 ci-dessus ne peut intervenir qu'après une mise en demeure restée sans suite trente (30) jours durant.

(2) la mise en demeure prévue à l'alinéa 1 ci-dessus est faite par voie administrative ou par voie d'huissier.

Article 29.- (1) Les investisseurs bénéficiaires des incitations prévues par la présente loi sont passibles de pénalités lorsqu'elles ne se soumettent pas aux modalités d'inspection et de contrôle de leurs installations par les agents de l'administration agréés à cet effet ou ne font pas parvenir au plus tard six (6) mois après le début de l'exercice fiscal le rapport annuel mentionné à l'article 24 ci-dessus.

(2) Des pénalités allant d'une amende au retrait des avantages, conformément à la législation et à la réglementation en vigueur, sont appliquées dans le cas du non-respect des conditionnalités de bénéfices des avantages, de déclaration de fausses informations techniques, économiques

ou financières ou du refus de soumission aux modalités de suivi et de contrôle.

TITRE V. DISPOSITIONS DIVERSES, TRANSITOIRES ET FINALES

Article 30.- Tout investisseur qui sollicite l'octroi des incitations prévues par la présente loi a droit au bénéfice d'un système simplifié pour les autorisations administratives liées à ses activités pour la période de validité de l'acte d'agrément. A cet effet, il bénéficie des services du guichet Unique auprès de l'organisme concerné chargé de la gestion des incitations, notamment pour :

– Les autorisations à l'exercice de ses activités ;

– L'accès aux documents administratifs en matière d'importation et d'utilisation des entrepôts privés ;

– Les visas nécessaires à l'exécution des programmes d'investissement, y compris la liste des équipements et des matières premières à importer ou à acheter localement ;

– L'obtention des visas pour son personnel national et étranger (visa d'entrée ou de sortie, permis de séjour, visa de travail) ;

– L'obtention des dérogations prévues par les lois et règlements en vigueur ;

– L'accès au bénéfice des installations et services publics nécessaires au bon déroulement de l'exécution du programme d'investissement retenu dans l'acte d'agrément.

Article 31.- (1) L'Etat garantit la stabilité des incitations octroyées aux investisseurs conformément aux dispositions de la présente loi, pour toute la durée prévue de l'acte d'attribution ou de la convention octroyant lesdites incitations.

(2) A cet effet, un comité paritaire de suivi placé auprès du premier ministre est chargé de veiller en liaison avec le conseil de Régulation et de compétitivité à la stabilité de ces incitations.

Article 32.- Toute entreprise bénéficiant d'un agrément conformément aux dispositions de la présente loi est en droit d'obtenir les mêmes incitations que celles octroyées ultérieurement à tout autre investisseur opérant dans le même secteur et réalisant le même type d'activité.

Article 33.- L'agrément ne peut être refusé à un investisseur en situation de concurrence avec un ou plusieurs autres investisseurs bénéficiant des incitations prévues par la présente loi, dès lors que cet investisseur remplit les conditions requises.

Article 34.- (1) Les investisseurs bénéficiaires d'un régime antérieur conservent leurs avantages jusqu'à la fin de la validité dudit régime. Toutefois ils peuvent demander le bénéfice des incitations prévues dans la présente loi pour la période restant à courir de son régime initial, à condition de satisfaire aux conditions requises sans cumul des avantages.

(2) Un investisseur agréé est libre de procéder à une opération portant location, gérance, fusion ou cession, apport partiel d'actifs préalablement et/ou consécutivement à sa restructuration financière et technique.

(3) Un investisseur agréé ne peut changer l'objet de ses activités ou le lieu de son implantation sans une autorisation préalable de l'administration chargée de l'investissement privé.

(4) Un investisseur agréé est assujetti au paiement d'une redevance annuelle auprès de l'organe en charge de la gestion des incitations. Le montant et les modalités de recouvrement sont proposés par ledit organe et fixés par arrêté du premier Ministre.

Article 35.- Les modalités d'application de la présente loi sont déterminées par voie réglementaire.

Article 36.- La présente loi, qui abroge toutes les dispositions antérieures contraires, à l'exception des codes sectoriels en vigueur et du régime général des contrats de partenariat, sera enregistrée et publiée suivant la procédure d'urgence, puis insérée au journal officiel en français et en anglais.

Yaoundé, le 18 avril 2013

Le Président de la République,

(é) Paul BIYA

ANALYSE DU CADRE LEGAL ET DES OPPORTUNITES D'INVESTISSEMENTS AU CAMEROUN

L'histoire politique du Cameroun est un long fleuve tranquille. En Afrique et dans la sous-région Afrique centrale, le Cameroun a su imposer son modèle de démocratie apaisée. La stabilité politique et la paix, deux garanties pour votre investissement. Près de 200 partis politiques exercent en toute liberté et dans le strict respect des lois de la nation au Cameroun.

La société civile organisée en associations prend une part active à la marche de la nation. Malgré cette multitude de partis politiques, seul l'intérêt général de la nation sous-tend le débat politique. La stabilité politique et la paix qui règnent dans le pays sont une exception dans une sous-région où les conflits de leadership et les guerres civiles anéantissent tous rêves de développement.

Un cadre juridique et fiscal incitatif

La libéralisation de l'économie camerounaise est effective depuis plusieurs années. L'Etat assure la sécurité et veille sur la transparence des opérations. De gros efforts sont faits pour dépouiller les administrations et les services de toutes velléités de corruption et de manipulation. De larges avantages sont prévus dans le code des investissements pour inciter les investisseurs étrangers et locaux à créer et à développer leurs activités au Cameroun. Divers organes d'appui et d'accompagnement sont mis à leur disposition. Plusieurs avantages fiscaux et douaniers sont consentis aux investisseurs :

– L'exonération totale des impôts et des taxes pendant une durée de 10 ans (puis imposition à un taux global de 15 % sur les bénéfices dès la 11e année, mais exonération à perpétuité de tous les autres impôts et taxes) ;

– L'exonération à l'importation et à l'exportation des droits de douane et des taxes en vigueur par ailleurs ou à créer, ainsi que de toutes les autres taxes directes et indirectes (droits d'enregistrement et de timbre, etc.)

– L'exemption des taxes de production et de vente sur tous les intrants achetés sur le marché interne.

– L'exonération de toutes licences, autorisations et limitations de quotas en matière d'importation et d'exportation

– Le droit d'ouvrir des comptes en devises étrangères au sein du système bancaire local

– absence de restrictions sur l'achat et la vente des devises étrangères et sur les commissions de transfert de devises

– Le droit de transfert vers l'étranger des bénéfices réalisés et des capitaux investis

– L'exemption du Programme de Vérification des Importations (SGS, VERITAS)

– La non-sujétion au barème des salaires définis par le Code du Travail. Les salaires peuvent être arrêtés en fonction de la productivité.

La fiscalité des entreprises

Avec la réforme fiscalo-douanière intervenue en 1994 dans la zone CEMAC, le Code Général des Impôts subit des aménagements constants pour se rapprocher des normes internationales. A la faveur de la loi des finances 2005, le Cameroun a harmonisé son système fiscalo-douanier avec celui de la communauté économique et monétaire d'Afrique Centrale (CEMAC).

Une TVA au service du développement.

La TVA camerounaise est un précieux instrument au service du développement. Elle offre divers avantages à l'Etat et aux investisseurs. Relevons par exemple l'exonération des exportations ; la Possibilité de compensation des crédits TVA et la sécurité des remboursements des crédits à travers l'ouverture d'un compte spécial ouvert à la Banque des Etats de l'Afrique Centrale (BEAC).

Un taux de douane modéré

Le régime des douanes camerounais consacre un ensemble de mesures économiques destinées à faciliter sous certaines conditions les activités d'exportations et d'importations, de transit et de production. (Taux de douane modéré de 10 %).

Le code des investissements

Dans le cadre de sa politique de consolidation de l'environnement des affaires en vue de stimuler et de dynamiser le secteur privé, l'Etat du Cameroun a modifié le Code des Investissements de 1984 par les ordonnances de novembre 1990 (complétée par un décret en mai 1991) et de janvier 1994. Une charte des investissements a été adoptée en 2002 aux fins d'adapter l'économie nationale aux conditions des marchés.

Les avantages fiscaux offerts par le code des investissements diffèrent d'un régime à un autre. Les garanties générales et les avantages prévus par le code sont applicables quel que soit le régime.

Le code prévoit quatre régimes d'investissement.

Régime de Base

Pendant la phase de démarrage (3 ans), les principaux avantages

– L'exonération de la plupart des droits d'enregistrements usuels, à l'exclusion des droits résultant de la constitution de la société, restriction compensée en fait par la possibilité de réaliser des augmentations de capital en franchise de droits,

– La réduction de 50 % de l'impôt sur les sociétés (IS), à partir de la première année d'imposition,

– L'exonération de droits d'enregistrement et de mutation ; de l'impôt minimum forfaitaire (IMF) et de la taxe spéciale sur les sociétés (TSS).

Il faut souligner que l'entreprise doit fournir en garantie du respect de ses obligations pendant cette phase une caution d'un montant égal à celui des droits et taxes que l'obtention du régime a permis d'éluder.

Durant la phase d'exploitation (5 ans), les avantages principaux sont les suivants :

– La réduction de 50 % de l'IS (impôts sur les sociétés), de l'impôt sur les BIC (bénéfices industriels et commerciaux) et de la taxe proportionnelle sur les revenus des capitaux mobiliers,

– Le report sur les résultats des 5 exercices suivants, du déficit résultant de l'imputation des amortissements normalement comptabilisés pendant les trois premiers exercices,

– La réduction du revenu imposable d'un montant non reportable égal à 0,5 % de la valeur FOB des produits manufacturés,

– La déduction du revenu imposable de l'entreprise d'un montant non reportable égal à 50 % des transports et utilisés, lorsque celle-ci s'installe dans une zone éloignée des grands centres urbains.

– L'exonération de la taxe sur les contrats d'assurance et de la TSS.

Régime des PME

Les avantages accordés pendant la phase de démarrage (3 ans) sont les mêmes que dans le régime de base. Pendant la phase d'exploitation fixée à 7 ans, les avantages accordés pour ce régime sont identiques à ceux du régime de base avec en outre la possibilité de déduire du revenu imposable de l'entreprise 25 % de la masse salariale versée aux salariés de nationalité camerounaise au cours de l'exercice considéré.

Régime des entreprises stratégiques

Les avantages accordés sont identiques à ceux du régime des PME. L'avantage additionnel du régime des entreprises stratégiques tient de la durée de la phase d'exploitation fixée à douze (12) ans.

Régime de réinvestissement

Les avantages accordés à l'entreprise pour une durée de 3 ans sont les suivants :

– Les avantages accordés par le Code Général des Impôts dans le cadre du régime de réinvestissement (réduction d'impôts sur le revenu égale à 50 % des réinvestissements),

– L'exonération des droits d'enregistrement des actes d'augmentation du capital,

– L'exonération des droits d'enregistrement des baux d'immeubles à usage exclusivement professionnel faisant partie intégrante du programme d'investissement retenu par l'entreprise.

– L'exonération des droits et taxes fiscales à l'achat des produits fabriqués localement.

Pour les entreprises à vocation exclusivement exportatrices, il existe le régime de la zone franche qui est régi par des textes particuliers.

Décret n°3013/297 du 09 septembre modifiant et complétant certaines dispositions du décret n°2013 du 03 avril 2013 portant organisation et fonctionnement de l'agence de promotion des petites et moyennes entreprises au Cameroun

LE PRESIDENT DE LA REPUBLIQUE,

Vu la Constitution ;

Vu la loi n°99/016 du 22 décembre 1999 portant statut général des établissements publics et des entreprises du secteur public et parapublic ;

Vu la loi n°2002/004 du 19 avril 2002 portant charte des investissements en République du Cameroun et ses modificatifs subséquents ;

Vu la loi n°2013/004 du 18 avril 2013 fixant les incitations a l'investissement prive en République du Cameroun ;

Vu la loi n°2007/006 du 26 décembre 2007 portant régime financier de l'Etat ;

Vu la loi n°2010/001 du 13 avril 2010 portant promotion des Petites et Moyennes Entreprises ;

Vu le décret n°2013/092 du 3 avril 2013 portant organisation et fonctionnement de l'Agence de Promotion des Petites et Moyennes Entreprises ;

Vu le décret n°2011/408 du 9 décembre 2011 portant organisation du Gouvernement,

Décret :

ARTICLE 1er._ Les dispositions de l'article 3 du décret n°2013/092 du 3 avril 2013 susvisé sont modifiées et complétées ainsi qu'il suit :

« ARTICLE 3 (nouveau).-(1) L'Agence est chargée, en liaison avec les administrations et les organismes publics et prives concernes, de :

– la mise en c :euvre de la stratégie sectorielle en matière de promotion et de développement des petites et moyennes entreprises ;

– la facilitation des formalités de création d'entreprises ;

– l'assistance et le conseil des porteurs d'idées et de projets en matière de création d'entreprises ;

– l'encadrement des entreprises dans la mise en place d'outils de gestion adaptés à leurs besoins organisationnels, techniques, financiers, commerciaux ou technologiques ;

– le renforcement des compétences managériales des responsables des petites et moyennes entreprises par l'information, la formation, le parrainage et le compagnonnage ;

– la mise en place d'une banque de données de projets à la disposition des promoteurs de petites et moyennes entreprises ;

– la promotion, en relation avec les institutions et organismes concernés, de l'innovation technologique, de l'usage par les petites et moyennes entreprises des résultats de la recherche et des actifs de la propriété intellectuelle ;

– la mise en place d'un observatoire des petites et moyennes entreprises ;

– l'établissement des relations de partenariat avec les structures nationales ou internationales intervenant en faveur des petites et moyennes entreprises ;

– la facilitation de l'accès des petites et moyennes entreprises au financement de leurs activités ;

– la réalisation des études de marche et des choix stratégiques pour le développement des petites et moyennes entreprises ;

– la facilitation de la création et du développement des réseaux de petites et moyennes entreprises ;

– la promotion des structures publiques d'incubation des petites et moyennes entreprises ;

– l'assistance aux petites et moyennes entreprises dans la mise en œuvre des investissements ;

– la facilitation de l'accès des petites et moyennes entreprises aux marchés ;

– la facilitation des relations de partenariat entre les petites et moyennes entreprises et les grandes entreprises.

(2) L'Agence assure également pour les petites et moyennes entreprises locales, d'une part, les services publics auxquels ont droit les entreprises qui sollicitent ou ont obtenu le bénéfice d'un des régimes de la charte des investissements et, d'autre part, le suivi des entreprises bénéficiaires des avantages de ladite charte et de la loi fixant les incitations à l'investissement prive en République du Cameroun.

A cet effet, l'Agence est notamment chargée :

– de recevoir les dossiers de demande d'agrément à l'un des régimes prévus par la charte des investissements ;

– d'instruire les dossiers reçus et de les transmettre au Ministre chargé des finances pour avis, dans les délais prévus par la loi ;

– d'obtenir les visas nécessaires à l'exécution des programmes d'investissement proposés par l'entreprise pour la période de validité de l'acte d'agrément ;

– d'obtenir les visas nécessaires pour le personnel étranger pendant la durée de validité de l'acte d'agrément ;

– d'assister les entreprises agréées dans les démarches nécessaires à l'exécution des programmes d'investissement, y compris l'accès aux installations publiques y afférentes ;

– d'établir, en liaison avec les services techniques compétents, des procédures administratives simplifiées par type d'activité.

(3) L'Agence assure en outre l'exécution des programmes élaborés avec le concours des bailleurs de fonds, ainsi que le suivi et le contrôle des petites et moyennes entreprises bénéficiaires des crédits ou d'appuis des pouvoirs publics dans le cadre du développement des entreprises.

(4) Pour l'accomplissement des missions visées à l'alinéa 2 ci-dessus, l'Agence dispose d'un Guichet Unique dont l'organisation et le

fonctionnement sont fixés par arrêté du Ministre chargé des petites et moyennes entreprises. »

ARTICLE 2.- Le présent décret sera enregistré, publié suivant la procédure d'urgence, puis inséré au Journal Officiel en français et en anglais.

Yaoundé, le 09 SEP. 2013

Le Président de la République

ANALYSE DE L'AGENCE POUR LA PROMOTION DES INVESTISSEMENTS AU CAMEROUN

L'Agence de Promotion des Investissements (A.P.I) est un établissement public administratif doté de la personnalité juridique et de l'autonomie financière. Son siège est fixé à Douala. L'A.P.I est placée sous la tutelle technique du Ministère de la Promotion des Investissements Privés et sous la tutelle financière du Ministère des Finances ...

LES MISSIONS

L'A.P.I a pour mission, en liaison avec les autres Administrations et Organismes publics et privés concernés, de contribuer à l'élaboration et à la mise en œuvre de la politique du Gouvernement dans le domaine de la promotion des investissements au Cameroun.

A ce titre, l'A.P.I est chargée notamment :

– de promouvoir l'image de marque du Cameroun à l'étrange ;

– de participer à l'amélioration d'un environnement incitatif et favorable aux investissements au Cameroun ;

– de proposer des mesures susceptibles d'attirer les investisseurs au Cameroun ainsi que celles susceptibles d'améliorer la mise en œuvre des codes sectoriels ;

– de mettre en place une banque de données de projets à la disposition des investisseurs ;

LES SERVICES OFFERTS

L'A.P.I assure, en outre, aux investisseurs les services publics ci-après :

– l'accueil, l'assistance et l'orientation des investisseurs étrangers et nationaux dans les étapes de mise sur pied des projets d'investissement ;

– la réception et l'instruction des dossiers de demande d'agrément à l'un des régimes privilégiés prévus par la Charte des Investissements ainsi qu'au régime des projets structurants institué par le Code Général des Impôts ;

– l'obtention des visas nécessaires à l'exécution des programmes d'investissement des entreprises agréées et pour le séjour de leur personnel étranger au Cameroun ;

– l'assistance des entreprises agréées dans les démarches nécessaires à l'exécution de leurs programmes d'investissement ;

– l'établissement, en liaison avec les services techniques compétents des procédures administratives simplifiées par type d'activité ;

– le suivi et le contrôle de l'exécution des engagements souscrits par les entreprises agréées.

Loi n° 2010/001 du 13 avril 2010 portant promotion des petites et moyennes entreprises au Cameroun

CHAPITRE I. DISPOSITIONS GENERALES

Article 1 : La présente loi fixe les règles générales de promotion des Petites et Moyennes Entreprises, en abrégé « PME », conformément à la Charte des Investissements du Cameroun.

Article 2 : (1) Les PME régies par la présente loi comprennent les Très Petites Entreprises (TPE), les Petites Entreprises (PE) et les Moyennes Entreprises (ME). (2) Après leur création, et en fonction du nombre d'emplois permanents, ainsi que du chiffre d'affaires, les entreprises font l'objet d'une inscription au fichier national des PME dans l'une des catégories ci-dessus citées et suivant les modalités définies par voie règlementaire. (3) Le fichier national est une base de données qui répertorie les PME opérant au Cameroun. Il est tenu par le Ministre en charge des PME ou tout autre organisme habileté à cet effet. (4) L'inscription au fichier national des PME ouvre droit au bénéfice des programmes de l'Etat au profit des PME.

Article 3 : Une PME est réputée créée lorsqu'elle satisfait aux conditions d'existence légale et de formalités prescrites par les lois et règlement en vigueur.

Article 4 : La très petite entreprise en abrégé TPE est une entreprise qui emploie au plus cinq (05) personnes et dont le chiffre d'affaires annuel hors taxes n'excède pas Quinze (15) Millions de Francs CFA.

Article 5 : le petite entreprise en abrégé PE est une entreprise qui emploie entre six (06) et vingt (20) personnes et dont le chiffre d'affaires annuel hors taxes est supérieur à quinze (15) Millions de francs CFA et n'excède pas cent (100) Millions de Francs CFA.

Article 6 : La moyenne entreprise en abrégé ME est une entreprise qui emploie entre Vingt et Un (21) et Cent (100) personnes et dont le chiffre d'affaires annuel hors taxes est supérieur à cent (10) Millions de francs CFA et n'excède pas un (01) Milliard de Francs CFA.

Article 7 : En cas de difficulté de classement d'une entreprise dans l'une des catégories déterminées aux articles 4,5 et 6 ci-dessus, le critère prédominant est le chiffre d'affaires annuel hors taxes.

Article 8 : La politique nationale de promotion des PME s'articule autour de l'appui à la création, l'incubation, l'appui au développement et le soutien au financement.

CHAPITRE II. DE L'APPUI A LA CREATION DES PME

Article 9 : L'appui à la création des PME repose sur :

– La simplification des procédures ;

– La mise en place d'un lieu unique d'accomplissement des formalités administratives de création des PME, la réduction du délai de création des PME ;

– La mise à disposition de l'information sur les opportunités d'investissement ;

– La diffusion de la culture d'entreprise au sein des PME ;

– L'assistance multiforme aux promoteurs des PME

Article 10 : (1) Les modalités d'appui à la création des PME obéissent aux dispositions légales en vigueur. (2) Le délai de création des PME, ainsi que les modalités de mise en place du lieu unique d'accomplissement des formalités administratives de création des PME sont fixés par décret.

CHAPITRE III. DE L'INCUBATION DES PME

Article 11 : (1) L'incubation des PME est une stratégie particulière d'appui à la création des PME qui vise la diffusion de la culture d'entreprises, et l'accompagnement des entrepreneurs débutants dans toutes les opérations nécessaires à la consolidation de leurs capacités de leurs idées de projets et de leurs initiatives. (2) L'activité d'incubation se déroule dans des structures prévues à cet effet et conformément au programme national défini par le Ministère chargé des PME.

Article 12 : Les structures d'incubation des PME assurent l'accueil la formation et l'accompagnement des entreprises créées depuis moins de cinq (5) ans (2) Elles visent

– Soutenir les créateurs des PME

– Identifier le potentiel entrepreneurial des PME et valoriser les talents de leurs promoteurs ;

– Assister les PME pour l'établissement de réseaux de contacts utiles

– Informer les PME sur les opportunités d'affaires et les institutions d'encadrement des affaires ;

– Faire vivre aux promoteurs de PME des expériences concrètes liées au monde des affaires ;

Article 13 : Les structures d'incubation d'entreprises peuvent être publiques ou privées. (2) les structures privées d'incubation sont agréées par le Ministère en charge des PME. (3) Les structures publiques d'incubation concluent avec un accord de partenariat avec le Ministère en charge des PME. (4) Les incubateurs d'entreprises bénéficient d'un accès à des conditions privilégiées aux sites d'implantation des activités économiques créés par les collectivités territoriales décentralisées ou aménagés à cet effet par des organismes publics.

Article 14 : Les modalités d'accomplissement des missions assignées aux structures d'incubation des PME sont fixées par voie réglementaire.

CHAPITRE IV. DE L'APPUI AU DEVELOPPMENT DES PME

Article 15 : L'appui au développement des PME est l'ensemble des actions et moyens qui concourent à l'amélioration de la performance et de la compétitivité des PME sur le marché local et international.

(2) Il s'opère à travers

- Un encadrement général
- Un encadrement spécifique
- La facilitation
- La mise à niveau

Article 16 : L'encadrement général comprend, outre les mesures prévues par la charte des investissements, toutes les autres mesures techniques, financières et managériales qui peuvent être prises au profit des PME, à l'exception des avantages définis par des régimes particuliers.

Article 17 : L'encadrement spécifique vise à renforcer les capacités de certaines PME des secteurs stratégiques ou des secteurs sociaux, ainsi que des PME qui assurent la valorisation des résultats de la recherche scientifique et technique, (2) Les conditions de l'encadrement spécifique des PME sont fixées par voie réglementaire.

Article 18 : La facilitation a pour but de favoriser l'accès des PME aux financements, aux innovations techniques et technologiques, aux méthodes modernes de gestion et aux ressources diverses destinées à leur développement.

Article 19 : La mise à niveau des PME est un processus continu d'encadrement des PME qui vise à améliorer leur compétitivité et leurs performances à travers le renforcement de leurs capacités de production, d'organisation et gestion conformément aux normes et standards en vigueur dans le secteur. (2) La mise à niveau est assurée par le Ministère en charge des PME, à travers des programmes mis en œuvre par les chambres consulaires, les organismes agréés à cet effet, ou les partenaires au développement.

Article 20 : La mise à niveau est réservée aux PME qui présentent un fort potentiel de croissance ou qui exercent dans des secteurs stratégiques.

Article 21 : Les PME admises au programme de mise à niveau peuvent bénéficier d'un soutien spécial en vue de la réalisation de leurs investissements matériels et/ou / immatériels, ainsi que de la restructuration de leur management.

Article 22 : En plus des dispositions prévues par la charte des investissements et dans le cadre de l'application de leur plan de mise à niveau, les PME peuvent prétendre à des avantages fiscaux ou douaniers, ainsi qu'aux difficultés diverses prévus par la réglementation en vigueur en matière de soutien à l'investissement.

Article 23 : L'organisation de la mise à niveau des PME ainsi que les conditions d'interventions des pouvoirs publics, des organismes agréés et des partenaires au développement sont fixées par voie réglementaire.

Article 24 : L'Etat contribue au développement des PME par la mise en place d'un système de quote-part des marchés publics prioritairement accordée aux PME dans le respect des engagements internationaux du pays.

Article 25 : L'appui de l'Etat au développement des PME peut être renforcé à travers des programmes spéciaux d'encadrement dont les termes sont définis contractuellement avec les grandes entreprises du secteur public, parapublic, privé ou les collectivités territoriales décentralisées. (2) A cet effet, il peut être mis en place des incitations à la sous-traitance en faveur des PME opérant sur le territoire national, et/ou des partenariats spécifiques.

Article 26 : Les collectivités territoriales décentralisées et les programmes publics de développement qui concourent à la promotion des PME peuvent établir des partenariats à cet effet avec le Ministère en charge des PME.

Article 27 : Afin d'assurer les missions d'encadrement, d'accompagnement et de facilitation au bénéfice des PME, il est créé en agence de promotion des PME. (2) L'organisation et le fonctionnement de l'agence de promotion des PME sont fixés par décret du Président de la République.

CHAPITRE V. DU SOUTIEN AU FINANCEMENT DES PME

Article 28 : Le soutien au financement des PME peut être mis en place par l'Etat, les collectivités territoriales décentralisées, les partenaires au développement ou tout autre organisme agréé. (2) Pour les collectivités territoriales décentralisées et les partenaires au développement, ledit soutien s'effectue conformément aux accords et conventions signés à cet effet.

Article 29 : Les pouvoirs publics favorisent l'accès des PME au financement à travers :

– L'élaboration des mesures législatives ou réglementaires incitatives pour le système financier afin de l'encourager à accorder des concours aux PME,

– L'appui à la création d'institutions spécialisées dans le financement des PME

Article 30 : L'Etat, en relation avec les institutions bancaires et financières, facilite l'accès des PME au financement. Pour les besoins de financement des investissements des PME, l'Etat favorise la mise en place d'organismes ou de lignes de capital – risque ou d'assistance spécifique.

Article 31 : Des établissements de crédit-bail, de cautionnement mutuel, des organismes de placements collectifs des valeurs mobilières, des fonds de garantie et des fonds régionaux de financement peuvent être créés en vue du financement des PME suivant des modalités fixées par décret.

Article 32 : Afin de soutenir le financement des opérations d'appui à la création et au développement des PME, il est ouvert dans les écritures du trésor public un compte d'affectation spéciale dénommé « Fonds de Promotion des PME ». Les ressources du Fonds de Promotion des PME dont le plafond est annuellement arrêté par la loi des finances, proviennent :

– Des fonds issus de la coopération internationale ;

– De toutes autres ressources autorisées par la loi de finances dans le cadre de la promotion des PME.

Article 33 : Les modalités de fonctionnement et d'intervention du Fonds de Promotion des PME sont fixées par voie réglementaire.

Article 34 : Les Centres de Gestion agréés assistent les PME dans la gestion comptable et fiscale conformément à la réglementation en vigueur.

CHAPITRE VI. DU REGROUPEMENT DES PME

Article 35 : Les PME peuvent se regrouper librement par secteur, branche ou filière conformément aux lois et règlements en vigueur. Ces regroupements peuvent s'opérer sur une base territoriale.

Article 36 : Les regroupements de PME légalement constitués sont inscrits au fichier national des PME.

Article 37 : Les regroupements de PME peuvent bénéficier d'un traitement spécifique. A ce titre, ils peuvent prétendre prioritairement à l'appui de l'Etat dans le cadre des partenariats établis pour le développement des PME.

CHAPITRE VII. DE LA REPRESENTATION DES PME

Article 38 : Les regroupements de PME qui sont inscrits au fichier national des PME, représentent leurs membres auprès des pouvoirs publics ou auprès des chambres consulaires.

Article 39 : Pour la défense des intérêts de leurs membres ou de leur secteur d'activités, les regroupements de PME peuvent établir des partenariats avec des chambres consulaires, de même qu'avec les collectivités territoriales décentralisées.

Article 40 : La Chambre de Commerce, d'Industrie, des Mines et de l'Artisanat assure la représentation professionnelle des PME des secteurs du commerce, des mines et de l'artisanat, dans les conditions fixées par la réglementation en vigueur.

Article 41 : La Chambre d'Agriculture, des Pêches, de l'Elevage et des Forêts assure la représentation professionnelle des PME intervenant dans le secteur agro pastoral, forestier et de la pêche conformément à la réglementation en vigueur.

CHAPITRE VIII. DES OBLIGATIONS DES PME

Article 42 : Les PME et les regroupements de PME régis par la présente loi doivent s'acquitter de leurs obligations légales, notamment en matière fiscale, sociale et financière. Il s'agit notamment des obligations :

– De tenir une comptabilité régulière et fiable suivant le système en vigueur ;

– De procéder à la déclaration annuelle de leurs revenus auprès de l'administration fiscale ;

– D'informer le Ministre en charge des PME en cas de cession, de cessation d'activités, ou de faillite ;

– De réaliser leurs programmes d'investissement conformément aux dispositions de la présente loi ;

– D'ouvrir un compte auprès d'un établissement bancaire, de micro crédit ou postal ;

– De se soumettre à tout contrôle des autorités habilitées du Ministère en charge des PME sur le respect de leurs obligations légales et l'utilisation des avantages concédées.

– De s'acquitter des charges sociales et patronales.

Article 43 : Les PME et les regroupements de PME qui exercent en violation des obligations légales en vigueur, ne peuvent prétendre au bénéfice des mesures d'encadrement prévues par la présente loi.

Article 44 : Les PME ou regroupements de PME bénéficiaires des mesures d'aide et de soutien peuvent, en cas de nécessité, être auditées par un ou des commissaires aux comptes ou toute autre structure désignée à cet effet.

CHAPITRE IX. DES SANCTIONS APPLICABLES AUX PME

Article 45 : Sans préjudice des sanctions légales en vigueur, toute violation de l'une des obligations visées ci-dessus expose le promoteur défaillant de la PME, bénéficiaire des mesures publiques d'aide et de soutien, à l'une des sanctions suivantes :

- - L'avertissement écrit ;
- - La suspension temporaire des mesures d'aide et de soutien pour une durée ne pouvant excéder six (06) mois ;
- - La déchéance de l'aide ou de la garantie consentie par un organisme de financement Les sanctions prévues à l'alinéa 1 ci-dessus sont prononcées par le Ministre en charge des PME

Article 46 : L'avertissement écrit est une mise en garde adressée à une PME défaillante par le Ministère en charge des PME lui intimant l'ordre d'assurer ses obligations conformément aux textes en vigueur et aux engagements sous manque à ses obligations.

Article 47 : La suspension temporaire des mesures publiques d'aide et de soutien est une interruption provisoire pour un délai ne pouvant excéder six (06) mois de l'encadrement fourni à une PME défaillante en vue de l'amener à assumer ses obligations. La suspension temporaire est prononcée lorsqu'une PME bénéficiaire des mesures publiques d'aide et de soutien qui, sanctionnée par un avertissement écrit, ne remplit pas les obligations querellées trois (03) mois après.

Article 48 : Les PME défaillantes peuvent par requête, demander à être réhabilitées par l'autorité compétente dès qu'elles évacuent les manquements à la base de la suspension temporaire.

Article 49 : La déchéance de l'aide ou de la garantie consentie par un organisme de financement est la perte du droit aux mesures d'aide ou de soutien concernées. La déchéance est prononcée lorsqu'une PME bénéficiaire des mesures d'aide ou de soutien suspendue temporairement, ne remplit pas les obligations querellées six (06) mois après. Article 50 : Les PME défaillantes frappées par la déchéance ne peuvent être réhabilitées par l'autorité compétente qu'après avoir rempli leurs obligations avant l'expiration d'une période de cinq (05) ans.

CHAPITRE X. DES DISPOSITIONS FINALES

Article 51 : Le Ministre en charge des PME adresse annuellement un rapport sur l'évaluation de la mise en œuvre de la politique de promotion des PME au Premier Ministre, Chef du Gouvernement qui en assure une large diffusion. Une copie de rapport prévue à l'alinéa 1er ci-dessus est transmise à la Présidence de la République.

Article 52 : Sont abrogées, toutes dispositions antérieures contraires à la présente loi.

Article 53 : La présente loi sera enregistrée et publiée suivant la procédure d'urgence puis insérée au Journal Officiel en français et en anglais.

Le Président de la République,

(é) Paul Biya

L'ANALYSE DU SECTEUR DES PETITES ET MOYENNES ENTREPRISES AU CAMEROUN

La définition officielle de PME / PMI au Cameroun découle de la loi N°2010/001 du 13 avril 2010 portant promotion des Petites et Moyennes Entreprises (PME). Ce texte propose des critères permettant de classer les entreprises dans les catégories "Très Petite Entreprise"(TPE), "Petite Entreprise" (PE), "Moyenne Entreprise"(ME). Selon ces critères, rentrent dans la catégorie PME, les entreprises ayant un effectif permanent inférieur ou égal à 100 individus et dont le chiffre d'affaires n'excède pas un milliard de FCFA. Cette catégorie d'entreprises représente aujourd'hui, selon les statistiques fournies par l'Institut National de la Statistique (INS), plus de 90 % du tissu économique national camerounais, pour une participation dans le produit intérieur brut évaluée à 34 %.

Grâce à la création de la Banque Camerounaise des Petites et Moyennes Entreprises (BCPME), institution spécifiquement dédiée au financement des PME, la PME revient sur le devant de la scène en ce début de second trimestre 2013, et démontre son importance accrue dans l'orientation économique du pays. Après la création du Centre de formalités de création d'entreprises (CFCE), la mise en place de Centres de gestion agréés (CGA) et l'adoption d'une nouvelle législation en faveur du crédit-bail pour les équipements de production, le gouvernement camerounais affiche par cet acte, sa détermination à concrétiser sa vision de faire de la PME au Cameroun le moteur de la croissance et de la création d'emplois. Les pouvoirs publics ont voulu également résoudre le problème d'accès aux financements des PME, car ce dernier constitue le premier handicap de la liste des écueils qui freinent la vitalité de la PME au Cameroun et menacent parfois leur survie.

Derrière cet acte se dessine aussi l'espoir d'un retour du plus grand nombre vers le tissu économique formel, un meilleur respect de la réglementation, ainsi que plus d'ardeur dans l'adoption de pratiques de gestion modernes. De grands projets naissent à travers le pays et feront à coup sûr appel à une expertise locale, suivant un modèle de collaboration qui prendra la forme de sous-traitance. L'un des défis majeurs de la PME dans ce contexte est de pouvoir proposer aux grandes firmes internationales retenues pour réaliser les différents travaux une expertise voire des services à forte ajoutée leur permettant de réduire leurs coûts, tout en respectant les standards internationaux. Ces grands chantiers représentent une mine d'opportunités de croissance pour les entreprises nationales, et constituent une plateforme d'échanges d'expériences pratiques et de formation.

La PME camerounaise prendra part à ce processus, à condition qu'elle professionnalise sa gestion et adopte les pratiques, les outils et les mécanismes de l'économie moderne. Le sérieux, la solidité de l'organisation et le professionnalisme qu'elle affichera seront les principaux facteurs qui favoriseront son accès aux financements recherchés, lui permettront de nouer des partenariats, et gagner des parts de marchés sur les chantiers des grands projets. Ce discours devra être tenu avec force et conviction aux promoteurs de PME / PMI qui prendront part à la 2ème édition des Journées nationales de la PME, organisées à Douala du 07 au 10 mai 2013, par le ministère camerounais en charge de la PME sur le thème : « sous-traitance et compétitivité des PME pour l'accélération de la croissance et de l'économie ».

QUATRIÈME PARTIE.

LE CODE DES INVESTISSEMENTS DE LA RÉPUBLIQUE CENTRAFRICAINE

LOI N° 96-019 DU 13 MAI 1996 PORTANT PROMOTION DES INVESTISSEMENTS PRODUCTIFS EN REPUBLIQUE CENTRAFRICAINE

TITRE I : DES OBJECTIFS

Article 1er : - Le présent Code a pour objectifs :

– favoriser et promouvoir les investissements productifs en République Centrafricaine ;

– consacrer le passage progressif d'une économie fiscalisée à une économie de développement ;

– encourager la création et le développement des activités orientées notamment vers.

– la valorisation prioritaire des matières premières locales,

– la création d'emploi et la formation d'une main-d'œuvre nationale qualifiée ;

– la production des biens compétitifs pour le marché interne et l'exportation,

– le transfert de technologie appropriée, la modernisation des techniques locales, la recherche et le développement ;

– la mobilisation de l'épargne nationale ainsi que l'apport de capitaux extérieurs ;

– la création d'entreprises dans le cadre de la politique de décentralisation et de la régionalisation ;

– la réhabilitation d'entreprise ;

– la protection de l'environnement et l'amélioration de la qualité de vie en milieu urbain et rural ;

– l'accroissement des exportations des produits manufacturés ;

– la réalisation de l'intégration économique, sous-régionale et régionale,

TITRE II : DU DOMAINE D'APPLICATION

Article 2 :

Est considéré comme investissement productif au sens du présent Code, le financement des immobilisations et du fonds de roulement aussi bien initial qu'en période d'extension et de réhabilitation dans le cadre d'un projet de développement.

Article 3 : Toutes les entreprises peuvent prétendre au bénéfice du présent Code à l'exception de celles exerçant le négoce défini comme activités commerciales de revente en l'état des produits achetés à l'extérieur de l'entreprise. Sont également exclues du bénéfice du présent Code, toutes les entreprises d'exploitation forestière, de recherche et d'exploitation minière, ces activités étant régies par le Code Forestière et le Code Minier.

Article 4 : Toute personne physique ou morale quel soit son lieu de résidence est libre d'entreprendre et d'exercer des activités professionnelles, économiques et rémunératrices sur le territoire de la République Centrafricaine sous réserve des dispositions spécifiques visant à assurer la protection de la santé, de la salubrité publique et du patrimoine naturel du pays, la protection sociale et de l'ordre public.

Article 5 : Il est accordé aux entreprises qui rentrent dans le domaine d'application du présent Code le bénéfice de l'un des régimes suivants :

– le Régime des Petites et Moyennes Entreprises et de l'Artisanat, appelé régime A ;

– le Régime des Grandes Entreprises, appelé régime B ;

– le Régime spécial des entreprises tournées principalement vers l'exportation, appelé régime C ;

Article 6 : La valeur ajoutée directe est l'élément fondamental pour l'appréciation des projets, son taux minimum ainsi que les éléments qui la composent sont fixés par un arrêté pris par le Ministre en charge de l'Industrie et du commerce.

Article 7 : La procédure d'agrément ainsi que les éléments d'appréciation autres que la valeur ajoutée sont déterminés par un Arrêté pris par le Ministre en charge de l'Industrie et du commerce.

TITRE III - DES GARANTIES GENERALES

Article 8 : Toutes personnes physiques ou morale centrafricaine ou étrangère que soit lieu de résidence, peut dans le strict respect des dispositions légales en vigueur entreprendre et exercer librement une activité " économique en République Centrafricaine. A ce titre, aucune discrimination ne peut avoir lieu entre les personnes morales de nationalité centrafricaine et celles de nationalité étrangère.

Article 9 : Nulle expropriation, nationalisation ou réquisition d'une entreprise légalement établie ou de ses biens ne peut avoir lieu sans que l'Etat n'ait fourni au préalable la raison à l'entreprise et sans une indemnisation juste et équitable.

Article 10 : Toute personne physique ou morale régulièrement établie en République Centrafricaine peut, dans le respect des lois et règlements en vigueur, conclure et exécuter tout contrat qu'elle juge utile pour ses intérêts, notamment en matière et commerciale et, d'une manière générale accomplir tout acte de gestion conforme aux règles et usages de commerce en République Centrafricaine.

Article 11 : Toute personne physique ou morale régulièrement établie pour exercer une activité économique, jouit de la liberté d'embauche et de licenciement qui s'exerce dans le respect de la législation en vigueur.

Article 12 : L'Etat garantit à tout investisseur, personne physique ou morale régulièrement établie, à son patrimoine et ses dirigeants, à son personnel étranger, titulaire d'un contrat de travail dûment visé ainsi qu'à leurs famille, l'entrés, le séjour, la libre circulation et la sortie du territoire national. Il leur délivre à cet effet tout document administratif requis.

Article 13 : L'Etat garantit à toute personne physique ou morale, non résidente en République Centrafricaine, le droit de transférer librement les revenus de toute nature provenant des capitaux investis et, en cas de cessation des activités, du produit net de la liquidation ou de la cessation de l'investissement, sous réserve qu'elle soit en règle avec l'administration fiscale.

L'Etat garantit en outre, dans le respect des lois et règlements régissant les opérations de Banque et de change, la liberté de transférer hors du territoire national les fonds correspondant à des paiements normaux et courants pour les fournitures et des prestations effectuées, notamment sous forme de redevance ou d'autres rémunérations.

TITRE IV - DE L'ELIGIBILITE ET DES AVANTAGES ACCORDES

Article 14 : Les entreprises dont le niveau d'investissements est inférieur à 100 millions de FCFA sont agréées au régime A et bénéficient des avantages suivants.

Exonération de l'impôt sur les Sociétés, de l'impôt sur le revenu des catégories des bénéfices commerciaux ou non commerciaux, de la contribution au développement social pendant une période de trois (3) ans à partir de la date de démarrage de l'activité constatée par Arrêté du Ministre chargé de l'Industrie.

Les taux des impôts ou contributions seront progressivement rétablis comme suit :

– 4ème année : 50 %
– 5ème année : 75 %
– 6ème année : 100 %

Taxation à la patente aux taux suivants :

– 4ème année : 50 %
– 5ème année : 75 %
– 6ème année : 100 %

Article 15 : Les entreprises dont le niveau d'Investissements est égal ou supérieur à 100 millions de FCFA sont agréées au Régime de B et bénéficient des avantages suivants :

– Exonération de l'impôt sur les sociétés, de l'impôt sur le revenu des catégories des bénéfices commerciaux, de la contribution au développement social pendant une période de cinq (5) ans à partir de la date de démarrage de l'activité constatée par Arrêté du Ministre chargé de l'Industrie.

– Les taux des impôts ou contributions seront progressivement rétablis comme suit :

– 4ème année : 50 %
– 5ème année : 75 %
– 6ème année : 100 %

Taxation à la patente aux taux suivants :

– 4ème année : 50 %
– 5ème année : 75 %
– 6ème année : 100 %

Article 16 : Les dispositions relatives aux droits et taxes de douanes perçus à l'entrée sur les matériaux, matériels, équipements, pièces de rechanges, matières premières et consommables sont régies par les tarifs des douanes.

Article 17 : Les dispositions relatives à la Taxe sur le Chiffre d'Affaires (T.C.A..) et aux Droits d'Accises sont régies par le Code Général des Impôts.

TITRE V- DU REGIME SPECIAL DES ENTREPRISES D'EXPORTATION

Article 18 : Les entreprises nouvelles principalement tournées vers l'exportation non traditionnelle sont agrées au Régime spécial des entreprises d'exportation « Régime C ».

Ces entreprises bénéficient à cet effet dans le cadre d'une zone franche de l'exonération totale et permanente de tous droits et taxes liés à l'exercice de leurs activités. Toutefois ces entreprises, si elles le désirent, peuvent écouler sur le marché local jusqu'à 20 % de leur production qui sont passibles des droits et taxes qui frappent les produits similaires importés.

TITRE VI- DES DISPOSITIONS PARTICULIERES

Articles 19 : Les entreprises des Régimes A et B qui s'installent en dehors de Bangui, bénéficient suivant les distances des avantages ci-après :

a) A 100KM de BANGUI : un (1) an supplémentaire,

b) De 100 à 300KM de BANGUI : deux (2) ans supplémentaires ;

c) Au-delà de 300KM de BANGUI : trois (3) ans supplémentaires.

Article 20 : La reprise pour réhabilitation bénéficie suivant le montant des Investissements, des avantages des Régimes A ou B.

Article 21 : Les entreprises répondant aux objectifs du présent Code et dont le niveau d'investissements est égal ou supérieur à cinq (5) milliards, bénéficient des avantages du Régime B.

Elles peuvent, par Convention d'Etablissement et à l'expiration de la période d'agrément au Régime B du présent Code, bénéficier le cas échéant, de crédits d'Impôts en contrepartie d'Investissement contribuant en même temps à des gains à l'économie en général en tant que bien public.

Toutefois, les crédits d'Impôts ne doivent pas être imputables ni sur les Droits de Douanes, ni sur la Taxe sur le Chiffre d'Affaires (T.C.A.)

TITRE VII - DES DISPOSITIONS GENERALES

Article 22 : Les entreprises désireuses de bénéficier des avantages du présent Code sont tenues de se conformer, avant leur mise en exploitation, aux dispositions légales et réglementaires en vigueur.

Article 23 : La date de démarrage de production est constatée par Arrêté du Ministre chargé de l'Industrie après avis technique de la commission d'agrément.

Article 24 : Le délai de réalisation des entreprises de production agréées au présent Code est fixée à deux (2) ans. Le promoteur dont le projet n'a connu aucun début de réalisation (génie civil, acquisition de matériels d'équipement) dans le délai imparti, perd de facto le bénéfice des avantages qui lui sont accordés. Les avantages octroyés par les régimes, conformément aux dispositions du présent Code ne sont pas cumulatifs ; Toutefois, il peut être accordé une seule prorogation d'un (1) an à compter de la date d'expiration du délai d'agrément au promoteur qui justifie de l'impossibilité de la réalisation de son projet.

Article 25 : Les entreprises éligibles au présent Code sont tenues aux obligations suivantes :

– ouvrir un compte auprès d'un établissement bancaire (crédit mutuel ou banque commerciale) ;

– tenir une comptabilité régulière en République Centrafricaine suivant le plan comptable en vigueur,

– favoriser le recrutement des nationaux et organiser la formation professionnelle à tous les niveaux dans l'entreprise ;

– respecter la législation sur l'environnement, la santé, la sécurité et l'hygiène au travail ;

– fournir les documents comptables et financiers, les rapports d'exécution sur l'investissement, l'emploi, le financement national et étranger, et autres informations utiles aux autorités compétentes.

Article 26 : Le non-respect des engagements souscrits par les entreprises bénéficient des dispositions du Code entraîne le retrait de l'agrément sans préjudice des sanctions prévues par la réglementation en vigueur.

Article 27 : Toute entreprise désireuse de cesser ses activités pour un quelconque motif est tenue d'en aviser préalablement le Ministre chargé de l'Industrie par lettre recommandée six (6) mois au moins avant la date prévue pour la cessation d'activités.

La cessation s'effectue selon les procédures en vigueur.

TITRE VIII - DE L'ARBITRAGE

Article 28 : Les différends opposant un ou plusieurs investisseurs à l'Etat centrafricain et relatifs à la validité, l'interprétation, l'application ou la révision d'une ou plusieurs clauses de l'agrément au présent Code feront l'objet d'une procédure à l'amiable entre les parties.

Article 29 : En cas d'échec de la procédure à l'amiable, les parties auront recours à la procédure d'arbitrage.

Les entreprises à capitaux majoritairement étrangers ont le droit de demander à ce que leurs différends avec l'Etat soient réglés conformément aux dispositions ci-après.

– soit des accords et traités relatifs à la protection des investissements ;

– conclus entre la République Centrafricaine et l'Etat dont le plaignant est ressortissant ;

– soit de la convention du 10 Mars 1965 pour le règlement des différends relatifs aux investissements entre Etat et ressortissants d'autres Etats établie sous l'égide de la Banque Internationale pour la Reconstruction et le Développement et ratifiée par la République Centrafricaine le 23 février 1996.

– Soit, si la personne concernée ne remplit pas les conditions de nationalité stipulée à l'article 25 de la convention susvisé, conformément aux dispositions des règlements du mécanisme supplémentaire approuvé par le Conseil d'Administration du Centre International pour le règlement des différends relatifs aux investissements (CIRDI).

Article 30 : Le recours aux juridictions du CIRDI ou au mécanisme supplémentaire tel qu'énoncé ci-dessus devrait être préalablement et expressément énoncé dans les agréments ou les conventions d'établissements.

TITRE IX - DE L'AGREMENT ET DU SUIVI

Article 31 : Il est créé un Guichet Unique et une Commission des Investissements chargée.

– d'examiner les dossiers d'agrément,

– d'assurer le suivi et le contrôle des engagements souscrits des avantages accordés par les agréments ou les conventions d'établissement.

Article 32 : La composition et les modalités de fonctionnement du Guichet Unique et de la Commission des Investissements seront fixées par Décret pris en conseil des Ministres.

TITRE X - DES DISPOSITIONS FINALES

Article 33 : Les dispositions des lois 88.004 et 88.014 et tous les Agréments contraires au présent Code sont abrogées notamment les dispositions qui dérogent au Programme de Réforme régionale.

Article 34 : La présente loi sera enregistrée, publiée au journal Officiel et communiquée partout où besoin sera.

Fait à Bangui, le 13 Mai 1996

Ange Félix PATASSE.

Loi n° 01-010 du 16 juin 2001 prise en application des dispositions de la charte communautaire de l'investissement en zone CEMAC

Loi n°01-010 du 16 juillet 2001

Art.1.- La présente loi prise en application des dispositions de la Charte Communautaire de l'Investissement en zone CEMAC, constitue le cadre général destiné à améliorer l'environnement juridique, économique et institutionnel des investissements tant nationaux qu'étrangers sur le territoire de la République Centrafricaine.

Art.2.- Est considéré comme investissement productif, au sens de la présente Charte, le financement des immobilisations et du fonds de roulement aussi bien initial qu'en période d'extension dans le cadre d'un projet de développement.

Titre 1 - Du champ d'application

Art.3.- La présente Charte s'applique à toutes les Entreprises Industrielles ainsi qu'aux Petites et Moyennes Entreprises qui exercent leurs activités dans les domaines suivants :

– activités de transformation de produits d'origine végétale ou animale ;

– activités manufacturières ou de transformation ;

– activités de production d'énergie ;

– activités de construction de logements à caractère économique, social et industriel ;

– activités des travaux publics et génie civil ;

– activités de collecte, de stockage, de conditionnement et de transformation des produits agricoles et alimentaires ;

– activités d'études et de recherches ;

– activités de transports de marchandises en tant qu'industrie de transports ;

– activités de laboratoire d'analyses, d'essais ou de productions chimiques et pharmaceutiques ;

– activités de production du livre et de l'imprimerie ;

– activités de montage et de maintenance d'équipements industriels, de transport, de télécommunication et de l'électronique ;

– activités de fabrication de produits chimiques et alimentaires servant d'intrants à d'autres entreprises industrielles.

Art.4.- Toutes les entreprises dont les activités sont citées ci-dessus peuvent prétendre au bénéfice des avantages de la Charte à l'exception de celles exerçant le négoce en tant qu'activité de revente en l'état des produits achetés à l'extérieur de l'Entreprise.

Art.5.- Sont exclues du champ d'application de la présente Charte d'investissement, les activités d'exploitation forestière, minière et touristique, régies par des textes particuliers.

Art.6.- La présente Charte d'investissement s'applique aux entreprises remplissant les conditions suivantes :

– présenter un programme prévisionnel d'investissement sur trois à cinq ans ;

– indiquer dans le programme tant au titre des activités existantes que de l'investissement à réaliser, le nombre des salariés permanents ;

– tenir une comptabilité régulière quel que soit le chiffre d'affaires réalisé ;

– satisfaire aux obligations générales prévues par les textes en vigueur en ce qui concerne la forme de la société et les statuts y afférents.

Titre 2 - Des objectifs

Art.7.- La présente Charte des Investissements a pour objectifs de :

– favoriser et promouvoir les investissements productifs en République Centrafricaine ;

– encourager la création et le développement des activités orientées vers :

– la valorisation prioritaire des matières premières locales ;

– la création d'emplois durables ;

– à valorisation de la formation adaptée aux besoins de développement en vue de faire face aux nouvelles technologies ;

– la production de biens compétitifs pour le marché intérieur et l'exportation ;

– le transfert de technologie appropriée, la recherche et le développement ;

– la mobilisation de l'épargne nationale ainsi que l'apport des capitaux extérieurs ;

– la création d'entreprises dans le cadre de la politique de décentralisation et régionale ;

– l'extension d'entreprise ;

– la protection de l'environnement et l'amélioration de la qualité de vie en milieu urbain et rural ;

– l'accroissement des exportations des produits manufacturés ;

– la réalisation de l'intégration économique sous-régionale et régionale.

Art.8.- La valeur ajoutée directe est l'élément fondamental pour l'appréciation des projets, son taux minimum ainsi que les éléments qui la composent sont fixés par arrêté du Ministre Chargé de l'Industrie. Des éléments autres que la valeur ajoutée sont également déterminés par la même procédure.

Titre 3 - Des garanties générales

Art.9.- Toute personne physique ou morale, centrafricaine ou étrangère quel que soit son lieu de résidence peut, dans le strict respect des dispositions légales en vigueur, entreprendre et exercer librement une activité économique en République Centrafricaine sous réserve des dispositions spécifiques visant à la protection de l'environnement, de la santé et de la salubrité publique. A ce titre, aucune discrimination ne peut avoir lieu entre personnes physiques ou morales de nationalité centrafricaine et celles de nationalités étrangères sous réserve des mesures relatives à l'ensemble des ressortissants étrangers et de l'application du même principe d'égalité de traitement par l'Etat dont la personne physique ou morale étrangère est ressortissante.

Art.10.- Nulle expropriation, nationalisation ou réquisition d'une entreprise légalement établie ou de ses biens ne peut avoir lieu sans que l'Etat n'ait fourni au préalable la raison à l'entreprise et sans une indemnisation juste et équitable.

Art.11.- Toute personne physique ou morale régulièrement établie en République Centrafricaine peut, dans le respect des lois et règlements en vigueur, conclure et exécuter tout contrat qu'elle juge utile pour ses intérêts notamment financiers et commerciaux et, d'une manière générale accomplir tout acte de gestion conforme aux règles d'investissement en République Centrafricaine.

Art.12.- Toute personne physique ou morale régulièrement établie peut exercer une activité économique, jouir de la liberté d'embauche et de licenciement qui s'exerce dans le respect de la législation en vigueur.

Art.13.- L'Etat garantit à tout investisseur, personne physique ou morale régulièrement établie, à son patrimoine et à ses dirigeants, à son personnel étranger titulaire d'un contrat de travail dûment visé ainsi qu'à leurs familles, l'entrée, le séjour, la libre circulation et la sortie du territoire national. Il leur délivre à cet effet tout document administratif requis.

Art.14.- L'Etat garantit à toute personne physique ou morale non résidente en République Centrafricaine le droit de transférer librement les revenus de toute nature provenant des capitaux investis et, en cas de cessation de l'investissement, sous réserve qu'elle soit en règle avec l'administration fiscale. En outre, l'Etat garantit dans le respect des lois et règlements régissant les opérations bancaires et de change, la liberté de transférer hors du territoire national les fonds correspondants à des paiements normaux et courants pour les fournitures et les prestations exécutées notamment sous forme de redevances ou d'autres rémunérations.

Titre 4 - Du cadre douanier et fiscal

Art.15.- Les entreprises industrielles ou de transformation nouvellement créées dont le niveau d'investissement est inférieur à 100.000.000 FCFA bénéficient des avantages douaniers et fiscaux ci-après pendant un période de trois ans :

1) Sur le plan douanier

– l'application des droits modérés harmonisés dans le cadre du Trafic Extérieur Commun (TEC) de la Communauté Economique et Monétaire de l'Afrique Centrale (CEMAC) ;

– la suspension des droits de douane sous forme d'admission temporaire ou d'entrée en franchise pour les activités de recherche en matière de ressources naturelles dans le cadre des codes spécifiques ;

– la suspension des droits de douane sous forme d'admission temporaire ou d'entrée en franchise et de mécanisme de perfectionnement actif pour les activités tournées vers l'exportation.

2) Sur le plan fiscal

– l'application généralisée de la T.V.A. assurant ainsi une fiscalité indirecte simplifiée et neutre pour l'entreprise ;

– l'application du taux nul de la T.V.A. sur les produits exportés permettant le remboursement de la T.V.A. acquittée sur les investissements et dépenses d'exploitation des entreprises exportatrices ;

– l'exemption de l'impôt sur les sociétés (IS) pendant trois ans, l'IS est rétabli à la quatrième année ;

– la possibilité de procéder à des amortissements dégressifs et accélérés et l'autorisation du report des résultats négatifs sur les exercices ultérieurs pour améliorer le cash-flow des entreprises dans leur phase de montée en régime ;

– l'application des dispositions de réduction d'impôts égale à 25 % du montant des contrats de recherche technologique conclu avec une Université ou un Institut de Recherche basé dans la Communauté et sur les contrats de consultants dont le siège est situé dans un pays membre ;

– le maintien de la pression fiscale égale à 25 % en contrepartie des investissements et charges de fonctionnement engagés par l'entreprise en zone rurale en matière de services sociaux correspondant aux missions courantes de l'Etat, au cas où ce dernier ne serait pas en mesure de les assurer ;

– le maintien des impôts fonciers à un niveau correspondant aux services rendus aux collectivités locales et à l'Etat en matière d'infrastructures urbaines et de services publics

– l'application d'une réduction d'impôt égale à :

– 50 % des coûts engagés pour la transformation et le perfectionnement du personnel technique plafonnés à 2 % des charges salariales annuelles ;

– 25 % des coûts engagés pour la protection de l'environnement.

3) Sur le plan des taxes domaniales et des droits d'enregistrement

– la modération de 50 % des droits d'enregistrement pour la création d'entreprises, les augmentations de capital, les fusions de sociétés, les mutations des actions et parts sociales.

Art.16.- Les entreprises industrielles ou de transformation nouvellement créées dont le niveau d'investissement est compris entre cent millions et un milliard de Francs CFA, bénéficient des mêmes avantages prévus à l'article 15 ci-dessus. Elles bénéficient de l'exemption de l'Impôt sur les Sociétés (IS) pendant trois ans.

Art.17.- Les entreprises industrielles ou de transformation nouvellement créées dont le niveau d'investissement est égal ou supérieur à un milliard de Francs CFA, bénéficient des mêmes avantages prévus aux articles 15 et 16 ci-dessus. Elles bénéficient de l'exemption de l'Impôt sur les Sociétés (IS) pendant cinq ans.

Titre 5 - Des dispositions particulières

Art.18.- Les entreprises industrielles ou de transformation nouvellement créées qui s'installent hors de Bangui bénéficient, outre les avantages visés aux articles 14, 15, 16 de la présente Charte des Investissements, des périodes supplémentaires suivantes :

a) A 100 km de Bangui : un an ;

b) De 100 à 300 km : deux ans ;

c) Au-delà de 300 km : trois ans.

Art.19.- L'extension d'une entreprise bénéficie suivant le montant des Investissements engagés prévus aux articles 15, 16 et 17 de la présente Charte des Investissements des mêmes avantages pour une période plafonnée à deux ans à compter du démarrage de la production issue de l'extension.

Titre 6 - Des dispositions générales

Art.20.- Les entreprises désireuses de bénéficier des avantages de la présente Charte des Investissements sont tenues, avant leur mise en exploitation, de demander un agrément auprès du Ministre chargé de l'Industrie qui leur sera délivré après avis technique de la Commission Nationale des Investissements.

Décret n° 96.283 fixant les modalités d'application de la loi n°96.019 du 13 mai 1006 portant Code des investissements en République Centrafricaine

LE PRESIDENT DE LA REPUBLIQUE CHEF DE L'ETAT,

Vu la Constitution du 14 janvier 1995 ;

Vu le Protocole d'Accord politique préalable à la formation du Gouvernement d'Union Nationale du 05 juin 1996 ;

Vu le Décret n° 96.166 du 6 juin 1996 portant nomination du Premier Ministre, chef du Gouvernement ;

Vu le Décret n° 96.174 du 17 juin 1996 portant nomination des membres du Gouvernement d'Union National ;

Vu la Loi 96.019 du 13 Mai 1996 portant Code des Investissements en République Centrafricaine ;

Vu le Décret n° 94.280 du 22 Août 1994 portant organisation du Ministère de l'Industrie, du Commerce et de l'Artisanat et fixant les attributions du Ministre ;

Sur Rapport du Ministre de l'Industrie, du Commerce, du Tourisme et de l'Artisanat ;

LE CONSEIL DES MINISTRES ENTENDU DECRETE :

CHAPITRE I : GENERALITES ET DEFINITIONS

Article 1er : Le présent Décret fixe les modalités d'application de la loi n° 96.019 du 13 Mai 1996 portant Code des investissements en République Centrafricaine.

A ce titre :

a). Il définit les conditions dans lesquelles les personnes physiques ou morales dont les demandes d'agrément sont présentées suivant les formes prescrites peuvent bénéficier de l'un des régimes du Code des investissements.

b)- Il prescrit les différentes mesures applicables pour accélérer les formalités administratives en vue d'assurer un environnement favorable aux entreprises agrées aux différents régimes énoncés à l'alinéa (a) ci-dessus.

c)- Il fixe les conditions de suivi et du contrôle des engagements qui se dégagent du critère qui a permis l'éligibilité de l'entreprise à l'un des régimes du Code des Investissements.

Article 2 : Au sens du présent Décret, par " Loi " il faut entendre la loi visée à l'article 1er ci-dessus. Le terme " an " retenu dans la loi, pour déterminer la durée des avantages prévus dans chaque régime, se définit comme exercice fiscal conformément aux dispositions du Code Général des Impôts.

Article 3 : Toute personne physique ou morale, Centrafricaine ou Etrangère, peut entreprendre toute activité prévue dans la Loi, soit seule soit en association avec une autre personne, physique ou morale, étrangère ou centrafricaine, et solliciter le bénéfice d'un des régimes du code des investissements dès lors que l'entreprise satisfait aux Conditions d'éligibilité prévues par la Loi.

Article 4 : Une entreprise bénéficiaire d'un régime antérieur au Code des investissements en cours de validité peut demander le bénéfice d'un des régimes réservés à la création des entreprises nouvelles dans la Loi pour la période restant à courir du régime qui lui avait été octroyé.

L'octroi d'un régime du Code dans les conditions de l'alinéa 1 ci-dessus est subordonné à un contrôle portant sur les conditions d'éligibilité à ce régime. Ce contrôle doit avoir lieu dans les 45 jours qui suivent la date de dépôt de la demande attesté par un récépissé.

Article 5 : Le non-respect des engagements souscrits par les entreprises agréées à l'un des régimes du Code des Investissements, entraîne des pénalités qui peuvent aller d'une amende au retrait de l'agrément.

Elles sont également passibles de pénalités lorsqu'elles ne se soumettent pas aux modalités d'inspection et de contrôle de leurs installations par les Agents de l'Administration assermentés à cet effet, ou ne font pas parvenir au plus tard 6 mois, après le début de l'exercice fiscal, un rapport annuel de l'année écoulée relatif à la mise en œuvre du programme d'investissement et spécifiant les données sur l'exécution des objectifs qui ont servi de critère d'éligibilité au régime concerné.

Les amendes sont égales ou inférieures aux avantages dont l'entreprise aura bénéficié au cours de l'exercice fiscal qui précède celui pendant lequel l'entreprise a été sanctionnée. Le non-paiement des amendes peut entraîner pour l'entreprise agréée la suspension et, en cas de récidive, la surpression de tout ou partie des avantages conférés par l'acte d'agrément.

Article 6 : L'application des sanctions prévues à l'article 5 ne peut intervenir qu'après mise en demeure, conformément à la réglementation en vigueur, par voie administrative. Les dispositions de l'alinéa 1 ci-dessus ne sont toutefois pas applicables aux entreprises pour lesquelles une procédure particulière de règlement de différends aura été définie conformément à l'article 29 de Loi.

CHAPITRE II : DU GUICHET UNIQUE

Section I : Des attributions

Article 7 : Il est créé une " Commission Nationale des Investissements " en abrégé C.N.I. qui assure la fonction de guichet unique énoncée à l'article 31 de la Loi. Son siège est fixé à Bangui.

La Commission Nationale des Investissements peut sur sa demande et pas Arrêté du Ministre de l'Industrie, se faire représenter par les services déconcentrés du Ministère qui deviennent ainsi ses correspondants.

Article 8 : La commission Nationale des Investissements est chargée d'assurer d'une part par les services publics auxquels ont droit les entreprises qui sollicitent l'octroi ou ont obtenu le bénéfice d'un des régimes du Code des investissements, d'autre part, le suivi et le contrôle des entreprises bénéficiant des avantages du Code des Investissements.

A ce titre, elle est seule habilitée à

– Recevoir les dossiers de demande d'agrément à l'un des régimes énoncés ci-dessus,

– Recueillir auprès des administrations compétentes, si l'entreprise le souhaite, les autorisations nécessaires à l'exercice des activités susceptibles de faire bénéficier des avantages d'un des régimes ci-dessus énoncés,

– Obtenir les visas nécessaires à l'exécution des programmes d'investissement proposés par l'entreprise pour la période de validité de l'acte de l'agrément qui couvre la phase d'installation et d'exploitation de l'entreprise,

– Obtenir les visas de l'administration des douanes sur la liste des matériels, matériaux de construction de l'usine, des biens d'équipement, des machines, de l'outillage et des moyens de transport, objet du projet d'investissement ou de tout additif y afférent,

– Obtenir les visas nécessaires pour le personnel étranger pendant la durée de validité de l'acte de l'agrément,

– Assister les entreprises agrées dans les autres démarches qu'elles jugent nécessaires à l'exécution du programme de leurs investissements et à l'accès au bénéfice des installations publiques y afférents,

– Proposer toutes mesures susceptibles d'améliorer la mise en œuvre du Code des Investissements,

– Assurer le suivi et le contrôle des engagements découlant du critère qui a conduit à l'octroi du régime sollicité,

– Fixer les amendes prévues par la Loi et sanctionner les contrevenants,

– Etablir en liaison avec les services techniques impliqués dans la mise en œuvre du programme agréé des Investissements, des procédures simplifiées à caractère administratif par type d'activité,

– Publier annuellement des informations sur le développement des entreprises agréées au régime du Code des Investissements.

Chaque Administration publique et chaque organisme public chargé d'offrir des services aux entreprises agréées désignent en son sein, sur la demande du Ministre Chargé de l'Industrie et par suite d'une requête de la Commission Nationale des Investissements, un service avec délégation de pouvoir pour tout visa ou signature, qui devient ainsi le correspondant de la C.N.I.

Le Directeur reçoit délégation de pouvoir à lui conférer par le Ministre Chargé de l'industrie pour toute signature qui porte sur les actes à une des missions énoncées à l'alinéa (1) ci-dessus.

Section II : Des organes de la C.N.I.

Article 9 : La Commission National des Investissements est composée de la manière suivante :

– Un Comité de Direction,

– Une Direction,

Article 10 : Le Comité de Direction est chargé de veiller à l'application du Code des Investissements et des régimes spéciaux énoncés dans le présent décret.

A ce titre

– Il fixe les orientations et les activités de la C.N.I.

– Il arrête toutes les mesures susceptibles d'améliorer les services offerts par la C.N.I. parmi lesquelles la simplification des procédures administratives,

– Il propose des aménagements éventuels du Code des Investissements au Conseil des Ministres ;

– Il assure annuellement la publication des informations sur le développement des entreprises agréées ;

– Il approuve la liste des exclusions de certaines activités du bénéfice des avantages du Code des Investissements ;

– Il veille à ce que le suivi et le contrôle des engagements souscrits par les entreprises agréées qui sont assurés par les services de la C.N.I. se déroulent selon les normes prescrites ;

– Il adopte au préalable l'affection et la nomination des autres personnels cadres à la C.N.I. ;

– Il propose la candidature du Directeur de la C.N.I. au Conseil des Ministres,

– Il approuve le budget de la C.N.I. ;

– Il autorise l'ouverture des comptes bancaires pour la domiciliation des ressources de la C.N.I. ;

– Il fixe les frais de déplacement, de séjour et des contrôles des entreprises agréées ainsi que des indemnités à allouer aux personnels et aux correspondants de la C.N.I. ;

– Il approuve les dons, legs et subventions de toute nature ;

– Il arrête les contributions des entreprises agréées et fixe les tarifs des interventions de la C.N.I. aux entreprises lorsque celles-ci n'entrent pas dans le cadre des services publics (procédure d'agrément, de suivi, et de contrôle et d'obtention des visas de travail et de la douane) prévus dans l'ordonnance ;

– Il approuve les conventions prévues à l'article 21 de la Loi les résolutions du Comité de Direction sont exécutoires par Arrêté du Ministre chargé de l'Industrie.

Article 11 : Le Comité de Direction est Composé de la manière suivante :

Le Ministre chargé d'Industrie.. Président
Le Ministre chargé des Finances.. Membre
Le Ministre chargé de l'Emploi et de la sécurité sociale .... Membre
Le Ministre chargé de l'Economie et du Plan................................... Membre
Le Ministre chargé de l'Aménagement du Territoire......................... Membre
Le Ministre chargé de la Sécurité Publique
et de l'Administration du territoire .... Membre
Le Ministre chargé de l'environnement.. Membre
Le Ministre de la Santé .... Membre
Le Président de la Chambre de Commerce, d'Industrie,
des Mines et de l'Artisanat... Membre

Le Président de la Chambre d'Agriculture, de l'Elevage,
Eaux, Forêts, Chasses et Pêche .... Membre
Le Directeur National de la B.E.A.C .... Membre
Sept (7) représentants des entreprises Agréées couvrant tous
les régimes .... Membre

Les représentants des entreprises sont désignés par la Chambre de Commerce, d'Industrie, des Mines et de l'Artisanat et par la Chambre d'Agriculture, de l'Elevage, des Eaux, Forêts, chasses et Pêches ; pour les entreprises Agricoles, Agro-alimentaires et Agro-industrielles sur proposition des syndicats et/ou groupements professionnels du secteur industriel.

Les membres du comité de Direction peuvent se faire représenter par un représentant permanent muni des pouvoirs de décision appropriés ayant rang au moins de Directeur Général de l'Administration centrale.

Le Président peut faire appel, lors des séances du Comité, à titre consultatif à toute personne en raison de sa compétence.

Article 12 : Le Comité de Direction se réunit au moins une fois par trimestre au cours d'une année civile sur convocation de son Président où à la demande du tiers (1/3) de ses membres.

Le comité de Direction délibère valablement si les deux tiers (2/3) des membres sont présents ou représentés. Il est dressé un procès-verbal de chaque session qui est transmis avec les résolutions au Ministre chargé de l'industrie.

Les résolutions du Comité sont prises à la majorité simple des membres présents ou représentés. En cas d'égalité, la voix du président est prépondérante. Elles deviennent exécutoires par arrêté du Ministre chargé de l'industrie au plus tard un mois après la session du Comité.

Article 13 : La participation aux sessions du Comité est gratuite.

Toutefois, les frais de déplacement et de séjour des membres du comité sont pris en charge par la C.N.I.

Article 14 : La C.N.I. est dotée d'une Direction placée sous l'autorité d'un Directeur Général nommé par décret.

La Direction est composée en outre :

- de chargé d'études ;
- d'un service administratif et financier ;
- d'un service informatique et de la communication ;
- d'un secrétariat.

Et dispose

- de représentations instituées conformément aux dispositions de l'article 8 ci-dessus.

Le directeur reçoit mandat du comité de Direction pour l'exécution des tâches dévolues à la C.N.I. et notamment :

- Il instruit les demandes d'agrément et donne son avis sur chaque demande ;

– Il instruit et rapporte les affaires du Comité de Direction ;

– Il assure les tâches de suivi et de contrôle des entreprises agréées ;

– Il gère le personnel et les biens de la C.N.I. ;

– Il recrute et licencie, après approbation du Comité de Direction, le personnel d'appui jusqu'aux agents de maîtrise dans le cadre du budget approuvé par le Comité de Direction ou propose au Comité l'affectation des agents de l'Etat de cette catégorie.

Le Directeur reçoit délégation de pouvoir à lui conférer par le Ministre Chargé de l'Industrie pour toute signature qui porte sur les actes liés à une mission énoncée à l'alinéa (3) ci-dessus. La subdélégation de pouvoir peut être accordée par le Ministre aux autres personnels de la C.N.I. sur proposition du Directeur.

Article 15 : Les Chargés d'Etudes, le chef de Service administratif et financier, le chef de service informatique et de la communication sont recrutés et licenciés sur proposition du Directeur de la C.N.I., après avis du Comité de Direction, par le Ministre Chargé de l'Industrie. Les chargés d'Etudes peuvent être des représentants détachés des administrations techniques impliquées dans la gestion du Code des Investissements.

Les Chargés d'Etudes couvrent les compétences concernant la douane, la police des frontières, le travail et le commerce, l'étude économique, financière et technique des dossiers, le suivi et le contrôle des entreprises agréées. Ils ont rang et prérogative de Directeur de l'Administration Centrale.

Article 16 : Le personnel de la C.N.I. et les correspondants désignés bénéficient d'un régime indemnitaire pour travaux spéciaux dont le taux est fixé par le Comité de Direction sur proposition du Directeur.

Article 17 : La C.N.I. assure son fonctionnement par :

– Le budget du Ministère Chargé de l'Industrie ;

– Les contributions des entreprises agréées à un des régimes du Code des Investissement ;

– Toute autre contribution autorisée par le Comité de Direction.

La Direction de la C.N.I. soumet son projet de budget à l'approbation préalable du Comité de Direction en faisant ressortir la part du budget dont l'assiette est constituée par les contributions des entreprises agréées.

Article 18 : Les taux des contributions des entreprises agréées à l'un des régimes du code des investissements sont fixés par un Arrêté du Ministre chargé de l'industrie après approbation du Comité de Direction.

Ces taux peuvent être modifiés sur proposition du Directeur de la C.N.I. et après avis du Comité de Direction par Arrêté du Ministre chargé de l'industrie.

Article 19 : Pour les entreprises agréées antérieurement à la Loi, la contribution est exigible à compter du deuxième exercice fiscal qui suit la date à laquelle l'acte d'agrément leur a été octroyé. Pour les entreprises agréées dans le cadre de la Loi, la contribution est exigible à compter du deuxième exercice fiscal qui suit la date à laquelle l'acte d'agrément leur a été octroyé.

Article 20 : Le présent Décret qui abroge toutes les dispositions antérieures contraires, qui prend effet à compter de la date de sa signature, sera enregistré et publié au journal officiel.

Fait à Bangui, le 11 Octobre 1996

Ange Félix PATASSE.

ARRETE N° 029/96 Fixant la Procédure d'Agrément au Code des Investissements ainsi que les éléments d'appréciation des demandes d'Agrément.

Le Ministre de l'Industrie, du Commerce du Tourisme et de l'Artisanat ;

Vu la Constitution du 14 janvier 1995,

Vu le Protocole d'Accord Politique préalable à la formation du Gouvernement d'Union Nationale du 5 Juin 1996,

Vu le Décret n° 96.166 du 6 juin 1995 portant nomination du Premier Ministre, chef du Gouvernement,

Vu le Décret n° 96.174 du 17 Juin 1996 portant nomination des membres du Gouvernement d'Union Nationale ;

Vu la Loi n° 96.019 du 13 Mai 1996 portant code des Investissements en République Centrafricaine ;

Vu le Décret n° 96.283 du 11 Octobre 1996 fixant les modalités d'application de la Loi 96.019 du 13 Mai 1996 portant Code des Investissements en République Centrafricaine.

Arrêté

Titre I – OBJET

Article 1 : Le présent arrêté fixe la procédure d'agrément au Code des Investissements ainsi que les éléments d'appréciation des demandes d'agrément de toute entreprise désirant bénéficier de l'un des régimes prévu par la Loi 96.019 du 13 Mai 1996 portant Code des Investissements en République Centrafricaine.

TITRE II. DE LA PROCEDURE D'AGREMENT

Article 2- L'agrément à l'un des régimes du Code des Investissements est octroyé par un Arrêté du Ministre chargé de l'Industrie sur la base de dossiers de demande d'agrément qui doivent comporter :

– une demande timbrée au tarif en vigueur, adressée au Ministre chargé de l'industrie ;

– un dossier de présentation dont le contenu est défini aux articles 3 à 9 suivant du présent arrêté ;

– un récépissé de versement des frais de contribution.

Article 3- Le dossier de demande d'agrément sera établi en sept (7) exemplaires et devra comporter les sous-dossiers déterminés ainsi qu'il suit :

I. Sous-dossier juridique,

II. Sous-dossier Etude de marché,

III. Sous-dossier Technique,

IV. Sous-dossier Financier,

V. Sous-dossier Economique et Social.

Article 4- L'ensemble des sous-dossiers sera réuni dans un dossier à couverture cartonnée de format commercial soigneusement relié.

Article 5- Le sous-dossier juridique comprendra :

a) Pour une personne physique,

– la copie certifiée conforme de la carte nationale d'identifié, du passeport ou toute autre pièce d'identité officiellement reconnue,

– une attestation d'immatriculation de l'entreprise au registre du commerce,

– une copie certifiée de l'agrément ministériel,

– la description de l'activité projetée,

– une attestation de domiciliation bancaire,

– une attestation de régularité de la situation du demandeur vis-à-vis de la Chambre consulaire dont il est l'adhérent,

– une attestation d'enregistrement du nom commercial.

b) Pour une personne morale

– l'expédition notariée des statuts de la société,

– la liste des associés avec le pourcentage des actions détenues par chacun d'eux et la nationalité,

– la certification du versement du capital appelé,

– la composition du Conseil d'Administration,

– la description de l'activité projetée,

– l'attestation d'immatriculation au registre du commerce,

– le pouvoir du signataire de la demande,

– une attestation de domiciliation bancaire,

– une attestation de régularité de la situation de l'entreprise vis-à-vis de la Chambre Consulaire dont elle est l'adhérent,

– une attestation de régularité de sa situation vis-à-vis de l'OCSS, des Administrations des Impôts, des Douanes pour les entreprises en fonctionnement,

– une attestation d'enregistrement du nom commercial,

– une copie certifiée de l'agrément ministériel.

Article 6 - Le Sous-dossier " Etude de Marché " comportera des généralités non seulement sur l'économie nationale et le secteur concerné, mais également sur le marché visé :

A) Marché Intérieur

– Présentation de données quantitatives et qualitatives sur l'offre et la demande ;

– Origine des importations ;

– Caractéristiques et qualité du produit envisagé ;

– Structures des productions actuelles et tendances des prix des produits, (prix du produits, prix des produits de substitution, prix des biens complémentaires),

– Analyse du comportement du consommateur (habitudes, préférences, propension à acheter…) analyse de la concurrence et son développement au cours des prochaines années ;

– Analyse des circuits de distribution existants, stratégie commerciale envisagée ; projection de la demande sur une période de 5 ans, détermination de la part de marché escomptée.

B) Marché extérieur

Des pays étrangers (en particulier les pays voisins) sont-ils producteurs ou importateurs ? Origine de leurs importations, prix à l'exportation et quantité,

Article 7 Le sous-dossier technique comportera :

1) la description du site du projet, justification du choix, superficie du terrain ; la copie certifiée conforme du titre foncier ou de tout autre document tenant lieu ou du contrat de location du terrain ou la promesse notariée de vente ou de bail du terrain devant abriter le projet ; y est annexée l'attestation délivrée par l'autorité communale que le terrain en question n'est pas dans une zone interdite pour l'exercice de l'activité concernée,

2) l'indication de la capacité de production et du programme de production sur une période de 5 ans ;

3) la description du processus de fabrication,

4) la technologie et équipement utilisés : justification du choix, type d'acquisition (licence, co-entreprise, ...) nature, origine, caractéristiques et quantités. On les regroupera en équipement de production, de bureau de transport, de laboratoire, etc.

5) les matières premières : nature, origine, bases ou références de détermination des quantités nécessaires à la réalisation du programme de production,

6) les matières consommables : nature, origine et bases de détermination des consommations ;

7) les bâtiments et génie civil : description détaillée des bâtiments (surface couverte, matériaux utilisés), fourniture des plans de masses,

8) la main d'œuvre : présentation du personnel nécessaire au projet et qualification, présentation de l'organigramme de démarrage, indication des effectifs par centre d'activité, besoin en assistance technique, programme déformation (durée, pays, période) et recrutement du personnel,

9) les mesures de protection de l'environnement et de l'unité ;

10) le programme de réalisation.

Article 8 Le Sous-dossier financier comportera :

A) Renseignements financiers sur l'activité existante

– les investissements réalisés,

– le financement montant et origine (locale ou étrangère) du capital et des emprunts,

– les soldes caractéristiques de gestion et bilan des trois derniers exercices.

B) Renseignements financiers sur l'activité envisagée

1) les investissements prévus et leur étalement dans le temps :

– coût détaillé des frais de premiers établissements, coût ou loyer du terrain ; bâtiment : coût ou loyer / équipements utilisés : valeur rendue sur site, facteur pro forma ;

– détermination du besoin en fonds de roulement.

2) le financement : montant et origine (locale ou étrangère) du capital et des emprunts. Plan de financement, accord de principe de l'organisme de financement ;

3) les charges de fonctionnement ; évaluation (et détail des calculs) des charges par catégorie : matières premières importées, frais financiers, frais de licences, impôts et taxes… (calcul détaillé en régime de droit commun et en régime d'agrément) ;

4) le compte d'exploitation prévisionnel et plan de trésorerie prévisionnelle sur 5 ans ;

a) en régime de droit commun

b) en régime d'agrément le dossier comportera les comptes d'exploitation d'ensemble et des sous-comptes d'exploitation correspondant aux différentes activités envisagées.

5) les ratios : le sous-dossier devra comporter le taux de rentabilité interne, le seuil de rentabilité et l'analyse de sensibilité notamment par rapport aux variations du chiffre d'affaires et des charges susceptibles de fluctuations. La détermination de tout autre indicateur pertinent sera appréciée.

Article 9 Le sous-dossier économique et social comportera

A) Incidences économiques

– l'origine des matières premières et des produits utilisés par l'entreprise (origine locale - importation) ;

– l'indication de la valeur ajoutée globale des 5ans d'études en régime d'agrément et en régime de droit commun et sa répartition entre les différents agents économiques (personnel, entreprise, banque, Etat).

– Le bilan des devises :

Entrée :

– gains de devises par substitution de produits locaux à ceux importés,

– gains par exportation de produits locaux,

– Total des entrées de devises.

Sortie :

– amortissements en devises.

– matières premières et matières consommables

– autres transferts

– Total des sorties de devises.

Résultat : gain ou perte

– les effets budgétaires : c'est l'effort combiné du manque à gagner et des recettes de l'Etat résultant de l'activité de la nouvelle entreprise.

– En conclusion le promoteur fera part de ses projets en matière de réinvestissement des bénéfices.

B) Incidences sociales

– l'analyse de la masse salariale, de la quantité et de la qualité des emplois créés ; l'indication des installations à caractère social qui seront annexées à l'unité (équipements sportifs, centre de loisir, logement du personnel) ;

– autres avantages résultant directement ou indirectement de la création du projet.

Article 10- Le délai maximum pour l'instruction d'une demande d'agrément au Code des Investissements est fixé à quinze (15) jours ouvrables courants à partir de la date de réception sous réserve que cette demande soit conforme au plan type tel que défini aux articles 3 à 9 ci-dessus.

Article 11 Lorsque les dossiers de demande d'agrément ne sont pas conformes au plan de présentation, le Directeur de la Commission Nationale des Investissements en informe le promoteur dans un délai de sept (7) jours ouvrables suivant la date de dépôt de la demande attestée par un récépissé.

Article 12 Tout dossier déposé dans les formes prescrites doit obtenir une réponse dans les trente (30) jours qui suivent, la date de délivrance de dépôt de dossier faisant foi.

Il s'agira selon le cas :

– soit d'un rejet motivé,

– soit d'un Arrêté d'agrément signé par le Ministre Chargé de l'industrie,

– soit d'une Convention signée entre le Ministre Chargé de l'industrie et l'entreprise.

En tout état de cause, la personne physique ou l'entreprise qui ne reçoit pas de réponse dans les délais de trente (30) jours après le dépôt de dossier est réputée agréée au régime sollicité.

Article 13

1) L'arrêté d'agrément prévu à l'article 2 ci-dessus, doit spécifier.

– En ce qui concerne l'entreprise,

– la raison sociale et les statuts de l'entreprise bénéficiaire,

– le lieu d'implantation de l'entreprise faisait ressortir qu'elle n'est pas dans une zone interdite pour l'exercice de l'activité concernée,

– le programme d'investissement physique et financier que l'entreprise propose,

– la politique d'emploi et de formation professionnelle de l'entreprise,

– les objectifs poursuivis dans le programme d'investissement et qui doivent être conformes aux critères d'éligibilité correspondant au régime accordé.

– En ce qui concerne l'administration

– les critères d'éligibilité pour lesquels l'agrément est accordé,

– la liste des équipements agréés, objet du projet d'investissement,

– le régime et les avantages consentis à l'entreprise bénéficiaire,

– la date d'entrée en vigueur des avantages consentis en distinguant ceux relatifs à sa phase d'exploitation, le passage d'une phase à l'autre étant subordonné à un contrôle.

2) L'acte d'agrément doit préciser que le programme annoncé dans la demande d'agrément constitue l'engagement de réalisation des investissements, objet de l'acte d'agrément, souscrit par le postulant auprès de l'administration.

Article 14 Le refus d'agrément ne peut être prononcé que pour non-conformité avec une disposition législative ou réglementaire en vigueur.

Article 15 La commission nationale d'Investissement peut entendre un représentant de l'entreprise qui sollicite l'admission au bénéfice du Code des Investissements.

ANALYSE DE LA LEGISLATION SUR LES INVESTISSEMENTS EN REPUBLIQUE CENTRAFRICAINE

La République centrafricaine encore appelée Centrafrique est située au cœur de l'Afrique avec une superficie de 623.000 Km² pour 4,3 Millions d'habitants, totalement enclavée, entourée par le Cameroun à l'ouest, le Tchad au nord, à l'est les deux Soudan, au sud la République Démocratique du Congo et la République du Congo.

La République Centrafricaine pays possède d'énormes potentialités en matière d'investissement. Afin de rendre plus attractif l'environnement des affaires, des codes minier, pétrolier, forestier et une charte des investissements plus moderne ont intégré le dispositif législatif national prévoyant pour certains des régimes spécifiques en matière de taxations de bénéfices. La sécurisation des investissements en République Centrafricaine passe aussi par l'institution récente des tribunaux de commerce, mais aussi la liberté laissée aux parties à un litige commercial de recourir aux différentes procédures de règlements de différends commerciaux prévus par la charte des investissements en République Centrafricaine. Les principales cultures industrielles sont le coton, le café, du palmier à huile, du tabac et de la canne à sucre. L'exportation du café centrafricain a repris depuis 2009.

La forêt centrafricaine couvre une superficie de 3,8 millions d'hectares, dont 3 sont exploitables. Elle représente également une ressource économique de première importance pour le pays. L'exploitation forestière fournit 50 % des exportations de la RCA. Le sous-sol centrafricain est l'un des sous plus riches au monde, mais demeure inexploité. D'énormes gisements ont été mis à jour révélant la présence d'uranium à Bakouma, de lignite à Nzako, de fer à Bogoin, du cuivre à Ngadé, le Calcaire à Bobassa, du diamant et de l'or dans le nord-est, le sud-ouest et le centre. Le pétrole a été découvert dans le nord à Birao. La production minière essentiellement artisanale se limite à l'exploitation de l'or et du diamant extraits dans les préfectures de la Lobaye (Boda), Mambéré Kadei (Berbérati), Mbomou (Bakouma et Nzako) et Haut Mbomou (Obo).

ANALYSE DU SECTEUR FINANCIER EN CENTRAFRIQUE

Les années d'instabilité politique et de conflit armé, aggravées par la sécheresse et les tensions régionales, ont fait payer un lourd tribut à la République centrafricaine (RCA). Mais, alors que la situation politique et de sécurité demeurait fragile, les perspectives se sont sensiblement améliorées après un accord de paix et des efforts politiques de réconciliation lancés au début de 2008, suivi par la création d'un gouvernement de l'union en janvier 2009.

La croissance économique post-conflit a été modeste. Après une contraction de 0,6 pour cent en 2002 et 7,1 pour cent en 2003, la croissance du PIB réel s'est établie, en moyenne, à 2,7 pour cent par an entre 2004 et 2007. Les instabilités en matière de production d'énergie dues à une infrastructure délabrée et à une flambée des prix alimentaire et du pétrole en 2008, aggravée par les inondations dans la capitale et la chute de la demande et des prix mondiaux pour les exportations principales du pays en 2009 ont mené à un ralentissement dans les activités économiques. La croissance du PIB réel est passée de 3,7 pour cent en 2007 à 2,0 pour cent en 2008 et 1,7 pour cent en 2009. On s'attend à ce que l'économie se redresse et la croissance du PIB, enregistrée à 3,3 pour cent en 2010, est projetée à 4,1 pour cent en 2011 et 5 pour cent en 2012.

La RCA était classée dernière par la Banque mondiale parmi les 183 pays dans son rapport « Doing Business » de 2010, étant donné que les mécanismes de réglementation faibles, l'accès au crédit et au marché limité, le faible niveau de transparence et la mauvaise capacité de gestion dans le secteur économique posent des problèmes importants à la croissance des investissements et du secteur privé.

Le secteur financier de la RCA, qui est le plus petit de la région CEMAC, est largement sous-développé et joue un rôle limité dans l'appui à la croissance économique. En plus de l'Agence nationale de la BEAC, le système financier est constitué de quatre banques commerciales, de deux institutions de micro-finance (IMF), de deux caisses d'épargne postale, de deux sociétés d'assurance, et d'une caisse de prévoyance sociale. D'autres institutions financières sont largement absentes du système financier du pays, et leur développement est entravé par le piteux état des infrastructures aussi bien que le manque de cadres légaux, juridiques, prudentiels et réglementaires nécessaires. Bien que le secteur ait vu une certaine expansion modeste ces dernières années, les niveaux d'intermédiation financière sont toujours parmi le plus bas au monde, et le crédit au secteur privé ne représente que 6,5 pour cent du PIB. Le secteur bancaire était, et demeure généralement stable, mais fragile. Bien que les banques ne soient pas directement affectées par la crise financière mondiale et leurs réserves dépassent généralement les exigences de réserve. La qualité des portefeuilles est douteuse ; les prêts non productifs s'élèvent à environ 30 pour cent de tous les crédits bancaires, alors que l'approvisionnement des prêts non productifs s'élève à environ 52 pour cent. La pénétration du système bancaire est faible, avec des bilans bancaires et des dépôts du système bancaire représentant 12,5 pour cent et 8,5 pour cent du PIB respectivement. Bien que les taux d'intérêts soient élevés, atteignant en moyenne environ 15 pour cent, les crédits bancaires au secteur public semblent être constitués de prêts à court terme, avec les crédits bancaires au secteur privé représentant environ 42 pour cent de tous les instruments monétaires, exposant ainsi les banques au risque souverain.

L'accès aux services financiers demeure un défi majeur. En raison des préoccupations d'ordre économique et sécuritaire, les institutions financières, et particulièrement les banques et les IMF, ont largement consolidé leurs activités à Bangui, la capitale, au cours de ces dernières années. Les succursales des banques et les distributeurs automatiques sont quasiment concentrés dans trois villes, et 71 % de toutes les succursales sont basées à Bangui. La poste est chargée de la caisse d'épargne postale qui assure essentiellement le paiement des salaires des fonctionnaires dont un petit pourcentage est cependant titulaire d'un compte d'épargne. Environ 1 pour cent de la population détient un compte bancaire et seulement 0,5 pour cent de la population a des prêts en cours, avec 1 pour cent ayant accès aux institutions de micro finance.

Le faible niveau de pénétration de la téléphonie mobile entrave l'expansion potentielle de l'accès aux services financiers en recourant à la technologie du téléphone mobile. Les autorités du pays se sont engagées à soutenir le développement du secteur financier et à améliorer l'accès au crédit. Elles ont également des plans visant à améliorer le système légal et judiciaire dans l'objectif de régler les questions commerciales, d'augmenter le capital bancaire et de réduire le niveau de prêts non productifs, de réduire le financement du gouvernement à travers des prêts bancaires et d'adopter une stratégie de développement du secteur de la micro finance.

Dans le cadre de la Communauté économique et monétaire de l'Afrique centrale (CEMAC), la RCA partage une monnaie commune avec d'autres pays membres et délègue sa politique monétaire à la Banque des Etats de l'Afrique centrale (BEAC).

En 1993, la CEMAC a créé la Commission bancaire (COBAC), chargée de l'administration, de la réglementation et du contrôle des banques dans la région de la BEAC, ce qui a contribué à la stabilité au pays. La BEAC offre une forme d'assurance-dépôts, le FOGADAC, qui est un fonds régional d'assurance-dépôts créé en 1994 et géré par l'Association bancaire nationale, le rôle de suivi étant confié à la COBAC.

Le pays n'a ni marché monétaire, ni marché des valeurs mobilières, ni marché des changes. Bien qu'ils soient relativement limités, les marchés financiers régionaux ont enregistré des progrès considérables ces dernières années. Les pays de la CEMAC ont mis en place la Bourse des Valeurs Mobilières de L'Afrique Centrale" (BVMAC) à Libreville au Gabon dont les activités ont démarré vers la fin de 2008.

Les pays membres de la CEMAC peuvent émettre des bons du Trésor et des valeurs du Trésor à travers des enchères hebdomadaires et mensuelles. Cependant les marchés obligataires de la région n'ont pas encore décollé. Bien qu'on s'attende à ce que les émissions augmentent dans l'avenir proche, jusqu'à mi-2010, il y avait des émissions d'obligations, mais il n'existait pas d'émissions des valeurs du Trésor. Il existe seulement une obligation d'Etat sur le marché émise par la République du Gabon. Jusqu'en avril 2011, la RCA n'avait reçu aucune notation à long terme de la part des trois agences principales de notation.

La souscription primaire aux obligations d'Etat (à l'exception de la syndication des obligations où tous les investisseurs ont un accès libre) est limitée aux spécialistes des valeurs du Trésor avec des comptes de dépôt enregistrés et des réserves suffisantes à la BEAC. Depuis 2004, quelques agences de courtage et banques d'affaires sont devenues actives dans la région. Toutefois, tous les investisseurs peuvent accéder au marché par l'intermédiaire des spécialistes des valeurs du Trésor, et les investisseurs étrangers peuvent accéder au marché par les banques locales. Les activités sur le marché obligataire institutionnel ont récemment augmenté, mais le nombre de valeurs non gouvernementales négociées reste plutôt limité. Le marché secondaire de la région est toujours très petit, avec toutes les transactions limitées aux intermédiaires certifiés. Il n'y a aucun marché de produits dérivés actif dans le pays.

Deux sociétés d'assurance opèrent en RCA, et la responsabilité de leur réglementation incombe à la Conférence interafricaine des marchés d'assurance (CIMA) dont le siège est établi au Gabon, qui assure le contrôle des sociétés d'assurance dans 16 pays africains. En raison des incertitudes concernant leur application légale, en particulier sur le marché hypothécaire, les arrangements de financement à long terme sont rares.

LES ASPECTS D'ORDRE INSTITUTIONNEL

La République centrafricaine est organisée en six régions, subdivisées en seize préfectures, soixante-six sous-préfectures, cent soixante-quinze communes et villages. Des représentants de l'Etat, des préfets sont nommés à la tête de ces subdivisions. Le régime politique est de type semi-présidentiel avec à sa tête un président de la République, chef de l'exécutif, élu au suffrage universel direct pour un mandat de cinq ans renouvelable une fois. Le président nomme son premier ministre chef du gouvernement qui à son tour désigne les ministres membres du gouvernement. Le parlement est composé d'une seule chambre, l'Assemblée Nationale composée de cent cinq députés élus au suffrage universel direct pour cinq ans. Les projets de loi peuvent provenir de l'Assemblée nationale aussi bien que du gouvernement. C'est le président de la République ou son représentant qui négocie et signe les traités et accords internationaux, ratifiés par l'Assemblée Nationale. Les accords et traités une fois ratifiés et promulgués intègrent la législation interne et ont une valeur supérieure aux lois nationales.

Plusieurs mécanismes et des mesures ont été élaborés et des organes institués ou en cours d'élaboration afin de rendre plus attractif l'environnement économique de la République Centrafricaine. Parmi ces mesures figurent le décret portant fonctionnement de la Haute Cour de Justice, institution censée juger les hautes personnalités du pays en cas de manquement grave. Cette institution n'a d'existence que de nom. Un décret de septembre 2008 prévoyant la déclaration de patrimoine des personnalités, fonctionnaires publics et dirigeants des entreprises et offices publics demeure sans effet à ce jour. La création par décret du Comité National de Lutte contre la Corruption (CNLC) opérationnel depuis le 31 juillet 2008 ainsi que l'Agence Nationale d'Investigation Financière (ANIF) créée en 2005 avec l'appui du Pool financier du Ministère de la Justice n'ont pas freiné la corruption qui mine l'économie et les initiatives privées. L'institution en 2009 d'un Code de travail plus moderne conforme aux normes internationales du travail renforce les droits du salarié et les moyens d'action, les prérogatives des inspecteurs du travail, leurs missions et responsabilités en prenant en compte les questions d'éthique, de la morale et de déontologie. Le code du travail prend également en compte les conditions de travail des femmes et interdit le travail des enfants sous toutes les formes. En outre, par une loi du 13 janvier 2010, la République Centrafricaine a ratifié la convention 169 de l'Organisation Internationale du Travail (OIT) relative aux personnes Indigènes et Tribaux. Cette loi garanti les droits des minorités qui se sentent souvent marginalisés par les autres composantes de la communauté nationale, et reconnaît aux peuples Indigènes et Tribaux une identité sociale et culturelle et fixe des lignes directrices établissant une approche participative pour les prises de décisions les concernant. La mise en place par décret d'un Guichet Unique de formalité des entreprises (GUFE) pour simplifier, alléger et réduire les délais des procédures relatives à la création, modification, cessation d'activités ou dissolution d'entreprises, afin d'assainir le climat des affaires sur l'ensemble du territoire centrafricain connaît des conséquences positives.

LE CADRE DE L'INTEGRATION ECONOMIQUE ET DES AFFAIRES DE LA CENTRAFRIQUE

La République centrafricaine a signé plusieurs accords et traités en matière économique. Elle est membre de plusieurs organisations internationales dont l'Organisation Mondiale du Commerce (OMC) . La République Centrafricaine négocie des accords multilatéraux et latéraux avec les pays membres de l'OMC et applique le principe de traitement de la Nation la plus favorisée (NPF) à tous ses partenaires commerciaux.

Elle fait partie du groupe Afrique Caraïbe Pacifique (ACP). Avec les pays ACP, la République Centrafricaine négocie ses accords de partenariat économique avec l'Union Européenne officiellement dénommé « Accord de Partenariat ACP-CE » ou encore « Accord de Cotonou », compatible avec les règles de l'OMC et ayant pour but principal le développement de ces pays et leur insertion progressive dans l'économie mondiale. La République Centrafrique est l'un des six pays membres de la Communauté Economique des Etats de l'Afrique Centrale (CEMAC), institution dont l'un des principaux objectifs est l'intégration économique des Etats membres et qui dispose du pouvoir en matière d'élaboration des politiques fiscales, bancaires et douanières par des « Avis », « Actes » », « Règlements » et « Directives ». La République Centrafricaine a transposé en droit interne différentes réglementations CEMAC.

Dans ce sens, les réglementations relatives aux établissements de crédit et les Banques, la Bourse, les instruments de crédit et de paiements et virements internationaux, les douanes et les transports intracommunautaires et internationaux, les droits de timbres et les enregistrements. Les instruments de la politique d'investissement en République centrafricaine sont la charte des investissements, le droit OHADA, le code forestier, le code minier, la loi sur les minerais radioactifs, le code des hydrocarbures, le code touristique, le code des marchés publics, la loi réglementant les télécommunications, le code de la chasse et de la faune, le code général des impôts, le code de l'électricité.

La République Centrafricaine a ratifié le traité OHADA le 13 Janvier 1995.

Les règles du droit OHADA proches du droit français sécurisent et encadrent les activités commerciales, la création et la gestion des sociétés, les sûretés et garanties bancaires, les contrats commerciaux, les litiges entre opérateurs économiques en République Centrafricaine. Ces règles du droit OHADA cohabitent avec une ordonnance de 1983 réglementant les activités économiques et les prestations de service en République Centrafricaine toujours en vigueur. Un rapport provisoire de mise en conformité OHADA des textes législatifs centrafricains a été déposé en 2009.La République Centrafricaine s'est dotée d'un code de l'environnement en 2007. Le code de l'environnement prévoit que les projets de développement ou d'ouvrage physique qui risquent de porter atteinte à l'environnement doivent faire l'objet d'une Etude d'Impact Environnementale (EIE) préalable autorisée par le Ministre chargé de l'environnement.

Par ailleurs, la République Centrafricaine participe depuis le 08 juillet 2002 au processus de Kimberley, un système de certification des diamants échangés dans le monde qui vise à mettre fin au commerce de diamants de la guerre. Les autorités centrafricaines se sont engagées depuis à respecter à travers une gestion saine de la filière diamantaire, en luttant contre la fraude minière et les violations de la réglementation. Le pays figure parmi les pays gros producteurs de diamants au monde dont la très forte proportion est de qualité gemme. L'exportation du diamant et de l'or constitue une source vitale de recettes pour l'Etat. Le Bureau d'Evaluation et de Contrôle de Diamants et d'Or (BECDOR) a été créé en 1982 pour surveiller le marché intérieur des diamants et évaluer les exportations officielles. La République Centrafricaine a adhéré en août 2007 à l'Initiative pour la Transparence dans les industries extractives (ITIE). L'initiative part du principe que la divulgation de contrats pétroliers, gaziers et miniers est dans l'intérêt des pays comme des entreprises. Dans le cas des entreprises, elle assurera la stabilité économique. Dans le cas des pays, elle assurera la maximisation des richesses et leur investissement dans des projets qui produisent du développement. Cette initiative incite d'une part les entreprises et multinationales exploitant les ressources minières à communiquer les recettes, impôts, taxes, pas-de-porte versés à l'Etat Centrafricain et d'autre part à agir dans le respect de la législation du travail, du droit de l'environnement et des droits humains. Un décret encadre le fonctionnement de l'ITIE en République Centrafricaine. L'ETIE RCA a publié son premier rapport en 2009.En matière de blanchiment, la République Centrafricaine a adopté un Règlement CEMAC anti-blanchiment et abrite en ce sens le siège à Bangui du Groupement d'Actions Contre le Blanchiment d'Argent en Afrique Centrale (GABAC).Le secteur de crédit rural n'est pas développé. Depuis la liquidation de la Banque de crédit agricole et de développement (BCAD) en 1987, il n'existe plus de véritable banque spécialisée en crédit pour le secteur agricole et rural.

LES PRINCIPALES REGLEMENTATIONS FISCALES ET DOUANIERES AU CENTRAFRIQUE

Les ressources de l'Etat centrafricain reposent en grande partie sur les recettes fiscalo-douanières. Le taux de l'impôt sur les sociétés de 30 % est l'un des taux les plus faibles des pays de la CEMAC. La charte des investissements Centrafricain et le code général des impôts Centrafricain prévoient des avantages fiscaux, des mesures incitatives à l'endroit des sociétés nouvellement créées et des investisseurs étrangers. Le principe de territorialité des bénéfices imposables est l'un des grands principes que prévoit le Code Général des Impôts Centrafricain. Le principe de territorialité implique que seuls les bénéfices imposables sont ceux réalisés par les entreprises exploitées en République Centrafricaine.

Les codes pétrolier, minier, forestier et la charte des investissements prévoient en outre des régimes spécifiques de taxation des revenus. Le système fiscal est déclaratif. La réception des déclarations, la liquidation des impôts et taxes, le contrôle et le recouvrement sont effectués par la Direction Générale des Impôts et des Domaines. Il est institué des retenues à la source sur l'Impôt sur le Revenu, la TVA et les importations au cordon douanier. Il existe deux régimes d'imposition des revenus : le régime de l'Impôt Libératoire destiné aux entreprises et Personnes Physiques dont le chiffre d'affaires est inférieur à 30 millions et le régime du réel qui s'applique aux Personnes Physiques et Morales dont le chiffre d'affaires est supérieur à 30 millions. Les entreprises soumises au régime du réel sont aux nombres de 280 et sont gérées par la Direction de la Fiscalité des Grandes Entreprises (DFGE).

Dans l'ensemble, le système fiscal comprend quatre (4) catégories d'Impôts et Taxes que sont Les Impôts Directs, les Impôts Indirects, les Droits d'Enregistrement, du Timbre et de la curatelle, les revenus des Domaines. Par ailleurs, la République centrafricaine finance les activités du Secrétariat général de la Communauté Economique des Etats de l'Afrique Centrale par un prélèvement : la Contribution Communautaire d'Intégration (CCI) de la CEEAC de 0,4 % applicable sur les importations hors CEEAC. La CCI est recouvrée par les services des douanes de la République Centrafricaine. Il en est de même de la Taxe Communautaire d'Intégration (TCI) qui finance les activités du Secrétariat exécutif de la CEMAC. Le prélèvement de la Taxe communautaire d'intégration CEMAC est de 1 % applicable sur les importations hors CEMAC. La TCI est appliquée depuis 2002 et est recouvrée par les services de douane de la République Centrafricaine.

Sont par ailleurs soumises à TVA en République Centrafricaine toutes les opérations réalisées en République Centrafricaine, sauf exception et même si le domicile ou la résidence de la personne physique ou le siège de la société assujettie était situé hors du territoire centrafricain. Le taux général de la TVA est de 19 % et s'applique à toutes les opérations taxables. Un taux de 0 % s'applique aux exportations à leurs accessoires et aux transports internationaux ayant fait l'objet de déclaration visée par les services des douanes. A cela il faut penser au prélèvement OHADA, aux droits d'enregistrement et des timbres lors de la constitution d'une société.

Par ailleurs, la République Centrafricaine a signé des conventions de non double imposition des bénéfices et/ou revenus avec d'autres pays dont la France. Elle a ratifié la convention fiscale CEMAC. Ces conventions visent à éviter la double taxation des revenus des ressortissants personnes physiques ou sociétés des Etats concernées par la convention.La République Centrafricaine fait partie de l'Union Monétaire la « zone franc » avec pour Banque Centrale « la Banque des Etats de l'Afrique Centrale » (BEAC) qui fixe et définit les réserves obligatoires à constituer par les banques, les taux d'escompte des effets déposés par les banques commerciales. La monnaie, le Franc CFA ainsi que les autres moyens de paiement tels que le Chèque, la Carte bancaire, le Virement bancaire et autres moyens de paiements internationaux sont utilisés en République Centrafricaine sous la supervision de la BEAC.

LE REGLEMENT DE LITIGES COMMERCIAUX

Les litiges commerciaux en République Centrafricaine sont jugés en 1ère instance par le Tribunal de commerce et en appel par la Chambre civile et commerciale de la Cour d'appel. Les parties peuvent prévoir dans leur contrat ou convention d'établissement de recourir en cas de litige à l'arbitrage (juge privé) pour le règlement de leur litige commercial. La Charte des investissements en République Centrafricaine prévoit le recours à ce mode de règlement de conflit commercial entre l'Etat et l'investisseur privé ou entre personnes privées opérateurs économiques. En ce sens, les parties auront recours soit à la procédure d'arbitrage et de conciliation de CIRDI : Centre International pour le Règlement des Différends relatifs aux Investissements, soit aux règles de procédure d'arbitrage de la Cour Commune de Justice et d'Arbitrage de l'OHADA (CCJA),ou le recours au mode de règlement des différends sous l'égide de la Banque Internationale pour la Reconstruction et le développement (BIRD).L'investisseur privé ou l'Etat centrafricain partie au litige peuvent également en dernier recours saisir la Chambre judiciaire de la Cour de Justice CEMAC.

S'agissant de la saisine du Tribunal de commerce, le délai d'attente du jugement est de six mois à un an. L'arbitrage s'avère être le moyen le plus sûr, rapide et qui répond aux attentes des parties au litige. La République centrafricaine vient de se doter d'un Centre d'Arbitrage, de Médiation et de Conciliation de Centrafrique (CAMC-CA) depuis le 09 juin 2012.La République Centrafricaine a signé des conventions de coopération judiciaire permettant de faire reconnaître sur le territoire de l'Etat Centrafricain les décisions de justice, les actes notariés et sentences arbitrales rendus en France ou dans un pays signataire de la convention. Elle a signé une convention d'entraide judiciaire avec la France.

– Loi n° 09.010 du 3 Aout 2009 portant création, organisation et fonctionnement de la Haute Cour de Justice en République Centrafricaine ;

– Décret 08.338 du 28 septembre 2008 portant déclaration du patrimoine des personnalités, fonctionnaires et dirigeants des entreprises et offices publics en République Centrafricaine ;

– Décret n° 08.133 du 31 mars 2008 portant création du comité national de lutte contre la corruption ;

– Décret n° 08.133 du 29 mars 2008 créant le CNLC

– ANIF Créée en 2005 par un règlement n° 01/03/CEMAC/UMAC-CM du 04 avril 2003 portant prévention et répression du blanchiment des capitaux et du financement du terrorisme en Afrique Centrale ;

– Loi N° 09.004 du 29 janvier 2009, portant Code du travail de la République Centrafricaine ;- Loi n° 10.003 du 13 janvier 2010 autorisant la ratification de la convention 169 de l'Organisation Internationale du Travail (OIT) relatives aux personnes Indigènes et Tribaux ;

– Décret N°n°07.371 du 17 décembre 2007 portant Création, organisation et fonctionnement du Guichet Unique des Formalités en RCA modifié par un décret n°12.026 du 08 mars 2012 qui complète partiellement les attributions du GUFE ;

– La République Centrafricaine a signé le 3 mai 1963, l'accord général sur les droits de douanes et le commerce (GATT) devenu l'OMC en 1995, La loi N°07.014 du 05.06.2007 autorisant la ratification de l'Accord Instituant l'Organisation Mondiale du Commerce ;

– Le traité signé le 16 mars 1994 proclamant la fin de L'UDEAC et la naissance de la CEMAC ;

– Loi n°01-010 du 16 juillet 2001 instituant une charte des investissements en République centrafricaine ;

– Traité instituant l'Organisation pour l'Harmonisation en Afrique du Droit des Affaires (OHADA) signé le 17 octobre 1995, ratifié par la RCA le 13 janvier 1995 et entrée en vigueur le 18 septembre 1995 ;

– Loi n°90-003 du 9 juin 1990 instituant un régime forestier en République centrafricaine ;

– Loi n°09-005 du 29 avril 2009 portant Code minier de la République Centrafricain ;

– Loi n°06-031 du 27 septembre 2006 relative aux minerais radioactifs de la République Centrafricaine ;

– Ordonnance n°93.007 du 25 mai 1993 portant Code pétrolier ;

– Un décret n° 1.242, 201, instituant le cadre général de l'exercice des activités de tourisme en République centrafricaine ;

– Loi n°08-017 du 6 juin 2008 portant Code de marchés publics et délégations de service public en République Centrafricaine ;

– Loi n° 07.020 du 28 décembre 2007 portant régulation des Télécommunications en République Centrafricaine

– Ordonnance n° 84/045 du 27 juillet 1984 portant protection de la faune sauvage et réglementant l'exercice de la chasse en République Centrafricaine ;

– L'Ordonnance n° 05.001 du 1er janvier 2005, portant Code de l'Electricité de la RCA, libéralise le sous-secteur de l'électricité et crée l'Agence Autonome de Régulation du Secteur de l'Electricité en Centrafrique (ARSEC) : l'Agence Autonome de l'électrification Rurale de Centrafrique (ACER) ;

– Ordonnance n° 83.083 portant réglementation des activités de commerce et de prestation de service en République Centrafricaine ;

– Loi n° 07/018 portant code de l'environnement de la République Centrafricaine entrée en vigueur le 27 décembre 2007 ;

– Décret n° 08.260 du 18 juillet 2008 portant création, organisation et fonctionnement du dispositif institutionnel de l'ITIE ;

– Règlement n° 02/02/CEMAC/UMAC/CM portant organisation et fonctionnement du groupe d'action contre le blanchiment d'argent en Afrique centrale (GABAC) ;

– Convention signée à Bangui le 13 décembre 1969 entre la République Centrafricaine et la France ;

– Acte n°5/66 UDEAC-49 du 13 décembre 1966 signée par les pays membres de l'UDEAC (devenue CEMAC), à savoir le Cameroun, le Congo, le Gabon, la Guinée Equatoriale, la République Centrafricaine et le Tchad ;

– Loi n°06.003 du 6 novembre 2006 portant organisation et fonctionnement des tribunaux de commerce ;

– Convention du 10 mars 1965 pour le règlement des différends relatifs aux investissements entre l'Etat et les ressortissants d'autres Etats parties à la convention ;

– Accord de coopération en matière de justice entre la République Centrafricaine et la France signé le 18 Janvier 1965.

CINQUIÈME PARTIE.

LE CODE DES INVESTISSEMENTS DE LA RÉPUBLIQUE DU CONGO

LOI N° 6 /2003 DU 18 JANVIER 2003 PORTANT CHARTE DES INVESTISSEMENTS EN REPUBLIQUE DU CONGO

L'ASSEMBLEE NATIONALE ET LE SENAT ONT DELIBERE ET ADOPTE

LE PRESIDENT DE LA REPUBLIQUE,

PROMULGUE LA LOI DONT LA TENEUR SUIT :

TITRE I : DISPOSITIONS GENERALES

Article premier : Toute personne physique ou morale, quelle que soit sa nationalité, est libre d'entreprendre, sur le territoire de la République du Congo, une activité agricole, minière, industrielle, forestière, artisanale, commerciale ou de service dans le respect des lois et règlements de la République.

Article 2 : La République du Congo garantit, sans préjudice des dispositions légales et réglementaires en vigueur, la liberté de :

– Importer ou exporter les matières premières ou consommables, les produits semi-ouvrés et ouvrés, les biens d'équipement, les matériels et l'outillage nécessaire aux activités économiques ;

– Déterminer la politique de production et conduire celle d'embauche et de commercialisation y relatives ;

– Choisir ses clients et ses fournisseurs et fixer les prix.

Article 3 : Les investisseurs et les salariés, de nationalité étrangère exerçant leurs activités en République du Congo, sont garantis du libre rapatriement des bénéfices réalisés au titre de l'exploitation, des économies sur salaires et des produits de la liquidation partielle ou totale des investissements.

Article 4 : Les investisseurs ont accès aux devises étrangères pour l'acquisition des équipements, des matières premières, des intrants, des emballages et des services nécessaires à leurs activités.

Article 5 : La République du Congo garantit les droits de propriété liés aux terrains, aux immeubles, aux matériels d'exploitation, aux biens mobiliers, aux valeurs mobilières et à la propriété intellectuelle.

Article 6 : Dans le respect des droits et des obligations relatifs à l'exercice de leurs activités, les personnes physiques et morales bénéficient de l'égalité de traitement suivant les principes et les prescriptions du droit sur la concurrence.

Article 7 : Dans le cadre des lois existantes, les dirigeants et les travailleurs, exerçant au Congo, peuvent librement :

– Etre représentés dans les assemblées consulaires et les organismes assurant la représentation des intérêts professionnels et économiques ;

– Participer aux activités syndicales.

TITRE II : DU CADRE MACRO-ECONOMIQUE

Article 8 : Dans le cadre de la mise en œuvre de la politique économique, financière et monétaire visant à réaliser le redressement de son économie et son développement sur une base durable conformément à la stratégie globale de développement qui vise l'amélioration des conditions de vie, la pérennisation de la croissance, la création d'emplois et la lutte contre la pauvreté, l'Etat se conforme aux règles de discipline prévues dans le cadre de la surveillance multilatérale définie dans la convention de l'Union Economique de l'Afrique Centrale.

Article 9 : En vue de l'assainissement des finances publiques, l'Etat s'engage à appliquer la réforme fiscalo-douanière de la Communauté Economique et Monétaire de l'Afrique Centrale, notamment en ce qui concerne la limitation des régimes dérogatoires et attache du prix au recouvrement systématique des recettes fiscales et douanières.

L'Etat s'engage à accorder, dans l'allocation des ressources, une priorité aux dépenses de santé, de culture et d'éducation, à la formation professionnelle, à la promotion de l'entreprenariat aux infrastructures des mines, d'énergie et d'hydraulique, de transport et de communication, de développement urbain et rural, ainsi qu'à la justice et à la protection de l'environnement.

Article 10 : L'Etat s'engage à améliorer la qualité des données et des informations mises à la disposition des investisseurs sur les performances économiques et le développent social. Il accorde une attention particulière au renforcement des services et des outils statistiques avec le concours des institutions spécialisées en la matière.

TITRE III : DU CADRE JURIDIQUE ET JUDICIAIRE

Article 11 : L'Etat s'engage à promouvoir la sécurité juridique, judiciaire et à renforcer l'Etat de droit.

Il adhère aux accords internationaux garantissant l'investissement.

Il est partit au traité de l'organisation pour l'harmonisation du droit des affaires en Afrique.

Il garantit l'application des procédures et des arrêts des organismes spécialisés, des accords internationaux notamment la Cour commune de justice et d'arbitrage de l'organisation pour l'harmonisation du droit des affaires en Afrique.

Il s'engage également à adapter son droit et sa politique judiciaire aux règles et aux dispositions des accords internationaux, notamment le traité de l'organisation pour l'harmonisation du droit des affaires en Afrique.

Il s'engage à observer les normes de l'Organisation Internationale du Travail dans le strict respect de la tripartite.

Article 12 : L'Etat s'engage à continuer de former les juges au règlement des affaires commerciales et, si possible, d'y spécialiser certaines juridictions notamment le tribunal de commerce, les chambres arbitrales et la chambre économique et sociale. Il veille à l'exécution diligente des décisions de justice.

L'Etat encourage le recours à la procédure d'arbitrage et garantit l'application des sentences arbitrales.

TITRE IV : DU ROLE DE L'ETAT

Article 13 : L'Etat garantit le bon fonctionnement du système économique afin de satisfaire les besoins fondamentaux des populations. Il encourage la promotion du secteur privé.

A ce titre, il s'engage, à :

– Suppléer le secteur privé dans la production des biens et des services jugés d'intérêt vital pour le fonctionnement efficace de l'économie nationale, mais qui sont délaissés par le secteur privé ;

– Créer un espace concurrentiel et incitatif à l'investissement où le secteur privé joue le rôle moteur pour le développement ;

– Améliorer l'environnement institutionnel, fiscal, financier, réglementaire, juridique et judiciaire ;

– Renforcer ses capacités institutionnelles de régulation ;

– Développer et entretenir les infrastructures économiques et sociales de bases dans les domaines de la santé, de la culture, de l'éducation, du sport, des mines, de l'énergie et de l'hydraulique, de l'industrie, de l'artisanat, de l'urbanisme et du rural, des transports, des télécommunications et de l'environnement ;

– Veiller au respect et à l'application uniforme des textes par l'ensemble des acteurs du système économique.

TITRE V : DU PARTENARIAT AVEC LE SECTEUR PRIVE

Article 14 : L'Etat associe le secteur privé à la définition des stratégies et à la résolution des problèmes économiques et de développement.

Il apporte son soutien au renforcement des capacités des organisations professionnelles. Il crée un cadre juridique favorable au bon fonctionnement des chambres consulaires, des syndicats patronaux et ouvriers, des associations de consommateurs, des organisations non gouvernementales respectueuses des lois et règlements de la République. A cet effet, il crée un cadre de concertation, multisectoriel avec des réunions périodiques et systématiques associant le secteur privé et les autres acteurs de la société civile.

Article 15 : L'Etat s'engage à lever les lenteurs et les pesanteurs administratives et à fournir aux investisseurs toutes les informations utiles pour la conduite diligente des formalités requises pour leurs opérations. Il met en place une commission nationale des investissements pour l'information, le conseil aux investisseurs et l'agrément des entreprises aux avantages de la présente charte.

L'agrément des entreprises aux avantages de la présente charte fait l'objet d'un texte réglementaire qui définit un ensemble de mesures, de procédures, d'obligations des parties, de sanctions et de pénalités.

TITRE VI : DE L'ENVIRONNEMENT DE L'ENTREPRISE

Article 16 : L'Etat s'attache à créer un environnement propice à la naissance et au développement des entreprises. Il met en œuvre une réglementation de la concurrence, assure la protection des droits de propriété intellectuelle, la promotion des services d'appui au renforcement de la productivité et de la compétitivité.

La réglementation sur la concurrence et sur la protection des consommateurs assure la libre concurrence comme moyen d'accroître la productivité et garantit aux consommateurs un meilleur rapport qualité-prix, tenant compte de la santé et de l'environnement.

L'Etat renonce aux pratiques discriminatoires qui font obstacle à la libre concurrence, exception faite de celles qui sont expressément autorisées par la réglementation communautaire.

Article 17 : L'Etat s'engage à appliquer les règles de la concurrence et de la transparence dans toutes les opérations économiques, notamment dans la privatisation des entreprises publiques, l'attribution des marchés publics et la publicité. Il met en place un système d'informations fiable et efficace en direction des consommateurs et des usagers ainsi que des opérateurs économiques.

Article 18 : L'Etat, conformément à la réglementation de l'Organisation Africaine de la Propriété Intellectuelle, garantit la protection des brevets, des marques, des signes distinctifs, des labels, des noms commerciaux, des indications géographiques, des appellations d'origines et de toutes autres formes de droits de propriété intellectuelle et s'engage à stimuler l'invention, l'innovation, la maîtrise des technologies et la diffusion de la connaissance. Il encourage, à cet effet, les initiatives visant à nouer les relations de partenariat intérieur et extérieur.

Article 19 : L'Etat s'engage à mettre en place un système national de normalisation, de métrologie, de certification et de gestion de la qualité en phase avec le système international notamment l'Organisation Internationale de la Normalisation. Il appuie le développement de la culture de la qualité totale au sein des entreprises.

L'Etat encourage la formation des opérateurs économiques et le développement de la culture d'entreprise.

L'adhésion de l'Etat à l'Organisation Régionale Africaine de Normalisation et sa participation aux activités de cette organisation contribuent à renforcer cette politique.

Article 20 : L'Etat favorise toute mesure visant à améliorer le niveau de productivité et de compétitivité des entreprises. Il soutient le développent des professions de conseil aux entreprises par la mise en place d'une réglementation appropriée. Il promeut une politique de réduction des coûts de transactions.

L'Etat s'engage à faciliter la réduction des coûts des facteurs de production afin de soutenir la compétitivité des entreprises.

Quand un service public fait naître un monopole naturel, l'Etat met en place les moyens de régulation de ce monopole. Le cas échéant, il crée un organe de régulation avec la participation du secteur privé et de la société civile. Il offre aux investisseurs privés la possibilité de participer au financement des infrastructures économiques et sociales par le moyen des concessions de services publics et par toutes autres les formes d'implication du secteur privé.

Article 21 : L'Etat est conscient de la nécessité, pour l'investisseur, de disposer de ressources humaines en qualité et en qualification suffisantes. A cet effet, il renforce le secteur de l'éducation primaire de base afin d'améliorer le taux de scolarisation. Il porte une attention particulière à la formation technique et professionnelle, publique et privée, et encourage les entreprises et les organisations professionnelles privées à contribuer davantage au développement des ressources humaines.

Il reconnaît la nécessité de rendre plus flexible la réglementation du travail, en conformité avec les normes internationales auxquelles l'Etat a souscrit.

Article22 : L'Etat s'engage à lutter contre le blanchiment d'argent, le commerce de la drogue, la corruption et la fraude qui sont un frein sérieux au développement de son économie.

Cette mission de moralisation de la vie économique, le cas échéant, sera confiée à un organe autonome et à une institution communautaire dotée de moyens humains, financiers et juridiques suffisants.

TITRE VII : DU CADRE FISCAL ET DOUANIER

Article 23 : La fiscalité nationale repose sur les principes de simplicité, d'équité et de modération dans la pression fiscale.

L'Etat s'implique à assurer une mise en œuvre homogène du tarif extérieur commun, à lutter contre la fraude et à limiter les régimes dérogatoires sources de détorsions et d'inefficacité. Le tarif préférentiel généralisé applicable aux produits d'origine communautaire est au taux zéro.

Article 24 : L'Etat s'engage à moderniser les administrations douanières et fiscales. A cet effet, il s'appuie sur la coopération douanière et fiscale régionale, la formation des cadres et des agents, l'informatisation des tâches et, au besoin, le recours aux sociétés de surveillance sur la base d'objectifs précis.

Il se fixe l'objectif de ramener au strict minimum nécessaire les délais de dédouanement des marchandises.

Article 25 : L'Etat, pour atteindre ces objectifs et respecter ces principes, adopte, outre les dispositions fiscales et douanières en vigueur dans le cadre du code des douanes et du code général des impôts, des mesures particulières qui s'articulent autour de :

Douane :

– la suspension des droits de douanes sous forme d'admission temporaire ou d'entrée en franchise pour les activités de recherche en matière de ressources naturelles ;

– la suspension des droits de douanes sous forme d'admission temporaire ou d'entrée en franchise et de mécanisme de perfectionnement actif pour les activités tournées vers l'exportation.

Fiscalité :

– l'application généralisée de la taxe sur la valeur ajoutée, assurant ainsi une fiscalité indirecte simplifiée et neutre pour l'entreprise ;

– l'application du taux de la taxe sur la valeur ajoutée égal à zéro sur les productions exportées permettant le remboursement la taxe sur la valeur ajoutée acquittée sur les investissements et les dépenses d'exploitation des entreprises exportatrices ;

– l'exemption de L'impôt sur les sociétés au profit des entreprises naissantes au cours des trois premiers exercices d'exploitation ;

– la réduction de cinquante pour cent de l'impôt sur les sociétés au profit des entreprises existantes au cours trois premiers exercices qui suivent la réalisation des investissements. Ces investissements nouveaux doivent être égaux au moins au tiers des investissements productifs déjà réalisés ;

– la possibilité de procéder à des amortissements dégressifs et accélérés, et l'autorisation du report des résultats négatifs sur les exercices ultérieurs pour améliorer le cash-flow des entreprises dans leur phase de montée en régime ;

– l'application des dispositifs de réduction d'impôts visant à favoriser la protection de l'environnement suivant les codes spécifiques, la recherche technologique, la formation professionnelle et le recrutement par les petites et moyennes entreprises et les petites et moyennes industries, des jeunes promoteurs ;

– la garantie de la stabilité de la fiscalité locale et d'Etat pendant toute la durée des investissements réalisés dans le cadre de la présente Charte ;

– l'allègement de la fiscalité en faveur des entreprises qui réalisent des investissements à caractère social ;

– la modération des droits d'enregistrement pour la création d'entreprises, les augmentations de capital, les fusions de sociétés, les mutations des actions et des parts sociales.

Article 26 : Les avantages prévus dans le cadre fiscal et douanier ne sont pas applicables aux activités commerciales, de courtage et de négoce.

Toutefois, ces avantages s'étendent, exceptionnellement, aux activités commerciales liées à la collecte, au stockage, à l'entreposage, à la distribution et à l'exportation des produits de fabrication locale, à l'exclusion des boissons et des tabacs.

Article 27 :L'Etat adopte les dispositions fiscales et douanières particulières à certains secteurs et/ou zone d'activité jugés prioritaires. Il met, progressivement, en place une fiscalité simplifiée pour les micro-entreprises et le secteur informel.

Article 28 : Pour favoriser un développement harmonieux du territoire, des avantages spéciaux sont accordés aux entreprises qui investissent dans les régions enclavées.

Ces mesures, modulées en fonction du handicap à surmonter, sont définies par voie réglementaire, sans, pour autant, constituer une distorsion grave aux règles de la concurrence.

Article 29 : L'Etat adopte des dispositions fiscales et douanières particulières relatives aux zones de développement préférentielles intégrant les zones franches.

TITRE VIII : DU SYSTEME FINANCIER

Article 30 : Le Congo est membre de la communauté Economique et Monétaire de l'Afrique Centrale dont les Etats disposent d'une monnaie commune convertible. Le monopole de son émission et de sa gestion est confié à une banque centrale commune, la Banque des Etats de l'Afrique Centrale.

L'Etat garantit à cette banque, une autonomie, pour définir et conduire une politique monétaire saine, soucieuse de la stabilité de la monnaie et du respect des dispositions du mécanisme de surveillance multilatérale.

Article 31 : Le Congo est membre du Fonds monétaire International dont L'article 8 des statuts garantit la liberté des mouvements des capitaux pour les transactions courantes. Les conditions et les délais d'exécution de transfert de fonds doivent être améliorés et mieux connus des acteurs économiques.

Article 32 : L'Etat s'engage à tout mettre en œuvre pour la mise en place d'un système bancaire viable dont la mission de contrôle et de supervision est confiée à la commission bancaire de l'Afrique Centrale qui garantit la viabilité, à long terme, de ce secteur. Celle-ci est chargée de veiller au respect des normes prudentielles par les banques.

L'Etat soutient l'action de la commission bancaire de l'Afrique centrale et garantit la bonne exécution de ses décisions pertinentes.

Article 33 : L'Etat poursuit les efforts pour mobiliser l'épargne destinée au financement des investissements.

Il procède à l'assainissement de la gestion dans le secteur des assurances et de la sécurité sociale en les soumettant au contrôle des organismes régionaux, tels que la conférence interafricaine des marchés d'assurance, pour les assurances, et la conférence internationale de prévoyance sociale, pour les organismes de sécurité sociale.

A l'effet de renforcer la mobilisation de l'épargne en faveur de l'investissement, l'Etat a entrepris de mettre en place de nouveaux instruments, parmi lesquels un marché financier. Il soutient les institutions de crédit et met en place un cadre juridique pour la sécurité de leurs opérations et celle des épargnants.

Article 34 : La mobilisation de l'épargne locale et les ressources extérieures en faveur des projets de développement sont assurées par une institution sous régionale de financement de développement prévue par le traité de la Communauté Economique et Monétaire de l'Afrique Centrale et la Banque de Développement des Etats de l'Afrique Centrale.

Article 35 : L'Etat s'engage à faciliter l'accès des petites et moyennes entreprises/petites et moyennes industries au crédit et à promouvoir leur capacité de gestion et de développement.

Article 36 : L'Etat adhère aux institutions spécialisées dans le financement des exportations et dans l'assurance du risque-exportation. Il encourage l'extension, dans son territoire, des activités de la banque africaine d'import-export et d'autres institutions de financement.

TITRE IX : DU REGLEMENT DES DIFFERENDS

Article 37 : Les différends résultant de l'interprétation ou de l'application de la présente charte sont réglés par les juridictions congolaises.

Toutefois, des procédures particulières d'arbitrage ou de conciliation peuvent être convenues par les parties.

Ces procédures peuvent, en cas de nécessité, être fondées :

– sur la convention qui régit la Cour de justice communautaire ;

– sur le traité du 17 octobre 1993 qui crée l'organisation pour l'harmonisation du droit des affaires en Afrique ;

– sur le centre international de règlement des différends relatifs aux investissements internationaux.

TITRE X : DISPOSTIONS DIVERSES ET FINALES

Article 38 : Les régimes et les conventions, octroyés antérieurement et encore en vigueur, peuvent à l'initiative, soit du Gouvernement, soit des entreprises, faire l'objet de renégociation en vue de leur adaptation aux dispositions de la présente charte, notamment en ce qui concerne les clauses fiscales et douanières qu'ils comportent.

Article 39 : Les modalités d'application des dispositions de la présente charte ainsi que l'organisation et le fonctionnement de la commission nationale des investissements sont fixés par voie réglementaire.

Article 40 : La charte nationale de l'investissement peut être complétée, sans préjudice des présentes dispositions, par des codes spécifiques précisant les conditions techniques, financières et d'exploitation de certains secteurs d'activité.

Article 41 : Sont et demeurent abrogés toutes dispositions antérieures ou contraires à celles de la présente loi, notamment celles de la loi n°008-92 du 10 avril 1992 portant code des investissements modifiée par la loi n°7-96 du 6 mars 1996.

Article 42 : La présente loi sera exécutée comme loi de l'Etat et publiée au journal officiel

ANALYSE DU CODE DES INVESTISSEMENTS DU CONGO DANS LE CADRE DE LA CROISSANCE ECONOMIQUE

L'investissement se révèle être le facteur par excellence de la croissance économique et du développement qui consiste dans l'augmentation des grandeurs économiques. La croissance économique suppose elle-même des changements majeurs de structure et d'importantes modifications correspondantes dans les conditions institutionnelles et sociales du pays. Après presque une décennie d'existence du Code des Investissements, des lacunes importantes sont apparues dans son application. Compte tenu des modifications légales et réglementaires significatives intervenues depuis les lois n° 008-92 du 10 avril 1992 portant Code des investissements, modifiée par la loi n°7-96 du 6mars 1996 sa promulgation en 2003, certaines lacunes ont été constatées au niveau aussi bien de son organisation que de sa philosophie. Le constat est qu'évoluant dans un contexte de régression économique et d'inflation accélérée, la performance du secteur privé a été de manière générale insuffisante et celle de l'industrie congolaise particulièrement médiocre. L'industrie congolaise reste dans son ensemble coûteuse, peu compétitive, sous capitalisée et soumise à un processus à long terme de désinvestissement. D'où il a fallu réviser ce code des investissements qui du reste était largement dépassé.

Quels sont alors la nouvelle philosophie et l'esprit du code de 2003 ? La République du Congo ayant opté pour une économie libérale tempérée du type « Economie Sociale du Marché », la croissance économique et le développement reposent sur le tripartite suivant :

1° l'Etat fournit le cadre et l'environnement incitatifs ;

2° le secteur privé crée les richesses nationales et l'emploi ;

3° la société civile, elle, se charge de promouvoir l'homme dans toute sa dimension.

L'Etat doit jouer le rôle d'organisateur et de catalyseur des forces vives en prenant en charge les infrastructures et les investissements des industries de base et en instituant un cadre institutionnel et juridique qui assure la protection des personnes et des biens. Le secteur privé doit s'occuper de la production de biens et services. La prise en charge de la production de biens et services se matérialise en amont par la revalorisation de la fonction investissement. Car dit-on, la croissance économique d'une nation est fonction directe du degré des investissements atteint !Pas d'investissement, pas de croissance semble être le postulat corollaire sine qua non.

Ainsi est mise à nue, la nécessité impérieuse pour un Gouvernement de mettre en place une stratégie économique à l'investissement suffisamment alléchante pour concurrencer les autres demandeurs sur le marché des capitaux. Cette stratégie économique constitue un appât et surtout un précieux outil capable d'orienter les investisseurs vers les secteurs déclarés prioritaires, en conformité avec le plan de développement du pays. Ainsi, la philosophie d'un Code des Investissements qui, généralement repose sur une politique incitative à l'investissement, concrétise également une politique orientative et sélective de ces investissements. Au vu de ce qui précède, l'esprit nouveau de ce Code est non seulement un Code incitatif et compétitif, mais aussi et surtout un code qui incite les investisseurs dans des domaines du secteurs-clés déclarés par le Gouvernement en vue de lui permettre d'atteindre les objectifs de son programme de développement. A cet effet, une attention particulière est accordée à certains secteurs jugés prioritaires et déterminants pour la reconstruction, la relance et la stabilisation de la croissance de l'économie congolaise. Des avantages spécifiques ainsi offerts, trouvent leur justification à travers cette préoccupation du Gouvernement. Le nouveau code des investissements poursuit donc les objectifs suivants :

a) Favoriser l'implantation des entreprises de génie civil chargées de construction et entretien de routes ainsi que celles de transport en commun des personnes et des marchandises, qu'il s'agisse du transport terrestre, fluvial ou aérien ;

b) Favoriser les investissements qui développeront l'agriculture et l'agro-industrie par la mécanisation en vue d'assurer l'autosuffisance alimentaire afin de réduire les importations des produits de base et permettre à la fois l'accroissement des revenus dans les communes rurales, l'amélioration de l'approvisionnement des industries agro-alimentaires en matières premières et enfin, l'élargissement du marché intérieur des biens de consommation courante ;

c) Favoriser les investissements lourds pour asseoir une base industrielle solide sur laquelle reposera une croissance économique durable ;

d) Favoriser les investissements de valorisation des ressources naturelles nationales sur place afin d'en accroître la valeur ajoutée et le volume exportable.

Plusieurs raisons pour investir en République du Congo.

1 /Renforcement de la bonne gouvernance et de la culture de paix

Le Congo est un pays stable, ce qui permet aux investisseurs d'entreprendre librement.

La paix règne au Congo depuis plus de 16 ans. La République du Congo est un Etat de droit, le multipartisme et les libertés (individuelles, de presse, d'association, syndicales…) sont garantis par la constitution.

La reprise du processus démocratique interrompu par les conflits des années 90 et la mise en place des institutions prévues par la constitution de 2002 ont permis d'améliorer la bonne gouvernance. L'organisation régulière des scrutins (Présidentiels 2002 et 2009, législatifs 2007 et 2012, locales 2009 et 2014, sénatoriales 2011 et 2014) en est la preuve.

La bonne gouvernance est garantie par l'existence de plusieurs institutions notamment : le Sénat, l'Assemblée nationale, la Cour suprême et les Tribunaux, le Conseil économique et social, le conseil supérieur de la liberté de la communication, le Médiateur de la république, la Commission nationale des droits de l'homme, la Commission de lutte contre la corruption, l'Autorité de régulation des marchés publics, l'Autorité de régulation des postes et télécommunication, etc. (la liste est loin d'être exhaustive).

2/ Bonne tenue de la situation macro-économique

Le Congo enregistre une forte croissance économique, avec une importante réserve financière.

- Taux de croissance 2014 : 6,4 %
- Taux de croissance pétrole : 3,1 %
- Taux de croissance hors pétrole : 7,6 %
- Taux d'investissement public : 23,8 % du PIB
- PIB/ Habitant : 3133,9 US
- Taux d'inflation 2014 : 3,2 %

Notation du pays : obtention de la notation « B+/B » assortie d'une perspective stable et Ba3 accordée respectivement par les agences Standard & Poor et Moody's.

3/ Stratégie de développement efficace

Il existe une politique formelle avec une vision claire et réaliste le « chemin d'avenir » opérationnalisée par le plan National de Développement (PND) couvrant la période 2012 à 2016 et sous - tendue par la poursuite des objectifs visant la croissance, la création des emplois et la réduction de la pauvreté.

4/ Amélioration constante du climat des affaires

Conforté par la stabilité et la paix, l'Etat a mis en place les infrastructures et une réglementation nécessaires à la mise en œuvre de la stratégie de développement du pays.

Le Congo a engagé de nombreuses et importantes réformes au niveau national pour rationaliser et moderniser les procédures de la facilitation douanière, commerciale, de création d'entreprises et de garanties des investissements.

Pour mieux canaliser les investissements directs étrangers, le Congo entend créer quatre (4) zones économiques spéciales (ZES) qui associeront en particulier infrastructures et incitations fiscales. Ces zones économiques spéciales sont :

- La zone dédiée aux activités liées à la pétrochimie et aux mines basée à Pointe Noire ;
- La zone consacrée aux services de transports et autres services (commerce, hôtellerie, finances) à Brazzaville ;
- La zone relative à l'agriculture et l'industrie agro-alimentaire à Oyo et Ollombo ;
- La zone concernant la forêt et l'écotourisme à Ouesso.

Il est évident que le Congo a opté pour un libéralisme économique. L'initiative privée est fortement encouragée. Le pays dispose d'un cadre législatif et réglementaire incitatif pour les investissements.

5/ Une fiscalité de plus en plus attrayante

Le régime fiscal congolais comprend des incitations aux investissements et des mesures attractives contenues dans le Code général des impôts (CGI), la charte des investissements (loi n°6-2003 du 18 janvier 2003 et son décret d'application n° 2004-30 du 18 Février 2004), les textes spécifiques à certains secteurs etles lois de finances.

Le **régime du droit commun** se distingue notamment par :

- Une exonération totale des droits d'enregistrement et du timbre ainsi que l'exonération de la patente, à la création de l'entreprise
- L'exonération permanente de la taxe sur les transferts de fonds destinés au remboursement des emprunts contractés à l'étranger
- Le taux de l'impôt sur les bénéfices des sociétés (IS) qui est passé de 33 % en 2013 à 30 % en 2014. L'objectif visé est de le ramener à 25 % d'ici 2017.
- Le taux de TVA de 18 % en général et de 5 % pour les produits de première nécessité.
- La taxe unique sur les salaires (TUS) payée par les employeurs est de 7,5 % des salaires bruts versés.

La charte des investissements prescrit les avantages qui se synthétise comme ci-après :

• **DES REGIMES PRIVILEGIES**	
1- **Régime G** : régime de soutien aux grandes entreprises qui réalisent un investissement supérieur ou égal à 100 millions de FCA	**Période d'installation** • L'admission temporaire ou de l'entrée en franchise pour les activités de recherche en matière de ressources naturelles ; • Réduction de 50 % des droits d'enregistrement sur les droits d'apport, les augmentations de capital, les fusions de sociétés et les cessions de titres. **Trois (3) premiers exercices de la période d'exploitation** • l'admission temporaire ou de l'entrée en franchise pour les activités de recherche en matière des ressources naturelles ; • réduction de 50 % des droits d'enregistrement sur les droits d'apport, les augmentations de capital, les fusions de sociétés, les mutations d'actions et des parts sociales ; • exonération de l'impôt (**IS** ou **IRPP**) ; • Possibilité de procéder à des amortissements dégressifs ou accélérés ; • Report des déficits sur trois exercices.
2-Régime S : régime de promotion des petites et moyennes entreprises qui réalisent un investissement au moins égal à 30 millions et inférieur à 100millions	• Durée : 5ans ; • En plus des avantages du **régime G,** les entreprises agréées au **régime S** bénéficient pendant cinq (5) ans de la réduction des droits d'enregistrement pour la création de l'entreprise ; les augmentations de capital ; les fusions de sociétés, les mutations des actions et des parts sociales
• **Régime de la zone de développement préférentiel**	Toute entreprise exportatrice installée dans les zones franches bénéficie d'une **modération d'impôt et taxes** définies par **arrêté du ministre en charge des finances.**
• **DES MESURES D'INCITATIONS**	
• **Les incitations à l'exportation**	Toute entreprise capable d'exporter au moins 20 % de sa production bénéficie : • des dispositions du code des douanes de la CEMAC, relatives au mécanisme du perfectionnement actif ; • de l'exonération au cordon douanier, des droits et taxes de sortie et à l'exportation des produits manufacturés, excepté la redevance informatique et la taxe statistique ; • de l'application du taux zéro de la TVA sur les produits exportés. Toutefois, les produits non transformés restent soumis au régime de droit commun à l'exportation.

• **les incitations au réinvestissement des bénéfices** (pour les entreprises réalisant des investissements nouveaux correspondant au moins à un tiers (1/3) de ses immobilisations existantes)	Toute entreprise qui réalise des investissements nouveaux d'au moins 1/3 des immobilisations existantes, peut bénéficier de la réduction de 50 % de l'IS et sur l'IRPP au cours des trois années qui suivent la réalisation des investissements, dans les conditions ci-après : • déclaration au secrétariat permanent de la CNI de son plan d'investissement ainsi que l'état de ses immobilisations existantes ; • vérification par la CNI de la conformité de la déclaration citée ci-dessus et de la réalisation effective des investissements au cours de l'exercice final ; • respect des engagements pris en matière de création d'emploi et d'augmentation de la capacité de production de 10 % au moins.
• **Incitation à l'implantation des zones enclavées** (pour les entreprises agrées au régime G ou S)	Toute entreprise nouvelle située dans une zone enclavée dont 90 % des effectifs de ses unités de production y est installée, bénéficie d'une **exonération totale de l'IS et de l'IRPP** au cours des **trois (3) premiers exercices et de la réduction de 50 % de l'IS et l'IRPP,** au cours de la **4e et 5e année d'exercice** qui suivent les trois exercices.
• **Incitation à l'investissement à caractère social et culturel**	Toute entreprise agrée au **régime G ou S,** qui réalise un investissement à caractère social et culturel peut bénéficier d'un **allègement fiscal** défini par **arrêté du ministre en charge des finances après décision de la CNI.** Il faut noter que les avantages additionnels de la zone enclavée et à caractère social et culturel ne sont **pas cumulatifs.**

– Les autres **régimes spécifiques** offrant des avantages très souples aux capitaux nationaux et étrangers et garantissant un meilleur retour sur investissement sont les suivants :

– Le régime fiscal de zone franche de santé ;
– Le régime fiscal des zones industrielles ;
– Le régime fiscal des Zones Economiques Spéciales ;
– Le régime fiscal des holdings ;
– Le régime fiscal d'intégration fiscale ;
– Le régime fiscal des sociétés étrangères ;
– Le régime fiscal des établissements de micro finances ;
– Le régime fiscal des écoles privées ;
– Le régime fiscal des entreprises agricoles, agropastorales, de la pisciculture et de la pêche.

– Le régime fiscal des **Zones Economiques Spéciales** présente des dispositions très avantageuses comme suit :

REGIME FISCAL DES ZONES ECONOMIQUES SPECIALES	
Impôt sur les Sociétés et Taxe Spéciale sur les Sociétés	Exonérer pendant six (6) ans
	De sept (7) à dix (10) ans : taux réduits ; **IS : 50 %, TSS : 0,25 %**
	Au-delà de dix (10) ans, taux réduits ; IS : 15 % de manière permanente, TSS : O,50 % de manière permanente
Impôt sur le Revenu des personnes physiques (Bénéfices industriels et commerciaux et bénéfices agricoles)	Exonérer pendant six (6) ans
	De sept (7) à dix (10) ans, abattement de 50 % (appliqué sur l'IRPP)
	Au-delà de dix (10) ans, abattement de 25 % (appliqué sur l'IRPP)
Taxe unique sur les salaires	Taux réduit : 2,5 % de manière permanente
Impôt sur le revenu des valeurs mobilières (IRVM) sur les dividendes	Exonérer pendant six (6) ans
	De sept (7) à dix (10) ans, taux réduit : 5 %
	Au-delà de dix (10) ans, taux réduit : 10 % de manière permanente
Contributions foncières des propriétés bâties et non bâties et Taxe d'occupation des locaux	Exonération totale
Patente	Exonération pendant les dix (10) premières années
	Réduction de 50 % par rapport au droit commun, à partir de la 11e année
Taxe sur la valeur ajoutée (TVA)	Exonération de la TVA à l'importation
	Application du taux zéro sur les consommations intérieures
	Vente dans la ZES, au Congo et dans la CEMAC : application du droit commun (18 %)
Droits d'enregistrement	Exonérés pour la création d'entreprises
	Droit fixe sur tous les actes soumis à la formalité d'enregistrement

Outre les avantages liés aux différents régimes fiscaux sus évoqués, il existe d'autres avantages afférents aux conventions fiscales bilatérales tendant à éviter la double imposition.

La loi de finance 2015 confirme l'ambition du Congo de réduire la lourdeur fiscale et de booster les secteurs productifs de base sur lesquels peut se fonder une diversification réussie de l'économie congolaise.

Ainsi, en 2015, tous les revenus provenant de l'exploitation agricole, agropastorale, piscicole et de la pêche continentale sont exonérés de l'impôt et les très petites entreprises n'auront d'impôts que la seule contribution de la patente, perçue au profit des collectivités locales.

En outre, parmi les autres principales modifications fiscales et parafiscales avantageuses, il y a lieu de relever ce qui suit :

– Pour la période allant de du 1er janvier 2015 au 31 décembre 2016, les droits d'immatriculation et de transcription des propriétés foncières seront forfaitaires et fixés par zone ainsi qu'il suit : (i) zone n° 1 (centre-ville des communes), 1000000 FCFA ; (ii) zone n° 2 (arrondissement des communes et chefs-lieux des départements), 500 000 FCFA ; zone n°3 (chef lieux de districts et autres localités), 250 000 FCFA ;

– Au-delà de 2016, les droits d'enregistrement relatifs à l'adjudication, la vente, la revente, la cession, la rétrocession, de biens immeubles seront de 7 % de leur valeur au lieu de 15 %, comme c'est le cas aujourd'hui ;

– La taxe d'occupation des locaux qui avait remplacé en 2014 la taxe d'habitation, de ramassage des ordures, sera recouvrée à partir de 2015 par retenue à la source sur salaire auprès des employeurs, pour des personnes physiques salariées, à raison de 1000 FCFA par mois. Cette taxe est versée aux collectivités locales.

6/Abondance des ressources naturelles

– 6 milliards de barils de réserves de pétrole brut ; 130 milliards de réserves de potasse ;

– Autres réserves : potasse, fer, étain, uranium, phosphate, calcaire, zinc, plomb, cuivre, manganèse, or, argent, diamant, grés bitumeux, géométraux, etc…

– Très fort potentiel énergétique estimé à 2500 MW en hydroélectrique ;

– Enormes potentialités de production animale et végétale avec 10 millions d'ha de terres arables et de ressources halieutiques diversifiées ;

– Immenses forêts naturelles de 22,5 millions d'hectares couvrant 65 % du territoire national.

– Faune et flore abondantes et diversifiées ; potentiel important en écotourisme avec les savanes (Niari), montagne (Chaillu et Mayombe) et plateaux Batéké)

Membre de plusieurs forums régionaux, le Congo offre ainsi un environnement favorable aux investisseurs internationaux. Par ailleurs, ce pays d'Afrique centrale a prévu toute une série d'incitations.

1. Cadre général

La législation congolaise crée un climat favorable au développement des entreprises, en particulier grâce à l'adhésion du Congo à de nombreuses organisations régionales et internationales.

La monnaie. Membre de la Communauté économique et monétaire de l'Afrique centrale (Cemac) et donc de la zone franc, le Congo bénéficie d'un taux de change fixe entre le franc (FCFA) et l'euro.

Le droit des affaires. L'appartenance du Congo à l'Organisation pour l'harmonisation en Afrique du droit des affaires (Ohada) rend applicable un ensemble de règles claires et modernes qui régissent notamment le droit des sociétés et les autres domaines les plus importants du droit des affaires dans les dix-sept Etats membres.

Le droit de la propriété intellectuelle. Le pays est également membre de l'Organisation africaine de la propriété intellectuelle (OAPI), qui uniformise la protection des droits de propriété intellectuelle et industrielle ainsi que la procédure centralisée de dépôt.

Le droit des assurances. Le Congo a ratifié le traité Cima (Conférence interafricaine des marchés d'assurances), qui crée une réglementation unique des opérations d'assurances et institue une Commission régionale unique de contrôle de ces activités.

Les conventions fiscales. Le Congo a conclu trois conventions fiscales, dont une convention avec la France en date du 21 novembre 1987. Une convention est en cours de négociation avec le Maroc. Une convention tendant à empêcher la double imposition existe également au sein de la Cemac, permettant de réduire la charge fiscale entre les Etats membres, sauf en matière de transfert de dividendes (Acte Cemac n°5/66 du 13 décembre 1966).

Des engagements internationaux. Le Congo a adhéré au CIRDI (Centre international de règlement des différends liés à l'investissement) et à l'AMGI (Agence multilatérale de garantie des investissements). Cependant, il n'a pas ratifié la Convention de New York sur la reconnaissance et l'exécution des sentences arbitrales étrangères.

2. S'implanter

Bureau de représentation. La création de bureaux de représentation n'est actuellement pas expressément prévue. La possibilité d'identifier spécifiquement les bureaux de représentation au registre du commerce devrait être prévue par une prochaine modification du droit Ohada des sociétés.

Succursale. Les sociétés étrangères peuvent exercer directement une activité, sans créer de société, en constituant une succursale au Congo. Cependant, il faut noter que toute succursale d'une société étrangère, dont le siège n'est pas situé dans un Etat membre de l'Ohada, doit être transformée en société après deux ans d'existence, sauf prolongation accordée par le ministère du Commerce.

La loi de finances 2013 confirme l'obligation pour les entreprises envisageant d'exercer une activité temporaire au Congo (exécution d'un contrat) de s'immatriculer au Registre du commerce (RCCM). Auparavant ces entreprises devaient obtenir une Autorisation temporaire d'exercice (ATE) délivrée par le ministère du Commerce, pour une durée de six mois renouvelable une fois, et au titre de l'exécution d'un seul contrat.

Création d'une société. Les sociétés le plus souvent créées sont des SARL (capital minimum : un million de FCFA, 1 524,50 euros) ou des SA (capital minimum : 10 millions de FCFA, 15 245 euros). Elles peuvent être constituées par un seul associé ou actionnaire. Les statuts peuvent être établis librement par les associés, avec l'aide de leur conseil, mais doivent être déposés auprès d'un notaire. Aucune participation congolaise au capital n'est requise. Les dirigeants peuvent être de nationalité étrangère et résider hors du Congo.

La prochaine modification de l'Acte Uniforme sur les sociétés commerciales devrait permettre la création de sociétés par actions simplifiées.

Afin de faciliter la création d'entreprise, l'obligation d'une carte de commerçant est supprimée depuis 1er janvier 2013.

Dans le cas d'un investissement direct provenant hors de la zone franc supérieur à 100 millions de FCFA, celui-ci doit faire l'objet d'une déclaration préalable auprès du ministère chargé des Finances et de la Banque Centrale au moins trente jours avant le transfert des fonds, en application de la réglementation des changes, sauf s'il s'agit d'une augmentation de capital résultant de réinvestissement de bénéfices non distribués. À défaut, une pénalité de 20 % du montant de l'investissement est applicable.

3. Marchés publics et délégations de services publics

Le code des marchés publics résultant du décret n°2009-156 du 20 mai 2009, qui remplace le code de 1982, étend les procédures d'appel à la concurrence aux délégations de service public, introduit une plus grande transparence dans les modes d'appel à la concurrence, établit un organe de contrôle *a priori* (la Direction générale du contrôle des marchés publics — DGCMP au sein du ministère des Finances), et une Agence de régulation des marchés publics (ARNIM auprès de ta présidence de la République, chargée du contrôle *a posteriori* et de la régulation.

La DGCMP doit émettre un avis motivé sur les dossiers d'appel d'offres avant le lancement de la procédure d'appel à la concurrence, lorsque le montant estimé du marché dépasse certains seuils, statue sur les dérogations et autorisations relatives aux modes de passation, émet un avis sur les rapports d'analyse des offres et les propositions d'attribution provisoire.

L'ARMP peut procéder ou faire procéder à des audits *a posteriori* de la passation des marchés et conventions de délégation de service public, prononce les sanctions d'exclusion ou pécuniaires en cas de violation de la réglementation, statue en dernier ressort sur les recours avant attribution relative aux procédures de passation.

4. Régime fiscal

L'imposition des sociétés au Congo. Le taux de l'impôt sur les bénéfices des sociétés au Congo est fixé à 33 %. Les dividendes distribués à une société française sont soumis à une retenue à la source de 15 % si la société bénéficiaire des dividendes détient directement au moins 10 % du capital de la société distributrice (au lieu de 20 % prévus par le droit commun). Les redevances versées à une société française doivent donner lieu à une retenue à la source de 15 % (au lieu de 20 % prévus par le droit commun).

Ces différentes retenues à la source ouvrent droit à un crédit d'impôt. Toutefois, il convient de noter que la déduction des rémunérations versées à l'étranger est limitée à 20 % du bénéfice imposable de la société congolaise débitrice. Par dérogation, cette déduction est limitée à 20 % du chiffre d'affaires hors taxes pour le secteur des bâtiments et travaux publics, les cabinets d'expertise et les bureaux d'études.

En vertu du régime des sociétés mère-filiales, les dividendes perçus par une société mère congolaise en provenance d'une filiale établie au sein de la Cemac sont exonérés d'impôt sur les sociétés sous réserve de l'imposition d'une quote-part de frais et charges, fixée à 10 % du montant des dividendes perçus.

Au cours de l'année 2012, un régime fiscal des holdings et un régime d'intégration fiscale des groupes de sociétés ont été instaurés.

Selon le régime fiscal des holdings :

– les plus-values provenant de la cession par les sociétés holdings de leurs titres de participation sont imposables à l'impôt sur les sociétés au taux réduit de 8,25 % lorsque les titres cédés ont été acquis ou souscrits depuis plus de deux ans ;

– les intérêts versés en rémunération des emprunts contractés par les sociétés holdings auprès des établissements financiers installés à l'étranger ou auprès de leurs actionnaires et associés destinés au financement de l'acquisition ou de la souscription de titres de participation sont exonérés de la retenue à la source (soit une économie de 20 %) ;

– la distribution de dividendes par les sociétés holdings à leurs associés ou actionnaires est soumise à l'impôt sur le revenu des valeurs mobilières au taux réduit de 10 % (au lieu de 20 % taux de droit commun);

En vertu du régime d'intégration fiscale des groupes de sociétés, une société dont le capital n'est pas détenu à 95 % au moins, directement ou indirectement, par une autre personne morale assujettie à l'impôt sur les sociétés, peut se constituer seule redevable de l'impôt sur les sociétés dû sur l'ensemble des résultats du groupe formé par elle-même et les sociétés dont elle détient 95 % au moins du capital, de manière continue au cours de l'exercice, directement ou par l'intermédiaire des sociétés du groupe.

Incitations aux investissements. Les avantages accordés aux investisseurs sont prévus par le code général des impôts (CGI) et par la loi n°6-2003 du 18 janvier 2003 portant Charte des investissements.

Le CGI prévoit des mesures en faveur de la promotion de l'investissement :

– **le régime spécial des exploitations minières** : les entreprises, sociétés et organismes de toute nature qui effectuent la recherche et l'exploitation des substances minérales concessibles au Congo sont autorisés à constituer des provisions pour reconstitution des gisements, dans les conditions fixées aux articles suivants. Ces provisions spéciales sont admises en franchise d'impôt ;

• **la possibilité de procéder à des amortissements dégressifs et accélérés**, et l'autorisation du report des résultats négatifs sur les exercices ultérieurs pour améliorer le cash-flow des entreprises dans leur phase de montée en régime ;

– **l'application des dispositifs de réduction d'impôts** visant à favoriser la protection de l'environnement suivant les codes spécifiques, la recherche technologique, la formation professionnelle et le recrutement, par les petites et moyennes entreprises et les petites et moyennes industries, des jeunes promoteurs.

Le bénéfice de la Charte des Investissements peut être obtenu par tout investisseur réalisant un investissement éligible dans tout secteur d'activité, à l'exclusion de l'importation et de la fabrication d'armes, de l'importation ou du traitement des déchets toxiques et assimilés et des activités commerciales, de courtage et de négoce. Toutefois, les activités commerciales liées à la collecte, au stockage, à l'entreposage, à la distribution et à l'exportation des produits de fabrication locale, à l'exclusion des boissons et des tabacs peuvent bénéficier de la Charte.

Tous les investissements réalisés, qu'ils soient effectués sous la forme d'une création, d'une extension, d'un renouvellement, d'une transformation d'activités ou d'un réaménagement d'actifs, bénéficient de la garantie du libre rapatriement des bénéfices réalisés au titre de l'exploitation, des économies sur salaires et des produits des liquidations partielle ou totale des investissements.

Pour bénéficier des avantages prévus par la Charte, une entreprise doit notamment :

– disposer d'un capital social égal ou supérieur à 1/5 des investissements ;

– utiliser en priorité les matières premières locales et les services d'entreprises locales, à conditions égales de prix, de qualité et de délai de livraison par rapport aux entreprises étrangères ;

– utiliser en priorité la main-d'œuvre locale, à compétences égales par rapport à la main-d'œuvre étrangère.

Par ailleurs, toute nouvelle activité donnant lieu à une unité de production distincte et une comptabilité séparée de l'entreprise mère peut bénéficier, au même titre que celle-ci, des avantages de la charte des investissements.

Les entreprises éligibles à la Charte peuvent bénéficier de régimes privilégiés et/ou de mesures d'incitations, qui peuvent être résumés comme dans le tableau ci-après.

La loi n°19-2012 du 22 août 2012 a créé une agence pour la promotion des investissements chargée de mettre en œuvre la politique du gouvernement en matière d'investissement par la réalisation d'activités de promotion et de facilitation des investissements privés.

Article paru dans le Moniteur du Commerce International du 12 décembre 2013

LE CENTRE DE FORMALITES ADMNISTRATIVEES DES ENTREPRISES AU CONGO-BRAZZAVILLE

En vue de placer les Centres de formalités des entreprises de Brazzaville et de Pointe-Noire à la hauteur de leur tâche, un plan de renforcement des capacités managériales en ressources humaines est déjà en œuvre à travers une étude réalisée par le Cabinet GECA.

Cette étude soutenue par le Projet d'Appui à la diversification économique (PADE), a été présentée officiellement le 17 mars, en présence du directeur de cabinet du ministre de Petites, moyennes entreprises et de l'artisanat, Bienvenu Vouidibio et de plusieurs cadres du ministère. À partir de cette étude, recommandée en tenant compte des faiblesses constatées au CFE, le cabinet GECA a proposé un plan de renforcement de capacités managérial et institutionnel.

Ce plan se décline en trois composantes et concerne pour un premier temps, la formation des agents relevant des CFE de Brazzaville et de Pointe-Noire. Il devra déboucher sur le recrutement d'un nouveau personnel. « *Après évaluation du personnel déjà sur place, nous allons mettre un nouveau plan de travail. Et lorsque nous aurons fait l'état des lieux, et rendu compte qu'il y a des postes à pourvoir, nous initierons un recrutement pour renforcer ceux qui sont déjà sur le terrain. Ce plan de recrutement permettra de couvrir le besoin en ressources humaines dans ces CFE* », a souligné Bienvenu Vouidibio.

Le plan initié à cet effet prévoit aussi l'organisation des ateliers d'éducation et de sensibilisation à l'endroit du secteur privé ; des partenaires au développement et de toutes les autres entités nationales impliquées dans l'amélioration du rapport Doing business dont le Congo peine à occuper un meilleur classement. Au-delà de tout, l'ambition du gouvernement, à travers ces CFE, est de créer les conditions optimales, permettant aux agents en poste de travailler pour simplifier les procédures des pièces administratives.

L'objectif immédiat est de permettre la création d'une entreprise au Congo dans un délai maximal de 48 heures. *« Les ressources humaines au niveau du CFE devraient être formées, pour permettre à cette structure d'accomplir sa mission. Et l'une des missions qui lui a été confiée en mai 2014, c'est de faire à ce que les formalités de création d'entreprises ne prennent pas plus de 48 heures »*, a renchéri le directeur de cabinet du ministre des PMEA.

Cette politique de simplification des procédures de création d'entreprises reste l'unique panacée pour attirer les investisseurs dans le pays. L'objectif est de rendre l'économie hors pétrole plus compétitive, en favorisant le développement des petites et moyennes entreprises. Une vision qui cadre bien avec les ambitions du PADE qui a permis la réalisation de cette étude. Ce projet d'assistance technique du groupe de la Banque Mondiale vise à appuyer la diversification de l'économique congolaise.

Créer son Entreprise en République du Congo

La création d'une entreprise en République du Congo a été facilitée par la mise en place du Centre de formalités des entreprises (CFE) qui joue un rôle de guichet unique et sert d'interface avec toutes les administrations impliquées, dans le but de réduire les délais et les coûts nécessaires aux formalités.

LA PROCEDURE DE CREATION D'ENTREPRISE AU CONGO

1/ REMPLIR LE FORMULAIRE UNIQUE DE CREATION D'ENTREPRISE OU POUR UN PARTICULIER, DE DECLARATION D'ACTIVITE

Ce formulaire a été très simplifié et l'administration ne pourra pas le refuser si vous remplissez les conditions requises (voir au niveau de l'accueil du Centre des Formalités des Entreprises (CFE)

2/ JOINDRE LES PIÈCES JUSTIFICATIVES LEGALES. Il NE POURRA PAS ÊTRE EXIGE

D'AUTRES PIÈCES POUR LES PROFESSIONS NON REGLEMENTEES

Pour les nationaux exerçant à titre individuel :

Original de la carte d'identité ou toute autre pièce en tenant lieu, ainsi que deux (2) photocopies ou deux copies de ces documents certifiées conforme par le CFE ;

Trois (3) photos d'identité.

Pour les nationaux exerçant à titre sociétaire.

Aux pièces exigées ci-dessus, joindre également :

Quatre (4) copies des statuts notariés avec mention du mandataire ou à défaut le procès-verbal de l'assemblée Générale le désignant.

Pour les étrangers originaires des Etats de l'UDEAC exerçant à titre individuel :

Original des documents prouvant la régularité du séjour en République Du Congo, ainsi que deux (02) photocopies ou deux copies de ces documents certifiés conformes par le CFE ;

Trois (3) photos d'identité ;

Un (1) récépissé d'ouverture d'un compte bancaire au Congo et l'engagement à y effectuer leurs transactions financières.

Pour les autres étrangers qui doivent obligatoirement se constituer en société, présenter également :

Original des documents prouvant la régularité du séjour en République Du Congo, ainsi que deux (02) photocopies ou deux copies de ces documents certifiés conformes par le CFE ;

Trois (3) photos d'identité ;

Quatre (4) copies des statuts notariés avec mention du mandataire ou à défaut le procès-verbal de l'assemblée Générale le désignant ;

Un (1) récépissé d'ouverture d'un compte bancaire au Congo et l'engagement à y effectuer leurs transactions financières ;

Un contrat de bail commercial comportant éventuellement une clause suspensive concernant la régularisation administrative de l'entreprise ainsi qu'une copie certifiée conforme par le CFE.

3/ JOINDRE LE MONTANT DES FRAIS REGLEMENTAIRES SELON LA TARIFICATION EN VIGUEUR

N.B. : Conformément à la loi, le Greffier du tribunal de Grande instance procédera au contrôle a posteriori des déclarations concernant notamment l'Etat Civil et le casier judiciaire. Toute fausse déclaration rendra passible des peines prévues par la loi.

LES FORMES JURIDIQUES D'ENTREPRISES AU CONGO

Les formes juridiques des entreprises industrielles et commerciales en vigueur actuellement en République du Congo ont été établies le 1er janvier 1998 suivant les règles de l'Organisation pour l'Harmonisation en Afrique du Droit des Affaires (OHADA).

1/ Société anonyme : SA

Capital minimum : 10.000.000 FCFA (sans appel public à l'épargne) ou 100.000.000 FCFA (avec appel public à l'épargne)

Droits sociaux : ACTIONS
Valeur nominale : 10.000 FCFA
Nombre minimal d'actionnaires : 1 (cas de SA Unipersonnelle), sinon 2
Responsabilité : LIMITEE AUX APPORTS
Apports : NUMERAIRE ou NATURE
Dirigeants : PDG, PCA et DG (si Conseil d'Administration) ou AG (si pas de Conseil d'Administration)
Commissaire aux apports : EN CAS D'APPORTS EN NATURE
Commissaire aux comptes : OBLIGATOIRE
2/ Société anonyme à Responsabilité Limitée : SARL
Capital minimum : 1.000.000 FCFA
Droits sociaux : PARTS SOCIALES
Valeur nominale : 5.000 FCFA
Nombre minimal d'actionnaires : 1 (Cas de SARL unipersonnelle), sinon 2
Responsabilité : LIMITEE AUX APPORTS
Apports : NUMERAIRE ou NATURE
Dirigeants : GERANT
Commissaire aux apports : EN CAS D'APPORTS EN NATURE
Commissaire aux comptes : OBLIGATOIRE si Capital supérieur à 10.000.000 FCFA ou si CA mensuel supérieur à 250.000.000 FCFA, ou si effectifs permanents supérieurs à 50 personnes.
3/ Société en Commandite Simple : SCS
Capital minimum : NEANT
Droits sociaux : PARTS SOCIALES
Valeur nominale : NEANT
Nombre minimal d'associés : 2
Responsabilité : LIMITEE AUX APPORTS
Apports : NUMERAIRE, NATURE ou INDUSTRIE (pour les commandités seulement)
Dirigeants : GERANT
Commissaire aux apports : NON OBLIGATOIRE
Commissaire aux comptes : NON OBLIGATOIRE
4/ Société en Nom Collectif : SNC
Capital minimum : NEANT
Droits sociaux : PARTS SOCIALES
Valeur nominale : NEANT
Nombre minimal d'associés : 2
Responsabilité : LIMITEE AUX APPORTS
Apports : NUMERAIRE, NATURE ou INDUSTRIE
Dirigeants : GERANT
Commissaire aux apports : NON OBLIGATOIRE
Commissaire aux comptes : NON OBLIGATOIRE
5/ Société de Fait
Capital minimum : NEANT
Droits sociaux : PARTS SOCIALES
Valeur nominale : NEANT
Nombre minimal d'associés : 2
Responsabilité : INDEFINIE et SOLIDAIRE AUX ENGAGEMENT DES ASSOCIES

Apports : NUMERAIRE, NATURE ou INDUSTRIE
Dirigeants : GERANT
Commissaire aux apports : NON PREVU
Commissaire aux comptes : NON PREVU
6/ Société en participation
Capital minimum : NEANT
Droits sociaux : PARTS SOCIALES
Valeur nominale : NEANT
Nombre minimal d'associés : 2
Responsabilité : INDEFINIE et SOLIDAIRE DES ENGAGEMENTS DES ASSOCIES
Apports : NUMERAIRE, NATURE ou INDUSTRIE
Dirigeants : AG (Administrateur Général)
Commissaire aux apports : NON PREVU
Commissaire aux comptes : NON PREVU
7/ Groupement d'Intérêt Economique : GIE
Capital minimum : NEANT
Droits sociaux : PARTS de GIE
Valeur nominale : NEANT
Nombre minimal d'associés : 2
Responsabilité : SOLIDAIRE DES DETTES DU GIE SAUF CONVENTION CONTRAIRE
Apports : NUMERAIRE, NATURE
Dirigeants : ADMINISTRATEUR
Commissaire aux apports : NON OBLIGATOIRE
Commissaire aux comptes : OBLIGATOIRE SI LE GIE EMET DES OBLIGATIONS

CE QU'EST LE CFE

Le CFE est un service public créé par Décret n° 94-568 du 10 Octobre 1994. Puis modifié par le Décret 95-183 du 18 Octobre 1995. Placé sous la tutelle du ministre chargé du Commerce et des PME, il est doté :

– d'une autonomie financière ;

– d'un comité interministériel comprenant les représentants de différents ministères techniques, des institutions et organismes impliqués dans les formalités d'entreprises ;

– d'une direction assistée par des conseillers, des services administratifs et consultatifs.

– des antennes régionales et si nécessaires communales.

L'OBJET DU CFE

Le CFE a pour objet de :

– observer l'environnement des entreprises et identifier tous mécanismes, procédures et formalités complexes qui empêchent les Congolais de créer, de modifier ou de cesser leurs activités économiques, afin de les simplifier et de réduire leur durée et leur coût ;

– recevoir en un seul lieu (Guichet Unique), sur un seul document, en un seul paiement et en moins d'une heure, toute déclaration liée à la création, au transfert, à l'extension, à la modification et à la cessation d'activités ;

– obtenir pour les opérateurs économiques, les autorisations préalables pour les professions et activités réglementées ;

– informer et conseiller les entrepreneurs / opérateurs économiques sur les formalités des entreprises ;

– tenir le fichier des entreprises créées, transférées, modifiées, en cessation ou en suspension d'activités ;

– susciter et favoriser la création d'entreprise au Congo.

LES PARTENAIRES DU CFE

Le CFE a également l'obligation de diffuser aux partenaires suivants les dossiers de formalités :

– direction Régionale du Commerce
– direction Régionale du Travail
– inspection Régionale
– greffe du Tribunal
– chambres Consulaires Régionales
– caisse Nationale de Sécurité Sociale (CNSS)
– centre National des Statistiques et des Etudes Economique (CNSEE)

CE QU'IL FAUT DECLARER AU CFE

L'immatriculation

– d'une entreprise individuelle
– d'une entreprise sociétaire

La modification

– ouverture d'un nouvel établissement supplémentaire
– changement de raison sociale ou de siège social
– extension de l'activité
– nouveau mode d'exploitation
mise en location, en gérance …
– autres (cession d'activité)

La cessation d'activité

– cessation temporaire ou partielle
– cessation totale

A QUI S'ADRESSE LE CFE

Les bénéficiaires des services du CFE sont :

– les commerçants
– les industriels
– les prestataires des services
– les sociétés commerciales.

LES SERVICES OFFERTS PAR LE CFE

Le CFE assure en outre :

– un service Accueil et Orientation des opérateurs économiques et autres visiteurs.

– un service Information et Documentation notamment sur les différentes formalités auxquelles les opérateurs économiques sont soumis par la loi et règlements en vigueur en République du Congo, lorsqu'ils créent, modifient, transfèrent ou cessent leurs activités.

– un service Conseil et assistance qui permet de guider, d'orienter et d'accompagner les opérateurs économiques dans le cadre de l'accomplissement de leurs formalités d'entreprises.

LES MOYENS DU CFE

Les principaux moyens que le CFE se propose d'employer pour atteindre ses objectifs sont notamment :

– l'initiation, la mise en œuvre et la gestion d'un programme d'information et de sensibilisation (ESPACE – RENCONTRES) sur les formalités des entreprises.

– à coopération, la collaboration ou la concertation avec les organismes publics et privés concernés par les formalités des entreprises au Congo.

– la consultation des professionnels du conseil à l'entreprise (Espace – Conseil).

– la publication d'un bulletin d'information sur les activités du CFE.

– les publications diverses sur le cadre institutionnel, administratif, juridique, fiscal et social dans DEMARCHES ET PROCEDURES DE CREATION D'ENTREPRISES

Décret n° 2011 " 258 du 25 mars 2011portant création, attributions et organisation du haut conseil du dialogue public-privé en République du Congo

PRESIDENCE DE LA REPUBLIQUE DU *CONGO*
Unité * Travail * Progrès
SECRETARIAT GENERAL

Décret n° 2011 " 258 du 25 mars 2011portant création, attributions et organisation du haut conseil du dialogue public-privé

LE PRESIDENT DE LA REPUBLIQUE,

Vu la Constitution ;

Vu le décret n° 2009-335 du 15 septembre 2009 portant nomination des membres du Gouvernement ;

Vu le décret n° 2010-316 du 28 avril 2010 relatif aux attributions du ministre du développement industriel et de la promotion du secteur privé ;

Vu le décret n° 2010-324 du 11 mai 2010 portant organisation du ministère du développement industriel et de la promotion du secteur privé.

En Conseil des ministres,

DECRETE :

TITRE I : DE *LA* CREATION

Article premier : II est créé un haut conseil du dialogue public-privé placé sous l'autorité du Président de la République.

TITRE II : DES ATTRIBUTIONS

Article 2 : Le haut conseil du dialogue public-privé est l'instance supérieure de concertation entre l'Etat et le secteur privé.

A ce titre, il est chargé, notamment, de :

– mettre en œuvre les orientations du Président de la République en matière d'amélioration de l'environnement des affaires ;

– discuter des questions de nature à favoriser le développement du secteur privé ;

– examiner les propositions, recommandations et délibérations relatives au dialogue public-privé ;

– suivre l'application des mesures validées et en apprécier l'impact sur le secteur privé.

TITRE III : DE L'ORGANISATION

Article 3 : Le haut conseil du dialogue public-privé comprend :

– une coordination

– un comité technique ;

– un secrétariat permanent.

Chapitre 1 : De la coordination du haut conseil du dialogue public-privé

Article 4 : La coordination du haut conseil du dialogue public-privé comprend :

– Président : le Président de la République ;

– Rapporteur : le ministre chargé de la promotion du secteur privé ;
– Rapporteur adjoint : le président de la plate-forme du secteur privé.

1- Des membres avec voix délibérative :

– le directeur de cabinet du Président de la République ;
– le ministre chargé de l'économie et du plan ;
– le ministre chargé de la justice ;
– le ministre chargé du travail ;
– le ministre chargé des finances ;
– le ministre chargé des petites et moyennes entreprises ;
– le ministre chargé du commerce ;
– le ministre chargé des zones économiques spéciales ;
– cinq représentants de la plate-forme du secteur public ;
– douze représentants de la plate-forme du secteur privé ;
– trois représentants de la conférence permanente des chambres consulaires

2- Des membres avec voix consultative :

– les représentants des bailleurs de fonds bilatéraux et multilatéraux.

Article 5 : Le haut conseil du dialogue public-privé se réunit une fois par an en session ordinaire. Toutefois, sur initiative du Président de la République, il peut se réunir en session extraordinaire.

Article 6 : Les réunions du haut conseil du dialogue public-privé peuvent être élargies, en tant que de besoin, à toute autre autorité gouvernementale, à toute personnalité du secteur privé et aux investisseurs potentiels nationaux et/ou étrangers.

Chapitre 2 : Du comité technique du dialogue public-privé

Article 7 : Le comité technique du dialogue public-privé est un organe technique de concertation entre l'Etat et le secteur privé.

Il est chargé, notamment, de :

– apporter un éclairage aux pouvoirs publics et aux acteurs non étatiques, afin de les aider à mieux cibler leurs interventions en matière de promotion des initiatives privées ;
– contribuer à la formulation des politiques économiques et à l'élaboration des textes réglementaires et législatifs ayant une incidence sur l'activité du secteur privé ;
– veiller à l'amélioration et à l'adaptation de l'environnement des affaires ;
– contribuer à la définition des orientations stratégiques et des actions à mener en faveur des acteurs économiques privés ;
– participer à la mise en œuvre des actions de nature à favoriser le développement du secteur privé ;
– veiller à l'harmonisation et à la coordination des actions de promotion du secteur privé arrêtées et mises en œuvre par les ministères, les collectivités locales, les associations professionnelles et les organisations non gouvernementales de développement ;

– contribuer à assurer l'application et le suivi des mesures gouvernementales touchant le secteur privé ;

– donner des avis sur toute proposition de mesure ou de réforme émanant de l'Etat ou des acteurs non étatiques et ayant un impact sur l'activité du secteur privé ;

– soumettre au haut conseil du dialogue public-privé, en cas de consensus du comité technique du dialogue public-privé, sous forme de recommandations ou de délibérations, les décisions prises.

Article 8 : Le comité technique du 'dialogue public-privé comprend deux plates-formes

– la plate-forme du secteur public ;

– la plate-forme du secteur privé.

Article 9 : Le comité technique du dialogue public-privé est présidé par le ministre chargé de la promotion du secteur privé. La vice-présidence est co-assurée par le président de la plate-forme du secteur public et le président de la plate-forme du secteur privé.

Article 10 : Les bailleurs de fonds bilatéraux et multilatéraux sont également membres du comité technique du dialogue public-privé, avec voix consultative.

Article 11 : Le comité technique du dialogue public-privé peut, à titre consultatif, faire appel à toute personne ressource ou mettre en place une commission ad hoc spécialisée en fonction de la nature des questions en examen.

""Article 12 : Les études, rapports et délibérations ou recommandations du comité technique du dialogue public-privé, sont transmis au haut conseil du dialogue public-privé.

Article 13 : Un arrêté du ministre chargé de la promotion du secteur privé fixe les modalités de fonctionnement du comité technique du dialogue public-privé et précis la composition des deux plates-formes.

Chapitre 3 : Du secrétariat permanent

Article 14 : Placé sous l'autorité du ministre chargé de la promotion du secteur privé, le secrétariat permanent est l'organe chargé de la mise en œuvre des décisions du haut conseil du dialogue public-privé.

A ce titre, il est chargé, notamment, de :

– préparer les dossiers techniques à soumettre au comité technique du dialogue public-privé avant leur examen par le haut conseil du dialogue public-privé ;

– préparer la mise en œuvre des décisions arrêtées ou validées par le haut conseil du dialogue public-privé ;

– soumettre au haut conseil du dialogue public-privé, les recommandations ou délibérations issues du comité technique du dialogue public-privé ;

– suivre l'exécution ou la mise en œuvre des décisions du haut conseil du dialogue public-privé ;

– évaluer l'impact des décisions arrêtées et éventuellement proposer des mesures correctives ;

– assurer la communication interne et externe du haut conseil du dialogue public-privé.

Article 15 : Le secrétariat permanent du haut conseil du dialogue public-privé est composé de :

– un secrétaire permanent ;

– un secrétaire permanent adjoint ;

– deux représentants de la plate-forme du secteur public ;

– deux représentants de la plate-forme du secteur privé ;

– des conseillers techniques.

Les membres du secrétariat permanent sont nommés par arrêté du ministre chargé de la promotion du secteur privé.

Article 16 : Un arrêté du ministre chargé de la promotion du secteur privé fixe les modalités de fonctionnement du secrétariat permanent.

iv : DISPOSITIONS DIVERSES^ET FINALES

Article 17 : Les frais de fonctionnement du haut conseil du dialogue public-privé sont à la charge du budget de l'Etat.

Toutefois, le comité technique du dialogue public-privé et le secrétariat permanent peuvent bénéficier des concours financiers privés et des partenaires au développement.

Article 18 : Le présent décret sera enregistré et publié au Journal Officiel de la République du Congo./- 2011 - 258

Par le Président de la République,

Denis SASSOU-N'GUESSO

Le ministre d'Etat, ministre du Développement industriel et de la Promotion du secteur privé,

Rodolf ADADA

Fait à Brazzaville, le

Le ministre des Finances, du Budget et du Portefeuille public,

Gilbert ONDONGO.-

La ministre des Petites, Moyennes Entreprises

Yvonne Adélaïde MOUGANY.-

Le ministre d'Etat, coordonnateur du pôle économique, ministre de l'Economie, du Plan, de l'Aménagement du territoire et de l'Intégration,

Pierre MOUSSA

Le Haut Conseil Dialogue public-privé au Congo-Brazzaville

Inauguré le 15 janvier à Brazzaville, cette structure a pour mission, entre autres, de :

– contribuer à la formulation des politiques économiques ;

– d'élaborer des textes réglementaires et législatifs favorables à l'activité du secteur privé ;

– de veiller à l'amélioration et l'adaptation de l'environnement des affaires en République du Congo.

Ce Conseil aura également le devoir de contribuer à la définition des orientations et actions stratégiques à mener en faveur des acteurs économiques privés et de veiller à leur coordination.

« Le gouvernement réaffirme sa détermination à engager sans délai des réformes additionnelles et complémentaires d'urgence. Il s'agit de relever le défi de l'harmonisation du climat des affaires et hisser le Congo en haut du classement du Doing business.

Evidemment, dans ce but d'améliorer la position du Congo dans ce classement, le gouvernement avait adopté en mai 2014, des réformes devant concourir non seulement à la simplification des procédures, mais également à la réduction des coûts et délais de plusieurs formalités administratives.

D'autres mesures en faveur du climat des affaires

Afin de lever les goulots d'étranglement auxquels se heurtent les actions des opérateurs économiques nationaux et étrangers, quelques mesures urgentes sont prises.

Figurant parmi les recommandations prises à l'issue de l'atelier sur le Doing business, organisé récemment par le Projet d'appui à la diversification de l'économie, ces mesures concernent : la réduction du montant du capital minimum exigé par les textes de l'OHADA lors de la création d'une société anonyme à responsabilité limitée. D'un million de FCFA, ce montant sera ramené à 100.000 FCFA.

Une note circulaire du ministère de la Justice remplacera sous peu, le casier judiciaire par une déclaration sur l'honneur, un des documents constituant le dossier de création d'une entreprise. Le ministère de l'Energie prendra quant à lui, un arrêté fixant le délai de connexion d'une entreprise au réseau moyenne tension.

L'Etat se propose aussi de prendre dans les meilleurs délais, des mesures susceptibles de réduire les coûts et délais de passage d'une marchandise au port autonome de Pointe-Noire, considéré comme l'un des plus chers d'Afrique.

C'est pourquoi, il est impérieux de trouver une solution à la question du double guichet qui réglemente les opérations transfrontalières. Les Guichets uniques transfrontaliers et douaniers devront, selon le ministre de tutelle, se constituer en un.

Créé en 2011 et présidé par le chef de l'Etat, le Haut Conseil du dialogue public-privé est un cadre de concertation entre les acteurs engagés à travailler pour le développement durable et inclusif du Congo.

Le dialogue public-privé, identifié comme facteur incontournable pour un bon climat des affaires en Afrique centrale

Les véritables déterminants d l'investissement en Afrique centrale sont : la gouvernance, la sécurité juridique et judicaire, le développement des infrastructures, la disponibilité et qualité de la main-d'œuvre, l'accès aux financements, et une bonne relation entre le secteur public et le secteur privé. C'est l'avis global d'une soixantaine d'experts et d'opérateurs économiques, qui viennent de conclure une réunion ad hoc de deux jours sur l'amélioration du climat des affaires dans la sous-région, organisée à Douala, au Cameroun, par la Commission Economique des Nations Unies pour l'Afrique – CEA.

Après un riche débat sur les indicateurs utilisés par des institutions internationales pour mesurer le climat des affaires les experts ont estimé que l'Afrique centrale devrait, en plus des indicateurs internationaux, les indicateurs spécifiques et proches de leurs réalités.

Ils ont tout de même constaté les difficultés qu'éprouvent les pays de la sous-région pour attirer les investissements en dehors des industries extractives. Celles-ci sont imputables à des capacités statistiques inadéquates, des pesanteurs administratives et une intégration sous régionale encore faible. Les Etats de la sous-région devraient, donc, s'attaquer à ces difficultés. Ils devraient également encourager davantage la diaspora qui souhaite investir dans la sous-région, prendre des mesures pour réorienter les investissements vers l'industrie et les services modernes et rationaliser, et coordonner les structures publiques en charge de la promotion des investissements, entre autres mesures.

Cérémonies protocolaires

Malgré tous les efforts fournis par les Etats de l'Afrique centrale pour améliorer leur environnement des affaires, les réformes engagées n'ont pas encore apporté le changement attendu. Cela a inspiré plusieurs actions du Gouvernement camerounais dans le cadre de sa Stratégie pour la Croissance et l'Emploi, parmi lesquels – un cadre de l'amélioration du climat des affaires « à travers le renforcement du suivi du dialogue sur le climat des affaires avec le secteur privé, la poursuite de l'harmonisation du cadre juridique avec le droit OHADA et la mise en œuvre de la Charte des investissements.

Note sur la participation

Ont pris part aux travaux, les experts des Ministères en charge du commerce et les représentants des chambres consulaires ainsi que ceux du secteur privé des pays ci-après : le Burundi, le Cameroun, le Congo, la République Centrafricaine, la République Démocratique du Congo, le Gabon, la Guinée Equatoriale et le Tchad.

Ont également participé aux travaux les représentants de la Commission de l'Union Africaine (CUA), du Secrétariat Général de la Communauté Economique des Etats de l'Afrique Centrale (CEEAC), de la Commission Economique et Monétaire de l'Afrique Centrale (CEMAC), du Comité de Pilotage de la Rationalisation des Communautés Economiques Régionales en Afrique Centrale (COPIL/CER-AC), de la Coordination Régionale du NEPAD en Afrique Centrale (CR/NEPAD-AC), de la Banque Africaine de Développement (BAD), de l'Organisation Africaine de la Propriété Intellectuelle (OAPI), de la Commission Régionale des Pêches du Golfe de Guinée (COREP), de la Commission Economique du Bétail, de la Viande et des Ressources Halieutiques (CEBEVIRHA), de l'Organisation de Coordination pour la Lutte Contre les endémies en Afrique Centrale (OCEAC), de l'Organisation pour l'Harmonisation en Afrique du Droit des Affaires (OHADA) de la Commission Internationale du Bassin Congo-Oubangui-Sangha (CICOS), de l'Institut Sous-régional de statistiques et d'Economie Appliquée (ISSEA), de l'Institut Sous Régional Multi sectoriel des Technologies Appliquées, de Planification et d'Evaluation des Projets (ISTA) et de l'Agence de Promotion des Investissements (API) du Cameroun.

LES ATOUTS D'ORDRE FINANCIER ET LES PARTENARIATS PUBLIC-PRIVE (PPP) SELON L'APPROCHE DE LA BANQUE AFRICAINE DE DEVELOPPEMENT

Les partenariats public-privé (PPP) sont apparus au cours des années1990, comme moyens de favoriser le développement, en rééquilibrant l'insuffisance des investissements, en affaiblissant la pression croissante qui s'exerce sur le budget de l'Etat et en répondant à l'inefficacité des services fournis par des entreprises et organismes étatiques.

Les PPP se sont développés, pour l'essentiel, dans les infrastructures économiques physiques, telles que l'énergie électrique, les transports, les télécommunications, l'eau et l'assainissement. La volonté de parvenir à plus d'efficacité et à de meilleurs services, ainsi que le volume limité des ressources publiques disponibles pour financer de tels services, amènent de plus en plus les gouvernements à améliorer leur approche des partenariats public-privé.

Désormais, s'ils veulent susciter davantage de PPP en Afrique, les Etats doivent assainir l'environnement économique. De sérieuses contraintes existent actuellement dans de nombreux pays. Elles tiennent à l'inadéquation du cadre juridique et réglementaire des PPP, à l'absence de compétences techniques à même de gérer les programmes et projets de PPP, à la perception défavorable du risque-pays chez les investisseurs, au poids limité de l'Afrique dans les échanges commerciaux et l'investissement au plan mondial, à la taille réduite du marché, aux infrastructures insuffisantes et aux marchés financiers limités.

La BAD encourage donc les pays africains à se doter du cadre juridique et réglementaire adapté aux PPP, et à faciliter la mise en place de réseaux et le partage d'expériences entre les Agences de régulation et d'autres organisations apparentées.

Le Département des opérations du secteur privé est un acteur clé, en tant que prêteur et conseil des pays membres régionaux en matière d'appui aux PPP dans les secteurs prioritaires, dans les infrastructures de base telles que les transports et la production énergétique, essentiels au développement économique de l'Afrique, mais également les industries, les services et l'agroalimentaire, afin de consolider la sécurité alimentaire sur le continent.

Enfin, l'équipe de la BAD collabore avec les départements-pays et régionaux de la Banque, pour identifier les domaines de dialogue stratégique et les interventions permettant d'aider les gouvernements des pays membres régionaux (PMR) à faciliter les PPP. La Banque encourage aussi, et établit de solides partenariats avec des banques de développement multilatérales, régionales et nationales, des institutions financières du secteur privé et d'autres acteurs clés, dans le but d'encourager le développement des infrastructures et les PPP sur le continent.

La situation financière des entreprises. Les lois de finances adoptées chaque année dans les pays de l'espace OHADA ont un impact majeur sur la vie des sociétés commerciales, non seulement sur le plan juridique, mais aussi, et de façon plus générale, sur la chaîne de la fiscalité, de l'économie et de la gestion.

C'est, en effet, pour permettre aux PME/PMI de prendre en compte les contraintes édictées par ces différentes lois que les Agences nationales de promotion et de garantie de financement ainsi que des Fonds de soutien aux PME/PMI ont été créés.

Le plus souvent, les mesures nouvelles introduites dans ces lois de finances sont axées sur des objectifs précis : l'amélioration des recettes, la lutte contre la pauvreté, la réduction du chômage, l'amélioration des conditions de vie des populations et la relance de l'économie nationale par l'augmentation de la consommation et l'investissement.

Ces lois tiennent aussi compte de l'environnement économique international, marqué heureusement par une reprise progressive des activités dans les pays développés malgré l'effondrement des cours des matières premières. Au premier semestre 2016, par exemple, au Bénin, Cameroun, Sénégal et au Niger, l' on a observé la baisse de la proportion des entreprises, dont la situation financière a été jugée mauvaise, passant de 60,1 % à 57,6 %, tandis que la proportion des entreprises, dont la situation financière a été stable, est passée de 38,8 % à 41,7 %.

Cependant, l'analyse globale de la situation financière, ne reflète pas les évolutions observées au niveau des différentes catégories d'entreprises. En effet, au 1er semestre 2016, la situation financière est jugée mauvaise pour 15,9 % des grandes entreprises au Congo, Burkina Faso, Côte d'Ivoire, Gabon et au Togo, tandis que les petites et moyennes entreprises, qui ont connu des situations financières difficiles représentent entre 51,9 % et 79,6 %. Pourtant, pour la même période, les entreprises du même secteur au Mali, Tchad, Guinée et en République Démocratique du Congo ont réalisé des performances entre 78,6 % et 83,1 %.

Notons que notre enquête réalisée dans la période 2015-2016 est basée sur un échantillon d'environ 200 entreprises locales les plus connues, tirées dans une base de sondage, constituée de 4.134 entreprises au total.

SIXIÈME PARTIE

LE CODE DES INVESTISSEMENTS DE LA RÉPUBLIQUE DÉMOCRATIQUE DU CONGO

DECRET N° 12/046 DU 01 NOVEMBRE 2012 PORTANT MESURES D'APPLICATION DU CODE DES INVESTISSEMENTS

Le Premier Ministre,

Vu la Constitution, telle que modifiée par la Loi n°11/002 du 11 janvier 2011 portant modification de certains articles de la Constitution de la République Démocratique du Congo spécialement en son article 92 ;

Vu la Loi n° 004/2002 du 21 Février 2002 portant Code des Investissements ;

Vu l'Ordonnance n° 12/003 du 18 avril 2012 portant nomination d'un Premier Ministre ; Vu l'Ordonnance n° 12/004 du 28 avril 2012 portant nomination des Vice-Premiers Ministres, Ministres et Vice-Ministres ;

Vu l'Ordonnance n° 12/007 du 11 juin 2012 portant organisation et fonctionnement du Gouvernement, modalités pratiques de collaboration entre le Président de la République et le Gouvernement ainsi qu'entre les Membres du Gouvernement ;

Vu l'Ordonnance n° 12/008 du 11 juin 2012 fixant les attributions des Ministères ;

Vu le Décret n° 09/33 du 08 août 2009 portant statuts, organisation et fonctionnement de l'Agence Nationale pour la Promotion des investissements (ANAPI) ;

Sur proposition du Ministre du Plan et Suivi de la Mise en Œuvre de la Révolution de la Modernité ;

Le Conseil des Ministres entendu ;

Décret :

CHAPITRE I : DES DISPOSITIONS GENERALES

Article 1er : Le présent Décret a pour objet de déterminer les modalités pratiques d'application de la Loi n° 004/2002 du 21 février 2002 portant Code des Investissements, ci-après désignée

« Code des Investissements ».

Article 2 :

– Au sens du Code des Investissements et du présent Décret, il faut entendre par :

1. Agrément : la décision d'admission d'un projet d'investissement au régime général du Code des Investissements prise par le Conseil d'Agrément de l'Agence Nationale pour la Promotion des Investissements et soumise à l'approbation, par Arrêté Interministériel, des Ministres compétents ;
2. Avance des associés : prêts consentis par des associés ou actionnaires à l'entreprise pour son fonctionnement ;
3. Autofinancement : ensemble de moyens générés par l'entreprise pouvant financer les investissements ;
4. Biens d'équipements : biens nécessaires à la réalisation de l'investissement projeté par l'investisseur ;
5. Coût du projet : ensemble de dépenses effectuées ou à effectuer pour réaliser le projet d'investissement ;
6. Crédit ou prêt : intervention financière remboursable dont bénéficie l'investisseur, sous condition, d'une institution financière pour réaliser son projet ;
7. Entité économique : entreprise, publique ou privée, quelle qu'en soit la forme, constituée conformément au droit congolais ;
8. Intrant : tout bien intermédiaire au processus de production, de fabrication, de façonnage, de transformation ou de conditionnement de produits ;
9. Intrants industriels : tous produits ou biens nécessaires au processus de production, de fabrication, de façonnage, de transformation ou de conditionnement des unités industrielles ;
10. Investissement Direct, visé au point b) de l'article 2 du Code des Investissements : tout investissement de création, d'extension, de modernisation ou de diversification, destiné à la production des biens et services, envisagé par une entreprise nouvelle ou existante ;
11. Investissement Etranger Direct (I.E.D.) : tout investissement dont la participation étrangère dans le capital social d'une entreprise dans laquelle l'investissement est réalisé, est au moins égal à 10 %. Les investissements des non-résidents sont assimilés aux investissements Etrangers Directs, et ceux des résidents, aux investissements des nationaux ;
12. Projet d'investissement : montage financier, économique et technique portant sur la réalisation d'une activité précise sur un site bien déterminé ;
13. Raisons valables motivant le retard dans la réalisation du programme d'investissement : le cas de force majeure, entendue comme tout événement imprévisible, irrésistible, insurmontable et indépendant de la volonté du promoteur, l'empêchant malgré ses efforts, d'exécuter comme prévu, en tout ou en partie, ses obligations ou occasionnant un retard dans l'exécution de celles-ci.

Article 3 : Sans préjudice des garanties générales prévues au Titre V du Code des Investissements, l'Agence Nationale pour la Promotion des

Investissements (ANAPI) accorde ses services à tous les investisseurs nationaux et étrangers exerçant en République Démocratique du Congo, une activité licite, agréée ou non au régime général du Code des Investissements. Les avantages douaniers, fiscaux et parafiscaux prévus aux Titres III et IV du Code des Investissements, ne sont reconnus qu'aux projets agréés par l'Agence Nationale pour la Promotion des Investissements (ANAPI) au régime général du Code des Investissements.

Article 4 : Sans préjudice des dispositions légales et réglementaires en la matière, l'investisseur jouit d'une pleine et entière liberté économique et concurrentielle. A ce titre, il a notamment la liberté de :

– acquérir les biens, droits et concessions de toute nature, nécessaires à son activité, tels que les biens fonciers, mobiliers, immobiliers, commerciaux, industriels ou forestiers ;

– disposer de ces droits et biens acquis ;

– faire partie de toute organisation professionnelle de son choix ;

– choisir ses modes de gestion technique, commerciale, juridique, sociale et financière ;

– choisir ses fournisseurs et prestations de services ainsi que ses partenaires ;

– participer aux appels d'offres de marchés publics, sur l'ensemble du territoire national.

Article 5 : Les dispositions du Code des Investissements ne s'appliquent pas aux secteurs ci- après :

1. Mines, en ce qui concerne les opérations de prospection, de recherche, d'exploitation, de traitement, de transport et de commercialisation des substances minérales. Conformément à l'Article 219 alinéa 4 de la Loi n° 007/2002 du 11 juillet 2002 portant Code Minier, les activités de recherches des produits de carrières ou d'exploitation de carrières et des produits de carrières sont régies par les dispositions du Code des Investissements ;

2. Hydrocarbures. Toutefois, les investissements consistant en des services tels que le transport des hydrocarbures par pipeline ou par tout autre moyen, ainsi que les investissements en infrastructures de leur stockage ou de leur distribution, sont éligibles au régime général du Code des Investissements ;

3. Activités commerciales, consistant en la revente en l'état, sans apport d'une quelconque valeur ajoutée, des produits achetés à l'extérieur de l'entreprise ;

4. Assurances et Réassurances ;

5. Production d'armement et des activités connexes militaires ;

6. Production d'explosifs ;

7. Assemblage des équipements et des matériels militaires et paramilitaires ou des services de sécurité ;

8. Production d'armement et activités militaires et paramilitaires ou des services de sécurité. Les dossiers d'investissement relevant des secteurs non

régis par le Code des Investissements sont communiqués à l'Agence Nationale pour la Promotion des Investissements (ANAPI) pour son avis technique.

Article 6 : Les dispositions du Code des Investissements s'appliquent notamment aux secteurs ci- après :

1. Infrastructures routières, portuaires, aéroportuaires, ferroviaires et génie civil ;
2. Agriculture, pêche, élevage, foresterie et activités de stockage des produits d'origine végétale, animale ou halieutique ;
3. Industrie manufacturière de production ou de transformation :
   - Industrie des matériaux de construction ;
   - Industrie métallurgique ;
   - Industrie du bois ;
   - Industrie d'emballage ;
   - Industrie agro-alimentaire ;
   - Industrie textile ;
   - Industrie pharmaceutique ;
4. Tourisme, aménagements et industries touristiques et autres activités hôtelières ;
5. Industries culturelles (livre, disque, cinéma, centres de documentations, centre de production audio-visuelle etc.) ;
6. Energie (eau et électricité) ;
7. Services exercés dans les sous-secteurs suivants :
   - Santé ;
   - Education et formation ;
8. Montage et maintenance d'équipements industriels ;
   - Télé-services ;
   - Transports (routier, fluvial, lacustre, maritime, aérien et ferroviaire) ;
   - Construction des infrastructures d'entreposage ou de distribution des biens et services (complexes commerciaux, super marchés, stations-services, chambres froides, parcs industriels, zones touristiques, etc.) ;
   - Cyber-village et centres artisanaux ;
   - Télécommunication et technologie de l'information ;
   - Assemblage.
9. Immobilier.

CHAPITRE II : DES CONDITIONS ET DE LA PROCEDURE D'AGREMENT

Article 7 : Tout projet d'Investissement présenté par une Petite et Moyenne Entreprise(PME) ou Petite et Moyenne Industries (PMI) dont le coût est supérieur à 200.000 USD est éligible aux avantages du Code des Investissements.

Dans ce cas, il ne bénéficie pas des avantages particuliers liés à la qualité de PME/PMI prévus au Titre IV du Code des Investissements.

Article 8 : L'engagement à respecter la réglementation en matière de protection de l'environnement et de la conservation de la nature prévu à l'article 8 du Code des Investissements est constaté par écrit signé par l'investisseur ou son délégué.

Aux fins d'en assurer le suivi, l'Agence Nationale pour la Promotion des Investissements transmis cet écrit aux services compétents de l'Environnement et de la Conservation de la Nature.

Article 9 : L'engagement à former le personnel national aux fonctions techniques spécialisées et aux fonctions d'encadrement et de responsabilité prévu à l'article 8 du Code des Investissements est constaté par écrit signé par l'investisseur ou son délégué.

Article 10 : Tout dossier de demande d'agrément déposé à l'Agence Nationale pour la Promotion des Investissements comprend les éléments ci-après :

– La lettre de demande d'agrément adressée au Directeur Général de l'Agence Nationale pour la Promotion des Investissements ;

– Un exemplaire du projet d'investissement présenté sous forme d'une étude de faisabilité selon le modèle en annexe 1 du présent Décret, signée par l'Investisseur ou son mandataire ;

– Une liste des équipements et matériels à importer ;

– Une copie des statuts notariés et du formulaire d'immatriculation au nouveau registre de commerce lorsque l'Investisseur est une société commerciale ;

– Une copie de la lettre d'attribution du numéro impôt ;

– La preuve de paiement des frais de dépôt du dossier ;

– Tous autres documents utiles, notamment la licence d'exploitation, le titre de propriété et le contrat de partenariat.

Article 11 : Sous peine de la nullité d'agrément, l'examen de tout dossier de demande d'agrément n'est réalisé que par l'Agence Nationale pour la Promotion des Investissements.

Article 12 : Le traitement du dossier de demande d'agrément par l'Agence Nationale pour la Promotion des Investissements ne peut dépasser 15 jours ouvrables à dater du jour du dépôt dudit dossier.

L'Agence Nationale pour la Promotion des Investissements peut surseoir à l'examen d'un dossier en traitement pour requérir un complément d'informations. En ce cas, la décision de surséance est immédiatement communiquée à l'Investisseur ou à son Délégué par lettre du Directeur Général de l'Agence Nationale pour la Promotion des Investissements ou de son délégué. La décision de demande de complément d'information à l'Investisseur interrompt le délai légal de traitement du dossier de 30 jours.

Article 13 : La décision d'agrément ou de refus d'agrément prise par le Conseil d'Agrément de l'Agence Nationale pour la Promotion des Investissements est constatée par un procès- verbal. Elle est communiquée à l'Investisseur par une lettre du Directeur Général de l'Agence Nationale pour la Promotion des Investissements ou de son Délégué le jour qui suit celui auquel la décision a été prise. En cas de refus, la décision doit être motivée et faire ressortir la non-conformité de la demande aux conditions d'éligibilité de ce projet aux avantages du Code des Investissements.

Article 14 : Dans les deux jours qui suivent la décision d'agrément prise par le Conseil d'Agrément, l'Agence Nationale pour la Promotion des Investissements transmet au Ministre ayant le Plan dans ses attributions par lettre de son Directeur Général, le dossier relatif au projet agréé, en ce compris le procès-verbal de la réunion du Conseil d'Agrément, la note d'analyse et le projet de l'Arrêté Interministériel pour l'approbation de l'agrément intervenu. Le Ministre ayant le Plan dans ses attributions transmet immédiatement, après traitement dans le délai lui imparti par l'article 15 ci-dessous, le dossier au Ministre ayant les Finances dans ses attributions.

Article 15 : Les Ministres ayant respectivement le Plan et les Finances dans leurs attributions ont chacun 7 jours ouvrables pour la signature de l'Arrêté Interministériel d'agrément leur transmis par l'Agence Nationale pour la Promotion des Investissements. Le délai prévu ci-dessus court, pour le Ministre ayant le Plan dans ses attributions, à dater de la réception du dossier transmis par l'Agence Nationale pour la Promotion des Investissements et pour le Ministre ayant les Finances dans ses attributions, à partir de la réception du dossier, en ce compris, l'Arrêté interministériel d'agrément revêtu de la signature du Ministre ayant le Plan dans ses attributions, ou le cas échéant, les observations négatives de ce dernier. Le dossier, en ce compris l'Arrêté Interministériel d'agrément co-signé par le Ministre ayant les Finances dans ses attributions ou les observations négatives de ce dernier est retourné au Cabinet du Ministre ayant le Plan dans ses attributions pour transmission à l'Agence Nationale pour la Promotion des Investissements, qui en assure par la suite la notification à l'Investisseur.

Article 16 : Lorsque le Ministre ayant le Plan dans ses attributions ou le Ministre ayant les Finances dans ses attributions décide de ne pas signer l'arrêté prévu à l'article précédent, il le signifie à l'Agence Nationale pour la Promotion des Investissements par lettre, en faisant ressortir la non-conformité du dossier aux conditions exigées pour l'éligibilité. L'Agence Nationale pour la Promotion des Investissements en informe à son tour, par lettre, l'Investisseur. L'information à l'Investisseur est interruptive du délai légal de 30 jours de traitement du dossier.

Article 17 : L'Arrêté Interministériel d'agrément est signé par les Ministres compétents et remis à l'Investisseur dans le délai de 30 jours maximum à compter du jour du dépôt du dossier de demande d'agrément à l'Agence Nationale pour la Promotion des Investissements. Passé ce délai, l'agrément est réputé accordé. Dans ce cas, les régies financières ainsi que l'Agence Nationale pour la promotion des Investissements, sont tenues de faire jouir à l'investisseur tous les avantages douaniers, fiscaux et parafiscaux découlant de l'agrément tels que prévus par le régime général du Code des Investissements, sur présentation du récépissé du dépôt du dossier signé par le Directeur Général de l'Agence Nationale pour la Promotion des Investissements ou son délégué. La liste des équipements, matériels et outillage admis en exonération doit cependant être revêtue de signatures des personnes indiquées à l'alinéa 1er de l'article 26 du présent Décret.

CHAPITRE III : DES AVANTAGES DECOULANT DE L'AGREMENT

Article 18 : Tout projet d'investissement agréé bénéficie des avantages, garanties et autres facilités prévus par le régime général du Code des Investissements.

Article 19 : Les avantages du Régime Général du Code des Investissements sont reconnus au projet d'investissement et non à l'Investisseur. En application de l'article 18 dudit Code, un même projet ne peut bénéficier plus d'une fois, des avantages du Code.

Article 20 : La jouissance des avantages prévus par le régime général du Code des investissements se réalise en deux phases conformément au planning de réalisation prévu par l'Investisseur. En phase de réalisation, l'investisseur bénéficie des avantages ci-après :

– l'exonération totale des droits et taxes à l'importation sur les machines et l'outillage et le matériel neufs ou d'occasion selon le cas, les pièces de rechange de première dotation ne dépassant pas 10 % de la valeur CIF desdits équipements ;

– l'exonération totale de l'impôt foncier ;

– l'exonération du droit proportionnel lors de la constitution des sociétés ou de l'augmentation de leur capital social ;

– le remboursement de la somme acquittée au titre de la Taxe sur la Valeur Ajoutée pour l'import. En phase d'exploitation, l'investisseur bénéficie, outre des avantages courants prévus à l'alinéa précédent non encore échus, des avantages ci-après :

– l'exonération de l'impôt professionnel sur les revenus ;

– l'exonération des droits et taxes à l'exportation des droits et taxes à l'exportation de tout ou partie de leurs produits finis, ouvrés ou semi-ouvrés dans des conditions favorables pour la balance des paiements.

Plusieurs projets de nature différente, présentés par un même promoteur, bénéficient distinctement des avantages prévus au Régime Général du Code. Il en est de même de plusieurs projets de même nature présentés par un même investisseur, mais localisés dans plusieurs provinces ou dans plusieurs sites.

Article 21 : La détermination de la région économique à laquelle se rapporte le projet d'investissement est fonction du site d'implantation physique de l'investissement envisagé.

La durée des avantages prévus par le Code des investissements pour tout projet à cheval sur plusieurs régions économiques est celle correspondant à chaque région économique pour l'investissement y localisé.

Article 22 : Les droits et taxes à l'importation et à l'exportation prévus aux articles 10, 11, 12 et 30 du Code des investissements comprennent :

– Les droits de douane à l'importation ;
– Les droits de douane à l'exportation ;
– Les taxes administratives perçues à l'initiative de l'administration chargée des recettes non fiscales, à l'exclusion de redevances et commissions représentant la rémunération d'un service ou d'une prestation, à l'occasion de l'importation des équipements, matériels, outillages, ou de l'exportation des produits finis, ouvrés ou semi-ouvrés.

Article 23 : La liste des biens à importer en exonération figurant en annexe de l'Arrêté Interministériel d'approbation de l'agrément est présentée conformément au modèle en annexe 2 du présent Décret. Il doit y être précisé le caractère neuf ou de seconde main selon le cas, desdits biens concernés, ainsi que leur nomenclature usuelle et leur valeur CIF.

Article 24 : Les équipements nécessaires, au sens de l'article 11 du Code des Investissements, sont ceux estimés utiles par l'Investisseur à la réalisation de son projet d'investissement et approuvés par le Conseil d'Agrément, sans toutefois qu'ils ne puissent revêtir un caractère étranger ou exagéré par rapport au projet envisagé.

Article 25 : Aux fins de facilitation de la réalisation de l'investissement, la décision d'agrément visée à l'article 14 du présent Décret peut, en cas de nécessité, être présentée par l'Investisseur à l'Administration douanière, pour l'enlèvement autorisé des équipements, matériels et outillage. Dans ce cas, les biens concernés par la procédure ci-dessus, doivent figurer sur la liste des équipements, matériels et outillage annexée au projet d'Arrêté Interministériel d'approbation de l'Agrément, dûment signée par le Directeur Général de l'Agence Nationale pour la Promotion des Investissements, les Délégués des administrations douanière et fiscale au Conseil d 'Agrément. Le refus d'approbation de l'Agrément par les Ministres compétents, entraîne la déchéance des avantages accordés au titre d'enlèvement autorisé.

Article 26 : Conformément aux dispositions de l'Article 13 du Code des Investissements, l'exonération de l'impôt professionnel sur les revenus liée aux projets d'extension, de modernisation ou de diversification ne concerne que la tranche du bénéfice générée par l'investissement nouveau réalisé et ce, au prorata entre l'investissement nouveau et l'investissement ancien. L'Investisseur est tenu, dans ce cas, de présenter deux comptabilités séparées se rapportant l'une à l'ancien investissement et l'autre au nouvel investissement.

Article 27 : Les investisseurs agréés qui ont acquitté la Taxe sur la Valeur Ajoutée (TVA) ont droit au remboursement dans les conditions et selon les modalités arrêtées par l'Administration fiscale.

Article 28 : La prorogation de la durée des avantages pour un même projet d'investissement est prohibée. Toutefois, si pour des raisons évidentes, il manque un ou quelques équipements nécessaires pour la réalisation d'un projet d'investissement déjà agréé, l'Investisseur peut solliciter et obtenir l'agrément d'une liste additive desdits équipements par un arrêté interministériel complémentaire, pourvu que la période de réalisation ne soit pas encore expirée.

Article 29 : La durée des avantages douaniers et parafiscaux est limitée à celle de réalisation du projet conformément au planning de réalisation approuvé par l'Arrêté Interministériel des Ministres ayant le Plan et les Finances dans leurs attributions. Cependant, pour le projet à cheval sur plusieurs zones économiques, ladite durée ne dépassera pas celle la plus longue, reconnue aux autres avantages.

Article 30 : L'exonération de l'impôt foncier visé à l'article 16 du Code des Investissements n'est admise que si la concession foncière ou la superficie bâtie est liée uniquement au projet agréé, et dans la mesure où l'Investisseur a légalement la charge de l'impôt. Il en est ainsi s'il est propriétaire d'un bâtiment ou concessionnaire des terrains non bâti, ou encore s'il occupe en vertu d'un bail, des concessions ou bâtiment faisant partie du domaine privé de l'Etat ou des Entités Administratives Décentralisées. Cette exonération prend effet le 1er janvier de l'année qui suit celle de l'établissement du certificat d'enregistrement au nom de l'Investisseur ou de la mutation des terrains et bâtiments, la mutation des droits fonciers devant intervenir obligatoirement dans les six mois de l'acquisition.

Article 31 : En application des prescrits de l'article 15 du Code des Investissements, l'exonération du droit proportionnel lors de la constitution des Sociétés par Actions à Responsabilité Limitée (SARL), de l'augmentation du capital social dûment prouvée et du droit fixe lors de la création des sociétés autres que les SARL, n'est reconnue qu'au projet de création. Les promoteurs ayant antérieurement constitué lesdites sociétés, lorsqu'ils sont dans l'impossibilité juridique de jouir de l'avantage visé à l'alinéa précédent, ont le droit de se prévaloir à l'encontre de l'Etat d'une créance, dont le montant est égal à celui du droit proportionnel et de droit fixe qu'elles ont payé avant d'être agréées au Régime Général du Code. Un Arrêté Interministériel des Ministres ayant le Plan et les Finances leurs attributions, détermine les conditions de récupération de la créance visée à l'alinéa 2 du présent article.

Article 32 : Le projet d'utilité publique visé à l'article 10 du Code des Investissements, peut être initié aussi bien par l'Etat, une province, une entreprise publique ou d'économie mixte que par une entreprise privée. Les projets sont reconnus d'utilité publique lorsqu'ils portent sur :

– Le matériel d'exploitation des entreprises de transport public ;

– Les infrastructures à caractère social ;

– Les infrastructures des voies de communication par air, eau, rail ou route, en ce compris les ports et les aéroports ;

– Les infrastructures des entreprises de transport par pipe-line ou par téléphérique ;

– Les infrastructures des entreprises de captage, de transport ou de distribution d'eau ;

– Les infrastructures des entreprises de production, de transport ou de distribution d'énergie électrique ;

– Les infrastructures des entreprises de télécommunications.

Article 33 : Le projet d'utilité publique peut, selon le cas, bénéficier de l'intégralité des avantages du Régime Général ou uniquement des droits et taxes à l'importation. Dans le premier cas, lorsque notamment l'Investisseur privé développe le projet à titre personnel ou en partenariat avec les entités publiques, il devra déposer à l'Agence Nationale pour la Promotion des Investissements (ANAPI), le dossier visé à l'article 5 de la Loi n° 004/2002 du 21 février 2002 portant Code des Investissements. Dans le second cas, les avantages douaniers concernés sont accordés sur requête contenant la liste des machines, matériel et outillage à importer.

Article 34 : Les projets relevant des Marchés publics, soumis à l'ANAPI, bénéficient uniquement de l'exonération des droits et taxes à l'importation, en vertu de prescrits de l'article 10 de la Loi n° 004/2002 du 21 février portant Code des Investissements.

Article 35 : Sans préjudice des prescrits de l'article 14 de la Loi n° 004/2002 du 21 février 2002 portant Code des Investissements, les investissements en infrastructures socio- économiques, telles qu'écoles, hôpitaux, routes et infrastructures sportives, en sus du projet de base, bénéficient uniquement de l'amortissement dégressif. Ils ne sont pas éligibles aux avantages fiscaux et douaniers du Régime Général dudit Code.

CHAPITRE IV : DES OBLIGATIONS DES ENTREPRISES AGREEES

Article 36 : Les données significatives relatives au degré de réalisation de l'investissement et de l'exploitation visées par l'article 31 du Code des Investissements que les entreprises agréées sont tenues de communiquer semestriellement à l'Agence Nationale pour la Promotion des Investissements concernent :

– les équipements importés et aux acquisitions locales ;
– la production réalisée ;
– la création des emplois et au niveau des rémunérations allouées ;
– les impôts, droits et taxes acquittés dans le cadre du projet ;
– les exonérations des droits et taxes effectivement obtenus ;
– les exonérations fiscales effectivement obtenues ;
– les financements reçus de l'étranger ;
– les mesures de protection de l'environnement.

Article 37 : L'interdiction de cession, de transfert ou de changement de destination ou d'usage des matériels, outillage et biens d'équipements prévue à l'article 32 du Code des Investissements vise lesdits matériels envisagés dans leur état meuble. Elle ne s'applique pas lorsque les matériels, outillage et biens d'équipements importés sont incorporés dans une construction à laquelle ils étaient destinés, et que celle-ci fait l'objet de cession ou de transfert.

CHAPITRE V : DES SITUATIONS POUVANT AFFECTER LA REALISATION DU PROJET AGREE

Article 38 : En cas de force majeure, une entreprise agréée peut être autorisée à poursuivre la réalisation de son projet d'investissement sous le régime du Code des Investissements, notamment lorsqu'il est établi qu'elle n'a pu réaliser son projet d'investissement ou en entamer la réalisation. Dans ce cas, l'Investisseur saisit le Ministre ayant le Plan dans ses attributions avec copie au Ministre ayant les Finances dans ses attributions. Le Ministre ayant le Plan dans ses attributions instruit l'Agence Nationale pour la Promotion des Investissements (ANAPI) pour réaliser l'enquête administrative et se prononcer sur la véracité des faits. Si la requête est fondée, l'Arrêté Interministériel d'agrément initial est complété ou modifié en conséquence.

Article 39 : Sans préjudice des dispositions de l'article 11 du Code des Investissements, la liste des équipements en annexe à l'Arrêté Interministériel d'agrément peut être modifiée lorsqu'il est établi, après vérification et avis du Conseil d'Agrément de l'Agence Nationale pour la Promotion des Investissements, que certains matériels facilitant la réalisation du projet ont été omis du fait des services. La modification peut être également obtenue lorsque l'Investisseur établit que les matériels et équipements initialement prévus ne sont plus de nature à assurer une bonne réalisation de l'investissement eu égard à l'évolution de la technologie.

Article 40 : Lorsqu'une entreprise dont le projet d'investissement est agréé aux avantages du Code des Investissements est rachetée ou acquise par une nouvelle entreprise différente de l'entreprise agréée et apportant réellement des capitaux frais, cette nouvelle entreprise est de plein droit subrogée aux droits et obligations de l'ancienne entreprise découlant de l'agrément. Les avantages ainsi accordés à l'entreprise initiale sont d'office transférés tels quels à la nouvelle entreprise.

En cas d'introduction, dans une entreprise dont le projet d'investissement a été agréé aux avantages du Code des investissements, d'un ou de plusieurs associés ou actionnaires détenant la majorité du capital social, apportant réellement des capitaux frais et modifiant ou modernisant substantiellement le projet d'investissement agréé, l'entreprise en résultant considérée comme différente de l'ancienne, a le droit de faire agréer son nouveau projet aux avantages du Code des Investissements.

CHAPITRE VI : DU SUIVI, DU CONTROLE ET DE L'EVALUATION DES PROJETS AGREES

Article 41 : Le suivi des projets agréés au Code des investissements est assuré par l'Agence Nationale pour la Promotion des Investissements, les Administrations douanière, fiscale et des recettes non fiscales ainsi que l'Administration du Ministère du Plan, chacune dans le strict cadre de ses attributions.

Article 42 : L'Agence Nationale pour la Promotion des Investissements assure un suivi d'accompagnement du projet dans l'objectif de déceler les difficultés auxquelles est confronté l'Investisseur, notamment celles à caractère économique ou administratif pouvant gêner l'exécution du projet, et l'aider à respecter ses engagements par la réalisation effective du projet agréé. Le suivi dont question à l'alinéa précédent consiste notamment à relever les informations concernant :

- le démarrage effectif du projet ;
- l'acquisition des équipements et matériels ;
- la création des emplois et le respect de la rémunération proposée ;
- le respect du programme de formation du personnel ;
- la production ;
- le respect du planning d'exécution du projet.

L'Agence Nationale pour la Promotion des Investissements veille au respect des engagements souscrits par l'Investisseur.

Article 43 : L'Administration douanière assure le suivi des importations réalisées dans le cadre du Code des Investissements et effectue le contrôle de destination des biens importés en exonération.

Article 44 : L'Administration fiscale contrôle le respect des obligations fiscales par l'Investisseur.

Article 45 : L'Administration des recettes non fiscales vérifie la conformité des avantages accordés à l'Investisseur dans les matières de sa compétence et contrôle le respect par ce dernier des obligations y relatives.

Article 46 : L'évaluation de l'Administration du Plan porte essentiellement sur l'analyse des impacts des projets sur le plan du développement national.

Article 47 : A toutes fins utiles, tous les services visés à l'article 41 ci-dessus sont tenus de communiquer par écrit à l'ANAPI, les rapports de leurs vérifications ou évaluations effectuées.

CHAPITRE VII : DES SANCTIONS

Article 48 : En application de l'article 34 de la loi n° 004/2002 du 21 février 2002 portant Code des Investissements, le manquement par une entreprise admise au Régime du Code, aux engagements auxquels elle a souscrit ou les violations des dispositions légales entraîne le retrait de l'agrément.

Cependant, le retrait de l'agrément ne peut intervenir qu'après une mise en demeure adressée à l'Investisseur et non suivi d'effets dans le délai lui imparti. Le délai visé à l'alinéa précédent est de 30 jours ouvrables. Il court à dater de la réception de la lettre de mise en demeure, le récépissé faisant foi.

Article 49 : En cas de manquement aux engagements souscrits ou de violation des dispositions légales constaté par les Administrations compétentes visées à l'article 41 du présent Décret, ou par l'Administration de l'Environnement ou de l'Emploi, il est fait rapport au Conseil d'Agrément aux fins de proposer la mise en demeure. Lorsque la mise en demeure est ainsi faite, le Conseil d'Agrément en constate, dans le délai imparti, les effets et propose le cas échéant, à l'autorité compétente, la sanction y afférente.

CHAPITRE VIII : DES DISPOSITIONS TRANSITOIRES ET FINALES

Article 50 : Dans le cadre du respect de ses engagements par l'Etat, et en application des dispositions de l'article 39 du Code des Investissements, les avantages et garanties consentis antérieurement aux investisseurs en vertu de l'Ordonnance-Loi n° 86-028 du 5 avril 1986 portant Code des Investissements, et des conventions conclues avec le Gouvernement, leur restent acquis. Toutefois, les investisseurs dont les projets ont été agréés sous le Régime de l'ancien Code des Investissements ou qui ont signé des conventions particulières avec l'Etat, ont la faculté de demander le bénéfice des dispositions du Code des Investissements en vigueur, mais pour une durée déduite de la période pendant laquelle ils ont bénéficié des avantages du régime antérieur. A l'expiration de la Convention particulière, les avantages accordés dans le cadre du Code des Investissements prennent fin.

Article 51 :

Les investisseurs jouissant des avantages en vertu des dispositions de conventions conclues avec le Gouvernement, ont la possibilité de demander le bénéfice des avantages et garanties du Code actuellement en vigueur. Dans ce cas, il leur sera accordé la durée maximale prévue par ledit Code.

Les listes des équipements, matériels, outillages, et autres biens exonérés en vertu des dispositions de la convention, continueront à être présentées à l'Agence Nationale pour la Promotion des Investissement en vue de leur approbation par arrêté interministériel des Ministres ayant le Plan et les Finances dans leurs attributions.

Article 52 : Le Ministre ayant le Plan dans ses attributions et le Ministre ayant les Finances dans ses attributions sont chargés, chacun en ce qui le concerne, de l'exécution du présent Décret qui entre en vigueur à la date de sa signature.

Fait à Kinshasa, le 1er novembre 2012

MATATA PONYO Mapon

Célestin Vunabandi Kanyamihigo

Ministre du Plan et Suivi de la Mise en œuvre de la Révolution de la Modernité

LA STRATEGIE NATIONALE DE DEVELOPPEMENT DES PETITES ET MOYENNES ENTREPRISES (PME) EN REPUBLIQUE DEMOCRATIQUE DU CONGO

Le présent document a pour but de proposer un descriptif de l'état de lieux du secteur des PME.

Dans un premier temps, le cadre réglementaire va être brièvement décrit. Puis, les aspects d'accès au marché et aux financements vont être abordés. Une courte présentation des acteurs et des mécanismes d'encadrements est dressée. Un tableau propose une analyse SWOT de la situation. Finalement, la Stratégie Nationale du Ministère des PME et Classe Moyenne (SNPME) est brièvement présentée.

1. Cadre réglementaire

Dès 1973, le Gouvernement Congolais a souhaité œuvrer en faveur des PME avec la mise en place de l'Office de Promotion des Petites et Moyennes Entreprises du Congo (OPEC) et le lancement durant la même année du Fonds de garantie des crédits des petites et moyennes entreprises. Ce fonds demeure non opérationnel à ce jour.

Depuis, le cadre juridique des PME a été complété par les instructions de de la Banque Centrale du Congo (BCC), les textes relatifs à la micro finance et l'arsenal juridique découlant de l'adhésion du pays aux normes OHADA.

Toujours poussés par la volonté de réglementer le secteur des PME, deux projets de loi sont actuellement en élaboration :

– Un projet de loi portant sous-traitance des PME par les grandes entreprises

– Un projet de loi portant sur l'entreprenariat en RDC

Ce premier chapitre répertorie les principaux textes légaux.

Droit commercial et droits des sociétés

Le droit commercial est principalement régi par la législation de l'OHADA (Organisation pour l'Harmonisation en Afrique du Droit des Affaires).

La RDC devient le 13 juillet 2012, le dix-septième Etat membre de l'OHADA.

Le droit de l'OHADA définit notamment les statuts des entreprises.

Les principaux textes légaux sont les suivants :

– L'Acte Uniforme OHADA sur le droit commercial de 1997

– L'Acte Uniforme OHADA sur les sociétés commerciales et le Groupement d'intérêt Economique (GIE) de 1997

– L'Acte Uniforme OHADA sur les procédures collectives d'apurement du passif de 1998

– L'Acte Uniforme OHADA sur la comptabilité des entreprises de 2000

– L'Acte Uniforme OHADA sur le transport par routes de 2003

A titre informatif, ces documents remplacent les documents suivants :

– La Loi portant sur le commerce de 1973

– L'Ordonnance instituant un numéro d'identification fiscale de 1973

– L'Ordonnance relative au nouveau registre du commerce de 1979

– L'Ordonnance-loi réglementant le petit commerce de 1979

Droit fiscal et douanier

– Le Décret-loi portant régime fiscal des PME de 1998

– La Loi relative à l'évaluation en douane des marchandises de 2003

– L'Arrêté portant sur la fixation des taxes perçues par le Ministère de l'Industrie et des PME de 2005

– l'Ordonnance-loi portant institution de la Taxe sur la Valeur Ajoutée de 2010

Droit social et sécurité sociale

– Le code de travail de 2002

Droit bancaire et sur les investissements

– Le Décret-loi relatif aux opérations en monnaie nationale ou étrangère de 2001

– La Loi relative à l'activité et au contrôle des établissements de crédit de 2002

– La Loi portant dispositions applicables aux coopératives d'épargne et de crédit de 2002

– La Loi relative au fonctionnement de la Banque Centrale de 2002

– Le Code de l'investissement de 2002

La Loi fixant les règles relatives à l'activité de la micro finance de 2011

Autres textes importants pour le secteur des PME

– La Loi portant régime général des biens, régime foncier et immobilier et régime des sûretés de 1980

– La Loi relative à la propriété industrielle de 1982

– Le Code pénal de 2004

– L'Arrêté portant sur la réglementation de l'emballage de 2006

– Le Code des marchés publics de 2010

– Le Décret portant création, organisation et fonctionnement du Guichet Unique de création d'entreprise de 2012

Secteurs particuliers

– Le Code minier de 2002

– Le Code forestier de 2002

– La Loi sur la Poste de 2002

– La Loi cadre relative aux télécommunications de 2003

– Le Code agricole de 2011

La définition d'une PME est donnée par le Ministère des Petites et Moyennes Entreprises dans la Charte des Petites, Moyennes Entreprises et Artisanat approuvée en 2009 aux articles 3 à 5 repris ci-dessous :

Catégorie Nombre d'employés Chiffre d'affaires annuel Investissement à la création Mode de gestion

Micro Entreprise ou Très Petite Entreprise (TPE)

1-5 1-10'000$ Inférieur à 10'000$ Concentré

Petite Entreprise 6-50 10'001-50'000$ 10'001-150'000$ Concentré

Moyenne Entreprise 51-200 50'001$-400'000$ 150'001-350'000$ + ou – ouvert à la décentralisation

Toute personne, quelle que soit sa nationalité, désirant exercer en société une activité commerciale sur le territoire, peut choisir l'une des formes de société qui convient à l'activité envisagée, parmi celles prévues par l'acte uniforme relatif au droit des sociétés commerciales et du groupement d'intérêt économique (OHADA) :

– La Société à Responsabilité Limitée (SARL) et la Société Unipersonnelle à Responsabilité Limitée (SURL) : Elle peut être constituée par une personne physique ou morale, ou entre deux ou plusieurs personnes physiques ou morales. . 2000 USD pour les sociétés à responsabilité limitée (SARL).

– La Société anonyme (SA) : dans cette société, les actionnaires ne sont responsables des dettes sociales qu'à concurrence de leurs apports et les droits sont représentés par des actions. La société anonyme peut ne comprendre qu'un seul actionnaire. Le capital social doit être de 20.000 USD pour toute société anonyme (SA) et 200.000 USD pour les SA faisant appel public à l'épargne.

– La Société en nom collectif (SNC) : dans cette société, tous les associés sont commerçants et répondent indéfiniment et solidairement des dettes sociales et les statuts peuvent désigner un ou plusieurs gérants, associés ou non, personnes physiques ou morales, ou en prévoir la désignation dans un acte ultérieur.

– La Société en commandite simple (SCS) : dans cette société, coexistent soit un ou plusieurs associés, indéfiniment et solidairement responsables des dettes sociales, dénommés "associés commandités", soit un ou plusieurs associés responsables des dettes sociales dans la limite de leurs apports, dénommés "associés commanditaires". Le capital est divisé en parts sociales.

– Le Groupement d'intérêt économique (GIE) : il s'agit d'une entité dont le but est la mise en œuvre pour une durée déterminée, de tous les moyens propres à faciliter ou à développer l'activité économique de ses membres, à améliorer ou à accroître les résultats de cette activité. Celle-ci doit se rattacher essentiellement à l'activité économique de ses membres dont le caractère ne peut-être que spécifique. Le GIE peut être constitué sans capital. Il ne donne pas lieu à réalisation et partage des bénéfices.

2. **Le Climat des affaires**

Les troubles politiques et les rébellions qui ont suivi les premières années de l'indépendance n'ont pas facilité le développement des petites et moyennes entreprises. En effet, la fragilité de cette catégorie d'entreprise exige, pour son éclosion, une situation de paix et de stabilité économique.

La période de la démocratisation du pays est caractérisée par les tensions politiques qui ont relégué au dernier plan la question de la petite entreprise.

Depuis 2002, l'économie s'est relativement stabilisée, notamment grâce à un certain nombre de réformes juridiques comme le montre la chronologie des textes juridiques cités plus haut.

Au niveau régional, la RDC est membre de la Communauté de Développement d'Afrique Australe (SADC) et du Marché Commun de l'Afrique Orientale et Australe (COMESA).

La RDC, à l'instar de plusieurs de ses voisins peut se prévaloir d'un taux de croissance favorable depuis plusieurs années. Néanmoins, la productivité ne décolle pas : entre 1960 et 2012, l'indice de productivité a légèrement diminué dans la région sub-saharienne, alors qu'il a fortement augmenté en Asie.

Le Franc Congolais a connu une certaine stabilité depuis 2010. Une des raisons de la reprise économique a été le secteur minier, en particulier la hausse des prix des ressources primaires et les effets positifs qui en découlent sur le secteur tertiaire. En outre, le secteur de la construction et des travaux publics de grandes parcelles à travers toute la RDC a donné un coup de pouce à l'économie dès 2011.

En dépit d'une croissance du PIB de 8,5 % en 2013, la RDC est considérée comme un pays à faible revenu.

Le pays a bénéficié d'une annulation de dette restante après avoir atteint le point d'achèvement de l'Initiative en faveur des Pays Pauvres Très Endettés en 2010.

Une grande partie du secteur privé reste dans l'informalité. Bien qu'il soit difficile d'avoir des données, il est estimé que plus de 70 % des actifs travaillent dans le secteur informel à Kinshasa. Par ailleurs, nombreux sont les employés qui ont également une activité économique indépendante, souvent dans l'informel.

L'insertion professionnelle des jeunes est un enjeu majeur en RDC, avec 65 % de la population qui a moins de 25 ans, un taux de chômage des jeunes officiel de 28 %, et un taux de scolarisation dans le secondaire de 53,9 % . Plus de 70 % des jeunes n'ont pas d'emploi. Moins de 100 des 9.000 diplômés des universités congolaises chaque année trouvent du travail. .

Les chefs d'entreprise de PME sont souvent des autodidactes. La création de leur entreprise répond souvent davantage à des contraintes qu'à un désir d'entrepreneuriat. De ce fait, les entrepreneurs manquent de compétences en gestion, voire de qualités entrepreneuriales nécessaires.

Les PME congolaises doivent faire face à une concurrence de produits importés particulièrement dans les secteurs où des subventions sont octroyées par les pays voisins, comme dans le domaine de l'agriculture.

A titre d'exemple, à Kinshasa, les TPE et Petites Entreprises sont principalement actives dans les secteurs suivants :

– coupe-couture (33 %),
– coiffure-esthétique (20 %),
– menuiserie (14 %),
– agriculture-élevage (10 %),
– mécanique (8 %),
– soudure-ajustage (4 %)
– autres (11 %).

Actuellement, en termes de PIB, le secteur des télécommunications est le 2ème secteur en termes de taille, derrière le secteur minier, mais selon les observateurs, à l'avenir il pourrait devenir le 1er secteur.

Le secteur de l'agriculture est une priorité du Gouvernement Congolais. Actuellement, la majorité de la population travaille dans l'agriculture, mais seules 10 % des terres arables sont cultivées. L'inauguration du Parc Agro-Industriel de Bukanga-Lonzo en est une bonne illustration. Par ailleurs, le Code de l'Investissement souhaite renforcer ce secteur.

Dans ce sens une zone industrielle spéciale à Maluku est en train d'être construite et servira de débouché aux produits du Parc Agro-Industriel.

Le transport est un des enjeux pour les PME. La RDC continue ses efforts dans l'amélioration du transport routier et ferroviaire. Le transport fluvial se dynamise également avec l'amélioration de la perception des taxes. Le transport aérien est également relancé avec la réouverture de certains axes et l'arrivée de nouvelles compagnies.

L'exportation reste difficile, en particulier pour des produits manufacturés qui doivent alors répondre à des normes internationales. Il est difficile pour les PME de respecter les exigences du commerce international, souvent par manque d'informations sur les normes et la métrologie légale.

La libéralisation du secteur des assurances qui sera effective au 1er trimestre 2016 va permettre aux PME d'assurer plus facilement leur matériel et ainsi de sécuriser leur entreprise.

L'accès à l'électricité, à l'eau courante reste une préoccupation importante de nombreuses PME.

3. L'accès au financement

Actuellement, en RDC on dénombre 20 banques, 45 institutions de micro finance (IMF), et 146 coopératives d'épargne et de crédit (COOPEC).

Bien que leur nombre et l'ampleur des opérations financières démontrent une croissance positive au cours des dernières années, l'ensemble de ces organisations ne touche que 1,8 % de la population.

Le secteur se structure et les institutions se sont regroupées sous 3 associations :

– Association Congolaise des Banques (ACB)

– Association Nationale des Institutions de Micro finance (ANIMF)

– Association professionnelle de coopératives de l'épargne et de crédit de la RDC (APROCEC)

En 2007, l'Association congolaise des banques (ACB) et la Banque Centrale du Congo ont estimé à 60'000 le nombre de comptes bancaires ouverts, et à près de 57'000 clients auprès des IMF. Alors qu'en 2013, le nombre de comptes bancaire est estimé à 900'000. Bien que le niveau de bancarisation de la population augmente, seuls 12 % des adultes sont bancarisés ; ce % reste faible en comparaison de pays de la zone SADC.

Concernant l'épargne, selon une étude du PNUD/UNCDF de 2014, 45 % des adultes n'épargnent pas, 28 % gardent leurs économies à la maison, 20 % utilisent des services non formels et seuls 7 % ont recours à des produits d'épargne des banques commerciales.

A l'heure actuelle, on estime que seuls 10 % de l'épargne (près de 1,5 milliard de dollars) de la population congolaise est déposée auprès des institutions financières.

En conséquence, une part considérable de l'épargne est mise à l'écart du circuit économique et n'est pas disponible pour les investissements des entreprises de production privées, ce qui constitue un obstacle supplémentaire à la croissance économique du pays.

Actuellement, l'accès aux crédits commerciaux par des PME reste difficile en RDC d'une part, en raison de manque de fonds de garantie des crédits de PME et d'autre part, des difficultés pour les PME congolaises de répondre aux exigences du système bancaire. Les institutions financières ont des taux de recouvrement relativement faibles en comparaison aux moyennes régionales. De plus, la multiplication des institutions financières augmente le risque de surendettement des PME et rend les banques plus prudentes.

Les craintes des institutions financières envers les PME sont les suivantes :

– Opportunisme des chefs d'entreprise : peu de vision à long terme, mais de choix d'activités fluctuant au gré des opportunités

– Manque de rigueur dans la gestion : gestion familiale, peu structurée

– Manque d'éducation financière : la banque est perçue uniquement comme pourvoyeur de crédits, les autres services ne sont pas valorisés (compte d'épargne, paiement sécurisé, etc.)

Les institutions bancaires sont principalement basées dans les villes, et les régions rurales restent peu desservies.

Le secteur des PME intéresse de plus en plus les institutions financières dont certaines mettent en place des stratégies en leur faveur.

La libéralisation des assurances va permettre de faciliter les procédures de garantie.

4. Les Mécanismes d'encadrement des PME

Différents acteurs encadrent les PME ou leur proposent des services.

Secteur public

Principalement, le secteur public réglemente le secteur, conclut des accords macro-économiques avec des partenaires internationaux, met en place des acteurs.

Le Ministère des PME et Classe Moyenne est l'autorité qui régit ce secteur. Le Ministère collabore étroitement avec notamment les entités ci-dessous :

– L'OPEC

– Le Fonds de Promotion de l'Industrie (FPI) : propose sous certaines conditions des investissements aux PME

L'Autorité de Régulation du Marché Public (ARMP)

– L'Agence Nationale pour la Promotion des Investissements (ANAPI)

– Le Guichet Unique de création d'entreprises

– L'Institut National de Préparation Professionnelle (INPP) : propose aux PME cotisantes des formations à leurs employés

– la Banque Centrale du Congo et le Fonds National de la Micro finance

– La Société Financière de Développement (SOFIDE)

– Le Comité de Pilotage de la Réforme des Entreprises du Portefeuille de l'Etat (COPIREP)

– Le Comité de Pilotage pour l'Amélioration du Climat des Affaires et des Investissements (CPCAI)

Le Guichet Unique permet de faciliter les démarches de création d'entreprise. Ses buts sont :

– Recevoir les demandes de création d'entreprise provenant des personnes physiques ou morales, de nationalité congolaise ou étrangère

– De procéder, en son sein, à l'accomplissement de toutes les formalités requises dans le processus de création d'entreprise

– De rassembler et délivrer tout document nécessaire à la création d'entreprise.

Le Guichet Unique de création d'entreprise fonctionne avec les délégués de 3 services étatiques :

– L'Office notarial (pour l'authentification des statuts)

– Le Greffe du Registre de Commerce (pour l'immatriculation au Nouveau Registre de Commerce)

– Un centre d'ordonnancement de l'Administration des recettes non fiscales (pour l'encadrement des recettes afférant à la création des entreprises)

Les fédérations, les associations et les chambres de commerce :

Ces structures aident les PME à se rencontrer, à pouvoir échanger entre elles. Elles proposent également des sessions d'informations, voire de formations. Un de leurs rôles importants est le plaidoyer qu'elles peuvent faire auprès du Gouvernement Congolais mais également des partenaires internationaux.

Il est obligatoire pour toute entreprise de faire partie d'une fédération. Il existe de nombreuses associations par secteur d'activités, par région, voire pour d'autres affinités. Les chambres de commerce facilitent les relations d'affaires entre leurs membres.

– La Fédération des Entreprises au Congo (FEC) : organisation patronale et chambre de commerce

– La Fédération Nationale des artisans et Petites et Moyennes Entreprises du Congo (FENAPEC)

– La Confédération des Petites et Moyennes Entreprises (COPEMECO)

– Les associations professionnelles (union des transporteurs (UCAB), Association de Femmes Entrepreneurs (ASSOFE), Plate-Forme de l'Entrepreneuriat Féminin (PEF), Association des Femmes Entrepreneurs du Congo (AFEECO), Syndicat National des Vendeurs de Rue (SNV), etc.)

– La Chambre de Commerce, de l'Industrie et des Métiers (CCIM)

– Les chambres bilatérales (Franco-Congolaise, Helvético-Congolaise, etc.), les chambres multilatérales (Belgo-luxembourgeoise-Congolaise)

Les prestataires de services financiers :

La RDC compte 20 établissements bancaires, 142 institutions financières décentralisées dûment agréés, dont 126 institutions dans la catégorie des coopératives d'épargne et de crédit et 23 dans la catégorie des institutions de micro finance. Il existe également deux établissements financiers spécialisés que sont le Fonds National de la Micro finance (FNM mis en place par le Gouvernement) et Fonds pour l'inclusion financière (FPM, appuyé par un consortium de bailleurs). Avec l'assistance technique du FPM, deux banques commerciales ont créé un département PME en leur sein.

Les structures d'accompagnement, les centres de formations, Bureaux de conseils :

– Les Centres de formations : RDC Entreprises Développement, UMOJA, CADICEC, etc.

– Les Cabinets de conseils : CIC, SIS, VIA, etc.

Ces partenaires proposent des formations, des accompagnements, organisent des ateliers et rencontres entre PME. On peut citer à titre d'exemple :

– Atelier semestriel organisé par UMOJA pour ses membres

– Forum Accès Au Financement organisé annuellement par le FPM

Les Partenaires techniques et financiers internationaux :

Les partenariats financiers entre une institution internationale et une PME sont rares. Dans la majorité des cas, les structures internationales concluent des accords avec le Gouvernement Congolais et les PME bénéficient indirectement de leur appui.

Partenaires techniques :

– Cabinets Privés : PwC, Ernst & Young, JobFactory, Axyom, Agesfo, etc.

– ONG et Coopérations internationales : ONG TRIAS, CODESPA, SNV, Agrisud, etc.

Ces structures encadrent des entités locales qui travaillent auprès des PME et renforcent leurs capacités grâce à des formations.

Partenaires financiers :

– Partenaires bilatéraux : GIZ, DFID (Elan RDC et Essor), AFD (PROPARCO), USAID, FRB (Prix de la Fondation Roi Baudouin), etc.

– Partenaires multilatéraux : PNUD/UNCDF (PASMIF II), SFI, Banque Mondiale (PDIFM), ONUDI, EU, etc.

On peut citer à titre d'exemple :

PDIFM : La Banque Mondiale a lancé en 2015 un projet de modernisation des infrastructures de paiement et d'accroissement de la disponibilité de financements à terme pour les micros, petites et moyennes entreprises.

PASMIF II : En appui au Gouvernement, le PNUD a lancé la 2ème phase de programme en 2010. Il vise l'amélioration de l'accès aux services financiers viables, de qualité et diversifiés, accessibles aux petites et moyennes entreprises, aux populations hommes et femmes à faibles revenus en particulier en milieu rural.

5. L'analyse SWOT du secteur

Cette analyse reprend les atouts (forces) et les points à améliorer (faiblesses) interne au secteur des PME ainsi que les éléments externes (opportunités et contraintes).

– *Forces Faiblesses*

– La culture et la dynamique entrepreneuriales : la capacité d'innovation et d'adaptation

– La tendance des institutions bancaires à se rapprocher des PME en disposant des segments des programmes de financement des PME

– Une main d'ouvre disponible et abondante

– Le déficit de formation et de recherche d'informations des PME congolaises. Le circuit de transmission des informations est lacunaire et les acteurs des PME ne se mettent pas à niveau par des formations spécifiques

– Le manque de culture d'épargne et de crédit dans le chef des PME congolaises.

– Le déficit de qualification de la majorité du personnel d'encadrement des PME

– Le manque de compétitivité et de productivité

– Opportunités Contraintes

– La présence des matières premières abondantes offertes par le sol, les sous-sols, les eaux, la forêt, etc.

– Les nouvelles technologies de l'information permettant le mobile money, e-banking, etc.

– L'existence d'une demande intérieure importante

– La stabilité politique et économique ainsi que la reconnaissance des PME comme un vecteur de la croissance économique inclusive et de l'émergence du pays

– Arrivée de nouveaux partenaires possibles : libéralisation du secteur des assurances

– Le manque d'infrastructures

– L'absence d'un dispositif d'évaluation des actions des acteurs des PME

– Des difficultés à l'exportation

– Une concurrence de produits importés

– Le déficit de communication entre l'administration centrale et les administrations provinciales

– Forte concentration des organismes de financement des PME, les banques et les institutions de micro finance dans les centres urbains principalement à Kinshasa

– L'absence d'une stratégie nationale des PME

6. Vision et approche du Ministère des PME

La vision de l'élaboration de la stratégie nationale des PME consiste à faire des PME un levier puissant du secteur privé et développer au cœur de l'Afrique un secteur des PME compétitif, diversifié, respectueux de l'environnement, intégré dans l'échange international, clé de voute de la croissance économique inclusive et de l'émergence du pays à l'horizon 2030.

De ce fait, l'objectif global de l'élaboration de la stratégie nationale de développement des PME est de promouvoir le développement du secteur privé, l'entreprenariat des femmes, des jeunes et des ruraux pour une croissance inclusive et génératrice des emplois durables.

L'élaboration de la stratégie nationale de développement des PME a pour objectif spécifique de promouvoir l'émergence des PME, l'employabilité et l'autonomisation des jeunes, des femmes et des milieux ruraux à travers la promotion de la petite entreprise.

La vision de développement des PME est une déclinaison sectorielle du DSCRP de seconde génération et du Programme Prioritaire du Gouvernement.

Etapes

Le processus de l'élaboration de la stratégie nationale de développement des PME est une démarche séquentielle dont les étapes les plus importantes sont :

– La phase préparatoire

– L'état des lieux du secteur

– L’établissement du diagnostic

– La formulation des choix stratégiques relatifs à la détermination des objectifs et à la définition des axes stratégiques comportant l’ensemble des programmes et projets

– L’élaboration du plan d’actions prioritaires ;

– Les dispositifs de mise en œuvre, de suivi et d’évaluation de la stratégie nationale.

AUTRES TEXTES

- ARRETE N°SC/039/BGV/MIN/FINECO-IPMENPLS/2012 DU 1ER MARS 2012 RELATIF A L'AUTORISATION D'OUVERTURE D'ACTIVITE ECONOMIQUE ET COMMERCIALE

– DECRET N° 010/002 DU 26 JANVIER 2010 PORTANT CREATION DES OFFICICES NOTARIAUX

– DECRET N°010/13 DU 23 MARS 2010 PORTANT CREATION, ORGANISATION ET FONCTIONNEMENT DE LA COMMISSION NATIONALE DE L'ORGANISATION POUR L'HARMONISATION EN AFRIQUE DU DROIT DES AFFAIRES (OHADA)

– ARRETE MINISTÉRIEL N°212/CAB/MIN/JDH/2014 DU 02 DÉCEMBRE 2014 PORTANT APPROBATION DU FORMULAIRE UNIQUE DE DEMANDE DE CRÉATION D'ENTREPRISE AU GUICHET UNIQUE DE CRÉATION D'ENTREPRISE

– DÉCRET N° 14/014 DU 08 MAI 2014 PORTANT CRÉATION, ORGANISATION ET FONCTIONNEMENT DU GUICHET UNIQUE DE CRÉATION D'ENTREPRISE

– LOI N° 10/002 DU 11 FEVRIER 2010 AUTORISANT L'ADHESION DE LA REPUBLIQUE DEMOCRATIQUE DU CONGO AU TRAITE DU 17 OCTOBRE 1993 RELATIF A L'HARMONISATION DU DROIT DES AFFAIRES EN AFRIQUE

– LOI N° 10/007 DU 27 FEVRIER 2010 MODIFIANT ET COMPLETANT L'ORDONNANCE-LOI N° 68-400 DU 23 OCTOBRE 1968 RELATIVE A LA PUBLICATION ET A LA NOTIFICATION DES ACTES OFFICIELS

– LOI N°10/008 DU 27 FEVRIER 2010 MODIFIANT ET COMPLETANT LE DECRET DU ROI SOUVERAIN DU 27 FEVRIER 1887 SUR LES SOCIETES COMMERCIALES TEL QUE MODIFIE ET COMPLETE A CE JOUR

– DECRET N° 12/029 DU 23 AOUT 2012 PORTANT INTERDICTION DE CONTROLE ET DE RECOUVREMENT DES IMPOTS, DROITS, TAXES ET AUTRES REDEVANCES DUS A L'ETAT SANS REQUETE DES REGIES FINANCIERES

– DECRET N°12/004 DU 01 NOVEMBRE 2012 MODIFIANT ET COMPLETANT LE DECRET N°09/33 DU 08 AOUT 2009 PORTANT STATUTS, ORGANISATION ET FONCTIONNEMENT DE L'AGENCE NATIONALE POUR LA PROMOTION DES INVESTISSEMENTS (ANAPI)

Soutien au financement des PME et de l'économie en République Démocratique du Congo

Contexte

Malgré ses potentialités en termes de ressources, notamment naturelles, la RDC repose sur une économie d'importation. Les activités de production et de transformation sont très limitées. Le secteur des PME reste à consolider et à formaliser et ne contribue à l'heure actuelle que faiblement à la création du PIB.

La RDC a connu un taux de croissance moyen de 5,3 % entre 2001 et 2011 et, la tendance est à la hausse : 7 % en 2012 puis 8,2 % 2013. Cependant, cette croissance demeure le seul produit du dynamisme de certains secteurs (mines, télécom, BTP), au détriment de secteurs plus inclusifs, qui pourraient aider à réduire durablement la pauvreté (agriculture, agro-industrie, industrie manufacturière, PME-PMI). A titre d'exemple, alors qu'elle contribuait à 37 % du PIB en 1970, l'industrie n'y contribuait plus qu'à 4 % en 2012. Alors que le potentiel agricole du pays est le deuxième au monde après l'Argentine, avec 80 millions hectares de terres arables, seuls 10 % sont mises en valeur et la RDC est importatrice de denrées agricoles. Les grands obstacles au développement des entreprises sont les suivants :

– le climat des affaires : une fiscalité contraignante, un droit du travail lourd et complexe, la faiblesse des institutions étatiques et la mauvaise gouvernance ;

– l'accès au crédit : un système bancaire essentiellement « domestique » peu sophistiqué pratiquant des taux d'intérêt prohibitifs, une absence de financement à long terme et la faiblesse de la supervision bancaire ;

– la qualification des ressources humaines : un personnel peu qualifié contraignant souvent les entreprises à un recours à la main-d'œuvre étrangère ;

– les infrastructures : manque d'infrastructures de base (transport, route, énergie, eau, etc.), engendrant un coût prohibitif des facteurs et des infrastructures de production.

Le secteur financier est composé de trois types principaux d'acteurs : les coopératives d'épargne et de crédit (COOPEC), les institutions de micro-finance et les banques commerciales. Aujourd'hui, le secteur bancaire congolais est caractérisé par un nombre réduit de banques, mais en augmentation (18 banques en 2013 contre 13 en 2008). Indépendamment des grandes banques de réseau telles Ecobank ou les banques nigérianes, les 5 dernières années ont connu une émergence significative d'acteurs du secteur de la micro-finance avec l'arrivée de ProCredit, Finca, et plus récemment d'Advans Banque Congo, retrouvant la confiance des petits épargnants, mais souvent encore restreinte aux villes de Kinshasa et de Lubumbashi. L'offre de crédit demeure donc limitée et l'accès aux services financiers reste difficile pour les TPE et les PME.

SEPTIÈME PARTIE

LE CODE DES INVESTISSEMENTS DE LA RÉPUBLIQUE DE CÔTE D'IVOIRE

ORDONNANCE N° 2012 – 487 DU 07 JUIN 2012 PORTANT CODE DES INVESTISSEMENTS EN COTE D'IVOIRE

LE PRESIDENT DE LA REPUBLIQUE

Vu la constitution ;

Vu la décision n° 001/ PR du 03 octobre 2011 relative aux ordonnances du Président de la République ;

Vu le Code Général des Impôts ;

LE CONSEIL DES MINISTRES ENTENDU

ORDONNE

TITRE I : DISPOSITIONS GENERALES

Article 1 : Aux termes de la présente Ordonnance, il faut entendre par :

a) Agent public : toute personne désignée, nommée ou élue exerçant des fonctions publiques sur une base permanente ou temporaire ;

b) Code : le présent Code des Investissements ;

c) Création d'activité : la réalisation d'un projet par une nouvelle entreprise ou une entreprise déjà existante qui investit dans un autre secteur d'activité ;

d) Début de réalisation des travaux : les travaux de génie civil et les acquisitions de matériels et d'équipements pour un montant représentant au moins 66 % du montant total de l'investissement ;

e) Développement d'activité : la réalisation par une entreprise d'un projet d'extension, de diversification, d'intégration ou de modernisation dans les conditions définies ci-après l'extension est l'accroissement de la capacité de production d'une entreprise indépendamment de la nature de ses activités ;

– la diversification est la fabrication d'un produit nouveau ou la création d'une nouvelle branche d'activité par une entreprise déjà existante impliquant l'acquisition de nouveaux matériels ;

– la modernisation est le renouvellement des équipements de production, en vue d'une mise à niveau technologique ou pour répondre à des exigences de qualité ou de marché. Les activités d'extension, de diversification ou de modernisation doivent faire l'objet d'une comptabilité distincte dont les modalités sont précisées par les arrêtés d'agrément.

f) Emploi durable : tout emploi correspondant à un poste de travail permanent ;

g) Emploi décent : un travail effectué dans des conditions de liberté, d'équité, de sécurité, dignité ;

h) Industrie : activité économique orientée vers l'extraction, la production et la transformation ;

i) Investissement : les capitaux employés par toute personne, physique ou morale, pour l'acquisition de biens mobiliers, matériels et immatériels et pour assurer le financement des frais de premier établissement ; ainsi que les besoins en fonds de roulement, indispensables à la création ou à l'extension d'entreprises ;

j) Investissements verts : investissements favorables à la sauvegarde de l'environnement et concourant au développement durable ;

k) Investisseur : toute personne, physique ou morale, de nationalité ivoirienne ou non, réalisant dans les conditions définies dans le cadre du présent Code, des opérations d'investissement sur le territoire de la Côte d'Ivoire ;

l) Mouvements populaires : mouvements de foules déchaînées dans le cadre d'une crise politique et sociale grave en Côte d'Ivoire ;

m) Organisme national chargé de la promotion des Investissements : la structure ou l'institution mandatée par l'Etat pour assurer la promotion des investissements en Côte d'Ivoire ;

n) Petite et Moyenne Entreprise : toute entreprise qui emploie moins de deux cents (200) employés permanents et réalise un chiffre d'affaires inférieur à 1 milliard (1.000.000.000) de francs CFA ;

o) Responsabilité sociétale : la responsabilité de l'investisseur vis-à-vis des impacts de ses décisions et activités sur la société et sur l'environnement ;

p) Produit : tout objet obtenu suite à une activité de transformation industrielle, artisanale, agricole et de pêche ou de services ;

q) Services de soutien à l'industrie : les services fournis par les organismes et les entreprises d'évaluation de la conformité aux normes ;

r) Sommier de gestion : registre de suivi des importations des investisseurs bénéficiant des régimes d'aides ;

s) Zones d'investissements : trois zones dont la composition est fixée par décret.

Article 2 : La présente Ordonnance portant Code des Investissements fixe les conditions, avantages et règles générales applicables aux investissements directs, nationaux et étrangers, réalisés en Côte d'Ivoire.

Article 3 : Le présent Code a pour objectifs :

a) de favoriser et de promouvoir les investissements productifs, les investissements verts et socialement responsables en Côte d'Ivoire ;

b) d'encourager la création et le développement des activités orientées notamment vers :

– la transformation des matières premières locales ;

– la création d'emplois durables et décents ;

– la production de biens compétitifs pour le marché intérieur et l'exportation ;

– la technologie, la recherche et l'innovation ;

– la protection de l'environnement et l'amélioration de la qualité de la vie ;

– l'amélioration de la qualité des produits ;

– l'entreprenariat agricole ;

– la sécurité alimentaire ;

– les filières agro-industrielles ;

– la promotion économique régionale ;

– les grands projets d'infrastructures ;

– le développement touristique et l'hôtellerie ;

– l'artisanat ;

– les activités agro-sylvopastorales ;

– tous projets éducatifs ;

– l'habitat social ;

– les filières vertes dans le cadre de l'investissement vert.

Article 4 : Le présent Code s'applique à tous les investissements privés réalisés en Côte d'Ivoire par une personne physique ou morale, à l'exception des investissements bénéficiant de régimes d'aides spécifiques déterminés par le Code Général des Impôts ou des lois particulières

TITRE II : GARANTIES ACCORDEES AUX INVESTISSEURS

Article 5 : Les investissements dans chacun des secteurs visés par les dispositions du présent Code sont réalisés librement dans le respect des lois et règlements en vigueur en Côte d'Ivoire.

Article 6 : Sans préjudice de la politique nationale de promotion de l'entreprenariat national, les personnes physiques ou morales de nationalité étrangère reçoivent un traitement identique à celui accordé aux personnes physiques ou morales de nationalité ivoirienne. L'application du principe d'égalité de traitement se fait dans le respect des dispositions des Traités et Accords conclus par la République de Côte d'Ivoire.

Article 7 : L'Etat met en place en cas de nécessité, des mécanismes d'aide pour assister les entreprises qui subissent des dommages par des mouvements populaires.

Article 8 : L'accès aux devises n'est pas limité. Aucune restriction ne peut être faite aux investisseurs pour l'obtention de devises nécessaires à leurs activités. Les investisseurs, à condition de respecter la réglementation des changes, ont libre accès aux devises, pour notamment :

– assurer les paiements courants ;

– financer leurs fournitures et prestations diverses de services réalisées avec des personnes physiques ou morales étrangères.

Article 9 : Conformément aux Accords et Traités internationaux auxquels il a souscrit, l'Etat de Côte d'Ivoire protège les droits de propriété intellectuelle, notamment les brevets, marques et noms commerciaux.

Article 10 : Les investisseurs jouissant des avantages prévus par le présent Code, continuent à bénéficier desdits avantages, nonobstant toutes nouvelles dispositions contraires.

Article 11 : La propriété privée de tous biens, meubles ou immeubles, corporels ou incorporels, est protégée en tous ses aspects, ses éléments et ses démembrements, sa transmission et les contrats dont elle fait l'objet. Nonobstant les dispositions de l'alinéa précédent, la transmission des terres relevant du foncier rural ne peut être réalisé que conformément aux dispositions de la loi 98 -555 du 23 décembre 1998 relative au domaine foncier rural telle que modifiée par la loi 2004 412 du 14 août 2004.

Article 12 : L'admission au bénéfice de dispositions plus favorables du présent Code se fait à la demande de l'investisseur, selon les modalités fixées par décret.

Article 13 : La liberté d'accès aux matières premières brutes, ou semi-finies produites sur le territoire national, est garantie à tout investisseur. En cas de nécessité, l'Etat prend les mesures nécessaires pour garantir l'exercice effectif de la liberté d'accès aux matières premières. La liberté d'accès aux matières premières est subordonnée à l'application par l'investisseur concerné, d'une politique d'achat garantissant aux producteurs une juste rémunération. L'Etat prend toutes les dispositions nécessaires pour garantir les intérêts des producteurs en cas de nécessité.

Article 14 : L'Etat de Côte d'Ivoire garantit à tout investisseur la liberté de désignation des membres du conseil d'administration, du directeur général ou du gérant, selon le cas.

Article 15 : L'Organisme national chargé de la promotion des investissements prend toutes les mesures pour faciliter l'obtention des visas de travail et visas de séjour.

Les visas de travail et visas de séjour sont accordés dans le cadre de l'application du présent Code exclusivement aux dirigeants d'entreprises, aux actionnaires et à toutes personnes en mission pour le compte des entreprises.

Article 16 : Aucun investisseur ne peut être privé de la propriété de ses investissements si ce n'est pour cause d'utilité publique et sous la condition d'une juste et préalable indemnisation.

Article 17 : L'Etat de Côte d'Ivoire autorise les transferts d'actifs se rapportant aux investissements sous réserve de régularité fiscale.

Toutefois, l'Etat de Côte d'Ivoire peut empêcher un transfert à travers l'application équitable, non discriminatoire et de bonne foi de ses textes concernant :

– la protection des droits des créanciers ;

– la protection de l'environnement ;

– les infractions pénales ;

– les transferts de devises ou autres instruments monétaires ;
– la mise en œuvre de titre exécutoire ;
– l'exécution de jugements rendus à l'issue de procédures judiciaires ;
– l'exécution des sentences arbitrales.

Article 18 : Tout expatrié, membre du personnel d'une entreprise bénéficiant des dispositions du présent Code, est autorisé à transférer librement, conformément aux dispositions de la réglementation des changes, tout ou partie de sa rémunération, quels qu'en soient la nature juridique et le montant exprimé en monnaie locale ou en devises.

Article 19 : L'Etat de Côte d'Ivoire réalise et facilite, l'accès des investisseurs à des zones industrielles aménagées, à des terres agricoles et à des zones d'intérêt touristique selon le cas. Il prend les mesures de sécurité nécessaires pour protéger les entreprises implantées dans les zones concernées sans que cela puisse constituer une obligation de résultat.

Article 20 : L'Etat garantit aux investisseurs, le droit à un procès équitable pour tout litige né dans le cadre de l'application des dispositions du présent Code. Tout différend ou litige entre les personnes physiques ou morales étrangères et la République de Côte d'Ivoire, relatif à l'application du présent Code, à défaut d'un règlement amiable, est réglé par les juridictions ivoiriennes ou par un tribunal arbitral. Les compétences du tribunal arbitral sont déterminées dans les conditions ci-après :

– des Accords et Traités relatifs à la protection des investissements sont conclus entre la République de Côte d'Ivoire et l'Etat dont la personne physique ou morale étrangère concernée est ressortissante ;

– une procédure de conciliation et d'arbitrage dont les parties sont convenues est définie ;

– la Convention du 18 mars 1965 pour le règlement des différends relatifs aux investissements entre Etats et ressortissants d'autres Etats, établie sous l'égide de la Banque Internationale pour la Reconstruction et le Développement et ratifiée par la République de Côte d'Ivoire en vertu du décret n° 65-238 du 26 juin 1965, est applicable ;

– la personne concernée ne remplit pas les conditions de nationalité stipulée à l'article 25 de la convention susvisée, conformément aux dispositions des règlements du mécanisme supplémentaire, approuvé par le Conseil d'Administration du Centre International pour le Règlement des Différends relatifs aux Investissements, en abrégé CIRDI. Le consentement des parties à la compétence du CIRDI ou du mécanisme supplémentaire, selon le cas, requis par les instruments les régissant, est constitué pour la République de Côte d'Ivoire par le présent article, et est exprimé expressément dans la demande d'agrément pour la personne concernée.

TITRE III : OBLIGATIONS DES INVESTISSEURS

Article 21 : Les investisseurs s'obligent au respect des lois et règlements de l'Etat de Côte d'Ivoire.

Article 22 : Le principe de liberté d'investissement ne fait pas obstacle à l'application de la politique nationale destinée à favoriser l'association entre investisseurs nationaux et investisseurs étrangers.

Article 23 : L'investisseur privilégie le recours à des fournisseurs et sous-traitants locaux avec qui il entretient des relations mutuellement bénéfiques. L'investisseur contribue au renforcement du savoir-faire du personnel local notamment par la formation et le transfert de technologies.

Article 24 : Les investisseurs bénéficiant d'avantages institués par le présent Code sont tenus de se conformer aux normes techniques, sociales, sanitaires et environnementales, nationales ou, à défaut, internationales applicables à leurs produits, services et environnement de travail. Ils devront se conformer, en outre, aux normes relatives aux systèmes de management de la qualité.

Article 25 : L'investisseur contribue à la promotion des normes en matière de droit de la personne et de droit du travail en appliquant les principes reconnus internationalement, notamment, ceux contenus dans la norme ISO 26 000.

L'investisseur fournit à ses collaborateurs des conditions d'hygiène et de sécurité conformes à la législation locale et s'engage dans les activités de responsabilité sociétale par la réalisation de projets sociaux au profit des communautés où l'entreprise est installée.

Article 26 : L'investisseur recrute en priorité la main d'œuvre nationale et contribue à accroître la qualification de ses collaborateurs locaux, notamment par la formation continue, le développement de compétences nationales à travers des stages de perfectionnement.

Article 27 : Les investisseurs sont tenus de se conformer à la législation nationale en matière d'environnement.

Article 28 : L'investisseur s'abstient de tout acte de corruption et de tout acte d'infractions connexes avant ou après son établissement. Les actes de corruption en matière d'investissement sont punis conformément à la législation en vigueur et entraînent, de plein droit, la déchéance des avantages accordés. Les fonds utilisés pour réaliser des investissements sur le territoire de la République de Côte d'Ivoire ne peuvent provenir d'activités illicites et notamment résulter d'opérations de blanchiment d'argent et de terrorisme.

TITRE IV : REGIMES D'INCITATION

SOUS-TITRE I : REGIME DE DECLARATION

Chapitre I : Procédures

Article 29 : Les projets d'investissement font l'objet d'une déclaration déposée auprès de l'Organisme national chargé de la promotion des investissements, qui est tenu de délivrer une attestation de dépôt dans les deux jours qui suivent la réception de la déclaration. L'Organisme national chargé de la promotion des investissements tient à la disposition des investisseurs des formulaires adaptés aux différents types d'investissements prévus par le présent Code.

Article 30 : L'attestation de dépôt visé à l'article 29 confère de plein droit, au déclarant, le bénéfice des avantages définis aux articles 36 et 37 ci-dessous. La jouissance des avantages est toutefois subordonnée à la réalisation effective des investissements constatés par le Ministère en charge de l'Industrie et de la promotion du Secteur Privé, l'Organisme national chargé de la promotion des Investissements, la Direction Générale des Impôts et la Direction Générale des Douanes.

Chapitre II : Champ d'application du régime de déclaration

Article 31 : Le régime de déclaration est applicable à toutes les entreprises exerçant leurs activités dans le cadre des secteurs visés à l'article 33 ci-après.

Article 32 : Le régime de déclaration dont les conditions d'application sont définies à l'article 38 ci-dessous, s'applique aux investissements relatifs aux opérations de création d'activités.

Article 33 : Le régime de déclaration défini par le présent Code s'applique aux secteurs d'activités suivants :

– Agriculture et agro-industrie, foresterie, élevage, pêche et pisciculture y compris les activités de stockage et de conservation ;
– Industries extractives ;
– Production, transport et distribution d'énergie ;
– Production d'énergie ;
– Industries manufacturières et industries métallurgiques ;
– industries culturelles ;
– Santé ;
– Tourisme ;
– Services de soutien à l'industrie ;
– Nouvelles technologies ;
– Travaux publics ;
– Textile ;
– Industrie du bois ;
– Montage et assemblage ;
– Transport ;
– Sécurité et protection de l'environnement ;
– Education et encadrement de l'enfance ;
– Artisanat ;
– Habitat et aménagements fonciers ;
– Bâtiment à usage industriel ;
– Autres secteurs définis par décret, à l'exception des bâtiments à usage non industriel, du commerce et des services bancaires et financiers. Les investissements éligibles dans les secteurs d'activités visés ci-dessus, sont précisés par décret.

Chapitre III : Avantages accordés

Article 34 : Le bénéfice des avantages liés au régime de déclaration varie en fonction du lieu de réalisation de l'investissement. A cette fin, le territoire ivoirien est divisé en trois zones A, B, C définies par décret pris en Conseil des Ministres.

Article 35 : La durée du bénéfice des avantages accordés est de :

– Cinq (5) ans pour les investissements réalisés en zone A ;

– huit (8) ans pour les investissements réalisés en zone B ;

– quinze (15) ans pour les investissements réalisés en zone C.

Ces durées sont majorées des délais de réalisation du programme d'investissement. Le bénéfice des avantages est acquis dès la constatation de la réalisation du programme d'investissement selon les modalités fixées par décret.

Article 36 : Les avantages accordés en régime de déclaration concernent exclusivement la phase d'exploitation.

Article 37 : Les entreprises admises au régime de déclaration bénéficient au titre de la réalisation de leurs programmes d'investissements relatifs à la création d'activité, des avantages ci-après :

Investissements réalisés en zone A :

– exonération de l'impôt sur le bénéfice industriel et commercial ou de l'impôt sur le bénéfice non commercial ou de l'impôt sur le bénéfice agricole ;

– exonération de la contribution des patentes et licences.

– **Investissements réalisés en zone B :**

– exonération de l'impôt sur le bénéfice industriel et commercial ou de l'impôt sur le bénéfice non commercial ou de l'impôt sur le bénéfice agricole ;

– exonération de la contribution des patentes et licences ;

– réduction de 80 % du montant de la contribution à la charge des employeurs, à l'exclusion de la taxe d'apprentissage et de la taxe additionnelle à la formation professionnelle continue.

Investissements réalisés en zone C :

– exonération de l'impôt sur le bénéfice industriel et commercial ou de l'impôt sur le bénéfice non commercial ou de l'impôt sur le bénéfice agricole ;

– exonération de la contribution des patentes et licences ;

– réduction de 90 % du montant de la contribution à la charge des employeurs à l'exclusion de la taxe d'apprentissage et de la taxe additionnelle à la formation professionnelle continue ;

– exonération d'impôt sur le patrimoine foncier ;

– exonération de droits d'enregistrement en cas d'augmentation de capital.

Les exonérations portant sur le bénéfice industriel et commercial, ou le bénéfice non commercial ou le bénéfice agricole et la contribution des patentes et licences sont réduites à 50 %, puis à 25 % des montants normalement dus, respectivement l'avant-dernière et la dernière année de bénéfice des avantages.

Article 38 : Le bénéfice des avantages liés au régime de déclaration est subordonné :

– à la tenue d'une comptabilité régulière conformément aux dispositions du droit comptable OHADA, aussi bien pour les sociétés que pour les personnes physiques exerçant une activité commerciale ou non, telle que définie par le Code Général des Impôts ;

– à la soumission à un régime réel d'imposition (régime simplifié ou régime réel normal) ;

– au respect des normes environnementales conformément à la législation en vigueur ;

– aux investissements en outillages neufs et adaptés à la transformation de la ressource disponible, dans le cadre de la gestion durable du patrimoine forestier.

En cas d'exercice d'une activité mixte ou de plusieurs activités, seules les activités éligibles ouvrent droit au bénéfice des avantages prévus par le présent Code. A cet effet, l'entreprise tient une comptabilité permettant d'isoler les chiffres liés aux activités éligibles.

SOUS-TITRE II : REGIME D'AGREMENT A L'INVESTISSEMENT

Chapitre I : Instructions des demandes et délivrances d'agréments

Article 39 : L'Organisme national chargé de la promotion des Investissements, donne son avis technique sur chaque programme d'investissement et sur les projets implantés dans les espaces économiques spéciaux. L'agrément à l'investissement est accordé par décision de l'Organisme national chargé de la promotion des Investissements dans un délai de dix-neuf jours ouvrables à compter de la date de délivrance de l'attestation de recevabilité.

En cas de non-respect du délai maximum de vingt et un jours ouvrés d'examen du dossier par l'Organisme national chargé de la promotion des Investissements, l'opérateur saisit le Premier Ministre, chef du Gouvernement, qui dispose de cinq jours ouvrables pour prendre les mesures appropriées.

Les dossiers déposés par les investisseurs sont analysés sur la base de l'importance stratégique de l'investissement en ce qui concerne la valeur ajoutée apportée à l'économie ivoirienne et aux objectifs de développement économique et social de l'Etat.

Article 40 : Tout investisseur, désirant bénéficier des avantages particuliers prévus par le présent Code, est tenu de déposer un dossier de demande d'agrément auprès de la Commission Technique Interministérielle des Investissements visée à l'article 39.

Le dossier visé à l'alinéa précédent comporte outre la demande, des renseignements précis sur les investisseurs, des informations sur le programme, notamment sa nature, son montant ainsi que toute information nécessaire à la délivrance de l'agrément et à son suivi. En cas d'extension, de modernisation ou de diversification, l'entreprise présente en plus un quitus fiscal. L'attestation de recevabilité est délivrée dans les deux jours ouvrables qui suivent le dépôt du dossier.

Article 41 : Le régime d'agrément à l'investissement est applicable à toutes entreprises exerçant leurs activités dans le cadre des secteurs visés à l'article 43, conformément au critère de seuils.

Le critère de seuils comprend un seuil inférieur et un seuil supérieur dont les montants sont fixés par décret pris en Conseil des Ministres.

Chapitre II : Champ d'application du régime d'agrément

Article 42 : Le régime d'agrément s'applique aux investissements relatifs aux opérations de création ou de développement d'activités. Les conditions d'application de ce régime sont définies aux articles 40 et 41 ci-dessus.

Article 43 : Le régime d'agrément à l'investissement s'applique à tous les secteurs d'activités, à l'exception des bâtiments à usage non industriel, du commerce et des services bancaires et financiers.

Chapitre III : Avantages accordés aux entreprises

Article 44 : Le bénéfice des avantages accordés varie en fonction des seuils d'investissement et du lieu de réalisation de l'investissement.

Article 45 : Les entreprises agréées bénéficient, au titre de la réalisation de leur programme d'investissement relatif à la création ou au développement d'activité, quel que soit la zone d'investissements, des avantages suivants :

a) réduction de 50 % du montant des droits à payer à la douane portant sur les équipements et matériels ainsi que sur le premier lot de pièces de rechange, pour un montant d'investissement inférieur au seuil supérieur, exception faite des prélèvements communautaires ;

b) réduction de 40 % du montant des droits à payer à la douane portant sur les équipements et matériels ainsi que sur le premier lot de pièces de rechange, pour un montant d'investissement au moins égal au seuil supérieur, exception faite des prélèvements communautaires ;

c) exonération totale de la TVA.

La valeur du premier lot de pièces de rechange doit représenter au maximum une proportion de 10 % de la valeur d'acquisition des biens d'équipements.

Article 46 : Il est accordé aux entreprises agréées qui réalisent une opération de création d'activité pendant la période d'agrément, les avantages ci-après énumérés, selon le montant des investissements :

1. Pour un montant d'investissements inférieur au seuil supérieur :

a. Investissements réalisés en zone A :

– exonération de l'impôt sur le bénéfice industriel et commercial ou de l'impôt sur le bénéfice non commercial ou de l'impôt sur le bénéfice agricole ;

– exonération de la contribution des patentes et des licences ;

– réduction de 50 % du montant de la contribution à la charge des employeurs à l'exclusion de la taxe d'apprentissage et de la taxe additionnelle à la formation professionnelle continue.

b. Investissements réalisés en zone B :

– exonération de l'impôt sur le bénéfice industriel et commercial ou de l'impôt sur le bénéfice non commercial ou de l'impôt sur le bénéfice agricole ;

– exonération de la contribution des patentes et des licences ;

– réduction de 75 % du montant de la contribution à la charge des employeurs à l'exclusion de la taxe d'apprentissage et de la taxe additionnelle à la formation professionnelle continue.

c. Investissements réalisés en zone C :

– exonération de l'impôt sur le bénéfice industriel et commercial ou de l'impôt sur le bénéfice non commercial ou de l'impôt sur le bénéfice agricole ;

– exonération de la contribution des patentes et des licences ;

– réduction de 90 % du montant de la contribution à la charge des employeurs à l'exclusion de la taxe d'apprentissage et de la taxe additionnelle à la formation professionnelle continue ;

– exonération de l'impôt sur le revenu foncier pour les logements mis à la disposition du personnel ;

– exonération de l'impôt sur le patrimoine foncier.

2. Pour un montant des investissements au moins égal au seuil supérieur :

a. Investissements réalisés en zone A :

– exonération de l'impôt sur le bénéfice industriel et commercial ou de l'impôt sur le bénéfice non commercial ou de l'impôt sur le bénéfice agricole ;

– exonération de la contribution des patentes et licences ;

– exonération de l'impôt sur le patrimoine foncier ;

– réduction de 50 % du montant de la contribution à la charge des employeurs à l'exclusion de la taxe d'apprentissage et de la taxe additionnelle à la formation professionnelle continue.

b. Investissements réalisés en zone B :

– exonération de l'impôt sur le bénéfice industriel et commercial ou de l'impôt sur le bénéfice non commercial ou de l'impôt sur le bénéfice agricole ;

– exonération de la contribution des patentes et licences ;

– exonération de l'impôt sur le patrimoine foncier ;

– réduction de 75 % du montant de la contribution à la charge des employeurs à l'exclusion de la taxe d'apprentissage et de la taxe additionnelle à la formation professionnelle continue.

c. Investissements réalisés en zone C :

– exonération de l'impôt sur le bénéfice industriel et commercial ou de l'impôt sur le bénéfice non commercial ou de l'impôt sur le bénéfice agricole ;

– exonération de la contribution des patentes et licences ;

– exonération de l'impôt sur le patrimoine foncier ;

– réduction de 90 % du montant de la contribution à la charge des employeurs à l'exclusion de la taxe d'apprentissage et de la taxe additionnelle à la formation professionnelle continue ;

– exonération de l'impôt sur le revenu foncier pour les logements mis à la disposition du personnel.

Les exonérations portant sur l'impôt sur le bénéfice industriel et commercial ou l'impôt sur le bénéfice non commercial ou l'impôt sur le bénéfice agricole et la contribution des patentes et licences, sont réduites à 50 %, puis à 25 % des montants normalement dus, respectivement l'avant-dernière et la dernière année de bénéfice des avantages.

TITRE V : DISPOSITIONS SPECIFIQUES AUX PETITES ET MOYENNES ENTREPRISES

Article 47 : Conformément aux dispositions de l'article 42, il est fixé par décret, des seuils spécifiques pour les Petites et Moyennes Entreprises. Lorsque les Petites et Moyennes Entreprises respectent les seuils concernés, elles bénéficient des mêmes avantages que les autres entreprises. Les différentes catégories de Petites et Moyennes Entreprises sont fixées par le décret n° 2012- 05 du 11 janvier 2012 portant définition de la PME.

Article 48 : Par dérogation aux dispositions des articles 34 et 45 qui précisent les zones d'investissement, la durée des avantages pour les Petites et Moyennes Entreprises est fixée à :

– sept ans pour les investissements réalisés en zone A ;

– onze ans pour les investissements réalisés en zone B ;

– quinze ans pour les investissements réalisés en zone C.

Ces durées sont majorées des délais de réalisation du programme d'investissement.

Article 49 : Les Petites et Moyennes Entreprises bénéficient, selon leurs zones d'investissement, des avantages prévus en régime de déclaration et en régime d'agrément.

En outre, elles bénéficient des avantages additionnels énumérés ci-après :

– exonération des droits d'enregistrement sur tous les actes soumis à enregistrement ;

– mise à disposition par l'Etat des terrains, nécessaires à la réalisation des projets d'investissements ;

– achat de l'électricité, de l'eau et des prestations de nouvelles technologies à des tarifs préférentiels, sous réserve d'investir dans une unité de transformation de matières premières.

Article 50 : Les avantages accordés aux Petites et Moyennes Entreprises dans le cadre du présent Code lors de l'acquisition de matériels, outillages et biens d'équipements, importés ou achetés localement pour leur compte, sont transférés au crédit bailleur.

TITRE VI : DISPOSITIONS DIVERSES

Article 51 : Lorsqu'en cours d'investissement, l'investisseur, pour des motifs justifiés et notifiés à l'Organisme national chargé de la promotion des Investissements, réalise des investissements complémentaires et supporte des coûts additionnels, son agrément peut intégrer lesdits investissements. Les compléments d'investissement sont déclarés dans les mêmes conditions que l'investissement initial. Une décision modificative est délivrée à l'investisseur et prend en compte l'investissement complémentaire.

Article 52 : Lorsque les investissements complémentaires visés à l'article précédent conduisent à un changement de seuil d'investissement, les avantages accordés à l'investisseur tiennent compte du nouveau seuil. L'Organisme national chargé de la promotion des Investissements statue à nouveau sur la situation de l'investisseur qui est tenu d'introduire un nouveau dossier de demande d'agrément. Ce dossier est analysé dans les mêmes conditions que celles prévues pour le régime d'agrément. L'agrément ne peut être accordé que si l'investisseur est encore en phase d'investissement. Les avantages concédés ne peuvent avoir un effet rétroactif.

Article 53 : Le Ministre chargé de l'Industrie et du Secteur Privé bénéficie d'un droit de communication. A cet effet, il peut, en cas de besoin, demander à toute entreprise bénéficiaire d'avantages prévus par le présent Code, de lui communiquer toute information jugée nécessaire pour la bonne exécution de ses missions, sous réserve de la protection accordée par la loi.

Article 54 : Le Ministre chargé de l'Industrie et du Secteur Privé a mission de suivi évaluation de tous les investissements ayant bénéficié des avantages prévus par le présent Code.

Article 55 : Pour garantir une bonne administration des régimes de déclaration et d'agrément, la Direction Générale des Douanes crée pour chaque investisseur un sommier de gestion et de suivi des importations de biens éligibles.

Article 56 : La liste des biens, matériels et équipements bénéficiant des réductions de droit est fixée par arrêté conjoint du Ministre chargé de l'Industrie et du Secteur Privé, du Ministre chargé de l'Economie et des Finances et du Ministre technique concerné par le secteur d'activité, sur proposition de l'Organisme national chargé de la promotion des Investissements.

Article 57 : Le bénéfice des avantages conférés en application d'un régime d'incitation à l'investissement ne peut être étendu à une entreprise qui ne remplit pas les conditions requises pour en bénéficier. La durée des avantages accordés en phase d'exploitation à une entreprise bénéficiant de l'un des régimes d'incitation ne peut être prolongée ni au moment de l'agrément ni à la fin de la période au cours de laquelle cette entreprise a bénéficié desdits avantages.

Article 58 : Le délai de réalisation des investissements par les entreprises bénéficiant des avantages prévus par le présent Code est fixé à deux ans. Le promoteur, dont le projet ne connaît pas un début de réalisation dans le délai imparti perd de ce fait, le bénéfice des avantages fixés par l'arrêté d'agrément.

Toutefois, il peut être accordé une seule prorogation d'un an, non renouvelable, à compter de la date d'expiration du délai d'agrément au promoteur qui justifie d'un début de réalisation de son projet d'au moins 66 % du montant de l'investissement. L'Organisme national chargé de la promotion des Investissements est saisi de la demande de prorogation dans un délai de trois mois avant l'expiration du délai de réalisation. La prorogation est accordée par décision de l'Organisme national chargé de la promotion des Investissements.

Article 59 : En cas de non-respect par les investisseurs des engagements et textes en vigueur en phase d'investissement ou d'exploitation, le bénéfice des avantages peut être retiré selon la procédure suivante :

– si trois mois après une mise en demeure écrite, adressée au bénéficiaire de l'agrément par l'Organisme national chargé de la promotion des Investissements, toutes les dispositions n'ont pas été prises pour régulariser la situation constatée ;

– en cas de fraude ou de manquement grave de l'entreprise à ses obligations, constatés par l'Organisme national chargé de la promotion des Investissements.

La décision de retrait peut intervenir sans délai et entraîner le remboursement au Trésor public du montant des avantages fiscaux et douaniers obtenus pendant la période écoulée depuis la date de l'agrément jusqu'à la date d'effet du retrait. Si dans un délai de six mois maximum à compter du constat, l'entreprise n'a pas régularisé sa situation, le retrait de l'agrément est réalisé dans les mêmes formes que celles applicables pour son octroi. Les décisions de retrait doivent comporter un exposé des motifs et fixer leur (s) date (s) d'effet.

Article 60 : L'investisseur dispose d'un délai de trente jours à compter de la date d'achèvement des travaux, pour informer l'Organisme national chargé de la promotion des Investissements. A défaut de notification dans les délais précités, la durée des avantages démarre à compter de la date fixée dans l'arrêté d'agrément.

Article 61 : Les difficultés d'interprétation des dispositions du présent Code sont réglées par voie d'instructions ou de circulaires du Ministre en charge de l'Industrie et du Secteur Privé et du Ministre en charge de l'Economie et des Finances sur proposition de l'Organisme national chargé de la promotion des Investissements.

TITRE VII : DISPOSITIONS TRANSITOIRES ET FINALES

Article 62 : Les entreprises qui bénéficient des avantages prévus dans les lois portant Code des Investissements antérieurs au présent Code ainsi qu'à l'ensemble des textes subséquents, demeurent régies par lesdites lois jusqu'à l'expiration de l'effet desdits avantages. De même, les entreprises qui bénéficient des régimes spéciaux d'aide fiscale à l'investissement, demeurent régies par les textes instituant ces régimes spéciaux jusqu'à l'expiration de l'effet desdits avantages. A la date de la publication du présent Code au Journal Officiel de la République de Côte d'Ivoire, les entreprises n'ayant pas été agréées au titre des dispositions des lois antérieures ou au titre du Code Général des Impôts, peuvent bénéficier des avantages prévus par la présente Ordonnance dans la mesure où elles remplissent les conditions requises. Les investisseurs qui bénéficient de régimes d'incitation sous les codes antérieurs, ont vingt-quatre mois pour se mettre en conformité avec les dispositions du présent Code, s'il y a lieu. Les dispositions du présent Code ne s'appliquent pas aux entreprises admises au régime franc, au régime institué par une disposition spécifique et aux entreprises bénéficiant de conventions particulières.

Article 63 : Des décrets précisent, en tant que de besoin, les modalités d'application de la présente Ordonnance.

Article 64 : Sont abrogées, sous réserve de l'application des dispositions des articles ci-dessus, toutes dispositions antérieures contraires au présent Code.

Article 65 : La présente Ordonnance sera publiée au Journal Officiel de la République de Côte d'Ivoire et exécutée comme loi de l'Etat.

Fait à Abidjan le 07 juin 2012

Alassane OUATTARA

ANALYSE DU CODE DES INVESTISSEMENTS DE LA COTE D'IVOIRE

CARACTERISTIQUES DU CODE :

C'est un Code, à la fois :

– ouvert : tout investisseur, constitué sous forme de société ou d'entreprise individuelle, de nationalité ivoirienne ou étrangère, résident ou non résident est éligible aux différents régimes mis en place, dès lors qu'il en remplit les conditions ;

– incitatif : les avantages sont importants ;

– transparent : les conditions d'éligibilité sont bien identifiées et identiques pour tous ;

– d'accès facile : les procédures sont simplifiées et les délais réduits.

REGIMES D'INCITATIONS :

Deux (2) régimes d'incitation distincts.

- *Le régime de la déclaration d'investissement*

– *Le régime de déclaration* permet à tout investissement correspondant uniquement à une création d'activité, quel qu'en soit le montant hors TVA et hors fonds de roulement, d'être éligible aux avantages prévus par le Code, sur une simple déclaration de l'investisseur attestée par le Centre de Promotion des Investissements en Côte d'Ivoire (CEPICI).

– *Secteurs d'activités éligibles :* Tous, à l'exception des Finances, Transport, commerce, Bâtiment et Travaux Publics.

Champ d'application : Zones

Elles sont limitées à deux (2) zones géographiques.

La zone A concerné la région d'Abidjan.

La zone B recouvre tous les autres départements.

– *Procédures & délais*

En matière de déclaration d'investissement, la seule déclaration de l'investisseur, attestée régulière en la forme par le CEPICI qui délivre une attestation de dépôt, se suffit à elle-même. Le bénéfice des avantages est acquis dès la réalisation des investissements et le constat fait par les services compétents. Le délai de traitement du dossier complet est 48 heures pour le régime de déclaration d'investissement.

Avantages consentis

– Exonération dégressive de l'impôt sur les bénéfices industriels et commerciaux ou sur les bénéfices non commerciaux pendant une période :

– soit de 5 ans pour la Zone A répartie de la manière suivante : 100 % de la 1ère à la 3ème année, 50 % la 4ème année et 25 % la 5ème année ;

– soit de 8 ans pour la Zone B : 100 % de la 1ère à la 6ème année, 50 % la 7ème année et 25 % la 8ème année.

Exonération dégressive de la patente et des licences pendant une période :

– soit de 5 ans pour la Zone A répartie de la manière suivante : 100 % de la 1ère à la 3ème année, 50 % la 4ème année et 25 % la 5ème année ;

– soit de 8 ans pour la Zone B : 100 % de la 1ère à la 6ème année, 50 % la 7ème année et 25 % la 8ème année.

La durée des avantages est de 5 ans pour les investissements réalisés en zone A et de 8 ans pour ceux réalisés en zone B. Ces durées sont majorées des délais de réalisation qui ne peuvent excéder vingt-quatre (24) mois.

- Le régime de l'agrément à l'investissement

– *Le régime d'agrément* s'adresse aux investissements dont le montant hors TVA et hors fonds de roulement est supérieur à 500 millions de F CFA. Il prend en compte tous les investissements, quelle qu'en soit la nature (création ou développement d'activité).

– *Secteurs d'activités éligibles :* Tous, à l'exception des Finances, du Bâtiment et Travaux publics

– *Champ d'application :* Zones

– Elles sont limitées à deux (2) zones géographiques.

La zone A concerné la région d'Abidjan[2].

La zone B recouvre tous les autres départements.

Procédures & délais

L'agrément est accordé par arrêté interministériel. Les avantages sont acquis d'une part, après délivrance de l'arrêté interministériel, et d'autre part, après le constat des investissements réalisés par les services compétents. Le délai de traitement du dossier complet et de délivrance de l'arrêté d'agrément est de 45 jours ouvrables.

Le nombre d'administrations et organismes intervenants est réduit :

– le Centre de Promotion des Investissements en Côte d'Ivoire (CEPICI), interlocuteur unique de l'investisseur, reçoit le dossier, le transmet aux organes destinataires, veille à sa bonne finalisation et communique à l'investisseur la réponse apportée à sa demande ;

– La Direction du Développement Industriel (DDI)[3] ou - le département en tenant lieu au Ministère en charge de l'Industrie, rédige une note de synthèse à l'attention de la Commission Technique des Investissements (CTI) ;

– La Commission Technique des Investissements (CTI), statue sur la demande d'agrément à l'investissement. Son Secrétariat est assuré par le CEPICI.

Avantages consentis

1. Mesures applicables à tous les investissements liés à une création d'activité

– Application d'un droit d'entrée (Droit de Douane et Droit fiscal d'entrée) unique et préférentiel de 5 % sur les équipements, les matériels et le premier lot de pièces de rechange ;

– Exonération dégressive de l'impôt sur les bénéfices industriels et commerciaux ou sur les bénéfices non commerciaux pendant une période :

– soit de 5 ans pour la Zone A répartie de la manière suivante : 100 % de la 1ère à la 3ème année, 50 % la 4ème année et 25 % la 5ème année ;

– soit de 8 ans pour la Zone B : 100 % de la 1ère à la 6ème année, 50 % la 7ème année et 25 % la 8ème année.

– Exonération dégressive de la patente et des licences pendant une période :

– soit de 5 ans pour la Zone A répartie de la manière suivante : 100 % de la 1ère à la 3ème année, 50 % la 4ème année et 25 % la 5ème année ;

– soit de 8 ans pour la Zone B : 100 % de la 1ère à la 6ème année, 50 % la 7ème année et 25 % la 8ème année.

– Exonération dégressive de la contribution foncière des propriétés bâties pour les investissements de plus de 2 milliards de F CFA pendant une période :

– soit de 5 ans pour la Zone A répartie de la manière suivante : 100 % de la 1ère à la 3ème année, 50 % la 4ème année et 25 % la 5ème année ;

– soit de 8 ans pour la Zone B : 100 % de la 1ère à la 6ème année, 50 % la 7ème année et 25 % la 8ème année.

2. Mesures applicables à tous les investissements liés à un développement d'activité

– Application d'un droit d'entrée (Droit de Douane et Droit fiscal d'entrée) unique et préférentiel de 5 % sur les équipements, les matériels et le premier lot de pièces de rechange.

NB : L'ensemble des mesures prévues par le Code des Investissements ne fait pas obstacle à l'application des mesures spécifiques déjà prévues par le Code Général des Impôts, le Code Général des Douanes, le Code minier. Le Code des Investissements, de même, ne s'oppose pas davantage à la mise en œuvre de mesures qui résulteraient de traités ou accords passés entre la République de Côte d'Ivoire et d'autres Etats.

LES GARANTIES OFFERTES A L'INVESTISSEUR

– Traitement égalitaire entre Investisseurs nationaux et étrangers ;

– Libre transférabilité hors Côte d'Ivoire des revenus de toute nature générés par l'investissement, y compris le cas échéant les bonis de liquidation ;

– Recours judiciaire, arbitral ou administratif que l'investisseur jugera bon de mettre en œuvre pour le règlement des différends qui naîtraient de son application entre des personnes étrangères et la République de Côte d'Ivoire, y compris la saisine du Centre International pour le Règlement des Différends relatifs aux Investissements (CIRDI) ;

– Recours administratif porté directement devant une Commission spécialement créée à cet effet, la Commission Nationale pour la Promotion des Investissements (COM-INVEST), dont la mission est de veiller au respect des dispositions du Code des Investissements et notamment des délais.

Une véritable dynamique est enclenchée au niveau des investissements. Des réformes sont mises en œuvre pour l'amélioration du climat des affaires. Les retombées sont déjà perceptibles. L'année 2017 va-t-elle confirmer cette tendance ?

Tirer la relance économique par les investissements nationaux et étrangers. La Côte d'Ivoire s'en donne réellement les atouts. Au Centre de promotion des investissements en Côte d'Ivoire (Cepici), le constat est sans équivoque. C'est la grande affluence. Les investisseurs et autres hommes d'affaires, prêts à créer des entreprises et offrir des emplois au niveau du pays, se signalent en grand nombre. « L'engouement est grandissant tant chez les investisseurs locaux qu'étrangers à saisir les opportunités d'investissement qu'offre la Côte d'Ivoire. Pour être plus concret, voyons les statistiques : 484 milliards FCFA d'investissements agréés au Code des investissements pour 5434 emplois générés, 2462 entreprises créées au Guichet unique. Plus de 1000 visiteurs enregistrés au 25 novembre 2013, quand nous bouclions cette étude. Et quels sont les secteurs qui intéressent le plus les investisseurs ? L'agro-industrie demeure le potentiel naturel de la Côte d'Ivoire, et l'industrialisation doit être l'un des facteurs déterminants si le pays veut atteindre l'émergence à l'horizon 2020. Après l'agro-industrie, viennent les secteurs de l'infrastructure, de l'énergie, des mines, de l'hôtellerie et des Technologies de l'information et de la communication (TIC). Ce frémissement au niveau des investissements n'est pas le fait du hasard. D'importantes réformes et actions ont été engagées.

Une stratégie à trois axes

La politique de promotion de l'investissement mise en place par le Cepici repose sur trois axes stratégiques, à savoir la recherche des meilleures expertises pour satisfaire les besoins d'investissements, le développement de l'entrepreneuriat local et l'attraction de la diaspora. Ainsi, différentes missions économiques ont été organisées à l'étranger, notamment la participation de la Côte d'Ivoire au Ticad 5 au Japon, au conclave Inde-Afrique à New Delhi, à la Foire de Bordeaux, en France, et au forum Africa-2013, au Canada. L'on retient également l'organisation d'une tournée européenne en Autriche, aux Pays-Bas, en Belgique, en Allemagne et en Suisse, puis dans certains pays africains, notamment au Cameroun, Sénégal, Congo, Bénin et Guinée. En Côte d'Ivoire, le Cepici a reçu plusieurs délégations en provenance de Chine, de France, de Corée, du Canada, des Pays-Bas, de l'Inde, de Belgique, du Nigeria et du Maroc. Tous ces rendez-vous et missions ont été des plateformes de rencontres, d'échanges et de partenariats où nous avons présenté les opportunités et potentialités d'investissement dont regorge la Côte d'Ivoire. En ce qui concerne le développement de l'entrepreneuriat local, un forum dédié à cet effet est en cours de préparation. Il servira de cadre d'expression et d'échange pour mieux appréhender la contribution des petites et moyennes entreprises (PME) à la relance économique.

Quant à l'attraction de la diaspora, le Cepici, en collaboration avec le ministère de l'Intégration africaine et des Ivoiriens de l'Extérieur a organisé le forum Diaspora for Growth en juin 2013 – le premier forum à destination des Ivoiriens de l'étranger. Rendez-vous qui, a réuni plus de 300 participants prêts à investir et/ou à s'installer en Côte d'Ivoire. Soulignant qu'attirer l'investissement exige un environnement des affaires compétitif. Le Cepici engage aussi, aux côtés du Gouvernement ivoirien, plusieurs actions visant à la formulation et la mise en œuvre de réformes significatives pour l'amélioration du climat des affaires, et ce sous la coordination du Premier ministre et avec l'assistance de la Banque mondiale et de la Société financière internationale (SFI).

LES ASPECTS D'ORDRE INSTITUTIONNEL ET ECONOMIQUE DE LEGISLATION SUR LES INVESTISSEMENTS EN COTE D'IVOIRE

Le nouveau Code de 2012 accorde aux investisseurs qui décident de s'installer en Côte d'Ivoire plus de garanties que celui de 1995. Ce sont notamment l'assistance de l'Etat aux entreprises sinistrées, l'accès aux zones industrielles aménagées, l'exonération totale de la TVA pendant la phase d'investissement, l'exonération de tous les droits d'enregistrement sur tous les actes soumis à l'enregistrement. Ces garanties concernent également l'octroi pour les PME d'un tarif préférentiel pour l'achat d'eau, d'électricité et de prestations de nouvelles technologies, l'allongement de la durée des avantages dans les zones franches et l'exonération partielle de la part patronale de l'impôt sur les traitements et salaires. Les avantages du Code s'appliquent à tous les investisseurs, nationaux comme étrangers. Ce code constitue incontestablement une des grandes attractions pour les investisseurs.

REGIME D'AGREMENT

ZONE A (District d'Abidjan) ZONE B (+ de 60.000 Hbts) ZONE C (-de 60.000 Hbts)

Avantages en phase d'investissement (Création ou développement d'activité)

– Réduction de 40 à 50 % du montant du droit à payer à la douane portant sur des équipements, matériels et premiers lots de pièces de rechange

– Exonération totale de la TVA

Durée 2 ans avec possibilité de prorogation d'un an si 66 % d'investissement réalisé

Avantages en phase d'exploitation (Création)

Durée 5 ans 8 ans 15 ans

Exonération BIC, BNC ou BA (1re année)
– Avant dernière année
– Dernière année 100 %
50 %
25 % 100 %
50 %
25 % 100 %
50 %
25 %
Exonération des patentes et licences (1re année)
– Avant dernière année
– Dernière année 100 %
– 50 %
– 25 % 100 %
– 50 %
– 25 % 100 %
– 50 %
– 25 %
Réduction de contribution à charge de l'employeur 50 % 75 % 90 %

Exonération de l'impôt sur le revenu foncier pour les logements mis à la disposition du personnel 0 % 0 % 100 %

Exonération de l'Impôt sur le patrimoine foncier 100 %

LE GUICHET UNIQUE CEPICI

Avec la création du Guichet unique du CEPICI, fini les multiples et périlleuses démarches auprès des organismes distincts pour les déclarations juridiques, fiscales, sociales, etc. Mis en place en septembre 2012, le Guichet unique du Cepici vient répondre à un besoin des investisseurs locaux et étrangers qui, auparavant, devaient réaliser un parcours du combattant pour créer leurs entreprises. Désormais, 24 heures seulement suffisent pour créer une entreprise, contre 32 jours nécessaires par le passé. Le Guichet unique du Cepici a cette particularité de regrouper l'ensemble des Administrations impliquées dans le processus de création d'entreprise et d'agrément au code des investissements. C'est d'abord le Guichet des formalités des entreprises (Gufe) réunissant en son sein les services de la Direction générale des impôts pour l'enregistrement des actes et l'attribution du compte contribuable, le greffe du Tribunal de commerce d'Abidjan pour l'immatriculation au Registre du commerce et du crédit mobilier (RCCM), le ministère du Commerce, de l'Artisanat et de la Promotion des PME pour l'immatriculation au Code Import-Export et la Caisse nationale de prévoyance sociale (CNPS) pour l'immatriculation de l'employeur. Cette concentration de l'Administration permet aux opérateurs économiques de réaliser en un même lieu toutes ces formalités et offre également un gain considérable de temps.

Le Guichet unique du Cepici, c'est aussi trois autres guichets : à côté du guichet des formalités des entreprises, il y a aussi le guichet des investissements, le guichet des terrains industriels, et le guichet des formalités et assistance. Tous forment le Guichet unique Cepici, et ils travaillent en étroite collaboration pour assurer la facilitation des formalités administratives relatives à la création, à l'exploitation, à la transmission ou à l'extension des entreprises, contribuer à la réduction des coûts et délais relatifs à ces formalités (délai 24 heures), réceptionner et instruire les demandes des investisseurs pour le bénéfice des avantages du Code des

Investissements. Le Guichet unique vise aussi à assurer, en relation avec les administrations et les organismes publics et privés concernés, la mise en œuvre des dispositions du Code des investissements, réceptionner et instruire les demandes des investisseurs pour l'obtention de terrains à usage industriel, faciliter l'accomplissement des formalités pour les entreprises et les investisseurs.

LE DISPOSITIF DE FACILITATION

L'une des particularités de cet outil de promotion des investissements réside également dans la gratuité de ses prestations. Aussi, les droits perçus par les administrations pour la délivrance des actes, ont-ils été considérablement réduits. Les coûts de publication de l'avis de constitution de société sont de 15 000 FCFA. Les frais de la procédure notariale sont à 120.000 FCFA HT pour les sociétés à responsabilité limitée (SARL) dont le capital n'excède pas 1.000.000 FCFA. Le droit de timbre est supprimé pour l'enregistrement des actes pour les SARL au capital de 1.000.000 FCFA. La création du Tribunal de commerce d'Abidjan pour plus de performance dans la prise des décisions de justice, en matière de règlements des litiges commerciaux, la création de l'Autorité nationale de régulation des marchés publics pour assainir les modes de gestion et d'attribution des marchés publics, la création de l'Unité de lutte contre le racket et la corruption, la création du Guichet unique du Commerce extérieur, la mise en place de la Commission de la concurrence, etc., sont également autant de réformes opérées pour améliorer le climat des affaires en Côte d'Ivoire. Des efforts reconnus par le Doing Business 2014.

La Côte d'Ivoire dans les dix pays les plus réformateurs

Depuis janvier 2013, la Côte d'Ivoire, avec l'appui des partenaires techniques et financiers, notamment la Banque mondiale à travers la SFI, s'est engagée dans un processus de réformes de l'environnement des Affaires, en vue d'améliorer ses indicateurs et son classement Doing Business, dans le Rapport 2014. Ce rapport, publié le 29 octobre 2013, reconnaît les efforts consentis par la Côte d'Ivoire. Le Cepici se présente comme un des véritables artisans de cette performance ivoirienne. Dans sa stratégie, la Côte d'Ivoire a décidé d'accorder la priorité aux réformes dans six des dix indicateurs de l'indice Doing Business. Ainsi, le pays est parvenu à réformer à 100 % quatre indicateurs sur les six prioritaires. Le premier indicateur est la création d'entreprise. Ici, avec la mise en place du Guichet Unique de création d'entreprise, la Côte d'Ivoire a facilité la création d'entreprise en 24 heures et remplacé l'exigence d'un extrait du casier judiciaire de l'entrepreneur par une déclaration sous serment au moment de l'enregistrement de la société. Le deuxième indicateur porte sur l'octroi du permis de construire. Il ressort du rapport que la Côte d'Ivoire a rendu plus faciles les procédures au Guichet unique du foncier et de l'habitat, ce qui a réduit le temps nécessaire à l'obtention du permis de construire. Le transfert de propriété est le troisième indicateur conduit avec succès. l'Etat a facilité le transfert de propriété en simplifiant les procédures et en réduisant la taxe de transfert de propriété. Quant au quatrième indicateur, il concerne l'exécution des contrats. Le Cepici indique qu'il a été amélioré à travers la création d'un tribunal de Commerce spécialisé à Abidjan. Dans ce classement Doing Business 2014, la Côte d'Ivoire occupe le 167e rang, soit un bond en avant de dix points par rapport à 2013, où elle était classée à la 177e place sur 185 pays. Le dernier classement positionne la Côte d'Ivoire parmi les dix meilleurs pays réformateurs (Top 10 reformers) en occupant le 3e rang dans cette catégorie. Mais la Côte d'Ivoire ne compte pas s'arrêter là. Le Cepici poursuit cette dynamique de réformes de l'environnement des affaires conformément à son agenda triennal 2013-2015. A cet effet, les réformes identifiées pour le Rapport Doing Business 2015 sont en cours d'élaboration par nos partenaires techniques et financiers. Ces réformes seront mises en œuvre toujours sous la supervision du Premier ministre et du ministre de l'Economie et des Finances.

Les perspectives d'avenir

Les perspectives s'annoncent prometteuses. Forte de ses potentialités, de son savoir-faire, de sa diversité culturelle et de sa foi dans le libéralisme, la Côte d'Ivoire s'est ouverte au monde économique et à celui des affaires à travers la quatrième édition du forum dénommé « Investir en Côte d'Ivoire (ICI 2014)», à Abidjan, autour du thème « Secteur privé, levier d'une intégration régionale réussie ». Ce forum, qui vient après les éditions de 1995, 1997 et 1999, a été un lieu de rencontres d'affaires et d'échanges avec l'ensemble des entreprises et institutions nationales et internationales, notamment les bailleurs de fonds. Ouvert au monde économique et financier, avec une vocation sous-régionale, ICI 2017 compte recueillir des investissements de l'ordre de 100 milliards de FCFA. Pour 1500 investisseurs et 3500 visiteurs attendus. L'agro-business, les petites et moyennes entreprises (PME), les infrastructures, l'agriculture, le tourisme, le transport, l'éducation et la santé sont autant de secteurs d'activités porteurs qui retiendront l'attention des participants. Lors du lancement, le 16 septembre 2013, le Gouvernement a appelé à une mobilisation massive des opérateurs ivoiriens. Ce forum concernait, bien évidemment, les investisseurs nationaux à qui le gouvernement entendait offrir une nouvelle opportunité pour nouer des partenariats mutuellement bénéfiques avec les hommes d'affaires du monde entier.» Pour le commissaire général du forum « Ici 2017 », par ailleurs directeur général du Cepici, 60 % des investissements attendus du Plan national de développement (PND) doivent provenir du secteur privé. Et il reste convaincu que « les potentialités économiques et humaines sont demeurées intactes, tandis que les opportunités et potentialités d'investissements sont devenues plus nombreuses du fait de la volonté clairement affichée par les autorités de restaurer rapidement la vitalité économique du pays ». Le directeur général du Cepici entend faire de la Côte d'Ivoire l'une des destinations les plus prisées en termes d'investissements directs privés au monde. Pourvu que la stabilité politique s'y prête.

ORGANISMES ET AGENCES DE PROMOTION DES INVESTISSEMENTS EN COTE D'IVOIRE

CENTRE DE PROMOTION DES INVESTISSEMENTS EN COTE D'IVOIRE (CEPICI)

OBJECTIF

Le **Centre de Promotion des Investissements en Côte d'Ivoire (CEPICI)**, placé sous l'autorité et la tutelle du Premier Ministre, a pour principal objectif de promouvoir l'investissement privé, ainsi que de favoriser et de renforcer toutes les activités économiques aptes à contribuer au développement de la Côte d'Ivoire.

ROLES ET MISSIONS

1) La Maison de l'Investisseur

A ce titre, le CEPICI est d'abord un centre d'accueil et d'information, chargé :

– D'entreprendre, tant en Côte d'Ivoire qu'à l'étranger, un vaste programme d'information des milieux d'affaires sur l'économie ivoirienne, l'environnement des investissements, les possibilités d'investissements et les incitations à l'investissement en Côte d'Ivoire,

– D'identifier, informer, accueillir et assister les investisseurs ivoiriens et étrangers.

– D'organiser ou de contribuer à l'organisation de manifestations tant en Côte d'Ivoire qu'à l'étranger, sur tous les thèmes liés à l'investissement. Le CEPICI est ensuite un Guichet Unique, chargé :

– De suivre la vie des entreprises et, à cet égard, de centraliser et de faciliter l'accomplissement des formalités administratives relatives à leur création, à leur modification, à leur dissolution, etc..,

– D'octroyer (régime déclaratif) ou de centraliser et faciliter l'accomplissement des formalités relatives à l'octroi (régime de l'agrément) des avantages à l'investissement offerts par le nouveau Code des Investissements.

– De rechercher constamment et de mettre en œuvre les voies et moyens susceptibles d'alléger et de simplifier les contacts des investisseurs avec les différents administrations et services intéressés.

2) Le Principal Centre de Marketing et de Promotion du " Produit Côte d'Ivoire "

Dans une économie assainie, en pleine diversification et qui renoue avec la croissance, le CEPICI est chargé d'apporter sa contribution et son soutien au mouvement de relance économique de la Côte d'Ivoire et à cette fin :

– De collecter, de traiter, de produire et de diffuser à travers les supports les plus appropriés d'information et échanges de données, toute la documentation nécessaire à une meilleure connaissance, par les milieux d'affaires, du " produit Côte d'Ivoire ".

– D'identifier toutes les occasions d'investissements rentables, de promouvoir les idées de projets qui en découlent et de constituer et gérer un portefeuille de profils de projets d'investissement.

– De favoriser la recherche de partenaires dans le cadre des co-entreprises et de faciliter le rapprochement des investisseurs potentiels ou déjà établis en Côte d'Ivoire avec des partenaires, tant nationaux qu'étrangers.

– D'organiser ou de coordonner l'organisation, le cas échéant en liaison avec les administrations et services concernés, des campagnes d'information et de promotion sur le " produit Côte d'Ivoire ", aussi bien sur le territoire national qu'à l'étranger.

3) La plate-forme privilégiée de rencontre et de concertation entre le secteur public et le secteur privé

Le CEPICI est un lieu privilégié de rencontre, de concertation et d'échanges de vues. Il et est chargé à ce titre, notamment à travers la Commission Nationale pour la Promotion des Investissements (COM-INVEST) qui regroupe en son sein des hauts fonctionnaires et plusieurs représentants du secteur privé :

– De proposer des mesures de simplification et d'amélioration des procédures administratives liées à l'investissement.

– De veiller à la bonne application des dispositions du Code des Investissements en vue d'en souligner le caractère ouvert et de garantir la transparence, l'automaticité et la célérité dans l'octroi des avantages qui y sont contenus.

– D'identifier toutes les autres contraintes et entraves à l'investissement et de proposer les voies et moyens d'y remédier.

– D'offrir une possibilité de recours en régularisation en cas de non-respect, par l'administration, de ses engagements vis-à-vis du déclarant.

– De contribuer, grâce notamment à une liaison suffisante avec l'administration qui rend plus facile et plus efficace la préparation des dossiers et les prises de décision, à une amélioration constante de l'environnement infrastructurel, économique et social de l'investissement en Côte d'Ivoire.

Le CEPICI n'est donc ni un département Ministériel, ni un centre d'étude en matière d'investissement, ni un cabinet d'assistance conseil ou d'ingénierie, ni un centre de formation professionnelle ou de perfectionnement des cadres, ni un établissement de crédit ou une banque de développement.

– L'Association pour la Promotion des Exportations de Côte d'Ivoire (APEX-CI)

Agence privée créée par la Banque Mondiale, le Secteur Privé et la Côte d'Ivoire pour accompagner les Entreprises ivoiriennes dans la conquête des marchés extérieurs. Ses objectifs spécifiques sont les suivants :

– Renforcer la capacité d'exportation des entreprises ivoiriennes.

– Promouvoir les produits et services " made in Côte d'Ivoire " sur les marchés étrangers.

– Favoriser un dialogue entre le secteur privé et l'Administration dans le but d'améliorer l'environnement des exportations.

– Assurer les fonctions d'un centre d'information sur les marchés étrangers

– Contribuer à l'émergence de consultants nationaux, compétents, capables de conseiller efficacement les entreprises dans l'élaboration et la mise en œuvre de leurs stratégies export.

– Pour atteindre ses objectifs, l'APEX-CI met à la disposition des Entreprises quatre(4) produits :

– FADEX : Fonds d'appui aux développements des Exportations qui est un appui technique et financier pour générer ou augmenter les activités à l'exportation.

– CIC : Centre d'Informations Commerciales, constitue le Guichet Unique des Opérateurs de Commerce international (Trade point).

– FAMEX : Fonds d'Amélioration de l'Environnement des Exportations vise à éliminer les éventuelles entraves à la possibilité d'exporter des Entreprises ivoiriennes.

– APEX-BASE : qui assure une assistance-conseil " sur mesure " pour générer ou augmenter les activités à l'exportation.

– LE BUREAU NATIONAL D'ETUDES TECHNIQUES ET DE DEVELOPPEMENT (BNETD)

Le Bureau National d'Etudes Techniques et de Développement a été créé en 1978. Il s'appelait alors DCGTX (Direction et Contrôle des Grands Travaux). Devenu société d'Etat depuis Septembre 1994, le BNETD s'est imposé comme un instrument privilégié du Gouvernement en matière d'assistance- conseil et de maîtrise d'œuvre des grands projets d'investissement. Avec pour vocation de fournir un appui central en matière de programmation et de choix des investissements publics, le BNETD a aussi pour mission d'assurer les études, la direction, le contrôle technique et financier des études et l'exécution des projets d'investissement. Le BNETD a également pour vocation d'assurer la gestion d'une banque de données techniques, économiques et financières nationales.

Dans le cadre général de son fonctionnement, et dans le souci de répondre avec rigueur et efficacité aux besoins de ses clients, le BNETD a depuis toujours, structuré ses activités en trois missions principales : Concevoir, Superviser, Conseiller. Ci-après, quelques interventions et réalisations du BNETD :

– **Développement des infrastructures de base.** Le BNETD a capitalisé une longue et riche expérience en assurant la conception, l'étude et la maîtrise d'œuvre de plus de 4 000 km du réseau routier ivoirien bitumé, et de nombreux édifices publics, dont la Basilique Notre-Dame-de-la-Paix de Yamoussoukro et les tours administratives du Plateau à Abidjan.

– **Gestion urbaine, Aménagement du territoire.** La gestion et l'aménagement urbains constituent également des domaines d'intervention privilégiés du BNETD, qui a réalisé divers projets d'urbanisme, de développement urbain et communal, dont les différents plans directeurs d'urbanisme pour les districts d'Abidjan et de Yamoussoukro, les communes de Côte d'Ivoire, ainsi que les plans stratégiques de développement des villes de Ouagadougou, de Bamako, de Kumasi et de Conakry.

– **Soutien au développement du secteur industriel, minier et énergétique.** Constitué d'une équipe pluridisciplinaire formée d'ingénieurs spécialisés et d'économistes de haut niveau, le BNETD, grâce à ses services, intervient sur tous les aspects de la maîtrise d'œuvre et apporte assistance et conseil dans la maintenance des installations industrielles, dans les négociations et la recherche de financement. Le Bureau est ainsi intervenu, entre autres dans la réalisation des projets BOOT des Centrales Thermiques de CIPREL et d'Azito, des usines d'égrenage de coton du Nord de la Côte d'Ivoire et dans l'évaluation de l'important projet de mise en valeur du gisement de nickel de Biankouma - Touba et dans le développement du champ gazier de Foxtrot.

– **Réorientation et Redynamisation de la politique agricole : une priorité** Doté d'une véritable expertise en matière d'études et de gestion des projets agricoles, le BNETD intervient dans les différents domaines de l'agriculture tels que les ressources animales et halieutiques, la foresterie, la pédologie appliquée, l'aménagement rural et le foncier rural.

– **Cartographie et télédétection.** La structure constitue un précieux centre d'appui aux activités de développement à travers son centre de Cartographie et de Télédétection qui produit des données cartographiques et développe des systèmes d'information géographique nécessaires à l'étude, à la réalisation et à l'exploitation des travaux d'aménagement du territoire. Ce centre est également dépositaire de la photothèque et de la cartothèque nationales. Toutes ces expériences et les expertises qui en découlent ont profité à de nombreuses structures tant en Côte d'Ivoire qu'à l'étranger notamment au Bénin, au Burkina - Faso, au Cameroun, au Ghana, aux îles Comores, au Mali et au Sénégal.

– Etudes économiques et Ingénierie financière. Dans le domaine des études économiques et de l'ingénierie financière le BNETD mène des études allant de l'évaluation économique et financière de projets pour éclairer la décision d'investir, en passant par la détermination de la situation nette d'une entreprise à privatiser jusqu'à l'établissement de plans de trésorerie à court, moyen et long termes.

– Contrôle et Audit. L'audit opérationnel mené par les soins du BNETD aboutit généralement à la proposition d'un plan de restructuration intégrant tous les aspects de la gestion des entreprises. Renforcement des capacités et Valorisation de la recherche Le BNETD, à travers son Centre de Formation et de Recherche, contribue au renforcement des capacités des opérateurs économiques, des administrations, des collectivités décentralisées, des ONG et des associations de développement.

– LA CHAMBRE DE COMMERCE ET D'INDUSTRIE DE C.I. (CCI-CI)

La Chambre de Commerce et d'Industrie de Côte d'Ivoire (CCI-CI) est un partenaire actif au service du secteur privé et des pouvoirs publics. Conformément à ses missions et attributions, la CCI-CI intervient au cœur du développement économique. Quatre (4) missions ont été assignées par l'Etat à la Chambre de Commerce et d'Industrie de Côte d'Ivoire :

- La consultation et la représentation,
- La formation,
- L'appui aux entreprises,
- La création et la gestion d'infrastructures.

Elles se fondent sur une dynamique locale (l'économie régionale), sur la représentation économique territoriale (délégations régionales), et sur le réseau (appartenance à de nombreuses instances consulaires, sous régionales, continentales, européennes et internationales).

De l'appui aux entreprises à la gestion de services concédés, en passant par la formation, les études et l'information économiques, ce sont 110 agents permanents qui fournissent : l'information générale sur les marchés, les réglementations, la facilitation des procédures, les opportunités d'affaires, les foires et expositions internationales, l'organisation et la coordination de manifestations, la création et le développement d'entreprise, la formation initiale et continue...

Autant d'activités au service des opérateurs économiques pour leur permettre de mieux appréhender les potentialités de l'environnement intérieur et extérieur.

IMPORTANT : Toutes les entreprises implantées sur le territoire ivoirien sont ressortissantes de la Chambre de Commerce et d'Industrie de Côte d'Ivoire. A ce titre, elles peuvent bénéficier des services rendus et des concours apportés par la Chambre de Commerce et d'Industrie de Côte d'Ivoire, dans la limite des missions confiées par l'Etat à cette dernière.

DECRET N° 2012-05 DU 11 JANVIER 2012 PORTANT DEFINITION DE LA PETITE ET MOYENNE ENTREPRISE EN COTE D'IVOIRE

ARTICLE 1

Le présent décret a pour objet de définir la petite et moyenne Entreprise.

ARTICLE 2

La petite et moyenne Entreprise est une entreprise qui emploie en permanence moins de deux cents (200) personnes et qui réalise un chiffre d'affaires annuel hors taxes inférieur ou égal à un milliard (1.000.000.000) de francs CFA. L'entreprise est une entité qui, indépendamment de sa force juridique, exerce une activité économique, est légalement constituée et tient une comptabilité.

L'entreprise peut être entité exerçant une activité économique à titre individuel ou familial, une société de personnes ou de capitaux.

ARTICLE 3

Au sens du présent décret, la notion de Petite et Moyenne Entreprise (PME) concerne toutes les activités relevant des secteurs primaire, secondaire et tertiaire. La Petite et Moyenne Entreprise comprend la Micro Entreprise, la Petite Entreprise et la Moyenne Entreprise.

ARTICLE 4

La Micro Entreprise est définie comme une entreprise qui emploie en permanence moins de dix (10) personnes ou qui réalise un chiffre d'affaires annuel hors taxes inférieur ou égal à trente millions (30 000 000) de francs CFA.

ARTICLE 5

La Petite Entreprise est définie comme une entreprise qui emploie en permanence moins de cinquante (50) personnes ou qui réalise un chiffre d'affaires annuel hors taxes supérieur à trente millions (30 000 000) de Francs CFA et inférieur ou égal à cent cinquante millions (150 000 000) de Francs CFA.

ARTICLE 6

La Moyenne Entreprise est définie comme une entreprise qui emploie en permanence moins de deux cents (200) personnes ou qui réalise un chiffre d'affaires annuel hors taxes supérieur cent cinquante millions de Francs (150 000 000 F) CFA et inférieur ou égal à un milliard de Francs (1 000 000 000 F) CFA.

ARTICLE 7

Au sens du présent décret, les personnes sont :

– les travailleurs engagés à plein temps bénéficiant d'un contrat de travail et déclarés à l'institution de prévoyance sociale ;

– les travailleurs occasionnels déclarés à l'institution de sécurité sociale dont le nombre est déterminé au prorata du temps de travail effectif ramené à l'année.

L'année à prendre en considération est celle du dernier exercice comptable clôturé.

ARTICLE 8

Le ministre de l'Artisanat et de la Promotion des Petites et Moyennes Entreprises et le ministre de l'Economie et des Finances sont chargés, chacun en ce qui le concerne, de l'exécution du présent décret qui sera publié au Journal Officiel de la République DE Côte d'Ivoire.

Fait à Abidjan, le 11 janvier 2012

APPLICATION DE LA REFORME OHADA SUR LES PME EN COTE D'IVOIRE

La Commission Juridique et fiscale de la Confédération Générale des Entreprises de Côte d'Ivoire (CGECI) a organisé un séminaire de formation à l'attention des PME sur les obligations des petites et moyennes entreprises à l'épreuve de la reforme OHADA des sociétés commerciales et de la nouvelle loi d'orientation des PME. Face à une soixantaine de représentants de PME, les experts ont exposé les modifications apportées par la reforme OHADA. Mais avant, l'objectif de cette rencontre a été expliqué par le Directeur des Prestations aux Adhérents de la CGECI, qui est de contribuer à la vulgarisation du nouveau cadre juridique des Petites et Moyennes Entreprises, favoriser l'appropriation des règles fondamentales qui constituent « l'ossature » juridique et administrative de toute entreprise et susciter la mise en place, au sein de l'entreprise, d'un cadre décisionnel et opérationnel conforme aux exigences des nouvelles législations sur les sociétés commerciales, et les PME en particulier.

Cette rencontre s'est articulée autour de deux sous-thèmes. Le premier sous-thème a porté sur la définition des PME et analyse des politiques d'accompagnement. Son exposé a permis de comprendre les enjeux de la loi n° loi n° 2014-140 du 24 mars 2014 portant orientation de la politique nationale de promotion des Petites et Moyennes Entreprises, connaître les critères de définition et de catégorisation des PME et les dispositions à prendre pour bénéficier efficacement des politiques et mesures incitatives mises en place en faveur des PME. L'on apprend ainsi que des critères qualitatifs et quantitatifs sont désormais à prendre en compte. Le critère qualitatif exige que moins de 25 % du capital d'une PME ne peut être détenu par une grande entreprise. Quant aux critères quantitatifs, ils distinguent trois types d'entreprises. Notamment les micro entreprises (moins de 10 salariés et un Chiffre d'Affaires (CA) Hors Taxe (HT) inférieur ou égal à 10 millions FCFA), les petites entreprises (moins de 50 salariés et un Chiffres d'Affaires HT compris entre 30 et 50 millions FCFA) et les moyennes entreprises (moins de 200 entreprises et un CA, HT compris entre 150 millions et un milliard). Toutefois, il est important de préciser que le seuil prépondérant est celui du Chiffre d'affaires. Autrement dit, une entreprise de moins de 10 salariés, sera catégorisée comme une petite entreprise (et non comme une micro entreprise), si son CA est supérieur à 30 millions FCFA. Aussi, les entreprises sont-elles priées de se faire délivrer une attestation d'identification par le ministère pour bénéficier du statut de PME et des mesures spécifiques y afférents. Par ailleurs, le Décret 2012 05 du 11 janvier 2012 est devenu caduque. En effet, depuis le 05 mai 2014 est entré en vigueur le nouvel acte uniforme OHADA relatif au Droit des sociétés commerciales et GIE. Un peu avant, la loi n° 2014-140 du 24 mars 2014 portant orientation de la politique nationale de promotion des Petites et Moyennes Entreprises était adoptée par l'Assemblée Nationale de Côte d'Ivoire. Ces législations viennent repréciser les obligations de gestion juridique et administrative des sociétés commerciales et réaffirmer les enjeux pour les Petites et Moyennes Entreprises (PME) de s'y conformer. Dans la phase pratique, la loi d'orientation est prise, mais les mesures d'accompagnement sont attendues.

Le deuxième sous-thème a porté sur l'identification des obligations juridiques et administratives des PME au regard du droit OHADA des affaires et de la loi d'orientation des PME. Il a permis de faire connaître la portée des obligations juridiques et administratives des PME. Les explications ont permis de favoriser la mise en en conformité des PME aux exigences légales.

L'AMELIORATION DU SECTEUR DES PME EN COTE D'IVOIRE

Les petites et moyennes entreprises (PME) ont, en particulier, payé un lourd tribu. Des milliers d'entreprises ont été contraintes, entre 2002 et 2015, de mettre la clé sous la porte, provoquant une augmentation du chômage surtout chez les jeunes. En novembre 2009, la Banque mondiale avait accordé un don de 15 millions de dollars US dans le cadre du « Projet d'appui à la revitalisation des petites et moyennes entreprises en Côte » (PARE-PME), projet dont la mise en œuvre fut interrompue pendant six mois lorsqu'éclata la crise post-électorale de novembre 2010. Ce programme est mis en œuvre en synergie avec « le programme d'amélioration du climat des Affaires » de l'IFC, unité du Groupe de la Banque Mondiale chargée du secteur privé.

L'allègement des procédures administratives

Le guichet unique des formalités d'entreprises, opérationnel depuis décembre 2012, a en effet pour objet d'alléger les procédures administratives liées à la création d'entreprises. Aujourd'hui, il ne faut plus que 48 heures pour créer une entreprise en Côte d'Ivoire contre 32 jours par le passé. Les coûts de création d'une entreprise ont été également ramenés sous la barre des 200 000 francs CFA (soit 395 dollars environ) contre 661 000 francs CFA auparavant.

Plusieurs fois repoussée du fait de la crise post-électorale, l'inauguration le 26 mars dernier du nouveau siège de la « Mutuelle de crédit et de financement des petites et moyennes entreprises » (MCF-PME) montre que la Côte d'Ivoire est déterminée à redonner confiance aux entrepreneurs. Les difficultés de financement des PME étaient l'un des obstacles entravant la croissance des petites entreprises. L'appui direct aux PME inclut aussi un programme d'assistance technique et d'accompagnement à l'entreprenariat qui cible les jeunes. Environ 260 jeunes sélectionnés pour ont été épaulés par IDA (Association internationale pour le développement), à travers le fonds fiduciaire SPF) et IFC (à travers le programme « business EDGE ») pour la réalisation de leur business plan.

La lutte contre la corruption

L'ouverture du tribunal de commerce en octobre 2012 et la modernisation en cours du registre de Commerce et de Crédit Mobilier (RCCM) indiquent aussi que le cadre juridique est en train de s'améliorer. Le tribunal est composé de juges professionnels (magistrats de carrière) et de juges consulaires issus du secteur privé. Le 10 mai dernier 2013, cinquante opérateurs économiques désignés par la Chambre de commerce et d'industrie de Côte d'Ivoire (CCI-CI) comme juges consulaires au sein du tribunal de commerce d'Abidjan (TCA) ont prêté serment. À ce jour, le tribunal a rendu environ 1700 décisions. Dans un souci de transparence, toutes les décisions rendues sont publiées sur le site Internet du Tribunal Opérationnelle depuis 2011, l'unité de lutte contre le racket (ULCR) s'attelle pour sa part à réduire l'impact de la corruption sur l'économie du pays. L'unité a même mis en place un numéro vert afin de dénoncer toutes les pratiques de racket. Enfin, le gouvernement a confirmé l'élaboration d'une stratégie de développement des PME ainsi que d'une politique industrielle pour mobiliser les investissements privés dans les secteurs porteurs. On le voit donc, l'horizon est plus que dégagé pour que le secteur privé reprenne le chemin de la croissance et la création d'emploi.

HUITIÈME PARTIE.

LE CODE DES INVESTISSEMENTS DE LA RÉPUBLIQUE DU GABON

LOIS, DECRETS ET ARRETES

– **Décret N° 1144/PR/SE-PME du 5 août 1983** portant attribution et organisation du secrétariat d'Etat chargé de la petite et moyenne entreprise.

– **Loi n° 13/83 du 31 décembre 1983** érigeant l'Agence gabonaise de promotion industrielle et artisanale en Agence nationale de promotion de la petite et moyenne entreprise.

– **Décret N°357/PR/PM/SEPME du 7 mars 1984** portant approbation des statuts de l'Agence nationale de promotion de la petite et moyenne entreprise.

– **Décret n° 968/PR/MINPME du 1er juin 1985** fixant les modalités d'intervention du fonds d'aides et de garantie des petites et moyennes entreprises.

– **Décret n° 969/PR/MINPME du 1er juin 1985** portant statuts du fonds d'aide et de garantie aux petites et moyennes entreprises gabonaises.

– **Ordonnance N° 1/93 du 15 avril 1993** portant création d'un fonds d'expansion et de développement des petites et moyennes entreprises ou industries.

– **Loi N°30/93 du 23 août 1993** portant ratification de l'Ordonnance N° 1/93 du 15 avril 1993 portant création d'un fonds d'expansion et de développement des petites et moyennes entreprises ou industries, en application de la Loi N° 6/93 du 14 janvier 1993 autorisant le président de la République à légiférer par ordonnances pendant la période d'intersession parlementaire.

– **Ordonnance n° 0009/93/PR du 1er octobre 1993** portant création du Fonds d'Aide à l'Insertion et à la Réinsertion Professionnelles

– **Décret n° 273/PR/MINTRHFP du 9 mars 1994** fixant l'organisation et le fonctionnement du Fonds d'aide à l'insertion et à la réinsertion professionnelle

– **Ordonnance n°6/2000 du 12 février 2000** portant création, attributions, organisation et fonctionnement de l'agence de promotion des investissements privés.

– **Loi n° 3/2000 du 18 août 2000** portant ratification de l'ordonnance n° 6/2000 du 12 février 2000 portant création, attributions, organisation et fonctionnement de l'agence de promotion des investissements privés (APIP).

– **Loi N° 10/2000 du 12 octobre 2000** portant création et organisation de la zone franche de l'île Mandji.

– **Décret N° 592/PR/MPMEPMI du 15 mai 2001** portant création et organisation du label qualité-entreprise de la petite et moyenne entreprise, de la petite et moyenne industrie gabonaise.

– **Ordonnance n° 1/2006 du 9 février 2006** portant création d'un fonds d'entretien routier de deuxième génération.

– **Loi n° 4/2006 du 12 septembre 2006** portant ratification de l'Ordonnance n° 1/2006 du 9 février 2006 portant création d'un fonds d'entretien routier de deuxième génération.

– **Ordonnance N° 11/2007 du 23 février 2007** portant création, attributions, organisation et fonctionnement de l'Agence pour le développement de l'entreprise.

– **Ordonnance N°12/2007 du 23 février 2007** portant création, attributions, organisation et fonctionnement du fonds pour le financement de l'entreprise.

– **Loi N° 001/2007 du 27 août 2007** Instituant la Bourse de sous-traitance et de Partenariat.

– **Décret N° 730/PR/MECIT du 21 juin 2011** portant création et organisation du Centre de développement des entreprises.

– **Décret n°01100/PR/MPMEA du 25 septembre 2011** portant attributions, organisation et fonctionnement du Ministère des Petites et Moyennes et de l'Artisanat du 25 septembre 2011

– **Décret n° 331/PR/MPMEAC du 28 février 2013**, portant attributions, organisation et fonctionnement du Ministère des Petites et Moyennes Entreprises, de l'Artisanat et du Commerce

– **Décret n°465/ PR/MTPN du 18 Mai 1976** réglementant les activités des agences de voyages

– **Loi N° 1/81 du 8 juin 1981** instituant des mesures administratives et financières propres à promouvoir les petites et moyennes entreprises gabonaises.

– **Décret n° 406/PR/MICODIN du 26 avril 1982** relatif au Fonds d'Aide et de Garantie aux petites et moyennes entreprises créé par la loi n° 1/81 du 8 juin 1981.

– **Ordonnance N° 26/83 du 16 juillet 1983**, modifiant l'article 5 de la loi N° 1/81 du 8 juin 1981 instituant des mesures administratives et financières propres à promouvoir les petites et moyennes entreprises gabonaises.

– **Loi n° 11/84 du 12 juillet 1984** portant modification de la loi 1/81 du 8 juin 1981, instituant des mesures administratives et financières propres à promouvoir les Petites et Moyennes Entreprises gabonaises.

– **Décret N° 1029/PR/SEPME du 25 juillet 1984** fixant les modalités **d'application de la loi 1/81 du 8 juin 1981 instituant des mesures** administratives et financières propres à promouvoir les petites et moyennes entreprises.

– **Ordonnance n° 10/89 du 28 septembre 1989** portant réglementation des activités de commerçant, d'industriel ou d'artisan en République gabonaise.

– **Loi n° 14/98 du 23 juillet 1998** fixant le régime de la concurrence en République Gabonaise.

– **Loi N° 15/2003 du 27 janvier 2004** déterminant les ressources et les charges de l'Etat pour l'année 2004.

– **Loi N°32/2005 du 30 décembre 2005** relative aux pépinières d'entreprises et aux domaines industriels.

– **Loi N° 16/2005 du 20 septembre 2006** portant promotion des petites et moyennes entreprises et des petites et moyennes industries.

– **Ordonnance N°3/2007 du 4 janvier 2007** relative au recouvrement des créances du fonds d'expansion et de développement des petites et moyennes entreprises ou industries.

– **Décret n° 122/PRMTPEC du 18 janvier 2007** fixant les statuts du fonds d'entretien routier de deuxième génération (FER2).

– **Loi N° 28/2008 du 22 janvier 2008** relative au recouvrement des créances du Fonds d'expansion et de développement des petites et moyennes entreprises ou industries.

– **Décret n°0665/PR/MECIT du 29 avril 2011** portant création et organisation de la Société Gabonaise d'Hôtellerie et du Tourisme

– **Décret n°001378/PR/MECIT du 22 novembre 2011** déterminant les critères et la procédure de classement des hôtels, restaurant et établissements assimilés

– **Arrêté n°00363/MECIT/SG du 22 novembre 2011** fixant les caractéristiques et les modalités de distribution du panonceau à apposer sur la façade principale des hôtels et restaurants de tourisme classés

– **Loi n° 15/98 du 23 juillet 1998** instituant la charte des investissements en République gabonaise.

– **Ordonnance n° 2/2000 du 12 février 2000** portant régime applicable aux investissements touristiques.

– **Décret n° 167/PR/MCIPIIR du 5 février 2002** relatif à l'organisation et au fonctionnement de l'agence de promotion des investissements privés.

– **Décret N° 482/PR/MEFBP du 19 juillet 2002** portant création et organisation de la commission nationale de mise en place de la zone franche de l'île Mandji.

– **Arrêté N° 1420/PM du 26 mai 2006** portant création du comité de sélection, de proposition d'attribution des marchés aux PME pour la fête de l'Indépendance dans la province de l'Estuaire.

– **Décret n° 380/PR/MPMEIR du 27 avril 1989** instituant une journée nationale de la Petite et Moyenne Entreprise.

– **Décret** portant application de **la loi 16/2005 du 26 mai 2006** portant promotion des Petites et Moyennes Entreprises et Petites et Moyennes Industries gabonaises.

– **Décret** fixant la programmation budgétaire du Plan Triennal de Développement des PME/PMI gabonaises

– **Décret** portant approbation de la Bourse de sous-traitance et de Partenariat.

– **Arrêté** portant création de la Commission de suivi des Etats Généraux des Petites et Moyennes Entreprises et de l'Artisanat.

– **Décret** portant statuts de la Bourse de sous-traitance et de Partenariat.

– **Loi** relative au nantissement de créance des Petites et Moyennes Entreprises gabonaises.

Loi n°15/1998 instituant la Charte des Investissements au Gabon

Art.1.- La présente loi, prise en application des dispositions de l'article 47 de la Constitution, institue la Charte des Investissements en République Gabonaise.

Art.2.- La Charte des Investissements annexée à la présente loi, constitue le cadre général de l'ensemble des dispositions destinées à améliorer l'environnement institutionnel, fiscal et financier des entreprises. Elle a pour but de favoriser la croissance et la diversification de l'économie sur la base d'un développement harmonieux du secteur privé et des investissements.

Art.3.- Les dispositions contenues dans la charte des Investissements sont reprises dans les différents codes, lois et textes réglementaires concernés.

Art.4.- Des textes particuliers complètent les dispositions de la Charte pour préciser les conditions techniques, fiscales et financières de l'investissement et de l'exploitation dans certains secteurs spécifiques, notamment ceux relatifs à l'exploitation et à la transformation des ressources naturelles.

Art.5.- La présente loi qui abroge toutes les dispositions antérieures, notamment celles de la loi n°7/89 du 6 Juillet 1989 portant Code des Investissements en République Gabonaise, sera enregistrée, publiée selon la procédure d'urgence et exécutée comme loi de l'Etat. Charte des investissements

Préambule

Par la présente charte, dite « Charte des Investissements », la République Gabonaise, réaffirme son engagement dans une stratégie de développement économique et social basée sur l'épanouissement du secteur privé. La Charte consacre une nouvelle définition du rôle de l'Etat agissant en partenariat avec le secteur privé. Elle énonce les objectifs et les mécanismes mis en œuvre pour favoriser l'investissement, l'expansion des entreprises et des activités individuelles sans discrimination selon l'origine de l'investisseur entrepreneur ou le secteur d'activité dans lequel il opère.

Dans certains secteurs d'activité, notamment ceux liés à l'exploitation et à la transformation des ressources naturelles, des codes spécifiques viennent compléter la présente Charte des Investissements au regard des dispositions techniques et financières particulières adoptées pour ces secteurs. Le cadre institutionnel, les textes législatifs et réglementaires ont été adaptés pour atteindre l'objectif de modernisation, de simplification et de clarté devant faciliter l'activité économique et assurer sa régulation de façon transparente et équitable.

Titre 1 - Des principes généraux et droits fondamentaux

Art.1.- La République Gabonaise garantit à toute personne physique ou morale régulièrement établie ou désireuse de s'établir au Gabon en respectant les règles spécifiques liées à certains secteurs d'activité :

• la liberté d'entreprendre toute activité de production, de prestation de services ou de commerce quelle que soit sa nationalité ;

• l'égalité de traitement dans l'exercice d'une activité suivant les principes et prescriptions de la Loi sur la concurrence et les missions confiées aux agences de régulation sectorielles autonomes ;

• les droits de propriété attachés aux terrains, immeubles, matériels d'exploitation et ceux attachés aux biens mobiliers, valeurs mobilières, brevets et autres éléments relevant de la propriété industrielle et intellectuelle ;

• la diligence des procédures d'attribution ou d'acquisition des terrains et de délivrance des titres fonciers ;

• la faculté à un investisseur étranger de rapatrier les capitaux investis et les bénéfices réalisés par son exploitation, ainsi que le rapatriement des économies sur salaires réalisées par son personnel expatrié ;

• l'accès aux devises étrangères et la liberté de transfert des capitaux dans le cadre des règles de la zone franc, et plus particulièrement celles de la Banque des Etats de l'Afrique Centrale (BEAC) ;

• l'application équitable et transparente du droit des affaires adopté conformément au traité de l'Organisation pour l'Harmonisation du Droit des Affaires en Afrique (OHADA) ;

• l'application équitable et transparente du droit du travail et du droit de la sécurité sociale élaboré conformément au traité de la Conférence Interafricaine de Prévoyance Sociale (CIPRES);

• l'indépendance et la compétence professionnelle des tribunaux et juridictions spécialisés.

Titre 2 - Des dispositions de garantie des investissements

Art.2.- La République Gabonaise, pour conforter les principes généraux et droits fondamentaux des investisseurs, adhère aux principaux dispositifs internationaux de garantie des investissements :

• la République Gabonaise est membre de l'Organisation Mondiale du Commerce, garantissant ainsi les investisseurs sur l'application au Gabon des règles commerciales internationales ;

• la République Gabonaise a conclu des accords bilatéraux et fait partie des traités multilatéraux en matière de garantie des investissements dont celui de l'Agence Multilatérale de Garantie des Investissements (MIGA), destiné à garantir les investisseurs contre les risques politiques, et celui instituant le Centre International pour le Règlement des Différends relatifs aux Investissements (CIRDI) ;

• la République Gabonaise adhère à la Convention de New York sur la reconnaissance et l'exécution des sentences arbitrales internationales conclue en 1958 sous les auspices des Nations Unies ;

• la République Gabonaise dispose d'un mécanisme d'arbitrage s'appuyant sur la Loi type de la Commission des Nations Unies (CNU) pour le Droit Commerciale Internationale (CNUDCI) sur l'arbitrage commercial international de 1985 ;

• la République Gabonaise adhère à l'Organisation pour l'Harmonisation du Droit des Affaires en Afrique (OHADA), dont les instances comportent la

Cour Commune de Justice et d'Arbitrage (CCJA), chargée du règlement des conflits relatifs à l'application du Droit des Affaires dans les pays membres.

Titre 3 - Du rôle de l'Etat en matière économique et financière

Art.3.- L'Etat gabonais, par-delà ses tâches fondamentales d'administration de la Nation, de justice et de sécurité, garantit le bon fonctionnement du système économique. A ce titre :

• il veille à l'application des règles du jeu par l'ensemble des acteurs du système ;

• il assure le maintien et le développement des infrastructures économiques, des services sociaux, de santé, d'éducation, de formation professionnelle et leur accès à l'ensemble de la population.

Art.4.- La République gabonaise privilégie le partenariat avec le secteur privé notamment dans la mise en œuvre des politiques touchant :

• à la formation professionnelle pour assurer une adéquation formation emploi et développer une gestion paritaire des structures de formation et de perfectionnement professionnels ;

• au développement des infrastructures économiques et sociales, en relation avec le développement des activités de production.

Art.5 :

La gestion de l'Etat, et ses décisions en matière de politiques budgétaire et économique sont menées de manière à garantir un cadre macro-économique viable susceptible de favoriser la croissance et l'investissement.

Titre 4 - De la facilitation et promotion des investissements

Art.6.- La République Gabonaise a mis en place une Agence de Promotion des Investissements chargée de promouvoir l'investissement national et international au Gabon ayant pour mission :

• la diffusion de l'ensemble de l'information pertinente auprès des investisseurs potentiels ;

• la recherche, l'accueil, l'orientation et le conseil aux investisseurs ;

• la diffusion de l'ensemble de l'information pertinente auprès des investisseurs potentiels ;

• la recherche, l'accueil, l'orientation et le conseil aux investisseurs ;

• la proposition et la surveillance des mesures et procédures de facilitation des relations entre les entreprises et l'administration.

Art.7.- L'Agence de Promotion des Investissements abrite le guichet unique, centre unique dans lequel les promoteurs accomplissent des formalités de création des entreprises.

Art.8.- Pour les activités ne relevant pas des Codes spécifiques et de professions réglementées, les promoteurs sont soumis à un régime de simple déclaration de création d'activité.

Dans ce cas, le guichet unique se charge de communiquer, le jour de son dépôt, cette déclaration aux administrations concernées qui disposent de 48 heures pour formuler une éventuelle opposition.

Le numéro d'immatriculation au registre du Commerce ainsi que l'identifiant statistique national sont alors communiqués aux promoteurs à l'issue de ce délai.

Art.9.- Pour les entreprises relevant de Codes spécifiques, l'agrément est prononcé par le Ministre de tutelle sectorielle sur avis d'un Comité Décisionnel regroupant les administrations concernées, chargé de l'instruction du dossier de projet soumis par l'investisseur dans un délai maximum de 30 jours après le dépôt du dossier au guichet.

Art.10.- Pour les activités relevant de professions réglementées, l'agrément à l'exercice de l'activité est prononcé par l'organisme ou l'ordre professionnel concerné dans un délai maximum de 15 jours après le dépôt du dossier au guichet.

Art.11.- Sur cette base préalable, pour les deux derniers cas, les formalités de création de l'entreprise sont exécutées par le guichet unique sur demande du promoteur.

Titre 5 - Des principes de la fiscalité des investissements et des entreprises

Art.12.- La fiscalité adoptée par la République Gabonaise repose sur des principes d'équité entre les contribuables et de modération, de manière à couvrir au moindre coût les missions d'administration, d'investissement de l'Etat et d'incitation à une gestion rationnelle des ressources du pays.

Art.13.- Le prélèvement fiscal sur les entreprises s'applique sur le revenu des investissements et non sur l'investissement lui-même, et dans des propositions comparables à celles pratiquées au niveau international.

Art.14.- Pour atteindre ces objectifs et respecter ces principes, les dispositions en vigueur dans le cadre du Code des Douanes, du Code Général des Impôts Directs et Indirects et du Code de l'Enregistrement, du Revenu sur les Valeurs Mobilières et du Timbre, s'articulent autour de :

1) Douanes :

• l'application des droits de douanes modérés harmonisés dans le cadre du tarif extérieur commun de la Communauté Economique et Monétaire de l'Afrique Centrale (CEMAC) ;

• la suspension des droits de douanes sous forme d'admission temporaire ou d'entrée en franchise pour les activités de recherche en matière de ressources naturelles, dans le cadre des codes spécifiques ;

• la suspension des droits de douanes sous forme d'admission temporaire ou d'entrée en franchise et de mécanisme de perfectionnement actif pour les activités tournées vers l'exportation.

2) Contributions directes et indirectes :

• l'application généralisée de la Taxe sur la Valeur Ajoutée (TVA), assurant ainsi une fiscalité indirecte simplifiée et neutre pour l'entreprise ;

• l'application au taux nul de la TVA sur les productions exportées permettant le remboursement de la TVA acquittée sur les investissements et dépenses d'exploitation des entreprises exportatrices ;

ANALYSE DE LA CHARTE DES INVESTISSEMENTS DU GABON

Par cette charte des investissements, la République gabonaise réaffirme son engagement dans une stratégie de développement économique et social basée sur l'épanouissement du secteur privé. La charte consacre une nouvelle définition du rôle de l'Etat agissant en partenariat avec le secteur privé. Elle énonce les objectifs et les mécanismes mis en œuvre pour favoriser l'investissement, l'expansion des entreprises et des activités individuelles sans discrimination selon l'origine de l'investisseur entrepreneur ou le secteur d'activité dans lequel il opère. Dans certains secteurs d'activité, notamment ceux liés à l'exploitation et à la transformation des ressources naturelles, des codes spécifiques viennent compléter la présente charte des investissements au regard des dispositions techniques et financières particulières adoptées pour ces secteurs. Le cadre institutionnel, les textes législatifs et réglementaires ont été adaptés pour atteindre l'objectif de modernisation, de simplification et de clarté devant faciliter l'activité économique et assurer sa régulation de façon transparente et équitable.

Loi n°016/2005 portant promotion des petites et moyennes entreprises et des petites et moyennes industries en République Gabonaise.

Art.1.- La présente loi, prise en application des dispositions de l'article 47 de la Constitution, porte promotion des Petites et Moyennes Entreprises, en abrégé PME, des Petites et Moyennes Industries, en abrégé PMI.

Titre 1 - Des dispositions générales

Art.2.- La présente loi vise à susciter l'esprit d'entreprise de la part des Gabonais par la mise en œuvre d'une politique de promotion et de facilitation d'un régime particulier de PME et PMI instituant des mesures incitatives.

Art.3.- La présente loi s'applique aux PME-PMI de droit gabonais dont :

- le siège est installé sur le territoire national ;
- l'objet est la production de biens, la transformation, la distribution ou la prestation de services ;
- le ou les propriétaires sont des Gabonais ou des entreprises dans lesquelles ceux-ci détiennent au moins 51 % du capital et assurent la direction effective ;
- le montant de l'investissement ne dépasse pas 1.000.000.000 FCFA ;
- le chiffre d'affaires est inférieur ou égal à 2.000.000.000 FCFA ;
- le niveau de l'effectif permanent est au moins égal à 50 % des Gabonais.

Art.4.- Suivant le montant de l'investissement, les PME et PMI sont classées en quatre catégories :

- la toute Petite Entreprise, la Toute Petite Industrie, à savoir toute entreprise dont le montant total des investissements ne dépasse pas 30.000.000 FCFA ;
- la Micro Entreprise, la Micro Industrie, à savoir toute entreprise dont le montant total des investissements est compris entre 30.000.000 et 100.000.000 FCFA ;
- la Petite Entreprise, la Petite Industrie, à savoir toute entreprise dont le montant total des investissements est compris entre 100.000.000 et 500.000.000 FCFA ;
- la Moyenne Entreprise, la Moyenne Industrie, à savoir toute entreprise dont le montant total des investissements est compris entre 500.000.000 et 1.000.000.000 FCFA.

Titre 2 - Du régime particulier des PME-PMI

Chapitre 1 - Des conditions d'accès au régime particulier des PME-PMI

Art.5.- L'accès au régime particulier des PME-PMI est ouvert aux seules entreprises légalement et définitivement constituées qui présentent un programme d'investissement impliquant notamment l'une au moins des opérations ci-après :

- la création, la reprise, la modernisation, la réhabilitation, la restructuration, l'extension des activités ou le perfectionnement du personnel d'une entreprise ;
- l'amélioration des conditions et de la qualité du travail.

Art.6.- Le dossier de demande d'agrément au régime particulier est adressé au Ministre chargé des PME-PMI pour approbation, après avis de la commission technique.

La composition et le fonctionnement de la commission technique sont fixés par décret pris en Conseil des Ministres, sur proposition du Ministre chargé des PME-PMI.

Art.7.- L'appréciation du dossier de demande d'agrément au régime particulier des PME-PMI doit porter notamment sur les critères ci-après :

• la viabilité du projet résultant des éléments commerciaux, techniques et financiers fiables établis par un cabinet ou un organisme agréé par le Ministère des PME-PMI ;

• les aptitudes professionnelles et morales du chef de l'entreprise et de ses principaux collaborateurs ;

• l'engagement du Chef de l'entreprise et de ses associés éventuels, manifesté notamment par l'importance de leur apport dans l'entreprise ;

• l'impact du programme sur l'entreprise ;

• l'impact économique et environnemental du programme sur le plan local ou national ;

• la conformité des produits de l'entreprise aux normes définies ou agréées par les textes en vigueur.

Titre 3 - Des mesures incitatives

Art.8.- Dans les limites fixées par les textes en vigueur, les entreprises admises au régime particulier des PME-PMI bénéficient des avantages, des mesures d'assistance et d'encadrement prévus aux articles 9 à 13 ci-dessous.

Chapitre 1 - Des avantages

Art.9.- Il est ouvert aux PME-PMI agréées conformément aux dispositions de la présente loi les avantages suivants :

• l'accès aux organismes publics de financement des PME-PMI ;

• la priorité d'accès aux marchés publics ;

• l'exonération pendant cinq ans de l'impôt sur les bénéfices et de taxes de douanes sur les intrants, conformément aux textes en vigueur ;

• la tarification préférentielle des produits pétroliers et des coûts de transport de matériaux, des équipements et des produits divers ;

• la tarification préférentielle des frais d'assistance de tout organisme public agrée ;

• la bonification des taux d'intérêt par l'Etat.

Art.10.- Outre les avantages prévus à l'article 9 ci-dessus, les Toutes Petites Entreprises ; les Toutes Petites Industries, les Micro Entreprises et les Micro Industries qui réalisent leur premier investissement peuvent bénéficier :

• d'une prise en charge par l'Etat des frais d'études de leurs projets, sous réserve que ces études soient présentées par un cabinet ou un organisme agréé par le Ministère des PMEPMI ;

• d'une prime d'installation en zone rurale et d'une prime de retour à la terre pour les projets de l'agriculture, de l'élevage, de la filière bois, de la pêche et de l'aquaculture ;

• d'une bonification du taux de l'apport personnel.

Art.11.- Les modalités pratiques d'attribution des avantages prévus aux articles 9 et 10 ci-dessus sont fixées conformément aux textes en vigueur.

Chapitre 2 - De l'assistance et de l'encadrement

Art.12.- Dans le cadre de la politique de promotion des PME-PMI, le Ministère des PME-PMI est tenu de concevoir et d'élaborer, en collaboration avec tous les organismes publics ou privés intéressés ou agréés, les mesures d'assistance, d'encadrement et de suivi des PME-PMI.

Art.13.- Toute PME-PMI agréée, bénéficiaire d'un financement d'un organisme public, est tenue pendant la durée du prêt, de participer aux programmes de formation, d'encadrement et de suivi des organismes agréés ou sous tutelle du Ministère des PME-PMI.

Titre 4 - Des obligations et des sanctions

Chapitre 1 - Des obligations

Art.14.- L'entreprise admise au régime particulier des PME-PMI dispose d'un délai d'un an à compter de la date de signature de l'arrêté pour réaliser le programme d'investissement prévu à l'article 5 ci-dessus.

En cas de difficulté avérée et dûment justifiée, ce délai peut être prorogé une seule fois.

Art.15.- Toute PME-PMI agréée est assujettie à l'obligation :

– de tenir une comptabilité régulière ;

– de procéder à la déclaration annuelle de ses revenus auprès de l'administration fiscale ;

– d'informer le Ministère des PME-PMI en cas de cession, de cessation ou de faillite ;

– de réaliser son programme d'investissement, conformément aux dispositions de la présente loi ;

– d'ouvrir un compte courant auprès d'un établissement bancaire ou postal national ;

– de se soumettre à tout contrôle des autorités de tutelle sur l'utilisation des avantages concédés ;

– de s'acquitter de ses charges sociales et patronales.

Chapitre 2 - Des sanctions

Art.16.- Sans préjudice des poursuites judiciaires, toute violation de l'une des obligations visées ci-dessus expose le promoteur défaillant à l'une au moins des sanctions suivantes :

– l'avertissement donné à l'entreprise défaillante par le Ministère des PME-PMI ;

– le retrait provisoire ou définitif de l'agrément ;

– la déchéance de l'aide ou de la garantie consentie par le ou les organismes publics de MINISTERE DES PETITES ET MOYENNES

Décret N° 1144/PR/SE-PME du 5 août 1983 portant attributions et organisation du Secrétariat d'Etat chargé de la Petite et Moyenne Entreprise

LE PRESIDENT DE LA REPUBLIQUE,

CHEF DE L'ETAT.

Vu la Constitution ;

Vu les Décret n° 00381/PR et 00382/PR du 5 Mars 1983, fixant

La composition du Gouvernement, l'ensemble des textes modificatifs subséquents ;

Vu la Loi 2/81 du 8 Juin 1981 portant Statut Général des Fonctionnaires ;

Vu le Décret n° 860/PR/MFP du 20 Août 1981 fixant les Statuts particuliers des Fonctionnaires du secteur de l'Administration Economique et Financière ;

Vu le Décret n°1377 du 29 Octobre 1982 fixant les conditions d'attribution de l'indemnité de sujétion-qualification ;

Vu la Loi 1/81 du 8 Juin 1981 instituant des mesures administratives et financières propres à promouvoir les Petites et Moyennes Entreprises gabonaises ;

Après avis du comité consultatif de la Fonction Publique ;

La Chambre Administrative de la cour suprême consultée ;

Le conseil des ministres entendu ;

DECRETE :

Article 1er.- Le présent Décret fixe les attributions et l'organisation du Secrétariat d'Etat chargé de la Petite Moyenne Entreprise.

TITRE 1 : ATTRIBUTION DU SECRETARIAT D'ETAT CHARGE DE LA PETITE ET MOYENNE ENTREPRISE.

Article 2.- Le Secrétariat d'Etat chargé de la Petite et Moyenne Entreprise a pour mission :

– d'étudier, de proposer au Gouvernement la politique dans le domaine de la Petite et Moyenne Entreprise et d'exécuter celle-ci ;

– d'élaborer et de mettre en œuvre un ensemble des mesures visant au développement du secteur de la Petite et Moyenne Entreprise, plus particulièrement de la Petite et Moyenne Entreprise Gabonaise, et à sa participation à la réalisation des objectifs économiques nationaux ;

– d'appliquer et de faire appliquer les décisions du Gouvernement dans ce domaine par l'Administration et tous organismes publics, parapublics et privés et ainsi que par toutes personnes physiques ou morales qui y sont tenues ;

– d'assurer la protection de la Petite et Moyenne Entreprise Gabonaise.

Article 3.- A ce titre, le Secrétariat d'Etat à la Petite et Moyenne Entreprise est particulièrement chargé en liaison avec les autres Départements industriels et organismes concernés :

a)- de promouvoir l'esprit d'entreprise des nationaux en les incitant à participer directement à la création, au développement, à l'acquisition de

Petites et Moyennes Entreprises et au regroupement d'unités existantes en unités plus performantes ;

b)- d'assurer l'organisation et la nationalisation du secteur de la Petite et Moyenne Entreprise ;

c)- de faire participer le secteur de la Petite et Moyenne Entreprise au développement des zones rurales et des centres de l'intérieur ;

d)- de concevoir et de coordonner les initiatives visant à la création des petites et moyennes unités de substitution aux importations ;

e)- de veiller à la représentation de la Petite et Moyenne Entreprise aux foires et manifestations locales, nationales et internationales ;

f)- de veiller au respect des dispositions qui réservent à la Petite et Moyenne Entreprise certains marchés publics et de rechercher les secteurs d'activité dans lesquels elle pourrait avoir la priorité et même l'exclusivité.

Article 4.- Dans l'accomplissement de ses missions, le Secrétariat d'Etat chargé de la Petite et Moyenne Entreprise travaille en liaison avec les Départements et Organismes concernés par la promotion de la Petite et Moyenne Entreprise et notamment avec :

– le Ministère de la Planification et de l'Aménagement du Territoire pour élaborer l'ensemble des mesures concourant au développement de la Petite et Moyenne Entreprise, dans le respect des priorités économiques nationales ;

– le Ministère de l'Economie et des Finances chargé des Participations en vue de définir les moyens de financement et les mesures de soutien adaptées aux Petites et Moyennes Entreprises ainsi que les incitations fiscales propres à promouvoir celles-ci.

– le Ministère du Cadastre, de l'Habitat et du Logement en vue de mettre en œuvre une participation active des Petites et Moyennes Entreprises gabonaises à l'exécution des programmes de Logements socio-économiques ;

– le Ministère des Travaux Publics, de l'Equipement et de la Reconstruction ;

– le Ministère de l'Agriculture ;

– le Ministère des Eaux et Forêts ;

– le Ministère des Transports ;

– le Ministère du Commerce et de l'Industrie ;

– le Ministère chargé de la Formation Professionnelle et de la Promotion de l'Artisanat ;

– les autres Ministères, eu égard aux dispositions qu'ils peuvent prendre dans leurs secteurs respectifs et ayant une incidence sur la Petite et Moyenne Entreprise ;

– les Organisations représentatives de la Petite et Moyenne Entreprise, de l'Artisanat et du Commerce.

Article 5.- Le Secrétariat d'Etat chargé de la Petite et Moyenne Entreprise assure la tutelle des organismes autonomes dont les missions ressortent de ses attributions.

TITRE II : ORGANISATION DU SECRETARIAT D'ETAT CHARGE DE LA PETITE ET MOYENNE ENTREPRISE

Article 6.- Le Secrétariat d'Etat chargé de la Petite et Moyenne Entreprise comprend :

– Le Cabinet du Secrétaire d'Etat,

– La Direction Générale de la Petite et Moyenne Entreprise.

CHAPITRE I : DU CABINET DU SECRETAIRE D'ETAT

Article 7.- le Cabinet du Secrétariat d'Etat comprend :

– un chef de cabinet ;

– une secrétaire particulière ;

– un ou plusieurs conseillers.

CHAPITRE II : DE LA DIRECTION GENERALE DE LA PETITE ET MOYENNE

Article 8.- La Direction Générale de la Petite et Moyenne Entreprise a pour missions :

– de veiller A l'exécution des décisions du Gouvernement en dirigeant, animant et contrôlant les services qu'elle a sous son autorité ;

– d'assurer la liaison avec les Services Techniques des Ministères concernés en vue de garantir la cohérence des mesures d'exécution ;

– de préparer, en liaison avec les Services Techniques des Ministères concernés les mesures nécessaires à la mise en œuvre d'une politique de création, de développement, de promotion et de soutien de la Petite et Moyenne Entreprise.

Dans le cadre de ses missions, elle est notamment chargée :

– de concevoir et d'élaborer tous les projets de textes législatifs et réglementaires ;

– d'élaborer et de faire élaborer à l'intention des dirigeants et cadres gabonais de Petites et Moyennes Entreprises, des programmes d'information économique et technologique, de formation et de conseil ;

– de veiller à la coordination avec/et entre les organismes financiers ;

– d'étudier les conséquences des décisions gouvernementales sur la Petite et Moyenne Entreprise ;

– de susciter toute étude sur le plan national et d'entretenir toutes relations utiles avec les organismes nationaux et internationaux à vocation économique et/ou financière.

Article 9.- La Direction Générale de la Petite et Moyenne Entreprise est placée sous l'autorité d'un Directeur Général nommé par décret pris en Conseil des Ministres sur proposition du Secrétaire d'Etat chargé de la Petite et Moyenne Entreprise.

II est choisi parmi les fonctionnaires de la hiérarchie A1.

Article 10.- Le Directeur Général de la Petite et Moyenne Entreprise peut être assisté d'un Directeur Général Adjoint choisi et nommé dans les mêmes conditions que le Directeur Général.

Article 11.- La Direction Générale de la Petite et Moyenne Entreprise comprend :

– La Direction Administrative et Financière ;
– La Direction des Etudes.

Section 1 : De la Direction Administrative et Financière

Article 12.- La Direction Administrative et Financière est chargée de trois fonctions principales :

– La gestion du personnel et des crédits du département ;
– Le Contrôle de l'application des dispositions prises en faveur de la Petite et Moyenne Entreprise ;
– La formation en faveur de dirigeants et du personnel des Petites et Moyennes Entreprises.

Article 13.- La Direction Administrative et Financière est placée sous l'autorité d'un Directeur nommé par décret pris en Conseil des Ministres sur proposition du Secrétaire d'Etat chargé de la Petite et Moyenne Entreprise.

II est choisi parmi les fonctionnaires de la hiérarchie A1.

Article 14.- La Direction Administrative et Financière comprend :

– le Service de la Gestion et du Contrôle ;
– le Service de la Formation et des Relations Extérieures.

Article 15.- Le Service de la Gestion et du Contrôle est chargé :

a°) – de gérer le personnel relevant du département ;

b°) - de préparer des documents budgétaires propres à la Direction Générale ;

c°) - de suivre d'un point de vue comptable les dotations budgétaires de la Direction Générale et d'assurer la gestion du matériel du Ministère ;

d°) - de veiller au respect par les Administrations ou organismes et entreprises publics, para-publics et privés des dispositions particulières prises par le Gouvernement en faveur de la Petite et Moyenne Entreprise ;

e°) - de se saisir, à la requête de toute personne concernée ou d'office de tout manquement à ces dispositions et d'en faire rapport.

Article 16.- Le Service de la Formation et des Relations Extérieures est chargé :

– d'analyser les besoins de la Petite et Moyenne Entreprise en matière de formation dans les domaines de la gestion d'entreprise et de la technologie ;
– de sensibiliser à cet égard les Ministères et organismes concernés et de s'assurer des dispositions prises à cet effet ;
– d'informer les responsables des Petites et Moyennes Entreprises gabonaises des possibilités de formation, d'assistance à la gestion, d'assistance financière ainsi que des technologies nouvelles. Le Service de la Formation et des Relations Extérieures travaille en liaison avec les organismes nationaux, régionaux et internationaux compétents en matière de Petite et Moyenne Entreprise.

Article 17.- Le Service de la Gestion et du Contrôle et le Service de la Formation et des Relations Extérieures sont placés chacun sous l'autorité d'un Chef de Service nommé en Conseil des Ministres sur proposition du Secrétaire d'Etat chargé de la Petite et Moyenne Entreprise. Ils sont choisis parmi les fonctionnaires de la catégorie A.

Section 2 : De la Direction des Etudes

Article 18.- La Direction des Etudes est chargée :

– de collecter et diffuser la documentation et les informations relatives à la Petite et Moyenne Entreprise ;

– d'étudier et de proposer les mesures législatives et réglementaires de nature à promouvoir la Petite et Moyenne Entreprise ;

– de recevoir et d'instruire les demandes d'agrément au titre de la Loi 1/81 susvisée ;

– d'assurer le fonctionnement de la Commission des Agréments prévue par l'article 5 de ladite Loi.

Article 19.- La Direction des Etudes est placée sous l'autorité d'un Directeur nommé en Conseil des Ministres sur proposition du Secrétaire d'Etat chargé de la Petite et Moyenne Entreprise.

II est choisi parmi les fonctionnaires de la catégorie A hiérarchie A1.

Article 20.- La Direction des Etudes comprend :

– Le Service des Etudes, de la Documentation et de la Réglementation ;

– Le Service des Agréments.

Article 21.- Le Service des Etudes, de la Documentation et de la Réglementation est chargé :

– de collecter la documentation, de la centraliser et d'élaborer toutes les informations utiles ;

– de la diffuser à l'intérieur et à l'extérieur du Secrétariat d'Etat ;

– d'étudier les possibilités de développement et de soutien offertes à la Petite et Moyenne Entreprise ;

– d'étudier les mesures requises dans les domaines législatif, réglementaire, budgétaire, financier et fiscal et d'en faire propositions ;

– de veiller à l'intégration de ces propositions dans le plan de développement économique et social.

Article 22.- Le Service des Agréments est chargé :

a)- de recevoir les demandes d'agrément au bénéfice des avantages de la Loi 1/81 instituant des mesures administratives et financières propres à promouvoir les Petites et Moyennes Entreprises gabonaises, d'en étudier la recevabilité et de les instruire ;

b)- de convoquer les réunions de la Commission des Agréments, d'en préparer l'ordre du jour et les dossiers ;

c)- d'assurer le Secrétariat de la Commission des Agréments ;

d)- de tenir le registre des Agréments ;

e)- de notifier l'octroi des Agréments à tous les organismes et personnes intéressés.

Article 23.- Le Service des Etudes, de la Documentation et de la réglementation et le Service des Agréments sont placés chacun sous l'autorité d'un Chef de Service nommé en Conseil des Ministres sur proposition du Secrétaire d'Etat chargé de la Petite et Moyenne Entreprise. Ils sont choisis parmi les fonctionnaires de la catégorie A.

Article 24.- Des chargés d'Etudes apportent leur concours au Directeur Général dans le domaine de leur compétence. Ils sont nommés par décret pris en Conseil des Ministres sur proposition du Secrétaire d'Etat chargé de la Petite et Moyenne Entreprise dans les conditions fixées par le décret 1379/PR du 29/10/82.

Article 25.- Le Directeur Général, le Directeur Général Adjoint, les Directeurs, les chefs de Service ont respectivement rang et prérogative de Directeur Général, Directeur Général Adjoint, Directeurs et Chefs de service d'Administration Centrale. .

TITRE III : DISPOSITIONS FINALES

Article 26.- Toutes dispositions antérieures contraires au présent décret sont abrogées.

Article 27.- Le Ministre de l'Economie et des Finances chargé des

Participations, le Ministre de la Fonction Publique et le Secrétaire d'Etat chargé de la Petite et Moyenne Entreprise sont chargés chacun en ce qui le concerne de l'application du présent décret qui sera enregistré, publié selon la procédure d'urgence et Communiqué partout où besoin sera.

Fait à Libreville, le 5 Août 1983

Loi n° 13/83 du 31 décembre 1983 Erigeant l'Agence Gabonaise de Promotion Industrielle et Artisanale en Agence Nationale de Promotion de la Petite et Moyenne Entreprise

L'Assemblée nationale a délibéré et adopté,

Le Président de la République, Chef de l'Etat, promulgue la loi dont la teneur suit :

Article 1er. – L'Agence Gabonaise de Promotion Industrielle et Artisanale (Promogabon) créée par la loi n°17/64 du 29 octobre 1964 est, à compter de la promulgation de la présente loi érigée en Agence Nationale de promotion de la Petite et Moyenne Entreprise.

L'Agence Nationale de promotion de la Petite et Moyenne Entreprise conserve la dénomination de Promogabon dont elle reprend l'actif et le passif.

Article 2. – L'Agence nationale de promotion de la Petite et Moyenne Entreprise est un établissement public à caractère industriel et commercial doté de la personnalité civile et de l'autonomie financière. Elle est placée sous la tutelle technique du Ministère chargé de la Petite et Moyenne Entreprise.

Ses statuts seront approuvés par décret conformément à l'article 3 de la loi 11/82 du 24 janvier 1983 portant régime juridique des établissements publics, des sociétés d'Etat, des sociétés d'économie mixte et des sociétés à participation financière publique.

Article 3. – Promogabon a pour objet de promouvoir la création et le développement des Petites et Moyennes Entreprises gabonaises, ou à participation majoritaire gabonaise, particulièrement de nature industrielle et artisanale, effectivement dirigées par des nationaux.

Les activités de ces entreprises doivent concourir à la réalisation des objectifs économiques nationaux.

Article 4. – Pour réaliser son objet, Promogabon est chargée notamment de :

1) Procéder à l'analyse technique, économique et financière des demandes reçues par le ministère de tutelle technique en vue de bénéficier des dispositions de la loi 1/81, instituant des mesures administratives et financières propres à promouvoir les Petites et Moyennes Entreprises gabonaises ;

2) Fournir aux promoteurs une assistance depuis la conception du projet jusqu'à sa réalisation et fonctionnement ;

3) Procéder directement ou indirectement à toutes études, expertises et recherches de nature à favoriser la création de Petites et Moyennes Entreprises dans les différentes provinces du pays ;

4) Mettre à la disposition des promoteurs de Petites et Moyennes Entreprises des moyens matériels tels que des domaines industriels, sous forme de vente, location-vente ou autres ;

5) Encadrer les Petites et Moyennes Entreprises gabonaises qui bénéficient d'une assistance financière et d'aide dans les domaines de la technique et de la gestion de celles qui en font la demande ;

6) Aider les Petites et Moyennes Entreprises gabonaises à s'organiser en groupements professionnels ;

7) Entreprendre des actions et mettre en œuvre des programmes de recyclage des responsables et du personnel des Petites et Moyennes Entreprises gabonaises.

Article 5. – Promogabon est habilitée à procéder, d'une manière générale, à toutes opérations commerciales, industrielles, immobilières et financières se rattachant directement ou indirectement à son objet.

Article 6. – Promogabon est administrée par un conseil d'administration chargé de suivre sa gestion administrative et financière.

Le président du Conseil d'Administration est assisté d'un vice-président qui le remplace en cas d'empêchement. Le vice-président est choisi parmi les administrateurs. Ils sont tous deux nommés par décret du président de la République.

Les membres du Conseil d'Administration sont nommés par décret du président de la République pris en conseil des ministres, sur proposition du ministre chargé de la tutelle technique.

Les fonctions de président, de vice-président et de membre du conseil d'administration sont gratuites.

Article 7. – La direction de Promogabon est assurée par un Directeur Général, nommé par décret du président de la République, pris en conseil des ministres, sur proposition du ministre chargé de la tutelle technique.

Le Directeur Général est assisté d'un Directeur Général Adjoint, nommé dans les mêmes conditions que lui.

Article 8. – Les ressources de Promogabon sont constituées par :

1) Les recettes provenant de ses prestations et de ses opérations ;

2) Les ristournes venant d'organismes concourant au développement des Petites et Moyennes Entreprises ;

3) Les emprunts ;

4) Les dons, legs et libéralités de toute nature qui pourront lui être consentis ;

5) Des recettes parafiscales affectées et/ou des dotations du budget de l'Etat.

Article 9. – Promogabon doit soumettre son budget de fonctionnement et son budget de développement au ministre chargé de la tutelle technique qui, lui-même, les soumet aux ministres compétents.

Article 10. – Les opérations financières de Promogabon sont soumises au contrôle financier prévu à l'article 12 de la loi 11/82 du 24 janvier 1983 précitée.

Article 11. – Promogabon a le droit de procéder au recouvrement de ses créances par voie d'Etat exécutoire.

Article 12. – L'Etat et les collectivités publiques peuvent mettre à la disposition de Promogabon des dépendances de leur domaine public ou privé nécessaires à l'accomplissement de sa mission.

Article 13. – Les biens meubles et immeubles de Promogabon sont insaisissables.

Article 14. – Promogabon est exonérée de tous impôts, droits et taxes pour les opérations accomplies dans le cadre de son objet social ainsi que sur les biens meubles et immeubles affectés à cette fin.

Article 15. – La mise en liquidation de Promogabon est décidée par voie législative sur proposition du ministre de tutelle technique.

Le texte nomme un liquidateur sur proposition du Conseil d'Administration et après avis du ministre assurant la tutelle technique.

Les comptes de liquidation sont arrêtés par le conseil d'administration et les fonds de liquidations versés par le liquidateur au Trésor Public.

Article 16. – La présente loi abroge toutes dispositions antérieures contraires, notamment celles de la loi 17/64 du 29 octobre 1964 et de l'ordonnance 23/70 du 2 avril 1970 qui la modifie.

Article 17. – La présente loi sera enregistrée, publiée selon la procédure d'urgence et exécutée comme loi de l'Etat.

Fait à Libreville, le 31 décembre 1983

El Hadj Omar BONGO

Par le Président de la République,

Chef de l'Etat,

Le Premier Ministre, Chef du Gouvernement

Léon MEBIAME

Le Ministre de la Planification et de l'Aménagement du Territoire

Pascal NZE

Le Ministre de l'Economie et des Finances, chargé des Participations

Jean-Pierre LEMBOUMBA LEPANDOU

Le Ministre de la Formation Professionnelle et de la Promotion de l'Artisanat

José-Joseph AMIAR NGANGA

Le Secrétaire d'Etat auprès du Premier Ministre, Chargé de la Petite et Moyenne Entreprise

Emmanuel NZE BEKALE

Décret n° 357/PR/PM/SEPME du 7 mars 1984 Portant approbation des statuts de l'Agence Nationale de Promotion de la Petite et Moyenne Entreprise

Le Président de la République, Chef de l'Etat,

Vu la Constitution ;

Vu les décrets n° 381/ PR et 382/ PR du 5 mars 1983, fixant la composition du Gouvernement, l'ensemble des textes modificatifs subséquents ;

Vu la loi n° 1/81 du 8 juin 1981 instituant des mesures administratives et financières propres à promouvoir les Petites et Moyennes Entreprises gabonaises, l'ensemble des textes modificatifs subséquents ;

Vu la loi n° 11/82 du 24 janvier 1983 portant régime juridique des établissements publics, des sociétés d'Etat, des sociétés d'économie mixte et des sociétés à participation financière publique ;

Vu la loi n° 13/83 du 30 décembre 1983 érigeant en Agence Nationale de Promotion de la Petite et Moyenne Entreprise, l'Agence Gabonaise de Promotion Industrielle et Artisanale, en abrégé « Promogabon » ;

La Chambre Administrative de la Cour Suprême consultée ;

Le conseil des ministres entendu ;

Décrète :

Article 1er. – L'Agence Nationale de Promotion de la Petite et Moyenne Entreprise est régie par les statuts dont le texte suit :

Statuts de l'Agence Nationale de Promotion de la Petite et Moyenne Entreprise

Préambule :

« Article 1er. – Les présents statuts ont pour objet de fixer les règles d'organisation et de fonctionnement de l'Agence Nationale de Promotion de la Petite et Moyenne Entreprise, en abrégé "Promogabon". Sous la dénomination d'Agence Gabonaise de Promotion Industrielle et Artisanale, cet établissement public doté de la personnalité civile et de l'autonomie financière a été créé par la loi 17/64 du 29 octobre 1964, modifiée par l'ordonnance 23/70 du 2 avril 1970 et a été érigé en Agence Nationale de Promotion de la Petite et Moyenne Entreprise par la loi 13/83 du 30 décembre 1983.

L'Agence Nationale de la Promotion de la Petite et Moyenne Entreprise sera désignée ci-après indifféremment par le terme "Agence" ou par "Promogabon".

Son siège est fixé à Libreville.

TITRE-I – DISPOSITIONS GENERALES

Article 2. – Conformément à l'article 3 de la loi 13/83, Promogabon a pour objet de promouvoir la création et le développement des Petites et Moyennes Entreprises, ou à participation majoritaire gabonaises, particulièrement de nature industrielle et aussi de type artisanal, effectivement dirigées par des nationaux. Les activités de ces entreprises doivent concourir à la réalisation des objectifs économiques nationaux.

Article 3. – Conformément à 13/83, Promogabon a notamment comme mission de :

1) – procéder à l'analyse technique, économique et financière des demandes reçues par le ministère de tutelle technique en vue de bénéficier des dispositions de la loi 1/81, instituant des mesures administratives et financières propres à promouvoir la Petite et Moyenne Entreprise gabonaise ; Promogabon présente à cet effet un rapport à la Commission d'Agrément prévue par l'article 5 de cette loi ;

2) – fournir aux promoteurs une assistance, depuis la conception du projet jusqu'à sa réalisation et sa gestion ;

3) – procéder directement ou indirectement à toutes études, expertises et recherches de nature à favoriser la création de Petites et Moyennes Entreprises dans les différentes provinces du pays ;

4) – mettre à la disposition des promoteurs d'entreprises des moyens matériels tels que des domaines industriels, sous forme de vente, location, location-vente ou autres ;

5) – encadrer les Petites et Moyennes Entreprises gabonaises qui bénéficient d'une assistance financière et aider, dans les domaines de la technique et de la gestion, celles qui en font la demande ;

6) – aider les Petites et Moyennes Entreprises gabonaises à s'organiser en groupements professionnels ;

7) – réaliser les actions et les programmes de formation des responsables et du personnel des Petites et Moyennes Entreprises gabonaises.

Article 4. – L'Agence Nationale de Promotion de la Petite et Moyenne Entreprise exerce son activité selon les principes d'organisation et de fonctionnement définis aux titres suivants, et est placée sous la tutelle technique du ministère chargé de la Petite et Moyenne Entreprise.

TITRE II – POUVOIRS DE L'AUTORITE DE TUTELLE

Article 5. – La tutelle technique, économique et financière de l'Etat sur Promogabon s'exerce dans les formes et conditions prévues par les textes régissant la matière, et principalement par la loi 12/82 du 24 janvier 1983, portant organisation de la tutelle de l'Etat sur les établissements publics, les sociétés d'Etat, les sociétés d'économie mixte, et les sociétés à participation financière publique.

Article 6. – Le ministère, chargé de la tutelle technique :

– participe à la négociation des contrats -programmes et en surveille l'application ;

– veille, de façon générale, à la bonne exécution de la mission de service public confiée à l'Agence et s'assure du respect de l'ensemble des réglementations auxquelles l'établissement est soumis ;

– donne préalablement à leur examen par le conseil d'administration, un avis sur les projets d'organisation générale et sur les décisions relatives au statut, à l'octroi d'avantages au personnel, ainsi que sur les comptes de l'exercice, les programmes d'investissements et les projets de budget ;

– approuve les tarifs des opérations de l'Agence ;

– veille au respect de la réglementation applicable aux marchés de toute nature passés par l'établissement ;

– propose la mise en liquidation.

Le ministère chargé de la tutelle technique :

– est destinataire des projets d'ordre du jour du Conseil d'Administration qui doivent lui être communiqués un mois avant la date de sa tenue ;

– est destinataires des comptes rendus des délibérations du Conseil d'Administration qui doivent lui être communiqués dans un délai maximum de quinze jours, à l'issue duquel il dispose d'un délai semblable pour formuler ses observations et s'opposer, s'il le juge nécessaire, à l'exécution de ces délibérations. Son silence au terme de cette période vaut approbation tacite. Dans le cas où le ministère fait connaître par écrit sa décision de rejet au président du Conseil d'Administration, celui-ci dispose d'un délai dc quinze jours pour provoquer une nouvelle délibération tenant compte des observations formulées par le ministre de tutelle. Si le Conseil d'Administration refuse explicitement ou tacitement d'entériner les observations du ministre de tutelle, le litige est porté devant une Commission ad hoc constituée par le premier ministre, qui statue dans un délai d'un mois au plus tard.

Article 7. – L'Agence est tenue de conclure avec l'Etat un contrat-programme conforme aux articles 11 et 12 de la loi 12/82 du 24 janvier 1983.

Article 8. – Le ministre de l'Economie et des Finances, qui assure la tutelle financière de l'établissement, nomme un contrôleur financier qui exerce son contrôle, selon les modalités prévues par les textes en vigueur.

Article 9. – Le ministre de l'Economie et des Finances nomme le commissaire aux comptes.

Article 10. – L'Agence est soumise au contrôle de la Chambre des comptes de la Cour suprême.

TITRE III - LE CONSEIL D'ADMINISTRETION

Article 11. – L'Agence est administrée par un Conseil d'Administration composé comme suit :

– le ministre de l'Economie et des Finances, chargé des participations ou son représentant,

– le ministre des Travaux publics, de l'équipement et de la construction, ou son représentant,

– le ministre de la Formation professionnelle et de la promotion de l'artisanat, ou son représentant,

– le ministre des eaux et forêts, ou son représentant,

– le ministre du Commerce et de l'Industrie, ou son représentant,

– le ministre de l'Agriculture ou son représentant,

– le commissaire politique à la formation des coopératives et des Petites et Moyennes Entreprises,

– le président de la Chambre de commerce, d'agriculture, d'industrie et des mines du Gabon ou son représentant,

– le conseiller du Président de la République chargé de la Petite et Moyenne Entreprise,

– le directeur général des douanes et des droits indirects,

– le directeur général de la Petite et Moyenne Entreprise ou son représentant,

– le directeur général de la Banque Gabonaise de Développement ou son représentant,

– le directeur général du Fonds d'aide et de garantie,

– un représentant de l'association professionnelle des banques,

– une représentante de l'Union des femmes du Parti Démocratique Gabonais,

– le Directeur Général de l'Agence Nationale de Promotion Artistique et Culturelle.

Article 12. – Le président du Conseil d'Administration est nommé par décret du Président de la République. Le président est assisté d'un vice-président, nommé dans les mêmes conditions, qui le remplace en cas d'empêchement et dispose dans ce cas des mêmes pouvoirs.

Article 13. – Le Directeur Général et l'agent comptable assistent de droit aux réunions du conseil d'administration avec voix consultative. Le conseil peut appeler en séance toute personne qualifiée qu'il jugerait utile de consulter.

Article 14. – Les fonctions de président, de vice-président et d'administrateur sont gratuites et incompatibles avec tout emploi rémunéré par l'établissement. Toutefois, les membres du conseil d'administration peuvent recevoir, à titre de jetons de présence, une rémunération dont le montant est déterminé par le conseil d'administration. Il peut leur être alloué des indemnités représentatives de frais de déplacement et de séjour.

Article 15. – Le Conseil d'Administration se réunit sur convocation de son président, soit à l'initiative de celui-ci, soit à la demande de la moitié au moins de ses membres. Il siège au moins deux fois par année civile, la première session ayant lieu avant le 30 avril pour l'arrêté des comptes de l'exercice précédent, le second devant avoir lieu avant le 31 octobre pour l'examen du budget de l'exercice suivant.

Article 16. – Le Conseil ne peut valablement délibérer que si la majorité des membres est présente.

Si le quorum n'est pas atteint, une nouvelle réunion du Conseil d'Administration sera convoquée dans un délai de quinze jours après la première réunion. Le Conseil d'Administration pourra dans ce cas valablement délibérer, quel que soit le nombre des membres présents. En cas de partage des voix, celle du président est prépondérante.

Article 17. – Les décisions du Conseil d'Administration sont constatées par des procès-verbaux de séance signés par le président et par le secrétaire de séance. Ces procès-verbaux sont transmis à tous les membres du conseil qui sont appelés à faire part de leurs observations sous quinzaine. Passé ce délai, les procès-verbaux sont censés avoir été approuvés.

Article 18.- Le secrétariat du Conseil est assuré par le directeur général qui veille à l'organisation des séances et à la conservation des archives.

Article 19. – Le Conseil fixe son règlement intérieur.

Article 20. – Le Conseil d'Administration dispose des pouvoirs les plus étendus pour la réalisation de l'objet de l'établissement et notamment :

1) – il arrête l'organisation générale et le fonctionnement de l'établissement sur proposition du directeur général et après approbation du ministre de tutelle technique ;

2) – il fixe les règles générales de gestion du personnel et veille à leur conformité avec le statut du personnel de l'établissement ;

3) – il arrête les comptes de l'exercice, les programmes d'investissements et les budgets annuels après approbation du ministre de tutelle technique ;

4) – il arrête les tarifs applicables par l'établissement et le montant des subventions ou avances à demander à l'Etat ;

5) – il approuve le règlement financier qui détermine le plan comptable et les procédures comptables ;

6) -il approuve tout compromis, transaction, acquiescement ou désistement de garanties immobilières et de nantissement, les placements des fonds, les cautions, avals et émissions d'effets, la signature et la réalisation des contrats de bail ou d'assurance, etc. ;

7) – il autorise la passation des marchés de toute nature dès lors que les engagements dépassent dix millions de francs CFA et veille au respect de la législation applicable aux marchés passés par les établissements publics ;

8) – il autorise toutes acquisitions, tous échanges, toutes cessions de biens et de droits immobiliers ;

9) – il autorise les emprunts et accepte les dons et legs ;

10) - il donne quitus de sa gestion à l'agent comptable et se prononce sur les décharges de responsabilité et les remises de débets.

Article 21. – Le Conseil d'Administration peut déléguer certaines de ses attributions à son président ainsi qu'au directeur général.

Article 22. – En cas d'urgence ou d'impossibilité de réunir le conseil, le président ou, en cas d'absence, le vice-président, prend toutes les mesures nécessaires au fonctionnement de l'établissement, à charge d'en rendre compte aux administrateurs à la prochaine réunion.

Article 23. – Le président du Conseil d'Administration :

– contrôle l'exécution des décisions du Conseil d'Administration ;

– convoque celui-ci, garantit et fait respecter la légalité des débats, authentifie les procès-verbaux de séance et signe tous les actes établis ou autorisé par le Conseil d'Administration ;

– peut, en cas d'urgence et par mesure conservatoire, exercer certains pouvoirs du Conseil d'Administration ;

– fait publier les insertions légales ;

– exerce tous les pouvoirs qui lui sont délégués par le Conseil d'Administration.

Article 24. – En cas d'irrégularité, de mauvaise gestion ou de carence caractérisée, le Conseil d'Administration peut être dissous par décret pris en conseil des ministres sur proposition du ministre chargé de la tutelle technique, conformément aux textes en vigueur.

TITRE IV ORGANISATION ADMINISTRATIVE

Article 25. – L'Agence est placée sous l'autorité d'un Directeur Général assisté d'un Directeur Général Adjoint, tous deux nommés par décret du Président de la République, sur proposition du ministre de tutelle technique.

Article 26. – Le Directeur Général assure la direction technique, administrative et financière de l'établissement qu'il représente dans tous les actes de la vie civile. Il veille au bon fonctionnement de l'établissement et est chargé de l'exécution des décisions prises par le Conseil d'Administration auquel il rend compte de sa gestion. En particulier :

1) – il a autorité sur l'ensemble du personnel de l'établissement, en assure le recrutement, la gestion, et nomme à tous les emplois sauf au poste d'agent comptable et aux emplois classés en catégorie supérieures et veille à l'application du statut du personnel ;

2) – il propose les projets d'organisation générale de l'établissement, les budgets annuels, les programmes d'activité et il en assure l'application ;

3) – il approuve les marchés de toute nature passés par l'établissement dès lors que les engagements sont inférieurs à dix millions de francs CFA ;

4) – il est ordonnateur du budget de l'établissement, il engage et liquide les dépenses dans le cadre des budgets approuvés ;

5) – il signe tous actes pour lesquels compétence lui est reconnue en matière de baux, contrats d'assurance, fonctionnement des comptes, opérations commerciales et civiles diverses ;

6) – il exerce toutes les attributions qui lui sont déléguées par le Conseil d'Administration et son président ;

7) – il constate les débets mis à la charge de l'agent comptable ;

8) – il prépare les actes à soumettre aux autorités de tutelle ;

9) – il peut ester en justice.

Article 27. – La Direction Générale de l'Agence comprend :

– une Direction de l'assistance et de l'encadrement ;

– une Direction des études et de la vulgarisation ;

– une Direction Administrative ;

– un Service comptable et financier ;

– des Services provinciaux et interprovinciaux directement rattachés à la Direction Générale.

Article 28. – Chaque direction est placée sous l'autorité d'un directeur. Le service comptable et financier est placé sous l'autorité d'un agent comptable. Les services provinciaux ou interprovinciaux sont placés sous l'autorité d'un chef de service.

Article 29. – Les directeurs et les chefs de services provinciaux ou interprovinciaux dirigent, animent et contrôlent les services qu'ils ont sous leurs ordres. A cet effet, ils sont chargés de l'exécution du travail qui leur est confié par le Directeur Général et de la discipline des agents soumis à leur autorité. Ils peuvent être assistés par des chargés d'études.

Article 30. – D'autres directions et services que ceux mentionnés à l'article 27 peuvent être créés par décret du Président de la République, sur proposition du ministre de tutelle technique et après avis du Conseil d'Administration. Les directions sont subdivisées en services, dirigés chacun par un chef de service, selon les besoins du développement de l'Agence.

Article 31. – Les directeurs sont nommés par décret du Président de la République sur proposition du ministre chargé de la tutelle technique après avis du Conseil d'Administration. L'agent comptable est nommé par décret du Président de la République sur proposition du ministre de l'Economie et des Finances. Les chefs de service et les chargés d'études sont nommés par le Conseil d'Administration sur proposition du directeur général.

Article 32.- La Direction de l'assistance et de l'encadrement, dans le cadre des actions individualisées, est notamment chargée :

– de l'instruction des demandes d'Agrément au bénéfice de la loi 1/81 ainsi qu'il est prévu à l'article 31 ci-dessus, et de l'encadrement des bénéficiaires ;

– de l'assistance aux Petites et Moyennes Entreprises existantes et de l'aide à la création, à la modernisation, au regroupement de ces entreprises ;

– de l'aide à la création d'organismes professionnels de défense des intérêts de la Petite et Moyenne Entreprise, de caution mutuelle et autre.

Article 33.- La Direction des études et de la vulgarisation est notamment chargée, dans le cadre des actions collectives :

– de la création, de la gestion et de la mise à la disposition des Petites et Moyennes Entreprises, d'ateliers fixes ou mobiles, de parcs industriels, de locaux aménagés, de matériels de production et d'entretien, etc. ;

– de la conception, de la fabrication et de l'essai de prototypes de machines agricoles et autres, d'outillages et d'outils adaptés aux besoins et aux possibilités des Petites et Moyennes Entreprises ;

– des recensements et des études sectorielles ;

– de la formation des conseillers d'entreprises ainsi que de la réalisation de programmes de formation des responsables et du personnel des Petites et Moyennes Entreprises ;

– de l'organisation de la participation des Petites et Moyennes Entreprises gabonaises aux foires et expositions.

Article 34. - La Direction Administrative est chargée :

– de l'organisation administrative ;

– du service du personnel ;

– du service juridique et du contentieux.

Article 35. – Les services provinciaux et interprovinciaux sont chargés de la coordination de toutes les actions de l'Agence dans leur secteur géographique. Sur délégation expresse et écrite du Directeur Général, ils peuvent représenter l'Agence dans leur secteur.

TITRE V ORGANISATION COMPTABLE ET FINANCIERE

Article 36. – L'agent comptable tient la comptabilité générale, assure le maniement et la conservation des fonds et valeurs, constate les recettes et règle les dépenses. Il doit constituer un cautionnement dont le montant est fixé par la réglementation en vigueur.

Article 37. – Placé sous l'autorité du Directeur Général, l'agent comptable assure notamment :

– l'établissement du compte de gestion des recettes et des dépenses des budgets de fonctionnement et d'investissement ;

– la tenue de la comptabilité-matière.

L'agent comptable est seul assignataire pour les dépenses de l'établissement et, en cette qualité, seul habileté à recevoir les significations des saisie-arrêt, oppositions, cessions transferts et tous actes ayant pour objet d'arrêter le paiement des sommes dues au titre du budget de l'établissement ainsi que des fonds et comptes dont il assure la gestion. L'agent comptable rend compte de sa gestion au Conseil d'Administration qui lui donne quitus après que les comptes aient été approuvés par le ministre de tutelle technique. L'agent comptable est responsable de la sincérité de ses écritures et sa gestion est soumise aux vérifications des fonctionnaires habilités à vérifier les écritures des comptables publics.

Article 38. – Avant le 31 mars de chaque année, l'agent comptable établit les comptes de l'exercice écoulé qui sont présentés par le Directeur Général au Conseil d'Administration conformément aux dispositions de l'article 15 ci-dessus.

Article 39. – Les recettes et les dépenses de l'Agence sont prévues et évaluées dans un budget annuel distinguant le budget de fonctionnement du budget d'investissement. Le budget est préparé par le Directeur Général assisté de l'agent comptable. Le projet de budget est présenté au Conseil d'Administration au plus tard le 31 octobre, après approbation du ministre chargé de la tutelle technique. Il est arrêté et rendu exécutoire par le Conseil d'Administration.

Article 40. – Les soldes annuels sont reportés à nouveau.

Article 41. – S'il apparaît en cours d'exercice que les prévisions budgétaires ne peuvent être réalisées, soit par suite d'une augmentation des dépenses, soit par suite d'une diminution des recettes, le ministre de tutelle technique doit être saisi dans les meilleurs délais en vue de prendre, après réunion du Conseil d'Administration, toutes mesures pour rétablir l'équilibre financier.

Article 42. – Le Commissaire aux comptes vérifie la concordance des comptes avec les écritures et adresse ses observations au Conseil d'Administration.

TITRE VI – DISPOSITIONS DIVERSES

Article 43. – Promogabon a le droit de procéder au recouvrement de ses créances par voie d'état exécutoire.

Article 44. – L'Etat et les collectivités publiques peuvent mettre à la disposition de Promogabon des dépendances de leur domaine public ou privé nécessaire à l'accomplissement de sa mission.

Article 45. – A l'exception des fonctionnaires et agents de l'Etat en détachement qui continuent d'être soumis aux statuts de leur corps d'origine, le personnel de l'établissement est régit par les dispositions de la convention collective dont relève l'Agence et par la réglementation générale applicable aux salariés de droit commun.

Le président et les membres du Conseil d'Administration ainsi que toute personne exerçant une fonction de responsabilité au sein de l'établissement et nommée par décret, sont placés, dans l'exercice de leurs fonctions, dans une situation de droit public.

Article 46. – Sous réserve des dispositions particulières prévues par le présent texte, l'Agence exerce ses activités conformément aux règles applicables aux sociétés commerciales.

Article 47. – La mise en liquidation de Promogabon est décidée par voie législative sur proposition du ministre de tutelle technique. Le texte nomme un liquidateur sur proposition du Conseil d'Administration et après avis du ministre assurant la tutelle technique. Il fixe la composition du comité de liquidation qui l'assiste. Les comptes de liquidation sont arrêtés par le Conseil d'Administration et les fonds de liquidation versés par le liquidateur au Trésor Public.

Article 48. – Le ministre de l'Economie et des Finances, chargé des participations, et le secrétaire d'Etat chargé de la Petite et Moyenne Entreprise sont chargés, chacun en ce qui le concerne, de l'application du présent décret qui sera enregistré, publié selon la procédure d'urgence et communiqué partout où besoin sera.

Fait à Libreville, le 7 mars 1984

El Hadj Omar BONGO

Par le Président de la République, Chef de l'Etat

Le Premier Ministre, Chef du Gouvernement, Léon MEBIAME

Le Ministre d'Etat, Ministre du Commerce et de l'Industrie, Etienne MOUSSIROU

Le Ministre de l'Economie et des Finances chargé des Participations

Jean-Pierre LEMBOUMBA LEPANDOU

Le Ministre de la Formation Professionnelle et de la Promotion de l'Artisanat

José- Joseph AMIAR NGANGA

Le Secrétaire d'Etat chargé de la Petite et Moyenne Entreprise

Emmanuel NZE BEKALE

Décret n° 968/PR/MINPME du 1er juin 1985 Fixant les modalités d'intervention du Fonds d'aides et de garantie des Petites et Moyennes Entreprises

Le Président de la République, Chef de l'Etat,

Vu la constitution ;

Vu les décrets n° 453/PR et 454/PR du 27 mars 1984, fixant la composition du gouvernement, ensemble les textes modificatifs subséquents ;

Vu la loi N° 1/81 du 8 juin 1981, instituant des mesures administratives et financières propres à promouvoir les Petites et Moyennes Entreprises gabonaises, ensemble des textes modificatifs subséquents ;

Vu le décret n° 1029/PR/SEPME du 24 juillet 1984, fixant les modalités d'application de la loi n° 1/81 ;

La chambre administrative de la Cour suprême consultée ;

Le conseil des ministres entendu :

Décrète :

Article 1er. – Le présent décret a pour objet de fixer les modalités d'application des dispositions du chapitre cinquième de la loi n° 1/81 du 8 juin 1981, relative au fonds d'aide et de garantie à la Petite et Moyenne Entreprise gabonaise.

Chapitre Premier Des interventions du fonds

Article 2. – Le fonds intervient soit au titre de l'aide, soit au titre de la garantie, soit aux deux titres conjointement. Ces interventions se font au seul bénéfice des Petites et Moyennes Entreprises gabonaises agréées conformément aux articles 1 à 5 de la loi n° 1/81 et au décret n°1029/PR/SEPME fixant les modalités d'application de cette loi.

Section 1 – Des interventions au titre de l'aide

Article 3. – Au titre de l'aide, le fonds peut intervenir sous les formes suivantes :

1°/ Avances remboursables avec intérêts ;

2°/ Financement d'études de faisabilité ;

3°/ Prise de participation avec obligation de rachat dans des Petites et Moyennes Entreprises gabonaises agréées ayant la forme de sociétés par actions ;

4°/ Bonification d'intérêts.

Article 4. – L'aide peut être octroyée en cas de :

– création d'entreprise ;

– rachat d'une entreprise ;

– diversification d'une entreprise ;

– extension d'une entreprise.

Article 5. – Outre les garanties réelles et/ou personnelles qui sont exigées de lui, le demandeur doit pouvoir attester :

– de son honorabilité commerciale et de sa capacité professionnelle ;

– de la valeur technique et économique de son projet ;

– de la viabilité de l'entreprise ;

– de l'Agrément au régime des Petites et Moyennes Entreprises.

Article 6. – Le fonds peut fixer un plafond à ses interventions par projet en fonction des moyens disponibles au titre de l'aide et de l'intérêt économique du projet.

Section 2 – Des interventions au titre de la garantie

Article 7. – La garantie du fonds couvre le remboursement d'un crédit en principal et en intérêts.

Cette garantie peut être directe ou indirecte. Conformément à la réglementation en vigueur et notamment au décret n° 416/PR du 18 mars 1985 portant réglementation des marchés administratifs de toute nature, passés au nom de l'Etat Gabonais, des collectivités, des offices et des établissements publics du Gabon, le fonds peut, lors de l'attribution de marchés administratifs à des Petites et Moyennes Entreprises gabonaises agréées, leur apporter sa garantie :

– lorsqu'une avance est faite ;

– lorsque les matériels, machines, outillages ou approvisionnement ont été confiés par l'Administration en vue de l'exécution desdits marchés ;

– lorsqu'un cautionnement est exigé pour garantir leur bonne exécution.

L'intervention du fonds ne peut cependant remplacer la retenue de garantie.

Article 8. – Le montant de la garantie donnée pour couvrir des crédits ou fournir les garanties et cautionnements exigés lors de l'octroi d'un marché administratif ne peut excéder cinq fois les fonds disponibles à ce titre.

Cette capacité se détermine au moment de l'octroi de la garantie. Sauf décision contraire du Conseil d'Administration du fonds, le montant qui peut être garanti pour un seul projet ne peut, en principal, dépasser cinq pour cent (5 %) de la capacité d'intervention du fonds au titre de la garantie.

Article 9. – La garantie ne couvre que les crédits à moyen et à long terme. Elle couvre un maximum de quatre-vingts pour cent du montant du crédit en principal et en intérêts et ne peut être étendue en aucun cas aux majorations d'intérêts et autres pénalités de retard éventuelles. Lorsque le fonds fournit les garanties et cautionnements exigés lors de l'octroi d'un marché administratif, son intervention est limitée aux montants prévus par le décret n° 416/PR du 18 mars 1985 précité.

Article 10. – L'établissement financier est tenu de présenter la demande de crédit au réescompte de la Banque des Etats de l'Afrique Centrale, afin de bénéficier des conditions particulières réservées aux Petites et Moyennes Entreprises.

En cas de non- éligibilité à ce régime, le fonds peut néanmoins accorder sa garantie.

Chapitre Deuxième Des ressources du fonds

Article 11. – Au titre de l'aide, les ressources du fonds sont constituées par :

a) les dotations prévues dans le budget de l'Etat ;

b) les subventions d'origine nationale ou étrangère ;

c) les recettes provenant de la revente des participations ;

d) des prêts d'origine nationale ou étrangère ;

e) une quote-part des intérêts procurés par les avances consenties.

Au titre de la garantie, les ressources du fonds sont constituées par :

a) les dotations prévues dans le budget de l'Etat ;

b) les subventions d'origine nationale,

c) une quote-part des intérêts procurés par le placement des fonds ;

d) les commissions recueillies conformément à l'article 28 alinéa 3 ci-dessous.

Chapitre Troisième Procédure de saisine

Article 12. – Le dossier est introduit soit par le demandeur, soit par l'Agence Nationale de Promotion de la Petite et Moyenne Entreprise, créée par la loi n° 13/83 du 31 décembre 1983. Il est adressé en deux exemplaires au ministre chargé de la Petite et Moyenne Entreprise qui en saisit le Directeur Général du fonds d'aide et de garantie.

Article 13.- Le dossier comprend, outre les éléments qui ont servi à l'obtention de l'agrément exigés par la loi 1/81, une description de l'intervention demandée ainsi que la copie de l'arrêté d'agrément ou de la lettre de notification.

Article 14. – Le Directeur Général du fonds étudie ou fait étudier le dossier. Il en fait rapport à un comité, dit comité des crédits, dont la composition est précisée à l'article 16 ci-dessous. Cependant il décide lui-même de l'intervention du fonds lors de l'attribution d'un marché administratif conformément à l'article 7 alinéas 3 ci-dessus. Il notifie cette décision par écrit au bénéficiaire dans un délai de dix jours et en rend compte au comité des crédits.

Article 15. – Le comité des crédits décide des interventions du fonds au titre de l'aide et au titre de la garantie, sous la réserve de l'article 14 alinéa 2 du présent décret. Restent toutefois de la compétence du Conseil d'Administration :

a) les interventions supérieures à cinquante millions de francs CFA au titre de l'aide, ce montant pouvant être révisé par arrêté conjoint du Ministre chargé de la Petite et Moyenne Entreprise et du Ministre chargé de l'Economie et des Finances ;

b) les interventions au titre de la garantie supérieures à cinq pour cent de la capacité d'intervention du fonds, telles qu'elles sont prévues par l'article 8 alinéa 2 ci-dessus ;

c) les primes de participation.

Article 16. – Le comité des crédits est composé comme suit :

– le Ministre chargé de la Petite et Moyenne Entreprise, président ;

– le Ministre chargé de la promotion de l'Artisanat, ou son représentant, vice-président ;

– un représentant du ministre chargé de l'Economie et des Finances ;

– le commissaire général au Plan, ou son représentant ;

– le commissaire politique à la formation des coopératives et des Petites et Moyennes Entreprises ;

– le président de la Chambre de Commerce, d'agriculture, d'industrie et des mines, ou son représentant ;

– le Directeur Général de la Petite et Moyenne Entreprise ;

– le Directeur Général de l'Agence Nationale de la Promotion de la Petite et Moyenne Entreprise ;

– le Directeur Général de la Banque Gabonaise de Développement, ou son représentant ;

– le Directeur Général des domaines, ou son représentant.

Le Comité peut appeler en séance toute personne qualifiée qu'il jugerait utile de consulter.

Article 17. – Le secrétariat du comité est assuré par le Directeur Général du fonds d'aide et de garantie qui veille à l'organisation des séances et à la conservation des archives.

Articles 18. – Le comité des crédits se réunit aussi souvent que nécessaire sur convocation de son président. Le comité ne peut valablement délibérer que si la majorité des membres est présente. Si le quorum n'est pas atteint, une nouvelle réunion est convoquée dans un délai de dix jours après la première. Le comité des crédits peut en ce cas valablement délibérer, quel que soit le nombre des membres présents. Les décisions sont prises à la majorité des membres présents. En cas de partage des voix, celle du président est prépondérante.

Article 19. – Tout membre du comité des crédits ayant un intérêt direct ou indirect dans une entreprise dont le dossier est examiné par ce comité est tenu de le signaler. Il ne peut prendre part à la délibération sur ce point ni s'y faire représenter.

Les délibérations ont un caractère confidentiel. Seules les conclusions peuvent être communiquées aux demandeurs.

Article 20. – Les conclusions du comité des crédits sont constatées par des procès-verbaux signés par le président et le secrétaire de séance.

Article 21. – Le comité des crédits fixe son règlement intérieur.

Article 22. – Les décisions du comité des crédits portant octroi d'une aide ou d'une garantie sont notifiées par écrit au bénéficiaire et à l'établissement financier éventuellement concerné par le Directeur Général du fonds d'aide et de garantie dans un délai de dix jours.

Article 23. – L'accord du fonds d'aide et de garantie portant octroi d'une aide ou d'une garantie fait l'objet d'une convention entre le fonds, l'organisme financier éventuellement concerné et le bénéficiaire.

Chapitre Quatrième – Obligations

Section 1 – Obligations résultant de l'octroi d'une aide

Article 24. – En plus des obligations générales mentionnées à l'article 24 de la loi n° 1/81, le bénéficiaire est tenu, pour la durée de la convention avec le fonds :

a) d'utiliser aux seules fins prévues dans la convention les bâtiments, matériels, équipements et fonds de commerce acquis, réalisés ou transformés grâce à l'intervention du fonds ;

b) de ne pas aliéner ou donner en garantie ses biens déjà donnés ou promis en garantie au fonds.

Néanmoins, le comité des crédits peut, par autorisation écrite, accorder une dérogation aux deux obligations susmentionnées.

Article 25. – Le bénéficiaire de l'aide s'engage à conférer hypothèque sur ses immeubles et bateaux, présents et à venir, à la première demande du fonds, à concurrence d'un montant suffisant pour couvrir l'intégralité des remboursements prévus en principal et en intérêts. Il est tenu d'autoriser la visite par les experts désignés par le fonds des immeubles, équipements et matériels servant à l'exploitation ainsi que de tout immeuble et bateau donnés en garantie. Le bénéficiaire de l'aide doit être titulaire d'un compte bancaire au moins.

Article 26. – En cas de besoin, le fonds peut à tout moment procéder ou faire procéder à l'examen de la comptabilité, de la gestion ou de la situation patrimoniale des personnes physiques ou morales qui ont obtenu son aide.

Section 2 – Obligation résultant d'une garantie

Article 27. – En plus des obligations générales mentionnées à l'article 24 de la loi n° 1/81, le bénéficiaire est tenu, pour la durée de la convention avec le fonds :

a) d'utiliser aux seules fins prévues dans la convention les bâtiments, matériels, équipements et fonds de commerce acquis ou transformés grâce à l'intervention du fonds ;

b) de ne pas aliéner ou donner en garantie ses biens déjà donnés ou promis en garantie au fonds.

Néanmoins, le comité des crédits peut, par autorisation écrite, accorder une dérogation aux deux obligations susmentionnées.

Article 28. – Le bénéficiaire de la garantie s'engage à conférer hypothèque sur ses immeubles et bateaux, présents et à venir, en garantie du crédit ou de l'engagement du fonds, à concurrence d'un montant suffisant pour couvrir l'intégralité des remboursements prévus en principal et en intérêts ou l'intégralité de la garantie exigée pour les marchés administratifs. Il est tenu d'autoriser la visite des immeubles, équipements et matériels servant à l'exploitation ainsi que tout immeuble et bateau donnés en garantie, par les experts désignés par le fonds. Le bénéficiaire de la garantie est redevable au fonds d'une commission de 0.50 % du montant garanti. Cette somme est payée en une seule fois, à la mise en place du crédit par l'établissement financier. Dans le cas d'une garantie pour un marché administratif, la commission est payée par le bénéficiaire à la réception de la notification prévue à l'article 14 alinéas 3 ci-dessus. La garantie ne devient effective qu'à partir de ce moment.

Article 29. – Les engagements du fonds en montant et en durée ne peuvent être aggravés sans accord écrit préalable du président du comité des crédits.

Article 30. – L'établissement financier doit informer le fonds sans délai :

a) de tout retard de plus d'un mois dans le règlement d'une échéance ;

b) de tout manquement aux dispositions de la loi n° 1/81 et de ses textes d'application ou des conventions de crédit, venu à sa connaissance après l'octroi du crédit ;

c) de tout fait susceptible de mettre en péril l'existence de l'entreprise.

Article 31. – En cas de besoin, le fonds peut à tout moment procéder ou faire procéder à l'examen de la comptabilité, de la gestion et de la situation patrimoniale des personnes physiques ou morales qui ont obtenu sa garantie.

Chapitre Cinquième. Du retrait de l'aide, du retrait et de la mise en jeu de la garantie

Section 1 – Du retrait de l'aide

Article 32. – Le fonds peut dénoncer l'aide qu'il a accordée pour les raisons suivantes :

a) lorsqu'elle a été obtenue par la fraude ;

b) lorsqu'elle n'a pas été utilisée aux fins prévues ;

c) lorsque le bénéficiaire n'a pas rempli les obligations prévues par la convention ;

d) lorsque l'agrément au régime de la loi 1/81 est retiré.

L'aide est dénoncée par le comité des crédits sur rapport du directeur général du fonds. La décision motivée est notifiée par écrit à l'intéressé.

Article 33. – La dénonciation d'une avance remboursable implique l'exigibilité immédiate de toutes les sommes dues en principal et en intérêts. La dénonciation d'une aide ayant consisté en une prise de participation oblige le promoteur à racheter celle-ci à sa valeur nominale. La dénonciation d'une aide ayant consisté en une bonification d'intérêts entraîne la restitution des sommes effectivement déboursées par le fonds.

Section 2 – Du retrait de la garantie

Article 34. – Le fonds peut dénoncer la garantie accordée pour un crédit lorsqu'elle a été obtenue par la fraude du demandeur. Cette dénonciation ne peut porter que sur la partie du crédit non encore utilisée.

Article 35. – Le fonds peut également dénoncer la garantie accordée :

1°) lorsqu'elle a été obtenue grâce à des déclarations sciemment inexactes de l'établissement financier ;

2°) lorsque l'établissement financier n'a pas pris les mesures requises pour veiller à l'utilisation du crédit aux fins prévues ;

3°) lorsque, sans accord préalable du fonds, l'établissement financier modifie les conditions initiales de crédit, de telle manière que la charge de la garantie s'en trouve augmentée ;

4°) lorsque l'établissement financier a dénoncé le crédit sans accord préalable du fonds.

Article 36. – La garantie est dénoncée par le comité des crédits sur rapport du Directeur Général.

La décision motivée du comité est notifiée par écrit à l'entreprise et à l'établissement financier concerné.

Section 3 – Des effets du retrait de l'aide et de la garantie et de la mise en jeu de la garantie.

Article 37. – Lorsqu'une aide doit être remboursée, le fonds procède en cas de besoin et s'il le juge utile, à la réalisation des biens du bénéficiaire, des garanties réelles et constituées par des tiers et/ou des biens des cautions dans les limites de leurs engagements. Dans le cas d'une prise de participation, le fonds met le ou les promoteurs en demeure de racheter les parts sociales. A défaut pour les promoteurs d'opérer le rachat, il est procédé à la mise en vente de ces parts au plus offrant, sans préjudice des dommages – intérêts éventuels au profit du fonds et sous réserve du respect des dispositions légales et réglementaires en vigueur.

Article 38. – Lorsque la garantie a été dénoncée conformément à l'article 34 ci-dessus, le fonds est intégralement libéré de tout engagement sur les sommes non encore utilisées. Lorsque la garantie est dénoncée conformément à l'article 35, le fonds est intégralement libéré de tout engagement.

Article 39. – Lorsqu'un crédit garanti par le fonds a été dénoncé par l'établissement financier, ce dernier en poursuit le recouvrement ainsi que la réalisation des garanties réelles et personnelles qui ont été constituées. Ces actions sont exercées pour le compte commun de l'établissement financier et du fonds.

Article 40. – Le présent décret abroge toutes dispositions antérieures ayant le même objet, notamment celles du décret n° 406/PR/MICODIN-PPME du 26 avril 1982.

Article 41. – Le Ministre chargé de la Petite et Moyenne Entreprise, le Ministre chargé de la Planification et de l'Aménagement du territoire, le Ministre chargé de l'Economie et des Finances, le Ministre chargé des Travaux Publics, de l'Equipement et de la Construction, le Ministre chargé de la promotion de l'Artisanat sont chargés, chacun en ce qui le concerne, de l'exécution du présent décret qui sera enregistré, publié selon la procédure d'urgence et communiqué où besoin sera.

Fait à Libreville, le 1er juin 1985

Par le Président de la République, Chef de l'Etat

El Hadj Omar BONGO

Le Premier Ministre, Chef du Gouvernement

Léon MEBIAME

Le Ministre chargé de la Petite et Moyenne Entreprise

Emmanuel NZE BEKALE

Le Ministre d'Etat, Ministre des Domaines, du Cadastre et de l'Urbanisme, chargé du Droit de la Mer

Henri MINKO

Le Ministre des Travaux Publics, de l'Equipement et de la Construction
Jean Boniface ASSELE
Le Ministre de la Planification et de l'Aménagement du Territoire
Pascale NZE
Le Ministre de la Formation Professionnelle et de la promotion de l'Artisanat
José-Joseph Amiar NGANGA
Le Ministre de l'Economie, des Finances et des Participations
Jean-Pierre LEMBOUMBA LEPANDOU

Décret n° 969/PR/MINPME du 1er juin 1985 Portant statuts du fonds d'aide et de garantie aux Petites et Moyennes Entreprises gabonaises

Le Président de la République, Chef de l'Etat,

Vu la constitution ;

Vu les décrets n° 453/PR et 454/PR du 27 mars 1984, fixant la composition du gouvernement, ensemble les textes modificatifs subséquents ;

Vu la loi n° 1/81 du 8 juin 1981, instituant des mesures administratives et financières propres à promouvoir les Petites et Moyennes Entreprises gabonaises, ensemble des textes modificatifs subséquents ;

Vu la loi n° 11/82 du 24 janvier 1983, portant régime juridique des établissements publics, des sociétés d'Etat, des sociétés d'économie mixte et des sociétés à participation financière publique ;

Vu la loi n°12/82 du 24 janvier 1983 portant organisation de la tutelle de l'Etat sur les établissements publics, les sociétés d'Etat, les sociétés d'économie mixte et les sociétés à participation financière publique ;

Vu le décret n° 968/PR/MINPME du 1er juin 1985, fixant les modalités d'intervention du fonds d'aide et de garantie des Petites et Moyennes Entreprises gabonaises ;

La Chambre administrative de la Cour suprême consultée ;

Le conseil des ministres entendu ;

Décrète :

Article 1er. – Le fonds d'aide et de garantie aux Petites et Moyennes Entreprises gabonaises est régi par les statuts dont le texte suit :

Statuts du fonds d'aide et de garantie aux Petites et Moyennes Entreprises gabonaises

Article 1er. – Les présents statuts ont pour objet de définir les principes d'organisation et de fonctionnement du fonds d'aide et de garantie aux petites et moyennes entreprises gabonaises.

Cet établissement public, doté de la personnalité civile et de l'autonomie financière, a été créé par la loi n° 1/81 du 8 juin 1981 instituant des mesures administratives et financières propres à promouvoir les Petites et Moyennes Entreprises gabonaises.

Son siège est fixé à Libreville.

Le fonds d'aide et de garantie aux Petites et Moyennes Entreprises gabonaises sera désigné indifféremment dans les présents statuts par les termes fonds d'aide et de garantie ou le fonds.

TITRE I – DISPOSITIONS GENERALES

Article 2. – Conformément aux articles 18 et 19 de la loi n°1/81, le fonds d'aide et de garantie est destiné à faciliter le démarrage et le fonctionnement des Petites et Moyennes Entreprises. Ses interventions décrites aux articles 2 à 7 du décret n° 968/PR/MINPME du 1er juin 1985 susvisé consistent en l'octroi d'une aide ou d'une garantie ou des deux conjointement.

Article 3. – Tutelles. – Le fonds d'aide et de garantie exerce son activité selon les principes d'organisation et de fonctionnement définis aux titres suivants. Le fonds est placé sous la tutelle technique du ministre chargé de la Petite et Moyenne Entreprise et sous la tutelle financière du ministre des Finances.

TITRE II – POUVOIRS DE L'AUTORITE DE TUTELLE

Article 4. – La tutelle technique, économique et financière de l'Etat sur le fonds d'aide et de garantie s'exerce dans les formes et conditions prévues par les textes régissant la matière, et principalement par la loi n° 12/82 du 24 janvier 1983 portant organisation de la tutelle de l'Etat sur les établissements publics, les sociétés d'Etat, les sociétés d'économie mixte et les sociétés à participation financière publique.

Article 5. – Le ministre chargé de la tutelle technique :

– participe à la négociation des contrats de programme et en surveille l'application ;

– veille, de façon générale, à la bonne exécution de la mission de service public confiée au fonds et s'assure du respect de l'ensemble des réglementations auxquelles l'établissement est soumis ;

– donne, préalablement à leur examen par le Conseil d'Administration, un avis sur les projets d'organisation générale et sur les décisions relatives au statut, à l'octroi des avantages au personnel, ainsi que sur les comptes de l'exercice, les programmes d'investissements et les projets de budget ;

– approuve les taux d'intérêts et les tarifs applicables par l'établissement dans les limites des textes en vigueur ;

– veille au respect de la réglementation applicable aux marchés de toute nature passés par l'établissement ;

– propose la mise en liquidation.

Le ministre chargé de la tutelle technique :

– est destinataire des projets d'ordre du jour du Conseil d'Administration qui doivent lui être communiqués un mois avant la date prévue pour sa tenue ;

– est destinataire des comptes rendus des délibérations du Conseil d'Administration qui doivent lui être communiqués dans un délai maximum de quinze jours, à l'issue duquel il dispose d'un délai identique pour formuler ses observations et s'opposer, s'il le juge nécessaire, à l'exécution de ces délibérations. Son silence au terme de cette période vaut acceptation tacite. Dans le cas où il fait connaître par écrit sa décision de rejet au président du Conseil d'Administration, celui-ci dispose d'un délai de quinze jours pour provoquer une nouvelle délibération tenant compte des observations formulées par le ministre de tutelle. Si le Conseil d'Administration refuse explicitement ou tacitement d'entériner les observations du ministre de tutelle, le litige est porté devant une commission ad hoc constituée par le premier ministre, qui statue dans un délai d'un mois au plus tard.

Article 6. – Le fonds est tenu de conclure avec l'Etat un contrat de programme conforme aux articles 11 et 12 de la loi n° 12/82 du 21 janvier 1983 susvisée.

Article 7. – Le Ministre de l'Economie et des Finances, qui assure la tutelle financière de l'établissement, nomme un contrôleur financier qui exerce son contrôle selon les modalités prévues par les textes en vigueur.

Article 8. – Le Ministre de l'Economie et des Finances nomme le commissaire aux comptes.

Article 9. – Le fonds est soumis au contrôle de la Chambre des comptes de la cour suprême.

TITRE III- LE CONSEIL D'ADMINISTRATION

Article 10. – Le fonds est administré par un Conseil d'Administration composé comme suit :

1°/ le Ministre chargé de l'Economie et des Finances, ou son représentant ;

2°/ le Ministre chargé des Travaux Publics, de l'équipement et de la construction, ou son représentant ;

3°/ le Ministre chargé de l'Artisanat, ou son représentant ;

4°/ le Ministre chargé de la Planification, ou son représentant ;

5°/ un représentant du Ministère chargé de la Promotion Féminine ;

6°/ le Commissaire politique à la formation des coopératives et des Petites et Moyennes Entreprises ;

7°/ le conseiller spécial du Président de la République, chargé de mission au Ministère de la Petite et Moyenne Entreprise ;

8°/ le Directeur Général de la Petite et Moyenne Entreprise ou son représentant ;

9°/ le Président de la Chambre de Commerce, d'Agriculture, d'Industrie et des Mines du Gabon, ou son représentant ;

10°/ le Directeur Général de la Banque Gabonaise de Développement, ou son représentant ;

11°/ le Directeur Général de l'Agence Nationale de Promotion de la Petite et Moyenne Entreprise ;

12°/ un représentant de l'Association Professionnelle des Banques ;

13°/ le Directeur général de l'Agence

Article 11. – Le Président du Conseil d'Administration est nommé par décret du Président de la République. Le Président est assisté d'un Vice-président, nommé dans les mêmes conditions, qui le remplace en cas d'empêchement et dispose dans ce cas des mêmes pouvoirs.

Article 12. – Le Directeur Général et l'agent comptable assistent de droit aux réunions du Conseil d'Administration avec voix consultative. Le Conseil peut appeler en séance toute personne qualifiée qu'il jugerait utile de consulter, notamment le commissaire aux comptes.

Article 13. – Les fonctions de président, de vice-président et d'administrateur sont gratuites et incompatibles avec tout emploi rémunéré par l'établissement. Toutefois, les membres du Conseil d'Administration peuvent recevoir, à titre de jetons de présence, une rémunération dont le montant est déterminé par le Conseil d'Administration. Il peut leur être alloué des indemnités représentatives des frais de déplacement et de séjour.

Article 14. – Le Conseil d'Administration se réunit sur convocation de son Président, soit à l'initiative de celui-ci, soit à la demande de la moitié au moins de ses membres. Il siège au moins deux fois par année civile, la première session ayant lieu avant le 30 avril pour l'arrêté des comptes de l'exercice précédent, la seconde devant avoir lieu avant le 31 octobre pour l'examen du budget de l'exercice suivant.

Article 15. – Le Conseil ne peut valablement délibérer que si la majorité des membres est présente q ;Si le quorum n'est pas atteint, une nouvelle réunion du Conseil d'Administration est convoquée dans un délai de quinze jours après la première réunion. Le Conseil d'Administration peut dans ce cas valablement délibérer, quel que soit le nombre des membres présents. En cas de partage des voix, celle du président est prépondérante.

Article 16. – Les décisions du Conseil d'Administration sont constatées par des procès-verbaux de séance signés par le président et le secrétaire de séance. Ces procès-verbaux sont transmis à tous les membres du conseil qui sont appelés à faire part de leurs observations sous quinzaine. Passé ce délai, les procès-verbaux sont censés avoir été approuvés.

Article 17. – Le Secrétariat du Conseil est assuré par le Directeur Général qui veille à l'organisation des séances et à la conservation des archives.

Article 18. – Le Conseil fixe son règlement intérieur.

Article 19. – Le Conseil d'Administration dispose des pouvoirs les plus étendus pour la réalisation de l'objet de l'établissement et notamment :

1°/ il arrête l'organisation générale et le fonctionnement de l'établissement sur proposition du Directeur Général et après approbation du ministre de tutelle technique ;

2°/ il fixe les règles générales de gestion du personnel et veille à leur conformité avec le statut du personnel de l'établissement ;

3°/ il arrête les comptes de l'exercice, les programmes d'investissement et les budgets annuels après approbation du ministre de tutelle technique ;

4°/ il arrête les taux d'intérêts et les tarifs applicables par l'établissement dans les limites des lois et décrets ;

5°/ il approuve le règlement financier qui détermine le plan comptable et les procédures comptables ;

6°/ il approuve tout compromis, transaction, acquiescement ou désistement des garanties immobilières et de nantissement, les placements de fonds, la signature et la réalisation des contrats de bail ou d'assurances, etc. ;

7°/ il autorise la passation des marchés de toute nature dès lors que les engagements dépassent dix millions de francs CFA et veille au respect de la législation applicable aux marchés passés par les établissements publics ;

8°/ il autorise toutes acquisitions, tous échanges, toutes cessions de biens et de droits immobiliers ;

9°/ il autorise les emprunts et accepte les dons et legs ;

10°/ il donne quitus de sa gestion à l'agent comptable et se prononce sur les décharges de responsabilité et les remises de débet.

Article 20. – Le Conseil d'Administration peut déléguer certaines de ses attributions à son président, au comité des crédits prévu à l'article 14 du décret n° 968/PR/MINPME du 1er juin 1985 précité ainsi qu'au directeur général.

Article 21. – Le Président du Conseil d'Administration :

– Contrôle l'exécution des décisions du Conseil d'Administration ;

– convoque celui-ci, garantit et fait respecter la légalité des débats, authentifie les procès-verbaux de séance et signe tous les actes établis et autorisés par le conseil ;

– peut, en cas d'urgence et par mesure conservatoire, exercer certains pouvoirs du Conseil d'Administration ;

– fait publier les insertions légales ;

– exerce tous les pouvoirs qui lui sont délégués par le Conseil d'Administration.

Article 22. – En cas d'urgence ou d'impossibilité de réunir le conseil, le président, ou en son absence, le vice-président prend toutes mesures nécessaires au fonctionnement de l'établissement à charge d'en rendre compte aux administrateurs à la prochaine réunion.

Article 23. – En cas d'irrégularité, de mauvaise gestion ou de carence caractérisée, le Conseil d'Administration peut être dissous par décret pris en conseil des ministres, sur proposition du ministre chargé de la tutelle technique, conformément aux textes en vigueur.

TITRE IV- ORGANISATION ADMINISTRATIVE

Article 24. – Le fonds est placé sous l'autorité d'un Directeur Général nommé par décret du Président de la République, sur proposition du ministre de tutelle technique.

Article 25. – Le Directeur Général assure la Direction Technique, Administrative et Financière de l'établissement qu'il représente dans tous les actes de la vie civile :

– il veille au bon fonctionnement de l'établissement et est chargé de l'exécution des décisions du Conseil d'Administration auquel il rend compte de sa gestion ;

– il a autorité sur l'ensemble du personnel de l'établissement, en assure le recrutement, la gestion ;

il nomme à tous les emplois sauf au poste d'agent comptable et aux emplois classés en catégories supérieures ;

– il veille à l'application du statut du personnel ;

– il propose les projets d'organisation générale de l'établissement, les budgets annuels, les programmes d'activité et il en assure l'application ;

– il approuve les marchés de toute nature passés par l'établissement dès lors que les engagements sont inférieurs à dix millions de francs CFA ;

– il est ordonnateur du budget de l'établissement ;

– il engage et liquide les dépenses dans le cadre des budgets approuvés ;

– il signe tous actes pour lesquels compétence lui est reconnue par le règlement financier de l'établissement en matière de baux, contrats d'assurances, fonctionnement des comptes, opérations commerciales et civiles diverses ;

– il prend toutes mesures conservatoires nécessaires, en cas d'urgence nécessitant un dépassement de ses attributions normales, à charge pour lui d'en rendre compte par écrit et sans délai au président du Conseil d'Administration ;

– il exerce toutes les attributions qui lui sont déléguées par le Conseil d'Administration et par son président ;

– il constate les débets mis à la charge de l'agent comptable ;

– il prépare les actes à soumettre aux autorités de tutelle ;

– il peut ester en justice.

Article 26. – La Direction Générale du fonds comprend :

– la Direction des Opérations Financières ;

– la Direction des Affaires Juridiques et du Contentieux ;

– la Direction Administrative ;

– le Service Comptable et Financier.

Article 27. – Chaque Direction est placée sous l'autorité d'un Directeur. Le Service Comptable et Financier est placé sous l'autorité d'un Agent Comptable.

Article 28. – Les Directeurs dirigent, animent et contrôlent les services qu'ils ont sous leurs ordres. A cet effet, ils sont chargés de l'exécution des tâches qui leur sont confiées par le Directeur Général et de la discipline des agents soumis à leur autorité. Ils peuvent être assistés par des chargés d'études.

Article 29. – D'autres directions que celles mentionnées à l'article 26 peuvent être créées par décret du Président de la République, sur proposition du ministre de tutelle technique et après avis du Conseil d'Administration. Les directions sont subdivisées en services dirigés par un chef de service, selon les besoins du développement du fonds.

Article 30. – Les directeurs sont nommés par décret du Président de la République, sur proposition du ministre chargé de la tutelle technique. L'agent comptable est nommé par décret du Président de la République, sur proposition du Ministre de l'Economie et des Finances. Les chefs de services et les chargés d'études sont nommés par le Conseil d'Administration, sur proposition du Directeur Général.

Article 31. – La Direction des Opérations Financières est chargée :

– de l'étude des dossiers de demande d'intervention ;

– de la définition avec les promoteurs des schémas de financement ;

– de la préparation des rapports sur les dossiers à soumettre aux organes de décision ;

– de l'assistance aux promoteurs dans les négociations avec les établissements financiers ;

– du suivi des dossiers.

Article 32. – La Direction des Affaires Juridiques et du Contentieux est chargée :

– de la rédaction des conventions ;
– de la prise des garanties ;
– de la réalisation, le cas échéant, des garanties ;
– du suivi des affaires contentieuses.

Article 33. – La Direction Administrative est chargée :
– de l'organisation administrative ;
– de la gestion du personnel et du matériel.

TITRE V – ORGANISATION COMPTABLE ET FINANCIERE

Article 34. – L'organisation comptable et financière du fonds d'aide et de garantie s'articule autour de trois comptes distincts :
– un compte aide ;
– un compte garanti ;
– un compte fonctionnement.

A l'exception des ressources provenant du placement des fonds du compte aide et du compte garanti et dont une partie alimente le compte fonctionnement, aucun transfert ne peut s'opérer d'un compte à l'autre.

Article 35. – Le compte aide comprend :
– en ressource :
– les dotations prévues au budget de l'Etat ;
– les subventions d'origine nationale ou étrangère ;
– les recettes provenant de la revente des participations ;
– les prêts d'origine nationale ou étrangère ;
– une quote-part des intérêts procurés par les avances consenties ;
– en dépense :
– les débours résultant de la mise en jeu de la garantie.

Article 36. – Le compte garanti comprend :
– en ressource :
– les dotations prévues dans le budget de l'Etat ;
– les subventions d'origine nationale ;
– une quote-part des intérêts procurés par le placement des fonds ;
– en dépense :
– les débours résultant de la mise en jeu de la garantie.

Article 37. – Le compte fonctionnement comprend :
– en ressource :
– une quote-part des intérêts des avances consenties par le fonds ;
– les commissions sur garanties ;
– une quote-part des intérêts procurés par le placement des fonds ;
– les subventions d'origine nationale ou étrangère ;
– en dépense ;
– les rémunérations du personnel ;
– les dépenses de matériel ;
– les autres dépenses de fonctionnement.

Article 38. – L'agent comptable tient la comptabilité générale, assure le maniement et la conservation des fonds et valeurs, constate les recettes et règles les dépenses.

Il doit constituer un cautionnement dont le montant est fixé par les textes en vigueur.

Article 39. – L'agent comptable assure notamment :

– l'établissement du compte de gestion en recettes et dépenses ;

– la tenue de la comptabilité-matière.

L'agent comptable est seul assignataire des dépenses de l'établissement et, en cette qualité, seul habilité à recevoir les significations des saisies-arrêts, oppositions, cessions, transferts et tous (autres) actes ayant pour objet d'arrêter le paiement des sommes dues au titre du budget de l'établissement ainsi que des fonds et comptes dont il assure la gestion.

L'agent comptable rend compte de sa gestion au Conseil d'Administration qui lui donne quitus après que les comptes aient été approuvés par le ministre chargé de la tutelle technique.

L'agent comptable est responsable de la sincérité des écritures et sa gestion est soumise aux vérifications des fonctionnaires habilités à vérifier les écritures des comptables publics.

Article 40. – Avant le 31 mars de chaque année, l'agent comptable établit les comptes de l'exercice écoulé qui sont présentés par le Directeur Général au Conseil d'Administration conformément aux dispositions de l'article 14 ci-dessus.

Article 41. – Les recettes et les dépenses du fonds sont prévues et évaluées dans un budget annuel distinguant le budget de fonctionnement du budget d'investissement.

Le budget est préparé par le Directeur Général assisté de l'agent comptable.

Conformément à l'article 14 ci-dessus, le projet de budget est présenté au Conseil d'Administration au plus tard le 31 octobre, après approbation du ministre chargé de la tutelle technique. Il est arrêté et rendu exécutoire par le Conseil d'Administration sous réserve des dispositions de l'article 5 ci-dessus.

Article 42. – Les soldes annuels sont reportés à nouveau.

Article 43. – S'il apparaît en cours d'exercice que les prévisions budgétaires ne peuvent être réalisées par suite soit d'une augmentation des dépenses, soit d'une diminution des recettes, le ministre de tutelle technique doit être saisi dans les meilleurs délais en vue de prendre, après réunion du Conseil d'Administration, toutes mesures pour rétablir l'équilibre financier.

Article 44. – Le commissaire aux comptes vérifie la concordance des comptes avec les écritures et adresse ses observations au Conseil d'Administration.

TITRE VI – DISPOSITIONS DIVERSES

Article 45. – Le fonds a le droit de procéder au recouvrement de ces créances par voie d'état exécutoire.

Article 46. – L'Etat et les collectivités publiques peuvent mettre à la disposition du fonds des dépendances de leur domaine public ou privé nécessaire à l'accomplissement de sa mission.

Article 47. – A l'exception des fonctionnaires et agents de l'Etat en position de détachement, qui continuent d'être soumis aux statuts de leur corps d'origine, le personnel de l'établissement est régi par les dispositions du statut du personnel et par la réglementation générale applicable aux salariés de droit commun.

Le président et les membres du Conseil d'Administration ainsi que toute personne exerçant une fonction de responsabilité au sein de l'établissement et nommée par décret, sont placés, dans l'exercice de leurs fonctions, dans une situation de droit public.

Article 48. – Sous réserve des dispositions particulières prévues par le présent texte, le fonds exerce ses activités conformément aux règles applicables aux sociétés commerciales.

Article 49. – La mise en liquidation du fonds est décidée par voie législative, sur proposition du ministre chargé de la tutelle technique, conformément à l'article 5 ci-dessus.

Le texte nomme un liquidateur sur proposition du Conseil d'Administration et après avis du ministre assurant la tutelle technique et fixe la composition du comité de liquidation qui assiste le liquidateur.

Les comptes de liquidation sont arrêtés par le Conseil d'Administration et les fonds de liquidation versés par le liquidateur au Trésor public.

Article 50. – Le Ministre de l'Economie, des Finances et des Participations et le Ministre chargé de la Petites et Moyennes Entreprise sont chargés, chacun en ce qui le concerne, de l'application du présent décret qui sera enregistré, publié selon la procédure d'urgence et communiqué partout où besoin sera.

Fait à Libreville, le 1er juin 1985

El Hadj Omar BONGO

Par le Président de la République,

Chef de l'Etat

Le Premier Ministre, Chef du Gouvernement

Léon MEBIAME

Le Ministre chargé de la Petite et Moyenne Entreprise

Emmanuel NZE BEKALE

Le Ministre de la Formation Professionnelle et de la Promotion de l'Artisanat

José-Joseph Amiar NGANGA

Ministre de l'Economie, des Finances et des Participations

Jean Pierre LEMBOUMBA LEPANDOU

Ordonnance N° 1/93 du 15 avril 1993 portant création d'un fonds d'expansion et de développement des Petites et Moyennes Entreprises ou Industries

Le Président de la République, Chef de l'Etat,

Vu la Constitution,

Vu les décrets N°1481/PR et 1482/PR du 18 août 1992 fixant la composition du gouvernement ;

Vu la loi N°6/93 du 14 janvier 1993 autorisant le Président de la République, chef de l'Etat, à légiférer par ordonnance pendant la période d'intersession parlementaire ;

La Chambre administrative de la Cour suprême consultée ;

Le conseil des ministres entendu ;

ORDONNE :

Article 1er. – La présente ordonnance, prise en application de l'article 47 de la Constitution et de la loi N°6/93 du 14 janvier 1993 susvisé, a pour objet de créer, sous la tutelle du Premier Ministre, un fonds d'expansion et de développement des Petites et Moyennes Entreprises ou Industries.

Article 2. – Est considérée comme Petite et Moyenne Entreprise ou Industrie toute entreprise dont le capital est détenu pour au moins cinquante et un pour cent par des Gabonais, personnes physiques ou morales, dont la direction est réellement assurée par des nationaux et le chiffre d'affaires annuel égal à un milliard de francs CFA au maximum.

Article 3. – Le fonds d'expansion et de développement des Petites et Moyennes Entreprises ou Industries vise à mettre à la disposition des institutions financières et des cabinets d'études agréés, les ressources nécessaires au financement :

– des créations des Petites et Moyennes Entreprises ou Industries ;
– des restructurations des Petites et Moyennes Entreprises ou Industries ;
– du programme d'expansion dans les secteurs productifs ;
– de la couverture des besoins courants des Petites et Moyennes Entreprises ou Industries.

Article 4. – Le fonds d'expansion et de développement des Petites et Moyennes Entreprises ou Industries est un établissement public doté de la personnalité civile et de l'autonomie financière.

Article 5. – Les ressources du fonds d'expansion et de développement des Petites et Moyennes Entreprises ou Industries sont constituées par :

– les dotations prévues dans le budget de l'Etat ;
– les subventions d'origine nationale ou étrangère ;
– des prêts d'origine nationale ou étrangère ;
– des intérêts procurés par le placement des fonds et avances consenties.

Le fonds peut également recevoir toutes autres ressources permettant de favoriser la réalisation de son objet.

Article 6. – Les crédits financés par le fonds d'expansion et de développement des Petites et Moyennes Entreprises ou Industries sont exonérés de la taxe sur le chiffre d'affaires.

Article 7. - Le fonds d'expansion et de développement des Petites et Moyennes Entreprises ou Industries est dirigé par un administrateur choisi parmi les fonctionnaires de la catégorie A1 ayant au minimum une maîtrise dans les domaines économiques et financiers, et justifiant d'une expérience professionnelle d'au moins dix ans. Il est nommé par décret pris en conseil des ministres et agit sous le contrôle d'un comité d'orientation. L'administrateur est assisté de trois adjoints, également nommés par décret pris en conseil des ministres, remplissant les mêmes conditions et justifiant d'une expérience professionnelle d'au moins huit ans.

Article 8. – Le comité d'orientation est l'organe d'orientation du fonds d'expansion et de développement des Petites et Moyennes Entreprises ou Industries. Il approuve le rapport d'activités de l'administrateur, décide de toutes mesures de contrôle des activités du fonds qu'il juge utiles et évalue les résultats du contrat de performance conclu entre l'Etat et le fonds.

Article 9. - Le comité d'orientation est présidé par le Premier Ministre et comprend, en outre :

– le Ministre chargé des Finances ;
– le Ministre chargé de l'Economie ;
– le Ministre chargé des Petites et Moyennes Entreprises ;
– le Ministre chargé de l'Industrie ;
– Deux Députés.

Article 10. - Le comité d'orientation du fonds d'expansion et de développement des Petites et Moyennes Entreprises ou Industries se réunit une fois par semestre.

Article 11. – Il est créé, sous l'autorité du comité d'orientation, un comité de direction chargé du suivi technique et du contrôle des activités du fonds. Il est présidé par le Premier Ministre ou son représentant et comprend, en outre :

– Deux Députés ;
– le Conseiller du Président de la République pour les Affaires Commerciales, Industrielles et des Participations ;
– le Conseiller Economique et Financier du Premier Ministre ;
– le Secrétaire Général du Ministère des Finances, du Budget et des Participations ;
– le Directeur Général de l'Economie ;
– le Directeur Général des Petites et Moyennes Entreprises ;
– le Directeur Général de l'Industrie ;
– le Directeur National de la Banque des Etats de l'Afrique Centrale ;
– le Directeur Général de la Caisse Autonome et d'Amortissement ;
– Deux représentants de la Chambre de Commerce ;
– un représentant de l'Association Professionnelle des Banques, à titre consultatif ;
– Deux représentants des organisations syndicales des Petites et Moyennes Entreprises ;
– deux représentants des organisations patronales.

Article 12. – Le comité de direction du fonds d'expansion et de développement des Petites et Moyennes Entreprises ou Industries se réunit une fois par mois. Toutefois, en cas de nécessité, il peut être convoqué à l'initiative de son président ou du quart de ses membres. Le secrétariat du comité de direction est assuré par l'administrateur du fonds qui veille à l'organisation des séances et à la conservation des archives.

Article 13. – L'administrateur a la responsabilité civile et pécuniaire des ressources mises à la disposition du fonds d'expansion et de développement des Petites et Moyennes Entreprises ou Industries. Il est habilité à ouvrir les comptes nécessaires au fonctionnement du fonds auprès de la Banque des Etats de l'Afrique Centrale qu'il mouvemente conjointement avec l'administrateur adjoint chargé de la comptabilité et de la trésorerie.

Article 14. – Les règles d'organisation et de fonctionnement du fonds d'expansion et de développement des Petites et Moyennes Entreprises ou Industries ainsi que les modalités de son intervention sont fixées dans les statuts élaborés en accord avec la Banque Africaine de Développement et approuvés par décret pris en conseil des ministres.

Article 15. – L'Etat et les collectivités publiques peuvent mettre à la disposition du fonds d'expansion et de développement des Petites et Moyennes Entreprises ou Industries des dépendances de leur domaine propre, nécessaires à l'accomplissement de sa mission.

Article 16. – La présente ordonnance sera enregistrée, publiée selon la procédure d'urgence et exécutée comme loi de l'Etat.

Fait à Libreville, le 15 avril 1993

El Hadj Omar BONGO

Par le Président de la République,

Chef de l'Etat

Le Premier Ministre, Chef du Gouvernement

Casimir OYE MBA

Le Ministre des Petites et Moyennes Entreprises et de l'Artisanat

Victor MAPANGOU MOUKAGNI MUETSA

Le Ministre du Commerce, de l'Industrie et de la Recherche Scientifique

André-Dieudonné BERRE

Le Ministre de la Planification, de l'Economie et de l'Aménagement du Territoire

Emmanuel ONDO METHOGO

Le Ministre des Finances, du Budget et des Participations

Paul TOUNGUI

LOI N°30/93 DU 23 AOUT 1993 PORTANT RATIFICATION DE l'ORDONNANCE N° 1/93 DU 15 AVRIL 1993 PORTANT CREATION D'UN FONDS D'EXPANSION ET DE DEVELOPPEMENT DES PETITES ET MOYENNES ENTREPRISES OU INDUSTRIES, EN APPLICATION DE LA LOI N° 6/93 DU 14 JANVIER 1993 AUTORISANT LE PRESIDENT DE LA REPUBLIQUE A LEGIFERER PAR ORDONNANCE PENDANT LA PERIODE D'INTERSESSION PARLEMENT

L'Assemblée nationale a délibéré et adopté,

Le Président de la République, Chef de l'Etat, promulgue la loi dont la teneur suit :

Article 1er. – Est ratifiée l'Ordonnance N°1/93 du 15 avril 1993 portant création d'un fonds d'expansion et de développement des Petites et Moyennes Entreprises ou Industries, en application de la Loi N° 6/93 du 14 janvier 1993 autorisant le Président de la République à légiférer par ordonnances pendant la période d'intersession.

Article 2. – L'article 7 de l'Ordonnance N°1/93 du 15 avril 1993 est amendé et se lit désormais comme suit :

« Le fonds d'expansion et de développement des Petites et Moyennes Entreprises ou industries est dirigé par un administrateur choisi parmi les fonctionnaires de la catégorie A1 ayant au minimum une maîtrise dans les domaines économiques et financiers, et justifiant d'une expérience professionnelle d'au moins dix ans. Il est nommé par décret pris en conseil des ministres et agit sous le contrôle d'un comité d'orientation. L'administrateur est assisté de trois adjoints, également nommés par décret pris en conseil des ministres, remplissant les mêmes conditions et justifiant d'une expérience professionnelle d'au moins huit ans. »

Article 3. – L'article 8 est modifié et se lit désormais comme suit :

« Le comité d'orientation est l'organe d'orientation du fonds d'expansion et de développement des Petites et Moyennes Entreprises ou industries. Il approuve le rapport d'activités de l'administrateur, décide de toutes mesures de contrôle des activités du fonds qu'il juge utiles et évalue les résultats du contrat de performance conclu entre l'Etat et le fonds. »

Article 4. – L'article 9 nouveau est ainsi rédigé :

« Le Comité d'orientation est présidé par le Premier Ministre et comprend, en outre :

– Le Ministre chargé des Finances ;
– Le Ministre chargé de l'Economie ;
– Le Ministre chargé des Petites et Moyennes Entreprises ;
– Le Ministre chargé de l'Industrie ;
– Deux Députés. »

Article 5. – L'article 10 est modifié et se lit désormais comme suit :

« Le comité d'orientation du fonds d'expansion et de développement des Petites et Moyennes Entreprises ou Industries se réunit une fois par semestre. »

Article 6. – L'article 11 nouveau correspond à l'article 8 ancien modifié et se lit désormais comme suit :

« Il est créé, sous l'autorité du comité d'orientation, un comité de direction chargé du suivi technique et du contrôle des activité du fonds.

Il est présidé par le premier ministre ou son représentant et comprend, en outre :

– Deux Députés ;

– Le Conseiller du Président de la République pour les Affaires Commerciales, industrielles et des Participations ;

– Le Conseiller Economique et Financier du Premier Ministre,

– Le Secrétaire Général du Ministère des Finances, du Budget et des Participations ;

– Le Directeur Général de l'Economie ;

– Le Directeur Général des Petites et Moyennes Entreprises ;

– Le Directeur Général de l'Industrie ;

– Le Directeur National de la Banque des Etats de l'Afrique Centrale ;

– Le Directeur Général de la Caisse Autonome d'Amortissement ;

– Deux représentants de la Chambre de Commerce,

– Un représentant de l'Association Professionnelle des Banques, à titre consultatif ;

– Deux représentants des organisations patronales. »

Article 7. - L'article 12 nouveau correspond à l'article 10 ancien, auquel s'ajoute la fin de l'article 8 ancien. Il se lit désormais comme suit :

« Le Comité de Direction du fonds d'expansion et de développement des Petites et Moyennes Entreprises ou Industries se réunit une fois par mois. Toutefois, en cas de nécessité, il peut être convoqué à l'initiative de son président ou du quart de ses membres. Le Secrétariat du Comité de Direction est assuré par l'administrateur du fonds qui veille à l'organisation des séances et à la conservation des archives. »

Article 8. – L'article 13 nouveau correspond à l'article 11 ancien. Remplacer « Banque gabonaise de développement » par « Banque des Etats de l'Afrique centrale ».

Article 9. – L'article 12 ancien devient l'article 14 nouveau.

L'article 13 ancien devient l'article 15 nouveau.

L'article 14 ancien devient l'article 16 nouveau.

Article 10. – La présente loi sera enregistrée, publiée selon la procédure d'urgence et exécutée comme loi de l'Etat.

Fait à Libreville, le 23 août 1993

El Hadj Omar BONGO

Par le Président de la République, Chef de l'Etat

Le Premier Ministre, Chef du Gouvernement

Casimir OYE MBA

Pour le Ministre des Relations avec les Assemblées, de la Communication, des Postes et Télécommunications, porte-parole du gouvernement et P.O. Jean-Marie BEKA B'OBA

ORDONNANCE N° 0009/93/PR PORTANT CREATION DU FONDS D'AIDE A L'INSERTION ET A LA REINSERTION PROFESSIONNELLES

LE PRESIDENT DE LA REPUBLIQUE CHEF DE L'ETAT ;

Vu la Constitution,

Vu les Décrets n° 1481/PR et n° 1482/PR du 18 Août 1992 fixant la composition du Gouvernement, ensemble les textes modificatifs,

Vu la loi n°31/93 du 14 juillet 1993 autorisant le Chef de l'Etat à légiférer par ordonnance pendant l'intersession parlementaire,

La Chambre Administrative de la Cour Suprême consultée,

Le Conseil des Ministres entendu,

ORDONNE

ARTICLE 1.-Il est créé, sous la tutelle technique du Ministre chargé du Travail, un Fonds d'Aide à l'Insertion et à la Réinsertion Professionnelle, ci-après désigné par « le Fonds ».

ARTICLE 2.-Sont concernés par les aides pouvant être consenties par le Fonds les jeunes diplômés et les licenciés des entreprises publiques ou privées, àla recherche d'un premier ou d'un nouvel emploi.

ARTICLE 3.-Les objectifs du Fonds sont de contribuer à la lutte contre le chômage par la mise en place, pour les publics cibles, et en fonction des opportunités d'emploi offertes, de stages spécifiques, de formation en vue de leur perfectionnement ou de leur reconversion.

ARTICLE 4.-Pour atteindre ses objectifs le Fonds :

– finance tout ou partie de l'organisation et de l'exécution des stages de formation établis conformément aux exigences du marché du travail ;

– participe au financement d'études sectorielles sur les opportunités d'emplois disponibles ou potentiels.

ARTICLE 5.-La Fonds est un Etablissement public doté de la personnalité civile et de l'autonomie financière.

ARTICLE 6.-Les ressources du Fonds sont constituées par :

– les dotations prévues au budget de l'Etat :
– les subventions d'origine nationale ou étrangère ;
– les prêts d'origine nationale ou étrangère ;
– le produit du placement de ses fonds et des avances consenties ;
– et plus généralement toutes autres ressources qui pourraient lui être consenties ou résulter de son activité.

ARTICLE 7.-Les ressources du Fonds sont déposées auprès de tout établissement financier national ayant vocation de développement économique.

ARTICLE 8.-Les organes du Fonds de Réinsertion sont :

– le Conseil d'Administration,
– la Commission permanente,
– le Secrétariat Exécutif.

ARTICLE 9.-Toute demande de financement auprès du Fonds fait l'objet d'un dossier soumis, via le Secrétariat exécutif, à l'approbation de la

Commission permanente, seule habilitée à statuer. L'approbation de ladite Commission vaut accord de financement.

ARTICLE 10.-Les règles d'organisation et de fonctionnement du Fonds, les modalités de gestion et do contrôle ainsi que les conditions et procédures d'intervention seront fixées par décret.

ARTICLE 11.-La présente Ordonnance annule et remplace l'Ordonnance n° 011/89 portant création d'un Fonds d'Insertion des jeunes diplômés et de Réinsertion des travailleurs licenciés des secteurs publics et privé, et l'Ordonnance n° 12/89 portant création d'un Fonds de Réinsertion pour les travailleurs licenciés du secteur parapublic.

ARTICLE 12.-La présente Ordonnance sera enregistrée, publiée selon la procédure d'urgence et exécutée Comme loi de l'Etat.

Fait à Libreville, le 1er Octobre 1993

PAR LE Président de la République, Chef de l'Etat

EL HADJ OMAR BONGO

LE Premier Ministre, Chef du Gouvernement

CASIMIR OYE

LE MINISTRE DU TRAVAIL DES RESSOURCES HUMAINES ET DE LA FORMATION PROFESSIONNELLE

Charles MANGOUKA

LE MINISTRE DES FINANCES, DU BUDGET ET DES PARTICIPATIONS

Paul TOUNGUI

LE MINISTRE DE LA PLANIFICATION, DE L'ECONOMIE ET DE L'ADMINISTRATION DU TERRITOIRE

Emmanuel ONDO METHOGO

LE MINISTRE DU CONTROLE D'ETAT, DE LA REFORME DU SECTEUR PARAPUBLIC ET DE LA PRIVATISATION

Paul BIYOGHE MBA

DECRET N° 273/PR/MINTRHFP DU 9 MARS 1994 FIXANT L'ORGANISATION ET LE FONCTIONNEMENT DU FONDS D'AIDE A L'INSERTION ET A LA REINSERTION PROFESSIONNELLE

Le Président de la République, Chef de l'Etat, Vu la Constitution ;

Vu les décrets n° 1481/PR et 1482/PR du 18 août 1992 fixant la composition du Gouvernement, ensemble les textes modificatifs subséquents ;

Vu la loi n° 11/82 du 24 janvier 1983 portant régime juridique des établissements publics, des sociétés d'Etat, des sociétés d'économie mixte et des sociétés à participation financière publique ;

Vu la loi n° 12/82 du 24 janvier 1983 portant organisation de la tutelle de l'Etat sur les établissements publics, les sociétés d'Etat, les sociétés d'économie mixte et les sociétés à participation financière publique ;

Vu l'ordonnance n° 9/93 du 1er octobre 1993 portant création d'un fonds d'aide à l'insertion et à la réinsertion professionnelles ;

La Chambre administrative de la Cour suprême consultée ;

Le conseil des ministres entendu ;

Décrète :

Article 1.- Le présent décret, pris en application des dispositions de l'article 10 de l'ordonnance n° 9/93 du 1er octobre 1993 susvisée, fixe les règles d'organisation et de fonctionnement, les modalités de gestion et de contrôle ainsi que les procédures d'intervention du fonds d'aide à l'insertion et à la réinsertion professionnelles, ci-après désigné le fonds.

Dispositions générales

Article 2. Le fonds a son siège à Libreville.

Article 3. Pour la réalisation de ses objectifs, le fonds est notamment chargé :

– d'élaborer, en fonction des contraintes économiques et sociales du Gouvernement et selon les opportunités offertes par le marché du travail, des programmes d'action prioritaires ;

– de faciliter, de mettre en œuvre et de contrôler les opérations à caractère financier pour l'exécution de ces programmes et de mobiliser les ressources nécessaires ;

– de prendre toute initiative en matière d'étude et de recherche permettant d'orienter et d'optimiser ces programmes ;

– de contribuer à l'information et à la sensibilisation des employeurs et des populations cibles.

Chapitre Premier De l'organisation administrative

Article 4.- Conformément aux dispositions de l'article 8 de l'ordonnance n° 9/93 du 1er octobre 1993 susvisée, le fonds comprend les organes suivants :

– le Conseil d'Administration ;

– la Commission Permanente ;

– le Secrétariat Exécutif.

Section 1 -Du Conseil d'Administration

Article 5.- Le Conseil d'Administration du fonds est composé de douze membres répartis comme suit :

– un représentant du Ministère de l'Emploi ;

– un représentant du Ministère des Finances ;

– un représentant du Ministère du Plan ;

– un représentant du Ministère des Petites et Moyennes Entreprises ;

– un représentant de la Confédération Patronale Gabonaise ;

– un représentant des Organisations Syndicales Patronales des Petites et Moyennes Entreprises et des Petites et Moyennes Industries ;

– représentant de l'Association Professionnelle des Banques ;

– un représentant de la Chambre de commerce ;

– quatre représentants des travailleurs, issus des organisations syndicales de travailleurs les plus représentatives.

Article 6.- Les membres du Conseil d'Administration du fonds sont nommés par arrêté du ministre chargé du travail, sur proposition des autorités ou des organisations dont ils relèvent.

Article 7.- Le mandat des membres du Conseil d'Administration est de trois ans. Il est renouvelable conformément à la réglementation en vigueur en la matière.

Article 8.- Le président et le vice-président du Conseil d'Administration sont élus parmi les membres du conseil. Leur désignation est matérialisée par un décret du Président de la République pris en conseil des ministres.

Article 9.- Toute fonction au sein du conseil est gratuite.

Toutefois, à l'occasion des réunions du conseil, les membres résidant hors du lieu du siège peuvent prétendre à la prise en charge de certains frais dans les conditions fixées par le Conseil d'Administration.

Section 2 - De la Commission Permanente

Article 10.- La Commission Permanente est présidée par le Président de la Confédération Patronale Gabonaise ou par le représentant de cette organisation siégeant au Conseil d'Administration.

Elle est en outre composée des membres suivants :

– un représentant du Ministère du Travail, des Ressources Humaines et de la Formation Professionnelle ;

– un représentant du Ministère de la Planification ;

– un représentant du Ministère des Finances ;

– deux représentants des organisations syndicales patronales ;

– trois représentants des organisations syndicales de travailleurs les plus représentatives.

Article 11.- Les membres de la commission sont nommés par le Conseil d'Administration du fonds, sur proposition des autorités ou des organisations dont ils relèvent.

Article 12.- Le mandat des membres de la Commission prend fin avec celui des membres du Conseil d'Administration. II est renouvelable sans limitation et révocable à tout moment.

Article 13.- En cas d'empêchement définitif d'un membre en cours de mandat, il est procédé à son remplacement dans les mêmes formes de désignation décrites à l'article 11 ci-dessus. Le membre entrant continue le mandat de son prédécesseur.

Article 14.- Les fonctions de membre de la commission permanente sont gratuites. Elles peuvent cependant donner lieu au remboursement des frais réellement exposés à l'occasion de missions spécifiquement confiées par le Conseil d'Administration.

Section 3 - Du Secrétariat exécutif

Article 15.- Le secrétariat exécutif du fonds est assuré par le Directeur Général de l'Office National de l'Emploi. A ce titre, il représente le fonds dans tous les actes de la vie civile et en est l'ordonnateur principal des recettes et des dépenses.

Chapitre Deuxième - Du fonctionnement

Section 1 - Du Conseil d'Administration

Article 16.- Le Conseil d'Administration se réunit en session ordinaire aussi souvent que les circonstances l'exigent et au moins deux fois par an. Le président convoque le Conseil en session ordinaire, à son initiative ou à celle du ministre de tutelle. II est tenu de réunir le Conseil en session extraordinaire lorsqu'au moins la moitié de ses membres le demande.

Article 17.- Le Conseil d'Administration délibère valablement si les deux tiers de ses membres assistent à la séance ou sont représentés.

Un membre du Conseil peut déléguer son pouvoir de vote à un autre membre du conseil. Le mandataire ne peut disposer de plus d'une délégation.

Les délibérations sont prises à la majorité absolue des voix des membres présents ou représentés. En cas de partage des voix, celle du président est prépondérante.

Article 18.- Le président peut solliciter, à titre consultatif, l'avis de toute personne qualifiée sur l'objet des sujets traités.

Article 19.- Les délibérations du conseil font l'objet d'un procès-verbal, signé du président et du secrétaire exécutif et conservé dans un registre spécial tenu au secrétariat exécutif du fonds. Elles sont communiquées au ministre de tutelle dans un délai de quinze jours francs pour compter de la date du conseil. Le secrétaire exécutif assure le secrétariat du conseil et participe aux délibérations avec voix consultative.

Article 20.- Le Conseil d'Administration exerce l'autorité et le contrôle sur l'activité et les organes du fonds et délibère sur toutes les questions concernant le fonds.

A ce titre, le Conseil :

– détermine les grandes orientations du fonds et arrête en conséquence les programmes d'intervention prioritaires ;

– fixe les règles relatives à l'organisation, au fonctionnement et à l'intervention du fonds ;

– approuve le règlement intérieur, les procédures comptables et les critères de sélection des projets soumis à l'examen de la commission permanente ;

– vote le budget et en contrôle l'exécution ;

– arrête les comptes et bilan en fin d'exercice et commet, si besoin est, les audits extérieurs ;

– examine et approuve le rapport d'activités de la Commission Permanente ;

– approuve les accords à passer avec l'Etat ou avec tout autre partenaire ;

– autorise l'acceptation ou le refus de dons ou legs, les acquisitions ou aliénations d'immeubles ainsi que le financement d'études ou de recherches intéressant l'activité du fonds.

Article 21.- Les délibérations du conseil ne deviennent exécutoires qu'après approbation du ministre de tutelle, conformément aux dispositions de la loi n° 12/82 du 24 janvier 1983 susvisée.

Article 22.- Le Conseil d'Administration peut, dans les limites et conditions qu'il détermine, déléguer une partie de ses pouvoirs à la Commission Permanente ainsi qu'au Secrétariat Exécutif du fonds.

Section 2 - De la commission permanente

Article 23.- La traduction en termes opérationnels des programmes d'intervention du fonds arrêtés par le Conseil d'Administration, incombe à la Commission Permanente.

Article 24.- Par délégation du Conseil d'Administration, et sans préjudice des dispositions prévues à l'article 22 ci-dessus, la Commission est notamment chargée :

– d'élaborer et d'arrêter, après accord du Conseil d'Administration, les critères de sélection des projets susceptibles d'être financés par le fonds ;

– d'examiner et d'approuver, sur la base de ces critères, les projets éligibles au fonds ;

– de décider, dans les limites des plafonds autorisés par le Conseil d'Administration, du montant de l'aide accordée par le fonds et de ses conditions d'application ;

– d'autoriser, sous le contrôle du Conseil d'Administration, la passation de contrats ou de conventions de formation par le Secrétariat Exécutif ;

– de veiller à la bonne exécution des projets retenus et d'examiner en première instance les litiges éventuels.

Article 25.- La Commission Permanente se réunit au moins une fois par trimestre et, aussi souvent que les circonstances l'exigent, sur convocation de son président ou à la demande de la moitié de ses membres.

Article 26.- La Commission Permanente ne délibère valablement que si la moitié au moins des membres sont présents.

Les décisions sont prises à la majorité relative des membres présents. En cas de partage, la voix du président est prépondérante.

Le président peut faire appel à toute personne qualifiée pour telle consultation.

Article 27.- Les conclusions de chaque délibération de la Commission Permanente sont consignées par des procès-verbaux signés du président et du secrétaire exécutif. Ces procès-verbaux sont conservés dans un registre tenu au siège du fonds.

Section 3 - Du secrétariat exécutif

Article 28.- Le Secrétariat Exécutif du fonds constitue l'organe d'exécution des décisions du Conseil d'Administration et de la Commission Permanente.

Sans préjudice des pouvoirs qui peuvent lui être délégués par le Conseil d'Administration, le Secrétariat exécutif est notamment chargé :

– d'assurer le secrétariat des différents organes de décision du fonds ;

– d'instruire les demandes de financement et de les soumettre à la commission permanente ;

– d'effectuer le suivi et de veiller à la bonne exécution des décisions du Conseil d'Administration et de la Commission Permanente ;

– de conclure les contrats et conventions de financement, au nom du fonds et selon les termes arrêtés par la Commission Permanente ;

– de préparer les projets de budget et de les faire exécuter après approbation ;

– d'établir les rapports annuels sur les activités techniques et financières du fonds.

Article 29.- La saisine du fonds se fait exclusivement par l'intermédiaire de son secrétariat exécutif.

Le Secrétaire Exécutif assiste avec voix consultative aux réunions de la Commission Permanente et en assure le secrétariat.

Chapitre Troisième Des modalités de gestion et de contrôle

Section 1 - De la gestion financière

Article 30.- Les opérations financières et comptables du fonds sont assurées par un organisme financier public de la place désigné par le Conseil d'Administration.

Article 31.- L'organisme financier visé à l'article 30 ci-dessus reçoit les ressources du fonds auquel il est lié par un protocole d'accord qui précise notamment :

– les règles comptables applicables au fonds ;

– les modalités d'exécution des ouvertures de crédits consentis par le fonds et leurs modes de recouvrement ;

– les modalités d'exécution des contrats et conventions passés par le fonds ;

– la nature et la périodicité des états comptables et financiers à produire pour la bonne marche du fonds ;

– les modalités de contrôle ;

– le montant et les modes de rétribution.

Article 32.- Le protocole est conclu pour une durée de trois ans, renouvelable par tacite reconduction et après quitus donné par le Conseil d'Administration.

Article 33.- Le fonds est soumis aux règles de la comptabilité commerciale.

Article 34.- Les recettes et dépenses du fonds sont prévues et évaluées dans un budget annuel qui distingue, en budget d'investissement et budget de fonctionnement, trois comptes séparés :

– le compte d'aide à l'insertion ;

– le compte d'aide à la réinsertion ;

– le compte de fonctionnement du fonds.

Article 35.- Aucun transfert de compte à compte n'est autorisé sans l'approbation du Conseil d'Administration.

Article 36.- Le projet de budget est préparé par le Secrétariat Exécutif et présenté pour approbation au conseil d'administration au plus tard trois mois avant le début de l'exercice auquel il se rapporte, et dans les limites du temps de préparation du prochain budget de l'Etat.

Article 37.- Dans le trimestre qui suit la clôture de l'exercice, le secrétaire exécutif présente au Conseil d'Administration les arrêtés de comptes établis en relation avec l'organisme comptable du fonds.

Article 38.- Les soldes annuels font l'objet d'un report à nouveau.

Section 2 - Des modalités de contrôle

Article 39.- L'Etat exerce son contrôle sur le fonds dans le cadre des dispositions de la loi n° 11/82 du 24 janvier 1983 portant régime juridique des établissements publics.

Article 40.- indépendamment du contrôle exercé par l'Etat, les opérations financières du fonds sont soumises à un audit annuel effectué par un cabinet d'expertise mandaté par le conseil d'administration.

Le rapport d'audit est communiqué à l'autorité de tutelle financière pour approbation et présenté au Conseil d'Administration lors de l'examen des arrêtés de comptes.

L'approbation du Conseil d'Administration ne vaut quitus pour la Commission Permanente, le Secrétariat Exécutif et l'organe comptable que si le rapport d'audit ne soulève aucune objection de l'autorité de tutelle.

Article 41 .- A défaut de quitus ou en cas de manquement grave, constaté en cours d'exercice dans la gestion du fonds, le Conseil d'Administration peut, sans préjudice des poursuites de droit commun, faire procéder à la cessation immédiate des activités effectuées pour le compte du fonds, du ou des organes responsables.

Chapitre Quatrième - Des conditions et procédures d'intervention du fonds

Article 42.- Le fonds intervient dans les formes et conditions définies au présent chapitre, selon les procédures fixées par le Conseil d'Administration.

Article 43.- Toute demande d'intervention du fonds s'effectue sous forme de projet, soumis à l'approbation de la commission permanente du fonds, et appuyé par un dossier technique, économique et financier.

Article 44.- Conformément aux dispositions de l'article 2 de l'ordonnance n° 9/93 du 1er octobre 1993, les interventions du fonds sont réservées uniquement en faveur des jeunes diplômés et des licenciés des entreprises publiques et privées, à la recherche d'un premier ou d'un nouvel emploi.

Article 45.- Le fonds prend en charge tout ou partie des dépenses liées à l'organisation de stages de formation professionnelle concourant à l'insertion ou à la réinsertion des populations visées à l'article 44 ci-dessus.

Article 46.- Un règlement intérieur fixe l'ensemble des règles et procédures applicables à chaque type d'opération.

Article 47.- Sont inclus dans le champ d'intervention du fonds tous projets de formation professionnelle relevant du recyclage, du perfectionnement, de la reconversion ou de l'apprentissage.

Article 48.- La formation est assurée soit dans le cadre de programmes spécifiques, soit dans le cadre de programmes existants, par des établissements publics ou privés agréés, situés sur le territoire national ou à l'étranger.

Elle fait l'objet d'une convention passée entre l'établissement et le fonds, selon les conditions arrêtées par le règlement intérieur prévu à l'article 46 ci-dessus.

Article 49.- Chaque projet de formation doit faire apparaître les objectifs de la formation, les contenus, les moyens pédagogiques et d'encadrement, le dispositif de suivi et d'évaluation des résultats, les niveaux requis, la durée et les coûts.

Article 50.- Sauf cas exceptionnel dûment justifié, les interventions du fonds sont limitées à des durées de formation n'excédant pas neuf mois et à des coûts ne pouvant dépasser les plafonds d'un barème établi par le Conseil d'Administration.

Dispositions finales

Article 51.- Des textes réglementaires préciseront en tant que besoin les modalités d'application du présent décret qui sera enregistré, publié selon la procédure d'urgence et communiqué partout où besoin sera.

Fait à Libreville, le 9 mars 1994

ORDONNANCE N°6/2000 DU 12 FEVRIER 2000 PORTANT CREATION, ATTRIBUTION, ORGANISATION ET FONCTIONNEMENT DE L'AGENCE DE PROMOTION ET DES INVESTISSEMENTS PRIVES

Le Président de la République, Chef de l'Etat,

Vu la Constitution ;

Vu le décret n° 1195/PR du 22 décembre 1999 portant modification de l'article 1er du décret n° 171/PR du 25 janvier 1999 fixant la composition du Gouvernement ;

Vu la loi n° 14/99 du 24 janvier 2000 autorisant le Président de la République à légiférer par ordonnance pendant l'intercession parlementaire ;

Vu la loi n°15/98 du 23 juillet 1998 instituant la charte des investissements en République Gabonaise ;

Vu la loi n°11/82 du 24 janvier 1983 portant régime juridique des établissements publics, des sociétés d'Etat, des sociétés d'économie mixte et des sociétés à participation financière publique ;

Vu la loi 12/82 du 24 janvier 1983 portant organisation de la tutelle de l'Etat sur les établissements publics, les sociétés d'Etat, les sociétés d'économie mixte et les sociétés à participation financière publique ;

Vu la loi n° 18/93 du 13 septembre 1993 portant statut général de la fonction publique ;

Vu la loi n°3/94 du 21 novembre 1994 portant code du travail en République gabonaise ;

Vu l'ordonnance n°11/88 du 7 avril 1988 portant fixation des règles déterminant les rémunérations dans le secteur parapublic ;

Vu l'ordonnance n°10/89 du 28 septembre 1989 portant réglementation des activités des commerçants, d'industriels ou d'artisans en République Gabonaise ;

Vu l'ordonnance n°6/99 du 10 août 1999 portant création, attributions, organisation et fonctionnement de l'Agence de Promotion des Investissements Privés ;

Après avis du comité consultatif de la fonction publique ;

La Cour administrative consultée ;

Le conseil des ministres entendu ;

Ordonne :

Article 1er. – La présente ordonnance, prise en application des dispositions des articles 47 et 52 de la Constitution, porte création, attribution, organisation et fonctionnement de l'Agence de Promotion des Investissements Privés.

Chapitre Premier

De la création et des attributions

Section 1 – De la création

Article 2. – Il est créé un établissement public administratif dénommé Agence de Promotion des Investissements Privés, en abrégé APIP.

Article 3. – L'Agence de Promotion des Investissements Privés a son siège à Libreville. Elle est dotée de la personnalité juridique et jouit de l'autonomie financière et de gestion.

Article 4. – La tutelle technique de l'Agence de Promotion des Investissements Privés est assurée par le Ministère de l'Economie. La tutelle financière et la tutelle de gestion sont assurées par le Ministère des Finances.

Section 2 – Des attributions

Article 5. – L'Agence de Promotion des Investissements Privés a pour mission de contribuer à la mise en œuvre de la politique du gouvernement en matière de promotion des investissements privés.

A ce titre, elle est notamment chargée :

– de la diffusion de l'information économique auprès des investisseurs potentiels ;

– de l'accueil, de l'orientation et de l'assistance des investisseurs ;

– de la facilitation des formalités administratives de création, de modification ou de cessation d'activité des entreprises ;

– de la contribution à la réalisation des études sectorielles et à l'identification des projets ;

– de la constitution et de la gestion d'une banque de données ;

– de la recherche, à travers le monde, des investisseurs et des partenaires techniques, commerciaux et financiers ;

– de la concertation régulière et des rencontres thématiques entre les administrations et les représentants du secteur privé et de la soumission au ministre de tutelle technique des analyses et des recommandations issues de cette concertation et de ces rencontres thématiques en vue d'améliorer l'environnement des affaires au Gabon.

Article 6. – L'Agence a également pour mission de conseiller les ministres de tutelle des projets sur l'octroi des avantages prévus par les codes spécifiques.

Article 7. – L'Agence de Promotion des Investissements Privés abrite le guichet unique dans lequel les promoteurs accomplissent les formalités de création des entreprises. Les modalités de fonctionnement de ce guichet sont fixées par voie réglementaire.

Chapitre Deuxième De l'organisation

Article 8. – L'Agence de Promotion des Investissements Privés comprend les organes suivants :

– le Conseil d'Administration ;

– la Direction Générale.

Section 1 – Du Conseil d'Administration

Article 9. – Le Conseil d'Administration de l'Agence de Promotion des Investissements Privés dispose des pouvoirs les plus étendus pour la réalisation de l'objet et le contrôle de la bonne gestion de l'établissement. A ce titre, il est notamment chargé :

– de la détermination des grandes orientations de la politique générale ;

– de l'approbation et de l'autorisation de la mise en œuvre des programmes et plans d'actions ;

– de la fixation des règles générales de gestion du personnel ;

– de l'examen et de l'approbation des budgets annuels préparés par le Directeur Général et de leur soumission au ministre de tutelle technique ;

– de l'approbation des comptes de fin d'exercice et de l'octroi du quitus au comptable ;

– de l'autorisation de la passation des marchés, des acquisitions, des échanges et des cessions de biens et de droits immobiliers ;

– de la fixation des rémunérations et des avantages du personnel de l'agence.

Article 10. – Le Conseil d'Administration peut déléguer certaines de ses attributions à la Direction Générale.

Article 11. – Le Conseil d'Administration est présidé par un président élu par ses pairs en son sein et nommé par décret pris en conseil des ministres.

Article 12. – La composition et le fonctionnement du Conseil d'Administration sont fixés par voie réglementaire.

Section 2. – De la Direction Générale

Article 13. – Sous l'autorité et le contrôle du Conseil d'Administration, l'Agence de Promotion des Investissements Privés est dirigée par un directeur général. Le Directeur Général est nommé par décret pris en conseil des ministres, sur proposition du ministre assurant la tutelle technique, en concertation avec le Conseil d'Administration.

Article 14. – Le Directeur Général représente l'Agence dans tous les actes de la vie civile.

Article 15. – Le Directeur Général veille au bon fonctionnement de l'établissement et est chargé de l'exécution des décisions prises par le Conseil d'Administration. A ce titre :

– il a autorité sur l'ensemble du personnel de l'Agence dont il assure la gestion ;

– il propose au recrutement, à la nomination et à la révocation au Conseil d'Administration à tous les emplois-cadres ;

– il recrute et révoque le personnel d'exécution de l'Agence ;

– il propose au Conseil d'Administration les projets d'organisation générale de l'Agence, les budgets annuels, les programmes d'activités et en assure l'exécution ;

– il est ordonnateur du budget de l'Agence.

Article 16. – Les attributions, l'organisation et le fonctionnement de la Direction Générale sont fixés par voie réglementaire.

Section 3 – Des personnels

Article 17. – Le personnel de l'Agence de Promotion des Investissements Privés est composé d'agents publics détachés et d'agents contractuels. Les agents publics restent régis par les dispositions des statuts de leurs corps d'origine. Les agents contractuels sont régis par les dispositions du Code du Travail.

Article 18. – Les traitements et avantages du personnel de l'Agence sont fixés par le Conseil d'Administration, conformément aux textes en vigueur.

Article 19. – Le personnel de l'Agence de Promotion des Investissements Privés en déplacement à l'extérieur du Gabon bénéficie du statut d'agent diplomatique.

Chapitre Troisième. Des ressources

Article 20. – Les ressources de l'Agence de Promotion des Investissements Privés sont constituées par :

– toutes les ressources qui pourraient résulter de son activité ;
– les dons et legs de toute nature ;
– les produits du placement de ses fonds ;
– les dotations budgétaires.

Article 21. – Les opérations comptables de l'Agence sont soumises au contrôle de la Cour des comptes, conformément aux textes en vigueur.

Article 22. – Un commissaire aux comptes, nommé par le Conseil d'Administration, certifie chaque année les comptes de l'Agence.

Article 23. – L'Etat met à la disposition de l'Agence des locaux nécessaires à son fonctionnement.

Chapitre Quatrième. Disposition diverses et finales

Article 24. – La présente ordonnance abroge celle contraire n° 6/99 du 10 août 1999 susvisées ainsi que toutes autres dispositions antérieures contraires.

Article 25. – Des textes réglementaires déterminent, en tant que besoin, les dispositions de toute nature nécessaires à l'application de la présente ordonnance.

Article 26. – La présente ordonnance sera enregistrée publiée selon la procédure d'urgence et exécutée comme loi de l'Etat.

Fait à Libreville, le 12 février 2000

El Hadj OMAR BONGO

Par le Président de la République, Chef de l'Etat

Le Premier Ministre, Chef du Gouvernement,

Jean-François NTOUTOUM E EMANE

Le Ministre de l'Economie, des Finances, du Budget et de la Privatisation

Emile DOUMBA

Le Ministre d'Etat, Ministre de la Planification, de la Programmation, du développement et de l'Aménagement du Territoire

Casimir OYE MBA

Le Ministre du Commerce, du Tourisme, du Développement Industriel et de l'Artisanat

Alfred MABICKA

Le Ministre des Petites et Moyennes Entreprises, des Petites et Moyennes Industries

Paul BIYOGHE MBA

Le Ministre d'Etat, Ministre des Affaires Etrangères, de la Coopération et de la Francophonie

Jean PING

LOI N° 2/2000 DU 18 AOUT 2000 PORTANT RATIFICATION DE L'ORDONNANCE N°6/2000 DU 12 FEVRIER 2000 PORTANT CREATION, ATTRIBUTION, ORGANISATION ET FONCTIONNEMENT DE L'AGENCE DE PROMOTION DES INVESTISSEMENTS PRIVES (APIP)

L'Assemblée Nationale et Le Sénat ont adopté,

Le Président de la République, Chef de l'Etat, promulgue la loi dont la teneur suit :

Article 1er.- Est ratifiée L'ordonnance n° 6/2000 du 12 février 2000 portant création, attributions, organisation et fonctionnement de L'Agence de Promotion des Investissements Prives (APIP), en application de la loi n° 14/99 du 24 janvier 2000 autorisant Le Président de la République à légiférer par ordonnances pendant L'intersession parlementaire.

Article 2.- L'ordonnance n° 6/2000 du 12 février 2000 est modifiée comme suit :

Article 11.- L'article 12 ancien devient l'article 11. II est inséré un deuxième alinéa ainsi libellé :

« Dans tous les cas, Le Conseil d'Administration comporte en son sein des opérateurs économiques du secteur privé. »

Article : 12.- L'article 11 ancien devient l'article 12. Le terme « élu » est remplacé par Le terme « choisi ». Le groupe de mots « en son sein » est supprimé.

Article 19.- Cet article est reformulé ainsi qu'il suit :

« Dans Le cadre de ses missions à L'extérieur du Gabon, Le personnel de L'Agence de Promotion des Investissements Privés bénéficie d'un passeport de service. »

Article 24.- Cet article est supprimé.

L'article 25 ancien devient L'article 24. L'article 26 ancien devient L'article 25.

Article 3.- La présente loi sera enregistré, publiée selon la procédure d'urgence et exécutée comme loi de l'Etat.

Fait à Libreville, Le 18 août 2000

El Hadj OMAR BONGO

Par Le Président de la République, Chef de l'Etat,

Le Premier Ministre, Chef du Gouvernement,

Jean-François NTOUTOUME EMANE

Le Ministre de l'Economie, des Finances, du Budget et de la Privatisation,

Emile DOUMBA

Le Ministre d'Etat, Ministre de la Planification, de la Programmation du Développement,

Casimir OYE MBA

Le Ministre du Commerce, du Tourisme, du Développement Industriel et de l'Artisanat,

Alfred MABIKA

Le Ministre des Petites et Moyennes Entreprises, des Petites et Moyennes Industries et de L'Artisanat,

Paul BIYOGHE MBA

L'analyse de la situation financière des PMI-PME, les marchés de l'Etat et des sociétés étrangères au Gabon

Les PME-PMI gabonaises souffrent depuis toujours d'un profond malaise qui les empêche de s'épanouir et de gagner en compétitivité. Absence des institutions financières appropriées, inaccessibilité au marché public, la longueur de délai de règlement des factures par l'Etat..., sont autant des difficultés auxquelles sont confrontées ces entreprises. Le Gouvernement a suggéré aux banques locales de voler à leur secours, notamment celles du secteur du BTP. En l'absence d'une vraie politique de financement des entreprises, cette solution n'aura qu'un effet limité

Pour analyser la situation des PME/PMI, le Gouvernement a organisé une réunion de travail avec les représentants des chefs d'entreprises du secteur de bâtiment et des travaux publics (BTP) et ceux des banques présentes sur le marché gabonais. L'objectif de cette réunion tripartite étant d'évaluer l'ampleur des difficultés qui entravent le fonctionnement des entreprises de ce secteur et voir comment les banques locales pouvaient les financer.

Les difficultés auxquelles font face les PME-PMI du BTP tiennent en gros à trois difficultés majeures que sont la rareté de financements, l'inaccessibilité aux marchés publics et le retard de paiement de leurs facteurs par l'Etat....Réservé aux étrangers.

Les chefs d'entreprises du BTP ont signifié au Premier ministre que la rareté de financement est due à la quasi-absence des institutions financières, car, en dehors de la Banque gabonaise de développement (BGD), le Gabon ne dispose pas d'institutions financières fiables pour prendre en charge le développement et l'expansion des PME-PMI. Les institutions telles que le Fonds d'aide et de garantie (FAGA), le Fonds de développement et d'expansion des PME-PMI (FODEX) et Promo Gabon, créées dans le but de promouvoir les entreprises ne sont pas à la hauteur de cette tâche. Ils ont également dénoncé les difficultés qu'elles rencontrent pour accéder au marché de l'Etat, accusant ce dernier de préférer travailler avec les grosses entreprises « étrangères », repoussant ainsi à la marge les entreprises locales. Or, ce marché qui représente des centaines de milliards de francs CFA chaque année, est un formidable levier pour le développement de celles-ci et partant, pour l'élargissement du tissu entrepreneurial gabonais.

Enfin, les retards de paiements de factures des entreprises par l'Etat est l'une des causes principales de la forte mortalité des PME gabonaises notamment celles de ce secteur aux coûts exorbitants. Le délai officiel du règlement d'une facture est de 120 jours, mais il arrive souvent que ce délai soit multiplié par deux soit 240 jours, quand ces factures ne finissent pas dans la gibecière de la dette intérieure. Une situation intenable pour celles des entreprises qui n'ont pas un fonds de roulement conséquents.

Conscient de ces difficultés, le Gouvernement a associé les banques de la place à cette rencontre pour voir dans quelle mesure celles-ci pouvaient participer aux financements des investissements de ces entreprises appelées à donner les premiers coups de pioche des infrastructures du « Gabon émergent ».

Si les banques ont accepté d'accompagner les entreprises, elles ont néanmoins demandé au gouvernement de régulariser le paiement des factures des entreprises pour leur permettre de faire face à leurs obligations vis-à-vis des banques.

Toutefois, il est certain que ce n'est pas de ces banques que viendra le salut des PMI-PMI gabonaises. Il faut des vraies institutions financières chargées essentiellement de financer les entreprises à chacune des phases de leur croissance. Si l'Etat tient vraiment à développer les PME-PME gabonaises, il pourrait par exemple leur réserver un quota du marché public afin de leur assurer, pendant une période donnée, une solvabilité qui leur permettra de mieux se développer et gagner en compétitivité.

LES RAISONS D'INVESTIR AU GABON

Le Gabon dispose de plusieurs atouts propices à l'Investissement

Un succès économique reconnu

– Une économie en pleine croissance : + 6,7 % en 2011, elle devrait rester à un niveau comparable en 2012

– Des finances publiques solides

– Un endettement public en baisse régulière

Un environnement propice aux affaires

– Une réforme complète de la gestion des finances et des services publics

– Un renforcement de la bonne gouvernance

– Des créations de lois pour favoriser l'investissement, comme la loi sur les partenariats public/privé

– Un Centre de développement des entreprises (CDE),avec guichet unique, pour faciliter les démarches et accompagner les investisseurs

– Une politique visant à favoriser l'exploitation et la valorisation locales des ressources

– Un système bancaire fiable et dynamique

Un emplacement stratégique en Afrique

– Une stabilité politique et sociale

– Un accès à un marché sous-régional et régional de 120 millions de consommateurs

– Une porte d'entrée de la Communauté Economique et Monétaire de l'Afrique Centrale (CEMAC)

Un immense potentiel naturel à exploiter

– 3,7 milliards de barils de pétrole et 39 milliards de m3 gaz naturel en réserve

– 900 sites potentiels d'exploitation minérale (1 milliard de tonnes de fer ; 5,3 millions de tonnes de manganèse)

– 12,5 millions d'hectares de forêt et 1 million d'hectares de terres agricoles exploitables

– 13 parcs nationaux

Un important programme de développement d'infrastructures

12,3 milliards USD d'investissements sur 5 ans dédiés aux infrastructures pour :

– Améliorer le transport

– Augmenter la production locale d'électricité verte et hydraulique

– Créer des zones économiques spéciales

– Renforcer la place de l'économie numérique (8e au classement africain de l'indice de développement des TIC en 2010)

– Construction de 5000 à 7000 logements par an

Une fiscalité attractive et des mesures incitatives

De nombreux avantages pour les nouvelles entreprises :

– Une exonération de l'impôt sur les sociétés pour le premier exercice bénéficiaire sur les 3 premiers exercices pour les entreprises éligibles aux codes spécifiques (Mines, Agriculture, Bois)

– Un abattement de 50 % pour le 2ème exercice bénéficiaire

Des avantages fiscaux importants dans les Zones Economiques Spéciales :

– Exonération fiscale de la taxe sur les bénéfices / revenus pendant 10 ans. Au-delà, taux d'imposition de 10 % pendant 5 ans

– Exonération totale de la TVA

– Exonération des taxes douanières sur l'importation des équipements/machines et des pièces détachées

– Liberté de rapatriement des fonds

– Flexibilité pour le recrutement de main-d'œuvre étrangère

– Exonération de la taxe sur la prestation

– Baisse de 50 % sur les factures d'électricité

– Exonération des taxes retenues à la source

– Les ventes faites à d'autres entreprises dans la SEZ seront considérées comme des exportations

– Exonération de la taxe foncière sur les propriétés bâties et non bâties

– Liberté d'effectuer dans/depuis la ZES des transferts de fonds via des institutions financières

GUIDE DE L'INVESTISSEUR AU GABON

Créer une entreprise

Depuis début 2012, les démarches de création d'entreprises se font auprès du Guichet Unique du Centre de Développement des Entreprises (CDE). Les opérateurs doivent se présenter à ce guichet munis de tous les actes constitutifs de la société et des documents requis. Ces actes, rédigés de préférence par un conseil juridique doivent faire l'objet d'un dépôt auprès d'un notaire.

Formes juridiques des sociétés

Les différentes formes juridiques reconnues par l'Acte Uniforme relatif au Droit des sociétés commerciales et du GIE de l'OHADA sont la Société en Nom Collectif (SNC), la Société en Commandite Simple (SCS), la Société à Responsabilité Limitée (SARL), la Société Anonyme (SA) et le Groupement d'Intérêt Economique (GIE).

Règles Comptables

Le plan comptable en vigueur est le plan OHADA qui ne s'applique toutefois pas à certains secteurs d'activités tels que :

– Les assurances, le code CIMA (Conférence Interafricaine des Marchés d'Assurance),

– Les banques et établissements financiers : Code COBAC (Commission Bancaire de l'Afrique Centrale)

Banques et financements

En dehors des différents organismes bancaires locaux, les grandes institutions financières internationales sont présentes au Gabon. Le FODEX (par exemple), est un fonds qui finance ou aide au financement des PME gabonaises à majorité gabonaise.

Salaires et charges sociales

Le revenu minimum mensuel est de 150 000 F CFA (hors employés de maison et personnel des collectivités locales). La sécurité sociale est gérée par un organisme public dénommé Caisse Nationale de Sécurité Sociales (CNSS). Les cotisations sont assises sur un plafond annuel de 18.000.000 F CFA au taux global de 22,60 % dont 20,1 % à la charge de l'employeur. A ces cotisations, il convient d'ajouter le Fonds National pour l'Habitat (FNH) dont le taux est de 2 % calculé sur les mêmes bases que les cotisations sociales.

Un autre organisme, la Caisse Nationale d'Assurance Maladie et de Garantie Sociale (CNAMGS), est chargé de l'assurance maladie obligatoire pour tous les habitants du Gabon et du versement des prestations familiales aux économiquement faibles. Son financement est essentiellement assuré par une redevance de 10 % sur le chiffre d'affaires des opérateurs téléphoniques, Redevance Obligatoire pour l'Assurance Maladie (ROAM) et par une taxe de 1,5 % sur les transferts d'argent.

Fiscalité

La fiscalité gabonaise est réglementée par le Code Général des Impôts (CGI), la Charte des Investissements, et le Code des Douanes. A la réglementation de droit commun, il convient d'ajouter des dispositions spécifiques prévues au profit de certains secteurs d'activités comme les mines (Code Minier), l'exploitation forestière (Code Forestier), le tourisme (Loi sur les Investissements touristiques) et les Zones Economiques Spéciales (Mandji et Nkok). Il existe aussi un régime fiscal de faveur pour les sociétés mères gabonaises et filiales gabonaises.

LES RESSOURCES UTILES

• Le Centre de Développement des Entreprises (anciennement APIP)

La création du CDE est une des réformes dans l'amélioration du climat des affaires entreprise par le Président. Le CDE dispose d'un guichet unique dont la mission fondamentale est de faciliter l'accomplissement des formalités administratives nécessaires à la création des entreprises.

Aujourd'hui, il faut environ 10 jours pour créer son entreprise au Gabon contre 58 jours* avant la création du CDE. A terme, ce délai sera ramené à 48h. (*Doing business Gabon – 2011)

Centre de Développement des Entreprises CDE Okala, BP13740 Libreville – Gabon

– La Chambre de Commerce, d'Agriculture, d'Industrie, des Mines et de l'Artisanat du Gabon :

La Chambre de Commerce et d'Industrie est destinée à appuyer les entreprises dans leurs démarches quotidiennes, questions administratives et recherches.

– L'Agence de Promotion des Investissements et des Exportations (APIEX)

La création de cette nouvelle structure doit renforcer le cadre juridique et commercial des exportations de produits gabonais sur les marchés internationaux.

Les missions de l'APIEX s'articulent autour des principes suivants : Favoriser et inciter l'investissement direct étranger, informer, conseiller et orienter les investisseurs, accompagner et soutenir les entreprises exportatrices, et faciliter la mise en relation entre les producteurs et les acheteurs.

NEUVIÈME PARTIE.

CODE DES INVESTISSEMENTS DU MALI

LOI N° 2012- o16 / DU 27 FEV 2012 PORTANT CODE DES INVESTISSEMENTS

L'assemblée Nationale a délibéré et adopté en sa séance du 26 janvier 2012 ;

Le Président de la République promulgue la loi dont la teneur suit :.

TITRE 1 : OBJECTIFS ET DEFINITIONS

ARTICLE 1er : Le présent Code vise à promouvoir les investissements au Mali par :

a) la mobilisation de l'épargne nationale et l'attraction des capitaux étrangers ;

b) la création des emplois, la formation des cadres et d'une main-d'œuvre qualifiée ;

c) la valorisation des matières premières locales ;

d) la promotion des exportations ;

e) la création, l'extension, la diversification, la modernisation des infrastructures industrielles et agro-sylvo-pastorales, de prestations de services et de l'artisanat ;

f) l'incitation à investir dans les industries exportatrices et dans les secteurs économiques valorisant les matières premières et autres produits locaux ;

g) la création et le développement des entreprises ;

h) le transfert des technologies adaptées ;

i) l'attraction des investissements dans toutes les régions du pays ;

j) la promotion d'un tissu économique performant et complémentaire) l'utilisation des technologies locales et la recherche-développement ;

1) la restructuration, la compétitivité, l'intégration et la croissance des entreprises ;

m) la reprise pour réhabilitation d'entreprise par de nouveaux investisseurs.

Article 2 : Au sens du présent Code, on entend par : Entreprise : Toute unité de production, de transformation ou de distribution de biens ou de services à but lucratif, quelle qu'en soit la -forme juridique, qu'il s'agisse d'une personne physique ou d'une personne morale.

Extension : Tout programme d'investissement agréé, initié par .une entreprise existante et qui engendre un accroissement de la production et/ou un investissement dont le niveau sera déterminé par arrêté du Ministre en charge de la Promotion des Investissements. Investissement : Capitaux employés par toute personne, physique ou morale, pour l'acquisition d'immobilisations corporelles, financières et incorporelles dans le cadre de la création ou de l'extension ou de la réhabilitation d'entreprises.

Investisseur : Toute personne, physique ou morale, de nationalité malienne ou étrangère, réalisant dans les conditions définies dans le cadre du présent Code, des opérations d'investissement sur le territoire de la République du Mali.

Mise à niveau : La mise à niveau d'une entreprise vise l'amélioration qualitative de ses différentes fonctions et de son système productif pour acquérir progressivement la capacité de produire selon les standards internationaux, Programme agréé : Le Programme agréé s'entend comme tout projet d'investissement ayant reçu l'agrément au présent Code des investissements.

Restructuration : La restructuration d'une entreprise vise à assurer la viabilité de l'entreprise afin de retrouver l'équilibre financier et structurel ainsi que de répondre aux critères d'éligibilité à la mise à niveau.

Zones économiques spéciales : Sont considérées cOl1~me zones économiques spéciales du Mali, les localités maliennes défavorisées sur les plans géographique, climatique et économique et difficiles d'accès que l'état a décidé de promouvoir spécialement dans le cadre de la solidarité nationale.

TITRE II : CHAMP D'APPLICATION

ARTICLE 3 : Secteurs d'activités éligibles : Le présent Code s'applique aux entreprises justifiant un taux de valeur ajoutée directe minimum. La valeur ajoutée directe est l'élément fondamental pour l'appréciation des projets. La procédure d'agrément, le taux minimum de la valeur ajoutée ainsi que les éléments qui la composent sont fixés par décret pris en Conseil des !"1inistres.Les activités de négoce définies comme des activités de revente en l'état des produits achetés à l'extérieur de l'entreprise sont expressément exclues du champ d'application du présent Code.

Les activités éligibles à des codes spécifiques sont aussi exclues du champ d'application du présent Code ainsi que les services bancaires et financiers, et les activités de télécommunication. Les matériels admis à des régimes spécifiques sont exclus des programmes d'investissement agréés au Code des investissements.

ARTICLE 4 : Les personnes physiques ou morales, quelle que soit leur nationalité, régulièrement établies au Mali qui exercent ou désirent exercer une activité entrant dans le champ d'application défini à l'article 3 ci-dessus, sont assurées des garanties générales et avantages énoncés dans le présent Code.

ARTICLE 5 : Les entreprises qui entrent dans le champ d'application du présent Code sont classées suivant les quatre (4) régimes ci-après : le Régime A concerné les entreprises dont l'investissement est égal ou supérieur à douze millions cinq cent mille Francs CFA (12 500 000 FCFA) et inférieur ou égal à deux cent cinquante millions de Francs CFA (250 000 000 FCFA), hors taxes et hors besoin en fonds de roulement ; le Régime B concerne les entreprises dont l'investissement est supérieur à deux cent cinquante millions de Francs CFA (250 000 000 FCFA) et inférieur à un milliard de Francs CFA (1 000 000 000 FCFA) hors taxes et hors besoin en fonds de roulement ; le Régime C concerne les entreprises dont l'investissement est égal ou supérieur à un milliard de Francs CFA (1 000 000 000 FCFA) hors taxes et hors besoin en fonds de roulement ; IE Régime D concerne les entreprises dont l'investissement est strictement supérieur à douze millions cinq cent mille Francs CFA (12 500 000 FCFA) hors taxes et hors besoin en fonds de roulement. La production de ces entreprises destinée -à l exportation est égale ou supérieure à 80 %.

TITRE III : GARANTIES, DROITS ET LIBERTES DE LENTREPRISE

ARTICLE 6 : Egalité de Traitement Les personnes physiques ou morales visées à l'article 4 du présent Code, reçoivent, dans les mêmes conditions d'éligibilité, le même traitement. Les investisseurs étrangers reçoivent le même traitement que celui des investisseurs de nationalité malienne sous réserve des dispositions contraires aux lois ou aux traités et accords conclus par la République du Mali avec les Etats dont ils sont ressortissants. Ils peuvent librement détenir jusqu'à 100 % des parts sociales ou actions de la société qu'ils envisagent de créer sous réserve des dispositions applicables aux secteurs d'activités qui font l'objet d'une réglementation spécifique. ARTICLE 7 : Protection des droits de propriété. L'Etat garantit le respect des droits de propriété individuelle ou collective. L'investisseur est garanti contre toute mesure de nationalisation, d'expropriation ou de réquisition de son entreprise, sauf pour cause d'utilité publique. Le cas échéant, l'investisseur bénéficiera d'une indemnisation conformément aux lois et règlements applicables en la matière.

ARTICLE 8 : Stabilité. L'Etat s'engage à instaurer et à maintenir un environnement favorable aux investisseurs dont les projets sont agréés au présent Code. Les investisseurs jouissant des avantages prévus par la présente loi bénéficieront de toute nouvelle mesure législative ou réglementaire plus avantageuse qui serait adoptée postérieurement à la publication de la présente loi. Toutefois, l'option pour toute mesure nouvelle vaut pour l'ensemble des dispositions objet de la loi ou de la réglementation qui contient la mesure nouvelle jugée plus avantageuse. Les investisseurs jouissant des avantages prévus par la présente loi continueront à bénéficier de ces avantages, nonobstant toute nouvelle mesure législative ou réglementaire visant à supprimer ou atténuer ces avantages, qui serait adoptée postérieurement à la publication de la présente loi.

ARTICLE 9 : Liberté d'accès aux matières premières. La liberté d'accès aux matières premières brutes ou semi - transformées, produites sur toute l'étendue du territoire national, est garantie. Les ententes ou pratiques faussant le jeu de la concurrence sont réprimées par la loi.

ARTICLE 10 : Accès des investisseurs étrangers à la propriété foncière .Les personnes physiques ou morales étrangères ont accès au foncier dans le respect des lois et règlements en vigueur en la matière.

ARTICLE 11 : Droits et libertés de l'entreprise. Sous réserve du respect de ses obligations, telles que prévues à l'article 28 du présent code, l'entreprise jouit d'une pleine et entière liberté économique et concurrentielle. Elle est notamment libre : d'acquérir les biens, droits et concessions de toute nature, nécessaires à son activité, tels que les biens fonciers, immobiliers, commerciaux, industriels ou forestier ers ; de jouir de ces droits et biens acquis ; de faire partie de toute organisation professionnelle de son choix ; de choisir ses modes de gestion technique, industrielle, commerciale, juridique, sociale et financière conformément à la législation et à la réglementation en vigueur ; de choisir ses fournisseurs et prestataires de services ainsi que ses partenaires ; de participer aux appels d'offres de marchés publics sur l'ensemble du territoire national ; de choisir.sa politique de gestion des ressources humaines et d'effectuer librement le recrutement de son personnel conformément aux textes en vigueur.

ARTICLE 12 : Liberté de transfert

Les investisseurs étrangers sont autorisés à transférer librement à l'étranger sans autorisation préalable tous paiements afférents aux opérations courantes entre autres les bénéfices après impôts, les dividendes, les revenus salariaux, indemnités et épargne des salariés expatriés. Les transactions en capital et opérations financières telles que les cessions d'actions, de parts sociales, de fonds de commerce ou d'actifs, les parts de boni de liquidation, les indemnités d'expropriation sont libres, mais doivent être soumises à déclaration auprès du ministère chargé des Finances. Ces transferts ne peuvent être effectués que par l'entremise d'intermédiaires agréés.

ARTICLE 13 : Liberté de recrutement et de licenciement des salariés expatriés. Toute entreprise est libre de recruter et de licencier des salariés expatriés spécialisés pour la bonne marche de l'entreprise, conformément aux textes en vigueur en République du Mali. Les contrats de travail des salariés expatriés peuvent valablement déroger à certaines dispositions du Code du Travail et de la réglementation sociale en ce qui concerne : l'affiliation à un organisme de sécurité sociale agréé au Mali, l'affiliation à un service médical inter-entreprises, la durée et les motifs de recours à un contrat à durée déterminée, les règles applicables en matière d'embauche. Les modalités pratiques des cas de dérogations mentionnés ci-dessus seront fixées par voie réglementaire. Ces dérogations ne peuvent avoir pour effet de porter atteinte aux droits des salariés tels que reconnus par les Conventions et accords internationaux auxquels le Mali a souscrit. Les salariés expatriés spécialisés bénéficient automatiquement d'un visa de résident professionnel.

TITRE IV : REGIMES PRIVILEGIES

ARTICLE 14 : REGIME A. Les investissements liés à une déclaration d'activité nouvelle ou au développement d'activité existante dont le niveau est égal ou supérieur à douze millions cinq cent mille Francs CFA(12500000 FCFA) et inférieur ou égal à deux cent cinquante millions de Francs CFA (250000 000 FCFA), hors taxes et hors besoin en fonds de roulement sont agréés au REGIME A. Les entreprises doivent être au régime réel d'imposition pour bénéficier automatiquement des avantages suivants :1. En cas de création d'activité nouvelle :

– Exonération, pendant la durée de la réalisation (phase d'investissement) du programme agréé fixée à trois (3) ans, des droits et taxes à l'importation sur les matériels, machines, outillages et leurs pièces de rechange qui ne sont ni produits, ni fabriqués au Mali et qui sont destinés de manière spécifique à la réalisation du programme agréé. Les pièces de rechange sont admises en franchise des droits et taxes à l'importation dans une proportion de 10 % de la valeur d'acquisition des biens d'équipement ; exonération, pendant la durée de la phase d'investissement du programme agréé fixée à trois (3) ans, de la taxe sur la valeur ajoutée facturée par les fournisseurs locaux de biens, services et travaux nécessaires à la réalisation du programme agréé exonération, pendant la durée de la phase d'investissement du programme agréé fixée à trois (3) ans, de la retenue IBIC (Impôt sur les Bénéfices Industriels et Commerciaux) et de la retenue TVA (Taxe sur la Valeur Ajoutée) sur toutes prestations d'assistance technique et de consultance ;réduction du taux de l'impôt sur les bénéfices industriels et commerciaux et de l'impôt sur les sociétés (IBIC - IS) à 25 % sur sept (7) ans non renouvelables ; exonération de l'impôt minimum forfaitaire pour tout exercice déficitaire pendant les cinq (5) premières années d'exploitation.

En cas d'extension d'activité ou de restructuration et de mise à niveau : exonération, pendant la durée de la réalisation (phase d'investissement) des entreprises agréées fixée à deux (2) ans, des droits et taxes à l'importation sur les matériels, machines, outillages et leurs pièces de rechange qui ne sont ni produits, ni fabriqués au Mali et qui sont destinés de manière spécifique à la réalisation du programme agréé. Les pièces de rechange sont admises en franchise des droits et taxes à l'importation dans une proportion de 10 % de la valeur d'acquisition des biens d'équipement ;

– exonération, pendant la durée de la phase d'investissement du programme agréé fixée à deux (2) ans, de la taxe sur la valeur ajoutée facturée par les fournisseurs locaux de biens, services et travaux nécessaires à la réalisation du programme agréé ;

– exonération, pendant la durée de la phase d'investissement du programme agréé fixée à deux (2) ans, de la retenue IBIC et de la retenue TVA sur toutes prestations d'assistance technique et de consultance.

ARTICLE 15 : REGIME B Les investissements liés à une création d'activité nouvelle ou au développement d'activité existante dont le niveau est supérieur à deux cent cinquante millions de Francs CFA(250 000 OOOFCFA) et strictement inférieur à un milliard de Francs CFA (l 000 000 000FCFA) hors taxes et hors besoin en fonds de roulement sont agréés au REGIME B. Ils bénéficient automatiquement des avantages suivants :1.

En cas de création d'activité nouvelle : exonération, pendant la durée de la réalisation (phase d'investissement) des entreprises agréées fixée à trois (3) ans, des droits et taxes à l'importation sur les matériels, machines, outillages et leurs pièces de rechange qui ne sont ni produits, ni fabriqués au Mali et qui sont destinés de manière spécifique à la réalisation du programme agréé. Les pièces de rechange sont admises en franchise des droits et taxes à l'importation dans une proportion de 10 % de la valeur d'acquisition des biens d'équipement ; exonération, pendant la durée de la phase d'investissement du programme agréé fixée à trois (3) ans, de la taxe sur la valeur ajoutée facturée par les fournisseurs locaux de biens, services et travaux nécessaires à la réalisation du programme agréé exonération, pendant la durée de la phase d'investissement du programme agréé fixée à trois (3) ans, de la retenue IBIC et de la retenue TVA sur toutes prestations d'assistance technique et de consultance ;réduction du taux de l'impôt sur les bénéfices industriels et commerciaux et de l'impôt sur les sociétés (IBIC - IS) à 25 % sur dix (10) ans non renouvelables ; exonération de l'impôt minimum forfaitaire pour tout exercice déficitaire pendant les huit (8) premières années dexploitation.2. En cas d'extension d'activité ou de restructuration et de mise à niveau : exonération, pendant la durée de la réalisation (phase d'investissement) des entreprises gréées fixée à deux (2) ans, des droits et taxes à l'importation sur les matériels, machines, outillages et leurs pièces de rechange qui ne sont ni produits, ni fabriqués au Mali et qui sont destinés de manière spécifique à la réalisation du programme agréé. Les pièces de rechange sont admises en franchise des droits et taxes à l'importation dans une proportion de 10 % de la valeur d'acquisition des biens d'équipement ;

– exonération, pendant la durée de la phase d'investissement du programme agréé fixée à deux (2) ans, de la taxe sur la valeur ajoutée facturée par les fournisseurs .locaux de biens, services et travaux nécessaires à la réalisation du programme agréé ;, exonération, pendant la durée de la phase d'investissement du programme agréé fixée à deux (2) ans, de la retenue IBIC et de la retenue TVA sur toutes prestations d'assistance technique et de consultance.

ARTICLE 16 : REGIME C Les investissements liés à une création d'activité nouvelle ou au développement d'activité existante dont le niveau est égal ou supérieur à un milliard de Francs CFA (1 000 000 000FCFA) hors taxes et hors besoin en fonds de roulement sont agréés au REGIME C... .Ils bénéficient automatiquement des avantages suivants :1. En cas de création d'activité nouvelle : exonération, pendant la durée de la réalisation (phase d'investissement) des entreprises agréées fixée à trois (3) ans, des droits et taxes à l'importation sur les matériels, machines, outillages et leurs pièces de rechange qui ne sont ni produits, ni fabriqués au Mali et qui sont destinés de manière spécifique à la réalisation du programme agréé.

Les pièces de rechange sont admises en franchise des droits et taxes à l'importation dans une proportion de 10 % de la valeur d'acquisition des biens d'équipement ; exonération, pendant la durée de la phase d'investissement du programme agréé fixée à trois (3) ans, de la taxe sur la valeur ajoutée facturée par les fournisseurs locaux de biens, services et travaux nécessaires à la réalisation du programme agréé ; exonération, pendant la durée de la phase d'investissement du programme agréé B fixée à trois (3) ans.de la retenue IBIC et de la retenue TVA sur toutes prestations d'assistance technique et de consultance ;réduction du taux de l'impôt sur les bénéfices industriels et commerciaux et de l'impôt sur les sociétés (IBIC - lS) à 25 % sur quinze (15) ans non renouvelables ; exonération de l'impôt minimum forfaitaire pour tout exercice déficitaire pendant les dix(10) premières années dexploitation.2. En cas d'extension d'activité ou de restructuration et de mise à niveau : exonération, pendant la durée de la réalisation (phase d'investissement) des entreprises agréées fixée à deux (2) ans, des droits et taxes à l'importation sur les matériels, machines, outillages et leurs pièces de rechange qui ne sont ni produits, ni fabriqués au Mali et qui sont destinés de manière spécifique à la réalisation du programme agréé. Les pièces de rechange sont admises en franchise des droits et taxes à l'importation dans une proportion de 10 % de la valeur d'acquisition des biens d'équipement ;

– exonération, pendant la durée de la phase d'investissement du programme agréé fixée à deux (2) ans, de la taxe sur la valeur ajoutée facturée par les fournisseurs locaux de biens, services et travaux nécessaires à la réalisation du programme agréé ; exonération, pendant la durée de la phase d'investissement du programme agréé fixée à deux (2) ans, de la retenue IBIC et de la retenue TVA sur toutes prestations d'assistance technique et de consultance.

ARTICLE 17 : REGIME D. Sont agréées au REGIME D les entreprises dont l'investissement est strictement supérieur à douze millions cinq cent mille Francs CFA (12 500 000 FCFA) hors taxes et hors besoin en fonds de roulement. La production de ces entreprises est destinée à être écoulée à l'étranger ou celles réalisant des prestations de services au Mali en vue de leur utilisation à l'étranger. Ces entreprises bénéficient des avantages ci-après :

a) au titre de la fiscalité de porte : exonération totale, pendant une durée de trente (30) ans, de tous droits et taxes sur les matériels, machines, outillages et leurs pièces de rechange. Les pièces de rechange sont admises, en franchise des droits et taxes à l'importation dans une proportion de 10 % de la valeur d'acquisition des biens d'équipement ;

b) au titre de la fiscalité intérieure : exonération totale, pendant une durée de trente (30) ans, de tous impôts, droits et taxes liés à l'activité de production et de commercialisation, à l'exception de :

– la TVA sur les ventes effectuées sur .le marché national ;

– la taxe sur les véhicules automobiles (vignettes) ;

– l'impôt sur les traitements et salaires (ITS) y compris ceux du personnel expatrié ;

– la contribution forfaitaire à la charge des employeurs (CFE) ;

– la taxe - logement (TL);

– la taxe - emploi jeune (TEl) ;

– la taxe de formation professionnelle (TFP) ;

– les cotisations sociales. Toutefois, les entreprises agréées au Régime D, si elles le désirent, peuvent écouler sur le marché local jusqu'à 20 % de leur production qui sont passibles des droits et taxes auxquels sont assujettis les produits similaires importés.

ARTICLE 18 : La : reprise, pour réhabilitation d'entreprise par de nouveaux promoteurs, bénéficie suivant le montant de l'investissement, des avantages des régimes A, B, C et D.

ARTICLE 19 : En cas de financement par une société de crédit-bail, les avantages fiscaux et douaniers relatifs aux matériels exonérés sont transférés à la société de crédit-bail.

TITRE V : DISPOSITIONS PARTICULIERES

ARTICLE 20 : Zones économiques spéciales : Les zones économiques spéciales sont déterminées par Décret pris en Conseil des Ministres. Toute entreprise qui s'installe dans une zone économique spéciale du Mali ne peut bénéficier des avantages suivants que si le siège fiscal y est établi et que les activités y soient essentiellement exercées. A ce titre, elle bénéficie, pendant dix (l0) ans des avantages ci-après : a) au titre de la fiscalité de porte :

– exonération des droits et taxes à l'importation sur les matériels, machines, outillages et pièces de rechange qui ne sont ni produits, ni fabriqués au Mali et qui sont destinés de manière spécifique à la réalisation du programme agréé ;

– exonération de la taxe sur la valeur ajoutée exigible à l'entrée sur les matériels y compris le matériel de transport, machines, outillages et pièces de rechange qui ne sont ni produits, ni fabriqués au Mali et qui sont destinés de manière spécifique à la réalisation du programme agréé ; .Les pièces de rechange sont admises en franchise des droits et taxes à l'importation dans une proportion de 10 % de la valeur d'acquisition des biens d'équipement.

b) au titre de la fiscalité intérieure : exonération de la taxe sur la valeur ajoutée facturée par les fournisseurs locaux de biens, services et travaux nécessaires à la réalisation du programme agréé ;

– exonération, pendant la durée de la phase d'investissement du programme agréé fixée à trois (3) ans, de la retenue IBIC et de la retenue TVA sur toutes prestations d'assistance technique et de consultance - exonération des impôts, droits et taxes énumérés ci-après :

1. impôts sur les bénéfices industriels et commerciaux et impôts sur les sociétés ;

11. contribution des patentes professionnelles ;

lll. impôt sur les traitements et salaires (ITS) ;

IV. contribution forfaitaire à la charge des employeurs (CFE) ;

v. taxe Logement (TL) ; VI. taxe Emploi jeune (TEl) ;

IVIL taxe de formation professionnelle (TFP) ;viii. taxe sur les Activités Financières (TAF) due sur les intérêts servis aux prêts accordés par les institutions bancaires et financières dans le cadre du financement d'une activité économique exercée dans une zone économique spéciale indépendamment du statut juridique du promoteur.

ARTICLE 21 : Entreprises valorisant les matières premières locales Les entreprises utilisant soixante pour cent (60 %) au moins des matières premières d'origine locale sont appelées entreprises valorisant les matières premières locales. En plus des avantages prévus aux "Régimes A, B et C", les entreprises valorisant les matières premières locales bénéficient de l'avantage ci-après :. Réduction du taux de l'impôt sur les bénéfices industriels et commerciaux et de l'impôt sur les sociétés (IBIC - IS) à 25 % sur trois (3) ans supplémentaires.

ARTICLE 22 : Entreprises utilisant l'invention ou l'innovation technologique. Est considérée comme entreprise utilisant l'invention ou l'innovation technologique, toute entreprise remplissant au moins une des conditions suivantes : investir 5 % minimum de son chiffre d'affaires dans la recherche ou faire la recherche développement en son sein ; présenter un programme d'investissement visant à exploiter les résultats de recherche d'un organisme malien ou d'un chercheur malien isolé.

En plus des avantages prévus aux "Régimes A, B et C ", les entreprises utilisant l'invention ou l'innovation technologique bénéficient de l'avantage suivant : réduction du taux de l'impôt sur les bénéfices industriels et commerciaux et de l'impôt sur les sociétés (IBIC - IS) à 25 % sur deux (2) ans supplémentaires.

ARTICLE 23 : Entreprises implantées dans les zones industrielles. Les entreprises implantées dans les zones industrielles, bénéficient de l'avantage ci-après : réduction du taux de l'impôt sur les bénéfices industriels et commerciaux et de l'impôt sur les sociétés (IBIC - IS) à 25 % sur un Cl) an supplémentaire.

ARTICLE 24 : Entreprises exportatrices. En plus des avantages prévus aux "Régimes A, B et C ", les entreprises exportant plus de50 % et moins de 80 % de leur production bénéficient de l'avantage suivant : réduction du taux de l'impôt sur les bénéfices industriels et commerciaux et de l'impôt sur les sociétés (IBIC - IS) à 25 % sur deux (2) ans supplémentaires.

TITRE VI : DISPOSITIONS SPECIALES

ARTICLE 25 : Pour chaque avantage prévu par le présent Code, le premier exercice est, sauf indication contraire>celui au cours duquel est enregistré la première livraison ou mise en vente de biens, de services à l'exclusion des essais. Les entreprises agréées sont tenues de notifier, par lettre recommandée, la date de démarrage de leurs productions aux autorités compétentes définies par le décret d'application du présent Code.

ARTICLE 26 : Les entreprises régies par le présent Code sont tenues de se conformer, avant leur mise en service, à la législation et à la réglementation en vigueur en matière de commerce et de statut juridique des sociétés.

.ARTICLE 27 : Avant le début de tous travaux de réalisation, l'entreprise agréée est tenue de soumettre son projet à une étude d'impact environnemental et social sous peine de nullité de l'agrément conformément à la législation et à la réglementation en vigueur.

ARTICLE 28 : Obligations des entreprises agréées. Les entreprises au Mali doivent être Installées conformément au Schéma directeur de l'urbanisme de leur lieu d'implantation et sont tenues, en outre, aux obligations suivantes : se conformer à la législation du Mali, notamment en ce qui concerne les textes et règlements régissant le fonctionnement des entreprises, le respect de l'ordre public, la protection des consommateurs et de l'environnement ; tenir une comptabilité régulière et probante suivant le plan comptable agréé conformément à la législation et à la réglementation en vigueur ;fournir, les documents comptables et financiers, les rapports d'exécution sur l'investissement, l'emploi, le financement national et étranger, aux autorités compétentes conformément à la législation fiscale.

En outre, les entreprises agréées doivent pendant la durée du régime sous lequel elles sont placées : respecter strictement les programmes d'investissement et activités agréés ; être préalablement autorisées par la structure chargée d'octroyer l'agrément avant de procéder à toute modification des programmes d'investissement et activités agréés ;se conformer aux règlements techniques et normes de qualité applicables aux biens et services, objet de leurs activités ; l, respecter la réglementation et les procédures légales de création d'emploi ;

– employer en priorité les Maliens à égalité de compétence et organiser la formation et la promotion des nationaux au sein de l'entreprise ; mettre en place une gestion saine et transparente conformément aux règles morales régissant une entreprise citoyenne ; s'assurer contre les risques d'incendie et de dégâts dus aux intempéries, en déclarant avec précision l'activité de l'entreprise à l'assureur lors de la souscription du contrat d'assurances (y compris les activités connexes à l'activité principale).

TITRE VII : REGLEMENT DES DIFFERENDS

ARTICLE 29 :Tout différend entre les personnes physiques ou morales étrangères et la République du Mali relatif à l'interprétation du présent Code fera au préalable l'objet d'un règlement à l'amiable entre les parties. A défaut, le différend est réglé par les juridictions maliennes compétentes conformément aux lois et règlements en vigueur, ou par voie d'arbitrage.

Le recours à l'arbitrage se fera suivant l'une des procédures ci - après : la procédure de conciliation et d'arbitrage découlant soit d'un commun accord entre les parties, soit d'Accords bilatéraux conclus entre la République du Mali et l'Etat dont l'investisseur est ressortissant ; les dispositions de la Convention du 18 Mars 1985 créant le Centre International pour le Règlement des Différends relatifs aux Investissements entre Etats et Ressortissants d'autres Etats (CIRDI) établie sous l'égide de la Banque mondiale et ratifiée par la République du Mali le 3 janvier 1978 ;l'Acte Uniforme relatif au droit de l'arbitrage adopté le Il mars 1999 par l'organisation pour harmonisation en Afrique du Droit des Affaires (OHADA) ;la Convention portant création de l'Agence Multilatérale de Garantie des Investissements(AMGI).

TITRE VIII : DISPOSITIONS TRANSITOIRES ET FINALES

ARTICLE 30 : Non-extension des avantages

Aucune entreprise ne peut prétendre bénéficier des avantages liés à un ou plusieurs régimes privilégiés si elle n'a pas été agréée dans les conditions prévues au présent Code, ni prétendre à l'application de ces avantages si elle ne remplit pas effectivement les conditions d'admission.

La durée des avantages accordés une entreprise agréée à un ou plusieurs régimes à privilégiés ne peut être prolongée ni au moment de l'agrément ni à la fin de la période au cours de laquelle cette entreprise a bénéficié desdits avantages.

ARTICLE 31 : Délai d'expiration. Le délai de réalisation des entreprises agréées à ce Code est fixé à trois (3) ans. Le promoteur, dont le projet n'a pas connu un début de réalisation (génie civil, acquisition de matériel d'équipement) dans le délai imparti, perd automatiquement le bénéfice des avantages fixés par le texte d'agrément. Toutefois, il peut être accordé une prorogation de deux (2) ans au maximum à compter de la date d'expiration du délai d'agrément, au promoteur qui justifie un début de réalisation de son projet.

ARTICLE 32 : Conditions de retrait de l'agrément. L'agrément et les avantages particuliers qu'il offre, expirent au terme prévu aux articles 14,15, 16 et 17 du présent Code. Le manquement par l'investisseur à tout ou partie des obligations qui lui incombent, peut entraîner le retrait de l'agrément. Ce retrait peut être précédé d'un délai de grâce, de quatre-vingt-dix (90) jours au maximum, au cours duquel l'investisseur est invité à régulariser sa situation. Le retrait de l'agrément, une fois prononcé, rend immédiatement exigible le paiement des droits de douanes, des impôts, taxes et pénalités auxquels l'investisseur avait été soustrait, du fait de l'agrément, sans préjudice d'éventuelles poursuites judiciaires et sanctions encourues.

L'autorité chargée d'octroyer l'agrément prévu au présent Code met l'entreprise en demeure de prendre les mesures nécessaires pour mettre fin à la situation créée par sa défaillance. A défaut d'effet suffisant dans un délai de quatre-vingt-dix (90) jours à compter de la date d'envoi de la mise en demeure, l'autorité compétente décide, après avoir fait procéder à une enquête dont les résultats sont communiqués à l'entreprise du retrait total ou partiel de l'agrément. La décision de retrait est prise par arrêté de l'autorité chargée d'octroyer l'agrément qui fixe la date de prise d'effet du retrait.

ARTICLE 33 : Le recours contre une décision de retrait n'est pas suspensif. Il doit être fait à peine de forclusion dans un délai de soixante (60) jours à compter de la date de notification du retrait.

Article 34 : le suivi des projets ·agréés au Code des Investissements, le contrôle des avantages fiscaux et douaniers accordés et des engagements souscrits par les investisseurs sont assurés par une Commission. .Les modalités de fonctionnement de cette Commission de contrôle et de suivi des projets agréés au Code des Investissements sont déterminées par décret pris en Conseil des Ministres.

Article 35 : Dispositions transitoires .Les agréments en cours à la date de promulgation de la présente loi, accordés sous les régimes des lois N° 91-048/AN-RM du 26 février 1991 portant Code des Investissements modifiée par la loi N° 05-050 du 19 août 2005 et N° 02-015 du 03 juin 2002 accordant des avantages spéciaux aux entreprises touristiques, et qui n'auraient pas fait l'objet d'abrogations expresses restent en vigueur dans toutes leurs dispositions~ sous réserve des avenants et modifications ultérieurs. Sur leur demande, ils peuvent être également admis au bénéfice du présent Code. La demande est faite dans les six (06) mois qui suivent l'entrée en vigueur du présent Code.

Article 36 : La présente loi abroge la Loi N°91-048/AN-RM du 26 février 1991 portant Code des Investissements modifiée par la Loi N°05-050 du 19 août 2005 et la Loi N°02-015 du 03juin 2002 accordant des avantages spéciaux aux entreprises touristiques. Bamako, le 27 FEV 2012 ;

Le Président de la République

ANALYSE DU CODE DES INVESTISSEMENTS DU MALI

L'investissement est devenu le facteur par excellence de la croissance économique et du développement des pays en voie de développement. Or, selon la CNUCED, le total des investissements étrangers en Afrique en 2011 serait en recul pour la troisième année consécutive alors que dans le même temps l'Afrique subsaharienne aurait enregistré une augmentation des investissements étrangers en 2011 de 25 %.Cette reprise qui est à imputer en partie à l'Afrique de l'Ouest, traduit la bonne volonté des fondamentaux pour attirer les investisseurs. Ils doivent prendre désormais en compte non seulement le redressement des politiques économiques, mais aussi et surtout l'environnement législatif, réglementaire et même social pour atteindre cet objectif. Même si la crise que connaît actuellement le Mali ne sera pas sans conséquences sur les investissements pour l'année 2017 et celles à venir, l'Etat du Mali veut rassurer les investisseurs privés, promouvoir le secteur privé, le tout pour accroitre les investissements.

En vigueur depuis 1991 (Loi N° 91-048/AN-RM du 26 février 1991), les textes relatifs à l'investissement au Mali ont montré à plusieurs reprises des carences significatives et lacunes importantes dans leurs applications Le constat est qu'évoluant dans un contexte de crise économique, la performance du secteur privé malien a été de manière générale insuffisante et celle de l'industrie particulièrement insatisfaisante, peu compétitive, sous capitalisée et soumise à bien des égards à un processus à long terme de désinvestissement. Il était alors venu le moment de relire entièrement le Code des investissements du Mali qui, même s'il restait largement désuet avait tout de même fait l'objet de modifications en 2005 (Loi N° 05-050 du 19 août 2005). L'Etat du Mali, vient donc d'adopter un tout nouveau Code des Investissements institué par la Loi N°2012-016 du 27 février 2012 et le Décret N°2012-475/P-RM du 20 août 2012.Le Gouvernement malien a voulu mettre en place une stratégie économique à l'investissement suffisamment alléchante. Cette stratégie économique devrait constituer un outil capable d'orienter les investisseurs vers les secteurs prioritaires, en conformité avec le programme de développement du Mali.

I- OBJECTIFS

La loi instituant le nouveau Code et qui comporte 36 articles, a plusieurs objectifs découlant de la philosophie qui la soutend et qui repose sur une politique nouvelle et incitative à l'investissement en même temps qu'elle concrétise une politique orientative et sélective des investissements. Parmi les objectifs à atteindre par le Gouvernement du Mali, on peut citer :

- L'amélioration des incitations à l'investissement, grâce à une meilleure mobilisation de l'épargne nationale et à l'attraction des capitaux étrangers,
- La prise en compte du volet social, par la création d'emplois et la formation des cadres pour avoir une main-d'œuvre qualifiée,
- La valorisation et la promotion des matières premières locales, par l'exportation,
- Le transfert des technologies avancées,
- La création d'infrastructures industrielles et agro-sylvo-pastorales,
- La promotion et l'utilisation des technologies locales, y compris la recherche-développement,
- La création d'entreprise nouvelle,
- La reprise pour réhabilitation d'entreprise par de nouveaux investisseurs.

II- CHAMP D'APPLICATION

Le nouveau Code des Investissements du Mali s'applique aux entreprises justifiant un taux de valeur ajoutée directe minimum, laquelle est l'élément fondamental pour l'appréciation des projets.

Par ailleurs, le législateur a expressément exclu du champ d'application du nouveau Code, les activités de négoce définies comme des activités de revente en l'état des produits achetés à l'extérieur de l'entreprise. Il en est de même des activités bancaires et financiers et des activités de télécommunication. Les entreprises qui entrent dans le champ d'application du nouveau Code sont classées suivant quatre régimes :

- **le Régime A** : entreprises dont l'investissement est égal ou supérieur à Francs CFA 12.500.000 et inférieur ou égal à Francs CFA 250.000.000 HT et hors besoin en fonds de roulement,
- **le Régime B** : entreprises dont l'investissement est supérieur à Francs CFA 250.000.000 et inférieur à Francs CFA 1 Milliard HT et hors besoin en fonds de roulement,
- **le Régime C** : entreprises dont l'investissement est égal ou supérieur à Francs CFA 1 Milliard HT et hors besoin en fonds de roulement,
- **le Régime D** : entreprises dont l'investissement est strictement supérieur à Francs CFA 12.500.000 HT et hors besoin en fonds de roulement, la production destinée à l'exportation étant égale ou supérieure à 80 %.

III- GARANTIES, DROITS ET LIBERTES DE L'ENTREPRISE

Le nouveau Code des investissements apporte en termes de droits et de liberté, plusieurs garanties parmi lesquelles on peut citer :

- l'égalité de traitement entre les personnes physiques et les personnes morales s'agissant des conditions d'éligibilité. Les investisseurs étrangers recevront le même traitement que celui des investisseurs de nationalité malienne et pourront détenir jusqu'à 100 % du capital social de la société qu'ils envisagent de créer, sous réserve des dispositions applicables aux secteurs d'activités faisant l'objet de réglementation spécifique,
- la protection des droits de propriété. L'investisseur est désormais garanti contre toute mesure de nationalisation, d'expropriation ou de réquisition de son entreprise, sauf pour cause d'utilité publique et dans ce cas, il bénéficiera d'une indemnisation,
- la liberté d'accès aux matières premières brutes ou semi-transformées, produite sur toute l'étendue du territoire malien,
- l'accès des investisseurs étrangers à la propriété foncière,
- la liberté pour les entreprises d'acquérir les biens, droits et concessions de toute nature, nécessaires à leurs activités (biens fonciers, immobiliers, commerciaux ou forestiers), de jouir des droits et biens acquis au Mali, de faire partie de toute organisation professionnelle de leur choix, de choisir leurs modes de gestion (technique, industrielle, commerciale, juridique, sociale et financière), de choisir leurs fournisseurs et partenaires, de participer aux appels d'offres de marchés publics, de choisir librement sa politique de gestion des ressources humaines,
- la liberté de transférer librement à l'étranger et sans autorisation préalable tous paiements afférents aux opérations courantes. Les transactions en capital et opérations financières (cessions d'actions, de parts sociales, de fonds de commerce ou d'actifs, de parts de boni de liquidation, d'indemnités d'expropriation) étant libres, mais soumises à déclaration auprès du Ministère chargé des Finances,

- la liberté de recrutement et de licenciement des salariés expatriés.

IV- REGIME FISCAL ET DOUANIER PRIVILEGIES

IV-1) AVANTAGES DU REGIME « A »

Dans le cadre de ce régime, les entreprises qui sont au régime réel d'imposition bénéficient automatiquement d'avantages en cas de création d'activité nouvelle, d'extension d'activité de restructuration ou de mise à niveau.

En cas de création d'activité nouvelle, ces entreprises bénéficient des avantages suivants :

1. Exonération, pendant la durée de la réalisation (phase d'investissement) du programme agréé fixée à trois (3) ans, des droits et taxes à l'importation sur les matériels, machines, outillages et leurs pièces de rechange qui ne sont ni produits, ni fabriqués au Mali et qui sont destinés de manière spécifique à la réalisation du programme agréé. Les pièces de rechange sont admises en franchise des droits et taxes à l'importation dans une proportion de 10 % de la valeur d'acquisition des biens d'équipement.
2. Exonération, pendant la durée de la phase d'investissement du programme agréé fixée à trois (3) ans, de la taxe sur la valeur ajoutée (TVA) facturée par les fournisseurs locaux de biens, services et travaux nécessaires à la réalisation du programme agréé.
3. Exonération, pendant la durée de la phase d'investissement du programme agréé fixée à trois (3) ans, de la retenue IBIC (Impôt sur les Bénéfices Industriels et Commerciaux) et de la retenue TVA (Taxe sur la Valeur Ajoutée) sur toutes prestations d'assistance technique et de consultance.
4. Réduction du taux de l'impôt sur les bénéfices industriels et commerciaux et de l'impôt sur les sociétés (IBIC - IS) à 25 % sur sept (7) ans non renouvelables.
5. Exonération de l'impôt minimum forfaitaire pour tout exercice déficitaire pendant les cinq (5) premières années d'exploitation.

En cas d'extension d'activité ou de restructuration et de mise à niveau, ces entreprises bénéficient des avantages suivants :

1. Exonération, pendant la durée de la réalisation (phase d'investissement) des entreprises agréées fixée à deux (2) ans, des droits et taxes à l'importation sur les matériels, machines, outillages et leurs pièces de rechange qui ne sont ni produits, ni fabriqués au Mali et qui sont destinés de manière spécifique à la réalisation du programme agréé. Les pièces de rechange sont admises en franchise des droits et taxes à l'importation dans une proportion de 10 % de la valeur d'acquisition des biens d'équipement.
2. Exonération, pendant la durée de la phase d'investissement du programme agréé fixée à deux (2) ans, de la taxe sur la valeur ajoutée facturée par les fournisseurs locaux de biens, services et travaux nécessaires à la réalisation du programme agréé.
3. Exonération, pendant la durée de la phase d'investissement du programme agréé fixée à deux (2) ans, de la retenue IBIC et de la retenue TVA sur toutes prestations d'assistance technique et de consultance.

IV-2) AVANTAGES DU REGIME « B »

Dans le cadre de ce régime, les entreprises bénéficient également et automatiquement d'avantages en cas de création d'activité nouvelle, d'extension d'activité de restructuration ou de mise à niveau.

En cas de création d'activité nouvelle ces entreprises bénéficient des avantages suivants :

1. Exonération, pendant la durée de la réalisation (phase d'investissement) des entreprises agréées fixée à trois (3) ans, des droits et taxes à l'importation sur les matériels, machines, outillages et leurs pièces de rechange qui rie sont ni produits, ni fabriqués au Mali et qui sont destinés de manière spécifique à la réalisation du programme agréé. Les pièces de rechange sont admises en franchise des droits et taxes à l'importation dans une proportion de 10 % de la valeur d'acquisition des biens d'équipement.
2. Exonération, pendant la durée de la phase d'investissement du programme agréé fixée à trois (3) ans, de la taxe sur la valeur ajoutée (TVA) facturée par les fournisseurs locaux de biens, services et travaux nécessaires à la réalisation du programme agréé.
3. Exonération, pendant la durée de la phase d'investissement du programme agréé fixée à trois (3) ans, de la retenue IBIC et de la retenue TVA sur toutes prestations d'assistance technique et de consultance .
4. Réduction du taux de l'impôt sur les bénéfices industriels et commerciaux et de l'impôt sur les sociétés (IBIC - IS) à 25 % sur dix (10) ans non renouvelables.
5. Exonération de l'impôt minimum forfaitaire pour tout exercice déficitaire pendant les huit (8) premières années d'exploitation.

En cas d'extension d'activité ou de restructuration et de mise à niveau, ces entreprises bénéficient des avantages suivants :

1. Exonération, pendant la durée de la réalisation (phase d'investissement) des entreprises agréées fixée à deux (2) ans, des droits et taxes à l'importation sur les matériels, machines, outillages et leurs pièces de rechange qui ne sont ni produits, ni fabriqués au Mali et qui sont destinés de manière spécifique à la réalisation du programme agréé. Les pièces de rechange sont admises en franchise des droits et taxes à l'importation dans une proportion de 10 % de la valeur d'acquisition des biens d'équipement.
2. Exonération, pendant la durée de la phase d'investissement du programme agréé fixée à deux (2) ans, de la taxe sur la valeur ajoutée facturée par les fournisseurs locaux de biens, services et travaux nécessaires à la réalisation du programme agréé.
3. Exonération, pendant la durée de la phase d'investissement du programme agréé fixée à deux (2) ans, de la retenue IBIC et de la retenue TV A sur toutes prestations d'assistance technique et de consul tance.

IV-3) AVANTAGES DU REGIME « C »

Dans le cadre de ce régime, les entreprises bénéficient également et automatiquement d'avantages en cas de création d'activité nouvelle, d'extension d'activité de restructuration ou de mise à niveau.

En cas de création d'activité nouvelle ces entreprises bénéficient des avantages suivants : Exonération, pendant la durée de la réalisation (phase d'investissement) des entreprises agréées fixée à trois (3) ans, des droits et taxes à l'importation sur les matériels, machines, outillages et leurs pièces de rechange qui ne sont ni produits, ni fabriqués au Mali et qui sont destinés de manière spécifique à la réalisation du programme agréé. Les pièces de rechange sont admises en franchise des droits et taxes à l'importation dans une proportion de 10 % de la valeur d'acquisition des biens d'équipement.

1. Exonération, pendant la durée de la phase d'investissement du programme agréé fixée à trois (3) ans, de la taxe sur la valeur ajoutée facturée par les fournisseurs locaux de biens, services et travaux nécessaires à la réalisation du programme agréé.
2. Exonération, pendant la durée de la phase d'investissement du programme agréé fixée à trois (3) ans, de la retenue IBIC et de la retenue TVA sur toutes prestations d'assistance technique et de consultance.
3. Réduction du taux de l'impôt sur les bénéfices industriels et commerciaux et de l'impôt sur les sociétés (IBIC - IS) à 25 % sur quinze (15) ans non renouvelables.
4. Exonération de l'impôt minimum forfaitaire pour tout exercice déficitaire pendant les dix (10) premières années d'exploitation.

En cas d'extension d'activité ou de restructuration et de mise à niveau, ces entreprises bénéficient des avantages suivants :

1. Exonération, pendant la durée de la réalisation (phase d'investissement) des entreprises agréées fixée à deux (2) ans, des droits et taxes à l'importation sur les matériels, machines, outillages et leurs pièces de rechange qui ne sont ni produits, ni fabriqués au Mali et qui sont destinés de manière spécifique à la réalisation du programme agréé. Les pièces de rechange sont admises en franchise des droits et taxes à l'importation dans une proportion de 10 % de la valeur d'acquisition des biens d'équipement.
2. Exonération, pendant la durée de la phase d'investissement du programme agréé fixée à deux (2) ans, de la taxe sur la valeur ajoutée facturée par les fournisseurs locaux de biens, services et travaux nécessaires à la réalisation du programme agréé.
3. Exonération, pendant la durée de la phase d'investissement du programme agréé fixée à deux (2) ans, de la retenue IBIC et de la retenue TVA sur toutes prestations d'assistance technique et de consultance.

IV-4) AVANTAGES DU REGIME « D »

La production de entreprises agréées à ce régime est destinée à être écoulée à l'étranger ou celles réalisant des prestations de services au Mali en vue de leur utilisation à l'étranger. Cependant, si elles le désirent, ces entreprises peuvent écouler sur le marché local jusqu'à 20 % de leur production qui sont passibles des droits et taxes auxquels sont assujettis les produits similaires importés.

Dans le cadre de ce régime, les entreprises bénéficient d'avantages au titre de la fiscalité de porte et de la fiscalité intérieure.

1. **Au titre de la fiscalité de porte**, ces entreprises sont exonérées totalement, pendant une durée de trente (30) ans, de tous droits et taxes sur les matériels, machines, outillages et leurs pièces de rechange. Les pièces de rechange étant admises en franchise des droits et taxes à l'importation dans une proportion de 10 % de la valeur d'acquisition des biens d'équipement.
2. **Au titre de la fiscalité intérieure**, ces entreprises sont exonérées totalement pendant une durée de trente (30) ans, de tous impôts, droits et taxes liés à l'activité de production et de commercialisation, à l'exception de :

- la TVA sur les ventes effectuées sur le marché national ;
- la taxe sur les véhicules automobiles (vignettes) ;
- l'impôt sur les traitements et salaires (ITS) y compris ceux du personnel expatrié ;
- la contribution forfaitaire à la charge des employeurs (CFE) ;
- la taxe - logement (TL) ;

- la taxe - emploi jeune (TEJ) ;
- la taxe de formation professionnelle (TFP) ;
- les cotisations sociales.

IV-5) AVANTAGES DES ZONES ECONOMIQUES SPECIALES

Même si le nouveau Code tout comme son prédécesseur instaure un régime fiscal et douanier privilégié, l'on peut tout de même retenir entre autres comme nouveauté, les avantages désormais accordés dans le cadre de la solidarité nationale aux ***ZONES ECONOMIQUES SPECIALES*** que sont les localités du Mali les plus défavorisées sur le plan géographique, climatique et économique. Toute entreprise qui s'installe dans une zone économique spéciale du Mali ne peut bénéficier des avantages suivants que si le siège fiscal y est établi et que les activités y soient essentiellement exercées. A ce titre, elle bénéficie, pendant dix (10) ans des avantages au titre de la fiscalité de porte et de la fiscalité intérieure.

1) Au titre de la fiscalité de porte, ces entreprises sont exonérées :

– des droits et taxes à l'importation sur les matériels, machines, outillages et pièces de rechange qui ne sont ni produits, ni fabriqués au Mali et qui sont destinés de manière spécifique à la réalisation du programme agréé,

– de la taxe sur la valeur ajoutée exigible à l'entrée sur les matériels y compris le matériel de transport, machines, outillages et pièces de rechange qui ne sont ni produits, ni fabriqués au Mali et qui sont destinés de manière spécifique à la réalisation du programme agréé.

2) Au titre de la fiscalité intérieure, ces entreprises sont exonérées :

– de la taxe sur la valeur ajoutée facturée par les fournisseurs locaux de biens, services et travaux nécessaires à la réalisation du programme agréé,

– pendant la durée de la phase d'investissement du programme agréé fixée à trois (3) ans, de la retenue IBIC et de la retenue TVA sur toutes prestations d'assistance technique et de consultance,

– des impôts, droits et taxes énumérés ci-après :

– impôts sur les bénéfices industriels et commerciaux et impôts sur les sociétés ;

– contribution des patentes professionnelles ;

– impôt sur les traitements et salaires (ITS) ;

– contribution forfaitaire à la charge des employeurs (CFE) ;

– taxe Logement (TL) ;

– taxe Emploi jeune (TEJ) ;

– taxe de formation professionnelle (TFP) ;

– taxe sur les Activités Financières (TAF) due sur les intérêts servis aux prêts accordés par les institutions bancaires et financières dans le cadre du financement d'une activité économique exercée dans une zone *économique spéciale indépendamment du statut juridique du promoteur.*

IV-6) AUTRES AVANTAGES

1. **Pour les entreprises valorisant les matières premières locales**, en plus des avantages prévus aux Régimes A,B et C, le nouveau Code prévoit s'agissant des entreprises utilisant au moins 60 % des matières premières locales, la réduction du taux de l'impôt sur les bénéfices industriels et commerciaux et de l'impôt sur les sociétés (IBIC - IS) à 25 % sur trois (3) ans supplémentaires.

2. **Pour les entreprises utilisant l'invention ou l'innovation technologique**, en plus des avantages prévus aux Régimes A,B et C, le nouveau Code prévoit la réduction du taux de l'impôt sur les bénéfices industriels et commerciaux et de l'impôt sur les sociétés (IBIC - IS) à 25 % sur deux (2) ans supplémentaires.

3. **Pour les entreprises implantées dans les zones industrielles**, le texte prévoit la réduction du taux de l'impôt sur les bénéfices industriels et commerciaux et de l'impôt sur les sociétés (IBIC - IS) à 25 % sur un (l) an supplémentaire.

4. **Pour les entreprises exportant plus de 50 % et moins de 80 % de leur production**, le nouveau Code prévoit la réduction du taux de l'impôt sur les bénéfices industriels et commerciaux et de l'impôt sur les sociétés (IBIC - IS) à 25 % sur deux (2) ans supplémentaires.

LE DECRET N° 2012-475/ P-RM DU 20 AOUT 2012 FIXANT LES MODALITES D'APPLICATION DE LA LOI N° 2012-016 DU 27 FEVRIER 2012 PORTANT CODE DES INVESTISSEMENTS DETERMINE LA PROCEDURE D'AGREMENT AUX DIVERS REGIMES PREVUS PAR LA LOI

Procédure d'agrément aux Régimes A, B, C ou aux Zones Economiques Spéciales :

1. Les dossiers de demande d'agrément au Code des Investissements sont déposés au Guichet unique de création d'entreprises, auprès de l'Agence pour la Promotion des Investissements au Mali (API-MALI),
2. Les promoteurs dont les dossiers de demande d'agrément au Code des Investissements sont jugés conformes reçoivent un récépissé au moment du dépôt auprès du Guichet Unique,
3. Le dossier de demande d'agrément est instruit par le Guichet Unique et transmis au Comité d'agrément pour avis sous huitaine,
4. Le Comité d'agrément délibère à la majorité absolue,
5. L'agrément est accordé par arrêté du Ministre chargé de la Promotion des Investissements dans un délai de vingt (20) jours ouvrables à compter de la date de réception du dossier,
6. Si au terme de ce délai, aucune réponse n'est donnée, l'agrément est réputé accordé. Dans ce cas, le récépissé de dépôt de la demande fait foi et tient lieu d'agrément. L'autorité compétente est alors tenue de délivrer l'agrément.
7. Le refus d'octroi de l'agrément ne peut être prononcé que pour non-conformité du projet d'investissement avec une des dispositions législatives ou réglementaires en vigueur.
8. L'arrêté d'agrément énumère les avantages accordés au promoteur, les activités pour lesquelles l'entreprise est agréée et fixe les obligations qui incombent au promoteur.

Procédure d'agrément au régime des entreprises tournées essentiellement vers l'exportation :

1. Après instruction, le dossier d'agrément au Régime D est examiné par une commission dont le Secrétariat est assuré par le Guichet unique de création d'entreprises,
2. Le délai d'agrément au Régime D est fixé à vingt (20) jours ouvrables à partir de la date de dépôt du dossier,
3. L'agrément de l'entreprise au Régime D est accordé par Arrêté du Ministre chargé de la Promotion des Investissements,
4. L'arrêté d'agrément énumère les avantages accordés au promoteur, les activités pour lesquelles l'entreprise est agréée et fixe les obligations qui incombent au promoteur,
5. L'arrêté d'agrément et la liste du matériel exonéré tiennent lieu de lettre d'exonération. Ils sont joints à la demande de mise en œuvre des avantages accordés auprès des Directeurs des Douanes et des Impôts,
6. Si au terme du délai de vingt jours, aucune réponse n'est donnée, l'agrément est réputé accordé. Dans ce cas, le récépissé de dépôt de la demande fait foi et tient lieu d'agrément. L'autorité compétente est alors tenue de délivrer l'agrément,
7. L'entreprise tournée essentiellement vers l'exportation est enregistrée auprès de l'Agence pour la Promotion des Investissements au Mali (API-MALI).

LE RETRAIT DE L'AGREMENT

Le manquement par l'investisseur à tout ou partie des obligations qui lui incombent, peut entraîner le retrait de l'agrément.

Ce retrait peut être précédé d'un délai de grâce, de quatre-vingt-dix (90) jours au maximum, au cours duquel l'investisseur est invité à régulariser sa situation.

Le retrait de l'agrément, une fois prononcé, rend immédiatement exigible le paiement des droits de douanes, des impôts, taxes et pénalités auxquels l'investisseur avait été soustrait, du fait de l'agrément, sans préjudice d'éventuelles poursuites judiciaires et sanctions encourues.

L'autorité chargée d'octroyer l'agrément prévu au présent Code met l'entreprise en demeure de prendre les mesures nécessaires pour mettre fin à la situation créée par sa défaillance. A défaut d'effet suffisant dans un délai de quatre-vingt-dix (90) jours à compter de la date d'envoi de la mise en demeure, l'autorité compétente décide, après avoir fait procéder à une enquête dont les résultats sont communiqués à l'entreprise du retrait total ou partiel de l'agrément. La décision de retrait est prise par arrêté de l'autorité chargée d'octroyer l'agrément qui fixe la date de prise d'effet du retrait.

En définitive - Les avantages accordés par le nouveau Code des Investissements incluent également des mesures incitatives en matière de développement de l'emploi, en faveur du développement de certaines régions du pays, en faveur de certains secteurs comme ceux valorisant les matières locales et ceux reposant sur l'utilisation d'invention ou d'innovations technologiques.

Le texte apporte des éléments nouveaux relatifs aux garanties des investissements au titre desquels l'on peut noter les dispositions relatives aux règlements des différends avec la phase préalable de règlement amiable et le recours à l'arbitrage (compromis, arbitrage CIRDI, arbitrage OHADA convention portant création de l'Agence Multilatérale de Garantie des Investissements).

Le nouveau Code établit également le principe de liberté de gestion et de libre circulation des capitaux pour les investisseurs étrangers, le respect de la propriété privée et la protection des investisseurs contre les mesures d'expropriation. Ce nouveau Code devrait favoriser les investissements dans des domaines jugés prioritaires par le Gouvernement du Mali en vue de lui permettre d'atteindre ses objectifs en terme de développement.

TABLEAU DES AVANTAGES PAR REGIME

Il est prévu quatre (4) régimes ainsi qu'un régime spécial dans ce code :

– **A** : Investissement supérieur ou égal à 12,5 millions de Francs CFA et inférieur ou égal à 250 millions de Francs CFA,

– **B** : Investissement supérieur à 250 millions de Francs CFA et inférieur à 1 milliard de Francs CFA,

– **C** : Investissement supérieur ou égal à 1 milliard de Francs CFA,

– **D :** Supérieur à 12,5 millions de Francs CFA et 80 % de la production destinée à l'exportation

– **Zones économiques spéciales :** localités défavorisées sur les plans géographiques, climatiques et économiques et difficiles d'accès que l'Etat a décidé de promouvoir spécialement.

Régime	Montant investissement en millions de F CFA	Exonérations douanières	Exonérations sur la TVA	Réduction de 25 % du taux d'impôt	Exonération impôt minimum forfaitaire	Exonération de tous les impôts
A	12,5 ≤ Investissement ≤ 250	3 ans	3 ans	7 ans	-	-
B	250 < Investissement < 1 000	3 ans	3 ans	10 ans	8 ans	-
C	Investissement ≥ 1000	3 ans	3 ans	15 ans	10 ans	-
D	Investissement ≥ 12,5 et 80 % Export	30 ans				

NB *: Les avantages du tableau ci-dessus concernent les nouvelles entreprises et les réhabilitations.*

Quant aux **zones économiques spéciales**, les avantages sont :

– Exonération pendant 10 ans de droits et taxes à l'importation sur les matériels, machines, outils et pièces de rechange ;

– Exonération de la TVA exigible à l'entrée sur les matériels y compris le matériel de transport, machines, outillages et pièces de rechange. Admission en franchise des droits et taxes à l'importation sur les pièces de rechange dans une proportion de 10 % de la valeur d'acquisition des biens d'équipements ;

– Exonération de la TVA facturée par les fournisseurs locaux des biens, services et travaux,

– Exonération, pendant la phase d'investissement fixée à 3 ans de la retenue IBIC et de la retenue TVA sur toutes prestations d'assistance technique et de consultance ;

– Exonération des droits et taxes : IBIC – IS, ITS, Contribution des patentes professionnelles, CFE, TL, TEJ, TFP, Taxe sur les activités financières.

D'autres avantages fiscaux sont accordés, en sus de ceux prévus dans les différents régimes, aux :

– Entreprises utilisant 60 % au moins des matières premières d'origine locale bénéficient d'une réduction du taux de l'impôt sur les bénéfices industriels et commerciaux et de l'impôt sur les sociétés (IBIC -IS) à 25 % sur trois (3) ans supplémentaires ;

– Entreprises utilisant l'invention ou l'innovation technologique c'est-à-dire les entreprises investissant 5 % minimum de son chiffre d'affaires dans la recherche ou faisant la recherche développement en son sein, présentant un programme d'investissement visant à exploiter les résultats de recherche d'un organisme malien ou d'un chercheur malien isolé. Ces entreprises bénéficient d'une réduction du taux de l'impôt sur les bénéfices industriels et commerciaux et de l'impôt sur les sociétés (IBIC -IS) à 25 % sur 2 ans supplémentaires ;

– Entreprises implantées dans les zones industrielles, bénéficient d'une réduction du taux de l'impôt sur les bénéfices industriels et commerciaux et de l'impôt sur les sociétés (IBIC -IS) à 25 % sur 1 an supplémentaire ;

– Entreprises exportant plus de 50 % et moins de 80 % de leur production bénéficient d'une réduction du taux de l'impôt sur les bénéfices industriels et commerciaux et de l'impôt sur les sociétés (IBIC - IS) à 25 % sur 2 ans supplémentaires.

ANALYSE DE LA SITUATION DES PME AU MALI

L'étude diagnostique sur l'intégration du commerce ("EDIC") du Mali et sa matrice des actions, "Accroître le commerce et le diversifier pour accélérer la croissance et réduire la pauvreté, ont été validées en décembre 2004. Dans le cadre du CIR, les principales recommandations de la matrice des actions de l'EDIC ont été incorporées dans le deuxième Cadre stratégique pour la croissance et la réduction de la pauvreté (CSCRP 2007-2011) et dans le troisième CSCRP (2012 à 2017).

L'Unité nationale de mise en œuvre (UNMO) du CIR a été établie en 2005 et le Mali a bénéficié de quatre projets au titre du guichet II dans le cadre du CI, à savoir : i) une aide pour l'exportation des mangues : ii) un appui pour les exportations culturelles ; iii) un soutien institutionnel ; et iv) un fonds de garantie des crédits à l'exportation pour les PME. Ces projets ont permis de renforcer des subdivisions importantes de la chaîne de production des mangues, ainsi que les secteurs de la commercialisation et de l'exportation, et ont contribué à l'augmentation globale de la production de mangues et des revenus des producteurs de mangues. De plus, l'amélioration des programmes de crédit a permis aux agriculteurs d'améliorer leurs techniques de production et de produire des mangues de meilleure qualité.

Description des projets (objectifs et interventions)

Dans le cadre du CIR, le Mali exécute son projet de catégorie 1 visant à soutenir les arrangements nationaux de mise en œuvre ("ANMO") depuis août 2010, à la suite de son approbation par le Conseil du CIR en juillet de la même année. Le projet vise à développer les capacités liées à l'intégration du Mali dans le système commercial mondial en mettant en œuvre les actions prioritaires identifiées dans la matrice des actions de l'EDIC. Le projet de catégorie 1 contribue également à faciliter la mise à jour de l'EDIC du Mali, qui donnera au Ministère du Commerce la possibilité d'intégrer les conclusions de la mise à jour de l'EDIC dans l'examen à mi-parcours du CSCRP actuel (2012-2017).

Le projet de la catégorie 2 du Mali concernant la gomme arabique a été approuvé par le Conseil du CIR en février 2012. Il vise à accroître la production, à améliorer la qualité et à promouvoir la chaîne de valeur de la gomme arabique au moyen de partenariats public-privé qui contribueront à augmenter les revenus des producteurs, des cueilleurs et des exportateurs de ce produit. Ce projet concernera six régions (certaines des provinces les plus vulnérables du Mali) et 10 000 hectares de terres sur lesquelles seront plantés des acacias ; il sera axé sur la réduction de la pauvreté, la protection de l'environnement et la gestion durable des terres.

Approuvée par le Conseil du CIR en octobre 2013, la mise à jour de l'EDIC du Mali est en cours, la CNUCED étant la principale entité de mise en œuvre.

Principaux résultats obtenus à ce jour

Projet de catégorie 1

Le commerce a été intégré dans le CSCRP pour 2012-2017. De plus, davantage de fonds nationaux ont été consacrés à la mise en œuvre du programme du CIR. Le gouvernement malien a adopté la Loi de finances de 2014, qui prévoit à titre provisoire d'allouer un crédit de 1 500 000 000 de FCFA (3 millions de dollars EU) pour 2014.

L'engagement politique du Mali a également été axé sur des résultats clairs en matière de commerce et de développement et, en 2013, le gouvernement a consacré 1 382 760 666 FCFA (2,7 millions de dollars EU) à des activités du programme du CIR. Pour la période 2012-2017, le financement est destiné aux priorités commerciales qui ont été intégrées dans le CSCRP actuel. Il y a en outre une aide supplémentaire, avec une importante coordination des donateurs, soutenue par le CIR, dans le cadre d'une stratégie conjointe d'aide des donateurs, clairement axée sur les questions commerciales et accompagnée par un secteur privé actif et bien organisé, qui participe à la formulation des propositions de projets du CIR.

L'intégration réussie du programme sur le commerce par le biais du CIR a permis au Mali d'obtenir des financements de l'Agence française de développement (1,5 million d'euros pour le renforcement des capacités commerciales), du Fonds pour l'application des normes et le développement du commerce (518 000 dollars EU pour le renforcement des capacités sanitaires et phytosanitaires (SPS) dans le secteur des fruits et légumes) et du PNUD (1,5 million d'euros). Le gouvernement a lui aussi apporté sa propre contribution au programme sur le commerce et, en 2011, le Cadre de dépenses à moyen terme comprenait des fonds destinés aux priorités commerciales intégrées dans le CSCRP.

De solides ANMO du CIR ont été mis en place, dont un Comité interministériel du CIR et de l'Aide pour le commerce présidé par le Premier Ministre. En mai 2014, le Danemark a assumé la fonction de facilitateur des donateurs.

Sur la base de l'EDIC et des stratégies sectorielles du pays, le programme sur le commerce et le CIR sont fermement ancrés dans l'actuelle Stratégie de croissance et de réduction de la pauvreté 2012-2017, qui bénéficie d'un important soutien sectoriel. L'UNMO travaille à la formulation de deux propositions de projet de catégorie 2 sur le soutien aux exportations de mangues et le beurre de karité.

Le Programme du CIR au Mali continue de renforcer le secteur de la transformation des mangues par l'ajout de valeur à des produits tels que les confitures et les fruits séchés, l'autonomisation des coopératives de femmes dans les régions rurales et l'élargissement du secteur privé. Des unités de transformation des fruits et légumes sont établies au sein des coopératives et les femmes sont formées aux techniques de production telles que celles qui sont utilisées en France pour la fabrication de confitures. D'autres secteurs non saisonniers, comme ceux de la gomme arabique et du beurre de karité, ont connu le même succès et il existe désormais un lien évident entre l'intégration de ces secteurs dans les programmes nationaux et le budget du gouvernement.

Les initiatives suivantes, entre autres, ont été prises pour développer les exportations de mangues : renforcer l'octroi de crédits aux exportateurs de mangues ; améliorer la qualité des mangues maliennes par le traitement phytosanitaire des plantations de manguiers ; dispenser une formation et accorder un soutien adapté au secteur privé (exportateurs de mangues) pour qu'il puisse se conformer aux normes de certification GLOBALG.A.P. en vue d'exporter vers les marchés européens ; travailler à la mise en place d'un système de gestion de la qualité au sein des entreprises concernées ; faire connaître le secteur au niveau international à la faveur de foires commerciales ; et équiper la station PLAZA pour le contrôle de la conformité aux normes phytosanitaires des mangues destinées à l'exportation.

Malgré les revers politiques survenus depuis mars 2013, l'UNMO a appuyé des activités de formation et de renforcement des capacités pour des femmes travaillant dans le secteur agricole, des représentants du secteur privé, des producteurs de fruits, des exportateurs et des fonctionnaires d'autres ministères d'exécution.

Les activités de communication et de sensibilisation ont également aidé le Mali à mieux faire connaître le programme du CIR au-delà de ses parties prenantes directes. De nombreuses activités de sensibilisation ont ainsi été organisées pour favoriser l'appropriation du programme par le pays, y compris à l'extérieur lors de foires commerciales et au moyen du site Web du pays consacré au CIR Cela a contribué à rallier un éventail de parties prenantes, par exemple dans la filière de la mangue. Ces réseaux apparaissent dans le film du CIR "Le commerce à l'œuvre " et une large publicité a été donnée au programme au moyen de dépliants, dans une revue économique et par des reportages à la télévision et dans la presse écrite. Le Mali figure également dans la série des profils des pays du CIR, qui été largement utilisée pour rendre plus visibles les objectifs du programme dans le cadre du programme national en matière de commerce.

En décembre 2010, le Mali a accueilli un atelier régional de sensibilisation du CIR pour l'Afrique centrale et l'Afrique de l'Ouest, dont les participants ont confronté leurs expériences en matière d'intégration du commerce, évoqué leurs efforts en matière de coordination et présenté des exemples concernant des pays de la région.

Projet de catégorie 2

Le projet du Mali concernant la gomme arabique vise à accroître les revenus des producteurs, des cueilleurs et des exportateurs, de manière à réduire la pauvreté dans le pays par le développement et l'exportation de ce produit. Au Mali, 370 500 personnes dépendent de la production de gomme arabique, dont 80 % (296 400) sont des femmes. Qui plus est, la superficie du pays, de 1,22 million de km2, étant recouverte à plus de 60 % de zones désertiques ou semi-désertiques et à 20 % par la zone sahélienne, le projet de catégorie 2 concernant la gomme arabique fait partie des efforts régionaux déployés dans le cadre de l'initiative "Grande muraille verte africaine", pour faire obstacle à l'avancée du désert du Sahara.

DIXIÈME PARTIE.

CODE DES INVESTISSEMENTS DU NIGER

LOI N° 2014-09 PORTANT CODE DES INVESTISSEMENTS EN REPUBLIQUE DU NIGER

Vu la Constitution du 25 novembre 2010 ;

Le Conseil des Ministres entendu ;

L'Assemblée Nationale a délibéré et adopté ;

Le Président de la République promulgue la loi dont la teneur suit :

TITRE PREMIER : DES DISPOSITIONS GENERALES ET DES DEFINITIONS

CHAPITRE PREMIER : De l'Objet

Article premier : La présente loi a pour objet de favoriser le développement des activités socio-économiques en stimulant l'investissement en République du Niger. Elle définit les différents régimes permettant la mise en œuvre des investissements, détermine les garanties et avantages ainsi que les obligations qui s'y rattachent.

CHAPITRE II : Des Définitions

Article 2 : Aux fins de la présente loi, on entend par :

1. Code des investissements : ensemble des garanties, avantages, obligations et les textes pris pour leur application.
2. Investisseur : toute personne, physique ou morale, de nationalité nigérienne ou non, réalisant dans les conditions définies dans le cadre du présent Code, des opérations d'investissement sur le territoire du Niger.
3. Investissement : capital employé par toute personne physique ou morale, pour l'acquisition de biens mobiliers, immobiliers, matériels et immatériels et pour assurer le financement des frais de premier établissement, ainsi que le besoin en fonds de roulement rendus nécessaires à l'occasion de la création d'entreprises nouvelles ou d'opérations de modernisation.
4. Investissement de capitaux provenant de l'étranger : les apports en capitaux, biens ou prestations provenant de l'étranger et donnant droit à des titres sociaux dans toute entreprise établie au Niger à condition que lesdits

apports ne soient pas des placements en portefeuille. Les réinvestissements de bénéfices de l'entreprise qui auraient pu être exportés.

5. Investissement productif : tout investissement permettant l'exercice d'une activité, qu'elle soit :

– de production ;

– de conservation ;

– de transformation d'une matière première, d'une matière d'œuvre ou de produits semi-finis en produits finis ;

– de prestations de services.

6. Entreprise : toute unité de production, de transformation et/ou de distribution de biens ou de services, à but lucratif, quelle qu'en soit la forme juridique, qu'il s'agisse d'une personne physique ou morale.

7. Entreprise nouvelle : toute entité économique nouvellement créée et en phase de réalisation d'un programme d'investissement éligible. L'investissement projeté doit permettre la création d'une activité nouvelle et ne pas résulter d'une ou de différentes modifications juridiques d'une entité ayant déjà exploité des actifs spécifiques à l'activité ciblée.

8. Fonds de roulement : partie de l'investissement nécessaire pour assurer le financement des dépenses courantes de l'entreprise.

9. Dépenses fiscales : le montant des revenus, y compris les pertes sur les royalties, attribuables aux dispositions fiscales ou assimilées, que ce soit par les lois fiscales ou de toute autre loi, les notes ou circulaires administratives, les accords ou conventions (quelle qu'en soit l'appellation), prévoyant une exclusion spéciale, une exonération, une réduction d'impôt ou de l'assiette des royalties, un crédit d'impôt spécial, des tarifs préférentiels de taxe ou de royalties, un report d'impôt ou une charge de royalties en tant que tel.

10. Matériels et outillages : objets et instruments qui servent à la transformation ou au façonnage des matières notamment matériel et outillage industriel, matériel et outillage agricole, matériel de manutention, matériel d'emballage à savoir emballage non livré à la clientèle, emballage récupéré et recyclé, matériel de réparation tel que les clés et autres outils.

11. Zones Franches : on entend par « Zones Franches », une partie du territoire national délimitée dans laquelle les matières premières et marchandises qui y sont introduites sont généralement considérées comme n'étant pas sur le territoire douanier au regard des droits et taxes à l'importation à condition que ces matières premières et marchandises soient destinées en quasi-totalité à la production de biens destinés à l'exportation.

12. Point Franc : zone franche réduite à une aire géographique qui se confond avec l'aire d'implantation d'une entreprise.

13. Extension : tout programme d'investissement initié par une entreprise existante agréée qui engendre un accroissement d'au moins 30 % de la capacité de production ou de la valeur d'acquisition des actifs immobilisés.

14. Diversification : acquisition de matériels et d'équipements en vue de la fabrication de nouvelles gamines de produits.

15. Modernisation : investissements consistant à remplacer les équipements de production existants par d'autres de meilleure qualité à condition que le coût de nouveaux équipements soit au moins égal à 30 % de la valeur des immobilisations corporelles initiales.

TITRE II : DE LA MISE EN OEUVRE ET DU CHAMP D'APPLICATION DU CODE DES INVESTISSEMENTS.

CHAPITRE PREMIER : De la mise en œuvre.

Article 3 : La mise en œuvre du Code des investissements est assurée par un guichet unique créé à cet effet auprès du Ministre en charge de l'Industrie, conformément aux textes en vigueur. L'acte de création du guichet unique précise ses attributions, son organisation et son mode de fonctionnement.

CHAPITRE II : Du champ d'application

Article 4 : La présente loi s'applique aux personnes physiques ou morales exerçant ou désireuses d'exercer les activités suivantes, quelle que soit leur nationalité :

a) activités agro-pastorales

– agriculture industrielle (spéculation végétale ou animale) ;

– transformation des produits d'origine végétale ou animale ;

– production et/ou conditionnement des produits de l'agriculture, de l'élevage, de la pisciculture et de la sylviculture ;

b) activités manufacturières de production ou de transformation ;

c) production d'énergie nouvelle et renouvelable ;

d) extraction et transformation de produits de carrière ou de substances minérales à l'exclusion des activités d'extraction et de transformation des substances minérales concessibles qui demeurent régies par le code minier et le code pétrolier ;

e) activités d'enfûtage de gaz à usage domestique, industriel et/ou médical ;

f) industries chimiques, para chimiques et pharmaceutiques ;

g) artisanat de production ;

h) équipements de centres de production audiovisuelle et sportifs ;

i) constructions et équipements d'établissements de soins de santé et laboratoires de contrôles et d'analyses médicales ;

j) acquisition de moyens de transports publics de voyageurs à l'état neuf, à hauteur d'au moins (10) bus pour les transports publics de voyageurs, ainsi que les pièces détachées dans une proportion de 10 % de la valeur de chaque bus ;

k) acquisition de moyens de transports publics de marchandises à l'état neuf, à hauteur d'au moins (5) camions, ainsi que les pièces détachées dans une proportion de 20 % de la valeur de chaque camion ;

l) constructions et équipements d'établissements d'enseignement primaire, secondaire et supérieur, de formation professionnelle et technique ;

m) équipements d'entreprises de maintenance industrielle ;

n) transport aérien et fluvial ;

o) construction et équipements d'établissements de tourisme et d'hôtellerie ;

p) équipements d'entreprises d'imprimerie et d'édition ;

q) réalisation d'un programme de construction d'habitat social ou d'entrepôt conforme aux normes internationales en vue de la vente ou de la location ;

r) constructions et équipements de laboratoires d'analyses du sol et de l'environnement ;

Lorsqu'une entreprise agréée à un régime privilégié pour une activité donnée, exerce une autre activité non concernée de droit par ce régime, elle ne peut en aucune manière faire valoir les avantages issus de ce régime pour cette autre activité.

Articles 5 : Sont exclues du bénéfice du présent code ;

– les activités purement commerciales (achat et vente de produits) ;

– les activités de recherches et d'exploitation minières ;

– les activités de recherches et d'exploitation pétrolières.

Ces activités sont régies respectivement par le droit harmonisé des affaires de l'OHADA, le Code Minier, le Code Pétrolier et leurs textes d'application.

TITRE III : DES GARANTIES GENERALES, DROITS, LIBERTES ET OBLIGATIONS

CHAPITRE PREMIER : Des Garanties Générales, Droits et Libertés

Article 6 : Dans les conditions prévues par la Constitution, les lois et règlements applicables, la propriété privée de tous biens, mobiliers ou immobiliers, matériels ou immatériels, est protégée, en tous ses aspects juridiques et commerciaux, ses éléments et ses démembrements, sa transmission et les contrats dont elle fait l'objet.

L'entreprise est garantie contre toute mesure de nationalisation, d'expropriation ou de réquisition sur toute l'étendue du territoire national, sauf pour cause d'utilité publique. Le cas échéant, l'entreprise bénéficiera d'une juste et préalable indemnisation.

Article 7 : L'obtention de devises nécessaires aux activités des entreprises n'est pas limitée au sein de la République du Niger. L'entreprise a, par conséquent, la garantie qu'aucune restriction ne peut lui être faite, pour ses besoins en devises, notamment pour :

– assurer ses paiements normaux et courants ;

– financer ses fournitures et prestations diverses de services, notamment celles réalisées avec les personnes physiques ou morales, hors de la République du Niger. Toutefois, les paiements ainsi que les opérations de transfert, sont soumis à la réglementation des changes en vigueur au Niger.

Article 8 : L'Etat garantit à l'entreprise la liberté de transférer les revenus ou les produits de toute nature résultant de son exploitation, de toute cession d'éléments d'actifs ou de sa liquidation, conformément aux textes en vigueur.

La même garantie s'étend aux investisseurs, aux entrepreneurs, aux associés, aux personnes physiques ou morales, non ressortissant du Niger, en ce qui concerne leurs parts de bénéfices, le produit de la vente de leurs droits d'associés, la reprise d'apports en nature, leur part de partage du bonus après liquidation.

Article 9 : L'Etat garantit la liberté de transférer tout ou partie de sa rémunération, quels qu'en soient la nature juridique et le montant exprimé en monnaie locale ou en devises, à tout membre du personnel d'une entreprise, ressortissant d'un Etat tiers et pouvant justifier, au besoin, de la régularité de son séjour au Niger et sous réserve de réciprocité.

Article 10 : L'Etat du Niger garantit à l'entreprise la liberté d'accès aux matières premières brutes ou semi-transformées, produites sur toute l'étendue du territoire de la République du Niger. Les ententes ou pratiques qui faussent le jeu de la concurrence sont réprimées conformément aux textes en vigueur.

Article 11 : Tout investisseur peut, sous réserve de respect des lois et règlements en vigueur, acquérir tous les droits de toute nature en matière de propriété, de concession, d'autorisation administrative et de participation aux marchés publics.

Article 12 : Quelle que soit leur nationalité, les investisseurs reçoivent le même traitement eu égard aux droits et obligations découlant de la législation nigérienne et relatif à l'exercice de leurs activités.

A ce titre, les personnes physiques ou morales étrangères reçoivent un traitement identique à celui des personnes physiques ou morales de nationalité nigérienne, sous réserve de réciprocité et sans préjudice des mesures pouvant concerner l'ensemble des ressortissants étrangers ou résulter des dispositions des traités et accords auxquels est partie la République du Niger.

Article 13 : Les personnes physiques ou morales étrangères reçoivent le même traitement sous réserve des dispositions des traités et accords conclus par la République du Niger avec d'autres Etats.

Article 14 ; Sous réserve du respect des obligations prévues à l'article 15 ci-dessous, l'entreprise jouit d'une pleine et entière liberté économique et concurrentielle.

A cet effet, elle est notamment libre de :

– acquérir les biens, droits et concessions de toute nature, nécessaires à son activité, tels que biens fonciers, mobiliers, immobiliers, commerciaux, industriels ou forestiers ;

– disposer de ses droits et biens acquis ;

– faire partie de toute organisation professionnelle de son choix ;

– choisir ses modes de gestion technique, industrielle, commerciale, juridique, sociale et financière ;

– choisir ses fournisseurs et prestataires de services ainsi que ses partenaires ;

– participer aux appels d'offres de marchés publics, sur l'ensemble du territoire ;

– choisir la stratégie de gestion des ressources humaines et d'effectuer librement le recrutement de son personnel de direction, conformément à la réglementation et la législation en vigueur.

L'entreprise bénéficie des garanties prévues par les règlements et directives en vigueur de l'Union Economique et Monétaire Ouest Africaine (UEMOA) et de la Communauté Economique des Etats de l'Afrique de l'Ouest (CEDEAO) ainsi que de celles offertes aux investisseurs par l'Agence Multilatérale de Garanties des investissements (MIGA).

CHAPITRE II : Des Obligations

Article 15 : Tout investisseur est tenu au respect des obligations générales suivantes :

– réaliser le programme d'investissement agréé au régime du Code selon la description et dans les délais prévus dans l'acte d'agrément ;

– fournir toutes les informations devant permettre de contrôler le respect de l'agrément et dans les délais prévus dans l'acte d'agrément ;

– faire parvenir à l'autorité compétente, une copie des informations à caractère statistique que toute entreprise est légalement tenue d'adresser aux Services Statistiques Nationaux et dans les délais prévus dans l'acte d'agrément ;

– informer l'autorité compétente du niveau de réalisation du projet et dans les délais prévus dans l'acte d'agrément ;

– déclarer à l'autorité compétente, la date de démarrage de l'activité pour laquelle son programme a été agréé et de déposer le récapitulatif des investissements réalisés ;

– se conformer à la législation du Niger, notamment en ce qui concerne les textes et règlements régissant la création et le fonctionnement des entreprises, le respect de l'ordre public, la protection des consommateurs et de l'environnement ;

– déclarer aux services chargés de la promotion d'emploi, le nombre et la qualité des emplois à créer ;

– respecter la législation en vigueur en matière de travail, d'emploi et de sécurité sociale, notamment la priorité accordée aux compétences nationales disponibles sur le marché du travail ainsi que le transfert des compétences ;

– respecter la réglementation en vigueur en matière d'emploi, notamment à compétence égale, employer les nationaux ;

– fournir toute information jugée nécessaire, pour un contrôle de ses obligations découlant du présent Code ;

– disposer d'une organisation comptable SYSCOA (Système Comptable de l'Ouest Africain) qui s'appuie sur l'Acte Uniforme relatif au Droit Comptable prévu dans le Traité de l'OHADA ;

– se conformer à toutes les obligations de déclarations prévues au code général des impôts et en matière de sécurité sociale ;

– utiliser le français comme langue de travail ;

– préciser le montant des investissements à effectuer chaque année, pendant la durée de l'agrément, en monnaie locale ou l'équivalent en dollars américains ;

– indiquer le lieu de l'investissement ou des investissements ;

– préciser le nombre d'emplois à créer et leur lieu de création.

TITRE IV : DES REGIMES

CHAPITRE PREMIER : Des Dispositions communes

Article 16 : Le présent code des investissements institue trois (03) régimes privilégiés distincts :

– un régime promotionnel ;

– un régime conventionnel ;

– un régime des Zones Franches et Points Francs.

Article 17 : Peut bénéficier d'un régime privilégié, toute personne physique ou morale exerçant une des activités visées à l'article 4 du présent code qui présente un projet offrant les garanties financières, techniques et de rentabilité économique.

Article 18 : Les personnes physiques ou morales qui sollicitent le bénéfice d'un régime privilégié cité à l'article 16 ci-dessus, doivent s'engager à :

– employer en priorité les compétences nationales disponibles sur le marché du travail et présenter un cahier de charges portant sur les dispositions prises pour préparer un Nigérien à la relève du travailleur étranger au tenue de la durée du visa fixé par voie réglementaire ;

– utiliser en priorité les matériaux, matières premières, produits et services d'origine nigérienne ;

– se conformer aux normes de qualité nationale ou internationale applicables au Niger aux produits ou services résultant de leur activité ou utilisés dans le cadre de leur activité ;

– fournir toutes informations devant permettre de contrôler le respect des conditions de l'agrément ;

– s'acquitter des droits et taxes telle que définis par le Code des Douanes, des équipements, matériels, matériaux et outillages acquis en exonération de droits et taxes en cas de cession ou de transfert de ceux-ci.

La cession partielle ou totale des actifs de l'entreprise agréée doit au préalable requérir l'accord du Ministre chargé de l'Industrie et du Ministre chargé des Finances.

Article 19 : La décision relative à l'agrément doit être prise et communiquée à l'investisseur dans un délai qui ne peut excéder trente (30) jours ouvrables à compter de la date de dépôt du dossier de demande auprès du Guichet Unique de Gestion du Code des Investissements.

Si au terme de ce délai, aucune réponse n'est donnée, l'agrément est réputé accordé. Dans ce cas, les autorités compétentes sont tenues de notifier l'arrêté d'agrément dans un délai de sept (7) jours francs ; le récépissé de dépôt faisant foi.

La décision relative à l'agrément doit faire l'objet d'une publication au Journal officiel de la République du Niger. L'avis de publication doit comporter les informations suivantes :

– le montant des investissements à effectuer chaque année, pendant la durée de l'agrément, en monnaie locale ou l'équivalent en dollar américain et/ou en euro ;

– le lieu de l'investissement ou des investissements ;

– le nombre d'emplois à créer et leur lieu de création ;

– l'estimation des avantages fiscaux pour chacune des incitations fiscales octroyées, en monnaie locale ou l'équivalent en dollars américains au cours des cinq prochaines années.

La décision relative à l'agrément entre en vigueur à compter de sa date de publication au Journal Officiel de la République du Niger.

Article 20 : Le bénéfice du code des investissements est accordé :

1. Par décret pris en Conseil des Ministres sur rapport conjoint des Ministres en charge de l'Industrie et des Finances pour le régime conventionnel et le régime des Zones Franches et des Points Francs ;

2. Par arrêté conjoint des Ministres en charge de l'Industrie et des Finances pour le régime promotionnel.

Les projets de décret et d'arrêté sont préparés par le Guichet Unique de Gestion du Code des

Investissements.

Article 21 : Le décret ou l'arrêté qui accorde le bénéfice du code des investissements fixe notamment :

– l'objet, l'étendue, le lieu d'implantation et la durée de réalisation du programme d'investissement :

– les avantages accordés aux bénéficiaires et leur durée ;

– les obligations auxquelles l'entreprise est assujettie.

Article 22 : En cas de non-respect des engagements pris par l'entreprise, les mesures suivantes peuvent être prises à son encontre :

1. La suspension de l'agrément si trois (3) mois après une mise en demeure écrite, aucune disposition n'est prise par l'entreprise agréée pour régulariser sa situation.

2. le retrait de l'agrément :

a) si dans un délai de six (6) mois à compter de la date de suspension de l'agrément, l'entreprise ne régularise pas sa situation ;

b) si l'entreprise n'a pas réalisé son programme d'investissement dans un délai de trente-six (36) mois pour le régime promotionnel et dans un délai de trente-six (36) mois pour le régime conventionnel ;

c) sur proposition du Guichet Unique de Gestion du Code des Investissements, en cas de fraude ou de manquement grave ou intentionnel de l'entreprise aux obligations qui lui incombent, constaté par le Guichet Unique de Gestion du Code des Investissements ou notifié par les services compétents. Dans ce cas, le retrait entraîne le remboursement au Trésor Public, du montant des avantages fiscaux et douaniers obtenus pendant la période écoulée conformément aux dispositions du Code Général des Impôts et du Code des Douanes. La suspension ou le retrait de l'agrément est prononcé dans les mêmes formes que son octroi.

Article 23 : La cession partielle ou totale des actifs de l'entreprise agréée doit au préalable requérir l'accord du Ministre chargé de l'Industrie et du Ministre chargé des Finances.

Article 24 : En cas d'arrêt exceptionnel des activités d'une entreprise agréée au Code des

Investissements, pour des raisons de force majeure, celle-ci peut demander la suspension du régime privilégié pour une période qui sera fixée avec l'accord du Ministre en charge de l'industrie.

La date d'expiration du régime d'agrément est modifiée en conséquence.

Article 25 ; Lorsqu'une entreprise agréée pour une activité donnée, à l'un des régimes privilégiés du présent code des investissements, cesse d'exercer après l'expiration de la durée de son agrément, ses promoteurs ne peuvent, ni individuellement, ni collectivement, prétendre au bénéfice d'agréments similaires sur d'autres projets nouveaux poursuivant le même objet et s'adressant pour l'essentiel à la même clientèle.

Article 26 : Toute entreprise ayant bénéficié d'un régime d'agrément et qui cesse d'exercer ses activités à la fin de la durée de l'agrément sera tenue de rembourser les montants des impôts non dus du fait de ce régime, si la cessation des activités résulte du fait de manœuvres frauduleuses.

CHAPITRE II : Du Régime Promotionnel

Article 27 : Le régime promotionnel est accordé à toute personne physique ou morale qui remplit les conditions prévues aux articles 4 et 17 de la présente loi, lorsque le montant des investissements est égal ou supérieur à vingt-cinq (25) millions de FCFA et inférieur à deux (02) milliards de francs CFA, hors taxes et hors fonds de roulement, entraînant la création d'au moins :

– cinq (5) emplois nationaux permanents lorsque le montant des investissements est inférieur ou égal à cent (100) millions de francs CFA, hors taxes et hors fonds de roulement :

– dix (10) emplois nationaux permanents lorsque le montant des investissements est supérieur à cent (100) millions de francs, hors taxes et hors fonds de roulement,

Article 28 : La durée du régime promotionnel est fixée à six (6) ans y compris la phase de réalisation des investissements fixée à trente-six (36) mois.

CHAPITRE III ; Du Régime conventionnel

Article 29 : Le régime conventionnel est accordé à toute personne physique ou morale qui remplit les conditions prévues aux articles 4 et 17 de la présente loi, lorsque le montant des investissements est supérieur ou égal à deux (2) milliards de francs CFA, hors taxes et hors fonds de roulement, entraînant la création d'au moins vingt (20) emplois permanents.

Article 30 : La durée du régime conventionnel est fixée à sept (07) ans y compris la phase d'investissement dont la durée ne peut excéder trois (03) ans.

CHAPITRE IV : Du régime des Zones Franches et des Points Francs

Article 31 : Les entreprises orientées principalement vers l'exportation sont classées sous le régime des Zones Franches ou des Points Francs.

Les modalités de création, d'installation, de fonctionnement et le régime fiscal et douanier des zones franches et des points francs sont déterminés par décret pris en Conseil des Ministres, sur proposition conjointe des Ministres en charge de l'industrie et des finances.

TITRE V : DES AVANTAGES

CHAPITRE PREMIER : Des avantages fiscaux et douaniers pendant la phase de réalisation des investissements

Article 32 : Toute entreprise agréée au présent code bénéficie de :

– l'exonération totale des droits et taxes perçus par l'Etat y compris la taxe sur la valeur ajoutée sur les prestations de services, les travaux et services concourant directement à la réalisation du programme d'investissement agréé ;

– l'exonération totale des droits et taxes de Douanes, y compris la taxe sur la valeur ajoutée, à l'exclusion de la Redevance Statistique (RS), du Prélèvement Communautaire (PC), du Prélèvement Communautaire de Solidarité (PCS), sur les matériels, matériaux, équipements et outillages importés et concourant directement à la réalisation du programme d'investissement agréé.

Toutefois, en cas de disponibilité des produits équivalents fabriqués localement, l'importation des matériels, matériaux, outillages et équipements ne donne pas lieu à l'exonération.

Article 33 : Les matériels, matériaux, équipements et outillages ayant bénéficié des avantages du présent code ne peuvent faire l'objet de cession, de transfert ou recevoir d'autres destinations que celles pour lesquelles ils ont été importés sauf acquittement préalable des droits et taxes, à moins qu'ils ne bénéficient d'un autre régime douanier privilégié.

CHAPITRE II : Des avantages fiscaux et douaniers pendant la période d'exploitation.

Article 34 : Les entreprises agréées au présent Code des Investissements, bénéficient de l'exonération totale des droits et taxes de douanes, à l'exclusion de la Redevance Statistique (RS), du Prélèvement Communautaire (PC), du Prélèvement Communautaire de Solidarité (PCS) et de la Taxe sur Valeur Ajoutée (TVA), sur les matières premières et emballages importés en cas d'indisponibilité de produits équivalents fabriqués localement.

Article 35 : Les entreprises agréées au présent code bénéficient de l'exonération totale des impôts directs et taxes ci-dessous :

– l'Impôt du Minimum Forfaitaire (IMF ;

– la Taxe Professionnelle (TP) ;

– la Taxe Immobilière (TI).

Article 36 : La durée d'exonération d'impôts et taxes consentie à l'article 35 ci-dessus ne saurait excéder la phase d'exploitation, sous réserve des dispositions de l'article 39 ci-dessous.

Article 37 : La date du début de l'exploitation est entendue comme la date à partir de laquelle l'entreprise réalise sa première offre de bien ou service sur le marché. Cette date doit être notifiée à l'Administration fiscale et au Guichet unique de gestion du Code des Investissements qui délivre une attestation à cet effet.

CHAPITRE III : Des avantages particuliers des régimes privilégiés

Article 38 : Les programmes d'extension, de diversification et de modernisation ne bénéficient des avantages du présent Code que pour la phase de réalisation de leurs investissements.

Article 39 : La durée des avantages afférents aux différents régimes est bonifiée de trois (3) ans pendant la phase d'exploitation pour les entreprises qui s'implantent sur un rayon de 50 km en dehors du territoire de la ville de Niamey.

Le lieu d'implantation s'entend du lieu de l'installation de l'outil de production.

Article 40 : Les entreprises agréées au présent Code bénéficient de l'exonération des droits et taxes à l'exportation de leurs produits.

Article 41 : Les entreprises existantes n'ayant jamais bénéficié des avantages du code des investissements peuvent bénéficier des avantages dudit code pour la phase de réalisation de nouveaux investissements.

Article 42 : Les personnes physiques ou morales qui sollicitent le bénéfice des incitations fiscales et douanières à l'investissement privé prévues au présent titre sont soumises aux conditions suivantes :

– être immatriculées au registre du commerce et du crédit mobilier et posséder un certificat d'immatriculation fiscale valide et à jour ;

– tenir une comptabilité séparée conforme au plan comptable en vigueur pour l'ensemble de leurs activités soumises au bénéfice du régime des incitations fiscales à l'investissement privé ;

– remplir régulièrement leurs obligations déclaratives mensuelles et annuelles.

TITRE VI : DES DISPOSITIONS SPECIALES

Article 43 : Nonobstant les dispositions des articles 4 ; 17 ; 27 ; 28 ; 29 ; 30 ; 34 ; 35, 36, 38 et 39, les activités énumérées aux points d, e, h, i, j, k, l, m, n, o, p, q, r de l'article 4 de la présente loi, ne peuvent bénéficier des avantages prévus au présent code que pendant la phase de réalisation des investissements.

Article 44 : Nonobstant les dispositions de l'article 4, les projets et programmes d'investissements définis comme prioritaires par le Ministre en charge de l'industrie peuvent bénéficier directement d'un régime privilégié sur simple demande de promoteur.

Les avantages ainsi que les obligations de l'investisseur seront définis par arrêté conjoint des Ministres en charge de l'Industrie et des finances ou par décret pris en Conseil des Ministres.

TITRE VII : DU REGLEMENT DES LITIGES

Article 45 : Les différends ou les litiges opposant un investisseur à l'Etat du Niger relatifs à la validité, l'interprétation, l'application ou la révision d'une ou plusieurs clauses de l'agrément, font d'abord l'objet d'une procédure de règlement à l'amiable entre les parties.

Article 46 : La partie qui prend l'initiative du règlement à l'amiable, saisit l'autre partie par lettre, ou par tout autre moyen laissant trace écrite, avec accusé de réception.

Article 47 : Si le désaccord persiste, le règlement du différend fait l'objet d'arbitrage dans les conditions ci-après :

1. La constitution d'un collège arbitral par :
– la désignation d'un arbitre par chacune des parties ;
– la désignation d'un tiers arbitre par les deux premiers arbitres.

Dans le cas où l'une des parties n'aurait pas désigné un arbitre dans les soixante (60) jours de notification par l'autre partie de son arbitre désigné, et dans le cas où les deux premiers arbitres ne se seraient pas mis d'accord sur le choix du tiers arbitre dans les trente (30) jours de la désignation du deuxième arbitre, la désignation du deuxième ou du tiers arbitre selon le cas sera faite par la juridiction nationale compétente à l'initiative de la partie la plus diligente.

Les arbitres statuent en équité et la sentence est rendue à la majorité des arbitres, est définitive et exécutoire.

2. La possibilité pour les non nationaux de recourir au Centre International pour le Règlement des Différends Relatifs aux Investissements (CIRDI), à moins qu'il n'existe un accord bilatéral de promotion ou de protection des investissements conclu avec l'Etat dont l'investisseur est ressortissant et ayant prévu une procédure.

Article 48 : La langue de l'arbitrage est le français et toute sentence arbitrale qui en découle sera définitive et exécutoire.

TITRE VIII : DES DISPOSITIONS TRANSITOIRES ET FINALES

Article 49 : Les entreprises qui bénéficient de mesures particulières de faveur ou des conventions d'investissement avant l'entrée en vigueur de la présente loi, continuent de bénéficier des avantages et garanties qui leur ont été accordés, jusqu'à l'expiration de la durée légale desdits avantages et garanties.

Article 50 : Les avantages prévus par la présente loi ne peuvent s'ajouter à ceux qui, de même nature ou de même objet, ont pu être accordés au titre d'investissements précédemment agréés.

Article 51 : Les avantages du présent code des investissements restent acquis aux ayants droit en cas de transfert d'entreprise sous quelque forme que ce soit, pourvu que les activités restent conformes à celles initialement déclarées.

Aucune disposition réglementaire prenant effet à une date postérieure à celle de l'agrément, ne peut avoir pour effet de supprimer ou de restreindre à l'égard de l'entreprise les dispositions du régime privilégie dont elle bénéficie.

Article 52 : *Sont* abrogées toutes dispositions antérieures contraires à la présente loi.

Article 53 : La présente loi est publiée au Journal Officiel de la République du Niger et exécutée comme loi de l'Etat.

Niamey, le 16 avril 2014

Signé : Le Président de la République

ISSOUFOU MAHAMADOU

Le Premier Ministre

BRIGI RAFINI

Le Ministre d'Etat, Ministre des Mines et du Développement Industriel

OMAR HAMIDOU TCHIANA

La Ministre Déléguée auprès du Ministre d'Etat, Ministre des Mines et du Développement Industriel, chargée du Développement Industriel

Docteur KAFFA RAKIATOU CHRISTELLE JACKOU

Pour ampliation :

Le Secrétaire Général du Gouvernement

ORDONNANCE N° 97-09 DU 27 FEVRIER 1997, PORTANT MODIFICATION DE L'ORDONNANCE N°89-19 DU 08 DECEMBRE 1989, PORTANT CODE DES INVESTISSEMENTS EN REPUBLIQUE DU NIGER

Le Président de la République

Vu la Constitution ;

Vu l'Ordonnance n° 89-19 du 8 décembre 1989 portant Code des Investissements en République du Niger ;

Sur Rapport du ministre du Développement industriel et de l'Energic ;

Le conseil des ministres entendu ;

Ordonne :

Article premier : L'ordonnance n° 89-19 du 08 décembre 1989 est modifiée ainsi qu'il suit :

Art.- 9 *(nouveau)*.- Le présent Code s'applique aux personnes physiques ou morales exerçant ou désireuses d'exercer une activité dans les secteurs suivants, quelle que soit leur nationalité.

– Agriculture industrielle (spéculation végétale ou animale) ;

– Activités connexes de transformation de produits d'origine végétale ou animale ;

– Production et/ou conditionnement en vue de l'exportation des produits de l'agriculture de l'élevage ou de la pêche.

c) Production d'énergie ;

d) Extraction et transformation de produits de carrière ou de substances minérales à l'exclusion des activités d'extraction et de transformation des substances minérales concessibles qui demeurent régies par la loi minière et le code pétrolier ;

e) Réalisation d'un programme de construction d'habitat social en vue de la vente ou de la location ;

f) Activité de maintenance d'équipements industriels.

Les personnes physiques ou morales ci-dessus visées sont assurées en ce qui concerne cette activité, des garanties générales énoncées au titre II de la présente ordonnance et sous réserve de leur admission au bénéfice d'un des régimes prévus au titre IV, des avantages particuliers y afférents.

g) Transport Aérien

h) Construction et équipements d'hôtels.

Art.- 10 *(nouveau)*.- Sans préjudice des dispositions prévues à l'article 9 ci-dessus, des avantages particuliers pourront être accordés aux personnes physiques ou morales quelle que soit leur nationalité exerçant ou désireuses d'exercer des activités spécifiques limitativement énumérées :

– Artisanat de production ;

– Production culturelle et artistique ;

– Construction d'écoles et établissements de soins ;

– Transports publics de voyageurs et de marchandises ;

– Innovation technologique.

Art.- 13 *(nouveau)*.- Peut bénéficier d'un régime privilégié, toute personne physique ou morale visée à l'article 9 ci-dessus qui présente un projet offrant les garanties financières, techniques et de rentabilité économique satisfaisante et qui s'engage :

– soit à créer une activité nouvelle ;

– soit à développer ou à restructurer par la modernisation, la diversification, la reconversion ou l'extension, une activité existante.

Art.- 14 *(nouveau)*.- Les personnes physiques ou morales qui sollicitent le bénéfice d'un régime privilégié cité à l'article 12 doivent s'engager à :

– Employer en priorité des ressortissants nigériens et présenter un programme de formation et de perfectionnement continu du personnel dans les perspectives d'une "nigérisation" ;

– Utiliser en priorité les matériaux, matières premières, produits et services d'origine nigérienne ;

– Se conformer aux normes de qualité nationale ou internationale applicable au Niger aux produits ou services résultant de leur activité ;

– Disposer d'une organisation comptable permettant de se conformer aux dispositions légales et réglementaires ainsi qu'aux usages existants en la matière ;

– Fournir toutes informations devant permettre de contrôler le respect des conditions de l'agrément ;

– s'acquitter des droits et taxes non perçus sur les équipements acquis en exonération de droits en cas de revente de ceux-ci.

Art.- 22 *(nouveau)*.- La durée du régime est fixée à cinq (5) ans pour le régime A.

Art.- 23 *(nouveau)*.- Le régime A accordé aux entreprises les avantages suivants :

1° En phase de réalisation des investissements exonération totale :

– des droits et taxes perçus par l'Etat à l'exclusion de la taxe statistique, mais y compris la taxe sur la valeur ajoutée (TVA) sur les matériaux, outillages et équipements de production et concourant directement à la réalisation du programme agréé.

Toutefois, en cas de disponibilité des produits locaux équivalents, l'importation des matériaux, outillages et équipements ne donne pas lieu à exonération ;

– des droits et taxes perçus par l'Etat y compris la TVA sur les prestations de services, sur les travaux et services concourant directement à la réalisation du programme d'investissement agréé.

2° En phase d'exploitation, exonération totale :

– de la patente

– de la contribution foncière

– de l'impôt sur le bénéfice industriel et commercial (B.I.C) et de l'impôt minimum forfaitaire (I.M.F.).

Art.- 24.- *Abrogé.*

Art.- 25 *(nouveau).*- Peuvent bénéficier des avantages du régime B, les entreprises nouvelles suivantes :

a) les petites entreprises créant au moins cinq (5) emplois permanents pour des Nigériens et réalisant au moins cinquante (50) millions de francs CFA d'investissements hors taxes et hors fonds de roulement ;

b) les entreprises moyennes créant au moins dix (10) emplois permanents pour des Nigériens et réalisant au moins deux cent cinquante (250) millions de francs CFA d'investissements hors taxes et hors fonds de roulement ;

c) les grandes entreprises réalisant un programme d'investissement portant :

– soit sur la création d'au moins cent cinquante (150) emplois permanents pour des Nigériens ;

– soit sur un montant d'investissement minimum de un (1) milliard de francs CFA hors taxes et hors fonds de roulement.

Les entreprises moyennes ou grandes dont l'investissement et la création d'emploi restent au-dessous des seuils fixés ci-avant sont respectivement considérées, selon le cas, comme petites entreprises ou entreprises moyennes au sens du présent article. Elles bénéficient donc du régime B à condition de satisfaire aux conditions concernant la catégorie inférieure.

Art. 26 (nouveau).- *Les entreprises agréées au régime B bénéficient des avantages suivants :*

1° En phase de réalisation des investissements :

– Exonération totale des droits et taxes perçus par l'Etat y compris la TVA sur les prestations de services, sur les travaux et services concourant directement à la réalisation du programme d'investissement agréé.

– Exonération totale des droits et taxes perçus par l'Etat à l'exclusion de la taxe statistique, mais y compris la taxe sur la valeur ajoutée (TVA) sur les matériaux, outillages et équipements de production et concourant directement à la réalisation du programme d'investissement agréé.

– Toutefois, en cas de disponibilité des produits locaux équivalents, l'importation des matériaux, outillages et équipements ne donne pas lieu à exonération.

2° En phase d'exploitation, exonération totale sur toute la durée du régime

– de la patente ;

– de l'impôt minimum forfaitaire (IMF) ;

– de la contribution foncière de la taxe sur la valeur locative ;

– des droits et taxes à l'exclusion de la redevance statistique et de la taxe sur la valeur ajoutée, sur les matières premières, matières consommables et emballages fabriqués localement ou importés en cas d'indisponibilité de produits similaires locaux.

Art.- 28 *(nouveau).*- La durée du régime B est fixée à cinq (5) ans quel que soit la taille de l'entreprise (petite, moyenne ou grande).

Art.- 29 *(nouveau).*- Les investissements admis au régime A ou B du présent Code, peuvent accéder à un régime plus avantageux, si avant la fin de leur régime en cours, les promoteurs concernés apportent la preuve que le montant des investissements atteint le niveau requis pour bénéficier de ce régime.

Art.- 30 *(nouveau)*.- Le régime C est accordé aux grandes entreprises présentant une importance exceptionnelle pour l'exécution des programmes nationaux de développement économique et social et répondant à l'un des deux (2) critères suivants :

– montant d'investissement minimum égal à deux (2) milliards de francs CFA hors taxes et hors fonds de roulement ;

– nombre minimum d'emplois permanents pour des Nigériens créés égal à quatre cents (400).

Il est accordé sur demande de l'entreprise pour une durée fixée à cinq (5) ans.

Chapitre V *(nouveau) :* Il est ajouté au titre IV un Chapitre V intitulé comme suit

"Programme d'extension de diversification de renouvellement ou de modernisation d'une entreprise existante"

Art.- 36.1 : Il est ajouté après l'article 36, un article 36.1 libellé comme suit :

Les programmes d'extension, de diversification de renouvellement ou de modernisation qui remplissent les conditions suivantes sans qu'elles soient obligatoirement cumulatives : peuvent bénéficier des avantages du Code des Investissements :

– la création d'une importante valeur ajoutée ;

– la création d'emplois supplémentaires ;

– la substitution d'une matière première importée ou d'une manière générale la valorisation d'une matière première locale.

Les entreprises agrées au titre d'un programme d'extension, de diversification, de renouvellement ou de modernisation ne peuvent bénéficier que des seuls avantages prévus à l'article 26 pour la phase de réalisation des investissements.

Art.- 36.2 : Il est ajouté au titre V : "Dispositions spéciales", un article 36.2 placé avant l'article 37 libellé comme suit :

Les programmes d'investissement relatifs aux projets industriels, définis comme prioritaires par le ministre chargé de l'industrie dans ses programmes d'action, peuvent bénéficier directement d'un régime privilégié sur simple demande des promoteurs.

Les avantages ainsi que les obligations de l'investisseur seront définis par arrêté conjoint du ministre chargé de l'industrie et du ministre chargé des finances.

Art.- 39.- *Abrogé.*

Art.- 40 *(nouveau)*.- Les personnes physiques ou morales désireuses d'investir dans la production cinématographique peuvent bénéficier des exonérations des droits et taxes y compris la taxe sur la valeur ajoutée (TVA) à l'exclusion de la taxe statistique sur :

– les appareils de production (appareils de prise de son, de projection, de reproduction de sons et d'images, etc.), leurs accessoires, parties ou pièces détachées ;

– les matériaux de construction, outillage et équipements produits localement ou importés et consommables en une seule fois, en cas d'indisponibilité des produits locaux équivalents et concourant directement à la réalisation de l'investissement.

Art.- 41 *(nouveau).*- Sont considérés pour l'application du présent Code comme exerçant une activité artisanale de production, les entrepreneurs individuels ou les groupements d'artisans exerçant dans les filières suivantes :

– la production artisanale d'outillage et d'équipements agricoles, de l'élevage, de la pêche et de l'hydraulique ;

– la production, la transformation et/ou la conservation artisanale des produits agricoles, de l'élevage, de la pêche, des mines et carrières ;

– la production artisanale de matériels et équipements nécessaires à la transformation et à la conservation des produits agricoles, de l'élevage et de la pêche ;

– l'extraction et/ou la transformation artisanale des minerais et minéraux de carrière (sel, natron, poterie, pierre à talc, bijouterie, cassitérite, gypse, or, etc.) ;

– la fabrication artisanale d'objets utilitaires (menuiserie, sparterie, vannerie) ;

– les activités artisanales de textiles, tissage et confection ;

– toute autre activité manufacturière artisanale utilisant des procédés valorisant les ressources nationales.

b) Le bénéfice de l'agrément aux dispositions spéciales du Code des investissements est accordé aux entreprises artisanales individuelles ou associatives qui satisfont à la totalité des critères ci-après :

– la détention d'un atelier fixe ;

– l'existence d'une inscription légale ou d'un statut ;

– la tenue d'une comptabilité ;

– la réalisation d'un programme d'investissement visant soit la création d'une activité nouvelle soit la modernisation, la diversification, la reconversion ou l'extension d'une activité existante ;

– investir au moins 2.000.000 et au plus 25.000.000 dans l'activité.

c) Les personnes physiques ou morales désireuses d'investir dans l'artisanat de production au Niger et remplissant les critères déterminés au b) ci-dessus, peuvent bénéficier pendant cinq

(5) ans des exonérations ci-après :

– patente ;

– impôt sur le bénéfice industriel et commercial (BIC) ;

– impôt minimum forfaitaire (IMF) ;

– droits et taxes y compris la TVA, à l'exclusion de la taxe statistique sur l'achat sur place ou à l'importation du matériel et outillage en cas d'indisponibilité de produits locaux équivalents.

Art.- 42 *(nouveau)*.- Les personnes physiques ou morales désireuses d'investir un minimum de 50.000 000 de F CFA dans la construction des écoles et établissements de soins peuvent bénéficier pour la réalisation de leur programme d'investissement de l'exonération des droits et taxes y compris la T.V.A. à l'exclusion de la taxe statistique sur les matériaux, outillages et équipements produits localement ou importés en cas d'indisponibilité des produits locaux équivalents.

Art.- 42.1 : Il est ajouté après l'article 42, un article 42.1 libellé comme suit :

a) Est considérée au sens du présent Code comme entreprise développant l'innovation technologique, toute entreprise remplissant au moins une des conditions suivantes :

– investir au moins 1 % de son chiffre d'affaires dans la recherche sous forme de contrat avec une société ou un organisme nigérien de recherche ;

– présenté un programme d'investissement visant à exploiter le résultat des recherches d'une société ou d'un organisme nigérien ou d'un (des) chercheur (s) isolé (s).

b) Toute entreprise qui développe l'innovation technologique a droit à une déduction fiscale de 2/3 des frais engagés pour l'acquisition ou la mise au point de ladite innovation, du revenu imposable aux bénéfices industriels et commerciaux (BIC) de l'année fiscale au cours de laquelle l'innovation est introduite.

c) Les entreprises qui réalisent des contrats programmes de formation avec les Universités, Instituts, Ecoles spécialisées, Cabinets-Conseils, Bureaux d'Etudes et d'Ingéneering en vue de l'embauche de jeunes diplômés sont éligibles au régime de l'incitation à l'innovation technologique.

Art.- 2 : La présente Ordonnance sera exécutée comme loi de l'Etat et publiée au *Journal*

Officiel de la République du Niger.

Fait à Niamey, le 27 février 1997

Le Président de la République

Ibrahim Maïnassara Baré

ORDONNANCE N°99-69 DU 20 DECEMBRE 1999, MODIFIANT ET COMPETANT L'ORDONNNACE N°97-09 DU 27 FEVRIER 1997, PORTANT MODIFICATION DE L'ORDONNANCE N° 89-19 DU 8 DECEMBRE 1989 PORTANT CODE DES INVESTISSEMENTS EN REPUBLIQUE DU NIGER

Le Président du Conseil de Réconciliation Nationale, Chef de l'Etat,

Vu la Proclamation du 11 avril 1999 ;

Vu l'ordonnance n° 99-14 du 1er juin 1999, portant organisation des Pouvoirs Publics pendant la période de Transition ;

Vu l'ordonnancc n° 97-09 du 27 février 1997, portant modification de l'ordonnance n° 89-19 du 8 décembre 1989, portant Code des investissements en République du Niger.

Vu la loi n° 97-19 du 20 juin 1997 portant ratification de l'ordonnance n° 97-09 du 27 février 1997 ;

Le Conseil de Réconciliation Nationale entendu ;

Le Conseil des ministres entendu ;

Ordonne ;

Article premier :- La présente ordonnance modifie et complète l'ordonnance n° 97-09 du 27 février 1997, portant modification de l'ordonnance n° 89-19 du 8 décembre 1989, portant Code des investissements en République du Niger.

Art. 2 :- L'article 9 *(nouveau)* de l'ordonnance n° 97-09 du 27 février 1997 est reformulé comme suit :

Article 9 *(nouveau) :-* Le présent code s'applique aux personnes physiques et morales exerçant ou désireuses d'exercer une activité dans les secteurs suivants quelle que soit leur nationalité :

a) activités agro-pastorales

– agriculture industrielle (spéculation végétale ou animale) ;

– activités connexes de transformation de produits d'origine végétale ou animale ;

– production et/ou conditionnement en vue de l'exportation des produits de l'agriculture, de l'élevage ou de la pêche ;

b) activité manufacturière de production ou de transformation ;

c) production d'énergie ;

d) extraction et transformation de produits de carrière ou de substances minérales à l'exclusion des activités d'extraction et de transformation des substances minérales concessibles qui demeurent régies par la loi minière et le code pétrolier ;

e) réalisation d'un programme de construction d'habitat social en vue de la vente ou de la location ;

f) activité de maintenance d'équipements industriels ;

g) transport aérien ;

h) construction et équipements d'hôtels.

Les personnes physiques ou morales ci-dessus visées sont assurées en ce qui concerne ces activités, des garanties générales énoncées au Titre II de la présente ordonnance et sous réserve de leur admission au bénéfice d'un des régimes prévus au Titre IV, des avantages particuliers y afférents.

Art. 3 :- Nonobstant les dispositions des articles 9 *(nouveau),* 23 *(nouveau)* et 26 *(nouveau)* de l'ordonnance n° 97-09 du 27 février 1997, les projets de création de boulangeries ou de pâtisseries ne peuvent bénéficier que des seuls avantages liés à la phase de réalisation des investissements.

Art. 4 :- L'article 26 *(nouveau)* de l'ordonnance n° 97-09 du 27 février 1997 est reformulé comme suit :

Article 26 *(nouveau) :*- Les entreprises agréées au régime B bénéficient des avantages suivants :

1) En phase de réalisation des investissements :

– exonération totale des droits et taxes perçus par l'Etat y compris la taxe sur la valeur ajoutée (TVA) sur les prestations de services, sur les travaux et services concourant directement à la réalisation du programme d'investissement agréé.

– exonération totale des droits et taxes perçus par l'Etat à l'exclusion de la redevance statistique, mais y compris la taxe sur la valeur ajoutée (TVA) sur les matériaux, outillages et équipements de production et concourant directement à la réalisation du programme d'investissement agréé.

Toutefois, en cas de disponibilité des produits locaux équivalents, l'importation des matériaux, outillages et équipements ne donne pas lieu à l'exonération.

2) En phase d'exploitation, exonération totale sur toute la durée du régime :

– de la patente ;

– de la taxe immobilière ou de la taxe foncière ;

– de l'impôt sur le bénéfice industriel et commercial (B.I.C) ;

– de l'impôt minimum forfaitaire (I.M.F) ;

– des droits et taxes à l'exclusion de la redevance statistique et de la taxe sur la valeur ajoutée (TVA), sur les matières premières, matières consommables et emballages fabriqués localement ou importés en cas d'indisponibilité de produits similaires locaux. Toutefois l'exonération des droits et taxes susvisés ne s'applique pas sur les matières premières, matières consommables et emballages des secteurs cités aux points e), f), g) et h) de l'article 9 *(nouveau)* de la présente ordonnance.

Art. 5 :- Il est inséré un article 42.2 après l'article 42.1 de l'ordonnance n° 97-09 du 27 février 1997, libellé comme suit :

Article 42.2 :-

a) On entend par transports publics de voyageurs ou de marchandises au sens du présent code, toute activité exercée à titre permanent par une personne morale dans un but lucratif et ayant pour objet d'assurer le transport de voyageurs ou de marchandises.

b) Les personnes physiques ou morales désireuses d'investir un minimum de cent (100) millions de francs CFA dans les transports publics de voyageurs ou de marchandises peuvent bénéficier de l'exonération des droits et taxes à l'importation à l'exclusion de la redevance statistique, mais y compris la taxe sur la valeur ajoutée (TVA), sur les moyens de transports acquis à l'état neuf. Toutefois, l'entrepreneur est tenu de s'acquitter des droits et taxes non perçus sur ces moyens de transport en cas de cession avant une durée minimum de trois (3) ans.

Art. 6 :- Il est ajouté un article 36.*3 (nouveau)* situé après l'article 36.2 *(nouveau)* de l'ordonnance n° 97-09 du 27 février 1997, libellé comme suit :

Article 36.3 *(nouveau) :* - Toute personne physique ou morale ayant bénéficié des avantages du code des investissements doit requérir l'avis du ministre chargé de l'industrie avant tout transfert de ses équipements hors du territoire de la République du Niger.

Art. 7 :- Sauf dispositions contraires les agréments antérieurement accordés à des entreprises avant l'entrée en vigueur de la présente ordonnance demeurent en vigueur jusqu'à leur terme.

Art. 8 :- La présente ordonnance sera publiée au *Journal Officiel* de la République du Niger et exécutée comme loi de l'Etat.

Fait à Niamey, le 20 décembre 1999

Le Président du Conseil de Réconciliation Nationale

Le Chef d'escadron Daouda Malam Wanké

ANALYSE DU CODE DES INVESTISSEMENTS DU NIGER

Le Niger occupe une position charnière entre l'Afrique occidentale et le Maghreb, et se trouve au cœur de l'UEMOA et de la CEDEAO, soit un marché potentiel de plus de 200 millions de consommateurs.

Ayant renoué avec la stabilité politique, le Niger s'est doté d'un cadre réglementaire assaini et offre de nombreuses opportunités d'investissement :

- Un important potentiel minier diversifié ;
- Des filières spécifiques porteuses : cuirs et peaux, viande, produits agricoles et maraîchers ;
- Un artisanat riche et varié qui constitue un créneau porteur pour les entreprises modernes de fabrication et de commercialisation de produits artisanaux haut de gamme ;
- Une population jeune, apte à être formée et représentant une main-d'œuvre abondante et bon marché ;
- Des sites touristiques, parmi les plus attrayants d'Afrique, tel que le désert du Ténéré.

Le Niger a opté pour une politique de libéralisation de l'économie qui s'est traduite par :

- Un désengagement de l'Etat des secteurs productifs et marchands.
- La promotion du secteur privé, par la mise ne place d'un environnement institutionnel et juridique propice aux affaires dans le cadre régional et international (OHADA, OMC).
- La privatisation des entreprises publiques.
- L'élaboration d'un code des investissements qui offre des avantages fiscaux à tout investisseur pendant la réalisation des investissements et pendant la phase d'exploitation pour une durée de cinq (5) ans. Trois régimes privilégiés sont prévus :
  1. Le régime A ou régime promotionnel.
  2. Le régime B ou régime prioritaire.
  3. Le régime C ou régime conventionnel
- Un code minier et un code pétrolier qui définissent les procédures simplifiées d'octroi des permis de prospection, de recherche et d'exploitation. Ils prévoient des dispositions fiscales spécifiques accordant des avantages particuliers aux investisseurs.
- Un code du travail souple qui donne plus de liberté d'embauche et de licenciement, et qui autorise les contrats à durée déterminée.

Dans le domaine des affaires et d'opportunités d'investissements, le Niger fourmille de belles perspectives. On n'a pas besoin d'invoquer les chiffres de croissances, pour prouver que les choses bougent. Le rythme de la croissance atteint 13 % en 2012, avec une maîtrise de l'inflation à un taux ramené à 1,8 % en 2013 alors qu'il était jusqu'à 3,9 % en 2012. Les petites et moyennes entreprises et même de grandes entreprises voient le jour à un rythme séduisant. Pays du Sahel sans débouché sur la mer, le Niger a pourtant de quoi charmer les investisseurs.

Plusieurs atouts concourent à faire du Niger un pays plein d'opportunités et attractif pour les affaires et les investissements. Comme l'a rappelé tout récemment le ministre du Commerce lors du forum économique Niger-Tunisie, il y a d'abord la position carrefour du Niger entre l'Afrique du Nord et l'Afrique Subsaharienne, qui fait du pays une porte d'entrée sur un marché de plus de 280 millions de consommateurs. Ensuite, le Niger appartient à plusieurs regroupements économiques dont la CEDEAO et l'UEMOA qui se sont fixés comme objectif de créer un cadre propice pour permettre aux investisseurs privés de prospérer dans les affaires et de booster la croissance. Mais il y a surtout la nouvelle démarche des autorités visant à simplifier les démarches pour la création des entreprises, et à consentir des avantages aux investisseurs.

En effet depuis le 16 avril 2014, le Niger a un code des investissements très attractif. Avec cette mesure qui instaure un guichet unique, le demandeur d'agrément pour entreprendre a tout au plus 30 jours pour avoir une réponse, et, passé ce délai sans aucune réaction des autorités, il peut considérer qu'il a son agrément. Et, en plus des avantages en termes d'exonération, pendant une période assez raisonnable, cette mesure prévoit un bonus allant jusqu'à 3 ans pour les investisseurs qui s'installent hors de Niamey, dans les régions. Aussi, un décret pris par le Président de la République a supprimé le capital minimum et le recours au notaire pour la création d'une SARL.

Il y a à côté de ce nouveau code des investissements très avantageux, une quinzaine d'autres mesures visant à encourager les investisseurs en leur facilitant les activités. On peut noter entre autres la création du Conseil National des Investisseurs Privés (CNIP), un cadre de dialogue public privé sous la présidence du Premier ministre et qui vise à lever les entraves au développement du secteur privé. Le Comité Permanent de Concertation (CPC) entre le Ministère du Commerce et de la Promotion du Secteur Privé et la Chambre de Commerce, d'Industrie et d'Artisanat du Niger est aussi un autre cadre bilatéral de dialogue public privé, qui s'inscrit dans la même démarche. Ce comité est saisi à tout moment des problèmes qui se posent au secteur privé. Il y a aussi la création d'un groupe de contact Douanes-Opérateurs économiques qui est un cadre de partenariat dynamique entre l'administration douanière et les opérateurs économiques ; celle de la Maison de l'Entreprise ; d'un cadre de Partenariat Public Privé sécurisant et attractif, régi par plusieurs textes dont la loi portant Régime général des Contrats de Partenariat public privé en République du Niger ; la loi portant Régime fiscal, financier et comptable, applicable aux contrats de Partenariat Public Privé.

Les autres mesures sont La Création d'un Centre de Gestion Agréé (CGA), l'adhésion du Niger à l'Agence Multilatérale de Garantie des Investissements (MIGA) ; l'adoption d'un nouveau code de travail qui accorde la liberté d'embauche et la facilité d'octroi de visa de travail pour les étrangers ; un code minier et un code pétrolier qui octroient des avantages fiscaux à toutes les phases, de la recherche à l'exploitation des investissements, le décret simplifiant les procédures de création d'entreprise. Aussi, en matière de fiscalité le Niger dispose d'un système fiscal de type déclaratif qui a été rénové afin de faire face aux enjeux économiques du monde contemporain. Cette mesure prend en compte les incidences de l'appartenance du Niger à l'UEMOA qui prône l'harmonisation d'un certain nombre d'impôts au sein de l'espace. « Tous ces dispositifs et réformes ont pour objectifs de valoriser les énormes potentialités d'investissement qui peuvent être saisies

Les opportunités d'investissements, sont également nombreuses. Dans le secteur des mines, le sous-sol nigérien regorge d'importantes réserves d'uranium, de charbon, de fer, d'or, de phosphate, de sel, de calcaire, de gypse. Et plus de 500 permis libres sont disponibles toutes substances confondues. Le domaine pétrolier, gazier, et énergétique présente aussi les mêmes opportunités. Aussi, il y a les secteurs de l'agro-industrie, de l'urbanisme, des transports et des infrastructures, de l'Agriculture avec l'initiative 3 N « les Nigériens nourrissent les Nigériens », de l'élevage, de l'artisanat, du Tourisme ; le secteur financier, des services de communication restent aussi ouverts aux investisseurs.

Malgré la forte croissance enregistrée ces dernières années, un important potentiel en ressources naturelles, le Niger reste un terrain très peu occupé sur le plan des investissements. Amener les investisseurs à privilégier le Niger pour leurs investissements est le défi que s'efforcent de relever les autorités nigériennes.

Les autorités nigériennes intensifient les appels en direction des investisseurs, avec à la clé un éventail de mesures incitatives pour faciliter la création des entreprises. Depuis le 16 avril 2014, le Niger a un nouveau code des investissements qui semble assez avantageux. L'agrément au Code est accordé aux investisseurs nationaux et étrangers pour des périodes déterminées selon le régime d'agrément. Le régime C dit conventionnel s'adresse aux grandes entreprises et tout particulièrement les investisseurs. Il accorde plusieurs avantages fiscaux tant en phase de réalisation des investissements qu'en phase d'exploitation.

Un guichet unique est instauré, ce qui sous-entend que le demandeur d'agrément pour entreprendre a tout au plus 30 jours pour avoir une réponse, et, passé ce délai sans aucune réaction des autorités, il peut considérer qu'il a son agrément.

En plus des avantages en termes d'exonération, pendant une période assez raisonnable, le nouveau code des investissements prévoit un « bonus » pour les investisseurs qui s'installent hors de Niamey, dans les régions. Aussi, un décret pris par le Président de la République a supprimé le capital minimum et le recours au notaire pour la création d'une SARL.

Le Niger présente des « opportunités d'investissement sûres et rentables » argumentent les autorités de Niamey. Ces opportunités sont entre autres, « un cadre juridique sécurisant », qui prend en compte les exigences de l'OHADA ; la possibilité d'acquérir et d'exercer tous droits de toute nature en matière de propriété, de concession et d'autorisation administrative et de soumissionner aux marchés publics ; la possibilité de transfert de revenus de toute nature provenant des capitaux investis et du produit de la liquidation de l'investissement ; la possibilité d'effectuer tous transferts à des personnes physiques ou morales non résidentes ; la possibilité de recourir à l'arbitrage et au Centre International pour le Règlement des Différends relatifs aux Investissements (CIRDI), en cas de litige ; le libre accès aux marchés publics ; la transparence des procédures d'attribution des marchés publics ; la possibilité de recours en cas de contestation de la procédure par un tiers au niveau du Conseil de Régulation des Marchés Publics ; l'existence de procédures simplifiées pour les contrats de partenariat public privé et la possibilité de faire des offres spontanées ; la liberté des prix et la libre concurrence ; la libéralisation du commerce ;...

Pour davantage aider les investisseurs, des services d'appui ont été ainsi mis en place à travers une réglementation pour réduire les coûts, les délais et les nombres de procédures de création d'une entreprise. Une structure spécialisée dans la facilitation de la création et l'accompagnement des entreprises, dénommée « la maison de l'entreprise » ; un Conseil National des Investisseurs Privés (CNIP), une instance d'analyse et de décisions, pour lever les obstacles et les entraves à l'investissement privé ont vu le jour. L'accès aux marchés sous régionaux est facilité à travers le désengagement de l'Etat des secteurs marchands et la libre concurrence dans tous les secteurs de l'économie. L'appartenance du Niger à l'Union Economique et Monétaire Ouest Africain(UEMOA) et à la Communauté Economique et Douanière des Etats de l'Afrique de l'Ouest (CEDEAO), qui est un marché de plus de 300 millions de consommateurs est autre atout qui joue en faveur des investisseurs. Il y a aussi l'adhésion du Niger à l'Agence Multilatérale de Garantie des Investissements (MIGA).

L'argument sur la viabilité du cadre démocratique est aussi invoqué pour convaincre les éventuels investisseurs quant à l'assurance que leur garantit l'Etat nigérien pour leurs affaires.

En fait presque tous les secteurs notamment, les mines, le secteur pétrolier, l'énergie, l'industrie, les infrastructures, l'agriculture, l'élevage, le secteur financier, le tourisme et l'hôtellerie, l'artisanat sont ouverts aux investisseurs. Et le potentiel dans ces domaines est immense.

Pour faciliter l'exploitation des ressources minières et pétrolières, un code minier, et un code pétrolier sont en vigueur, ainsi qu'un cadre de partenariat Public-Privé sécurisant et attractif.

ORDONANCE PORTANT CHARTE DES PETITES ET MOYENNES ENTREPRISES

Vu la Constitution du 25 novembre 2010 ;

Vu l'ordonnance n° 2010-001 du 22 février 2010 portant organisation des pouvoirs publics pendant la période de transition et les textes modificatifs subséquents ;

Le Conseil des ministres entendu ;

O R D O N N E :

Titre premier : Dispositions générales

Chapitre Premier : Objet et nature de la Charte

Article Premier : Objet de la Charte

La présente Charte s'applique aux petites et moyennes entreprises dénommées ci-après « PME ». Elle a pour objet de :

1-définir les Petites et Moyennes Entreprises (PME) ;

2-fixer les mesures de soutien à leur apporter et les avantages à leur concéder ;

3-déterminer les engagements qu'elles doivent prendre dans le cadre de leur reconnaissance ;

4-renforcer la capacité des dispositifs qui favorisent leur bonne gouvernance ;

5-définir le rôle et les responsabilités des différents acteurs dans la promotion et le développement des PME ;

6-mobiliser les ressources à leur apporter ;

7-Définir les modalités de suivi de la mise en œuvre de la Charte.

Article 2 : Nature de la Charte

La Charte est un document juridique et institutionnel spécifiquement dédié à la promotion de la PME.

ORDONNANCE N° 2010-88 du 16 décembre 2010 instituant une Charte des Petites et Moyennes Entreprises du Niger

2Chapitre II : Définition des concepts

Article 3 :Définitions

La notion de PME inclut celle de PMI (Petite et Moyenne Industrie).

Au titre de la Charte, on entend par : PME, toute personne physique ou morale, productrice de biens et/ou de services marchands ;

La PME comprend la Micro Entreprise, la Petite Entreprise et la Moyenne Entreprise ;

Micro Entreprises (µE)

Les micros entreprises sont celles qui répondent aux critères et seuils suivants :

– effectif de 01 à 03 employés ;

– tenue d'une comptabilité allégée en interne ;

– inscription au répertoire des métiers ;

– réalisation d'un chiffre d'affaires annuel hors taxes, inférieur ou égal à dix millions (10.000.000) de FCFA ;

Petites Entreprises (PE) Les petites entreprises sont celles qui répondent aux critères et seuils suivants :

– effectif de 04 à 10 employés ;

– tenue d'une comptabilité allégée en interne ou avec l'aide d'un professionnel agréé (Centre de Gestion Agréé : CGA)

– être inscrites au Registre de Commerce et du Crédit Mobilier ;

– réalisation d'un chiffre d'affaires annuel hors taxes supérieur à dix millions (10.000.000) de FCFA et inférieur ou égal à cinquante millions (50.000.000) de FCFA ;

– Investissement minimum de 1 million (1.000.000) FCFA.

Moyennes Entreprises (ME) Les Moyennes Entreprises (ME) sont toutes celles qui répondent aux critères et seuils suivants :

– Effectif de onze (11) à cinquante (50) employés ;

– Tenue régulière d'une comptabilité selon le système normal en vigueur au Niger et certifiée par un membre inscrit à l'Ordre National des Experts Comptables et Comptables Agréés, compatible avec les dispositions de l'Organisation pour l'Harmonisation du Droit des Affaires en Afrique (OHADA);

– Inscription au Registre de Commerce et du Crédit Mobilier ;

– Investissement minimum de cinq millions (5. 000.000) de FCFA ;

– Chiffre d'affaires annuel hors taxes supérieur à cinquante millions (50. 000. 000) de FCFA et inférieur ou égal à cinq cents millions (500. 000. 000) de FCFA ;

Les définitions ci-dessus peuvent au vu de l'évolution de l'environnement national, sous régional et international être modifiées de manière consensuelle dans le but de leur adéquation permanente avec les réalités économiques dans lesquelles évoluent les PME.

Employés : le nombre de personnes correspondant au nombre d'unités de travail- année (UTA), c'est à dire le nombre d'employés à plein temps durant une année ; le travail temporaire, saisonnier ou journalier représentant une fraction d'unité de travail année ;

Année : celle à prendre en considération pour la détermination du chiffre d'affaires et de l'investissement, est le dernier exercice clôturé au moment de la demande de reconnaissance.

Article 4 : Les critères prévus à l'article 3 sont cumulatifs. En cas de difficultés de classification, l'appréciation du critère déterminant est laissée au Comité National de Suivi de la Charte (CONASUC), prévu à l'article 69 du titre V ci-après.

Chapitre III : Conditions de Reconnaissance de la PME

Article 5 : Statut de PME reconnue par la Charte.

Le statut de PME est attribué par le Comité National de Suivi de la Charte (CONASUC), sur demande expresse de toute entreprise qui remplit les conditions prévues à l'article 3.

Article 6 : Demande de reconnaissance .La demande est adressée au CONASUC, accompagnée de la liste des documents justifiant le respect des critères et seuils définis à l'article 3.

Elle doit revêtir la signature du responsable de l'entreprise s'engageant à respecter les modalités prévues au Titre IV de la présente Charte.

Article 7 : Durée de la validité de reconnaissance .Le statut de PME reconnue par la Charte est octroyé pour une durée de cinq (05) ans. Il est renouvelable sur production des éléments justifiant l'appartenance de l'entreprise à la catégorie concernée.

Article 8 : Perte du statut de PME

La PME reconnue par la charte perd son statut à tout moment :

– par la constatation du non-respect des engagements souscrits ;

– en cas de fraude avérée ;

– en cas de condamnation dûment prononcée, de façon définitive, par les juridictions compétentes ;

– suite à une liquidation ;

– sur demande expresse de la PME ;

– à l'expiration de la validité du statut si elle n'est pas suivie d'une demande de renouvellement.

Article 9 : Identification des PME

La PME reconnue par la Charte est identifiée par la procédure fixée par le règlement intérieur du CONASUC. Seules les PME reconnues par la Charte peuvent bénéficier des soutiens et avantages prévus par celle-ci.

Chapitre IV : Evolution de la classification des PME

Article 10 : Passage d'une catégorie à l'autre

On entend par passage en catégorie supérieure, le passage de la Micro Entreprise à la petite entreprise et de celle-ci à la moyenne entreprise.

Article 11 : Conditions de passage

Le passage d'une catégorie à une autre se fait librement, sur demande expresse de l'entreprise adressée au CONASUC. Ce dernier peut toutefois prononcer d'office le changement de catégorie quand il le juge nécessaire.

Article 12 : Critères de passage en catégorie supérieure

Pour passer en catégorie supérieure la PME doit satisfaire à l'ensemble des critères et seuils prévus à l'article trois (3) ci-dessus.

S'agissant des PME des secteurs spécifiques comme les Bâtiments et Travaux Publics (BTP) ou l'artisanat, leur évolution et classification obéissent aux dispositions existantes en la matière.

Article 13 : Nécessité d'avoir satisfait aux engagements

La PME désireuse de passer en catégorie supérieure doit avoir rempli tous ses engagements au regard des mesures d'aide et de soutien qui lui auront été accordées.

Titre II : Mesures d'accompagnement

Chapitre Premier : Mesures d'aide et de soutien aux PME

Article 14 : Objectifs des mesures d'aide et de soutien.

Les mesures d'aide et de soutien à la promotion de la PME, ont pour objet de :

– appuyer de façon multiforme les petites et moyennes entreprises au regard de leur vulnérabilité ;

– promouvoir une dynamique « qualité » au sein des PME ;

– vulgariser et de partager l'information à caractère industriel, commercial, économique, financier, professionnel et technique grâce à la mise en place d'un observatoire des PME ;

– mettre en place des politiques de formation et de gestion des ressources humaines qui favorisent et encouragent la créativité, l'innovation et la culture entrepreneuriale ;

– faciliter la migration des petites entreprises vers les moyennes entreprises et des moyennes entreprises vers les grandes entreprises, si cela s'avère justifié ;

– promouvoir la compétitivité des PME par un accompagnement et un suivi adéquat et modulable selon la situation, les perspectives et le stade de développement de la PME ;

– mettre en place une politique fiscale favorable aux PME ;

– promouvoir le partenariat avec les entreprises étrangères.

Les mesures d'aide et de soutien intègrent les préoccupations suivantes :

– la maîtrise de l'inflation ;

– l'accroissement de l'épargne ;

– l'inscription et le développement des PME dans une dynamique d'évolution et d'adaptation technologique ;

– l'incitation des PME à exporter ;

– l'amélioration des mesures d'accès au financement ;

– l'accès des PME à l'information et à la formation de ses ressources humaines en général ;

– l'aide à la recherche des marchés extérieurs.

Chapitre II : Dispositions relatives au financement des PME

Article 15 : Simplification des procédures

L'Etat favorise l'accès des PME au financement par une simplification des différentes procédures y afférentes, en accord avec les institutions bancaires et financières parties prenantes. Il appuie les PME dans l'application de sa politique de mise à niveau et leur facilite l'accès au crédit à des taux avantageux en liaison avec les institutions bancaires et financières, le système financier décentralisé ainsi que les partenaires au développement.

Article 16 : Sociétés de capital-risque

L'Etat favorise la création de sociétés de capital-risque ayant pour objet la prise de participations temporaires et minoritaires dans les PME en création ou en développement. Une fiscalité appropriée est faite à ces sociétés de capital-risque.

Article17 : Lignes de crédit aux PME

L'Etat en relation avec les institutions monétaires et financières nationales ou internationales, les partenaires au développement, met en place des lignes de crédit accessibles et destinées au financement des investissements, du fonds de roulement des PME en création ou en développement.

Article 18 : Fonds de garantie

L'Etat s'engage à créer un Fonds de garantie favorisant l'accès des PME au financement du système bancaire. Le Fonds de garantie assure les prêts jusqu'à une hauteur fixée après concertation avec les différents acteurs, par voie réglementaire. Cette garantie est accordée sous forme d'aval. Lorsque le prêt devient immédiatement exigible pour quelque motif que ce soit, l'établissement intervenant peut demander la mise en jeu de la garantie accordée par le Fonds dans les conditions et selon les procédures prévues par la réglementation visée à l'alinéa ci-dessus.

L'Etat se substitue, dans ses droits de créancier, à l'établissement intervenant qui a bénéficié du remboursement de la part garantie du prêt et le produit des sommes récupérées est versé au crédit du Fonds de garantie

Article 19 : Ressources du Fonds de garantie

Les ressources des Fonds de garantie sont constituées :

– de dotations budgétaires de l'Etat ;

– d'une commission liquidée au taux fixé par arrêté du Ministre chargé des PME sur la base de la garantie octroyée, à la charge du bénéficiaire du prêt et payable par prélèvement sur les différents déblocages du prêt accordé selon leurs montants ;

– des recouvrements réalisés au titre de la part garantie par ledit Fonds ;

– des produits des placements effectués pour le compte du Fonds de garantie ;

– de toutes autres ressources autorisées par la Loi

Article 20 : Gestion du Fonds de garantie

Le Fonds de garantie visé à l'article 18 ci-dessus est géré pour le compte de l'Etat par une ou plusieurs institutions financières sur la base d'une convention conclue à cet effet avec l'Etat.

Chapitre III : Fonds d'aménagement régionaux

Article 21 : Objet des fonds d'aménagement régionaux

Des Fonds d'aménagement régionaux sont créés pour favoriser l'émergence et la délocalisation de certaines activités des PME dans les régions à développer prioritairement.

Article 28 : Promotion de la sous-traitance

Afin de favoriser l'émergence d'un véritable tissu de sous-traitance sur lequel peuvent s'appuyer les entreprises nationales comme les investisseurs étrangers, les marchés importants et projets de développement généralement octroyés aux grandes entreprises moins vulnérables, en raison de leur capacité technique et de leur solidité financière, doivent faire l'objet de sous-traitance dans une proportion à définir par arrêté conjoint du Ministre en charge des PME et du Ministre en charge du secteur.

Article 29 : Stratégie de communication des parties prenantes Le Ministère chargé de la promotion des PME met en place une stratégie de communication facilitant :

– l'accès de toutes les entreprises aux mesures édictées par la présente Charte ;

– la mise en place d'un Observatoire des PME qui aura, entre autres missions, de mesurer l'impact des mesures d'aides et de soutien contenues dans la Charte, tant sur l'économie nigérienne que sur les entreprises ;

– l'élaboration d'un système d'information actualisé qui, regroupe la liste des entreprises reconnues par la Charte et recueille des données générales et techniques assurant la visibilité des PME en vue de leur promotion tant au niveau national qu'international.

Article 30 : Engagements de l'Etat à créer des pépinières d'entreprises et des incubateurs

L'Etat crée des pépinières d'entreprises (centres d'hébergement et de développement des entreprises) et s'engage à poursuivre la mise en place d'incubateur s par secteurs d'activités en favorisant l'émergence de nouveaux projets et en facilitant l'accès des entreprises existantes aux outils de la nouvelle économie : les Technologies de l'Information et de la Communication, les biotechnologies, la recherche appliquée, etc.

Les modalités d'incubation sont précisées par arrêt é du Ministre en charge des PME.

Article 31 : Accès au foncier

L'Etat veille à faciliter l'accès des PME au foncier par des mesures de simplification appropriées mettant l'accent sur la rapidité de mise à disposition des terrains. Des terrains peuvent être réservés aux PME reconnue s qui, le cas échéant, doivent produire les justificatifs requis pour en être bénéficiaires. En outre, les PME doivent se conformer au cahier des charges prévu à cet effet.

Les modalités d'application du présent article sont déterminées par arrêté conjoint du Ministre en charge des PME et du Ministre en charge du domaine foncier.

Le Ministre d'Etat, Ministre des Affaires Etrangères, de la Coopération et de la Francophonie,

ANALYSE DU SECTEUR PRIVE ET DES PME AU NIGER

Pour évaluer les opportunités en affaires dans un pays, le Groupe de la Banque Mondiale publie annuellement, depuis 2004, le rapport « Doing Business » qui couvre 189 économies du monde. C'est un rapport incontournable sur le climat des affaires dans le monde qui se base sur des études et des bases de données assez sérieuses et crédibles pour évaluer des critères notamment : la facilité en affaires ; la création des entreprises ; l'octroi des permis de construire ; le transfert de propriété ;l'obtention de prêts ;la protection des investissements ;le paiement des impôts ;le raccordement d'électricité ;le commerce transfrontalier ;l'exécution des contrats et le règlement de l'insolvabilité.

Les indicateurs ci-dessus énumérés concernent de très près l'entreprise et surtout le créateur d'entreprises ou l'investisseur et permettent, en fonction d'une série d'indices, de classer les pays, du meilleur, c'est-à-dire un pays où l'environnement facilite la création d'entreprises et permet d'investir sans contraintes, au plus mauvais c'est-à-dire un pays où l'environnement est contraignant, où la bureaucratie fait la loi et où l'instabilité politique et économique est omniprésente.

Au Niger, pour considérablement améliorer l' image et l' attractivité auprès des investisseurs, les autorités de la 7ème République ont pris l'engagement de tout mettre en œuvre pour créer les conditions favorables et adopter des mesures incitatives adéquates pour améliorer le climat des affaires et moderniser l'économie nigérienne et ce, conformément au Programme de la Renaissance du Gouvernement et à l'axe IV du PDES 2012-2015. C'est dans ce cadre que plusieurs mesures et réformes ont été engagées depuis 2011.

D'abord, au niveau du Cadre de Concertation Public-Privé, nous pouvons retenir comme mesures : la création en août 2011 du Comité Permanent de Concertation (CPC) entre le Ministère en charge du secteur privé et la Chambre de Commerce d'Industrie et d'Artisanat du Niger et l'Ordonnance du 16 septembre 2011, portant régime général des Contrats de Partenariat – Public - Privé en République du Niger et la relance des activités du Conseil National des Investisseurs Privés (CNIP) en avril 2012 .

Instance d'analyse, de décision et d'orientation, le CNIP dont les travaux ont permis d'adopter, à une certaine période, des mesures qui ont concouru à l'assainissement du climat des affaires, est un cadre de concertation sur la problématique du développement du secteur privé.

Présidé par le Premier Ministre et comprenant 58 membres dont 26 représentants de l'Administration publique et 32 représentants du secteur privé, le CNIP a adopté en juin 2013 un plan d'actions pour l'amélioration du climat des affaires au Niger. Le plan qui a été élaboré pour servir de guide pour la mise en œuvre des mesures et réformes s'étend sur une période de trois ans et prend en considération 9 indicateurs (la création d'entreprise, l'octroi de permis de construire, le transfert de propriété, l'obtention des prêts, la protection des investisseurs, le paiement des impôts et taxes, le commerce transfrontalier, l'exécution des contrats et la résolution de l'insolvabilité) dont il a été défini pour chacun, les objectifs, les résultats attendus, les actions à entreprendre, les activités à mener, les structures responsables, etc.

Quant au Comité Permanent de Concertation (CPC), c'est un cadre bilatéral de concertation qui peut être saisi à tout moment des problèmes qui se posent au secteur privé. Cependant, les questions qui n'ont pas trouvé de solutions sont directement soumises à l'examen du CNIP.

S'agissant du Contrat de Partenariat – Public – Privé, c'est un contrat par lequel une personne morale de droit public délègue pour une période déterminée, la gestion et/ou la production du service public dont elle a la responsabilité, à une personne morale de droit privé. Ensuite, sur le plan des dispositifs d'amélioration du climat des affaires, les mesures et les reformes prises se situent à plusieurs niveaux :

D'abord, l'adoption en décembre 2010 de la charte des PME dont la mise en œuvre constitue un cadre institutionnel et juridique à travers lequel l'Etat envisage de mettre en place un certain nombre de règles et principes consensuels permettant aux PME de jouer pleinement leur rôle. Véritable contrat entre les pouvoirs publics et les acteurs économiques, la charte des PME constitue une innovation majeure en matière de promotion du secteur privé au Niger. La charte dont le processus de mise en œuvre est lancé avec l'élaboration de son plan d'action et sa vulgarisation dans toutes les régions du pays, prévoit plusieurs mesures favorisant la création et le développement des PME.

Ensuite, la création en octobre 2011 d'un dispositif institutionnel et de suivi des indicateurs du climat des affaires qui est composé d'un comité technique chargé d'orienter et de coordonner les activités du Dispositif et de 9 groupes thématiques chargés chacun du suivi et de l'amélioration d'un des indicateurs du rapport Doing Business. La mise en œuvre du dispositif est supervisée par le CNIP. Ensuite, nous pouvons citer avec satisfaction, la création de la « Maison de l'Entreprise » en mai 2012. Ayant pour mission principale de renforcer le tissu économique par l'émergence d'entreprises compétitives, cette structure comprend, le Centre de Formalités des Entreprises (CFE) et le Centre de Promotion des Investissements (CPI). En outre, il a été créé un Centre de Gestion Agréé (CGA) qui contribue à la réduction de l'informel dans l'économie en apportant une assistance technique en comptabilité, gestion, formation, information et fiscalité aux adhérents.

Parallèlement à toutes ces mesures et réformes ci-dessus énumérées, s'ajoutent d'autres et non des moindres. C'est ainsi qu'au niveau de la Protection des Investisseurs, il y a surtout l'adhésion du Niger à l'Agence Multilatérale de Garantie des Investissements (MIGA) qui permet d'attirer des investissements directs étrangers et aider les investisseurs non seulement à obtenir un accès à des sources de financement assorties de meilleures conditions financières, mais aussi la possibilité de faire recours à l'arbitrage du Centre International pour le Règlement des Différends relatifs aux Investissements (CIRDI), en cas de litige et la possibilité de transfert de revenus provenant des capitaux investis.

Aux mesures de protection des investisseurs s'ajoute le décret simplifiant les procédures de création d'entreprise en date du 30 mai 2012. Ce décret fixe les procédures de création d'une entreprise à quatre (4) et le délai ne doit excéder trois (3) jours. De même, il y a l'arrêté interministériel réduisant les délais de route et les tracasseries routières en date du 27 février 2013 relatif aux types de contrôle routier, aux points de contrôle et aux mécanismes de recours pour minimiser les abus sur le transport des biens au Niger.

Sur un tout autre plan, avec l'adoption du Plan d'actions en 2013 et du Plan d'actions prioritaires en 2014 par le Conseil National des Investisseurs Privés (CNIP), qui s'étend sur une période de trois ans (2013 – 2015) et qui prend en considération 9 indicateurs (la création d'entreprise, l'octroi de permis de construire, le raccordement à l'électricité, le transfert de propriété, l'obtention de prêts, la protection des investisseurs, le paiement des impôts, le commerce transfrontalier, l'exécution des contrats et le règlement de l'insolvabilité) des actions prioritaires ont été identifiées et réalisées, d'autres en cours de réalisation. A titre illustratif, nous pouvons citer entre autres : la mise en œuvre de la Déclaration sur l'Honneur qui a pour objectif de faciliter l'immatriculation au RCCM ; la réduction du nombre de documents à l'import (6 documents au lieu de 10) et à l'export (4 documents au lieu de 8) de marchandise par arrêté en date du 30 décembre 2013 ; l'adoption en date du 31 juillet 2014 d'un décret réduisant le capital minimum et rendant facultatif le recours aux notaires lors de la constitution de la SARL et l'adoption à la même date d'un décret pour instituer un modèle de statuts type de la SARL au Niger.

Pour terminer, n'oublions pas le Programme d'Appui à la Compétitivité et à la Croissance (PRACC) dont l'une des composantes « Climat des affaires, promotion des investissements et aide aux PME dans les filières identifiées » vise à promouvoir les investissements à travers l'amélioration du climat des affaires et des investissements au Niger et apporter aux Petites et Moyennes Entreprises (PME) dans les deux filières cibles du projet (industries extractives, viande et boucherie). Cette composante est structurée en trois (3) sous-composantes.

C'est ainsi qu' au niveau de « l' appui au dialogue public-privé pour les réformes sur le climat des affaires (Doing Business) et la promotion des investissements », le projet appuie le ministère du Commerce et de la Promotion du Secteur Privé (MCPSP), à travers le « Dispositif institutionnel d'amélioration et de suivi des indicateurs du climat des affaires au Niger », ainsi que le Cadre de dialogue public-privé (CNIP) pour la formulation et la mise en œuvre des politiques et réformes pour améliorer le climat des affaires. Ces réformes sont destinées à améliorer le classement du Niger pour les indicateurs clés de l'indice « Doing Business ».

En ce qui concerne « la mise en œuvre des réformes institutionnelles pour la promotion des exportations », le projet va appuyer cette mise en œuvre des réformes institutionnelles en vue de promouvoir les exportations à travers l'Agence Nigérienne pour la Promotion des Exportations (ANIPEX) de la Chambre de Commerce d'Industrie et d'Artisanat du Niger(CCIAN).

Quant à la sous-composante « Développement des entreprises et promotion des investissements dans les filières identifiées et autres secteurs prioritaires », le projet a contribué à la création de la « Maison de l'Entreprise » et continuera à l'appuyer pour qu'elle fournisse non seulement des services non financiers pour le développement de la PME et la promotion des investissements, mais jouera aussi le rôle de guichet unique pour la création des entreprises au Niger. En outre, elle aura en charge la gestion des fonds de subvention pour les frais partagés dont les objectifs sont : appuyer les entreprises pour augmenter leur productivité et l'esprit de compétitivité ; appuyer les PME locales pour améliorer leur capacité à devenir des fournisseurs de services à de grandes entreprises d'exploitation minière et pétrolière et profiter des opportunités de contrat au niveau local et d'association d'affaires avec les grandes entreprises de l'industrie extractive.

Comme on le constate, de 2011 à ce jour, d'importantes mesures et réformes ont été mise en œuvre pour améliorer le climat des affaires dans notre pays.

Malheureusement, force est de constater que malgré tous ces efforts, notre classement dans les rapports « Doing Business », qui mesurent la facilité de faire les affaires dans un pays, n'est pas du tout reluisant.

En effet, en appliquant la nouvelle méthodologie (collecte des données sur les 2emes villes les plus importantes pour 11 économies ; élargissement de l'étendu de 3 indicateurs à savoir : le règlement de l'insolvabilité, protection des investisseurs minoritaires et l'obtention des prêts ; le classement global est basé sur le score de la distance à la frontière) aux données du rapport « Doing Business 2014 », le Niger se retrouve à la 165ème place au lieu de 176 comme indiqué dans le rapport « Doing Business 2014 » publié le 29 octobre 2013.

Ainsi, le Niger passe de la 165ème place en 2014 à la 168ème place en 2015 sur 189 économies du monde, soit une régression de 3 rangs dans le classement général.

Toutefois, en terme de « distance à la frontière » qui mesure l'écart entre la performance d'une économie et les meilleures pratiques de réglementation des affaires sur une plage de 0 à 100 (0 représentant la plus mauvaise performance et 100 représentant la meilleure), le Niger a progressé de 0.72 point.

En effet, le Niger est passé du score de 46.91 en 2014 à 47.63 en 2015.

L'indicateur « Transfert de Propriété » est celui où le Niger est le mieux classé malgré les 3 points de régression : 92eme rang en 2014, contre 95eme en 2015 et il est le plus mal classé en matière de commerce transfrontalier et de création d'entreprise où le Niger occupe respectivement le même classement (179ème) aussi bien en 2014 qu'en 2015 sur 189 pays du monde et 174eme rang en 2014 contre la 177eme place en 2015.

D'une manière générale, lors de la cérémonie officielle d'installation du Dispositif institutionnel d'amélioration du climat des affaires, le 10 novembre 2014, à partir de la présentation des résultats du Rapport Doing Business 2015 de la Banque Mondiale et celle des reformes et mesures mise en œuvre par le gouvernement, les participants ont examiné les raisons qui expliquent le mauvais classement du Niger, les défis à relever et les possibilités de reformes dans le très court terme. Ainsi, le mauvais classement de notre pays dans le rapport Doing Business 2015 se situe à plusieurs niveaux.

D'abord, au niveau de la lenteur administrative, il a été constaté que le décret portant réduction du capital minimum et celui instituant un modèle de statuts types ont été pris le 31 juillet 2014, donc en dehors du délai de collecte d'informations de la Banque Mondiale qui est le 31 mai de chaque année.

Ensuite, sur le plan de la communication, il ressort que les mesures et réformes prises dans le délai n'ont pas fait l'objet d'une large communication comme en témoigne de nombreux acteurs (opérateurs économiques et transitaires) qui ne sont même pas au courant de l'existence de l'arrêté portant réduction du nombre de document à l'import/ export de marchandises.

Par ailleurs, plusieurs mesures et réformes prises en 2012 et en 2013 ne sont pas encore appliquées dont le décret qui simplifie les procédures et délai de création d'entreprises et l'arrêté interministériel sur les tracasseries routières.

De même, il a été constaté que certaines administrations mettent du temps pour accepter les réformes comme en témoigne les difficultés de fonctionnement que rencontre aujourd'hui la « Maison de l'Entreprise » du fait de la non-disponibilité en temps plein des agents (greffier et agent de la direction générale des impôts) mis à sa disposition. Aussi, ces agents ne disposent pas de plein pouvoir de signature.

Enfin, toutes les structures concernées par l'amélioration du climat des affaires ne sont pas très impliquées dans ce processus, car elles ne répondent pas toujours présentes aux multiples réunions organisées par le ministère du Commerce et de la Promotion du Secteur Privé.

Par ailleurs, le Niger n'ayant pas véritablement amélioré sa position dans le classement et pour relever le défi à l'issue de l'installation du dispositif institutionnel de l'amélioration du climat d'affaires, des mesures correctives ont été proposées notamment : se donner des objectifs clairs et mesurables (Calendrier de mise en œuvre ; Responsabilités) ; s'assurer que tous les départements ministériels concernés de même que le secteur privé sont associés au processus d'identification, de mise en œuvre et de suivi des réformes ; construire un fort leadership et garantir un engagement de haut niveau impliquant les membres du Gouvernement ; partager les bonnes pratiques et faciliter l'accès à l'information ; maintenir un effort soutenu dans la mise en œuvre des réformes ; communiquer plus et mieux sur les réformes ; soutenir les réformes au niveau régional (OHADA, UEMOA, ...) ; voir si le dispositif institutionnel actuel est adapté aux défis actuels d'identification, de mise en œuvre et de suivi des réformes, etc.

Enfin, toujours au cours de cette cérémonie, quelques possibilités de réformes dans le court terme ont été proposées. C'est ainsi qu'au niveau de la « Création d'entreprise », il faut : rendre totalement opérationnel le Guichet unique de création d'entreprise (toutes les formalités de création d'entreprise à savoir l'enregistrement des statuts et l'inscription au RCCM des personnes morales doivent être fusionnées à la « Maison de l'Entreprise ».) et l'interconnexion électronique entre la DGI et le GU pour l'attribution du NIF ; mettre en ligne la Publication des avis de constitution de sociétés (Cette procédure devra au préalable être reconnue par les autorités compétentes comme valant publication dans un journal d'annonce légale. Ceci n'exclut pas de continuer à publier ces avis dans le journal de la Chambre de Commerce) ; comparer les coûts de l'enregistrement des statuts (Coût des timbres, droits fixes et salaires des agents affectés commis à cette tâche) par rapport aux réelles recettes perçues par la DGI. Si l'Etat ne perçoit que des recettes modestes, le ministère des Finances pourrait purement et simplement rendre cette formalité non obligatoire comme au Burkina et enfin, organiser une campagne de communication pour informer les professions judiciaires et le grand public sur la réduction du capital minimum des SARL et le rôle facultatif des notaires lors de la création des SARL.

En ce qui concerne l' « Obtention des Prêts », il s'avère indispensable d'adopter le projet de loi uniforme portant réglementation des bureaux d'information sur le crédit dans les Etats membres de l'Union Monétaire Ouest Africaine (UMOA).

S'agissant du « Commerce Transfrontalier », il est nécessaire de : procéder à l'application effective de l'arrêté de 2013 réduisant le nombre de documents exigés à l'import (-4 documents) et à l'export (-3 documents) et de s'assurer de la mise en œuvre effective de l'arrêté interministériel de février 2013 relatif aux types de contrôles routiers, aux points de contrôles et aux mécanismes de recours pour minimiser les abus sur le transport des biens au Niger, tout en organisant une large campagne communication (en interne pour l'Administration à l'externe) autour de ces 2 réformes.

Parallèlement, il faut veiller à ne pas exiger des documents supplémentaires autrement dit, si le Bordereau de Suivi du Trafic Routier (BSTR) et le Bureau de Suivi des Cargaisons sont électroniques, examiner la possibilité de ne pas exiger les documents sur support papier.

Enfin, il faut intégrer le fonctionnement du scanner dans un régime d'inspection basé sur le risque.

Pour l'indicateur « Permis de Construire », il faut surtout non seulement améliorer le processus au niveau du bureau de réception de la municipalité : utiliser un checklist afin de vérifier que les dossiers de demande de permis de construire comportent tous les documents pour l'examen par la commission, mais aussi, réactiver la Commission d'examen des demandes de permis de construire.

Par rapport, à l'« Exécution des Contrats » : mettre effectivement en place le Tribunal de Commerce ; adopter et mettre en œuvre la loi portant procédures commerciales devant les Tribunal de Commerce ; mettre en place le Tribunal de Commerce ; mettre en place le Tribunal de Commerce ainsi que la Loi portant procédures applicables devant ladite juridiction qui devraient, entre autres, veiller à : « améliorer le niveau de spécialisation des magistrats en matière commerciale ; adopter des règles de procédures assorties de sanctions strictes pour les manœuvres dilatoires ; amener les magistrats à planifier les délais pour chaque étape de la procédure et à imposer systématiquement aux parties le respect strict des délais (notamment pour présenter leurs conclusions) ; assurer la mise à disposition rapide des jugements rendus après le prononcé de la décision ».

Enfin, sur le plan de la « Protection des Actionnaires minoritaires » : s'assurer qu'en vertu des règles du projet de loi régissant les procédures commerciales, il soit permis aux parties à un procès, de demander la production de catégories de documents auprès de la partie adverse sans besoin d'identification d'un document précis et d'interroger directement (oralement ou par écrit) la partie adverse ou les témoins pendant l'audience. Comme on le constate, il ressort de tout ce qui précède que l'amélioration du climat des affaires est un processus de longue haleine qui nécessite l'engagement du leadership et l'implication de tous les acteurs.

C'est ainsi que, dans le cadre de la mise en application immédiate de l'Arrêté interministériel réduisant les délais de route et les tracasseries routières et l'Arrêté réduisant le nombre de documents à l'import et à l'export, le Premier a organisé tout récemment deux réunions qui ont abouti à la révision desdits Arrêtés qui sont dans le circuit de signature.

Par rapport, à la préparation et à la présentation en Conseil des Ministres du Projet de loi portant réglementation des Bureaux Information sur le Crédit, le Ministre des Finances a transmis ledit projet au Secrétariat Général du Gouvernement pour adoption.

S'agissant du renforcement des capacités de la « Maison de l'Entreprise », le Ministre des Finances a mis à la disposition de cette institution, un agent des impôts pour la délivrance du NIF sans pouvoir de signature, car il recueille les demandes, analyse la conformité et transmet à la DGI qui le délivre. De même, le Ministre de la Justice a mis à la disposition de cette structure, un greffier avec plein pouvoir de signature.

Sur le plan de la Communication, le Ministère en charge de la Promotion du Secteur privé a transmis au PRACC, le Programme des activités de communication à entreprendre pour informer et sensibiliser l'opinion nationale et internationale sur les mesures et reformes prises pour améliorer le climat de affaires au Niger.

CLIMAT DES AFFAIRES ET OPPORTUNITES D'INVESTISSEMENTS AU NIGER

Dans le domaine des affaires et d'opportunités d'investissements, le Niger fourmille de belles perspectives. On n'a pas besoin d'invoquer les chiffres de croissances, pour prouver que les choses bougent. Le rythme de la croissance atteint 13 % en 2012, avec une maîtrise de l'inflation à un taux ramené à 1,8 % en 2013 alors qu'il était jusqu'à 3,9 % en 2012. Les petites et moyennes entreprises et même de grandes entreprises voient le jour à un rythme séduisant. Pays du Sahel sans débouché sur la mer, le Niger a pourtant de quoi charmer les investisseurs.

Plusieurs atouts concourent à faire du Niger un pays plein d'opportunités et attractif pour les affaires et les investissements. Comme l'a rappelé tout récemment le ministre du Commerce lors du forum économique Niger-Tunisie, il y a d'abord la position carrefour du Niger entre l'Afrique du Nord et l'Afrique Subsaharienne, qui fait du pays une porte d'entrée sur un marché de plus de 280 millions de consommateurs. Ensuite, le Niger appartient à plusieurs regroupements économiques, dont la CEDEAO et l'UEMOA qui se sont fixés comme objectif de créer un cadre propice pour permettre aux investisseurs privés de prospérer dans les affaires et de booster la croissance. Mais il y a surtout la nouvelle démarche des autorités visant à simplifier les démarches pour la création des entreprises, et à consentir des avantages aux investisseurs.

En effet depuis le 16 avril 2014, le Niger a un code des investissements très attractif. Avec cette mesure qui instaure un guichet unique, le demandeur d'agrément pour entreprendre a tout au plus 30 jours pour avoir une réponse, et, passé ce délai sans aucune réaction des autorités, il peut considérer qu'il a son agrément. Et, en plus des avantages en termes d'exonération, pendant une période assez raisonnable, cette mesure prévoit un bonus allant jusqu'à 3 ans pour les investisseurs qui s'installent hors de Niamey, dans les régions. Aussi, un décret pris par le Président de la République a supprimé le capital minimum et le recours au notaire pour la création d'une SARL.

Il y a à côté de ce nouveau code des investissements très avantageux, une quinzaine d'autres mesures visant à encourager les investisseurs en leur facilitant les activités. On peut noter entre autres la création du Conseil National des Investisseurs Privés (CNIP), un cadre de dialogue public privé sous la présidence du Premier ministre et qui vise à lever les entraves au développement du secteur privé. Le Comité Permanent de Concertation (CPC) entre le Ministère du Commerce et de la Promotion du Secteur Privé et la Chambre de Commerce, d'Industrie et d'Artisanat du Niger est aussi un autre cadre bilatéral de dialogue public privé, qui s'inscrit dans la même démarche. Ce comité est saisi à tout moment des problèmes qui se posent au secteur privé. Il y a aussi la création d'un groupe de contact Douanes-Opérateurs économiques qui est un cadre de partenariat dynamique entre l'administration douanière et les opérateurs économiques ; celle de la Maison de l'Entreprise ; d'un cadre de Partenariat Public Privé sécurisant et attractif, régi par plusieurs textes dont la loi portant Régime général des Contrats de Partenariat public privé en République du Niger ; la loi portant Régime fiscal, financier et comptable, applicable aux contrats de Partenariat Public Privé.

Les autres mesures sont La Création d'un Centre de Gestion Agréé (CGA), l'adhésion du Niger à l'Agence Multilatérale de Garantie des Investissements (MIGA) ; l'adoption d'un nouveau code de travail qui accorde la liberté d'embauche et la facilité d'octroi de visa de travail pour les étrangers ; un code minier et un code pétrolier qui octroient des avantages fiscaux à toutes les phases, de la recherche à l'exploitation des investissements, le décret simplifiant les procédures de création d'entreprise. Aussi, en matière de fiscalité le Niger dispose d'un système fiscal de type déclaratif qui a été rénové afin de faire face aux enjeux économiques du monde contemporain. Cette mesure prend en compte les incidences de l'appartenance du Niger à l'UEMOA qui prône l'harmonisation d'un certain nombre d'impôts au sein de l'espace.

Les opportunités d'investissements, sont également nombreuses. Dans le secteur des mines le sous-sol nigérien regorge d'importantes réserves d'uranium, de charbon, de fer, d'or, de phosphate, de sel, de calcaire, de gypse. Et plus de 500 permis libres sont disponibles toutes substances confondues. Le domaine pétrolier, gazier, et énergétique présente aussi les mêmes opportunités. Aussi, il y a les secteurs de l'agro-industrie, de l'urbanisme, des transports et des infrastructures, de l'Agriculture avec l'initiative 3 N « les Nigériens nourrissent les Nigériens », de l'élevage, de l'artisanat, du Tourisme ; le secteur financier, des services de communication restent aussi ouverts aux investisseurs.

ONZIEME PARTIE.

CODE DES INVESTISSEMENTS DU SÉNÉGAL

TITRE I

CHAMP D'APPLICATION

Article premier.

Les personnes physiques ou morales, quelle que soit leur nationalité, régulièrement établies au Sénégal et y exerçant une activité dans l'un des secteurs visés à l'article 2, ou qui participent au capital des sociétés sénégalaises, dans le cadre d'une entreprise constituée conformément à la législation sénégalaise, sont assurées des garanties générales découlant notamment du titre Il du présent Code, et peuvent, en outre obtenir certains avantages dans les conditions définies au titre III.

Article 2. Modifié par le décret n° 97- 710 du 16/07/97.Secteurs d'activité éligibles.

Le présent Code s'applique à toutes les entreprises, y compris les petites et moyennes entreprises, qui exercent leur activité dans l'un des secteurs suivants :

a) Agriculture, pêche et élevage, activités connexes de transformation, de stockage et de conditionnement de produits d'origine végétale, animale ou halieutique ;

b) Activités manufacturières de production ou de transformation ;

c) Recherches, extraction ou transformation de substances minérales ;

d) Tourisme, aménagements et industries touristiques et autres activités hôtelières ;

e) Industrie culturelle exercée par une petite et moyenne entreprise au sens de l'article 17 (livre, disque, cinéma, centres de documentation, centres de production audiovisuelle etc ...) ;

f) Services exercés par une petite et moyenne entreprise, au sens de l'article 17, dans l'un des sous-secteurs suivants :

– Santé
– Education
– Montage d'équipements industriels
– Maintenance d'équipements industriels

– Et aménagements et gestion de voies ferrées.

Sur proposition du Ministre chargé du Plan, cette liste peut être modifiée par décret en fonction des besoins et impératifs du développement national.

Article 3. Définitions.

Sont considérés, au sens du présent Code :

1° Comme personne physique ou morale régulièrement établie au Sénégal :

Toute personne physique ou morale ayant satisfait, en ce qui concerne les activités visées à l'article 2, aux dispositions des lois sénégalaises, et notamment, pour ce qui est des ressortissants étrangers et des entreprises créées ou contrôlées par eux, aux obligations administratives relatives aux autorisations de séjour et d'exercice d'une activité commerciale ou industrielle,

2° Comme investissement de capitaux :

a) les participations consistant en un apport en devises ou en biens d'équipement à toute entreprise établie au Sénégal en échange de l'octroi de titres sociaux ou de parts dans cette entreprise, ces titres ou parts donnant droit à une participation aux bénéfices et au produit de la liquidation. La valeur de tout apport autre qu'un apport en devises doit être déterminée par des experts comptables agréés.

Les droits définis par le présent Code pourront être exercés par le détenteur de la participation ;

b) les prêts assimilables à des participations, c'est-à-dire, les prêts consentis à toute personne autre que l'Etat, ou à toute personne régulièrement établie au Sénégal lorsque ces prêts d'une durée supérieure à dix ans, sont venus compléter les fonds propres réunis pour la réalisation de l'investissement envisagé et ont permis d'obtenir les crédits bancaires nécessaires au financement de cet investissement ;

Les prêts consentis par des Etats ou des établissements publics étrangers de crédits et faisant l'objet de conventions particulières ne sont pas assimilables à des participations.

c) la partie des bénéfices non distribués qui est réinvestie.

Article 4. Etablissement, succursales et extension.

Si un établissement ou une succursale exerçant d'autres activités est créé au sein d'une entreprise, cet établissement ou cette succursale peut être agréé dans les conditions définies au titre II sous les réserves suivantes :

– l'établissement ou la succursale dont l'agrément est demandé doit constituer une unité économique distincte et indépendante des autres activités de cette entreprise ; et

– une comptabilité séparée permettant une individualisation effective des activités agréées doit être tenue. L'extension d'entreprises existantes peut être proposée à l'agrément, dans les conditions de l'article 2 ci-dessus, sous réserve cependant de satisfaire aux conditions suivantes :

a) L'extension doit découler d'un programme d'investissement qui engendre :

– soit un accroissement d'au moins 25 % du nombre d'employés permanents de cette entreprise ou de la valeur d'acquisition des actifs immobilisés ;

– soit une création d'au moins 50 emplois permanents dans l'entreprise ;

– soit un apport en capitaux d'au moins 100.000.000 de francs CFA.

b) Une comptabilité séparée permettant une individualisation effective des activités du projet d'extension doit être tenue.

Article 5. Traités et accords conclus avec d'autres Etats.

Les dispositions du présent Code ne font pas obstacle aux avantages et garanties plus étendus qui seraient prévus par des traités ou accords conclus ou pouvant être conclus entre la République du Sénégal et d'autres Etats.

TITRE II. DES GARANTIES GENERALES

Article 6. Les investissements prévus sont librement effectués au Sénégal sous réserve des dispositions spécifiques visant, en particulier, à assurer la protection de la santé et de la salubrité publique, la protection sociale et le libre jeu de la concurrence.

Article 7.Liberté de transfert des capitaux.

Le droit au transfert des capitaux et de leurs revenus est garanti aux personnes physiques ou morales non résidentes au sens de la réglementation des changes si elles effectuent au Sénégal un investissement financé par un apport de devises. Les personnes physiques ou morales non résidentes qui ont procédé à des investissements, ont le droit de transférer librement, dans l'Etat où elles sont résidentes, les dividendes et produits de toute nature des capitaux investis ainsi que le produit de la liquidation ou de la réalisation de leurs avoirs.

Article 8. Egalité de traitement.

Les personnes physiques ou morales visées à l'article premier du présent Code peuvent, dans le cadre des lois en vigueur, acquérir tous droits de toute nature en matière de propriété, de concessions et d'autorisation administrative et participer aux marchés publics.

Article 9. Les personnes physiques ou morales visées à l'article premier du présent Code, reçoivent, sous réserve des dispositions du titre III, le même traitement eu égard aux droits et obligations découlant de la législation sénégalaise et relatifs à l'exercice des activités définies à l'article 2 ci-dessus. A ce titre, les personnes physiques ou morales étrangères reçoivent un traitement identique à celui des personnes physiques ou morales de nationalité sénégalaise, sous réserve des mesures concernant l'ensemble ou morale étrangère concernée est ressortissante.

Article 10. Les personnes physiques ou morales étrangères reçoivent toutes le même traitement sous réserve des dispositions des traités et accords conclus par la République du Sénégal avec d'autres Etats.

Article 11. Règlement des différends.

Tous différends résultant de l'interprétation ou de l'application du présent Code, sont réglés par les juridictions sénégalaises compétentes conformément aux lois et règlements de la République. Toutefois, les différends entre une personne physique ou morale étrangère et la République du Sénégal relatifs à l'application du présent Code sont réglés conformément à une procédure de conciliation et d'arbitrage découlant :

– soit d'un commun accord entre les deux parties ;

– soit des accords et traités relatifs à la protection des investissements conclus entre la République du Sénégal et l'Etat dont la personne physique ou morale est ressortissante.

TITRE III. DES REGIMES PRIVILEGIES

Article 12. Modifié par la loi 89-31 du 12/10/89 .Objectifs prioritaires.

Les objectifs prioritaires sont les suivants :

a) la promotion de l'emploi ;

b) la promotion des petites et moyennes entreprises ;

c) la valorisation, par la transformation au Sénégal des ressources locales ;

d) le développement de l'innovation technologique, par la recherche ou l'utilisation des résultats de la recherche ;

e) l'implantation d'activités économiques dans les régions de l'intérieur.

Article 13 Régimes privilégiés.

A ces différents objectifs correspondent, outre le régime commun, différents régimes privilégiés ainsi dénommés :

a) régime des petites et moyennes entreprises ;

b) régime des entreprises valorisant les ressources locales ;

c) régime des entreprises développant l'innovation technologique ;

d) régime des entreprises décentralisées.

CHAPITRE PREMIER. DES CONDITIONS COMMUNES D'ADMISSION AUX DIFFERENTS REGIMES

Article 14. Toute entreprise exerçant dans l'un des secteurs énumérés à l'article 2 et répondant aux conditions définies ci-après, peut être admise au bénéfice du régime commun, et, éventuellement à ceux d'un ou de plusieurs régimes privilégiés à l'exception de celles exerçant les activités suivantes :

a) Les activités de négoce définies comme les activités de revente en l'état des produits achetés à l'extérieur de l'entreprise ;

b) les activités éligibles à des codes spécifiques.

Article 15. Financement de l'entreprise.

Pour bénéficier de l'un quelconque des régimes du présent Code, le projet de création ou d'extension d'entreprise proposé à l'agrément doit être financé, à hauteur d'au moins 20 % du coût total pour les petites et moyennes entreprises et 30 % pour les autres entreprises, y compris les fonds de roulement, par un investissement de capital tel que défini à l'article 3.

Article 16. Conditions relatives à l'emploi.

Pour bénéficier de l'un quelconque des régimes du présent Code, toute entreprise devra communiquer au ministre chargé d'octroyer l'agrément ses objectifs en matière de création d'emplois et de plan de formation des nationaux. La forme et le contenu de tels objectifs sont fixés par décret sur proposition du ministre chargé de l'Emploi.

CHAPITRE II. DES CONDITIONS SPECIFIQUES D'ADMISSION AUX REGIMES PRIVILEGIES.

Article 17. Les petites et moyennes entreprises.

Est considérée comme petite ou moyenne entreprise, au sens du présent Code, toute entreprise qui remplit cumulativement les conditions suivantes :

1. Le programme d'investissement est d'un montant supérieur ou égal à 5.000.000 de francs CFA et inférieur ou égal à 200.000.000 de francs CFA. Ce programme d'investissement s'entend hors TVA récupérable et comprend les immobilisations de toutes sortes ainsi que le fonds de roulement permanent ;

2. Le nombre de salariés permanents de nationalité sénégalaise est égal ou supérieur à trois ;

3. L'entreprise s'engage à avoir une comptabilité régulièrement tenue et conforme au plan comptable sénégalais.

Article 18. Les entreprises valorisant les ressources locales.

Est considérée au sens du présent Code comme entreprise valorisant les ressources locales, toute entreprise remplissant une des conditions suivantes :

a) le coût des consommations intermédiaires d'origine sénégalaise est supérieur à 65 % du coût total des consommations intermédiaires utilisées par l'entreprise durant une année fiscale.

b) le coût des consommations intermédiaires importées est inférieur à 65 % du coût total des produits obtenus après transformation au Sénégal.

Article 19. Les entreprises développant l'innovation technologique.

Est considérée au sens du présent Code comme entreprise développant l'innovation technologique, toute entreprise remplissant au moins une des conditions suivantes :

1°.

a) investir un pourcentage minimum de son chiffre d'affaires dans la recherche sous forme de contrat avec un organisme sénégalais de recherche. Ce pourcentage est fixé par décret ;

b) faire de la Recherche- Développement en son sein sous certaines conditions qui sont fixées par décret ;

2°. présenter un programme d'investissement visant à exploiter les résultats des recherches d'un organisme sénégalais ou de chercheur(s) sénégalais isolé(s).

Article 20. Les entreprises décentralisées.

Dans le cadre du présent Code et pour encourager l'implantation d'activités dans les zones économiques moins développées, le territoire de la République du Sénégal est divisé en quatre zones :

– la zone A qui comprend l'agglomération de Dakar et ses environs dont les limites seront précisées par décret ;

– la zone B qui comprend le reste de la Région de Dakar et de la Région de Thiès dans son intégralité ;

– la zone C qui comprend les Régions de Diourbel, Louga et Kaolack,

– enfin, la zone D qui comprend les Régions de Fatick, Kolda, Tambacounda, Ziguinchor et Saint-Louis.

Les zones B, C et D sont dites zones économiquement moins développées.

Article 21. Est considérée comme entreprise décentralisée :

Toute entreprise de production ou de service dont au moins 90 % du personnel travaille dans les localités situées hors de la zone A.

TITRE IV. DES AVANTAGES LIES AUX DIFFERENTS REGIMES
CHAPITRE PREMIER DES AVANTAGES CONSENTIS

Article 22. Modifié par la loi 89-31 du 12/10/89.Avantages du régime commun. Toute entreprise admise au régime commun bénéficie des avantages ci-après :

1. Exonération, pendant la période de réalisation des investissements, et au plus tard à l'expiration d'un délai de deux ans pour la petite et moyenne entreprise et trois ans pour les autres, des droits et taxes perçus à l'entrée sur les matériels et matériaux ni produits ni fabriqués au Sénégal, et destinés de manière spécifique à la production ou à l'exploitation dans le cadre du programme agréé.

La période de réalisation des investissements commence à la date de prise d'effet de l'agrément pour se terminer à la date de démarrage de l'activité agréée. Les délais de deux et trois ans commencent à la date de prise d'effet de l'agrément.

2. Exonération des taxes sur le chiffre d'affaires facturées par les fournisseurs locaux de biens, services et travaux nécessaires à la réalisation du programme agréé. Les modalités d'application de cette exonération s'effectuent conformément aux dispositions de l'article 350 et de l'annexe IV du livre Il de la loi n° 87-10 du 21 février 1987 portant Code général des Impôts.

3. Exonération de la contribution forfaitaire à la charge des employeurs,

4. Octroi à l'entreprise qui justifie d'un minimum de création de cinquante emplois à titre d'incitation à la création d'emploi, d'une subvention égale au montant des impôts et des taxes prévus par les articles 78, 83, 111, 146 et 236 du Code général des Impôts.

Les modalités de versement de cette subvention seront fixées par décret. Cette disposition est étendue, à partir de l'entrée en vigueur de la présente loi, aux entreprises existantes et admises au bénéfice des avantages du Code des Investissements, pour tout nouvel emploi créé à ce titre, pour autant qu'elles emploient au minimum cinquante personnes. Le cas échéant, le bénéfice de cette disposition leur sera applicable une fois que ce niveau sera atteint et pour tout emploi créé au-delà de ce minimum.

5. Assimilation des travailleurs recrutés à compter de la date d'agrément des entreprises aux avantages prévus par le présent titre, et ceci compte tenu des contraintes inhérentes au démarrage d'une activité nouvelle aux travailleurs engagés en complément d'effectifs pour exécuter des travaux nés d'un surcroît d'activités au sens de la législation du travail en vigueur.

Par suite, les entreprises peuvent conclure avec les travailleurs recrutés, à compter de la date d'agrément des contrats de travail à durée déterminée pendant une période limitée à cinq ans.

En plus de ces dispositions du régime commun les entreprises bénéficient des avantages particuliers découlant de leur admission à un ou plusieurs régimes privilégiés.

Article 23. Modifié par la loi 89-31 du 12/10/89. Avantages particuliers liés au régime de la petite et moyenne entreprise.

Pour la réalisation de leur programme d'investissement, les entreprises admises au régime de la petite et moyenne entreprise bénéficient des avantages particuliers suivants :

1. Exonération des droits frappant les actes constatant la constitution des sociétés et les augmentations de capital nécessaires à la réalisation du programme agréé.

2. Exonération de la contribution des patentes si l'entreprise est installée dans une zone économiquement moins développée au sens de l'article 20.

3. Exonération de l'impôt minimum forfaitaire.

4. Exonération de la contribution forfaitaire à la charge des employeurs due au titre des salaires versés aux employés de nationalité sénégalaise.

5. Pour la flexibilité de l'emploi, des dérogations à la législation du travail sont accordées. Les modalités d'octroi de ces dérogations seront fixées par décret.

6. Les dispositions du quatrièmement de l'article 22 du Code des Investissements sont applicables aux petites et moyennes entreprises sans restrictions quant aux effectifs, pour ce qui concerne tous les emplois créés à partir de la date d'entrée en vigueur de la présente loi.

Article 24. Avantages particuliers liés aux entreprises valorisant les ressources locales.

Les entreprises valorisant les ressources locales bénéficient des avantages suivants :

1° exonération de l'impôt minimum forfaitaire ;

2° exonération de la contribution des patentes si l'entreprise est installée dans une zone économiquement moins développée au sens de l'article 20.

Article 25. Modifié par la loi 89-31 du 12/10/89.Entreprises développant l'innovation technologique

Les avantages octroyés aux entreprises par le présent article, au titre de la contribution forfaitaire à la charge des employeurs sont au moins égaux à ceux du régime commun tel que stipulé au troisièmement de l'article 2 de la présente loi portant modification de l'article 22 de la loi n° 87-25 du 18 août 1987.

Article 26. Toute entreprise visant à exploiter les résultats de recherches d'un organisme sénégalais ou de chercheur(s) sénégalais isolé(s), conformément aux dispositions en vigueur en matière de contrat, de licence, de propriété industrielle et de normes, bénéficie pour cet investissement des avantages de la petite et moyenne entreprise de la zone où elle s'implante.

Article 27. Les entreprises décentralisées.

Les entreprises implantées dans des zones économiquement moins développées bénéficient d'une exonération de la contribution forfaitaire à la charge des employeurs due au titre des salaires versés aux employés de nationalité sénégalaise.

CHAPITRE II. DE LA DUREE ET DE LA DEGRESSIVITE DES AVANTAGES CONSENTIS

Article 28. L'agrément au bénéfice d'un régime est accordé pour une période qui varie en fonction de la zone d'implantation. La période de l'agrément est de :

– cinq (5) ans pour les investissements réalisés dans la zone A ;
– sept (7) ans pour les investissements réalisés dans la zone B ;
– dix (10) ans pour les investissements réalisés dans la zone C ;
– douze (12) ans pour les investissements réalisés dans la zone D.

Cette durée commence à la date de prise d'effet de l'agrément.

Article 29. L'exonération des impôts, droits et taxes visés aux articles 23, 24 et 27 ci-dessus est dégressive sur les trois dernières années.

Elle est ainsi réduite :

– à 75 % des droits normalement dus au titre de l'année précédant l'avant-dernière année de la période d'agrément ;

– à 50 % des droits normalement dus au titre de la dernière année de la période d'agrément.

– à 25 % des droits normalement dus au titre de la dernière année de la période d'agrément.

Les avantages de l'article 25 ne sont valables que pour l'année fiscale au cours de laquelle l'investissement a lieu.

TITRE V. DES MODALITES D'OCTROI ET DES PROCEDURES D'APPLICATION

Article 30. L'octroi des avantages faisant l'objet du titre IV du présent Code est subordonné au dépôt d'un dossier de demande d'agrément dont la forme et le contenu sont fixés par décret.

Article 31. Sanctions pour non-respect des conditions d'agrément.

Le non-respect d'une seule des conditions d'octroi d'un régime privilégié entraîne la suspension des avantages particuliers correspondants et des avantages communs pour l'année fiscale au cours de laquelle la condition n'est pas remplie.

Toutefois, dans le cas où l'entreprise bénéficie concomitamment de plusieurs régimes privilégiés, elle demeure bénéficiaire des avantages communs pour autant qu'elle remplisse les conditions d'octroi d'au moins un de ces régimes privilégiés. L'agrément délivré pour l'admission au régime de la petite et moyenne entreprise devient caduc lorsque l'une des conditions particulières d'admission à ce régime n'est plus remplie avec effet rétroactif au premier jour de l'année fiscale au cours de laquelle cette condition n'est plus remplie.

L'agrément délivré pour l'admission à l'un des régimes visés aux articles 18 (entreprises valorisant les ressources locales), 19 (entreprises développant l'innovation technologique) et 20 (entreprises décentralisées) devient caduc si, au cours de deux années fiscales consécutives à l'année au cours de laquelle ont débuté les opérations, les conditions particulières d'admission à ce régime n'ont pas été satisfaites.

L'arrêté d'agrément est caduc si dans un délai de six mois à compter de la date de l'agrément, les opérations d'investissement ne sont pas réellement engagées.

Article 32. Obligations des entreprises agréées.

Indépendamment du respect des dispositions d'ordre légal ou réglementaire régissant leurs activités et des conditions et obligations prévues dans l'arrêté d'agrément, les entreprises agréées doivent, pendant la durée du régime privilégié sous lequel elles sont placées :

– Observer strictement les programmes d'investissement et d'activité agréés, toute modification substantielle auxdits programmes devant être préalablement autorisée par le ministre chargé d'octroyer l'agrément,

– Se conformer aux normes de qualité nationales et internationales applicables aux biens et services objet de leur activité ;

– Tenir leur comptabilité conformément au plan comptable sénégalais et communiquer au Centre unique de Collecte de l'information (CUCI) leurs états financiers à chaque fin d'exercice ;

– Employer en priorité les nationaux sénégalais à égalité de compétence et organiser la formation et la promotion des nationaux sénégalais au sein de l'entreprise.

TITRE VI. DISPOSITIONS FINALES

Article 33. Non-extension des avantages.

Aucune entreprise ne peut prétendre bénéficier des avantages liés à un ou plusieurs régimes privilégiés si elle n'a pas été agréée dans les conditions prévues au présent Code, ni prétendre à l'application de ces avantages si elle n'en remplit pas effectivement les conditions d'admission. La durée des avantages accordés à une entreprise agréée à un ou plusieurs régimes privilégiés ne peut être prolongée ni au moment de l'agrément ni à la fin de la période au cours de laquelle cette entreprise a bénéficié desdits avantages.

Article 34. Sanctions pour non-respect des obligations et engagements souscrits.

En cas de violation par une entreprise des obligations prévues au présent Code ou souscrites dans le cadre du projet agréé, le bénéfice du régime privilégié peut lui être totalement ou partiellement retiré selon la procédure ci-après :

Le ministre chargé d'octroyer l'agrément au présent Code met l'entreprise en demeure de prendre les mesures nécessaires pour mettre fin à la situation créée par sa défaillance.

A défaut d'effet suffisant dans un délai de 90 jours à compter de la date d'envoi de la mise en demeure, il fait procéder à une enquête dont les résultats sont communiqués à l'entreprise concernée.

Sur la base de cette enquête, il peut, après avoir pris connaissance, le cas échéant, des observations de l'entreprise concernée, décider le retrait partiel ou total du bénéfice du régime privilégié. La décision de retrait est prise par un arrêté qui fixe la date de prise d'effet du retrait. Le retrait de l'agrément entraîne la suppression des avantages accordés en vertu du présent Code à compter du premier jour de l'année fiscale au cours de laquelle ce retrait prend effet.

Article 35. Les dispositions des articles ci-dessus ne font pas obstacle à l'application des sanctions spécifiques prévues par les textes pour de tels manquements, ou aux poursuites judiciaires dont l'entreprise ou ses promoteurs pourraient être passibles.

Article 36. Le recours contre une décision de retrait n'est suspensif que si ce recours est introduit auprès des juridictions sénégalaises compétentes au sens de l'article 2, dans un délai de 60 jours, au plus tard, à compter de la date de notification de l'arrêté de retrait.

Article 37.Mesures transitoires. Les lois n° 81-50 et 81-51 portant respectivement Code des Investissements et encouragement à la création de la petite et moyenne entreprise, les textes d'application ainsi que toutes les dispositions antérieures contraires au présent Code sont abrogés.

Toutefois les entreprises déjà admises au bénéfice desdites lois ou dispositions ont droit au maintien des avantages ainsi conférés. Elles peuvent être également admises sur leur demande au bénéfice du présent Code. La demande est faite dans les six mois qui suivent l'entrée en vigueur du présent Code.

Article 38. Des décrets préciseront en tant que de besoin les modalités d'application de la présente loi qui sera exécutée comme loi de l'Etat et publiée au journal officiel.

La présente loi sera exécutée comme loi de l'Etat.

ANALYSE DU CODE DES INVESTISSEMENTS DU SENEGAL

Le Code des Investissements détermine les projets éligibles et les conditions d'accès ainsi que les formalités d'agrément et avantages fiscaux : Les projets éligibles pour investissements

– Agriculture, pêche et élevage, activités connexes de transformation, de stockage et de conditionnement de produits d'origine végétale, animale ou halieutique ;

– Activités manufacturières de production ou de transformation ;

– Recherche, extraction ou transformation de substances minières ;

– Tourisme et activités connexes au tourisme ;

– Industrie culturelle exercée par une PME (production de livres, de journaux) et centre de documentation et de production audiovisuelles ;

– Services exercés dans le sous-secteur de la santé, de l'éducation, du montage et de la maintenance d'équipements industriels ;

– Travaux d'infrastructures portuaires.

Conditions d'accès

L'investissement doit être d'au moins 5 millions de FCFA et le nombre d'emplois créés au moins égal à trois. L'investissement doit être financé sur fonds propres à hauteur d'au moins 20 % (investissements compris entre 5 et 200 millions) et 30 % (au-delà de 200 millions).

Formalités et procédures d'agrément

Les demandes d'agrément sont examinées dans un délai maximum de 10 jours et toutes les formalités administratives de création et d'extension (autorisation d'exercer, identification fiscale, immatriculation aux organismes sociaux, etc.) sont prises en charge par le Guichet Unique de l'APIX dans un délai de vingt (20) jours.

Avantages en matières sociale, fiscale et douanière

En sus des garanties "classiques" offertes aux investissements : liberté de transfert des capitaux et des revenus et égalité de traitement (non-discrimination entre nationaux et étrangers face à l'administration et pour l'accès au droit de propriété), des avantages sont accordés aussi bien à l'investissement qu'à l'exploitation. En outre, des avantages spécifiques complémentaires sont prévus pour les PME, les entreprises valorisant les ressources locales, celles développant l'innovation technologique et celles installées en dehors de la Zone A.

Durée et zones d'implantation

La durée de validité des avantages liés à l'exploitation varie de cinq à douze ans en fonction de la zone d'implantation soit :

– Cinq ans pour les départements de Dakar et de Pikine et la Communauté de Rufisque-Bargny (zone A);

– Sept ans pour les Communautés rurales de Sangalkam et de Sébikotane et pour la région de Thiès (zone B);

– Dix ans pour les régions de Diourbel, Louga et Kaolack (zone C); □ Douze ans pour les régions de Fatick, Kolda, Tambacounda, Ziguinchor et Saint-Louis (zone D).

Ces avantages sont dégressifs sur les trois dernières années de l'agrément (la réduction des droits normalement dus passe successivement à 75 %, 50 %, 25 %).

UN LARGE DOMAINE D'APPLICATION

Les projets éligibles peuvent concerner les activités suivantes :

– Agriculture, pêche et élevage, activités connexes de transformation, de stockage et de conditionnement de produits d'origine végétale, animale ou halieutique ;

– Activités manufacturières de production ou de transformation ;

– Recherche, extraction ou transformation de substances minières ;

– Tourisme et activités connexes au tourisme ;

– Industrie culturelle exercée par une PME (production de livres, de journaux) et centre de documentation et de production audiovisuelles ;

– Services exercés dans le sous-secteur de la santé, de l'éducation, du montage et de la maintenance d'équipements industriels ;

– Travaux d'infrastructures portuaires.

DES CRITÈRES SOUPLES POUR LES CONDITIONS D'ACCÈS

L'investissement doit être d'au moins 5 millions de FCFA et le nombre d'emplois créés au moins égal à trois.

L'investissement doit être financé sur fonds propres à hauteur d'au moins 20 % (investissements compris entre 5 et 200 millions) et 30 % (au-delà de 200 millions).

DES FORMALITES ET PROCEDURES SIMPLIFIEES

Les demandes d'agrément sont examinées dans un délai maximum de 10 jours et toutes les formalités administratives de création et d'extension (autorisation d'exercer, identification fiscale, immatriculation aux organismes sociaux, etc.) sont prises en charge par le Guichet Unique de l'APIX dans un délai de vingt (20) jours.

DES AVANTAGES EN MATIÈRE SOCIALE, FISCALE ET DOUANIÈRE

En sus des garanties "classiques" offertes aux investissements : liberté de transfert des capitaux et des revenus et égalité de traitement (non-discrimination entre nationaux et étrangers face à l'administration et pour l'accès au droit de propriété), des avantages sont accordés aussi bien à l'investissement qu'à l'exploitation. En outre, des avantages spécifiques complémentaires sont prévus pour les PME, les entreprises valorisant les ressources locales, celles développant l'innovation technologique et celles installées en dehors de la Zone A.

DUREE ET ZONES D'IMPLANTATION

La durée de validité des avantages liés à l'exploitation varie de cinq à douze ans en fonction de la zone d'implantation soit :

– Cinq ans pour les départements de Dakar et de Pikine et la Communauté de Rufisque-Bargny (zone A) ;

– Sept ans pour les Communautés rurales de Sangalkam et de Sébikotane et pour la région de Thiès (zone B) ;

– Dix ans pour les régions de Diourbel, Louga et Kaolack (zone C);

– Douze ans pour les régions de Fatick, Kolda, Tambacounda, Ziguinchor et Saint-Louis (zone D).

Ces avantages sont dégressifs sur les trois dernières années de l'agrément (la réduction des droits normalement dus passe successivement à 75 %, 50 % et 25 %).

DUREE ET ZONES D'IMPLANTATION

REGIMES	CRITERES	AVANTAGES	DUREE
Tous projets agréés	Tous les projets agréés au Code des Investissements, sauf ceux relatifs aux rachats d'actifs étrangers par des nationaux sénégalais	**Avantages liés à l'investissement (fiscalité de porte + TVA)** – Exonération des droits et taxes à l'entrée sur les matériels et matériaux ni produits ni fabriqués au Sénégal, destinés de manière spécifique à la production ou à l'exploitation dans le cadre du programme agréé. – Exonération de la taxe sur la valeur ajoutée facturée par les fournisseurs locaux de biens, services et travaux nécessaires à la réalisation du programme agréé	2 ans pour les Petites et Moyennes Entreprises 3 ans pour les Grandes Entreprises
		Avantages liés à l'exploitation (fiscalité intérieure) – Exonération de la contribution forfaitaire à la charge des employeurs due au titre des salaires versés aux employés de nationalité sénégalaise – Subvention à la création d'emplois	Zone A : 5 ans Zone B : 7 ans Zone C : 10 ans Zone D : 12 ans
PRIORITAIRES		**AVANTAGES SUPPLEMENTAIRES DES REGIMES PRIORITAIRES**	**DEGRESSIVITES DES EXONERATIONS**
Petites et Moyens Entreprises (PME)	- Investissement inférieurs ou égaux à 200 millions de FCFA – Création d'au moins 3 emplois permanents sénégalais	- Exonération de l'impôt minimum – Exonération de la contribution de patentes (Zones B, C, D) – Dérogation à la législation du travail en matière de licenciements pour des raisons économiques – Possibilité de renouveler pendant cinq ans des contrats de travail à durée déterminée	3ème année, 75 % Zone A 4ème année, 50 % 5ème année, 25 % 5ème année, 75 % Zone B 6ème année, 50 % 7ème année, 25 %
Entreprises valorisant les ressources locales	- 65 % au moins (en valeur) des consommations d'origine sénégalaise, ou coût des produits importés inférieur à 35 % du coût total des produits après transformation	- Exonération de l'impôt minimum forfaitaire	8ème année, 75 % Zone C 9ème année, 50 % 10ème année, 25 %
Entreprise valorisant l'innovation technologique	1 % au moins du chiffre d'affaires à investir dans la recherche, ou l'exploitation des résultats de recherches d'un organisme de recherche ou de chercheurs sénégalais	- Exonération de l'impôt minimum forfaitaire – Exonération de la contribution des patentes (Zones B,C et D) – Dérogation à la législation du travail en matière de licenciement pour raisons économiques – Possibilité de renouveler pendant cinq ans des contrats de travail à durée déterminée	10ème année, 75 % Zone D 11ème année, 50 % 12ème année, 25 %

Entreprises décentralisées	Au moins 90 % du personnel travaille dans des localités situées hors Zone A	Variation de la durée des avantages liés à l'exploitation en fonction du lieu d'implantation (7 à 12 ans), avec dégressivité des avantages sur les trois dernières années.
RACHAT D'ACTIFS		**AVANTAGES SPECIFIQUES AUX OPERATIONS DE RACHAT**
Rachats d'actifs étrangers par des nationaux sénégalais	- Investir dans l'un des secteurs éligibles de la loi 87.25 – Acquisition d'au moins 51 % du capital d'une entreprise étrangère	- Exonération des droits d'enregistrement et de timbre sur les actes constatant la formation d'une nouvelle entreprise, ou l'augmentation du capital d'une entreprise existante ; – Exonération des droits de mutation sur les acquisitions de fonds de commerce immeubles constituant l'opération de rachat ; – Exonération pendant 5 ans de l'impôt minimum forfaitaire ; – Déduction du bénéfice industriel et commercial, des annuités d'amortissement des emprunts contractés pour les acquisitions d'entreprises étrangères

LOI D'ORIENTATION N° 2008-29 DU 28 JUILLET 2008 RELATIVE A LA PROMOTION ET AU DEVELOPPEMENT DES PETITES ET MOYENNES, MODIFIEE PAR LA LOI N° 2012-32 DU 31 DECEMBRE 2012. CETTE LOI EST PARFOIS REFERENCEE N°2007-49 DU 6 FEVRIER 2008

Titre 1 - Dispositions générales

Chapitre 1 - Des principes généraux

Art.1.- La présente loi a pour objet de définir les Petites et Moyennes Entreprises dénommés ci-après « PME », les mesures de soutien à leur apporter, les avantages à leur concéder, et les obligations qu'elles doivent respecter dans le cadre de leur reconnaissance. Elle prévoit également des mesures d'aide et de soutien spécifiques aux jeunes entrepreneurs en vue de la création de PME. La loi définit les modalités de suivi relatives aux soutiens susvisés et le rôle des collectivités locales, des instituts de recherche, des universités, des organisations professionnelles et des partenaires au développement dans la promotion et le développement des PME.

Chapitre 2 - De la définition de la PME

Art.2.- Au sens de la présente loi, on entend par PME, toute entité physique ou morale, productrice de biens et/ou de services marchands, dont les critères distinctifs sont précisés aux articles 3 et 4 ci-dessous.

Art.3.- Les Petites Entreprises (PE) sont les micro-entreprises et les très petites entreprises répondant aux critères et seuils ci-après :

– effectif compris entre un et vingt employés ;

– tenue d'une comptabilité allégée ou de trésorerie, en interne ou par un Centre de Gestion agréé (CGA) ou toute autre structure similaire légalement reconnue, selon le système comptable en vigueur au Sénégal et,

– chiffre d'affaires annuel hors taxes ne dépassant pas les limites prévues pour être imposable à la Contribution Globale Unique (CGU) fixée par le Code général des Impôts.

Art.4.- Les Moyennes Entreprises (ME) sont celles qui répondent aux critères et seuils suivants :

– Effectif compris entre vingt et un et deux cent cinquante ;

– Tenue d'une comptabilité selon le système normal en vigueur au Sénégal et certifiée par un membre inscrit à l'Ordre national des Experts comptables et Comptables agréés (ONECCA) ;

– Chiffre d'affaires annuel hors taxes annuel compris entre la limite supérieure à l'article 3 ci-dessus et 5 milliards de francs CFA.

Au sens de la présente loi, il est entendu par « employés » les personnes employées à plein temps durant une année ; de travail temporaire, saisonnier ou journalier représentant une fraction d'unité travail année.

L'année à prendre en considération pour la détermination du chiffre d'affaires et de l'investissement est celle du dernier exercice clos au moment de la demande de reconnaissance.

Chapitre 3 - De l'acquisition et de la perte de la qualité de PME

Art.5.- La qualité de PME est reconnue par le Comité de Suivi prévue au Titre 5 de la présente loi à toute entreprise qui remplit les conditions prévues aux articles ci-dessus relatifs à sa définition.

La demande de reconnaissance est adressée au Comité de Suivi, accompagnée de la liste des documents justificatifs. Elle doit revêtir la signature du responsable de l'entreprise qui s'engage ainsi à respecter les modalités prévues au Titre IV de la présente loi.

Art.6.- La qualité de PME donne lieu à une identification dont la procédure est fixée par le Comité de Suivi.

Art.7.- La qualité de PME est octroyée pour une durée de cinq ans. Elle est renouvelable sur production des éléments justifiant l'appartenance de l'entreprise à la catégorie concernée. La qualité de PME se perd à tout moment par la constatation du Comité de Suivi du non-respect des engagements souscrits ou en cas de fraude avérée.

Chapitre 4 - De l'évolution de la classification des PME

Art.8.- On entend par passage en catégorie supérieure, le passage de la petite à la moyenne entreprise et de la moyenne à la grande entreprise. Le changement de catégorie est constaté à la demande expresse de l'entreprise ou prononcé d'office par le Comité de Suivi.

Art.10.- Pour passer en catégorie supérieure, la PME doit satisfaire à l'ensemble des critères de la catégorie supérieure en terme de seuils prévus aux articles 3 et 4. Elle doit également remplir tous ses engagements au regard des mesures d'aide et de soutien qui lui sont accordées. S'agissant des PME du secteur des Bâtiments et Travaux publics (BTP), leur évolution et leur classification obéissent aux dispositions du Décret n° 83-856 du 10 avril 1983, portant qualification et classification des entreprises, entrepreneurs, artisans de bâtiments et de travaux publics. Il en est de même pour les PME artisanales qui sont régies par le Décret n° 87-1275 du 10 octobre 1987 relatif au statut d'entreprise artisanale et aux titres de qualification artisanale.

Titre 2 - Mesures d'aides et de soutien aux PME

Chapitre 1 - Des mesures d'aide et de soutien aux PME

Art.11.- L'Etat apporte l'appui nécessaire à la mise à niveau des PME, à l'aménagement de sites d'accueil qui leur sont réservés en priorité, et la formation, notamment dans les secteurs qui constituent des créneaux porteurs.

Chapitre 2 - Dispositions relatives au financement des PME

Art.12.- L'Etat, en relation avec les institutions bancaires et financières, facilite l'accès des PME au financement.

Pour les besoins de financement de l'investissement des PME, l'Etat favorise la mise en place d'organismes ou de lignes de capital-risque.

Art.13.- L'Etat, en relation avec les autorités monétaires et financières, favorise les conditions de création et de développement de nouveaux produits financiers en vue d'améliorer les procédures d'accroissement des fonds propres, notamment par une fiscalité appropriée pour les Organismes de Placements Collectifs en Valeurs Mobilières (OPCVM) et les organismes ou lignes de capital-risque.

Les modalités de mise en œuvre sont prévues à l'article 26 du présent projet de loi.

Art.14.- Un fonds de garantie sera mise en place par l'Etat pour soutenir la demande de financement des PME. Les modalités de sa création, de son fonctionnement et de son organisation sont fixées par décret.

Chapitre 3 - Des Fonds d'aménagement régionaux et d'aides au transport

Art.15.- L'Etat, en relation avec les collectivités locales, met en place des fonds d'aménagement régionaux à thème et des fonds d'aides au transport ayant pour objet de favoriser la création et la délocalisation de certaines activités des PME, dans les régions de développement prioritaire. Les modalités de création, d'organisation et de fonctionnement de ces fonds sont définies par voie législative.

Chapitre 4 - De l'accès aux marchés publics, au foncier et à la promotion de la sous-traitance

Art.16.- L'Etat et ses démembrements peuvent conformément aux dispositions du Code des

Marchés publics, soumettre une proportion des marchés publics à concurrence entre les PME reconnues en vertu du présent projet de loi selon des conditions et modalités définies par voie réglementaire.

Art.17.- En conformité avec les dispositions du Code des Marchés publics, l'Etat réserve exclusivement au PME reconnues, certains marché publics.

Art.18.- Pour répondre aux appels d'offre, les PME sont autorisées à conclure des accords de partenariat en vue de favoriser le transfert de technologie.

Pour permettre à la Direction des PME de veiller à la régularité des accords, la convention de partenariat et ses annexes sont joints dans l'offre de la PME soumissionnaire.

Art.19.- Afin de favoriser l'émergence d'un véritable tissu de sous-traitance sur lequel peuvent s'appuyer les entreprises nationales comme les investisseurs étrangers, les marchés importants généralement octroyés aux grandes entreprises, sont désormais répartis selon les principes définis ci-dessus.

Art.20.- L'Etat veille à faciliter l'accès des entreprises au foncier par des mesures appropriées qui mettent notamment l'accent sur la rapidité de mise à disposition des terrains conformément aux lois et règlements en vigueur.

Des terrains peuvent être réservés aux PME reconnues qui, le cas échéant, doivent produire les justificatifs requis pour en être bénéficiaires. En outre, les PME doivent se conformer au cahier des charges prévu à cet effet.

Art.21.- L'Etat crée des pépinières d'entreprises et s'engage à poursuivre la mise en place d'incubateurs par secteurs d'activités en favorisant l'émergence de nouveaux projets et facilitant l'accès des entreprises existantes aux outils de gestion et de management modernes. Les modalités d'occupation sont précisées par voie réglementaire.

Chapitre 5 - Du rôle des collectivités locales

Art.22.- Conformément à leurs missions, les collectivités locales peuvent initier des mesures d'aides et de soutien aux PME.

Chapitre 6 - Allègement des difficultés financières et dispositions d'ordre fiscal

Art.23.- Le Comité de Suivi peut être saisi par toute PME qui connaît des difficultés de paiement de la part de l'Etat ou de ses démembrements en vue de diligenter les procédures y afférentes.

Art.24 à 26.- Abrogés *(Loi n°2012-32)*

Titre 3 - Mesures d'aides et de soutien spécifiques

Chapitre 1 - Dispositions générales

Art.27.- Des mesures spécifiques destinées à favoriser la migration du secteur informel vers le secteur moderne structuré sont mises en œuvre par l'Etat à travers la Direction des PME et l'Agence de Développement et d'Encadrement des petites et Moyennes Entreprises (ADEPME) qui en assurent le suivi.

Art.28.- Des prêts à taux réduits sont accordés aux jeunes entrepreneurs possédant une ou des PME reconnue(s) par le présent projet de loi et exerçant des activités innovantes.

Art.29.- En vue de faciliter l'accès des PME au financement et de développer la recherche, des taux réduits peuvent être consentis aux PME exerçant des activités innovantes.

Art.30.- Les jeunes entrepreneurs doivent remplir les conditions suivantes :

– être de nationalité sénégalaise ;

– être âgés de 20 ans au moins et de 45 ans au plus, à la date de leur demande d'octroi de prêts. Toutefois, au cas où le prêt est accordé dans le cadre d'une PME, une dérogation à la limite d'âge de 45 ans peut être admise au bénéfice d'un seul associé ou de détenteur de parts ;

– présenter un projet viable de création ou d'extension de PME.

Art.31.- Il n'est accordé, dans le cadre de la présente loi qu'un seul prêt à taux réduit par personne physique ou morale visée aux articles 28 et 29.Cependant, des crédits peuvent être accordés dans le cadre d'une extension, à tout nouvel associé ou détenteur de parts, à condition que ces derniers soient éligibles conformément aux dispositions des articles 28 et 29 et que le cumul de crédit initial et du nouveau crédit n'excède pas un plafond à déterminer par voie réglementaire.

Art.32.- Les demandes de prêts sont adressées à l'un des établissements intervenants dont les risques encourus, au titre du financement des projets d'investissement des bénéficiaires de mesures spécifiques dans le cadre de la présente loi sont couverts par :

– le fonds de garantie prévu à l'article 14 ;

– les garanties portant exclusivement sur les éléments constitutifs du projet objet de prêt ;

– la délégation de l'assurance-vie devant être souscrite en cas de prêt individuel et couvrant la totalité du prêt.

Art.33.- Des mesures spécifiques destinées à favoriser l'émergence de l'entreprenariat féminin sont initiées en accord avec la stratégie du Ministère chargé de l'Entreprenariat féminin.

Conformément à l'article 17 de la présente loi, 15 % des parts de marchés publics réservés aux PME reconnues sont accordées aux entreprises appartenant aux femmes.

Art.34.- Des mesures spécifiques en faveur du secteur de l'artisanat sont mises en œuvre par l'Etat et suivies par l'Agence pour la Promotion et le Développement de l'Artisanat (APDA) ou par toute autre structure désignée par l'autorité, pour soutenir les activités des PME artisanales.

Les modalités d'application de cet article sont déterminées par voie réglementaire.

Art.35.- Afin d'appuyer la démarche des PME en vue de la normalisation et la certification de leurs produits et systèmes, un programme spécifique est défini en rapport avec l'Association Sénégalaise de Normalisation (ASN) et mis en œuvre par l'Etat. Les modalités d'application du présent article sont déterminées par voie réglementaire.

Art.36.- Conformément à leurs missions, la Direction des PME et l'Agence de Développement et d'Encadrement des PME (ADEPME) sont chargées du suivi des engagements des PME en terme de formation, création d'emplois, de l'utilisation optimale des crédits, et du respect des différentes normes.

Chapitre 2 - Du rôle des Organisations Patronales et Professionnelles

Art.37.- Les Organismes Patronales et Professionnelles sont impliquées dans la définition et la mise en œuvre des mesures d'aides et de soutien à apporter aux PME et favorisent leur reconnaissance. Elles sont appuyées par les différentes structures prévues à cet effet par l'Etat qui en fixent les mesures par voie réglementaire et sont également représentées dans le Comité de Suivi.

Titre 4 - Obligations des PME

Chapitre 1 - Dispositions générales

Art.38.- Les PME bénéficiaires des mesures prévues aux titres II et III, sont tenues de respecter l'ensemble des obligations auxquelles elles ont souscrits.

Le non-respect de ces obligations entraîne la perte des avantages accordés.

Chapitre 2 - Du plan de formation des effectifs des PME

Art.39.- Les PME qui souhaitent bénéficier d'aides à la formation, déductibles de l'impôt sur les sociétés, doivent produire un plan de formation du personnel qui est validé par la Cellule de Suivi.

Les PME qui demandent de l'aide à la formation doivent être en règle en matière de Contribution Forfaitaire à la Charge de l'Employeur (CFCE).

Art.40.- Les PME qui bénéficient desdites aides à la formation s'engagent à effectuer un suivi du personnel formé et à remettre annuellement, au Comité de Suivi, un rapport écrit indiquant l'évolution du personnel formé au sein de l'entreprise.

Chapitre 3 - De l'obligation des PME bénéficiaires des mesures d'aide et de soutien à respecter les clauses liées à l'octroi de financement

Art.41.- Les PME reconnues en vertu du présent projet de loi, bénéficiaires de mesures de facilitation pour l'accès au financement, s'engagent à effectuer les remboursements selon les clauses et l'échéancier prévus. Cet engagement concerne tout mode de financement.

Chapitre 4 - De l'obligation des PME bénéficiaires des mesures d'aide et de soutien à créer des emplois

Art.42.- Les PME bénéficiaires de prêts objets des Titres II et III doivent créer :

– pour les petites entreprises : 1 à 3 emplois permanents sur une période de 3 ans ;

– pour les moyennes entreprises : 3 à 7 emplois permanents sur une période de 3 ans ;

La permanence de l'emploi est vérifiée par la Cellule de Suivi en coordination avec la Direction de l'Emploi et tout organisme chargé de la promotion de l'emploi.

Chapitre 5 - Des obligations légales et fiscales

Art.43.- Les PME reconnues en vertu du présent projet de loi doivent s'acquitter de leurs obligations fiscales et sociales.

Elles doivent assurer une transparence totale dans la production de leurs documents de gestion et répondre aux différents principes du gouvernement d'entreprise.

Chapitre 6 - Des autres obligations

Art.44.- La PME bénéficiaire des mesures d'aide et de soutien doit, quelle que soit la catégorie dans laquelle elle se trouve, tenir une comptabilité régulière et fiable selon le système en vigueur au Sénégal, accepter d'être auditée et suivie par un ou des commissaires aux comptes ou par des centres de Gestion agréés, ou des cabinets externes mandatés par le Comité de Suivi ou toute structure désignée à cet effet.

Titre 5 - Dispositions finales

Art.45.- Un Comité de Suivi des mesures d'aide et de soutien octroyées aux PME est créé par décret et placé sous l'autorité du Ministre en charge des PME. Les modalités de son organisation et de son fonctionnement sont fixées par décret.

Art.46.- Peuvent être reconnues d'utilité publique par dérogation au Code des Obligations Civiles et Commerciales, les associations régulièrement constituées, fonctionnant au moins pendant un an, ayant pour objet de promouvoir au niveau local, régional ou national, la création et le développement des PME, notamment par :

– la mise en œuvre des moyens pouvant faciliter le financement des PME, notamment sous forme de fonds de garantie, de fonds d'investissement ou de cautionnement mutuel ;

– la mise en œuvre des moyens pour l'aménagement de terrains et locaux professionnels, la création de pépinières d'entreprises et de parcs technologiques. La présente loi d'orientation sera exécutée comme loi de l'Etat

LA DIRECTION DES PME AU SENEGAL

Missions

La Direction des Petites et Moyennes Entreprises, est chargée de mettre en œuvre la politique de l'Etat du Sénégal en matière de développement des Petites et Moyennes Entreprises, d'élaborer la stratégie de promotion et d'encadrement des PME et de contribuer à l'amélioration de l'environnement des PME par la mise en place d'un cadre législatif et réglementaire, fiscal et financier, de nature à favoriser leur développement.

A cet effet, elle est chargée :

– de contribuer à l'élaboration de la stratégie de promotion et d'encadrement des Petites et Moyennes Entreprises (PME) et à l'amélioration de leur environnement des affaires ;

– de promouvoir et de mettre en œuvre un cadre institutionnel, législatif et réglementaire apte à favoriser leur création et leur développement ;

– de favoriser le développement et la compétitivité des PME et des PMI dans tous les secteurs de l'économie nationale, en relation avec l'Agence de Développement et d'Encadrement des PME et autres instituts d'appui aux PME.

Organisation interne de la Direction. Elle est composée de :

– la Division des Etudes, des Stratégies et de la Planification chargée de procéder à toute analyse, de rassembler, compiler et faire la synthèse de tous les documents disponibles sur les PME, de réaliser des études spécifiques sur des filières ciblées, les potentialités offertes par les régions et/ou pôles d'activités, des enquêtes statistiques sur le secteur, de faire toute proposition tendant à améliorer leur environnement ;

– la Division de la Législation chargée de proposer des projets de texte relatifs à l'environnement législatif et réglementaire et de veiller à la mise en œuvre des textes législatifs et réglementaires relatifs à la création et au développement des PME ;

– la Division de la Promotion des Investissements Locaux chargée de la vulgarisation des potentialités locales, de l'élaboration d'outils promotionnels en direction des structures intervenant dans le secteur des PME, de l'organisation de manifestations relatives à l'amélioration de l'investissement privé dans les régions ;

– le Bureau Administratif et Financier chargé des questions relatives à la gestion du personnel, du matériel et des crédits.

Le rôle des PME dans l'économie nationale

Considérées comme une des principales sources de création de richesse, d'emplois, et de formation de la main d'œuvre, les Petites et Moyennes Entreprises constituent également, un facteur important d'intégration sociale et puissant levier de luttes contre la pauvreté.

Plusieurs études macro-économiques et sectorielles, émanant d'administrations et d'institutions publiques et privées (ANDS), font apparaître aujourd'hui des indicateurs relatifs à la contribution des PME à l'économie nationale ;

Part des PME dans la création de richesse : 33 % PIB :

– Nombre d'emplois salariés créés 42 % du total des emplois du secteur moderne ;

Chiffre d'affaires total national : 36 % sont fournis par les PME :

– Répartition géographique et sectorielle : près de 82 % des PME sont concentrées dans la zone A (Dakar, Pikine et Rufisque) et la zone B (Sébikhotane, Sangalkham et Thiès).

– Nature juridique : on retrouve toutes les catégories juridiques prévues par L'OHADA : SA, SARL, SURL, SAU, GIE, EI, SCS, SCA, Coopératives...

Les PME couvrent principalement les activités de production de biens, de transformation, d'agriculture, de commerce de transport et d'autres services dans le domaine des TIC etc.

On compte quelque 85 000 PME répertoriées au Numéro d'Identification Nationale des Entreprises et Associations (NINEA) en 2003, plus de 205 000 en 2006, 258 159 en 2010.

Les partenaires

La Direction des PME compte sur un partenariat dense pour la mise en œuvre de ses activités de promotion et de développement.

Le programme Allemand

Le Programme d'Appui à la Compétitivité et à la Croissance des PME et à la Performance du Secteur de la Micro finance (PACC-PME/PMF) s'inscrit dans le cadre des orientations stratégiques de la LPS-PME et de la LPS/Micro finance ainsi que dans le Document de Politique Economique et Sociale (DPES). Il s'insère dans le pôle prioritaire d'intervention de la coopération sénégalo-allemande « Développement économique durable ».

Il est composé de deux composantes :

– Compétitivité et croissance des PME ;

– Et Performance du secteur de la Micro finance.

Le programme Italien

Le gouvernement d'Italie et celui du Sénégal ont mis en place un instrument financier d'appui au Secteur privé du Sénégal, dénommé Plateforme d'Appui au Secteur Privé et à la Valorisation de la Diaspora Sénégalaise en Italie (PLASEPRI). Ce programme vise en particulier la création et le renforcement des PME locale mais surtout les initiatives des Sénégalais vivant en Italie leur permettant de réaliser leurs projets d'investissement au Sénégal.

L'objectif général du programme est d'augmenter la capacité du secteur privé sénégalais et des émigrés sénégalais vivant en Italie, à contribuer au développement durable de leur pays.

Ce programme a deux composantes :

Un financement sous forme de crédit aide, de 20 millions d'Euros. Ce crédit est réparti dans deux lignes :

– Une ligne de crédit pour les PME d'un montant de 12 millions d'euros, destiné à financer les investissements productifs des PME à travers des intermédiaires financiers locaux (banques commerciales, instituts de micro-finance etc.)

– Une ligne de crédit d'une valeur de 8 millions d'euros allouée aux IMF pour le financement des investissements de démarrage ou le renforcement des très petites entreprises surtout dans le milieu rural ;

– Une assistance technique est accordée aux PME qui bénéficient du financement.

Une subvention de 3.7 millions d'euros avec une contribution du gouvernement du Sénégal de 350 000 euros.]

Le Projet de promotion de l'entreprenariat rural (PROMER)

Le projet de promotion de l'entreprenariat dans sa phase II est un projet de lutte contre la pauvreté, financé par le FIDA pour un coût total de 9,478 milliards. Le projet d'une durée de sept ans doit terminer en mars 2013.

Autres partenaires

La DPME collabore avec le Bureau International du Travail (BIT), la Direction Générale des impôts et Domaines (DGID) et de l'Agence Nationale des statistiques et de la Démographie (ANSD). Elle travaille également avec :

– Le comité national de pilotage du programme qualité UEMOA phase

– Le programme d'éducation financière en faveur des PME

– Le comité de suivi des recommandations de la deuxième concertation nationale sur le crédit.

– Le programme APE pour le développement (PAPE)

DOUZIÈME PARTIE.

CODE DES INVESTISSEMENTS DE LA RÉPUBLIQUE DU TCHAD

LOI N° 006/PR/2008 INSTITUANT LA CHARTE DES INVESTISSEMENTS DE LA REPUBLIQUE DU TCHAD

VU la Constitution ;

L'Assemblée Nationale a délibéré et adopté en sa séance du 14 décembre 2007 ;

Le Président de la République promulgue la loi dont la teneur suit :

TITRE I.- DISPOSITIONS PRELIMINAIRES

Article 1 : La présente Loi institue la Charte des Investissements de la République du Tchad.

Article 2 : La Charte des Investissements de la République du Tchad, en adoptée en application des dispositions de la Charte des Investissements de la Communauté Economique et Monétaire de l'Afrique Centrale (CEMAC), constitue le cadre général de promotion des investissements tant nationaux qu'étrangers du secteur privé.

TITRE II.- CHAMP D'APPLICATION ET OBJECTIFS

Chapitre 1.- Du Champ d'application

Article 3 : La présente Charte s'applique aux investissements productifs réalisés principalement dans les domaines d'activités suivantes :

1. Les activités industrielles comportant un stage de transformation ou de conditionnement des produits ;
2. Les activités de préparation ou de transformation des produits d'origine végétale, animale et piscicole ;
3. les activités d'exploration et de recherches géologiques, minières et pétrolières ;
4. les activités d'exploitation des substances minérales, de leur transformation et activités connexes ;
5. les activités de production et de distribution d'énergie et d'eau ;
6. les activités de mise en valeur d'autres sources d'énergie : solaire, éolienne ;

7. les activités de fabrication et de montage d'articles ou d'objets de grande consommation ;

8. les activités d'exploitation touristique et hôtelière ;

9. les industries de bâtiments, travaux publics et transports ;

10. les activités de maintenance des équipements industriels ;

11. les technologies de l'information et de la communication.

Chapitre 2.- Des objectifs

Article 4 : La présente Charte a pour objectif de favoriser la création et le développement des activités orientées vers :

1. la valorisation des matières premières locales ;

2. la promotion des exportations ;

3. la promotion des biens et services destinés au marché intérieur ;

4. la création d'emplois durables et la formation de la main-d'œuvre nationale ;

5. le transfert de technologies appropriées ;

6. la réalisation des investissements dans les zones à faible concentration industrielle conformément à la politique de décentralisation de l'Etat ;

7. la réhabilitation et l'extension des entreprises existantes ;

8. la mobilisation de l'épargne nationale et l'apport des capitaux extérieurs.

Article 5 : Sont exclues du champ d'application de la présente Charte, les entreprises exerçant le négoce en tant qu'activité de revente en état des produits achetés à l'extérieur de l'entreprise.

TITRE III.- PRINCIPES GENERAUX

Chapitre 1.- Du rôle de l'Etat en matière économique

Article 6 : La Charte Nationale des Investissements traduit l'engagement de l'Etat dans une stratégie destinée à améliorer l'environnement institutionnel et fiscal du secteur privé dans le but de favoriser le développement, la croissance et la diversification de l'économie sur la base d'une meilleure définition du rôle de l'Etat.

Article 7 : Au-delà de ses attributions fondamentales, l'Etat veille :

– à l'application uniforme, juste et équitable des règles du jeu par l'ensemble des acteurs du système économique notamment les règles en matière de concurrence, de protection des consommateurs et de l'environnement ;

– au maintien et au développement des infrastructures économiques de bases nécessaires à l'installation et l'exploitation des entreprises ;

– à la garantie de la stabilité macro-économique de manière à consolider et favoriser l'essor du secteur privé et la croissance des investissements ;

– à l'adoption des politiques économiques visant à promouvoir le développement des petites et moyennes industries, des industries rurales et artisanales étroitement liées à la production nationale ;

– à l'appui du secteur privé pour bénéficier des facilités accordées par certaines institutions financières internationales.

Chapitre 2.- De la sécurité juridique et judiciaire

Article 8 : L'Etat veille à la promotion de la sécurité juridique et judiciaire et au renforcement de l'Etat de droit à travers les dispositions suivantes :

– créer les conditions juridiques de base nécessaires pour attirer les investissements privés et renforcer les droits des investisseurs ;

– adhérer aux dispositions internationales de garantie et de protection des investissements et respecter les accords bilatéraux et multilatéraux y relatifs notamment ceux de l'Agence Multilatérale de Garantie des Investissements (AMGI), du Centre International pour le Règlement des Différends relatifs aux Investissements (CIRDI) ;

– garantir l'application des procédures et arrêts de la Cour Communautaire de Justice de la CEMAC et de la Cour Commune de Justice et d'Arbitrage (CCJA) de l'Organisation pour l'Harmonisation en Afrique du Droit des Affaires (OHADA) ;

– renforcer les capacités des magistrats dans le traitement des affaires commerciales ;

– veiller à l'exécution diligente des décisions de justice et d'arbitrage.

Chapitre 3.- Du partenariat avec le secteur privé

Article 9 : Dans le cadre de sa politique de développement, l'Etat privilégie la concertation avec le secteur privé. A cet effet, il s'engage à :

– établir un partenariat dynamique entre le secteur public et le secteur privé en vue de la définition des stratégies et de la recherche des solutions aux problèmes économiques et sociaux ;

– apporter son appui au renforcement des organisations professionnelles autonomes, en créant un cadre juridique favorable au bon fonctionnement des Chambres Consulaires, des syndicats patronaux et d'employés et des associations de consommateurs ;

– adopter et animer un cadre institutionnalisé de concertation systématique avec le secteur privé et la société civile sur les questions de développement économique ;

– simplifier les formalités administratives des investisseurs en mettant en place un dispositif d'accueil, d'information et de conseil des investisseurs.

Chapitre 4.- De l'environnement de l'entreprise

Article 10 : Pour favoriser les investissements et inciter au développement des initiatives privées, particulièrement la création des petites et moyennes entreprises, petites et moyennes industries (PME/PMI), l'état s'engage à créer un environnement propice. A cet effet :

– il garantit, à travers les traités instituant la Communauté Economique et Monétaire des Etats de l'Afrique Centrale (CEMAC) et la Commission Bancaire de l'Afrique Centrale (COBAC), un système bancaire sain et sécurisant doté d'un marché monétaire régional ;

– il apporte son appui à la mise en place des dispositifs et mécanismes permettant un accès aux financements et garantissant les investissements ;

– il encourage les services d'appui au renforcement de la production et de la compétitivité ;

– il veille à la mise en œuvre et à l'application de la réglementation de la concurrence ;

– il assure la protection de la propriété intellectuelle ;

– il garantit la fiabilité du secteur des assurances à travers la Conférence Interafricaine des Marchés d'Assurance (CIMA).

TITRE IV.- GARANTIES GENERALES

Article 11 : Les investissements privés sont librement effectués au Tchad sous réserve des dispositions spécifiques visant à respecter la politique économique et social de l'Etat notamment la protection de la santé, de la sécurité et de la salubrité publique, la protection sociale et la sauvegarde de l'environnement.

Article 12 : Dans le cadre de la réglementation des changes instituée dans la zone franc et plus particulièrement celle de la Communauté Economique et Monétaire des Etats de l'Afrique Centrale (CEMAC), l'Etat garantit la liberté de transfert des capitaux notamment :

– les bénéfices régulièrement comptabilisés ;

– les fonds provenant de cession ou de la liquidation d'actifs ;

– les économies réalisées sur les salaires des personnes étrangères occupant un emploi dans une entreprise installée au Tchad.

Article 13 : Les entreprises dont les capitaux proviennent d'autres pays ainsi que les succursales d'entreprises ressortissantes des pays tiers ont la faculté d'acquérir les droits de toute nature utile à l'exercice de leurs activités : les droits immobiliers, les droits de propriété intellectuelle, les concessions, les autorisations et permis administratifs, la participation aux marchés publics dans les mêmes conditions que l'entreprise tchadienne sous réserve des dispositions du Code des Marchés Publics.

Article 14 : Les droits acquis de toute nature sont garantis aux entreprises régulièrement installées au Tchad.

Article 15 : Les entreprises visées à l'article 13 ci-dessus ou leurs dirigeants sont représentés dans les mêmes conditions que les entreprises tchadiennes ou les nationaux dans les assemblées consulaires et dans les organismes assurant la représentation des intérêts professionnels et économiques.

Article 16 : Dans l'exercice de leurs activités professionnelles, les employeurs et les travailleurs étrangers bénéficient de la législation du travail et des lois sociales dans les mêmes conditions que les nationaux. Ils peuvent participer aux activités syndicales et faire partie des organismes de défense des intérêts professionnels sous réserve des dispositions du Code de Travail.

Article 17 : Les employeurs et travailleurs ne peuvent être assujettis à titre personnel à une taxe et contributions autres plus élevées que celles perçues sur les nationaux.

Article 18 : Les entreprises étrangères bénéficient de la même protection que les entreprises tchadiennes et en ce qui concerne la protection des brevets, des marques et toute autre forme de la propriété intellectuelle, conformément aux dispositions des textes nationaux et internationaux en vigueur en la matière.

TITRE V.- DISPOSITIONS DOUANIERES, FISCALES ET DOMANIALES

Article 19 : Conformément à la Charte Communautaire, le système fiscal et douanier du Tchad repose sur le principe de simplicité, d'équité fiscale et de la modération dans la pression fiscale.

Chapitre 1.- Du régime douanier

Article 20 : En matière douanière, l'Etat garantit :

– l'exemption des droits de douanes dans le cadre du Tarif Extérieur Commun (TEC) de la Communauté Economique et Monétaire de l'Afrique Centrale (CEMAC) sur les matériaux de construction et les matériels d'équipement nécessaires à la production et à la transformation des produits. Cette exemption s'applique aux nouvelles activités ou en extension dans le cadre d'un programme d'investissements agréé ;

– la suspension des droits de douanes sous forme d'admission temporaire ou d'entrée en franchise pour les activités de recherche en matière de ressources naturelles, dans le cadre des réglementations spécifiques ;

– la suspension des droits de douanes sous forme d'admission temporaire ou d'entrée en franchise et de mécanisme de perfectionnement actif pour les activités tournées vers l'exportation.

Chapitre 2.- Du régime fiscal

Article 21 : En matière fiscale, l'Etat garantit :

– l'application généralisée de la Taxe sur la Valeur Ajoutée (TVA) ;

– l'application du taux nul de la TVA sur les productions exportées permettant le remboursement de la TVA acquittée sur les investissements et dépenses d'exploitation des entreprises exportatrices ;

– une réduction du montant de contrat de recherche technologique conclu avec une université, un institut de recherche ou d'enseignement ou une école d'enseignement supérieur basée dans la Communauté (CEMAC) et sur les contrats de consultant dont le siège est situé dans un pays membre ;

– le maintien de la pression fiscale autour d'un taux acceptable en contrepartie des investissements et charges de fonctionnement engagées par l'entreprise en zone rurale, en matière de services sociaux correspondant aux missions courantes de l'Etat ;

– l'exemption pour les entreprises nouvelles ou en extension en application des dispositions des Articles 16 et 118 du Code Général des Impôts au titre de :

– l'impôt sur les sociétés ;

– l'Impôt Minimum Fiscal (IMF) ; la patente ;

– la Taxe sur la Valeur Locative des Locaux Professionnels (TVLP) ;

– la Contribution Foncière des Propriétés Bâties (CFPB) ; la Contribution Foncière des Propriétés Non Bâties (CFPNB) ;

– la possibilité de procéder à des amortissements dégressifs et accélérés ou constants tout au long de la période d'exemption de l'Impôt sur les Sociétés (IS) et la possibilité du report des résultats déficitaires sur l'exercice suivant .

– la possibilité d'avoir une déduction de 40 % des sommes investies des bases taxables à l'impôt sur le revenu des personnes physique et à l'impôt sur les bénéfices des sociétés conformément aux articles 136 à 142 du Code Général des Impôts (CGI). Cette déduction sera pratiquée sur les résultats de l'année ou de l'exercice au cours duquel interviendront :

– l'achèvement des constructions ;

– le paiement des achats du matériel ou d'outillage ;

– le règlement des apports aux sociétés d'économie mixte. Le bénéfice de ces exemptions est fonction de l'importance des investissements et du lieu d'implantation.

Chapitre 3.- Du régime de taxes domaniales et droites d'enregistrement

Article 22 : En matière des taxes domaniales et droits d'enregistrement, l'Etat garantit :

– la modération des droits d'enregistrement à 50 % du taux actuel au moment de la création d'entreprise, de la fusion des sociétés, de l'augmentation du capital, de la mutation des actions et parts sociales ;

– l'application du taux nul des droits d'enregistrement sur les actes d'acquisitions des terrains destinés à la réalisation des projets de création ou extension d'entreprise.

TITRE VI.- DISPOSITIONS SPECIFIQUES

Article 23 : Dans le cadre du développement harmonieux du territoire et de la politique de la décentralisation des activités et notamment industrielles, de la promotion des exportations et de la valorisation des matières premières locales, des avantages spécifiques sont accordés aux entreprises qui investissent dans les zones enclavées, éloignées des centres urbains et à faible concentration industrielle. Il s'agit notamment de :

– accorder un délai d'exemption consenti à l'article 21 sur une période allant de cinq (5) à dix (10) ans ;

– octroyer des primes d'équipement en compensation des services sociaux fournis par l'entreprise et entrant dans la mission normale de l'Etat.

Ces mesures sont modulées en fonction du volume des investissements et des handicaps à surmonter sans constituer une distorsion grave aux règles de la concurrence.

Article 24 : Un régime simplifié ou d'autres régimes de taxation sont mis en place pour le secteur pétrolier, les micros entreprises, et le secteur informel en vue de leur alléger les obligations déclaratives et leur faciliter la gestion administrative.

TITRE VII.- DISPOSITIONS ADMINISTRATIVES

Article 25 : Toute entreprise nouvelle ou ancienne répondant aux critères énoncés à l'article 3 ci-dessus et justifiant d'un programme d'investissement au moment de sa création ou de l'extension de ses activités peut solliciter le bénéfice des avantages de la présente Charte.

Article 26 : Les entreprises désireuses de bénéficier des avantages énoncés aux articles 20, 21, 22 et 23 sont tenues d'introduire une demande d'agrément ou de convention d'établissement auprès du Ministère chargé de l'Industrie.

La demande d'agrément ou de convention d'établissement doit comporter les pièces suivantes :

– un dossier administratif et juridique ; . un dossier technique ; . un dossier sur les investissements projets (programme d'investissement).

– Une Commission Nationale d'Investissement est chargée d'examiner les dossiers de demande d'agrément ou de convention d'établissement.

Article 27 : Les entreprises agréées ou sous convention doivent remplir les conditions suivantes :

– présenter un programme prévisionnel d'investissement sur trois à cinq ans ;

– indiquer dans le programme tant au titre des activités existantes que de l'investissement à réaliser, le nombre de salariés permanents ;

– tenir une comptabilité régulière quel que soit le chiffre d'affaires réalisé ;

– souscrire aux obligations de la cotisation des salaires à la CNPS ;

– satisfaire aux obligations générales prévues par les textes en vigueur en ce qui concerne la forme de la société et les statuts y afférents.

TITRE VIII.- DISPOSITIONS TRANSITOIRES ET FINALES

Article 28 : La Charte des Investissements de la République du Tchad sera complétée en tant que de besoin par des Codes spécifiques dans les secteurs minier, touristique, pétrolier, forestier, etc..

Article 29 : Les procédures d'agrément ou d'obtention d'une convention d'établissement ainsi que les modalités de leur application sont précisées par des textes réglementaires.

Article 30 : Le règlement des différends résultant de l'interprétation ou de l'application de la présente Charte aux entreprises agréées ou conventionnées peut, indépendamment des voies de recours devant les juridictions nationales, faire l'objet d'une procédure de conciliation et d'arbitrage. La procédure d'arbitrage suit deux voies :

– constitution d'un collège arbitral ;

– recours devant les organisations internationales compétentes.

Article 31 : Les entreprises ayant bénéficié des avantages de l'Ordonnance N° 025/PR/87 du 08 décembre 1987 portant Code des Investissements dans la République du Tchad et les textes subséquents continueront à bénéficier de ces avantages jusqu'à l'expiration du délai fixé.

Article 32 : Les entreprises qui exercent conformément aux dispositions de l'Ordonnance ci-dessus citée peuvent à partir de la date de publication de la présente Charte demander le bénéfice pour le reste de la durée du régime des avantages prévus, si elles remplissent les conditions prescrites.

Article 33 : Sont abrogées, sous réserve des dispositions de l'article 31, toutes les dispositions antérieures contraires à la présente Charte notamment celles de l'Ordonnance N° 025/PR/87 du 08 décembre 1987 portant Code des Investissements dans la République du Tchad et du Décret N° 446/PR/MCI/87 du 08 décembre 1987 fixant procédure d'octroi des avantages dudit Code.

Article 34 : Des textes réglementaires fixeront en tant que de besoin les modalités d'application de la présente Charte.

Article 35 : La présente loi sera enregistrée, publiée au Journal Officiel de la République et exécutée comme loi de l'Etat.

N'Djaména, le 03 Janvier 2008

IDRISS DEBY ITNO

ANALYSE DE LA CHARTE DES INVESTISSEMENT DU TCHAD

L'une des raisons qui fait de la République du Tchad une terre d'accueil pour les investissements internationaux, est sans doute, le cadre incitatif que représente la Charte nationale des investissements, axe majeur de la dynamique mise en place pour favoriser les investissements et rendre performant le tissu économique. La Charte met à la disposition des acteurs, investisseurs privés nationaux et internationaux, dans le souci de l'amélioration de l'environnement des affaires, des outils contribuant à lever les contraintes qui pèsent sur les entreprises. C'est un cadre d'amélioration de la compétitivité, qui contribue à l'approfondissement de l'intégration économique, répondant ainsi parfaitement aux exigences de la mondialisation de l'économie. Cette charte se révèle être un instrument d'incitation et constitue surtout le cadre juridique adéquat grâce à cet éventail de dispositions destinées à favoriser la création d'un environnement propice à la promotion des investissements et à l'implantation des entreprises .La charte énonce les objectifs et les mécanismes à mettre en œuvre pour sécuriser les investissement, l'expansion des entreprises et des activités industrielles, sans discrimination résultant de l'origine des investisseurs et le secteur d'activité dans lequel il opère.

Principales caractéristiques :

La Charte des investissements de la République du Tchad a pour particularité, entres autres :

- D'assurer la bonne gouvernance publique et privée, en vue d'une meilleure transparence des affaires ;
- De promouvoir les relations durables et équitables avec les entreprises transnationales ;
- De doter la PME/PMI d'un environnement juridique et institutionnel favorable à sa création, son développement et sa pérennisation ;
- De créer un cadre juridique qui protège les investisseurs, ainsi que leurs biens.
- De créer des conditions propices

Dans sa présentation, La Charte des investissements de la République du Tchad se compose de deux parties, dont la première porte sur les dispositions générales et la seconde met en exergue les dispositions légales d'accompagnement.

Des dispositions générales :

Articles 1 et 2

Les deux premiers articles, qui constituent des principes généraux, mettent en lumière, le cadre juridique et institutionnel propice à la promotion des investissements qu'offre la Charte, et réaffirment le ferme engagement de l'Etat de créer de conditions de développement économique et social fondées sur la transparence et génératrices de confiance au regard des investisseurs privés nationaux et internationaux.

Les Articles 3 à 7 concernent les garanties et droits fondamentaux relatifs aux investissements.

La République du Tchad garantit, sous réserve des dispositions législatives et réglementaires en vigueur, la liberté dans les investissements privés au Tchad, et le droit à l'investisseur étranger de rapatrier les capitaux représentant les économies réalisées par le personnel expatrié (Article 3).

Elle garantit le jeu de la concurrence ; la protection des brevets, marques et toute forme de propriété intellectuelle ; accorde une attention particulière à la formation professionnelle publique et privée, ainsi qu'au développement des compétences, et à la nécessité de rendre flexible la réglementation du travail conformément aux normes internationales (Article 4).

La promotion de la sécurité juridique et judiciaire et le renforcement de l'Etat de Droit sont mis en exergue dans l'Article 5, avec le même traitement accordé aussi bien à l'investisseur national qu'à l'investisseur étranger.

Le Tchad s'est doté de cadres juridictionnels de base fortement attrayants pour les investisseurs privés. Il est lié notamment par des accords bilatéraux et multilatéraux en matière de garantie des investissements, de règlement de différends relatifs aux investissements, ainsi que par des conventions (Convention de New - York sur la reconnaissance et l'exécution des sentences arbitrales internationales, conclues en 1958 sous les auspices des Nations Unies). Le pays a aussi adhéré à la Cour de Justice Communautaire et au traité de l'OHADA dont il garantit l'application des procédures et des actes de la Cour de Justice et d'Arbitrage (Article 6).

L'Etat réglemente la concurrence et garantit aux investisseurs privés la possibilité de participer au financement des infrastructures économiques au moyen de concession de services publics (Article 7).

Les Articles 8 à 15 mettent en exergue le rôle de l'Etat en matière économique et fiscale

Ces dispositions font ressortir le cadre propice que l'Etat est appelé à créer en matière économique et fiscale afin de garantir les investissements :

- Bonne gouvernance ;
- Environnement stable et législation appropriée ;
- Simplification des procédures en matière de fiscalité ;
- Réforme du secteur financier dans le sens de la mobilisation de l'épargne et de la promotion de l'investissement ;
- Création d'un fonds de garantie privé.

Au titre des dispositions transitoires et finales, la Charte accorde aux entreprises agréés sous le régime de l'ancien code des investissements (Loi n°25/PR/87 et Décret n°496/PR/87) le droit de conserver les bénéfices des divers avantages et garanties jusqu'au terme de leur agrément, s'il cet agrément n'a pas été révisé dans le cadre de la réforme fiscale et douanière (Article 16).

Le deuxième volet de la Charte constitue un répertoire de mesures d'accompagnement aux entreprises.

Mesures de développement du secteur privé, d'une durée d'application de cinq ans et susceptibles de modification tenant compte de l'évolution économique du pays (Article 17)

– Autorisation aux entreprises légalement constituées de déduire de leurs bénéfices imposables la totalité des sommes engagées dans la formation professionnelle et la création d'emploi (Article 18)

– Exonération temporaire sur les matériels et équipements didactiques importés dans le cadre des programmes de formation professionnelle, pendant la durée de l'exécution de ces programmes, conformément aux dispositions du code des douanes de l'UDEAC (Article 19). Il en est de même pour tout établissement reconnu par l'Etat (Article 20)

– Exonération sur la contribution des patentes aux nouvelles entreprises légalement constituées, pendant la période de leur implantation, avec possibilités d'amortissement accéléré accordé par le Ministère des Finances (Article 23)

– Exonération d'impôts en matière de bénéfices destinés à être réinvestis dans l'entreprise sous contrôle de l'administration ; et des plus-values réalisées suite à une fusion de sociétés (Article 28)

– Exonération du droit d'enregistrement sur les actes d'acquisition de terrain devant abriter des entreprises ou permettre leur extension (Article 29). L'Article 30 concède le même privilège aux apports en société, à l'occasion de la constitution ou de l'augmentation du capital.

– Avantages spéciaux (crédits d'impôts et primes d'équipement) aux entreprises installées dans les régions enclavées et d'accès difficile aux services publics, tels ceux de l'énergie, des télécommunications et des infrastructures (Article 21)

– Garantie du transfert de capitaux (Article 25)

– Déduction de la base imposable sur les Bénéfices Industriels et Commerciaux pour favoriser la restructuration des entreprises existantes. Cette déduction est d'un montant égal à 25 % des amortissements normaux sur l'exercice qui suit cette restructuration (Article 27).

Pour l'investissement dans certains secteurs prioritaires tels le tourisme et les mines, Il est prévu, au terme de l'Article 30, des textes spécifiques précisant les conditions techniques, fiscales et financières.

Bon à savoir, il est attendu (Article 36) la mise sur pied très prochaine d'une Agence de promotion d'investissement, au sein de laquelle sera logé un Guichet Unique, structure qui facilitera aux promoteurs économiques les formalités de création d'entreprises.

A travers ce cadre, la République du Tchad crée un environnement propice aux investissements privés nationaux et internationaux, la positionnant par là- même comme un carrefour en cette matière de politiques, des organisations de la société civile et de la presse privée indépendante.

ANALYSE DE LA REGLEMENTATION DE L'ACTIVITE ECONOMIQUE AU TCHAD

Les investissements privés sont librement effectués sous réserve des dispositions spécifiques visant en particulier à assurer la protection de la santé et salubrité publique, la protection sociale, de l'environnement ou l'ordre public économique. Les ressortissants étrangers résidents ou non-résidents peuvent investir librement dans tous les secteurs de l'activité économique, sans aucune discrimination. Les aspects les plus marquants de la Réglementation économique tchadienne concernent :

- La Charte Communautaire des Investissements
- La Charte des Investissements de la République du Tchad
- la Loi n° 06/PR/84 du 12 avril 1984 portant Statut des commerçants et ses textes d'application
- Les Actes uniformes de l'OHADA
- Le Code Général des Impôts
- Le Code Douanier
- Le Code du Travail
- Le Code des Marchés Publics
- La Réglementation des changes
- La Loi sur la protection de l'Environnement
- La Loi sur les Hydrocarbures
- Le Code Minier

- Les différentes réglementions de la CEMAC dont notamment la réglementation sur les pratiques commerciales anticoncurrentielles et celles sur les pratiques étatiques affectant le commerce entre les Etats membres.

Les Reformes en matière de la réglementation en cours concernent :

- Le projet du Code de Commerce
- Le projet de loi relative à la liberté des prix et à la concurrence
- Le projet de loi relative a la création d'une agence de la normalisation et de la métrologie

Mesures incitatives à l'intégration économique

Le Tchad encourage la libre entreprise et les investissements privés, tant nationaux qu'étrangers, considérés comme levier du développement économique et industriel.

La République du Tchad a conclu des accords bilatéraux et multilatéraux en matière de garantie des investissements : Agence Multilatérale de Garantie des Investissements (AMGI) - Agence Internationale pour le Règlement des Différends relatifs aux Investissements (CIRDI). Elle adhère aux conventions de New York sur la recouvrance et l'exécution des sentences arbitrales internationales conclues en 1958 sous les auspices des Nation Unies ; à la Cour Communautaire de la CEMAC et au Traité de l'OHADA. Elle garantit l'application des procédures et des actes de la Cour Commune de Justice et d'Arbitrage de cette institution régionale.

LES ORIENTATIONS POLITIQUES EN MATIERE DE DEVELOPPEMENT INDUSTRIEL DU TCHAD

Le Tchad est un pays d'agriculture et d'élevage, dont le peuple est laborieux et dont le sous-sol est promoteur. Le pays regorge d'énormes potentialités pour son développement. Elles concernent aussi bien les ressources en terres que les ressources animales, pastorales, halieutiques, touristiques, minières et énergétiques. Les orientations politiques en matière de développement du secteur industriel et artisanal accordent une priorité à la promotion du secteur privé représenté partout par les petites et moyennes entreprises (PME) étant entendu que ce secteur est appelé à jouer un rôle majeur dans l'économie nationale. C'est ainsi que conscient de l'échec de la politique économique adoptée au lendemain de l'indépendance, le Gouvernement s'est engagé depuis 1990 à réduire le rôle économique de l'Etat, en libéralisant l'économie et en encourageant le développement du secteur privé. Les principaux objectifs de cette nouvelle politique visent entre autres :

- la réduction de la part de l'Etat des entreprises publiques ou para publiques ;
- la privatisation de celles qui sont économiquement et financièrement rentables et la liquidation de celles qui ne sont pas viables ;
- la promotion du secteur privé et la relance de l'appareil productif du pays ;
- l'amélioration de l'environnement institutionnel et juridique des entreprises ;
- le valorisation des ressources naturelles ;
- l'amélioration de l'environnement socio-économique permettant d'atteindre un taux de croissance plus élevé et soutenu nécessaire pour réduire la pauvreté de façon significative ;
- l'amélioration de la gestion et de la situation financière de l'Etat.
- la création d'un cadre de concertation avec le secteur privé à travers le Forum pour le dialogue Etat et le Secteur Privé (FODEP)

En effet, le secteur privé a un rôle décisif à jouer pour le développement économique du pays. C'est de lui qu'on attend l'essentiel de la création des richesses par le jeu de l'investissement productif. Le Gouvernement se doit donc d'attendre du secteur privé en tant que moteur et vecteur de la production, la création de la valeur ajoutée par la valorisation des ressources nationales, la création de l'emploi, la formation du personnel, le réinvestissement des bénéfices, l'organisation et l'intégration des activités économiques.

Conscient de ces enjeux, le Gouvernement s'est engagé résolument à travers des réformes structurelles qui ont été mises en place pour créer un environnement favorable au développement du secteur privé. Il demeure cependant urgent que d'autres actions toutes aussi importantes soient entreprises dans certains domaines afin d'apporter des solutions définitives, sinon au moins adaptées et concrètes aux problèmes qui constituent un handicap très sérieux au développement de ce secteur.

Le Tchad s'est engagé résolument depuis Décembre 1990 pour la démocratie et l'Etat de droit, après trente ans de dictature et de troubles politico-militaires. Cela constitue incontestablement le grand changement qualitatif dont il faut attendre des bénéfices certains dans tous les secteurs économiques. Ce processus a également permis l'émergence des partis

Le Régime Douanier

Le Régime Douanier applicable au Tchad est le régime de la Communauté Economique et Monétaire de l'Afrique Centrale (CEMAC) caractérisé par la libre circulation des biens originaires des pays membres et un Tarif Extérieur Commun (TEC). Ce tarif extérieur commun a été récemment simplifié et allégé notamment en ce qui concerne les biens et matériels d'investissement dont le taux a été réduit à 10 % quel que soit leur origine. En dehors de ce taux privilégié, qui s'obtient sans formalité administrative, il n'y a pas d'autres droits et taxes à asseoir sur ces biens et matériels qui sont totalement exonérés des taxes sur le chiffre d'affaires en vigueur au Tchad.

Il existe également le régime de l'admission temporaire applicable aux matériels lourds destinés à être réexportés à la fin des opérations pour lesquelles ils sont importés. Les droits de douane sont suspendus sur les matériels bénéficiaires de ce régime pendant toute leur durée d'utilisation.

Le Régime Fiscal

Le Code Général des Impôts (CGI) accorde aux investissements, des exonérations temporaires d'impôts et taxes. Il n'agit particulièrement de :

- des Contributions foncières des propriétés bâties ;
- des Contributions foncières des propriétés non bâties ;
- de la Taxe sur la valeur locative des locaux professionnels ;
- de la taxe forfaitaire et Taxe d'apprentissage ;
- de la Patente ;
- de l'Impôt Minimum Fiscal ;
- de l'Impôt sur les Sociétés ;
- de la déduction de 40 % des sommes investies des bases taxables à l'impôt sur le revenu des personnes physiques et l'impôt sur les sociétés.

Ces exonérations peuvent être accordées sous certaines conditions par convention d'établissements.

La Réglementation des Changes

Le Tchad, à l'instar de l'ensemble des pays de la CEMAC a adhéré, depuis 1996, aux dispositions de l'article 8 des Statuts du Fonds Monétaire International (FMI). A cet effet, la liberté des règlements relatifs aux transactions courantes est garantie. Les transferts des revenus du capital sous forme de bénéfices, de dividendes, d'intérêts, de redevances, etc. revenant à des non-résidents sont également libres comme les transferts des revenus salariaux. La monnaie émise au Tchad et qui a cours légal est le franc CFA.

LA SITUATION DES PARTENAIRES RECHERCHES AU TCHAD

Le retour à la paix, à la sécurité et à la stabilité, conditions requises pour la reconstruction et le développement, a permis au Tchad de mettre en route de vastes chantiers de réformes, aussi bien politiques, administratives qu'économiques. Aujourd'hui, beaucoup de choses ont été réalisées, et de progrès sensibles accomplis dans différents secteurs de l'économie, non sans l'apport des investisseurs privés, notamment étrangers. Cependant, beaucoup reste aussi à faire dans le sens de la diversification de l'économie. Et face à ces enjeux majeurs de développement, nombreux sont les partenaires que le pays devrait encore rechercher et attirer dans cette quête permanente de croissance. Quelques pistes.

Education, formation et emploi

L'homme étant la clé du développement, tout doit être conçu et entrepris dans le sens de son outillage et de sa perfection, en adéquation avec les exigences de la mondialisation et du marché de l'emploi. Or, ce secteur, de la formation, professionnelle, reste embryonnaire, avec des structures d'accueil encore loin de résorber les sureffectifs des jeunes et autres entrepreneurs en quête de formation. Pour le développement de ce secteur, l'apport de partenaires extérieurs s'avère indispensable.

Le tissu industriel

Secteur quasi restreint, manquant d'unités industrielles. Il y a un réel besoin d'élargir la base productive du pays pour proposer au marché sous régional et au-delà, des produits manufacturés. Il faut donc développer la filière agroalimentaire, et les produits de l'agriculture, de l'élevage et de la pêche, principales ressources du pays, offrent à cet effet d'énormes potentialités que des partenaires, investisseurs privés étrangers, pourront exploiter.

L'Energie

Le progrès économique reste tributaire des ressources énergétiques. Or, la seule source dans ce domaine au Tchad demeure l'électricité, encore un luxe pour le commun des Tchadiens. Il faut des partenaires pour développer l'énergie solaire et éolienne, dont la promotion sera bénéfique pour la forêt, avec une augmentation considérable de l'accès de la population à l'énergie.

Les télécommunications

Les infrastructures de télécommunication sont, elles aussi, loin de satisfaire les besoins du pays. 9000 lignes téléphoniques sur l'ensemble du territoire en 1998, dont 83 % à N'Djaména, la capitale, et le reste reparti entre 9 villes (source Document de la Stratégie Nationale de Réduction de la Pauvreté, juin 2004). Ce domaine, ainsi que celui de la téléphonie mobile (deux opérateurs dont un en instance d'installation) et des nouvelles technologies de l'information et de la télécommunication, présentent des opportunités certaines pour d'éventuels partenaires.

Le système bancaire et les micros finances

Le secteur bancaire, constitué de cinq banques commerciales implantées dans cinq villes du pays a besoin d'être renforcé. Nécessité également de mobiliser le système de l'épargne intérieure. Encore un champ d'investissements sur lequel des partenaires sont attendus.

Le tissu des PME

Les PME jouent un rôle prépondérant dans le développement économique : création d'emplois, contribution croissante dans la formation du PIB, valorisation des produits locaux, développement local, etc. Mais ce tissu reste très restreint, et par conséquent, ouvert aux partenaires qui pourraient mobiliser des capitaux en vue des investissements dans ce secteur.

Le tourisme

Le secteur du tourisme (tourisme international, tourisme d'affaires, tourisme familial) constitue une source de revenu à développer. il y a beaucoup à faire pour doter le pays d'infrastructures d'accueil, susceptibles d'attirer des visiteurs. Bref, le répertoire des partenaires recherchés n'est pas exhaustif, et le pays reste ouvert à tous, sans exclusif.

LE PROBLEME DES EXPORTATIONS DE PRODUITS AU TCHAD : UN MARCHE D'AVENIR

Pays essentiellement importateur de par son enclavement géographique, le Tchad regorge pourtant d'un potentiel indéniable à l'exportation. L'avenir s'annonce promoteur dans la mesure où est déjà enclenché le processus du cadre intégré, un programme dont l'objectif majeur consiste à assister les PMA dans l'identification des principaux obstacles à l'expansion de leur commerce et de leur fournir une assistance technique coordonnée afin d'éliminer ces barrières.

Le processus du cadre intégré émanant d'une tripartite, Gouvernement, Secteur Privé et Bailleurs de Fonds, permettra à terme au Tchad de faire face aux opportunités d'accès aux nouveaux marchés. Ainsi, le Tchad pourra donc accroître considérablement ses diverses exportations. En effet, hormis le coton dont l'exportation à l'état brut (coton – graine et fibre de coton) se heurte à la concurrence déloyale due aux subventions accordées aux cotonculteurs américains, les autres produits auront aisément voie au chapitre. Les principaux produits à l'exportation susceptibles de connaître un potentiel accroissement sont notamment la gomme arabique et le bétail.

En ce qui concerne la gomme arabique dont le Tchad figure en deuxième position des pays producteurs juste derrière le Soudan, les perspectives sont réjouissantes. Déjà, selon les données de TRADEMAP datant de 2003, le Tchad est classé 4° pays exportateur mondial avec une quantité de 9670 tonnes dont 4721 tonnes en destination des USA et 4100 tonnes vers la France. D'autres pays comme l'Allemagne, le Mexique, la Turquie, Taiwan, le Japon, etc. lorgnent aussi du côté de l'offre tchadienne. Il suffit tout simplement de bien organiser la filière et d'ajouter une valeur à cette matière première tant prisée pour que le Tchad puisse en tirer directement d'énormes profits, car en ce moment ce sont d'autres pays qui assurément exploitent cette filière.

Quant au bétail dont le Tchad peut se targuer d'en être le premier producteur au niveau de la sous-région CEMAC, il suffirait de maîtriser le circuit de commercialisation qui échappe, pour l'heure, en grande partie aux statistiques commerciales. Qu'à cela ne tienne, selon l'Agence Française de Développement, les exportations du bétail en 2000 par exemple se sont chiffrées à 68 milliards de FCFA. L'étude diagnostique sur l'intégration du commerce (EDIC) réalisée dans le cadre intégré et en cours de validation, met en exergue le secteur élevage comme ayant un fort potentiel d'exportation. A ces produits d'exportation s'ajoutent aussi l'arachide, les peaux de bêtes et la cigarette.

Le Tchad, exporte essentiellement vers l'Europe et notamment au Portugal, en Allemagne et en France qui constituaient une moyenne de 65 % des exportations en 2003. Outre ces pays, les produits d'origine tchadienne sont acheminés vers le Nigeria voisin, l'Espagne, la Tchécoslovaquie et dans une moindre mesure Taiwan, la Pologne et le Maroc. Il convient aussi de ne pas perdre de vue le fait que depuis octobre 2003, le Tchad a fait son entrée dans le cercle des pays exportateurs du pétrole. Sa production qui d'après les experts durera environ 30 ans, est estimée à 80 millions de barils par an d'ici 2017. Il est clair que la mise en œuvre du cadre intégré, qui pointe à l'horizon, donnera davantage d'atouts au Tchad en termes d'exportations.

LE TCHAD PARTENAIRE DE L'UNION EUROPEENNE

Au jour d'aujourd'hui, le Tchad compte parmi les dix-sept (17) pays qui, jouissant d'une stabilité politique suffisante, sont admis à bénéficier de la politique de l'AGOA (African Growth and Opportunity Act). Cette loi, en outre qu'elle favorise la promotion et le développement économiques sur le vieux continent, y ménage aussi l'accès aux entreprises et investisseurs africains.

Le Tchad étant éligible à l'AGOA, l'Etat a entrepris des actions devant permettre aux opérateurs économiques d'en tirer profit. Ainsi, à travers le Ministère du Commerce, de l'Industrie et de l'Artisanat, un Comité National de Suivi de l'AGOA, piloté par le Secrétaire Général dudit ministère et comprenant les représentants aussi bien des pouvoirs publics que ceux du secteur privé, a été mis en place. S'en sont suivies la mise sur pied d'un sous-comité technique de suivi de l'AGOA et surtout l'implantation d'un Centre de Ressources AGOA (CRA) au sein de la Chambre de Commerce avec l'assistance technique de l'Ambassade des Etats-Unis au Tchad.

De l'avis des responsables du WATH, Centre des Affaires en Afrique de l'Ouest (incluant le Tchad et le Cameroun), le Tchad compte parmi les six (6) CRA les plus dynamiques. Raison pour laquelle il a été sélectionné pour l'organisation d'une journée AGOA le 24 août courant à la Chambre de Commerce avec l'appui du WATH et de l'Ambassade des Usa. Cet évènement est à n'en point douter une tribune où spécialistes de l'AGOA et opérateurs, exportateurs expérimentés ou potentiels scrutent les procédures et étapes nécessaires à maîtriser pour mieux pénétrer le vaste et complexe marché américain.

Au-delà de cette action ponctuelle pour laquelle se sont spécialement déplacés les coordonnateurs des 15 CRA existant en Afrique qui ont exprimé leur volonté manifeste de commercer avec les USA. Pour ce faire, d'autres efforts considérables sont déployés pour amener les milieux d'affaires à acquérir la capacité pour être compétitifs dans le cadre du processus irréversible de la mondialisation. Une synergie s'est établie et se peaufine de jour en jour entre secteurs public et privé afin d'amener les entreprises nationales à faire usage des Technologies de l'Information et de la Communication, indispensables au commerce international.

Ainsi la souscription à TRADEMAP et PRODUCTMAP, deux fabuleux outils d'analyse de marchés conçus par le Centre du Commerce International (CCI) et mis à la disposition du Tchad grâce à un appui de l'USAID, pourrait être renouvelée. Et l'érection d'une Direction des Nouvelles Technologies au sein de la Présidence de la République constitue un signal fort de l'engagement du Gouvernement à vulgariser ces outils de compétitivité autrefois hors de portée.

Dans l'optique de la conception et la mise en œuvre d'une stratégique cohérente obéissant à la vision du Centre du Commerce International, les autorités et les milieux d'affaires se concertent. De cette concertation jailliront des initiatives dont la finalité sera de ne plus rester en marge de la mondialisation sous aucun prétexte.

Les marchés américains et européens devraient être pénétrés au mieux par les opérateurs économiques tchadiens. En cela, les accords de partenariat CEMAC/ST et UE, processus déjà enclenché, devraient aussi à l'aboutissement, contribuer à relever le défi de la compétitivité au niveau national.

Floraison des entreprises étrangères au Tchad

Il est un fait notable que les entreprises qui ont pignon sur rue au Tchad sont étrangères ou à capitaux étrangers. Les non nationaux sont donc légion à tirer leur épingle des affaires dans ce pays. Point n'est besoin de statistiques pour relever qu'au Tchad, les étrangers passent pour des hommes d'affaires les plus avertis. La Direction de l'Action Economique de la Chambre de Commerce qui a récemment, en 2005, fait éditer un répertoire des entreprises implantées au Tchad confirme ce constat. Selon le responsable en charge de cette direction, Renaud Dinguemnaial "les tous premiers à avoir d'emblée perçu la portée de cet ouvrage en souscrivant une insertion pour sa confection étaient les opérateurs économiques étrangers" Cela n'est pas fortuit, mais traduit plutôt le fait que les étrangers visionnaires qui se sont installés au Tchad ne l'ont pas fait par philanthropie, et encore moins par le plaisir de vivre au Berceau de l'Humanité. Ces étrangers qui évoluent dans les secteurs clés et dynamiques, brassent plutôt des chiffres d'affaires au-dessus de tout soupçon.

Il y'a d'abord les multinationales qui, de par leur expertise avérée à l'échelle internationale raflent les juteux marchés relatifs aux infrastructures routières, un des secteurs prioritaires financés grâce à l'appui des bailleurs de fonds et aux retombées de la manne pétrolière. En effet, SATOM et ARAB CONTRACTOR, respectivement firme française et égyptienne, pour ne citer que ces deux-là, sont à pied d'œuvre en ce moment sur les chantiers des routes reliant la capitale à la partie septentrionale du pays. Un autre créneau porteur, la téléphonie mobile, est pour l'instant monopolisé par AIRTEL mais devra bientôt faire face à la concurrence d'une autre entreprise étrangère qui peaufine en ce moment une stratégie d'entrée sur le marché local. Pierre CASTLE, ce magnat français très connu sur le continent, s'est lui aussi accaparé du secteur des Brasseries qui a connu récemment la fusion des Brasseries du Logone (BDL) et des Boissons et Glacières du Tchad (BGT) en Brasseries du Tchad (BDT). La Manufacture des Cigarettes du Tchad, filiale de British Tobago est l'un des fleurons de l'industrie tchadienne.

Le secteur de l'hôtellerie, et surtout la restauration, semble être l'apanage des étrangers qui y excellent. Libanais, français, indiens et chinois se partagent avec joie ce marché qui a connu un boom certain avec l'exploitation du pétrole. L'ouverture du complexe hôtelier libyen qui surplombe N'Djamena avec sa splendeur, décongestionne ce marché dont l'éclosion est loin d'avoir atteint son paroxysme.

Les ressortissants de la sous-région Afrique Centrale également explorent avec succès le marché tchadien. La fulgurante montée de Foberd, filiale du groupe camerounais Fokou, et la main quasiment mise sur la Commercial Bank Tchad et l'Imprimérie du Tchad par un autre milliardaire camerounais, Fotso Victor, en sont la parfaite illustration.

A en croire la Direction de l'Action économique de la Chambre de Commerce, "de nombreux investisseurs étrangers frappent aux portes du Tchad et n'attendent que soit réglé le problème crucial de l'énergie pour affluer". Consciente des enjeux qui se profilent à l'horizon, l'institution consulaire dont la mission première est la promotion du secteur privé et qui a vu ses ressources s'accroître grâce au précieux concours du Chef de l'Etat en personne, s'emploie au quotidien à vendre davantage la destination Tchad.

LE TCHAD AU CŒUR DE L'AFRIQUE ET DE LA CEMAC

Trait d'union entre l'Afrique blanche et l'Afrique noire, le Tchad peut se targuer d'être au cœur du continent. De surcroît son éveil récent avec d'une part l'avènement de la démocratie et d'autre part le gigantesque projet pétrole, met indéniablement le Tchad au cœur des mutations profondes.

L'embellie économique que connaît le Tchad avec l'exploitation du pétrole n'est guère étrangère au fait qu'au sein de la Conférence Permanente des Chambres de Commerce Africaines et Françaises (CPCCAF) le pays, à travers son institution consulaire a vu récemment aux assises de Libreville, son mandat de Présidente de la Zone CEMAC et vice-présidente de la CPCCAF renouvelé pour les deux années à venir.

Cette reconnaissance prouve si besoin en était que le Tchad jouit en ce moment d'une bonne image au sein de la CEMAC et partant, dans le continent. C'est donc à juste titre que le pays s'attelle à être davantage actif dans les diverses institutions spécialisées de la CEMAC afin que la sous-région développe une solidarité agissante au profit des 30 millions d'habitants.

Le Tchad abrite déjà le siège de diverses institutions spécialisées de la CEMAC. Il s'agit notamment de la Communauté Economique du Bétail, de la Viande et des Ressources halieutiques (CEBEVHIRA) dont le bel immeuble flambant neuf jouxte le building du Ministère de l'Enseignement supérieur, de la cour de justice constituée d'une Chambre judiciaire et d'une Chambre de comptes, et le Pôle Régional de recherche Appliquée au développement des Savanes de l'Afrique Centrale (PRASAG) issu des systèmes nationaux de recherche agronomique.

L'ancrage en Afrique Centrale n'empêche pas le Tchad, pays sans littoral, à se frayer d'autres débouchés vers la mer. En effet, en plus du principal port de transit des marchandises tant à l'exportation qu'à l'importation qu'est Douala, d'autres espaces portuaires ont été obtenus grâce à l'implication active du Chef de l'Etat en personne et n'attendent qu'à être exploités. Dans cette optique, la Chambre de Commerce à qui incombe la responsabilité de leur mise en valeur s'attelle à trouver des financements auprès des bailleurs de fonds pour la construction des entrepôts aux ports de Cotonou (Benin), Lomé (Togo), Moussarata (Libye)

Au-delà des espaces portuaires, le Tchad s'impose inéluctablement, de plus en plus, comme un pôle d'attraction. Seulement, sollicitée pour effectuer ou accueillir de nombreuses missions commerciales en provenance et à destination des quatre coins du continent, l'institution consulaire peine, hélas encore, à se restructurer afin de saisir toutes ces opportunités. Et pour remédier à cette situation dans un proche avenir, la promotion du secteur privé figure parmi les priorités du gouvernement.

L'AMELIORATION DU CLIMAT DES AFFAIRES AU TCHAD

Le Tchad fait un effort important pour améliorer le climat des affaires et créer un environnement plus favorable pour les entrepreneurs en petites et moyennes entreprises et industries (PME et PMI). Les députés tchadiens ont ainsi, adopté, fin 2014, un projet de loi portant sur l'introduction et la réglementation des opérations de financement par crédit-bail destinées aux PME et PMI.

Prévu par l'accord de coopération de juin 2014 entre le gouvernement tchadien et la Société Financière Internationale (IFC), dans le cadre du Programme Africa Leasing Facility un processus de réforme a été mis en œuvre et commence désormais à porter ses fruits.

Ce vote devrait permettre aux entrepreneurs tchadiens de surmonter certains obstacles liés au financement de leur activité, car le crédit-bail est un produit financier alternatif permettant aux PME/PMI de financer leurs équipements sans un recours systématique aux garanties traditionnelles hypothécaires.

Avec ces nouveaux dispositifs de financement à leur disposition, les entrepreneurs ont la capacité d'avoir un impact encore plus important sur l'économie tchadienne et de jouer un rôle crucial dans le processus de développement du pays

Qu'est-ce que le crédit-bail?

Le crédit-bail est un arrangement contractuel qui permet à une partie (le preneur) d'utiliser un actif appartenant à une société de crédit-bail (le bailleur) moyennant le paiement périodique d'une somme convenue. La formule se caractérise principalement par le fait que le droit de propriété (détenu par la société de crédit-bail) est dissocié du droit d'usage économique (détenu par le preneur) du bien loué. Le bailleur tient davantage compte de l'aptitude du preneur à générer des rentrées de fonds suffisantes pour acquitter le loyer que sur ses antécédents de crédit, ses actifs ou sa base de capital.

Cette formule est particulièrement adaptée aux besoins des petites et moyennes entreprises (PME) créées depuis peu, qui ne peuvent encore justifier d'états financiers portant sur un grand nombre d'années d'activité. La transaction est garantie par l'actif lui-même.

Les études prospectives anticipent un succès notable pour le marché du crédit-bail au Tchad. Estimé à environ 220 millions de dollars dès 2015, il dépassera ce volume à un horizon de cinq ans. Le montant moyen des contrats, hors micro crédit-bail, s'établira entre 30 000 à 50 000 dollars. En régime de croisière, le crédit-bail touchera annuellement plus de 5 000 bénéficiaires. Le micro crédit-bail, dont les montants sont compris entre 1 000 et 10 000 dollars, pourrait également concerner plusieurs milliers de bénéficiaires chaque année.

De quoi gagner l'adhésion des autorités tchadiennes et de l'Assemblée Nationale. « Cette loi est un instrument que le Tchad se donne pour résoudre le problème de garantie que les banques commerciales exigent au préalable, pour financer les projets des entreprises », Au Tchad, les banques locales interviennent généralement dans le court terme et rarement dans le long terme. Les PME/PMI contribuent toutefois considérablement au PIB dans les économies émergentes, représentant plus de 80 % de la création d'emplois dans plusieurs domaines.

Avec ces nouveaux dispositifs de financement à leur disposition, les entrepreneurs ont la capacité d'avoir un impact encore plus important sur l'économie tchadienne et de jouer un rôle crucial dans le processus de développement du pays. L'accord de coopération entre l'IFC et le gouvernement a été signé le 17 juin 2014, concrétisant ainsi ce processus et permettant la réalisation intégrale du programme dans toutes ses composantes. Cette loi a donné lieu à une concertation mobilisant de nombreux acteurs. Un atelier de validation de l'avant-projet de loi a été organisé, suivi notamment par des ateliers de présentation, de formation et de sensibilisation des différents acteurs concernés, parmi lesquels le Conseil national du Patronat, le Groupement des femmes d'affaire, la Chambre de Commerce, le Corps judiciaire, les Ordres des avocats, des notaires, des huissiers et des experts comptables, les Services des douanes, des impôts et taxes ainsi que les parlementaires.

TREIZIÈME PARTIE.

CODE DES INVESTISSEMENTS DE LA RÉPUBLIQUE DU TOGO

LOI N° 2012 – 001 PORTANT CODE DES INVESTISSEMENTS DE LA REPUBLIQUE TOGOLAISE

L'Assemblée nationale a délibéré et adopté ;

Le Président de la République promulgue la loi dont la teneur suit :

CHAPITRE 1er. DISPOSITIONS GENERALES

Section 1ère – De l'objet de la loi

Article premier : La présente loi portant Code des investissements (ci-après-désigné « le Code ») a pour objet de promouvoir, faciliter et protéger l'investissement durable et responsable au Togo dans le but de :

– favoriser la création d'emplois pérennes et qualifiés ;

– favoriser la création d'activités à forte valeur ajoutée

– encourager l'utilisation et la valorisation de ressources naturelles et des matières premières locales ;

– développer l'économie de l'immatériel en encourageant le transfert de compétence et l'utilisation de nouvelles technologies ;

– développer les exportations ;

– encourager la décentralisation des activités économiques ;

– promouvoir et conduire certains grands travaux.

Le Code définit les avantages et garanties qui sont accordés au titre des investissements réalisés par les entreprises, ainsi que les obligations correspondantes.

Section 2 – Des définitions

Article 2 : Au sens du présent Code, on entend par :

– Emploi permanent : toute embauche de salariés de nationalité togolaise pour une durée indéterminée.

– Entreprise : toute unité de production, de transformation et/ou de distribution de biens ou de services, à but lucratif, légalement constituée en société sous une forme reconnue par l'acte uniforme relatif au droit des sociétés commerciales et du groupement d'intérêt économique de l'Organisation pour l'Harmonisation en Afrique du Droit des Affaires (OHADA) ou sous forme de société coopérative.

– Entreprise nouvelle : toute entreprise telle que ci-dessus définie, nouvellement créée et en phase de réalisation d'un programme d'investissement éligible. L'investissement projeté doit permettre la création d'une activité nouvelle et ne pas résulter d'une ou de différentes modifications juridiques d'une entité ayant déjà exploité des actifs spécifiques à l'activité ciblée.

– Extension : tout programme d'investissement initié par une entreprise existante dans le but de diversifier ou de moderniser ses équipements et qui engendre :

• un accroissement d'au moins 25 % de la capacité de production ou de la valeur d'acquisition des actifs immobilisés ; ou • un investissement en moyens humains, matériels et équipements d'au moins cent millions (100.000.000) de Francs CFA.

– Investissement : capitaux mobilisés par toute entreprise pour l'acquisition de biens mobiliers, immobiliers, matériels et immatériels et pour assurer le financement des frais de premier établissement ainsi que les besoins en fonds de roulement rendus nécessaires à l'occasion de la création d'entreprises nouvelles ou dans le cadre d'un programme d'extension d'une entreprise.

– Investisseur : toute personne physique ou morale, togolaise ou étrangère réalisant un investissement dans les conditions définies par le présent Code, sur le territoire national.

CHAPITRE II- GARANTIES DES INVESTISSEMENTS – REGLEMENTS DES DIFFERENDS

Section 1ère - De l'égalité de traitement et principes de non-discrimination

Article 3 : Aucune entreprise régulièrement établie en République togolaise ne peut faire l'objet de discrimination en matière de lois et règlements régissant ses activités. Les investisseurs étrangers reçoivent un traitement identique à celui des personnes physiques ou morales togolaises, sous réserve de réciprocité et sans préjudice des mesures pouvant concerner l'ensemble des ressortissants étrangers ou résulter des traités ou accords dont la République togolaise est partie. Toute entreprise régulièrement établie en République togolaise peut dans le cadre des lois en vigueur acquérir des droits de toute nature en matière de propriété, de concession et d'autorisation administrative et participer aux marchés publics, indépendamment de la nationalité de ses actionnaires ou associés.

Section 2 – De la garantie de transfert des capitaux et des rémunérations

Article 4 : Les investisseurs étrangers qui effectuent en Républiques togolaise un investissement financé par un apport en devises et les personnes étrangères qui occupent un emploi dans une entreprise togolaise, ont le droit, sous réserve de la réglementation en matière de change, de transférer en devise les dividendes, les produits de toute nature découlant des capitaux investis, les produits de la liquidation ou de la réalisation de leurs avoirs ainsi que leurs salaires. Peut également être effectué par toute entreprise, sous réserve de la réglementation en matière de change, tout transfert à des personnes physiques ou morales non résidentes correspondant à des paiements normaux et courant pour des fournitures et prestations effectives.

Section 3 - De la garantie des investissements

Article 5 : l'agrément ou l'attestation donné(e) au titre du Code ou l'agrément au statut de zone franche ou à tout autre régime économique spécial vaut agrément de l'investissement pour l'octroi de toute garantie, au sens de l'article 15 de la Convention instituant l'Agence Multilatérale de Garantie des investissements (AMGI, en anglais, Multilateral Invesment Guarantee Agency – MIGA) ratifiée par la République togolaise, le 22 décembre 1987.

Section 4 – De la liberté de gestion

Article 6 : Toute entreprise, régulièrement établie en République togolaise détermine librement sa politique de production, de commercialisation, dans le respect des lois et règlements en vigueur en République togolaise. Elle accomplit tous actes de gestion conformes aux règles et usage du commerce.

Section 5 - De la protection des investissements par l'Etat

Article 7 : La protection de la propriété privée des biens est garantie par les lois et règlements en vigueur en République togolaise. Cette protection s'étend à tous les aspects juridiques et commerciaux de la propriété, à ses éléments et démembrements, à sa transmission et aux contrats dont ils font 'objet. Toute entreprise est garantie contre toute mesure de nationalisation, d'expropriation ou de réquisition par l'Etat togolais sur toute l'étendue du territoire national. Les mesures d'expropriation pour cause d'utilité publique constatées dans les conditions prévues par la loi devront prévoir une juste et préalable indemnisation de l'investisseur, dont le montant sera déterminé, à dire d'expert, selon les règles et pratiques habituelles du droit international.

Section 6 - Du règlement des différends

Article 8 : Tous différends entre l'entreprise ou l'investisseur et le ou les Etats d'une part, ou entre Etats d'autre part, au sujet de l'interprétation ou de l'application du présent Code, qui n'auraient pas pu aboutir à un règlement amiable, pourront être soumis :

a. aux juridictions nationales de droit commun ;

b. à la Cour d'Arbitrage du Togo (CATO) ;

c. à la Cour de Justice de l'Union Economique et
Monétaire Ouest Africaine (UEMOA) ;

d. à la Cour de Justice de la Communauté Economique des Etats de l'Afrique de l'Ouest (CEDEAO) ;

e. à la Cour commune de justice et d'arbitrage de l'Organisation pour l'Harmonisation en Afrique du Droit des Affaires (OHADA) ;

f. au Centre International pour le Règlement des Différends relatifs aux Investissements (CIRDI) ;

g. à toute autre instance arbitrale de leur choix ou qui aurait été expressément prévue soit dans un contrat en vertu d'une clause compromissoire ou d'un compromis d'arbitrage, soit en vertu des accords et traités relatifs à la protection des investisseurs conclus entre la République togolaise et l'Etat dont la personne physique ou morale étrangère concernée est ressortissante.

Article 9 : Les personnes physiques ou morales étrangères participant au capital et à la gestion d'une société de droit togolais peuvent avoir recours au CIRDI pour les différends visés à l'alinéa 1 de l'article 8 qui surgiraient entre ladite société et la République togolaise.

CHAPITRE III - ORGANISME CHARGE DE L'ADMINISTRATION DU CODE DES INVESTISSEMENTS ET DE LA ZONE FRANCHE

Section 1ère – De l'Agence de la Promotion des Investissements et de la Zone Franche

Article 10 : Il est créé, pour l'administration du Code des Investissements et du statut de la Zone

Franche, une Agence nationale de la Promotion des Investissements et de la Zone Franche, ci-après désignée « API-ZF » L'API-ZF est un établissement public doté de la personnalité morale et de l'autonomie financière. L'organisation, les attributions et le fonctionnement de l'API-ZF sont fixés par décret en conseil des ministres.

Section 2 – Des missions d'administration de la zone franche et des régimes économiques spéciaux

Article 11 : L'administration du statut de la zone franche et de tout autre régime économique spécial est confiée à l'API-ZF. A ce titre, l'API-ZF exerce les fonctions dévolues à la Société d'Administration de la Zone Franche (SAZOF) par la loi portant statut de la Zone Franche industrielle. Les modalités dans lesquelles l'API-ZF est subrogée dans les droits de la SAZOF sont définies par décret en conseil des ministres.

Section 3 - Des ressources de l'API-ZF

Article 12 : Les ressources de l'API-ZF sont constituées par :

a. les dotations de l'Etat ;

b. les redevances pour services rendus dans le cadre de ses attributions, des redevances annuelles perçues sur les entreprises admises au code et au statut de la zone franche industrielle ;

c. les ressources provenant des transactions immobilières ;

d. le produit des ventes et des locations ;

e. les emprunts ;

f. les dons et legs ;

g. toutes autres ressources légales

CHAPITRE IV- CONDITIONS D'ELIGIBILITE AUX MESURES INCITATIVES POUR LE DEVELOPPEMENT DES INVESTISSEMENTS

Section 1ère – Des secteurs d'activités éligibles

Article 13 : Les mesures incitatives visées au Chapitre VI du présent Code s'appliquent à toutes les entreprises régulièrement établies sur le territoire douanier togolais et y exerçant une activité agricole, industrielle, commerciale, artisanale ou de service conforme aux lois et règlements en vigueur à l'exception :

1) des entreprises dont les activités, qui pour des raisons d'intérêt général et d'ordre public, sont interdites par la loi ;

2) des entreprises admises, au régime d'un code spécifique, ou exerçant une activité dans l'un des secteurs réglementés suivants :

a. mines et hydrocarbures à l'exception des activités de stockage d'hydrocarbure, de gaz à usage domestique, industriel ou médical ;

b. banques ;

c. assurances et réassurances ;

d. production d'armements et activités militaires connexes ;

3) des entreprises exerçant les activités suivantes :

a. activité de négoce (achat et revente en l'état des produits) ;

b. activité de courtage ;

c. stockage de produits autre que végétal, animal et halieutique ;

d. gestion des infrastructures portuaires et aéroportuaires.

Section 2 - Des critères d'éligibilité

Article 14 : Les entreprises exerçant ou désirant exercer une activité qui entre dans le champ d'application tel que défini à l'article 13 sont assurées des avantages énoncés dans le présent Code, sous réserve que le projet d'investissement réponde aux critères visés ci-après :

a. le programme d'investissement doit être supérieur à cinquante millions (50.000.000) de franc CFA et être réalisé dans le cadre du régime de déclaration ou du régime d'agrément visé au Chapitre V ;

b. l'obligation de réserver la majorité des emplois permanents en priorité aux nationaux.

L'octroi des avantages et l'application des mesures incitatives visées au Chapitre VI du présent Code sont conditionnés au respect par l'investisseur et l'entreprise des obligations décrites par le présent Code dont l'Agence et les administrations compétentes s'assurent du bon respect.

CHAPITRE V - PROCEDURE DE DECLARATION ET D'AGREMENT

Article 15 : L'octroi des avantages du présent Code se fait suivant l'un des deux régimes :

a. le régime de déclaration ;

b. le régime d'agrément.

La nature et l'étendue des avantages consentis varient selon le régime applicable à l'investissement dans les conditions indiquées par le présent Code.

Section 1ère – De la procédure de déclaration

Article 16 : Le régime de déclaration s'applique à tout projet d'investissement dans une entreprise nouvelle ou d'extension d'une entreprise existante dont le montant est supérieur à cinquante millions

(50.000.000) de francs CFA et inférieur ou égal à six cents millions (600.000.000) de francs CFA.

Les éléments à prendre en compte pour le calcul de ce seuil d'investissement ne comprennent que les frais de premier établissement, le coût des bâtiments et de génie civil, des équipements nouveaux et des immobilisations incorporelles.

Article 17 : Le régime de déclaration d'investissement permet à tout investisseur, de bénéficier des avantages du régime déclaratif décrit par le présent Code sur la base d'une simple déclaration de l'investisseur auprès de l'Agence. La déclaration à l'Agence contient l'ensemble des éléments d'information relatifs au programme d'investissement et les réponses au questionnaire dont le contenu est établi par l'Agence comprenant notamment :

a. l'identification de l'investisseur ou de l'entreprise existante ;

b. la nature et la localisation des activités envisagées ;

c. le montant de l'investissement envisagé ;

d. un plan d'affaires assurant la viabilité technique, commerciale financière et la rentabilité de l'entreprise proposée ;

e. le mode de financement

f. la date de début des opérations ;

g. le nombre prévu d'employés et les catégories d'emplois à créer ;

h. la nature et le type d'assistance et de facilitation que l'investisseur souhaite obtenir auprès de l'Agence, dont, entre autres : l'accès aux terrains industriels et agricoles, les infrastructures publiques, les permis de travail, les visas, et toutes autres assistantes envisageables ;

i. le mode de règlement des différends souhaité ;

j. un plan de protection et de sauvegarde de l'environnement si nécessaire.

Article 18 : L'Agence délivre à l'investisseur une attestation dans un délai maximum de huit (8) jours ouvrables après dépôt de la déclaration dûment remplie, datée et signée. L'attestation comporte la liste des avantages consentis et indique en outre la date convenue avec l'entreprise pour la durée de la période d'installation et le démarrage de la période d'exploitation. Lorsque les documents et informations fournis dans la déclaration sont incomplets ou si des explications supplémentaires sont nécessaires, l'Agence peut être amenée à demander des informations ou documents complémentaires.

Dans ce cas, la décision de l'Agence de fournir l'attestation devra être donnée au plus tard huit(8) jours après le dépôt des compléments d'information par l'investisseur. En cas de rejet de l'Agence, une notification est faite par écrit à l'investisseur dans les mêmes délais que ci-dessus. La notification comporte obligatoirement l'énumération précise des motifs du rejet.

Section 2 – De la procédure d'agrément

Article 19 : La procédure d'agrément s'applique à tout projet d'investissement dans une entreprise nouvelle ou d'extension d'une entreprise existante dont le montant du programme d'investissement est supérieur à six cents millions (600.000.000) de francs CFA. Le régime d'agrément à l'investissement soumet toute entreprise désirant bénéficier des avantages du Code à la procédure définie par la présente section.

Article 20 : Toute entreprise qui sollicite un agrément à l'investissement doit en formuler la demande auprès de l'Agence contre récépissé.

Article 21 : La demande d'agrément à l'Agence doit être accompagnée d'un dossier complet dont le contenu est établi et fixé par l'Agence après avis du ministre en charge de l'industrie, du ministre en charge du commerce et du ministre en charge des finances, ou tout autre ministère concerné.

Article 22 : La demande d'agrément est instruite par l'Agence et la réponse donnée, par écrit à l'investisseur, dans un délai de trente(30) jours ouvrables à compter de la date de dépôt du dossier complet de demande d'agrément. Lorsque les documents et informations fournis dans la demande d'agrément telle que prévue à l'article 21 ci-dessus sont incomplets ou si des explications supplémentaires sont nécessaires, l'Agence peut être amenée à demander des informations ou documents complémentaires. Dans ce cas, le délai de trente (30) jours est suspendu et ne recommence à courir qu'à compter du dépôt des pièces ou informations complémentaires par l'investisseur.

Article 23 : L'agrément est délivré par l'Agence. L'agrément comporte la liste des avantages consentis et indique en outre la date convenue avec l'entreprise pour la durée de la période d'installation et le démarrage de la période d'exploitation. Tout refus d'agrément est notifié par écrit à l'investisseur. Cette notification comporte obligatoirement l'énumération précise des motifs du rejet.

CHAPITRE VI - NATURE ET DUREE DES AVANTAGES ACCORDES

Section 1ere – De l'aide à l'implantation et à l'exploitation

Sous-section 1ère – De l'exonération des droits, taxes et impôts indirects sur les importations

Article 24 : Toute entreprise admise au présent Code bénéficie, au cordon douanier, d'une exonération des Droits de Douanes(DD), de la Taxe sur la Valeur Ajoutée (TVA) et du prélèvement au titre des acomptes IS-IRPP catégorie des Bénéfices Industriels et Commerciaux (BIC) sur les matériels et équipements neufs importés, nécessaires à la réalisation du programme d'investissement et déclarés par l'investisseur dans sa demande d'attestation ou d'agrément, ainsi que le premier lot de pièces de rechange les accompagnant pendant la période de réalisation de l'investissement.

Article 25 : Toute entreprise admise au présent Code bénéficie, au cordon douanier, de l'application des Droits de Douanes (DD) à un taux unique et préférentiel de 5 %, de l'exonération de la Taxe sur la Valeur Ajoutée (TVA)

et du prélèvement au titre des acomptes IS-IRPP catégorie des Bénéfices Industriels et Commerciaux (BIC) sur les matériels et équipements usagés importés, nécessaires à la réalisation du programme d'investissement et déclarés par l'investisseur lors de la délivrance de son attestation ou d'agrément, ainsi que le premier lot de pièces de rechange importées, destinées spécialement à l'exercice de l'activité agréée dans la limite d'un montant qui n'excède pas :

a. 10 % de la valeur CAF (coût, assurance et fret) des équipements et matériels pour les investissements relevant du régime de la déclaration ;

b. 15 % de la valeur CAF (coût, assurance et fret) des équipements et matériels pour les investissements relevant du régime de l'agrément.

Article 26 : Sauf dérogations sectorielles expressément visées par le présent Code ou par la loi, sont exclus du régime d'exonération des Droits de Douanes (DD), de la Taxe sur la Valeur Ajoutée (TVA) et du prélèvement au titre des acomptes IS-IRPP catégorie des Bénéfices Industriels et Commerciaux(BIC) :

a. les matériaux de construction ;

b. les fournitures de bureau, les matériels et mobiliers de bureau ;

c. les appareils et matériels électroménagers non professionnels ;

d. les matériels roulants non agricoles, les véhicules automobiles (à l'exception des véhicules spéciaux visés comme tels par le Tarif Officiel des douanes) ;

e. les produits pétroliers ;

f. le matériel de climatisation (à l'exception du matériel de chambre frigorifique).

La liste des autres matériels et équipements et les pièces de rechange ne peuvent bénéficier des exonérations prévues au présent code est fixée par décret, après avis de l'administration des douanes.

Article 27 : Les matériels et équipements ayant bénéficié des avantages du présent code ne peuvent faire l'objet de cession, de transfert ou recevoir d'autres utilisations que celles pour lesquelles ils ont été importés sauf autorisation du ministre chargé des finances, après avis de l'Agence, ou au profit de société de crédit-bail lorsque l'investissement est réalisé par ce mode de financement, selon des conditions qui seront déterminées par décret. La cession des matériels et équipements, si elle est autorisée, entraîne le paiement des droits et taxes en vigueur à la date de la cession.

Sous-session 2 : De l'exonération de l'impôt direct

Article 28 : Toute entreprise nouvelle, ou tout projet d'extension d'une entreprise existante admis au présent code bénéficie d'un abattement de la base d'imposition au titre de l'impôt sur les sociétés d'un montant correspondant à un pourcentage des sommes réellement et effectivement payées au titre des différentes phases du programme d'investissement ayant fait l'objet d'une déclaration ou d'un agrément, dans la limite de 50 % des bénéfices nets taxables de l'exercice fiscal au cours duquel ont été engagées une ou plusieurs phases du programme d'investissement pendant les cinq premiers exercices fiscaux de la période d'exploitation.

Article 29 : Si en raison de la deuxième limitation, il subsiste un reliquat non déductible des bénéfices d'un ont l'exercice comptable, ce reliquat peut être reporté sur le ou les exercices suivants sans que la déduction totale annuelle ne puisse jamais excéder 50 % des bénéfices des années de report.

Ces reports sont autorisés jusqu'à l'expiration des cinq premières années de la période d'exploitation.

A l'expiration de cette période, le solde de crédit d'impôt n'est ni imputable, ni reportable, ni remboursable.

Article 30 : En application de l'article 28 ci-dessous, les sommes réellement et effectivement payées au titre des différentes phases du programme d'investissement peuvent être déduites de la base de l'impôt sur les sociétés à hauteur de 40 % de la valeur CAF (coût, assurance et fret) des équipements et matériels pour les investissements relevant du régime de la déclaration.

Article 31 : En application de l'article 28 ci-dessus, les sommes réellement et effectivement payées au titre des différentes phases du programme d'investissement peuvent être déduites de la base de l'impôt sur les sociétés à hauteur de 50 % de valeur CFA (coût, assurance et fret) des équipements et matériels pour les investissements relevant du régime de l'agrément.

Article 32 : Les entreprises dont le programme d'investissement prévoit une phase d'installation telle que définie à l'article 33-a sont exonérées de l'impôt sur les sociétés (IS), de l'Impôt Minimum Forfaitaire (IMF), de la taxe professionnelle (TP), ainsi que de la taxe foncière (TF) pendant ladite période. Cette exonération ne concerne pas la période de prorogation exceptionnelle visée à l'article 33-a.

Sous-section 3 - De la durée des exonérations

Article 33 : La durée des avantages pour les entreprises couvre deux périodes :

a. une période d'installation au cours de laquelle le programme d'investissement devra être réalisé.

Elle court à partir de la date d'effet de l'attestation ou de l'agrément et s'étend sur la période indiquée ou convenue entre l'investisseur et l'Agence lors de la délivrance de l'attestation ou l'agrément de l'investissement, sans que cette période ne puisse excéder :

i. vingt-quatre (24) mois pour le régime de déclaration de l'investissement et, ii. trente-six (36) mois pour le régime d'agrément à l'investissement. La fin de la réalisation du programme d'investissement et de la période d'installation est notifiée à l'Agence par l'investisseur si elle est antérieure à la date fixée initialement. Le fait qui caractérise la fin de la réalisation du programme d'investissement devra être défini de manière explicite par l'investisseur et approuvé par l'agence. Ce délai peut être exceptionnellement prorogé pour une durée de six (6) mois renouvelable une fois par l'Agence.

b. une période d'exploitation d'une durée de cinq (5) ans qui prend effet :

i. à la date de la notification de la fin de la période d'installation notifiée à l'Agence ; ou au terme de la période maximum de réalisation du programme d'investissement visée ci-dessus, ou

ii. à la date du démarrage effectif de l'exploitation, telle que constatée par l'Agence ou toute autre administration compétente dans le cadre de ses missions de contrôle.

Section 2 – Des incitations à la création d'emplois, la formation, et au transfert de compétence

Article 34 : Toute entreprise éligible aux avantages du présent Code, quel que soit le régime, bénéfice de l'application de la taxe sur les salaires à un taux réduit à 2 % sur les salaires de tous les nouveaux emplois permanents créés pendant la durée d'admission au Code.

Article 35 : Toute entreprise admise au présent Code bénéficie également d'une réduction de l'impôt sur société de la manière suivante :

– 2 % si elle emploie entre 20 et 50 ;
– 3 % si elle emploie ente 51 et 100 ;
– 4 % si elle emploie entre 101 et 500 ;
– 5 % si elle emploie au-delà de 500.

L'abattement fiscal est accordé si l'investisseur :

a- a employé des salariés dont les revenus ne sont pas exonérés d'IRPP, et ce, pendant une période d'au moins six mois au cours de l'exercice fiscal.

b- assure un transfert de compétence au personnel local par le biais d'un plan de formation approprié dont les détails devront être communiqués à l'Agence.

Article 36 : Les entreprises éligibles aux avantages du présent code bénéficient d'une réduction de 50 % sur les frais d'établissement des titres de séjour des salariés étrangers qu'elles recrutent avec le statut d'agent de maîtrise ou de cadre (hors renouvellement). En contrepartie, l'entreprise s'engage à former et recruter ou promouvoir un nombre équivalent de salariés de nationalité togolaise aux postes équivalents dans un délai de quatre (4) ans. Dans ce cadre, l'entreprise s'engage à assurer un plan de formation visant à promouvoir un transfert de compétence effectif au profit des salariés de la nationalité togolaise. L'entreprise doit informer l'Agence des actions entreprises dans ce domaine au moyen de rapports annuels dans le cadre de ses obligations d'information.

Section 3 – Des avantages particuliers accordés en fonction de la zone d'investissement

Article 37 : Dans le cadre du présent Code, il est créé, sur le territoire togolais, cinq (5) zones définies comme suit :

a. Zone 1 : Région Maritime ;

b. Zone 2 : Région des plateaux ;

c. Zone 3 : Région Centrale ;

d. Zone 4 : Région de la Kara ;

e. Zone 5 : Région des Savanes.

Article 38 : Sont considérées comme implantées dans une zone les entreprises dont au moins 80 % du personnel travaillent dans ladite zone au titre du programme d'investissement ayant fait l'objet attestation ou d'un agrément d'investissement.

Article 39 : En complément des avantages consacrés par le présent Code, les entreprises admises à l'un des régimes prévus par le présent Code bénéficient d'une réduction de 30 % sur la taxe foncière (TF) et sur la taxe professionnelle (TP) pendant :

a. les trois (3) premières années d'exploitation pour la zone 2 ;

b. les cinq (5) premières années d'exploitation pour la zone 3 ;

c. les sept (7) premières années d'exploitation pour la zone 4 ;

d. les neuf (9) premières années d'exploitation pour la zone 5 ;

Section 4 - Des avantages particuliers accordés en fonction de la nature de l'activité

Article 40 : Les entreprises éligibles aux avantages du présent Code et valorisant uniquement les matières premières locales bénéficient d'une réduction de 30 % sur la taxe professionnelle pendant les trois premières années d'exploitation. Sont considérées comme entreprises valorisant des matières premières locales celles dont les matières premières et produits intermédiaires locaux représentent en valeur au moins 80 % du total des achats de matières premières et produits intermédiaires entrant dans la fabrication du produit.

Section 5 - Des incitations au développement des actifs immatériels et de l'innovation

Article 41 : Les entreprises éligibles aux avantages du présent Code dont l'investissement repose sur l'utilisation en République togolaise d'inventions ou d'innovations technologiques protégées par un titre de propriété intellectuelle reconnu par les Conventions de l'Organisation Africaine de la Propriété Intellectuelle (OMPI) ou de l'Organisation Africaine de la Propriété Intellectuelle (OAPI), bénéficient d'une réduction de 5 % sur la taxe professionnelle pendant les cinq premières années d'exploitation desdits droits.

Section 6 - Des incitations à l'exportation et du régime des zones franches ou régimes économiques spéciaux

Article 42 : Les dispositions de la loi portant statut de Zone Franche Industrielle, telle que modifiée par les dispositions de la présente loi concernant son mode d'administration et de délivrance des agréments provisoires et des certificats d'entreprises exportatrices font partie intégrante du présent Code.

Les entreprises qui sont tournées principalement vers l'exportation peuvent bénéficier du régime des zones franches dans les conditions visées par la loi portant statut de Zone Franche Industrielle.

Les entreprises agréées au statut de zone franche ne peuvent cumuler les avantages fiscaux accordés par le présent Code et ceux accordés par la loi portant statut de Zone Franche Industrielle qui a seule vocation à s'appliquer.

Toutefois, les entreprises agréées au statut de la Zone Franche Industrielle ou à tout autre régime économique de faveur, peuvent valablement se prévaloir des dispositions de l'article 8 du présent Code en ce qui concerne le règlement des différends afférents à leur statut.

Article 43 : Toute entreprise admise au présent Code bénéficie d'une réduction supplémentaire de 5 % de l'impôt sur les sociétés si la quote-part du chiffre d'affaires réalisé à l'exportation est supérieure ou égal à 25 % du chiffre d'affaires global (hors TVA) de l'entreprise.

Section 7 : De la limitation du montant des avantages consentis au titre du présent Code

Article 44 : L'ensemble des diverses réductions de nature fiscale prévues par le présent Code ne peut excéder 55 % du bénéfice imposable de chaque exercice. Les abattements opérés en application des articles 28 à 31 du présent Code constituent des amortissements exceptionnels, lesquels ne peuvent faire double emploi avec l'amortissement accéléré prévu à l'article 39-2 du Code Général des Impôts.

Les impôts et taxes qui ne sont pas expressément visés dans le présent Code sont dus. Il en est de même des retenues à la source auxquelles la société serait assujettie en tant que redevable légale.

Section 8 - De la facilitation des projets de construction de grands complexes immobiliers

Article 45 : Des avantages particuliers sont consentis aux entreprises désirant construire au Togo leur siège administratif régional ou international. Pour acquérir le statut de siège régional d'entreprise internationale établi au Togo, une entreprise doit :

1. exercer au Togo au bénéfice d'autres sociétés dont le siège est situé hors du Togo au moins trois des services visés ci-après :

a. administration générale ;

b. planification et coordination ;

c. achats de matières premières, composantes et produits finis ;

d. appui technique et maintenance ;

e. contrôle du marketing et planification de la promotion commerciale ;

f. service de gestion et d'interprétation des données et informations ;

g. services de gestion financière ;

h. service de conseils financiers aux sociétés ;

i. travaux de recherche et de développement ;

j. formation et gestion du personnel.

2. accorder des emplois sous forme de contrat à durée indéterminée aux citoyens togolais et leur assurer une formation et un transfert de compétence ;

3. effectuer, pendant la phase d'exploitation, des transactions financières internationales d'au moins deux milliards cinq cents millions (2 500.000.000) de francs CFA par an à travers une banque commerciale agréée au Togo

4. dépenser, pendant la phase d'exploitation, au moins cinq cents millions (500. 000. 000) de francs CFA par an au Togo.

Article 46 : Les entreprises remplissant les conditions définies à l'article 45, ne paieront qu'un droit de douanes (DD) forfaitaire de 5 % de la valeur CAF (coût, assurance et fret) sur les matériaux de construction et de finissage ainsi que les matériels et mobiliers de bureau, qui seront également exonérés de la TVA et prélèvement au titre des acomptes IS-IRPP catégorie des Bénéfices Industriels et Commerciaux (BIC) au cordon douanier pour tout projet réunissant les critères suivants :

a- un projet immobilier d'un montant au moins égal à un milliard (1.000.000.000) de francs CFA y compris les équipements, installations et machines requis pour l'installation de l'immeuble ;

b- utilisant en priorité les matériaux disponibles au Togo ;

c- réalisé par des entreprises employant majoritairement des employés togolais ;

d- et portant sur des constructions conformes à la loi portant loi-cadre sur l'environnement ;

e- communiquer la liste des produits éligibles aux exonérations avant leur importation aves les quantités estimées, les caractéristiques et les prix correspondants.

Article 47 : Les matériaux de construction et de finissage importés doivent être ceux qui ne sont pas produits localement à des normes internationales ou qui seraient exigés par la nature spécifique du projet conformément aux spécifications du promoteur de la construction. De telles importations doivent être préalablement approuvées par l'administration des douanes sur proposition de l'agence.

Section 9 - Des dérogations au présent Code

Article 48 : Conformément à la réglementation en vigueur, les entreprises dont le programme d'investissement revêt un caractère stratégique au regard de perspectives en terme de transfert de compétence et l'utilisation des technologies, création d'emploi ou de contribution au développement territorial ou environnemental de la République togolaise peuvent, après instruction et avis favorable de l'Agence, négocier avec l'Etat une convention particulière leur accordant des avantages dérogatoires ou complémentaires à ceux du Code ainsi que toute mesure d'accompagnement supplémentaire.

Article 49 : Toute mesure dérogatoire au présent Code, ne peut être négociée et accordée par l'Agence qu'après l'approbation de l'Assemble nationale. Dans le respect des règles de confidentialité, l'Agence rend publiques la synthèse des conventions particulières et la justification des avantages qui ont été consentis aux entreprises visées à l'article 48 du présent Code.

CHAPITRE VII : OBLIGATIONS ET SANCTIONS DES ENTREPRISES

Section 1ère Des obligations

Article 50 : Les entreprises bénéficiant des avantages et mesures incitatives décrites au présent Code sont soumises au contrôle de l'Agence, et des administrations publiques chargées de veiller au respect des conditions fixées pour le bénéfice de ces avantages. Elles sont, en particulier, suivies et assistées par l'Agence pendant la réalisation de l'investisse et pendant toute la durée des avantages octroyés au titre du Code. Indépendamment du respect des dispositions d'ordre légal et réglementaire régissant leur activité, les entreprises bénéficiaires des dispositions du présent Code doivent, pendant la durée du régime sous lequel elles se sont placées, s'engager à :

a. tenir une comptabilité régulière et complète dans la forme prévue par les dispositions légales en vigueur ;

b. accepter tout contrôle et tout surveillance de l'administration compétente et renseigner dans les délais impartis, tous questionnaires et formulaires de demandes d'ordre statistique ;

c. fournir à l'Agence un rapport annuel sur l'avancement du programme d'investissement et lui communiquer tous documents et informations requis ;

d. réaliser et se conformer strictement au programme d'investissement ayant fait l'objet d'une demande d'attestation ou d'agrément, dans les délais prévus par le présent Code ;

e. utiliser, en priorité, à conditions égales de qualité, prix et disponibilité les services et produits d'origine togolaise ;

f. employer majoritairement des salariés de nationalité togolaise ;

g. organiser la formation et la promotion des nationaux togolais au sein de l'entreprise ;

h. déposer annuellement les états financiers auprès de l'administration des impôts, conformément aux dispositions du code général des impôts et une copie auprès de l'agence ;

i. se conformer aux normes de qualités nationales ou internationales applicables aux produits, équipements, infrastructures, ou services résultant de leur activité ; étant précisé que lorsque l'entreprise est contrôlée par des investisseurs étrangers, les normes de qualité et de sécurité ne sauraient être inférieures aux normes de qualité exigées dans le pays d'origine de l'investisseur étranger ;

j. se conformer aux dispositions de la loi portant loi-cadre sur l'environnement ;

k. respecter les droits des travailleurs conformément au code du travail de la République togolaise ;

l. se conformer aux dispositions de la loi portant organisation du commerce et de la concurrence au Togo ;

m. se conformer aux dispositions de la loi portant organisation du schéma d'harmonisation des activités de normalisation, d'agrément, d'accréditation, de certification, de métrologie, de l'environnement et de la promotion de la qualité au Togo. En outre, pour bénéficier du régime des exonérations fiscales, le règlement des opérations réalisées par l'entreprise à l'exportation doit se faire sur les comptes de l'entreprise ouverts auprès d'une banque au Togo.

Section 2 - Des sanctions

Article 51 : Il peut être procédé au retrait de l'attestation ou de l'agrément par l'Agence dans les cas suivants :

a. fausses déclarations ayant conduit à l'obtention d'un agrément ou d'une attestation ;

b. non-réalisation du projet d'investissement, dans les conditions ou délais prévus ;

c. non-respect de l'activité pour laquelle l'attestation ou l'agrément a été délivré ;

d. non-respect de l'une des obligations prévues à l'article 50 ci-dessus, à laquelle il n'aurait pas été remédié dans un délai de quarante-cinq (45) jours après une mise en demeure de l'Agence.

Article 52 : Le retrait de l'attestation ou agrément entraîne la déchéance des avantages accordés à l'entreprise qui se trouve dès lors assujettie au droit commun. Dans ce cas, l'entreprise est soumise à titre rétroactif, dans les conditions de la législation en vigueur aux dispositions sociales, fiscales et douanières pour lesquelles elle avait obtenu l'exonération à partir du moment où prend effet la décision de retrait de l'attestation ou de l'agrément, sans préjudice d'éventuelles poursuites judiciaires e sanctions encourues.

CHAPITRE VIII : DISPOSITIONS TRANSITOIRES ET FINALES

Article 53 : Les entreprises bénéficiant de mesures particulières de faveur ou des conventions particulières d'investissement avant l'entrée en vigueur du présent Code continueront de bénéficier de avantages et garanties qui leur ont été accordés jusqu'à expiration de la durée légale desdits avantages et garanties. Le bénéfice d'un régime accordé à toute entreprise conformément aux dispositions du présent Code n'est transmissible qu'avec l'activité pour laquelle l'agrément ou l'attestation a été accordé.

Article 54 : Aucune disposition légale ou réglementaire prenant effet à une date postérieure à celle de l'attestation ou agrément ne peut avoir pour effet de supprimer ou de restreindre à l'égard de l'entreprise les dispositions du régime privilégié dont elle bénéficie au titre du présent Code.

Article 55 : Est abrogée la loi n° 89-22 du 30 septembre 1989 portant Code des Investissements.

Sont également abrogées, dès la mise en place effective de l'Agence pour la Promotion des Investissements au Togo, les dispositions de la loi portant statut de la Zone Franche industrielle qui sont contraires aux dispositions touchant audit statut et qui figurent à la présente loi.

Article 56 : Des décrets en conseil des ministres précisent en tant que de besoin les modalités d'application du présent Code.

Article 57 : La présente loi sera exécutée comme loi de l'Etat.

Fait à Lomé le :

LE PRESIDENT DE LA REPUBLIQUE

Faure Essozimna GNASSINGBE

LE PREMIER MINISTRE

Gilbert Fossoun HOUNGBO

POUR AMPLIATION

LE SECRETAIRE GENERAL DE LA PRESIDENCE DE LA REPUBLIQUE

Kwesi Séléagodji AHOOMEY-ZUNU

ANALYSE DU CODE DES INVESTISSEMENTS DU TOGO

Par le nouveau code, le montant minimum requis pour investir au Togo est de Cinquante (50) Millions de francs CFA .

La loi N° 2012-001 portant nouveau Code des Investissements en République Togolaise en vigueur a pour objet de promouvoir, faciliter et protéger l'investissement durable et responsable au Togo. Le Code des Investissements est un instrument de promotion des Investissements en particulier dans le secteur de production et de transformation. Il constitue un acte juridique, fiscal et financier par lequel l'Etat s'engage à renoncer pour une durée déterminée à certaines de ses prérogatives pour permettre aux investisseurs nationaux ou étrangers de s'installer et d'exploiter dans des conditions économiques favorables leurs activités. Introduit depuis 1965 dans le système économique du Togo, il favorise la création d'emplois pérennes et qualifiés, développer les exportations et promouvoir et conduire certains grands travaux. « Le nouveau code de par ses objectifs contribue davantage à l'amélioration de l'environnement des affaires dans notre pays. Il rend le Togo plus attractif aux investissements aussi bien nationaux qu'étrangers »,

Les innovations apportées par le nouveau code des investissements

Le nouveau code par rapport à l'ancien présente les innovations ci – après :

– la création, sous l'autorité du Président de la République, d'une Agence dédiée à la promotion des investissements (API). En effet, l'une des principales conclusions de l'étude comparative de plusieurs pays africains et asiatiques, a été que le Togo manquait d'une véritable structure dédiée à la promotion de l'investissement ;

– le nouveau code réserve ses mesures incitatives et avantages exclusivement aux personnes morales ;

– le code prévoit deux régimes distincts :

– le régime de déclaration pour les investissements dont le montant est compris entre cinquante (50) millions de francs CFA et six cents (600) millions de francs CFA. Dans ce cas l'attestation d'investissement est délivrée dans un délai maximum de dix (10 jours) ; le régime¬ d'agrément pour les investissements dont le montant est supérieur à six cents (600) millions. Selon ce régime l'investisseur est tenu de suivre la procédure d'agrément nécessitant une analyse plus approfondie de la nature de l'investissement, qui doit être réalisée dans un délai de trente (30) jours ;

– des mesures incitatives en faveur du développement de l'emploi au Togo ;

– le nouveau code encourage la valorisation des ressources naturelles et des matières premières locales ;

– des mesures incitatives pour le développement des actifs immatériel et de l'innovation ;

– des mesures incitatives pour le développement des exportations ;

– des mesures incitatives en faveur du développement de certaines régions en vue du développement harmonieux et équilibré du pays.

Apport dans l'amélioration du climat des affaires au Togo

L'adoption du nouveau code des investissements vient combler un vide juridique. En effet, depuis la suspension de l'application de l'ancien code en 1996, le Togo ne disposait plus de code des investissements pour les entreprises sur le territoire douanier. Le code communautaire de l'UEMOA censé remplacer les codes nationaux n'a toujours pas vu le jour.

Ce nouveau code est le résultat d'un consensus entre l'administration publique et le secteur privé. Il a été préalablement enrichi des suggestions de certains de nos partenaires au développement. Par ailleurs, il faut signaler que l'objectif principal assigné au nouveau code est de promouvoir, de faciliter et de protéger l'investissement durable et responsable au Togo autrement dit le code vise à mettre en place des mesures incitatives en vue d'attirer des investissements et de relancer l'économie nationale. Le nouveau code de par ses objectifs contribue davantage à l'amélioration de l'environnement des affaires dans notre pays. Il rend le Togo plus attractif aux investissements aussi bien nationaux qu'étrangers.

La prise en compte les préoccupations des agriculteurs et des artisans

Les mesures incitatives pour le développement des investissements prévues par le nouveau code s'appliquent également aux entreprises régulièrement établies sur le territoire douanier togolais et y exerçant une activité agricole ou artisanale.

Une Agence nationale d'investissement. Quelles sont les attributions de cette Agence ?

Il faut rappeler que la majeure nouveauté introduite par le nouveau code est la création, pour son administration et du Statut de la Zone Franche, d'une Agence nationale de la promotion des Investissements et de la Zone Franche (API-ZF). L'API-ZF est habilitée à exercer des missions de service public liées à la promotion des investissements au Togo et à l'étranger. L'Agence est chargée de l'administration du Code des investissements et du statut de la zone franche industrielle ainsi que les régimes économiques spéciaux et les grands travaux spécifiques qui lui seront expressément confiés. Les principaux objectifs de l'API-ZF sont d'améliorer le traitement de toutes les demandes d'agrément relatives à des projets d'investissement, de centraliser les fonctions des différents organismes chargés de la promotion de l'investissement et de favoriser l'amélioration du climat des affaires. Les tâches et fonctions assignées à l'API-ZF sont entre autres :

– la promotion du Togo, comme territoire de destination des investissements étrangers ;

– la fonction de guichet unique pour tous les investisseurs et l'assistance de ces derniers dans la constitution de leur dossier de demande d'agrément et la constitution des entreprises qui bénéficieront des mesures incitatives proposées par le Code ;

– la délivrance des attestations et agréments, y compris l'agrément des entreprises au statut de zone franche ou à tout autre régime économique spécial ;

– le contrôle et la supervision de programmes d'investissement, y compris le pouvoir de sanctionner, en cas de manquement ou de violation de leurs obligations par les entreprises éligibles au Code ;

– la faculté de faire toute proposition pour améliorer le cadre législatif propre à certains secteurs d'activités ou les conditions d'investissement ;

– la supervision ou la conduite de la réalisation de grands travaux, sur délégation du Président de la République.

Le montant minimum pour investir au Togo

A priori il n'y a pas de montant fixe à partir duquel on peut investir au Togo. On pourrait même investir à « zéro franc ». Cependant pour être éligible aux avantages et mesures incitatives prévus par le nouveau code, le montant minimum requis pour investir est de Cinquante (50) Millions de francs CFA.

Des dispositions particulières qui facilitent les investissements à la diaspora togolaise

Le nouveau code ne prévoit pas de dispositions particulières pour faciliter les investissements à la diaspora togolaise. Il réserve les mêmes traitements aux investisseurs nationaux (Togolais résident au pays ou Togolais de la diaspora) et aux investisseurs internationaux.

Exemple des avantages particuliers accordés en fonction de la zone d'investissement

Article 37 : Dans le cadre du présent Code, il est créé, sur le territoire togolais, cinq (5) zones définies comme suit :

a. Zone 1 : Région Maritime ;
b. Zone 2 : Région des plateaux ;
c. Zone 3 : Région Centrale ;
d. Zone 4 : Région de la Kara ;
e. Zone 5 : Région des Savanes.

Article 38 : Sont considérées comme implantées dans une zone les entreprises dont au moins 80 % du personnel travaillent dans ladite zone au titre du programme d'investissement ayant fait l'objet attestation ou d'un agrément d'investissement.

Article 39 : En complément des avantages consacrés par le présent Code, les entreprises admises à l'un des régimes prévus par le présent Code bénéficient d'une réduction de 30 % sur la taxe foncière (TF) et sur la taxe professionnelle (TP) pendant :

a. les trois (3) premières années d'exploitation pour la zone 2 ;
b. les cinq (5) premières années d'exploitation pour la zone 3 ;
c. les sept (7) premières années d'exploitation pour la zone 4 ;
d. les neuf (9) premières années d'exploitation pour la zone 5 ;

CHARTE DES PETITES ET MOYENNES ENTREPRISES DE LA REPUBLIQUE TOGOLAISE

TITRE Ier : DES DISPOSITIONS GENERALES

Chapitre 1er : Des principes généraux

Article I : Objet de la charte et modalités de suivi

La présente charte a pour objet de :

– définir les petites et moyennes entreprises et industries dénommées ci-après « PME » ou « PMI » ainsi que les mesures de soutien à leur apporter, les avantages à leur concéder, mais également les engagements qu'elles devront prendre vis – à – vis de leurs partenaires dans le cadre de leur reconnaissance par la charte ;

– définir les rôles et les responsabilités des acteurs en vue de les impliquer davantage ;

– renforcer les dispositifs favorisant une bonne gestion des PME/PMI ;

– mobiliser les ressources au profit des différents acteurs.

Il s'agit d'une adhésion volontaire des PME/PMI à la charte. Ces dernières restent cependant maîtresses de leurs décisions de gestion.

Sont également définis les modalités de suivi relatives aux soutiens précités et le rôle des collectivités locales, des instituts de recherche, des universités et des partenaires au développement dans la promotion et l'expansion des PME/PMI.

Chapitre 2 : De la définition de la PME/PMI

Article 2 : Définitions

Au sens de la présente charte, sont considérées comme PME/PMI, toute entité productrice de biens ou services marchands répondant à un certain nombre de critères économiques.

Les PME et PMI se répartissent en :

– moyennes entreprises et moyennes entreprises industrielles,

– petites entreprises et petites entreprises industrielles,

– micro entreprises et micro entreprises industrielles.

Les critères déterminés par la présente charte, permettent de définir les PME et PMI selon les secteurs d'activités et des paramètres économiques. Relativement à leur secteur d'activités, les PME et PMI sont classées dans les catégories suivantes :

– l'industrie manufacturière, agricole ou forestière,

– le commerce de gros,

– le commerce de détail,

– les services,

– les mines.

Les paramètres économiques intègrent à la définition les éléments suivants :

– le nombre de salariés permanents,

– le chiffre d'affaires,

– le total bilan.

Article 3 : Dans le secteur de l'industrie manufacturière, agricole ou forestière

Est définie comme :

– une moyenne entreprise industrielle, agricole ou forestière, une entreprise qui emploie moins de 100 salariés permanents et dont le chiffre d'affaires annuel n'excède pas 500 millions de francs CFA ou le total bilan n'excède pas 750 millions de francs CFA.

– une petite entreprise industrielle, agricole ou forestière, une entreprise qui emploie moins de 50 salariés permanents et dont le chiffre d'affaires annuel n'excède pas 250 millions de francs CFA ou le total bilan n'excède pas 250 millions de francs CFA.

– une micro entreprise industrielle, agricole ou forestière, une entreprise qui emploie moins de 10 salariés permanents et dont le chiffre d'affaires annuel n'excède pas 30 millions de francs CFA ou le total bilan n'excède pas 20 millions de francs CFA.

Article 4 : Dans le secteur du commerce de gros

Est définie comme :

– une moyenne entreprise, une entreprise qui emploie moins de 50 salariés permanents et dont le chiffre d'affaires annuel n'excède pas 250 millions de francs CFA ou le total bilan n'excède pas 250 millions de francs CFA.

– une petite entreprise, une entreprise qui emploie moins de 50 salariés permanents et dont le chiffre d'affaires annuel n'excède pas 200 millions de francs CFA ou le total bilan n'excède pas 150 millions de francs CFA.

– une micro entreprise, une entreprise qui emploie moins de 5 salariés permanents et dont le chiffre d'affaires annuel n'excède pas 30 millions de francs CFA ou le total bilan n'excède pas 15 millions de francs CFA.

Article 5 : Dans le secteur du commerce de détail

Est définie comme :

– une moyenne entreprise, une entreprise qui emploie moins de 50 salariés permanents et dont le chiffre d'affaires annuel n'excède pas 250 millions de francs CFA ou le total bilan n'excède pas 250 millions de francs CFA.

– une petite entreprise, une entreprise qui emploie moins de 30 salariés permanents et dont le chiffre d'affaires annuel n'excède pas 100 millions de francs CFA ou le total bilan n'excède pas 50 millions de francs CFA.

– une micro entreprise, une entreprise qui emploie moins de 5 salariés permanents et dont le chiffre d'affaires annuel n'excède pas 30 millions de francs CFA ou le total bilan n'excède pas 10 millions de francs CFA.

Article 6 : Dans le secteur des services

Est définie comme :

– une moyenne entreprise, une entreprise qui emploie moins de 50 salariés permanents et dont le chiffre d'affaires annuel n'excède pas 250 millions de francs CFA ou le total bilan n'excède pas 250 millions de francs CFA.

– une petite entreprise, une entreprise qui emploie moins de 30 salariés permanents et dont le chiffre d'affaires annuel n'excède pas 100 millions de francs CFA ou le total bilan n'excède pas 75 millions de francs CFA.

– une micro entreprise, une entreprise qui emploie moins de 10 salariés permanents et dont le chiffre d'affaires annuel n'excède pas 30 millions de francs CFA ou le total bilan n'excède pas 10 millions de francs CFA.

Article 7 : Dans le secteur minier

Est définie comme :

– une moyenne entreprise, une entreprise qui emploie moins de 50 salariés permanents et dont le chiffre d'affaires annuel n'excède pas 250 millions de francs CFA ou le total bilan n'excède pas 250 millions de francs CFA.

– une petite entreprise, une entreprise qui emploie moins de 30 salariés permanents et dont le chiffre d'affaires annuel n'excède pas 100 millions de francs CFA ou le total bilan n'excède pas 75 millions de francs CFA.

– une micro entreprise, une entreprise qui emploie moins de 10 salariés permanents et dont le chiffre d'affaires annuel n'excède pas 30 millions de francs CFA ou le total bilan n'excède pas 10 millions de francs CFA.

Article 8 : Des définitions évolutives

Les définitions ci-dessus pourront, au vu de l'évolution de l'environnement économique national, sous-régional et international, être modifiées de manière consensuelle en vue de leur adéquation permanente avec les réalités économiques dans lesquelles évoluent les PME/PMI.

Chapitre 3 : De la reconnaissance de la PME/PMI

Article 9 : Qualité des PME/PMI reconnues par la charte

La qualité de PME/PMI reconnue par la charte est attribuée par la cellule de suivi prévue au Titre V de la présente charte, sur demande de l'entreprise ou de l'industrie, quand elle remplit les conditions prévues aux articles ci-dessus relatifs à sa classification.

Cette demande s'effectue par écrit. Elle est accompagnée de la liste des documents justificatifs exigés par la cellule susmentionnée. Elle doit revêtir la signature du responsable de l'entreprise s'engageant ainsi à respecter les modalités prévues au Titre IV de la présente charte.

L'entreprise ou la PME/PMI étant amenée à évoluer au cours de son existence, le passage d'une catégorie à l'autre, est traité dans le Titre V de la présente charte. e changement de catégorie est constaté sur demande de l'entreprise ou prononcé d'office par la cellule de suivi de la charte.

Cette qualité sera perdue à tout moment par la constatation du non-respect des engagements souscrits ou en cas de fraude avérée ou de condamnation de la PME/PMI dûment prononcée, de façon définitive, par les juridictions compétentes.

Article 10 : Identification des PME/PMI reconnues par la charte

La qualité de PME/PMI reconnue par la charte donne lieu à une identification dont la procédure est fixée par le règlement intérieur de la cellule de suivi de la charte. Seules les PME/PMI reconnues par la charte peuvent bénéficier des soutiens et avantages prévus par celle-ci.

Article 11 : Durée de la reconnaissance

La qualité de PME/PMI reconnue par la charte est octroyée pour une durée de cinq (05) ans. Elle est renouvelable sur production des éléments justifiant l'appartenance de l'entreprise ou de l'industrie à la catégorie concernée.

TITRE II : DES MESURES D'AIDES ET DE SOUTIEN AUX PME/PMI

Chapitre 1er : Des mesures d'aides et de soutien aux PME/PMI

Article 12 : Nécessité de restructuration et de mise à niveau

L'Etat togolais apportera l'appui nécessaire au renforcement de la compétitivité des PME/PMI à travers leur mise à niveau, l'aménagement de sites d'accueil qui leur sont prioritairement réservés, et la formation en vue de l'amélioration de la qualité de leurs produits et services, particulièrement dans les secteurs jugés porteurs comme l'agro-alimentaire, le tourisme, les industries culturelles, les technologies de l'information et de la communication, le textile, la confection, l'artisanat et la pharmacie, l'industrie forestière et tout autre secteur porteur qui constituent des niches autour desquelles peut s'articuler une stratégie globale de développement économique du pays.

Article 13 : Objectifs des mesures d'aide et de soutien

Les mesures d'aide et de soutien à la promotion de la PME/PMI, objet de la présente charte, ont pour objectifs de :

– appuyer de façon multiforme les petites et moyennes entreprises au regard de leur vulnérabilité ;

– promouvoir une dynamique « qualité » au sein des PME/PMI ;

– vulgariser et partager l'information à caractère industriel, commercial, économique, financier, professionnel et technologique relative aux secteurs précités grâce à la mise en place d'un Observatoire des PME/PMI ;

– renforcer la compétitivité des PME/PMI en améliorant leur productivité ;

– mettre en place des politiques de formation et de gestion des ressources humaines qui favorisent et encouragent la créativité, l'innovation et la culture entrepreneuriale ;

– améliorer le traitement des dossiers de financement des PME/PMI présentés aux structures bancaires et financières ;

– faciliter la migration des petites entreprises vers les moyennes entreprises ou vers les grandes entreprises, si cela s'avère justifié ;

– promouvoir la compétitivité des PME/PMI par un accompagnement et un suivi adéquats et modulables selon la situation, les perspectives et le stade de développement de la PME/PMI.

Article 14 : Préoccupations des mesures d'aides et de soutien

Ces mesures d'aide et de soutien intègrent les préoccupations suivantes :

– la maîtrise de l'inflation ;

– l'accroissement de l'épargne ;

– l'inscription et le développement des PME/PMI dans une dynamique d'évolution et d'adaptation technologique ;

– l'incitation des PME/PMI à exporter ;

– la réorientation des mesures d'accès au financement ;

– l'accès des PME/PMI à l'information et à la formation de leurs ressources humaines en général.

Chapitre 2 : Des dispositions relatives au financement des PME/PMI

Article 15 : Organismes ou lignes de capital-risque

Pour les besoins de financement de l'investissement des PME/PMI, il est prévu la mise en place d'organismes ou de lignes de capital-risque : création et développement.

Article 16 : OPCVM, nouveaux produits de la Bourse Régionale des Valeurs Mobilières (BRVM) et Fonds de garantie

Des organismes de placement collectif en valeurs mobilières (OPCVM) à compartiments (actions) vont être créés à la Bourse Régionale des Valeurs Mobilières. Les OPCVM sont des structures de gestion collective fondées sur la copropriété de valeurs mobilières et orientées vers la création d'entreprises. Ils vont bénéficier de régimes fiscaux de faveur qui seront prévus par voie réglementaire. Ces organismes permettent de doter les PME/PMI en fonds propres et de les habituer à privilégier le partenariat avec des actionnaires extérieurs, le but étant de rapprocher les détenteurs de capitaux des PME/PMI désireuses de financer leur développement. Le compartiment de la BRVM permettra aux PME/PMI de lever des fonds sur le marché financier à des conditions plus souples.

Article 17 : Création des OPCVM

Les modalités de création, d'agrément, de fonctionnement, de contrôle et d'information des organismes de capital - risque seront fixées par voie réglementaire.

Article 18 : Avantages desdits organismes

Les OPCVM bénéficient d'avantages fiscaux proposés au chapitre traitant des mesures d'ordre fiscal (Titre II - Chapitre VI).

Article 19 : Fonds de garantie

Le fonds de garantie assure à hauteur de 75 % au maximum le remboursement du montant principal du prêt accordé par les établissements intervenants, majoré des intérêts normaux et, le cas échéant, des intérêts de retard. Cette garantie est accordée sous forme d'aval. Lorsque le prêt devient immédiatement exigible pour quelque motif que ce soit, l'établissement intervenant peut demander la mise en jeu de la garantie accordée par le fonds prévu à l'article ci-dessus dans les conditions et selon les procédures prévues par la convention visée à l'article ci-après. L'Etat se substitue, dans ses droits de créancier, à l'établissement intervenant qui a bénéficié du remboursement de la part garantie du prêt et le produit des sommes récupérées est versé au crédit du fonds de garantie.

Article 20 : Ressources du fonds de garantie

Les ressources du fonds de garantie sont constituées :

– de dotations budgétaires ;

– d'une commission liquidée au taux maximum de 1,5 % sur la base du montant de la garantie octroyée, à la charge du bénéficiaire du prêt et payable par prélèvement sur les différents déblocages du prêt accordé selon leurs montants ;

– des recouvrements réalisés au titre de la part garantie par ledit fonds ;

– des produits des placements effectués pour le compte du fonds de garantie ;

– de toutes autres ressources.

Article 21 : Gestion du fonds de garantie

Le fonds de garantie visé à l'article 19 ci-dessus est géré pour le compte de l'Etat par un ou plusieurs organismes de garantie sur la base d'une convention conclue à cet effet avec l'Etat. L'Agence Nationale de Promotion et de Garantie de Financement des PME/PMI (ANPGF), en l'absence d'un fonds spécifique destiné au financement des petites et moyennes entreprises et industries, pourra remplir cette fonction.

Chapitre 3 : Des fonds d'aménagement régionaux et d'aide à l'exportation

Article 22 : Fonds d'aménagement régionaux

Il sera créé à terme des fonds d'aménagement régionaux. Ils auront pour objet entre autres de favoriser la délocalisation des PME/PMI génératrices d'activités de la capitale vers les régions. Ces fonds permettront aux régions de renforcer leur attractivité auprès des entreprises et des populations et de réduire les disparités régionales.

Article 23 : Bénéficiaires des fonds d'aménagement régionaux

Les fonds seront gérés par les conseils régionaux. Ces fonds seront attribués aux PME/PMI reconnues par la charte selon des critères de délocalisation prévus (attractivité pour la région, nombre d'emplois transférés, création de nouveaux emplois…) auxquels elles auront satisfait.

Article 24 : Financement des fonds d'aménagement régionaux

Les fonds susmentionnés pourront être cofinancés par l'Etat, les collectivités locales et les partenaires au développement.

Article 25 : Fonds d'aide au transport et à l'exportation

Des fonds d'aide au transport vers les zones de commercialisation et d'exportation seront créés afin de permettre aux PME/PMI délocalisées de procéder à la distribution de leurs produits dans les meilleurs délais et aux meilleurs coûts. Ils seront prioritairement réservés au transport et à l'exportation de produits régionaux.

Article 26 : Financement des fonds d'aide au transport et à l'exportation

Ces fonds seront financés pour une part à déterminer, assise sur les taxes d'importation perçues par l'Etat et pour une autre part par des projets d'appui aux exportations financés par les partenaires au développement.

Article 27 : Aides spéciales aux jeunes et aux femmes

Les jeunes et les femmes doivent bénéficier d'une aide spéciale de la part de l'Etat à condition que leurs projets soient porteurs. Cette aide est matérielle ou financière. Les aides spécifiques de l'Etat seront précisées par voie réglementaire.

Chapitre 4 : De l'accès aux marchés publics et de la promotion de la sous-traitance

Article 28 : De l'accès aux marchés publics

Au titre de la passation des marchés publics, les services concernés de l'Etat et de ses démembrements doivent veiller à soumettre une proportion de ces marchés à une concurrence entre les PME/PMI reconnues par la charte selon des conditions et modalités définies par voie réglementaire. Les associations et partenariats desdites PME/PMI seront privilégiés, afin d'accéder aux marchés ouverts aux entreprises internationales.

Article 29 : Octroi des marchés publics

Conformément aux dispositions de la loi du 21 janvier 2009 portant code des marchés publics, la réglementation impose que soient exclusivement réservés aux PME/PMI reconnues par la charte, en totalité ou en partie, certains marchés publics, sans pour autant influer sur les lois du marché, en règle générale.

Article 30 : Soumission aux appels d'offres

Pour répondre aux appels d'offre, les PME/PMI seront autorisées à conclure des partenariats avec des entreprises étrangères, à condition de justifier qu'il ne s'agit pas d'un simple arrangement de marchés ou d'opportunités. Ces partenariats doivent être de véritables opportunités de transfert de technologie.

Article 31 : Suivi des partenariats

Pour permettre à la cellule de suivi de la charte de veiller au renforcement des capacités, la convention de partenariat et ses annexes seront jointes dans l'offre de services de la PME/PMI soumissionnaire.

Article 32 : Stratégie de communication

Il sera mise en place une stratégie de communication facilitant l'accès de toutes les entreprises aux mesures y édictées notamment la mise en place d'un Observatoire des PME/PMI. L'observatoire des PME/PMI a pour rôle principal de mesurer l'impact des mesures d'aide et de soutien contenues dans la charte, tant sur l'économie togolaise que sur les entreprises, l'élaboration d'un système d'information actualisé en permanence et qui regroupe dans un premier temps la liste des entreprises reconnues par la charte, et dans un deuxième temps, recueille des données générales et techniques assurant la visibilité des PME/PMI en vue de leur promotion tant au niveau national qu'international.

Article 33 : Engagements de l'Etat à créer des pépinières d'entreprises et incubateurs

L'Etat s'engage à créer des pépinières d'entreprises qui sont des centres d'hébergement et de développement des entreprises dans lesquels seront formés des opérateurs autonomes, polyvalents, qui savent travailler en réseau et n'hésitent pas à prendre des initiatives. Ces centres doivent intégrer les exigences d'efficacité, de rentabilité et de conformité aux besoins du secteur productif et surtout exploiter les apports des technologies de l'information et de la communication. L'Etat devra poursuivre la mise en place d'incubateurs par secteurs d'activités en favorisant l'émergence de nouveaux projets et en facilitant l'accès des entreprises existantes aux outils de la nouvelle économie que sont les technologies de l'information et de communication de même que les résultats de la recherche appliquée.

Les pépinières intégreront la notion de vulnérabilité des PME/PMI en mettant à leur disposition des incubateurs et ateliers relais dont les modalités d'occupation seront précisées par voie réglementaire. Le non-respect de ces dernières entraînera le retrait des avantages liés à la reconnaissance par la présente charte.

Article 34 : Procédures d'accès au foncier

L'Etat veillera à faciliter l'accès des entreprises au foncier en simplifiant les procédures et en créant des sites d'industrialisation dans chaque région.

Article 35 : Concession, sous-traitance

L'Etat s'engage à encourager le développement du partenariat public/privé et à élargir le champ de la concession de services publics au profit des PME/PMI. A cet effet, il sera fixé annuellement, par voie réglementaire, pour chaque ministère, collectivité décentralisée, administration ou entreprise du secteur parapublic, les modalités de sous-traitance obligatoires suivantes au profit des PME/PMI reconnues par la charte :

– micro – entreprises et petites entreprises et industries : entre 10 et 20 % des budgets ;

– moyennes entreprises et industries : entre 20 et 40 % des budgets.

A la fin de l'année, les administrations concernées produiront un rapport détaillé faisant ressortir les critères de choix des PME/PMI adjudicataires des marchés. Dans chaque administration, la cellule de passation de marchés publics sera chargée de définir les marchés devant être octroyés aux PME/PMI. L'ensemble des marchés sera régulièrement porté à la connaissance des PME/PMI par l'organe prévu à cet effet. Celui – ci veillera à l'accessibilité de l'information pour toutes les entreprises susceptibles de soumissionner.

Article 36 : Répartition des marchés

Afin de favoriser l'émergence d'un véritable tissu de sous-traitance sur lequel pourront s'appuyer les entreprises nationales et les investisseurs étrangers, les marchés importants et projets de développement généralement octroyés aux grandes entreprises moins vulnérables, en raison de leurs plus grandes capacités techniques et solidité financière, seront désormais répartis selon le principe énoncé à l'article 35 ci – dessus.

Chapitre 5 : Du rôle des collectivités locales

Article 37 : Prime d'aménagement et d'installation

Au titre du développement local et conformément à leurs missions et prérogatives, les collectivités décentralisées sont tenues d'initier toutes mesures d'aide et de soutien à la promotion des PME/PMI.

A cet effet, il est notamment institué une prime d'aménagement et d'installation financée conjointement par l'Etat et la collectivité, destinée à la promotion d'activités économiques dans la collectivité décentralisée au profit d'entreprises qui créent des emplois dans ces zones.

Article 38 : Zones éligibles

L'attribution de la prime, au titre des programmes mentionnés à l'article suivant, est décidée en prenant en considération la capacité de la collectivité décentralisée à attirer le projet dans les zones éligibles et le besoin de financement qu'il requiert. Les zones éligibles seront conformément au zonage établi par le code des investissements et aux dispositions de la politique d'aménagement du territoire et seront modifiables au regard de la situation économique nationale et des impacts de la libéralisation. La cellule de suivi de la charte portera à la connaissance des PME/PMI toute modification de zonage. Des montants plafonnés seront fixés pour les différentes zones éligibles, les modalités et montants seront ultérieurement fixés d'un commun accord avec les parties prenantes. Le montant de la prime accordée par emploi créé peut être modulé, en tenant compte notamment de l'effet structurant du projet, de la situation socio-économique du bassin d'emploi et de l'importance du montant de l'investissement.

Article 39 : Eligibilité à la prime d'aménagement et d'installation

Les PME/PMI reconnues par la charte peuvent bénéficier de la prime pour :

– des programmes de création ou d'extension d'activités ;

– des programmes de délocalisation d'activités issues de la capitale vers les régions intérieures ;

– des programmes de recherche et de développement ;

– des programmes de renforcement des capacités.

Article 40 : Conditions d'éligibilité

Les programmes visés à l'article 39 doivent conduire, sur le site primé, à la création nette d'au moins cinq (5) emplois permanents par entreprise ou industrie reconnue par la charte. En cas d'extension d'activités, les créations d'emplois doivent, en outre, correspondre à une augmentation d'au moins 50 % de l'effectif de l'établissement concerné par l'extension. Les programmes de création ou d'extension d'activités doivent s'accompagner d'investissements conséquents selon les critères retenus par la cellule de suivi de la charte pour les petites entreprises ou industries et répondant aux critères d'éligibilité retenus à l'article 5 pour les moyennes. Cette condition est applicable aux programmes d'investissements financés en tout ou partie par crédit-bail ou par tout autre mode de financement.

Article 41 : Investissements

Les investissements à prendre en compte s'entendent hors taxes. Leur montant comprend le prix de revient des immobilisations corporelles constituées du terrain, des bâtiments et des équipements ainsi que celui des brevets ou autres immobilisations incorporelles. Ces investissements doivent être liés à l'activité de l'entreprise bénéficiaire et correspondre au programme primé. Ils doivent être exécutés et inscrits dans les écritures de l'entreprise bénéficiaire pendant la période de réalisation de ce programme.

Les participations au capital d'autres entreprises, les acquisitions de fonds de commerce et les acquisitions de matériels de transport sont exclues de l'assiette des investissements, car pouvant donner lieu à des défiscalisations ou évaluations erronées des entreprises. Le produit de la vente d'actifs situés en dehors de la zone concernée est déduit de cette assiette lorsque ces actifs sont remplacés en tout ou partie par les investissements du programme primé.

Article 42 : Système financier décentralisé (SFD)

Le système financier décentralisé a pour objet l'octroi de prêts destinés au financement des besoins d'investissement et d'exploitation des PME/PMI installées dans la région. Si le système financier décentralisé réalise au moins 75 % de ses activités dans des régions ou départements au profit des PME/PMI et si le niveau de son développement justifie une aide particulière de l'Etat, il peut être autorisé à émettre des emprunts avec la garantie de l'Etat.

Chapitre 6 : Du soutien aux entreprises/industries en difficultés et des dispositions d'ordre fiscal

Article 43 : Soutien aux entreprises en difficultés

Les PME/PMI qui se trouvent en difficultés bénéficieront d'un plan de redressement approuvé par une structure qui s'occupe des entreprises en difficultés.

Article 44 : Organismes de capital - risque

Les avantages fiscaux accordés aux organismes de capital - risque sont déterminés par les réglementations appropriées en vigueur.

Article 45 : Institutions de promotion et de développement des PME/PMI

Peuvent être reconnues d'utilité publique, les associations, fondations ou autres institutions régulièrement constituées, fonctionnant conformément à leurs statuts pendant au moins un an après leur constitution et ayant pour objet de promouvoir au niveau local, régional ou national, la création et le développement des PME/PMI, notamment par :

– la mise en œuvre des moyens pouvant faciliter le financement des PME/PMI sous forme de fonds de garantie ou de cautionnement mutuel ;

– la mise en œuvre des moyens pour l'aménagement de terrains et locaux professionnels, la création de pépinières d'entreprises et de parcs technologiques. Le montant ou la valeur des dons en argent ou en nature, octroyés aux fondations remplissant les mêmes missions de promotion des PME/PMI et aux associations mentionnées à l'article ci-dessus par des personnes physiques ou morales, constituent des charges déductibles conformément aux dispositions du code général des impôts.

Article 46 : Régime fiscal des organismes de capital - risque

Le régime fiscal applicable aux différents organismes de capital - risque visés dans la présente charte sera intégré dans la loi des finances ou déterminé par les réglementations en vigueur.

Article 47 : Exonérations fiscales des PME/PMI de production et de transformation

Un système de fiscalité spécifique aux PME/PMI de production et de transformation et celles utilisant les ressources nationales sera mis en place par l'Etat par voie réglementaire.

TITRE III : DES MESURES D'AIDE ET DE SOUTIEN SPECIFIQUE

Chapitre 1er : Des dispositions générales

Article 48 : Préoccupations des mesures d'aides et de soutien

Ces mesures d'aide et de soutien intègrent les préoccupations suivantes :

– la maîtrise de l'inflation ;

– l'accroissement de l'épargne ;

– l'inscription et le développement des PME/PMI dans une dynamique d'évolution et d'adaptation technologique ;

– l'incitation des PME/PMI à exporter ;

– la réorientation des mesures d'accès au financement ;

– l'accès des PME/PMI à l'information et à la formation de leurs ressources humaines en général.

Ces mesures seront mises en œuvre par toute structure de promotion des petites et moyennes entreprises et industries, existante ou à créer poursuivant les mêmes objectifs après un pré diagnostic dûment effectué.

Article 49 : Prêts à conditions spécifiques

Des prêts à des conditions spécifiques pourront être accordés aux entreprises citées dans les articles qui suivent par les établissements bancaires ou toute autre institution financière.

Article 50 : Mesures en faveur des entreprises innovantes

En vue de faciliter l'accès des PME/PMI au financement et de développer la recherche, des conditions spécifiquement étudiées pourront être consenties aux PME/PMI exerçant des activités innovantes.

Article 51 : Prêts aux jeunes entrepreneurs

Les jeunes entrepreneurs à titre individuel ainsi que les actionnaires de sociétés susvisées doivent remplir les conditions d'éligibilité suivantes :

– être de nationalité togolaise ;

– être âgés de 18 ans au moins et de 45 ans au plus, à la date de leur demande d'octroi de prêts. Toutefois, au cas où le prêt est accordé dans le cadre d'une PME, une dérogation à la limite d'âge de 45 ans peut être admise au bénéfice d'un seul associé ;

– présenter un projet viable de première installation ou de création. Cependant, des projets d'extension peuvent être admis dans les conditions prévues par l'article ci-après.

Article 52 : Prêts par bénéficiaires

Il n'est accordé, dans le cadre de la présente charte, qu'un seul prêt aux conditions spécifiques par personne physique ou morale visée aux articles ci-dessus. Toutefois, des crédits peuvent être accordés dans le cadre d'une extension, à tout nouvel associé ou détenteur de parts à condition que ces derniers soient éligibles conformément aux dispositions des articles ci-dessus et que le cumul du crédit initial et du nouveau crédit n'excède pas un plafond à déterminer.

Article 53 : Montant des prêts

Tout projet retenu peut bénéficier d'un prêt dont le montant sera fixé par un arrêté du ministre en charge des finances qu'il s'agisse de projets individuels, de projets à réaliser par des PME/PMI ou par des groupements de PME/PMI.

Article 54 : Conditions d'octroi des prêts

Les prêts sont accordés, par les établissements intervenant, aux conditions ci-après :

– une durée minimale de 5 ans, sauf si le bénéficiaire préfère rembourser le prêt, en totalité ou en partie, avant l'expiration de cette durée ;

– un différé de remboursement du principal d'une durée d'une année ;

– un taux d'intérêt bonifié dans des conditions à déterminer.

Article 55 : Demandes de prêts

Les demandes de prêts sont adressées à l'un des établissements intervenant dont les risques encourus, au titre du financement des projets d'investissement des bénéficiaires de mesures spécifiques dans le cadre de la présente charte, sont couverts par :

– un fonds de garantie créé à cet effet, et prévu à l'article 19, et fonctionnant dans les conditions prévues aux articles ci-dessous ;

– les garanties portant exclusivement sur les éléments constitutifs du projet objet du prêt ;

– une assurance vie devant être souscrite en cas de prêt individuel et couvrant la totalité du prêt.

Article 56 : Mesures spécifiques et prêts aux femmes entrepreneurs

Des mesures spécifiques destinées à favoriser l'émergence de l'entreprenariat féminin, seront initiées en accord avec la stratégie du ministère chargé de la promotion féminine. Parmi les 30 % de marchés réservés aux PME/PMI, 10 % seront réservés aux entreprises appartenant et dirigés par des femmes sous réserve de la justification des compétences et des qualifications requises.

Article 57 : Mesures en faveur des secteurs agricole, agroalimentaire, forestiers et de l'artisanat

Des mesures spécifiques seront prises en vue de renforcer le développement des PME/PMI des secteurs agricole, agroalimentaire, forestier et de l'artisanat notamment en vue de développer les infrastructures, de renforcer l'encadrement technique, de la recherche et de l'équipement des promoteurs des PME/PMI en :

– incitant les PME/PMI des secteurs précités à augmenter leur rentabilité, à accroître leur compétitivité et à améliorer leurs qualités techniques et managériales ;

– renforçant les capacités des instituts de recherche pour leur permettre d'améliorer les services fournis aux PME/PMI ;

– encourageant la sous-traitance avec d'autres secteurs ;

– accélérant la réflexion sur le processus de certification et de validation de la formation professionnelle par l'apprentissage ;

– promouvant l'exportation des produits et services artisanaux. Ces mesures seront mises en œuvre par les structures compétentes en la matière.

Article 58 : Mesures en faveur de la normalisation et de la certification

Afin d'appuyer la démarche des PME/PMI en vue de la normalisation et de la certification de leurs produits et systèmes, un programme spécifique sera défini et mis en œuvre par l'Etat.

Article 59 : Encadrement des PME/PMI

Une structure à mettre en place sera chargée du suivi des engagements des PME/PMI en termes de formation, de création d'emplois, de remboursement des crédits, et du respect des différentes normes.

Chapitre 2 : Du rôle des organisations patronales et professionnelles

Article 60 : Rôles des organisations patronales et professionnelles (OPP)

Les organisations patronales et professionnelles seront impliquées dans la définition et la mise en œuvre des mesures d'aide et de soutien à apporter aux PME/PMI et favoriseront leur reconnaissance par la charte. Elles bénéficieront d'un programme de renforcement de leurs capacités techniques et organisationnelles et de formation pour mieux répondre aux attentes de leurs membres. Elles seront appuyées en ce sens par les différentes structures prévues à cet effet et l'Etat fixera ces mesures par voie réglementaire. Les organisations patronales et professionnelles seront représentées dans la cellule de suivi de la charte et constitueront une source majeure d'informations permettant l'adaptation des mesures d'aide et de soutien à apporter aux PME/PMI.

TITRE IV : DE L'ENGAGEMENT DES PME/PMI

Chapitre 1er : Des dispositions générales

Article 61 : Respect des engagements

Les PME/PMI bénéficiaires des mesures prévues aux Titres II et III, sont tenues de respecter l'ensemble des engagements auxquels elles ont souscrit et qui sont définis par la présente charte.

Article 62 : Perte des avantages

Le non – respect de ces engagements souscrits entraîne la perte des avantages accordés.

Article 63 : Cumul des avantages

Les différents avantages proposés aux Titres II et III ne peuvent être cumulés dans la mesure où la PME/PMI s'acquitte de l'ensemble des obligations y afférentes.

Chapitre 2 : Du plan de formation des effectifs des PME/PMI

Article 64 : Production d'un plan de formation

Les entreprises souhaitant bénéficier d'aides à la formation, déductibles de l'impôt sur les sociétés, devront produire un plan de formation du personnel qui sera validé par l'organe chargé de l'octroi de l'aide préalablement à la mise en place de celle-ci.

Article 65 : Suivi du personnel formé

Les entreprises bénéficiant desdites aides à la formation s'engagent à effectuer un suivi du personnel formé et à remettre annuellement à la cellule de suivi un rapport écrit indiquant l'évolution du personnel formé au sein de l'entreprise.

Chapitre 3 : De l'engagement des PME/PMI bénéficiaires des mesures d'aide et de soutien à respecter les clauses liées à l'octroi de financement

Article 66 : Respect des remboursements

Les entreprises reconnues par la charte, bénéficiaires de mesures de facilitation pour l'accès au financement, s'engagent à effectuer les remboursements selon les clauses et l'échéancier prévus.

Cet engagement concerne tout mode de financement.

Chapitre 4 : De l'engagement des PME/PMI bénéficiaires des mesures d'aides et de soutien à créer des emplois

Article 67 : Création d'emplois permanents

Les entreprises bénéficiaires de prêts objets des Titres II et III s'engagent à créer :

– pour les petites entreprises et industries et industries : 1 à 3 emplois durables sur une période de 3 ans ;

– pour les moyennes entreprises et industries : 3 à 7 emplois durables sur une période de 3 ans.

La permanence de l'emploi sera vérifiée par la cellule de suivi de la charte en coordination avec la direction générale du travail et des lois sociales et l'agence nationale pour l'emploi (ANPE).

Chapitre 5 : Des obligations légales et fiscales

Article 68 : Respect des obligations légales et fiscales

Les PME/PMI reconnues par la présente charte s'engagent à remplir leurs obligations légales, réglementaires et fiscales et à être en règle vis-à-vis de l'administration fiscale et des diverses institutions en partenariat avec elles. Elles s'engagent à assurer une transparence totale dans la production de leurs documents de gestion et à répondre aux différents principes de gouvernance d'entreprise (conseil d'administration ou de surveillance, contrôle, responsabilité, transparence, efficacité…).

Chapitre 6 : De l'engagement de toutes les PME/PMI

Article 69 : Respect des normes environnementales

L'entreprise ou l'industrie s'engage à respecter l'environnement en termes de pollution, de niveau de bruit et d'évacuation des déchets (eaux usées, déchets solides …).

Article 70 : Respect des normes et engagements dans la démarche qualité

Toute entreprise bénéficiaire d'une quelconque mesure d'aide ou de soutien s'engage à respecter les normes qualitatives en vigueur dans son secteur d'activité et à évoluer vers la certification de son ou ses produits.

Article 71 : Respect des normes comptables

L'entreprise bénéficiaire des mesures d'aide et de soutien s'engage, quelle que soit la catégorie dans laquelle elle se trouve, à tenir une comptabilité régulière et fiable selon le Système Comptable OHADA (SYSCOHADA) applicable au Togo, à accepter d'être auditée et suivie par un ou des Commissaires aux Comptes (CAC) ou par des structures de gestion agréées, ou des cabinets externes mandatés par l'Etat via la structure compétente.

Article 72 : Information et actualisation des normes

Les normes objet des articles précédents seront précisées par voies réglementaires, et portées régulièrement à la connaissance des entreprises et industries.

TITRE V : DES MODALITES DE SUIVI

Chapitre 1er : De la cellule de suivi de la charte et de ses attributions

Article 73 : Création d'une cellule de suivi de la charte

Il sera créé une cellule en chargée des mesures d'aide et de soutien octroyées.

Cette cellule sera chargée :

– la réception et de l'exploitation des demandes d'adhésion et de reconnaissance des PME/PMI par la charte ;

– le suivi de l'évolution qualitative des PME/PMI reconnues par la charte ;

– la mise en place et le suivi du système d'information dédié aux PME/PMI ;

– la vulgarisation des données recueillies par l'Observatoire des PME/PMI ;

– la réception des états financiers annuels ainsi que les déclarations fiscales annuelles de toutes les parties prenantes à la charte ;

– la définition de critères en matière de programme de création ou d'extension d'activités devant permettre à une entreprise de passer à la catégorie supérieure.

Article 74 : Tutelle de la cellule

La cellule est placée sous la tutelle du ministère chargé des PME/PMI qui fixera les différentes modalités de son fonctionnement en liaison et en transversalité avec les différents organes et structures impliqués dans le développement des PME/PMI.

Article 75 : Composition et localisation de la cellule

La composition et la localisation de la cellule seront du ressort du ministère chargé des petites et moyennes entreprises / industries (PME/PMI).

Chapitre 2 : De l'évolution de la classification des PME /PMI

Article 76 : Passage d'une catégorie à une autre

On entend par passage en catégorie supérieure, le passage de micro à petite et de petite à moyenne entreprise / industrie.

Article 77 : Conditions de passage

Pour passer d'une catégorie à une autre l'entreprise / industrie devra adresser une demande écrite à la cellule de suivi. Elle devra être reconnue par la charte depuis au moins un (01) an dans sa catégorie initiale. L'entreprise devra produire les états financiers de l'année précédant sa demande de passage en catégorie supérieure.

Article 78 : Possibilité de passage en catégorie supérieure

Pour passer en catégorie supérieure la PME/PMI devra satisfaire l'ensemble des critères de la catégorie supérieure en termes de seuils prévus à cet effet. La PME/PMI devra obligatoirement produire une comptabilité certifiée selon le système en vigueur au Togo.

Article 79 : Nécessité d'avoir satisfait aux engagements

La PME/PMI désireuse de passer en catégorie supérieure devra avoir rempli tous ses engagements au regard des mesures d'aides et de soutien qui lui auront été accordées.

Article 80 : Sanctions

Le non-respect des dispositions de la charte des PME/PMI sera sanctionné par des mesures prévues par voie réglementaire.

TITRE VI : DES DISPOSITIONS FINALES

Article 81 : Les modalités d'application de la présente charte seront fixées par voie réglementaire.

Article 82 : La présente charte sera approuvée par décret en conseil des ministres.

Fait à Lomé le

Pour le Gouvernement de la République Togolaise :

Le Premier ministre

Gilbert Foussoun HOUNGBO

LE PROFIL DES PME/PMI POUR MAINTENIR UNE CROISSANCE ECONOMIQUE

Ce n'est pas tant le type de PME/PMI qu'il faut qui pose problème. Mais, c'est le type de croissance. Aujourd'hui, avec une croissance économique du produit intérieur brut estimée entre 4,5 et 5,3 % pour 2013, le Togo n'a rien fait pour changer son paradigme libéral sans contrepartie pour les populations. C'est ainsi que les PME/PMI qui constituent l'épine dorsale de la création de richesses, d'emplois et de distribution de pouvoir d'achat sont en panne structurelle. Les 6 fondamentaux suivants doivent pouvoir progresser en même temps, pour permettre de croire que le Gouvernement est déterminé à soutenir l'entrepreneuriat. Outre l'amélioration du climat d'investissement, une fiscalité privilégiant 1. l'apport d'énergies renouvelables, 2. les capacités productives, 3. l'environnement des affaires.

Il importe de retrouver dans une stratégie de long terme la mise en place de centres de gestion dédiés à la densification du tissu économique par le soutien à la création et à la pérennisation des entreprises. Pour ce faire, l'amélioration de l'accès au financement des PME/PMI ne peut être l'œuvre exclusive de l'Etat. Toutes les structures d'appui, notamment les banques, doivent pouvoir, dans le cadre d'une loi, dédiée une partie de leurs ressources à soutenir l'entrepreneuriat et notamment l'économie de proximité.

Cela devrait se traduire par une spécialisation croissante des institutions d'appui au PME/PMI, depuis le montage des dossiers d'affaires (business plan) en passant par la restructuration ou transfert des entreprises à des apporteurs de capitaux provenant de la Diaspora togolaise, le suivi en termes de management et de gestion viable et enfin, la transmission vers les générations futures afin d'assurer le renforcement d'un maillage territorial de complémentarité dans les différentes chaînes de valeurs où le Togo présente des avantages compétitifs.

Pour ce faire, ce sont toutes les ressources humaines et techniques disponibles qui doivent être regroupées dans le cadre de pôle de compétences et de compétitivité pour soutenir une croissance économique partagée. Il faut toutefois que l'Etat puisse aller au-delà de son rôle de régulateur et non d'ingérence pour laisser les structures d'appui aux PME/PMI se gérer de manière autonome dans le cadre de partenariats privé-public.

LES CONTRAINTES RESULTANT DU FAIBLE FINANCEMENT BANCAIRE DES PME AU TOGO

Il est difficile d'entreprendre dans le cadre d'une Petite et Moyenne Entreprise au Togo, surtout pour ce qui est de l'accès au crédit bancaire. Une situation confirmée et dénoncée par les résultats de la deuxième édition de l'enquête de prévision macroéconomique 2014, publiés le 28 août 2015 par le Ministère de l'Economie, des Finances, et de la Planification du Développement.

Au Togo, les Petites et Moyennes Entreprises (PME), qui représentent pourtant 23 % d'emplois, contre 44 % du secteur informel, constitue donc l'un des moteurs de la croissance du pays, peinent malheureusement à accéder au crédit bancaire, en raison non seulement d'une asymétrie d'informations entre le banquier et le client, mais surtout à cause du manque de garantie fiable.

Dans sa publication le 28 août à Lomé, des résultats de la deuxième édition de l'enquête de prévision macroéconomique 2014, le Ministère de l'Economie, des Finances, et de la Planification du Développement, a posé le problème, tel que soulevé par les responsables de PME interrogés à l'occasion. Une enquête qui a pour but d'actualiser les données sur les principaux indicateurs de la situation économique des entreprises togolaises, tels que le niveau de production et d'investissement, les échanges de biens et services avec le reste du monde, pour les années 2013 et 2014, et les prévisions 2015.

En effet, la majorité des PME rencontre des difficultés pour retrouver une production stable, et font face à différentes contraintes, notamment financières. Selon le Ministère de l'Economie, des Finances, et de la Planification du Développement, « Le financement bancaire est faible, et cette faiblesse est un frein au développement des entreprises privées au Togo ... » Selon cette enquête, le manque de moyens de financement des investissements n'est pas l'apanage des PME, qui restent les plus impactées.

Le secteur bancaire togolais est connu pour sa préférence au financement des dépenses de trésorerie au détriment des dépenses d'investissement, comme cela ressort de la Note de politique sur le climat des investissements, publiée par la BCEAO en 2012.

L'enquête indique qu'une croissance inclusive, impliquant les PME, est plus que souhaitable, vu leur poids important dans l'économie togolaise.

TABLE DES MATIÈRES

Questions juridiques aux éditions L'Harmattan

Dernières parutions

CONCILIATION ET MÉDIATION DEVANT LA JURIDICTION ADMINISTRATIVE
Actes du colloque du Conseil d'État du 17 juin 2015
Sous la direction de Jacques Biancarelli et Béatrice Blohorn-Brenneur
Voici près de 25 ans que le Conseil d'État, confronté à une judiciarisation croissante de la société, réfléchit aux modes alternatifs de règlement des différends afin de les pacifier et de rendre les justiciables davantage confiants en la justice administrative. Après avoir rappelé le contexte juridique et les enjeux d'une telle impulsion, un bilan comparatif des pratiques du juge administratif et du juge judiciaire a permis de mesurer combien il est nécessaire et urgent de compléter la boîte à outils dont dispose le premier. Voici une réflexion, les références et les outils nécessaires à la juridiction administrative.
(Coédition GEMME, 24.00 euros, 246 p.)
ISBN : 978-2-343-07270-8, ISBN EBOOK : 978-2-336-39774-0

L'ERREUR JUDICIAIRE
Apprendre à douter pour lutter contre les erreurs judiciaires
Sous la direction de Xavier Pin
L'erreur judiciaire hante autant qu'elle jalonne l'histoire de notre justice pénale. Nous avons tous en mémoire de retentissants procès ayant vu des individus accusés ou condamnés, avant d'être disculpés, graciés ou réhabilités. Le législateur y est sensible au point de réformer régulièrement la procédure pénale pour tenter d'éviter, de corriger ou de réparer, autant que possible, de telles erreurs. Une loi du 20 juin 2014 réforme les procédures de révision et de réexamen des condamnations pénales définitives : elle est l'occasion d'essayer de comprendre ces fiascos judiciaires.
(Coll. Droit privé et sciences criminelles, 15.00 euros, 126 p.)
ISBN : 978-2-343-07284-5, ISBN EBOOK : 978-2-336-39807-5

LE DROIT CONSTITUTIONNEL DE LA Ve RÉPUBLIQUE
(Treizième édition)
Lascombe Michel, Toulemonde Gilles
Cet ouvrage s'adresse aux étudiants en droit, aux élèves des instituts d'études politiques et aux candidats aux concours administratifs. Il couvre l'essentiel du programme de droit constitutionnel, c'est-à-dire aussi bien les constitutions françaises depuis 1789 que l'actuel texte constitutionnel. Cette nouvelle édition tient compte des derniers développements induits par les changements politiques, des dernières réformes des règlements des assemblées et de la jurisprudence la plus récente.
(Coll. Logiques Juridiques, 42.00 euros, 506 p.)
ISBN : 978-2-343-07916-5, ISBN EBOOK : 978-2-336-39877-8

LA PROXIMITÉ EN DROIT INTERNATIONAL PRIVÉ DE LA FAMILLE
Bouyahia Sabrine Maya - Préface de Lotfi Chedly et Marie Goré
Parmi les méthodes proposées pour trancher les litiges présentant un élément d'extranéité, figure celle reposant sur le principe de proximité. L'étude porte sur deux systèmes de droit international privé de la famille différents (droit français et droit tunisien) pour mettre en exergue d'une

part l'adaptation de cette méthode aux spécificités de chaque ordre étatique et d'autre part son adéquation avec tous les différents systèmes de droit.
(Coll. Logiques Juridiques, 54.00 euros, 618 p.)
ISBN : 978-2-343-05464-3, ISBN EBOOK : 978-2-336-39866-2

QUARTIER-FEMMES ÉCROU 10970
Boh-Petit Dominique
Cellule 24 : une femme dit toute sa souffrance d'être enfermée. Elle a tué. Son histoire est à la rubrique des faits divers. La Cour d'assises la jugera. Bien des années plus tard, elle est libérée. La vie doit reprendre. Ce récit est parfaitement conforme à la réalité. Tout a existé et existe encore.
(Coll. La justice au quotidien, 15.00 euros, 130 p.)
ISBN : 978-2-343-07436-8, ISBN EBOOK : 978-2-336-39810-9

GABELOUS ET CONTREBANDIERS
Histoire des fermiers généraux de Dijon (1760-1780)
Evrard Sébastien - Préface de Marc Fradet
En exhumant un registre du personnel de la direction des fermes de Dijon, l'auteur retrace, entre 1760 et 1780, la vie méconnue de centaines d'agents au service du doit et de l'impôt. Ces derniers servaient un système protecteur (la retraite fait son apparition dès 1768), parfois très rémunérateur, mais qui s'avère aussi, sous certains aspects, une machine à broyer les hommes : le régime des sanctions que met en place la Ferme est d'une efficacité redoutable. En définitive, la Ferme présente un aspect mitigé.
(Coll. Mémoires des Douanes, 28.50 euros, 278 p.)
ISBN : 978-2-343-06683-7, ISBN EBOOK : 978-2-336-39845-7

DICTIONNAIRE OHADA
(3e édition)
Bitsamana Hilarion Alain
Ce dictionnaire spécial du droit des affaires OHADA propose une définition claire et précise, avec tous les compléments nécessaires, des principaux termes utilisés tous les jours se rapportant à l'OHADA. Un ouvrage de référence permettant de décoder l'OHADA, accessible à toute personne s'intéressant au monde des affaires en Afrique comme à l'étranger.
(39.00 euros, 398 p.)
ISBN : 978-2-343-07656-0, ISBN EBOOK : 978-2-336-39786-3

LA DÉJUDICIARISATION ET LES PROCÉDURES NON CONTENTIEUSES EN AFRIQUE
Amboulou Hygin Didace
La déjudiciarisation comprend l'ensemble des mécanismes de gestion des différends en rationalisant les moyens matériels et humains de la justice, afin de pallier les déficiences du système judiciaire et de limiter les surcharges des juridictions. Les institutions de nombreux pays sont analysées et les déjudiciarisations en droit public et en droit privé sont abordées.
(Coll. Études africaines, 17.50 euros, 156 p.)
ISBN : 978-2-343-06928-9, ISBN EBOOK : 978-2-336-39805-1

COMMENT RENFORCER L'INDÉPENDANCE DE LA MAGISTRATURE AU SÉNÉGAL ?
Ngom Babacar
Préface de Amadou Mahtar Mbow
L'ouvrage présente dans une première partie les garanties légales d'indépendance de la justice, notamment la règle de la séparation des pouvoirs, le principe de la soumission des juges à l'autorité de la loi et celui de l'inamovibilité du magistrat du siège. Après une analyse critique de ces dispositions, l'auteur formule des propositions de renforcement de l'indépendance de la magistrature.
(13.50 euros, 124 p.)
ISBN : 978-2-343-05158-1, ISBN EBOOK : 978-2-336-39837-2

LE DROIT PÉNAL DES AFFAIRES AU CAMEROUN
Djila Kouayi Kemajou Rose
Préface de Victor-Emmanuel Bokalli
Dans le domaine des affaires, la liberté d'entreprendre et d'investir comporte de nombreux risques, au rang desquels le risque pénal. La délinquance en col blanc n'étant plus réservée aux grandes sociétés commerciales, les moyens de lutte et de sécurisation des investisseurs nécessitent un droit pénal des affaires dont l'objectif est la recherche d'une éthique dans ce domaine.
(Coll. Études africaines, 35.50 euros, 350 p.)
ISBN : 978-2-343-07840-3, ISBN EBOOK : 978-2-336-39777-1

50 ANS DE MARIAGE
Réflexions d'un notaire sur l'évolution du couple ces cinquante dernières années
Dauptain Pierre
De la pilule contraceptive jusqu'au mariage pour tous, l'auteur nous propose une réflexion sur les lois qui ont accompagné l'évolution du couple au cours des cinquante dernières années. Il analyse cette évolution pour aborder les problématiques juridiques et morales qui font tant débat de nos jours. Il s'appuie sur des travaux de juristes ou de sociologues, des articles de presse, mais aussi sur les chansons et les films qui ont marqué ces années et qui témoignent de façon si éclairante des changements de mentalités.
(Éditions Pepper, 16.50 euros, 148 p.)
ISBN : 978-2-343-07677-5, ISBN EBOOK : 978-2-336-39690-3

MÉTHODOLOGIE ET ASPECTS FORMELS DE LA RECHERCHE
Petit manuel à l'usage des juristes
Marain Gaëtan
L'ouvrage propose un véritable apprentissage du formalisme qui doit permettre aux étudiants et aux professionnels confrontés à la rédaction d'une thèse ou d'un mémoire juridique d'aborder ce travail avec sérénité. L'auteur donne une méthode de recherche pour définir le sujet, trouver et compulser les références utiles, échafauder un plan. Il aborde également les thèmes des citations d'auteur, notes de bas de page, mise en page. Il traite enfin du travail de relecture et de l'épreuve de soutenance.
(19.00 euros, 178 p.)
ISBN : 978-2-343-07638-6, ISBN EBOOK : 978-2-336-39556-2

RISQUES, ACCIDENTS ET CATASTROPHES
Liber amicorum
En l'honneur de Madame le professeur Marie-France Steinlé-Feuerbach
Sous la direction Hervé Arbousset, Caroline Lacroix et Benoît Steinmetz
L'étude et l'analyse des risques sont au cœur des réflexions du Professeur Steinlé-Feuerbach. Ses nombreux écrits de doctrine sur la thématique des accidents et des catastrophes ont amené à ce que ses collègues et amis lui dédient cet ouvrage. Ces mélanges donnent une vue d'ensemble d'une matière devenue une véritable discipline transcendant le clivage droit public-droit privé.
(Coll. Sciences criminelles, 34.00 euros, 334 p.)
ISBN : 978-2-343-07169-5, ISBN EBOOK : 978-2-336-39677-4

ÉTAT, COLLECTIVITÉS TERRITORIALES ET DROITS SOCIAUX
Étude du droit comparé
Sous la direction d'Olivier Lecucq
Comment, selon leur organisation territoriale respective, La France, l'Espagne et l'Italie œuvrent à la satisfaction des droits sociaux. Quels sont les rôles de l'État en ce domaine ? Quelles sont les actions qui en découlent et comment se coordonnent-elles ? Quelles en sont les implications en termes d'égalité des citoyens et des territoires ? L'ouvrage tente de répondre à ces questions en interpellant la réalisation de l'État social dans un contexte de crise, de réduction des déficits et de maîtrise des dépenses.
(Coll. Bibliothèques de droit, 22.50 euros, 221 p.)
ISBN : 978-2-343-07585-3, ISBN EBOOK : 978-2-336-39683-5

LE PRINCIPE DE PRÉCAUTION
Au carrefour de la philosophie, du droit et des sciences
Calderaro Norbert
La notion de principe de précaution, qui donne lieu à beaucoup de controverses, nécessite de la part d'un juriste une analyse objective pour écarter ce qu'elle n'est pas et définir son contenu véritable. Après un aperçu des sources philosophiques, l'auteur réalise une synthèse du principe de précaution en droit international, européen, en droit comparé et en droit interne. Il intègre notamment les tout derniers développements de la jurisprudence du Conseil d'État.
(18.50 euros, 180 p.)
ISBN : 978-2-343-05457-5, ISBN EBOOK : 978-2-336-39452-7

LES COLLECTIVITÉS TERRITORIALES ET LA SPÉCULATION
Goasdoué Mélissa - Avant-propos de Michel Verpeaux
Préface de Julien Martin
L'ancien dispositif empêchant la conclusion d'opérations financières spéculatives par les collectivités locales ayant échoué, un nouveau dispositif fonctionnant au cas par cas a été mis en place. Après une étude des imperfections de la notion de spéculation puis des liens unissant ces imperfections à l'échec du précédent dispositif dans la protection des collectivités contre les risques spéculatifs, le présent ouvrage s'attache à démontrer comment et dans quelle mesure cette protection est désormais rendue possible.
(Coll. Droit des collectivités territoriales, série Travaux, 15.00 euros, 140 p.)
ISBN : 978-2-343-07619-5, ISBN EBOOK : 978-2-336-39520-3

LE DROIT DE LA GUERRE
Traité sur l'emploi de la force armée en droit international (3 volumes)
Cumin David
Aussi ancien que la guerre et que le droit international dont il constitue le cœur historique, le droit de la guerre existe. Croisant droit et polémologie, portant sur les conflits armés internationaux et internes, ce traité expose, explique et reconstruit l'ensemble du droit international contemporain relatif à l'emploi de la force armée - auteurs et acteurs de la belligérance, ses buts, moyens, théâtres, régimes - et propose une analyse critique de la responsabilité réparatrice et punitive.
Volume 1 (Coll. Droit comparé, 46.00 euros, 458 p.)
ISBN : 978-2-343-06498-7, ISBN EBOOK : 978-2-336-39588-3
Volume 2 (Coll. Droit comparé, 60.00 euros, 760 p.)
ISBN : 978-2-343-07707-9, ISBN EBOOK : 978-2-336-39589-0
Volume 3 (Coll. Droit comparé, 48.00 euros, 468 p.)
ISBN : 978-2-343-07708-6, ISBN EBOOK : 978-2-336-39590-6

LA RESPONSABILITÉ DE PROTÉGER
Nouvelle approche du droit international
Gandou D'Isseret Crépin Gyscard
Le droit d'ingérence humanitaire se comprend comme une éthique de détresse, une obligation de protéger les personnes en danger de mort. La responsabilité de protéger traduit en acte la nécessité impérative de prendre soin de l'homme, ou de la collectivité humaine en général, quand les conditions de son existence connaissent une détérioration significative ou quand elles sont sur le point de le devenir.
(Coll. Harmattan Congo, 16.50 euros, 152 p.)
ISBN : 978-2-343-06724-7, ISBN EBOOK : 978-2-336-39575-3

L'HARMATTAN ITALIA
Via Degli Artisti 15; 10124 Torino
harmattan.italia@gmail.com

L'HARMATTAN HONGRIE
Könyvesbolt ; Kossuth L. u. 14-16
1053 Budapest

L'HARMATTAN KINSHASA
185, avenue Nyangwe
Commune de Lingwala
Kinshasa, R.D. Congo
(00243) 998697603 ou (00243) 999229662

L'HARMATTAN GUINÉE
Almamya Rue KA 028, en face
du restaurant Le Cèdre
OKB agency BP 3470 Conakry
(00224) 657 20 85 08 / 664 28 91 96
harmattanguinee@yahoo.fr

L'HARMATTAN CONGO
67, av. E. P. Lumumba
Bât. – Congo Pharmacie (Bib. Nat.)
BP2874 Brazzaville
harmattan.congo@yahoo.fr

L'HARMATTAN MALI
Rue 73, Porte 536, Niamakoro,
Cité Unicef, Bamako
Tél. 00 (223) 20205724 / +(223) 76378082
poudiougopaul@yahoo.fr
pp.harmattan@gmail.com

L'HARMATTAN CAMEROUN
TSINGA/FECAFOOT
BP 11486 Yaoundé
699198028/675441949
harmattancam@yahoo.com

L'HARMATTAN CÔTE D'IVOIRE
Résidence Karl / cité des arts
Abidjan-Cocody 03 BP 1588 Abidjan 03
(00225) 05 77 87 31
etien_nda@yahoo.fr

L'HARMATTAN BURKINA
Penou Achille Some
Ouagadougou
(+226) 70 26 88 27

L'HARMATTAN SÉNÉGAL
10 VDN en face Mermoz, après le pont de Fann
BP 45034 Dakar Fann
33 825 98 58 / 33 860 9858
senharmattan@gmail.com / senlibraire@gmail.com
www.harmattansenegal.com

Achevé d'imprimer par Corlet Numérique - 14110 Condé-sur-Noireau
N° d'Imprimeur : 136414 - Dépôt légal : février 2017 - *Imprimé en France*